대행스님 법어집

허공을 걷는 길

표지 題字 : 대행스님

삼천리 강산 봉에 평신 올려놓았으니
부처 중생 따로 없이 춤을 추고 노래하네.
흘러도는 물 가운데 우뚝 솟은 연꽃 향기
두루두루 맛을 내는구나!
탕! 탕! 탕!

1989년10월22일 제주지원 법회에서 읊으심

허공을 걷는 길

대행스님 법어집

허공을 걷는 길

국내지원법회 2

엮은이 / (재) 한마음선원 출판부
펴낸이 / (재) 한마음선원
펴낸데 / (재) 한마음선원

1판 1쇄 2005년 2월 9일
4쇄 2015년 5월 9일

출판등록 2000.12.15. 제 2000-16호
430-040 경기도 안양시 만안구 석수동 101-62
전화 (031)470-3100 팩스 (031)470-3116
http://www.hanmaum.org/

값30,000원
ISBN 978-89-950859-9-8
ISBN 89-950859-0-8 (셋트)

대행스님 법어집

허공을 걷는 길

국내지원법회 2

대한불교조계종
한마음선원

발간사

부처님의 가르침은 모든 중생을 열반의 저 언덕에 이르게 하는 지혜의 뗏목이며 삼계에 비할 바 없는 보배이다. 여기에 실린 대행 스님의 말씀 또한 보배이니, 마음을 열고 이 법어를 읽을 때 걸림 없는 지혜와 다함 없는 공덕을 얻게 될 것이다.

스님께서 늘 강조하시는 생활과 불법이 둘 아닌 도리는, 하루하루의 삶 그대로가 불법에 어긋나지 않는 한마음의 묘리 바로 그것이다. 그러나 현대 과학 문명은 이러한 마음의 도리를 도외시한 나머지, 생명의 경시는 물론 자연환경의 파괴와 같은 재앙을 자초하고 있다.

스님의 가르침은 정신과 물질, 인간과 자연 그리고 종교와 과학이 조화를 이루며 발전하는 새 시대의 길을 일러 주신다. 이 전집 또한 그 길을 열어 보이고 있으니, 한마음으로 읽어 가다 보면 끝내 나와 너 또는 나와 대상이 하나를 이루어 무엇을 하든 걸림이 없는 경지를 체득하게 될 것이다.

스님의 법어는 화려하지는 않지만 깊고 그윽하다. 물이나 공기가 그러한 것처럼 누구에게든 차별을 두지 않으므로 마시고 호흡하는 데 조금의 어려움도 없다. 아무쪼록 이 법어집과 인연 닿는 모든 사람들이 고(苦)에서 벗어나 널리 세상을 이롭게 하는 자유인이 되기를 간절히 발원하는 바이다.

불기 2543년 10월

서혜원 합장

국내지원법회분 출간에 부쳐

대행 스님 법어 전집『허공을 걷는 길』발간 계획의 세 번째 기획물로서 2005년 2월 국내지원법회분 법어집 세 권을 출간하게 되었다. 국내지원법회분은 1987년에서 2001년까지, 국내 지원들의 개원과 이운, 법당 준공 등 지원에서 주최하여 이루어진 법회들을 망라하여 묶은 것이다. 정기법회 · 법형제법회분과 마찬가지로 스님 특유의 어투와 법회의 현장감을 그대로 살리려고 노력하였으며 독자들의 이해를 돕는 정도로 최소한의 편집 과정을 거쳤다.

외래어 표기

본 법어집의 편집 원칙은 구어(口語)를 그대로 살리는 것이지만, 외래어에 대해서는 검색 등의 편의를 위해 현행 외래어 표기법을 따랐다. (예외: 테레비)

찾아보기

찾아보기는 법문에서 자주 쓰이는 용어들과 법문 이해에 도움이 되는 용어들이 비교적 잘 설명되어 있는 쪽수들을 실었으며 예화를 함께 표시하였다.

참고하기

스님이 법문 중에 쓰는 용어나 숫자는 그 뜻을 사전적인 의미로만 한정시키기 어려우며, 스님 특유의 조어(造語)를 사용하는 경우도 있다. 이러한 용어들을 골라 국내지원법회 외의 법문에서 그 내용들을 발췌, 추가하였다.

일러두기

1. 대행 스님 법어집 발간 계획

한마음선원 출판부에서는 20여 년에 걸쳐 설하신 대행 스님의 방대한 육성법문을 문자화하여 보존하고, 앞으로 대행 스님의 가르침을 여러 형태의 책으로 발간함에 있어 그 바탕으로 삼고자 본 법어집을 발간하게 되었다. 전집의 형태로 엮은 본 법어집은 법회별로 묶어 전 26권으로 발간할 예정이며 완간 후의 법문이나 추후에 정리될 법문은 이어서 발행할 계획이다.

법어집의 발간 순서와 법회별 법문의 분량은 다음과 같다.

1)정기법회 4권 / 2)법형제법회 2권 / 3)국내지원법회 3권 / 4)국외지원법회 2권 / 5)일반법회 5권 / 6)특별법회 5권 / 7)담선법회 5권

* 권수나 발행 순서는 사정에 따라 달라질 수 있다.

2. 편집 원칙

본 법어집은 읽는 이로 하여금 마치 법회 현장에 있는 듯한 느낌이 들도록 육성법문 그대로를 문자화하는 것을 편집 원칙으로 삼았다. 이러한 원칙에 따라 스님께서 말씀하신 단어가 사전적인 의미와 달리 사용되었거나, 비유와 예화가 법문에 따라 조금씩 다른 경우도 그대로 두었다. 이에 대해 독자들은 사실에 대한 시비곡직보다는 스님께서 전하려 하신 참뜻을 마음으로 새기는 데 힘쓰기 바란다. 그러나 독자의 이해를 돕기 위해 법문의 본뜻에서 벗어나지 않는 최소한의 경우에 한하여 표준어법으로 바꾸는 작업을 하였다. 이는 문자가 지닌 표현의 한계에 따른 고육지책이었음을 미리 밝힌다.

또한 세간의 말로는 드러낼 수 없는 법의 세계를 표현하심에 있어 스님 특유의 조어(造語)를 사용하시는 경우도 있다. 이에 대해서는 차후에 만들어질 용어해설이나 색인 작업을 통해 그 뜻을 보다 명확히 할 것이다.

3. 법문 분류

법회의 형식, 시기, 대상, 목적 등에 따라 크게 일곱 가지로 분류하였다.

1) 정기법회: 86년 8월 24일 이후부터 매월 셋째 주 일요일, 한마음선원 본원 법당에서 일반 신도들을 대상으로 한 정기적인 법회에서 설하신 법문
2) 법형제법회: 90년 8월 5일 이후부터 매월 첫째 주 일요일, 한마음선원 본원 법당에서 법형제회의 거사들을 주 대상으로 한 정기적인 법회에서 설하신 법문
3) 국내지원법회: 87년 6월 9일 이후부터 국내 지원이 주최하여 열린 공식적인 법회에서 설하신 법문 (법당 준공 및 이운식과 관련된 법회 포함)
4) 국외지원법회: 89년 6월 17일 이후부터 국외 지원이 주최하여 열린 공식적인 법회에서 설하신 법문
5) 일반법회: 82년 10월 17일 이후부터 정기법회나 법형제법회가 정례화되기 이전에 가졌던 법회로, 형식이 그에 준하는 법회에서 설하신 법문 (신행회 창립법회, 신행회 초청법회, 금요친견법회 포함)
6) 특별법회: 82년 10월 17일 이후부터 열린 행사법회, 초청법회, 특별법회 또는 대담 형식의 법회에서 설하신 법문
7) 담선법회: 82년 10월 17일 이후부터 열린 소집단과의 비교적 자유로운 토론과 질문 형식으로 이루어진 법회에서 설하신 법문

4. 법어집의 활용

본 법어집 26권은 대행 스님 법문의 원전 역할을 하게 되며, 이후에 발간되는 스님 법문과 관련된 모든 서적과 외국어 번역본, 그리고 법문의 데이터베이스화와 인터넷상에서 대행 스님 법문을 활용할 때 그 근거가 된다.

이러한 이유로 각각의 법문을 그 형식과 시기에 따라 구분하고, 내용에 따라 단락을 나누어 어떠한 형태로 활용하더라도 그 내용의 근거를 쉽게 확인할 수 있도록 하였다.

차 례

발간사 / V

국내지원법회분 출간에 부쳐 / VII

일러두기 / VIII

참고하기 / 권말

찾아보기 / 권말

국내지원법회 ①❷③

한마음의 도리 585

무심(無心)의 도리(道理) 609

생활 불교 627

무심코 버린 쓰레기 하나도 인과 647

물러서지 않는 믿음으로의 실천 671

우주의 살림살이와 나의 살림살이가 둘이 아니다 693

더불어 같이 사는 은혜 707

사계절 없는 마음의 봄 725

마음의 주인을 진실하게 믿어라 749

출가의 진정한 의미 769

진실한 믿음이 모든 업식을 녹인다 775

마음의 길 791

마음의 인연 따라 벌어지는 생활 817

모든 것을 되돌려 놓아라 831

한 마디도 한 예가 없다 849

마음 다스림이 생활 속에서 이루어져야 한다 875

조건 없이 베푼 인연의 공덕 897

걸림 없이 구족한 마음의 향 911
생활이 곧 진리 937
진실한 한생각의 위력 955
마음으로 마음을 녹여라 983
진리는 가까이에서 1005
업식의 굴레에서 벗어나려면 1025
마음이 곧 나의 길잡이 1061
더불어 사는 공체 1093
일체제불이 내 마음을 통해 찰나찰나 나툰다 1115
타는 것도 내리는 것도 둘이 아니다 1137

국내지원법회 ❶②③

기복에서 벗어나 자성의 마음으로 / 끼리끼리 모이는 인과의 인연 / 마음이 있기에 부처님도 계시다 / 사계절 없는 봄 / 일체가 둘이 아닌 도리 / 알면 한 찰나요 모르면 수억겁을 돌아도 벗어날 수 없다 / 내 주인공의 안테나 / 체 없는 마음 / 주인공은 내 마음의 보배 / 생활 속의 묘법 / 여래의 집 / 육신이라는 집과 그 속의 부처 / 천만 가지로 들이고 내는 묘법 / 떳떳한 삶의 길 / 한생각이 곧 진화력 / 서춘보 스님의 찰나 생활 / 세상은 환(幻)이다 / 백 년을 살아도 찰나 생활 / 꺼지지 않는 마음의 인등 / 우주와도 직결돼 있는 살림살이 / 인생을 살아가는 바른 길 / 고집멸도 사제법(苦集滅道 四諦法) / 한마음의 공력 / 묵은 빚 갚고 햇빛을 줄 수 있는 마음 / 통달하려면 분별심을 놓아라 / 한마음에서 일체 모든 것이 나고 든다 / 선맥을 이어 가는 마음의 불씨 / 스님이 된 사냥꾼 / 우주 삼천대천세계와 가설돼 있는 삶 / 종교의 바른 이해 / 마음은 체가 없으니 붙을 게 없다

국내지원법회 ①②❸

마음의 눈을 뜨게 하는 점안식 / 세세생생의 영원한 공덕 / 한 찰나에 바다를 삼키고 토해서 중생들을 건지시는 부처님 / 내 주장자가 곧 일체제불의 주장자 / 머무르지 않는 마음 / 참사랑은 자비의 행 속에 있다 / 참다운 내 한생각이 금이요 보배이다 / 일체제불의 은혜를 갚는 공부 / 무주상 공덕행 / 부처님의 대원력 / 내 마음의 중심 주처를 세워야 한다 / 참인간으로 사는 길 / 평등한 한마음 / 본존불의 광명 / 내 마음이 밝아지면 더불어 조상도 밝아지고 천도된다 / 영탑의 공덕 / 자기 뿌리를 믿어야 공덕이 된다 / 무한한 에너지의 보고(寶庫) / 어버이의 은혜 / 한생각의 보시 / 둥그런 마음이 하나로 / 일체를 내 아픔같이 / 한마음의 인생살이에는 고(苦)가 없다 / 깊고 간절한 마음 닿지 않는 곳 없어라 / 삶은 고(苦)가 아니다 / 밥 한 그릇 뚝딱 먹는 도리 / 대로(大路)를 걷는 공부 / 일체제불의 마음은 내 한마음이다 / 국난 극복도 한생각에 달려 있다 / 내일이 있는 자유 / 허공에 만발한 꽃 / 우리는 한 지구 주머니 안에 사는 공체 / 내면 공마당에서의 공치기

국내지원법회 2

한마음의 도리

마산지원 법회

1991년 6월 28일

마산의 여러분과 한자리를 하게 된 것을 참으로 기쁘고 반갑게 생각합니다. 이렇게 더운데도 와서 맨바닥에 앉아 있을 수 있는 그런 마음이시라면 뭐는 못하겠습니까? 아니, 아무것도 모르는 나를 이렇게 맞아 주시니 감사합니다.

그런데 나는 이렇게 생각합니다. 나를 맞이하는 게 아니라 여러분을 끌고 다니는 여러분의 그 길잡이를 맞이하는 거라고 말입니다. 지금 누가 끌고 가는지도 모르고 어디서 왔는지 어디로 가는지, 지금 내가 무엇을 하고 가는지 그것을 종잡을 수 없어서 미래의 정신세계를 까맣게 잊어버린 채 물질에만 여념이 없는 분들이 많으시리라고 믿습니다. 정신계를 한 번도 실험해 보지 않고, 나를 뒤돌아보지도 않고 살고 있습니다. 그렇기 때문에 이렇게 괴롭고 자유스럽지 못하게 사는 거지요.

오늘 이렇게 마산에 왔으니 상식적으로 알아 두어야 할 문제들을 말씀드리지요. 제가 미국에 갔을 때에 이런 질문을 받았어요. 거기

사람들은 불교라는 것이 만날 미신만 숭상하고 그러는 종교인 줄 알았답니다. 거기에는 일본 불교, 티벳 불교, 기독교, 가톨릭교, 통일교의 여러 분이 많이 모이셨습니다. 그때 난 이렇게 말했습니다. "저 풀 한 포기도 불교 아닌 게 없다."라구요. 상점 간판마다 이름이 있듯이 종교도 그와 같습니다. 내 종교가 옳다고 하는 것은 여러분의 생각이지 만약에 귀머거리가 "나는 뇌성벽력이 울리고 천둥이 치는 것을 들은 적이 없다. 나는 천둥 치는 걸 모른다. 그러니 천둥이라는 건 없다." 이렇게 말한다면 귀머거리 아닌 사람이 듣고는 "아, 천둥 번개가 왜 없느냐. 지금도 천둥이 쳤다. 네가 못 듣는 거지." 하고 얘기를 할 수 있을 겁니다.

그래서 첫째 말입니다. 불교라고 할 때, 불(佛)이라는 건 영원한 생명의 근본이요, 우리가 지금 이렇게 서로가 말하고 서로 화목하게 가정을 이끌어 가는 것도 바로 교(敎)입니다. 그렇기 때문에 불교 아닌 게 하나도 없고 풀 한 포기도 불교 아닌 게 없으리라고 믿습니다. 그리고 생명이 똑같으니 그 아픔이 똑같고, 아픔이 똑같으니 부모자식지간 또는 형제지간도 모두가 다 똑같을 겁니다. 벌레 하나도 차이가 없습니다. 저런 벌레도 생명이 있고 귀중하지요.

또 한 가지는 우주의 근본이 인간의 마음의 근본에 직결돼 있고 이 세상만사의 살림살이가 우리의 근본 마음에 가설이 돼 있다는 그 사실을 여러분은 아셔야 합니다.

세번째는 우리가 공생 공용 공체 공식화 하고 돌아가는, 조화를 이루고 돌아가는 이 사실도 또 아셔야 될 것입니다. 우리가 앞으로는 물질세계의 50%만 가지고는 도저히 살아나갈 수가 없다고 생각합니다. 물질은 무상하다고 하지요. 부서지고 깨지고 변하고 없어지고 죽고, 이렇게 변화무쌍합니다. 그것이 바로 무상이라고 말하는 이치입니다. 우리 사람 살아나가는 도리가 다 그렇다고 생각합니다. 그렇다면 우리가 어떻게 해야 하나, 직결돼 있는 우리 한마음이 어떻게 돼야 하나 하는 것도 한번 연구해 보셔야 될 일이라고 생각합니다.

그런데 또 한 가지, 이런 게 있습니다. 지금 세 가지를 토막토막 끊어서 했는데, 두서없는 말이라고 흉보지 마시고 잘 새겨 들으세요. 인연성, 즉 말하자면 우리가 지금 상점에 가서 뭐를 사도 인연이요, 꽃을 봐도 인연이요, 마당을 걸어도 인연이요, 바람이 불어도 바람과 인연이요, 불을 봐도 불하고도 인연이요, 모두가 인연 아닌 게 하나도 없습니다. 인연에 따라서 같이 조화를 이루고 돌아가는 것입니다. 근본에 있어서는 크고 작고 못나고 잘나고 높고 낮고 이런 게 둘이 아니요, 동서가 둘이 아니요, 여자 남자가 둘이 아니요, 지렁이의 생명과 인간의 생명이 둘이 아니요, 모두가 둘이 아닙니다. 그래서 옛날에 이런 말을 했죠.

만봉봉에 연꽃 피어 싱긋 웃으니
삼라만상 대천세계를 다 집어넣었더라.
한마음 도리에 근본이 들었으니
삼라만상 대천세계에 모든 생명과 모습들은 다 거기에
한마음, 한법, 한마당, 바로 한발로 디뎠느니라.

그런 이치가 있듯이 말입니다. 지금 불바퀴가 돌아가는데, 수없는 불바퀴가 돌아가고 별성들이 반짝거리며 돌아가고 있습니다. 우리 몸 속에도 조그마한 별들이, 생명들이, 모습들이, 의식들이 전부 그렇게 돌아가지 않으면 우리 몸뚱이는 지금 스러져 가고 있을 겁니다. 송장이 될 것입니다.

그런데 그것은 왜, 어디서 생겼나? 이게 인과성, 인연성에 대한 얘깁니다. 내가 태어나기 이전에 살던 인과, 즉 말하자면 악과 선은 모두 여러분 속에 있으니 때에 따라서는 이런 게 치밀기도 하고, 타의에서 들어오는 유전성이나 세균성이나 영계성이나 업보성이나 인과성이 내 안으로부터, 바깥으로부터 전부 작용을 한단 말입니다. 그러니까 여러분이 지금 사는 것을 보신다면 과거에 내가 어떻게 살았는지 아실 것이요, 여러분이 지금 행하고 가는 거를 가만히 생각해 보고 지켜보신다면 미래에 어떻게 올 것이라는 것을 아마 짐작하시고도 남음이 있으리라고 봅니다. 잘 생각해 보십시오.

악과 선은 거기에 뭉쳐 있다가 나오는 겁니다. 그래서 고집멸도(苦集滅道) 사제법(四諦法)을 설하신 거지요. 고(苦)라는 것이 고덩어리라는 겁니다. 그런데 그 고덩어리를 누가 그렇게 지었느냐 이겁니다. 누가 그렇게 만들어서 이렇게 짊어지고 나왔는가 이겁니다. 그런데 지금 이끌어 드리는 공부는, 마음은 체가 없으니 마음과 마음, 의식들을 한마음으로 이끌어 가시라는 겁니다. '한마음' 하면 모든 내면세계나 외부세계를 한데 합쳐서 말하는 겁니다. 생명 있는 거, 마음을 움죽거리는 거, 말 없이 말을 이심전심으로 전달하고 돌아가는 무정물, 식물 이런 모든 것들의 그 마음들이 한데 모여서, 모두 이 안에 있는 생명들의 그 의식들, 마음들이 같이 한데 모여서 모두 한마음으로 돌아갑니다. '한마음' 하는 것은 모두가 직결돼 있고 가설이 돼 있기 때문에 '한마음' 하는 겁니다. 한 부처님께서 한 꽃을 들었을 때에 그 꽃 안에 이 세상만사가 다 들어 있듯이 말입니다.

그러니까 여러분이 오늘, 두서없는 말이라고 생각하지 마시고 앞뒤를 잘 재서 '하나'로 돌아가신다면 됩니다. '하나'로 돌아가는 이유가 무엇인가? 자기가 없었더라면 어떻게 이 세상을 봤을 거고, 어떻게 상대성 원리가 있을 거고, 어떻게 부처님이 있다 예수님이 있다, 하늘이 있다 땅이 있다는 것을 알고 천지, 모든 그 자체를 아시겠습니까? 모든 것은 일시무시요 일종무종입니다. 여러분이 살아나가는 이 자체가 발자취를 짊어지고 다니지도 않고, 자취마다 없어집니다. 모든 게 공해서, 말을 했으면 과거로 금방금방 돌아갑니다. 생각 하나 잘하면 구덩이에서 빼낼 수 있고 생각 하나 잘못하면 구덩이에 빠지게 할 수 있는 것이 여러분의 마음입니다. 마음, 마음! 마음으로 창살 없는 감옥을 만들어 놓고 자기를 꼼짝도 못하게 하는 여러분이 돼서는 절대로 안 됩니다.

여러분의 마음이 지금 저 지구 바깥으로 벗어나려 한다면 못 벗어나시겠습니까? 지금 여러분이 여기 앉아 계시면서 마음으로 집에 갔다 오라고 하면 갔다 올 수 있으시겠죠. 사실 눈 뜨고 보는 것은 한계가 있어도 심안으로는 이 세상만사를 다 보고도 남음이 있다고 그랬습니다. 마음의 귀로 듣는 것은 세상만사를 다 탐험하면서 다 듣고, 삼라만상 대천세계 그 모든 생명들의, 모습들의 그 말을 이심전심으로 다 듣고 다 움죽거린다고 그랬습니다. 여러분을 만물의 영장이라고 한 것은 여러분이 나쁘고 좋고 그것을 너무 잘 아시기 때문입니다. 여러분은 부처 중생이 따로 있다고 생각하지 마시고, 사대 성인들이 다 따로따로 있다고 생각하지 마세요. 일체 부처가 따로 있다 생각하고 또 조상이 따로 있다고 생각하지 마십시오. 모두가 한마음으로 돌아가고 조화를 이루며 돌아가고 있습니다.

여러분이 우리 조상은 따로 있고, 부처는 부처대로 따로 있고 법신은 법신대로 따로 있고, 문수 말입니다. 보현은 보현대로 따로 있고 약사는 약사대로 따로 있다고 생각을 하니까, 요기 놓고 빌지 않으면 안 되고 조기 놓고 빌지 않으면 안 되는 겁니다. 그렇게 여러분의 마음이 좁기 때문에 넓게 지혜를 가지고 살지 못한다 이겁니다. 삼학(三學)은 삼학대로 세 가지가 따로따로 있는 게 아니라 모두, 계(戒)도 정(定)에 들고 혜(慧)도 정에 들었으니, 그 정마저도 모두가 공해서 쉴 사이 없이 일분일초도 쉬지 않고 돌아가니 어떤 걸 할 때 정이라고 할 수 있겠느냐 해서 모두가 공이라고 했습니다. "공과 색이 둘이 아니니라." 이렇게 말씀하신 겁니다.

될 수 있으면 알아듣기 쉬운 용어를 쓸 양으로 애를 쓰고 있지만 여러분한테 아마 다 전달되기는 어렵겠죠. 그리고 우리 인간이 만물의 영장이라고 그랬는데, 또 한 가지 들어 보시렵니까? 여러분 마음속에 컴퓨터도 있고, 숙명통이라는 그 자체를 컴퓨터라고 그랬습니다. 남의 마음을 아는 탐지기와 또 신족통, 즉 말하자면 오고 감이 없는 팩시밀리, 또 천이통 즉 무전통신기, 그리고 우리 천체망원경 천안통, 이 다섯 가지를 바로 오신통이라고 하는 겁니다.

그런데 그 오신통이 따로 있는 게 아니고 여러분한테 다 재료로 주어져 있고 그 시스템이 다 돼 있다는 얘깁니다. 어서 귀가 트이고 눈을 떠서 여러분이 자유인이 돼야만이 흐뭇하게 살 수 있고 싱긋이 웃으면서 걸음을 걸을 수가 있다는 겁니다. 그러면 그 다섯 가지 시스템의 재료는 무엇이냐. 여러분은 지수화풍으로 바탕이 돼 있기 때문에 광력, 전력, 자력, 통신력이 충만히 재료로 여러분한테 주어져 있는 겁니다.

만약에 그것을 믹서기로 비유한다면 재료가 있어야 거기다 넣고 갈죠. 그런데 재료도 있고 믹서기도 있고 다 있거든요. 그 오신통의 시스템은 바로 믹서기나 똑같다는 얘깁니다. 어느 거든지 들어가면 그냥 갈려 나오는 자동적인 기계와 같습니다. 우린 자동적인 기계와 같다 이겁니다. 무심 도리의 자동적인 기계와 같은 이 자체는 여러분이 과거에 사실 때, 지금 우리가 살듯이 살 때에…, 이거부터 얘기해야겠군요.

미래의 과거는, 미래의 정신세계에서 볼 때에 우리 지금 현재가 과거입니다. 이 과거에서 볼 땐 미래고, 미래에서 볼 땐 과거입니다. 그런데 과거의 정신세계와 이 지금 현실세계가 둘이 아니게 여러분은 그렇게 모두 재료를 가지고 있다는 얘깁니다. 그 교차로를 가지고 있단 얘깁니다. 밤과 낮을 가지고 있듯이, 우리가 응용하고 있듯이 말입니다. 그래서 그 재료가 다 그렇게 돼 있기 때문에 우리는 한생각에 모두가 몰두해서 한마음으로 걸림 없이 여여하게 돌아갈 수 있는 능력만 얻는다면…. 그것도 자기 마음입니다. 오래 다녔다고 해서 물리가 터지는 게 아니고, 또 늦게 왔다고 그래서 물리가 안 터지는 게 아닙니다. 여러분이 한생각을 잘하시는 데 있다고 봅니다.

그러면 어떻게 해야 과거에 입력됐던, 컴퓨터에 입력이 돼서 지금 현실에 자꾸자꾸 나오는 거를 해결할 수 있겠는가? 무엇이 우리에게 팔자 운명이라는 이름을 갖게 하고 자꾸 그렇게 병고, 가난, 그 모든 고통과 이름을 갖게 했는가? 컴퓨터에 다 입력이 돼 있기 때문에 여러분의 운명 팔자와 모든 것은 거기에서 다 나오죠. 시시각각으로 나옵니다. 요만한 것 가지고도 싸움 안 할 것도 싸움을 하게 만들어서 그냥 분란을 마구 일으키게 조작을 하는 그놈들이 어느 놈들인가! 바로 내 속에 들어 있는 내놈들입니다. 내 한마음 속에서 나오는 것을 한마음 속에다 되맡겨 놓고 '거기서 나오는 거니까 거기서 해결해라. 거기서 나오는 거니까 거기서 낫게 해라. 행복도 누가 주는 것이 아니고 뺏어 가는 것도 아니고 너한테서만이 나올 수 있는 거니까 네가 행복을 갖다 줘라. 행복을 갖다 주지 못하는 것도 너고, 행복을 갖다 주는 것도 너다.' 하고 믿고 물러서지 않는 그런 여러분이 돼야만이 되지 않나 싶습니다.

그리고 또, 아까 얘기했듯이 그 재료가 그렇게 있기 때문에 여러분이 사시는 데에 닥치는 대로 용도에 따라서 '아! 이것도 거기서 나온 것.' 하고 놓는다면 해결할 수 있는 거죠. 남이 따귀를 때렸어도 때릴 생각을 하지 않고 내 탓으로 돌리면서 거기다 놓을 수 있는 마음! 내가 없다면 어떻게 상대가 나를 때릴 수 있을까요? 내가 생겨나서 있으니까 나를 때렸지요. 소가 언덕이 있으니까 비비고 가지 괜히 비비고 가나요? 첫째는 내가 이 세상에 난 탓이죠. 그러니까 모든 거는, 잘해도 내 탓이요 못해도 내 탓입니다. 내 주인공만이 나를 이끌어 갈 수 있고, 지금도 이끌어 가고 있고 내 가정을 화목하게 이끌어 갈 수 있고, 이 세상이 다 조화를 이루고 돌아가듯이 능히 그렇게 할 수 있다는 믿음을 가져야 합니다. 바로 부처님께서 꽃 한 송이 들어서 이 세상을 설하신 것처럼 말입니다.

그러니 만약에 그 컴퓨터에서 나오는 거라면 거기다가 다시 맡겨 놓아서 입력이 다시 될 때 앞서 입력된 게 없어지니까, 인과니 유전성이니 영계성이니 세균성이니 하는 모두가 무너지고 없어진다 이 소립니다. 카세트에 넣었던 것도 되넣으면 앞서 넣은 게 없어지죠? 그렇듯이 말입니다.

이렇게 쉽게 얘기해 드리는데도 모르신다면 난 어떡합니까? 그런데 우리가 그렇게 해서 무너뜨린다면 팔자나 운명이 붙을 자리도 없을 뿐만 아니라 병고가 붙을 자리도 없어요. 일분일초도 쉬지 않고 시간과 공간을 초월해서 돌아가는데, 불바퀴처럼 돌아가는데 붙을 자리가 어디 있겠습니까. 그 불바퀴의 뜻을, 부처님께서 말씀하신 뜻을 모르시걸랑 지금 시쳇말로 '블랙홀'이라고 하는 것을 보세요. 모두가 그렇게 공해서 돌아가는 겁니다.

이 몸뚱이도 혹성이라고 할 수 있는 것입니다. 이 혹성이 있기 때문에 별성이 여기에 있죠. 우리의 마음들은 별성인 겁니다. 우리 몸뚱이가 사대로 흩어진다 하더라도 없어지는 것이 아니라, 저 별성도 옷을 벗고 바로 같이 이 세상에 환생을 해서 또 다시 태어나는 겁니다. 그런데 여러분이 자기 그릇에 따라서, 용도에 따라서, 과거에 살아온 그 차원에 따라서 이 세상에 모습을 가지고 태어난다 이 소리죠.

시공이 없이 돌아가면서 체가 없는 마음 마음들이, 헤아릴 수 없는 마음들이, 즉 말하자면 원자 속에서 입자가 많이 나와서 그 입자가 분자가 돼서 이 혹성 바깥에 이렇게 세 겹으로 여섯 겹으로 첩첩이 싸고 소임을 다하고 있습니다. 오신통을 블랙홀이라고 그러면 돌아가는 그 자체를 운영하는 누진통을, 즉 레이다망이라고 표현하겠습니다. 그 레이다망은 무엇을 합니까? 들이고 내는 소임을 맡았고 통신하는 소임을 맡았고, 결정적으로 결단을 내리는 소임을 맡아 가지고 있습니다. 그러면 그런 것은 물질이니까 또 그렇다고 봅시다.

그러면 지금 지구 바깥에도 그렇게 자기 소임을 다하면서 입자가 바로 분자로 화해서 바깥을 지키고 있는 그런 3단계가 있는 까닭을 아시겠습니까? 우리 인간의 몸도 혹성입니다. 그런데 이 3단계의 소임을 어디에서 다하고 있느냐? 법계에서 하는 겁니다. 이 법계는 무엇이냐? 모든 세포 하나하나의 생명들이 털구멍을 통해서 나고 들면서 그렇게 자기 소임을 다하고 있는 겁니다. 그렇기 때문에 우리가 살 수 있는 겁니다. 즉 말하자면 세균성이나 영계성이 지금 이 허공에 꽉 차 있는데도 우리가 이렇게 다닐 수 있고 발자국을 떼어 놓을 수 있고 숨을 쉬고 살 수가 있는 이유가 그 때문인 것입니다. 그렇지 않다면 세균성이나 병균 이런 것들 뭐, 수많은 것이 다 그냥 접해서 사람이 못 살죠. 그런데 (가슴을 짚으시며) 여기서 지켜 준단 말입니다.

그러니 우리가 지금 고맙게 생각해야 할 문제가 얼마나 많습니까? 물도 고맙고 불도 고맙고, 바람도 고맙고 흙도 고맙고, 당장 살아야 하니까요! 네? 우리 세포 하나하나의 생명들한테도 다 고맙죠. 소임을 다 해 주니 말입니다. 또 세포 하나하나가 있는 것만이 고마운 게 아니라 오장 육부, 바로 대장 소장 위장 간장 콩팥 방광 척수 척추 이자 식도, 이 모두가 전부 자기 소임을 다 해 주기 때문에 우리가 살고 있으니 고맙죠. 심장으로부터 그 모든 작용을 누가 하고 있습니까?

지렁이나 벌레를 보면 징그럽다고 하실 테죠? 그런데 그런 것을 입증하는 겁니다. 내가 두서없이 말하더라도 잘 꿰어서 잘 들으십시오. 우리는 수억겁 광년 전으로부터 미생물에서부터 쫓고 쫓기면서 진화돼서 인간까지 온 것입니다. 그렇다면 인간은 다른 것이 다 생기고 제일 나중에 생겼다고 보지요. 그러면 우리가 그만큼 뒤집고 뒤집어서 인간까지 됐으면…. 인간으로 되기가 얼마나 어렵습니까? 인간으로 살다가 좌천하는 수도 있죠. 만약에 독사가 된다면 독사의 집착과 그 의식이 그냥 거기에 모두 동결돼 가지고 습을 벗어나지 못해서 인간으로 환토를 하기가 무척 어렵다는 거죠. 그 모습을 벗기가 말입니다.

그러나 그뿐입니까? 물이 다 똑같은 단물이라 할지라도 독사가 먹으면 독이 되는 것이고 선한 여러분이 잡숫는다면 아주 좋은 피가 될 것입니다. 아주 맑은 이슬이나 비도 그 물은 똑같지만 약초가 먹는다면 사람을 살리고, 독초가 먹는다면 독이 돼서 사람을 죽입니다. 그와 마찬가지로 우리도 마음 한생각을 잘하면 바로 약초가 될 것이고 마음 한번 잘못 쓴다면 독초가 될 것입니다. 사람을 칼로 팍 찔러서 죽이는 것만 죽이는 게 아닙니다. 한생각을 잘못해서 한 사람의 목을 끊을 때에 일곱 식구 여덟 식구가 다 끊어지는 것입니다. 그러므로 극히 조심하고 모든 것은 주인공에 맡기면서 '당신만이 해결할 수 있습니다. 둘이 아닌 까닭에 나는 당신의 종이고 당신의 집일 뿐이지, 당신이 움죽거리라고 하는 대로 움죽거릴 뿐이지 진짜 나를 움죽거리게 하는 건 당신뿐입니다.' 하고 거기다가 다 맡기고 살 수 있는 믿음을 가지신다면 얼마나 편안하고 얼마나 가정이 화목해지고 얼마나 모두가 빛이 나실 건지 모를 겁니다, 아마.

잘못된다고, 잘못됐다고, 잘못한다고 해서 그게 고정되게 있는 게 아니라 금방 잘못하다가도 잘되게 할 수 있고 잘할 수 있고 잘 행동할 수 있는 것입니다. 또 잘 하다가도 금방 남한테 악하게 하는 수도 있습니다. 고정되어 있지 않다 이겁니다. 그러니 여러분은 고정됨이 없는 끝간 데 없는 진리를 탐구하면서 각각 가정에서 살아나가는 도리가 바로 참선이요 좌선입니다. 바로 이것이 끝간 데 없는 진리를 실험하는 데에 있다고 봅니다. 우리 생활 자체가 그대로 여여하고 바로 실상이면서 실천인 것입니다. 따라서 도가 따로 없이 우리 생활이 도라고 믿습니다.

시간이 많지 않으니까 이렇게 건둥건둥하고 돌아갑니다. 요다음에 질문하실 때는 진실하게 질문하십시오. 그러면 거기에서 진실한 것이 나올 것입니다. 그리고 여러분은 항상 그렇게 한마음 주인공에 맡기고 사세요. 주인공은 죽는 법이 없습니다. 예전에 어느 독립군이 죽어가면서 "까마귀야 까마귀야, 날 보고 웃지 마라. 너희들이 나를 비웃고 또 나를 이렇게 죽여서 산산조각을 낸다 한들 나야 어찌 너희들이 뺏으랴. 나야 어찌 죽으랴. 영원할 것이니라." 했더랍니다. 그처럼 우리는 자기의 근본, 바로 자기 생명의 근본 그 자체가 영원한 것입니다.

여러분의 영혼은 의식으로 뭉쳐진 것이니 바로 그 영혼을 여러분이 다스려야 합니다. 좋고 나쁘고를 아는 여러분의 마음이 다스리는 겁니다. 여러분이 나쁜 거는 나쁜 거대로 다스리고 좋은 거는 좋은 거대로 다스려서 잘 이끌어 갈 수 있는 그런 한생각의 도리를 실천한다면 우리 역사도 바꿔 놓을 수가 있고, 우리 삶도 경제도 기술도 지금 발전을 시킬 수 있습니다. 우리 한생각이 모든 것을 바꿔서 정말이지 신성하게, 땅도 넓어질 수 있고, 뺏어서 넓어지는 게 아닙니다. 또 마음도 넓어질 수 있고 우리 살림살이도 풍족할 수 있고 삶의 보람을 느낄 수가 있습니다. 그리고 부드럽게 말할 수가 있고 평등하게 생각할 수가 있고 의리와 도리, 도의, 사랑을 벗어나지 않으면서 진짜 사랑을 할 수 있습니다. 우리가 그런 도리를 알아서 인간의 자유를 얻는다면 우리는 이 세계를 손바닥 안에 넣고 연꽃의 향기를 두루 피울 것입니다. 인공위성을 띄우고 전파를 통해서 세계를 덮는다 할지라도 마음 한생각만은, 빛보다 더 빠른 이 마음 한생각만은 못할 것입니다.

여러분이 이 공부를 하면 깨친다, 안다 이런 걸 떠나서 나를 끌고다니는 나 자체가 내 한마음의 주인공이라는 것을 아실 겁니다. 주인공이 바로 여러분의 불성이기도 합니다. 여러분의 참자기인 것입니다. 여러분은 참자기를 내동댕이치고 저 바깥에다 '내 영혼을 구원해 주시오. 아들을 잘되게 해 주시오, 남편을 잘되게 해 주시오. 부모를 잘되게 해 주시오.' 하다가 잘못되면 조상 탓이나 하고 그러는데, 그렇게 해서는 절대로 안 됩니다. 여러분이 미신 짓을 하니까 미신이 있는 것이지 여러분이 미신 짓을 안 한다면 어찌 미신이 있겠습니까?

불교가 미신이나 믿고 어디에 국한된 그런 게 아닙니다. 불교라는 것은 끝간 데 없는 진리를, 평등한 진리를 말하는 것입니다. 여러분이 살고 있는 생활 자체가 바로 불교인 것이고, 바로 생활이면서 진리인 것입니다. 음식이나 놓고 목탁이나 두들기는 것이 불교가 아닙니다. 풀 한 포기도 불교 아닌 것이 없고 땀방울 하나도 불교 아닌 것이 없습니다.

그러니 여러분, 나 자신을 끌고 다니는 그 근본 자체를 좀더 생각해 보시고 돌아보시고 실험해 보시고 체험해 보신다면 나의 이 두서없는 말이 어떤 뜻인지 좀 아실 겁니다. 그건 글귀로도 알아낼 수 없는 것이고, 경구로도 알아낼 수 없는 것입니다. 못났든 잘났든, 배웠든 못 배웠든, 위대하든 위대하지 않든 여러분의 마음속에, 바로 여러분을 끌고 가는 그 자체가 여러분을 그렇게 이끌어 줄 수 있는 능력을 가지고 있다는 것을 아셔야 합니다. 기가 빠지면 기도 넣어 줄 것이고, 모든 점에서 다 그렇습니다. 병이 나는 것도 거기서 나오는 것인데 거기서 파워를 일으키니까 세상만사가 다 파워가 일어나는 거예요. 한쪽이 파워가 일어나니까 다른 쪽도 파워가 일어나고 여기저기서 막 일어나는 거죠, 뭐.

요새 그런 것 잘 보시죠? 그런 것도 다 마음, 마음, 마음입니다. 여러분의 마음이 다스릴 수 있다면 내면세계 그 의식들의 마음들도 전부 한마음으로 지배인을 따라 줍니다. 여러분은 실험을 안 해 보셨으니까 모르지만 저는 어려서부터 실험해 보았기 때문에 잘 압니다. 부처님의 뜻이 어떤 것인지 부처님의 골수가 어떤 것인지를 알아야 합니다. 역대의 조사들, 천백억화신들, 일체제불이 여러분이 원하는 대로 응해 주시면서 한 찰나에 드시고 한 찰나에 나신다는 그 사실을 여러분은 모르실 겁니다. 그러니 오늘부터라도 알도록 해야 합니다.

여러분이 내 집에 전화를 놔야 전화를 받기도 하고 전화를 하기도 하지, 내 집에 전화를 놓지 않았는데 어떻게 전화를 받고 전화를 하겠습니까? 여러분, 여러분 마음속에 그 보배가 있다는 사실을 알게 되면 그 보배에 의해서 내가 수억겁을 거쳐 온 사실을 알게 될 것이며 미래가, 바로 정신세계가 내 마음속에 있다는 것을 여러분이 아실 겁니다. 그럼으로써 우리는 차 지나간 뒤에 차를 쫓아가려고 애를 쓰는 그런 어리석은 사람은 되지 않을 것입니다. 우리가 만들어서 타고 다닐 겁니다. 자가용이 있는 사람은 편하지만 버스 타는 사람은 차를 놓치기도 하고 타기도 하고, 이렇게 애를 쓰다 보면 얼마나 고통스러울 것인지 고거 하나로만 비유해 봐도 여러분이 아실 수 있지 않겠습니까?

나는 이날까지 추운 거를 춥다고 해 본 일도 없고 더운 거를 덥다고 해 본 일도 없습니다. 사계절도 사계절 나름입니다. 여름이라고 고정되게 항상 장마가 들어서 사람을 해치고 가는 것만도 아니고, 그런 장마도 없습니다. 괜찮았다가도 그렇게 될 수도 있고 그렇게 되었다가도 그렇게 안될 수도 있습니다. 또는 여름이 아주 무덥기도 하고 덜 덥기도 하고, 겨울이 덜 추울 수도 있고 더 추울 수도 있고, 고정되지 않다는 애기입니다. 모두가 고정되지 않습니다. 북극 남극이 여러분의 입과 직장과 똑같다고 말할 수 있을 겁니다.

항상 여러분이 잡수시죠? 잡숫고 그 잡수신 게 그냥 있다면 어떻게 되겠습니까? 여러분은 잡숫고도 그거를 붙들어 놓고는 그냥 애를 쓰고 있는 때가 많아요. 그냥 놔뒀으면 소화가 돼서 그냥 나갈 텐데 말입니다. 그래서 돈 벌기보다 돈 쓰기가 더 어렵고, 어떠한 것이 사는 건지 그 맛을 모른다면 살기가 극히 어렵다는 애깁니다. 부처님께서 "내 형상을 해 놓고 빌고 거기다가 갖다 놓고 시주를 하고 그러는 것이 공덕이 크게 될 것이니라." 하셨습니까? "너희들의 마음을 깨쳐서, 너희들의 물리가 터져서 슬기롭고 지혜롭게 살아나가라. 유의 세계 무의 세계가, 정신세계와 물질세계가 바로 너희들 마음속에 들어 있느니라. 너희들은 마음, 마음, 마음을 깨달아야 한다." 하고 가르치셨죠. 마음 병을 고쳐 주시려고 49년을 설하셨고, 마음 병을 고쳐 주려고 한 사람이 있어도, 거지가 앉아 있어도 설하셨습니다. 이 허공에 사람만 생명이 있는 것이 아니라 저런 나무 한 그루, 이파리 하나가 다 생명입니다.

그런데 중생 아닌 것이 어디 있겠으며 부처 아닌 것이 어디 있겠습니까? 중생 속에서 부처가 나왔고 부처 속에서 중생이 나왔겠죠. 여러분, 바깥에서 기복으로만 나가는 것을 지금 불교라고 생각하고 그렇게 위패를 모셔 놓고 빌고 있습니다. 자식이든지 형제든지 부모든지 다, 죽으면 위패에다가 붙여서 그냥 꽉꽉 묶어 놓죠? 그런 것부터 좀 개선하면 어떻겠습니까?

지금 세상에, 이렇게 빠르게 돌아가는 세상에, 아니 잡숫는 것도 그냥 있지 않은 세상에, 가르치는 사람도 그렇고 배우는 사람도 그렇고 좀 깨이고 깨여야 됩니다. 옛날에도 그랬지만요. 지금 말하고 금방 돌아가고 금방 돌아가고, 걸어왔는데 발자취가 하나도 없고, 가도 간 것이 없고…, 또 부산에서 서울로 서울에서 부산으로 이렇게들 왔다 갔다 하다 보면 시발과 종점이 어디 따로 있겠습니까? 이게 즉, 끝간 데 없는 한마음으로서 불바퀴 돌아가듯 한다 이겁니다. 그러니 추저분하게 생각해서 음식물이나 놓고 빌고 절하는 것이 불교가 아닙니다. 우리의 마음을 깨치고 마음이 폭넓고 지혜로우며 물리가 터지게끔 자기가 채찍질을 하면서 이렇게 나아갈 수 있다면 바로, 앉는 것도 선이요 서는 것도 선이요 눕는 것도 선이요 먹는 것도 참선이요, 참선 아닌 것이 없습니다.

그러니 여러분, 우리 요다음에 만날 때는 서로 질문과 토론을 할 수 있는 그런 계기를 만들어 봅시다. 인연에 따라서 또 만날는지 모르니까요. 인연이라는 것이 그렇게 수가 없으니 인연이라는 말은 해서 뭘 합니까? '한마음' 그러면 됐지요. 하하하…, 안 그렇습니까? (대중 박수) 아니, 세상에 인연이라는 말을 어떻게 감히 할 수 있습니까? 만나면 인연이요 말하면 인연이요, 그저 아버지 만나면 자식이 되고 또 자식 만나면 아버지가 되고, 부인 만나면 남편이 되고 온통 그렇게 바뀌어지는데 어떤 사람 만났을 때 내가 나라고 할 수 있을까요? 그래서 부처님이지요. 이름이 없는 게 부처예요. 부처님이라고 하는 거는 부처가 아니고 부처님이 아닌 것이 부처님입니다. 어떤 거 할 때 내가 했다고 할 수 없는 게 부처님이라는 뜻으로 여러분한테 설해 주신 겁니다.

그러니 부처님께서 "야! 죽는 것이 사는 거냐, 사는 것이 사는 거냐?" 하고 물으셨대요. 여러분한테 그렇게 물으셨다면 어떻게 대답하실 겁니까, 네? 대답 안 하시렵니까? 지금 우리가 한 발 한 발 걷고 있는 게 몸뚱이로 봐서는 죽으러 가는 길이지요. 마음은 영원한 거지만, 영원한 그 주장자가 없으면 도로 환생을 할 수도 없지요. 이끌어 갈 수도 없고요. 그런데 그렇게 한 발 한 발 지금 죽으러 가는데 말입니다, 죽어야 또 새로 탄생을 하죠. 그죠? 이치를 보면. 그런데 살아 있으면서 죽으시라 이겁니다. 허허허…. 몸뚱이를 살려 두고 마음이 죽으라 이거예요. 마음이 죽어서 죽은 세상에 가면 전체를 알게 돼요. 그러면 보이지 않는 데서 눈 뜨고 보는 것보다도 더 세밀하게 볼 수 있는 겁니다. 요만한 구멍을 조그맣게 뚫어 놓고 안에서 보면 바깥이 내다보이는데 바깥에서 그 안을 들여다보려면 하나도 안 보입니다.

그러니 이 심안의 도리가 여러분에게 얼마나 보배고 얼마나 귀중한 공부인데 그렇게 흐지부지하게 생각하곤 바깥으로만 살려 달라고 합니까? 글쎄, 얼마나 모자랍니까? 내가 내 생각을 해도 그래요. 여러분이 나 아님이 없습니다. 나도 모자라는 사람이니까요. 하하하…. 생각을 해 보세요. 금방 했다가 금방 그냥 없어지고 없어지고 하는데, 자꾸 쳇바퀴 돌아가듯 하는데 거기에 왜 걸립니까? 골이 비었습니까, 걸리게? (대중 웃음)

또 여러분이 살다가 돌아가실 때 말입니다, 집이 여러분을 따라갑디까? 금은보화가 따라갑디까? 몸뚱이가 따라갑디까? 형제나 자식, 부인, 아니면 남편이 따라갑디까? 모두 화장터까지밖엔 안 가 줘요. 그리고 보물은 방에서 내다보지도 않아요. 또 집은 대문 밖에만 나섰다 하면 내다보지 않는다구요. 우리 삶 속에서 이러한 사실을 스스로 알게 되는 것입니다. 그러니까 거기로부터 나오고, 거기서 알고 있는 무상한 그 세상이 그렇게 돼 있는 거니 그걸 좇아서 우리가 좀더 연구하고 실천에 옮길 수 있어야 그것이 바로 문화 문명을 꽃 피우게 하는 것이요, 세계를 조화롭게 해서 평화로움을 가져오게 하는 것입니다.

그래서 예전에도 내가 그런 말을 한 적이 있죠. '구이팔아, 너는 알겠지. 너는 알겠지.' 그러고 뭐라고 뭐라고 그랬습니다. 하하하…. 그랬는데 오늘 이렇게 마산에 처음 와서 여러분을 만나 뵙고 보니까…. 뭐, 저는 외국을 가도 그렇지만 항상 둘이 아니라고 생각하고 핵심을 이렇게 일러 주고 또 배우고 이럽니다. 그러다 보니까 외국 사람들도요, 자기 핵심을 불어넣어 줘서 이걸 알게 하니까 "내 마음 깊은 속에 생산처가 있군요." 하고 깨닫는 거예요. 그래 가지고 공부를 하기 시작하는데 여간 열심히 하지 않습니다. 그런데 거기서 공부한 사람들한테 우리가 배워야 하겠습니까, 우리가 먼저 해서 그쪽에 줘야 옳겠습니까? 어떻습니까? 줘야겠지요? 우리가 동양의 조그마한 계란 노른자위로서 핵심적인 문제를, 정신적인 미래에 어떠한 것을 가져올 그 보물 자체를 '바로 이런 것이 보물이다' 하고 줘야 할 사람들입니다. 우리가 남한테 얻어만 먹고 살고 남의 뒤만 따라 가고 이렇게 해서 되는 일이 아닙니다.

여러분, 질문 있으시면 질문하시겠습니까? 나는 지금 급하니까 건둥건둥해 나갔습니다. 그러니까 건둥건둥한 데에서 단 하나 둘이라도 자기 것으로 하세요. 건둥건둥했지만 아주 우리에게 밀접한 인간 마음의 도리가 있습니다. 자식이 나가서 안 들어온다, 자식이 나가서 나쁜 일을 한다, 자식들을 잃어버렸다 등 모두, 이것은 일체 만법에도 해당됩니다. 그런 것들을 말로만 "너는 왜 나가서 자고 안 들어왔니, 왜 공부를 안 하느냐, 너는 빌어먹기밖에 더하겠느냐, 배울 시기에 못 배웠으니 너는 만날 노동이나 해야지." 이러고 그냥 야단법석들을 하는데 나는 말로 해서 된다고는 생각 안 합니다. 여러분, 이심전심이라는 도리를 아십니까? 이열치열이라는 말도 아시죠?

그리고 전구는 저렇게 많지만 스위치는 어디 한 군데에 있을 겁니다. 여기 안에 들어오면 스위치가 두 개 켤 거, 세 개 켤 거 아주 이렇게 다양하게 되어 있지만 여기 전체의 스위치는 따로 하나가 있을 겁니다. 그러면 여러분이 아들이다 뭐다, 이 전구다 저 전구다 따로따로 생각할 게 하나도 없이 '내 한마음 주인공만이, 저 마음의 주인공과 둘이 아닌 까닭에 이끌어 주고 또 집에 들어오게 하겠지. 당신밖엔 없어. 당신밖에 믿을 게 없어. 내가 누굴 믿어? 허공을 믿어, 이름을 믿어?' 하고 진실히 믿으세요. 그러면 얼마나 좋은지 모릅니다. 먹고, 싸고, 자고, 아프고 죽고 하는 그 다섯 가지는 누가 대신 못해 준다 말입니다.

그러니 여러분 마음속 주인공에 맡겨 놓으시라는 겁니다. '한마음' 이렇게 묶는 것은…, 아, 여러분이 살면서 겪어 보시죠. 여러분이 여기에 교자상 하나를 차려 놓고요, 몇 분만 청해서 식사를 대접했는데 아, 초대받지 못한 분이 노하셨단 말입니다. 노했어요. 그러다 보니까 딴 데서도 또 '요놈, 두고 보자.' 이러거든요, 허허허…. 그러지도 않으면서 내용적으로는 그렇게 돼 있습니다. 그러니까 '그냥 한 그릇 놓고 전부 청하자. 그러면 뭐, 날 나쁘다 좋다, 덜 먹었다 더 먹었다 할 것이 없지 않느냐.' 이거나 똑같은 얘기입니다. 그래서 '한마음' 하면 그뿐인 것을…. '한마음' 해 놓고 '주인공' 하면 한마음이 모여서 기둥이 돼 가지고 하늘을 꿰고 땅을 디뎠는데 뭐가 탈이 납니까? 안 그렇습니까? 뭐가 탈이 납니까? 이사를 잘못해서 탈이 나고 뭐가 잘못해서 탈이 나고 조상이 잘못해서 뭐가 어떻고, 뭐가 탈이 납니까?

여러분이 지금 내가 얘기하는 그 도리를 실천해 보세요. 그래서 아들이 안 들어온다 누가 안 들어온다 이러는 것도 말로 하지 말고 '내 한마음 주인공만이 저 애를 이끌어 줄 수 있다.' 하고, 남편도 안되걸랑 '한마음 주인공만이 우리 남편을 이끌어 주겠지.' 하는 그 마음으로 믿고 놓으세요. 그렇게 안으로 찾는 거는 공덕이 되지만 바깥으로 아무리 돈을 놓고 기도를 해 보고 해 보세요, 공덕이 되나. 달마 대사가 양 무제더러 말했던 것과 같이 말입니다. 기도로는 아마 실천에 옮겨지지 않을 겁니다. 거짓말인가 해 보세요, 모두. 한번 해 보시라고요.

만약에 돈을 벌기 위해서 이런다면 내가 머릴 왜 깎아요? 네? 내가 골이 비었습니까? 이 모습을 가지고 얼마 살지도 못할 거를 아, 지금 진실한 말만 해도 다 못할 텐데, 아니 왜 가짜 짓을 합니까? 그게 얼마나 골이 빈 짓입니까. 그리고 괴롭고요. 돈 벌려니 괴롭고, 돈 봉창에 넣으려니 괴롭고, 넣으면 넣은 대로 괴롭고. 아이구, 이거 얼마나 골 빈 짓 하는 건 줄 아십니까?

참, 여러분한테 '주인공에 모든 것을 다 맡겨 놓고 살아라. 거기밖에는 해결할 수 없다. 거기밖에 감사한 데가 없다.' 이러는 것은 '재산을 버려라, 너는 이렇게 해라' 이러는 게 아닙니다. 돈 벌기보다 쓰기가 더 어렵다는 것을 여러분은 아셔야 합니다. 누가 돈을 다 버리랬나요? 올바로 쓰는 것이 벌기보다도 더 어렵다는 그 사실만 알면 되고, 우리가 죽을 때 같이 가 주지 않는다는 것만 알면 됩니다. 그러면 쓸 데다 쓰고 적절히 산다 이겁니다. 손을 펴고 오므릴 줄 모르면 반병신이죠? 또 주먹을 쥐었다가 펼 줄을 모르면 또 반병신입니다. 폈다 쥐었다 폈다 쥐었다 이래야 이게 정상이죠.

그러니까 정상적인 삶을, 그대로 삶의 보람을 느끼면서 살 줄 알아야 사람이다, 만물의 영장이다 하는 것입니다. 그리고 불자구요. 불자! 뭐 부처님이 따로 있어서 불자가 아니라 여러분이 바로 영원한 불(佛)이니까, 바로 여러분 몸은 '자(子)'니까 불자지요, 불자. 그대로 불자네요. 그러니까 부처님의 자식이죠. (대중 박수) 손바닥 치려고 하지 말구요, (가슴을 짚으시며) 마음, 이거를 아주 귀중하게 생각하세요. 손바닥 치면 나는 좋아요. (대중 박수)

두서없는 말씀을 여러분한테 드렸지만 여러분은 앞으로 지금 이

자리에서 하듯이 '내 한마음 주인공만이…' 그게 본래자성불이라는 겁니다. '내 한마음의 주인공만이 나를 이끌어 갈 수 있고 화목하게 해줄 수 있고, 내 가정을 이끌어 갈 수가 있고 병고도 바로 거기서 나온 거니까 낫게 할 수 있고 그런 것이지.' 그렇게 하고서 감사한 것도 거기요 모두 거기니까 거기에 감사하고 가시다 보면 바로 감사하다고 할 놈도 없고 감사를 받을 놈도 없고, 이렇게 될 때에 비로소 완성한 사람이라고 볼 수 있겠습니다. 여러분, 내가 두서없이 말한다고 무시하지 마세요. 저도 생각이 있습니다. 하하하…. 아무리 못났다 하더라도 생각은 있겠죠.

발이 많이 달린 돈벌레가 지나가다가 사람들이 "저렇게 다리가 많은데 걸림 없이 간다." 하는 소리를 들었거든요. 아, 가만히 생각하니까 자기도 다리가 많은데 이날까지 걸림 없이 다녔거든요. 하하하…. 그런데 그 돈벌레가 '다리가 이렇게 많으니까 걸리겠구나.' 하고 생각하는 순간 한 발짝도 떼어 놓지 못하게끔 된 거예요. 그런 것을 다시 '이거는 모두가 한 다리구나.' 하고 생각하니까 그냥 거침없이 가더랍니다. 그와 마찬가지로 여러분도 요것조것 따지지 마시고 그냥 편안하게 '한마음', 누구를 막론하고 그냥 '한마음 주인공' 이러면 됩니다. 그럭하다 보면 부처님께서 49년 설하신 그 골수의 뜻을 아실 겁니다, 아마.

그러니 여러분이 경을 말입니다, 뭐 법화경이니 화엄경이니 능엄경이니 금강경이니 반야경이니, 경도 얼마나 많습니까? 그거를 내가 평생을, 늙어 죽을 때까지뿐만 아니라 또 태어나서 또 읽고 또 태어나서 또 읽어드 끝이 없어요. 경구를 가지고는 생사를 뛰어넘을 수가 없어요. 이렇게 아주 간략하게 말씀드리죠. 사명 대사가 새를 잡아 가지고 올라가서, 여러분은 다 아시죠? "내가 이걸 놔 주겠습니까, 안 놔 주겠습니까?" 하니까 아무 소리 없이 서산 대사가 문지방을 척 양쪽을 딛고 서서 "내가 나가겠느냐, 들어가겠느냐?" 하시더라는 거예요. 여러분,

요게 중요한 겁니다. 한 다리는 바깥으로 딛고 한 다리는 안으로 디뎠는데 '안과 밖이 둘이 아니어서' 하는 거는 마음은 내 마음대로 이리로도 갈 수 있고 용도에 따라서 저리로도 갈 수 있습니다. 이건 자유스런 마음입니다.

그런데 고정되지 않았죠. '나가야만 한다' 하는 것에 매어 놓지도 않았고 '들어가야 한다' 하는 것에 매어 놓지도 않았습니다. 그래서 펴고만 있는 것도 아니고 쥐고만 있는 것도 아닙니다. 내 마음대로 펴려면 펴고 쥐려면 쥐는 거죠. 그래서 고거를 알고 넘어갈 수 있다면, 편다 쥔다 이런 거는 그냥 놓고 이걸 딛고 거름 삼아, 쥔다 편다 이런 거를 그냥 거듭 놓고 그 자리를 딛고 넘어서는 거라야만이 생사를 넘어선다 이겁니다. 그러니까 꿈도 생시고 생시도 꿈이니, 그 꿈도 꿈이요 생시도 꿈이니 그걸 그냥 딛고 넘어서는 그런 자체가 돼야만이 바로 눈 뜨고 열반을 하는 거죠.

어때요? 죽고 나서는 아무것도, 부닥침도 없고 그렇기 때문에 공부를 할 수가 없습니다. 그런데 내 한마음에서 만약에 촉각이나 미각 같은 감각, 지각, 모든 게 한데 합쳐서 움죽거린다면…. 내가 아까 얘기했죠? 원자에서 입자가 돼 가지고 분자로 해 가지고…. 예전에 박 부인은 남편을 돕기 위해서 노간주나무 이파리를 하나하나 군사로 다 만들었대요. 어때요? 모습만 보고 얘기하지 마시고 지금은 그걸 믿으셔야 됩니다. 인공위성을 띄워 놓고 전파를 통해서 우리가 세계를 두루 한다는 그 점 말입니다. 그 점을 보면 생각해 볼 수 있지 않습니까. 그거는 아무것도 아니지만 말입니다. 인공위성을 띄워 놓고도 그 비밀 번호 하나 잊어버리면, 딴 놈이 탁 채어 가면 그뿐이에요. 그러니까 여러분은 마음 보배가 능히 이 세상을 다 쥐고도 남는다는 걸 아셔야 합니다.

그래서 옛날에 그랬죠. 만공봉의 연꽃은 부처님의 설이지만, 깊은 물의 용무는 그저 한바다를 들이키고 토하고 들이키고 토하고, 내고 들이는 데에 그것이 바로 문수, 법신이라는 얘기죠. 그게 뭐냐 하면 부처님의 마음이라는 소립니다. 부처님이 따로 있어서 그런 게 아니고 부처님의 마음이 마음을 일으키니까 법이 되고, 마음을 내면 몸은 움죽거리는 거니까 화신이죠. 자꾸 변동해 가면서 움죽거리니까요.

그래서 변동해 가면서 움죽거리면서 모두 너 나 할 것 없이 서로를 위해서 일을 하니까 그것이 보현 아닙니까? 왜 따로따로 보십니까? 지신도 나요 용신도 나요, 때에 따라서 용도에 따라서 내 앞에 닥치는 대로 바로 나 아닌 게 없습니다. 신중도 나요 약사도 나요 부처도 나요, 모두 나 아님이 하나도 없습니다. 그래서 부처라고 한 거죠. 나 아님이 하나도 없어서 나도 없고 다 없는 거죠. '무(無)' 했단 말입니다. 그리고 공했다고 색과 공은 둘이 아니니라 했던 겁니다. '색이 즉 공이요, 공이 즉 색이니라.' 했던 거죠. 그러니 우리가 불교를 진짜로 알아야 합니다. 불교를 뭐 딴 사람이 가지고 있나요? 여러분이 다들 가지고 있죠. 나도 그렇구요. 영원한 생명의 근본이 바로 불이요 지금 말을 하고 있는 게 교입니다. 지금만 말합니까? 금방 여러분이 집에 돌아가서 "아, 나 배고파. 더워. 뭐 시원한 것 좀 줘." 하고 서로 말하는 게 교(敎)죠. 그리고 화목을 가져오는 거죠.

여러분은 자손들이 어릴 때부터 사랑을 길러 주세요. 어디 나가실 때는 냉장고 문에다가 편지를 붙여 놓고 가 보세요. 종이에다 뽀뽀를 해 가지고 '아무개야, 널 사랑해. 엄마가 금방 갔다 올 테니까 여기 넣은 거 꺼내 먹고 너 요렇게 요렇게 있어.' 그러면 그 글을 읽고는 "호호호, 엄마도!" 그러고선 이탈되지도 않고 엄마가 올 때까지 아주 착실하고 즐겁게 기다릴 겁니다. 여러분, 조금만 마음을 쓰신다면 남편이든 아내든 자식이든 할 것 없이 그렇게 해서 이탈하지 않게 할 수 있습니다. 우리가 핵심을 불어넣어 주지도 않고, 뿌리를 싱싱하게 해 주지도 않으면서 만날 잎만 붙들고 가지만 붙들고 흔들어 봤자 낙엽만 지죠. 그냥 화가 난다고 가지를 꺾어 버리고 이파리를 떼면서 온통 야단을 하니까 그 자식은 그렇게밖엔 될 수 없죠. 장관을 해먹을래도 부모들 때문에 못해 먹게 되는 수도 많죠.

그러니까 여러분, 좀더 진실히 생각하시고 부드럽게 말해 주세요. 여자가 나가서 난봉을 부리고 들어왔다 하더라도, 또 남자가 난봉을 부리고 들어왔다 하더라도 "여보, 좀 피곤하셨겠소. 그러니까 이거나 잡숴 보쇼." 그러고선 평소처럼 웃으면서…. 아니, 꽃이 많은데 말이요, 나비가 한두 군데 뭐, 이쪽저쪽에 가서 앉는데, 그것도 꿀 때문에 그러는 거지 꿀이 아니라면 그럴 리가 없지요, 네. (대중 웃음)

여러분이 그렇게 생각해 보십시오. 다 내버리고, 다 홀딱 내버리고 몸까지도 내버리고 갑니다. 더우면 시원한 것, 추우면 뜨뜻한 것 입혀 가면서 씻어 주면서 발라 주면서 온통 쓰다듬고 했는데도 몸이 자기 좇아가던가요? 안 좇아가죠. 그러니까 이판사판입니다. 어차피 다 벗고 갈 몸뚱이, 한 발 한 발 디딜 몸입니다. 그러니 마음공부나 잘하세요. 하하하….

요다음에 또 그렇게 태어나 가지고는 깡통끼리, 또 자식과 부모 깡통끼리 만나서 그냥 만나기만 하면 부딪치지…. 아, 소리가 얼마나 나요, 깡통이? 넝마는 넝마대로 만나고 금은 금대로 만난단 말입니다. 이것이 우연의 일치가 아닙니다. 콩 심은 데 콩 나고 팥 심은 데 팥 나요. 그러니까 만날 끼리끼리 만나죠. 그러니까 누구 탓할 거 하나도 없습니다. 은은 은대로 만나고 금은 금대로 만나고 넝마는 넝마대로 만나는데 누구 탓을 합니까? 그러니까 차라리 이판사판이에요. 어차피 그럴 일이라면 부드럽게 얘기해 주고 그러세요. 그까짓 거 얼마나 살다가 갈 거라고 그렇게 애탄지탄 덜그렁대며 살아요? 진짜 사랑을 한다면 탁 놔 주는 그 사랑이 멋진 사랑이죠! (대중 박수)

아이구, 한 시간이 넘었네요? (대중 웃음) 이 더운데, 오늘 이렇게 여러분하고 함께 했습니다. 여러분이 이렇게 앉아 계시니 나도 여러분과 같이 하기 위해서 선풍기도 이쪽에 놓지 말라고 했습니다. 왜 나만 시원해야 합니까? 나는 그래도 떨어져 있어서 좀 나은데 여러분은 같이 그렇게 끼어 앉아 있으니까 내 마음이 좋지 않습니다.

오늘부터 어떠한 일이 있어도 바깥으로는 절대 믿질 마세요. 여러분이 이 공부를 하면 위로는 조상의 묵은 빚을 갚을 것이고 아래로는 햇빛을 줄 수도 있어요! 그런데 여러분이 만약에 바깥에서 그렇게 극매고 그런다면 여러분의 묵은 빚도 갚을 수 없고 햇빛도 줄 수 없습니다. 이거를 명심하십시오, 아주! 오늘부터 그렇게 한다는 거를요. 감사합니다. (대중 박수)

무심(無心)의 도리(道理)

광명선원 법회

1991년 7월 14일

여러분과 더불어 광명선원 신축 건물 착공식을 한마음으로 한몸으로 이렇게 같이 행하게 된 것을 감사하게 생각합니다.

우리가 왜 이 세상에 나서 이렇게 공부하지 않으면 안 되는지를 말씀드릴까 합니다. 저 흙을 파내도 흙은 아무 말이 없습니다. 물도 말없이 흐르고, 봄이 오면 말없이 잎이 푸르르게 나오고 꽃이 피는가 하면 가을이 되어 저절로 낙엽이 져서 떨어지곤 하지요. 이 무상의 도리를 여러분이 알아야만 이 세상을 살 수 있으니까 말입니다. 그것뿐만이 아닙니다. '무상의 도리다' 한다면 무심의 도리도 알아야 합니다. 무심의 도리, 즉 말하자면 원천의 도리를 인천으로서, 인간의 마음으로서 모든 것이 찰나에 이렇게 돌아간다는 이 점을 여러분이 캐치해야만이 물질세계로부터 벗어나서 정신세계로 들 수 있는 수행이라고 할 수 있겠습니다.

우리가 지금 물질과학으로 첨단을 달린다고 하지만 정신세계로 첨단을 이루는 과학이 돼야만이 된다고 생각합니다. 우리의 모든 생활이 과학이니만큼 의학이나 모든 분야가 정신과학으로 첨단을 이룰 수 있어야만 되죠. 그러려면 우리 조그마한 인간의 씨가 우주를 싸고도 남음이 있고 우주를 굴리고도 남음이 있고 우주를 딛고도 남음이 있을 정도로 그렇게 광대무변하다는 것을 짐작할 수 있어야만 합니다.

우리 승려들이 여러분이 가져오는 쌀이나 물건으로 먹고 살기 위해서 머리 깎고 염불이나 하고 중노릇을 하는 게 아닙니다. 머리 깎고 입산할 때는, 사문이 될 때는 이 세상에서 부모 형제 다 버리고 그 마음 하나의 씨 없는 씨를 발견하기 위해서죠. 그럼으로써 등불을 켜서 여러분의 길잡이가 되어 컴컴한 사람을 이끌어 가고 밝음을 주기 위해서입니다. 또한 생활이 정신과학이며 의학도 정신의학이고, 일체가 정신으로부터 비롯되기에 한마음에 들지 않고는 첨단에 이를 수가 없는 것입니다. 그렇기 때문에 참 어려운, 자기 몸을 불사하는, 자기를 헌 신처럼 버리는 그러한 사문이 된 것입니다. 잘 먹고 잘 입고 놀기 위해서, 돈 벌기 위해서 한 것은 전혀 아닙니다. 그렇지 않다고 해도 아니 되지만 여러분의 생각으로만 그냥 생각하지 마시고 잘 지켜봐 주시기 바라면서 같이 한마음으로 돌아가길 바랍니다.

나는 응달에 앉았으면서 여러분은 이렇게 뜨거운 데 앉게 해서 죄송합니다. 지금 여러분한테 한 말씀 드리고자 하는 것은 번뇌 망상이 어디에서 나오느냐는 겁니다. 부모로부터 살을 빌리고 뼈를 빌려서 정자 난자와 같이 혼합이 돼서 수많은 헤아릴 수 없는 그 생명들, 모습들이 생깁니다. 거기에서 하나가 남습니다. 이긴 거죠. 그 많은 생명들 중에서 하나가 이겼습니다. 근데 몸은 받았으나 그 영혼이 거기 결부가 돼야만이 삼신을 받아서 임신이 됐다고 하는 것입니다. 그런데 여러분이 그거를 몰라서 내가 얘기해 드리는 게 아닙니다. 여러분이 더 잘 아시리라고 믿습니다.

거기에 또 묘한 것은요, 자기의 영혼이 거기에 혼합이 되는 동시에 자기가 인과로 받은 업식들이 말입니다, 악업 선업이 다, 자기 영혼이 들어가는 데 같이 포함돼서 들어간다 이겁니다. 그러다 보니까 자기 몸 하나 받아서 자라는데 그 내부에, 세포에, 오장 육부에 인과로 인해서 받은 모든 업식들이 한데 합쳐져서 길러집니다. 어린애가 자라면 자라는 대로 같이 자라죠. 그러니까 지금 수많은 생명과 모습과 의식들이 여러분 몸속에서 다 움죽거리고 생활을 합니다. 그렇게 해 주어야 비로소 여러분도 또 움죽거리게 되고 생활을 하게 됩니다. 거기서 생활을 안 해 주면 이 큰 덩어리 하나가 움죽거려지지 않습니다. '움죽거리지 않는다면' 하는 소리는, 우리 생명과 근본이 움죽거리지 않는다면 마음이 나질 않아서 이 지구도 움죽거릴 수가 없는 것과 같습니다. 폐허가 되어 버리고 말겠지요.

그러니 우리 이 몸속에 악업 선업이 한데 합쳐 있으면서 여러분을 웃게도 하고 즐겁게도 하고 아주 참 감사하게 하기도 하고, 반면에 남을 죽이기도 하고 죽이게 하기도 하고 싸움을 하게 하기도 하고 밉게 하기도 하고 증오하게 하기도 하고 화도 나게 합니다. 인과로써 거기에서 자꾸자꾸 수많은 의식들이 나옵니다. 선업을 지은 건 선업을 지은 대로 자기 마음을 통해서 바깥으로 나오게 하고, 악업은 또 지은 대로 자기 마음을 통해서 악으로 나오니 그것을 어떻게 여러분이 다 커버하고 막을 수가 있겠습니까?

나오는 것을 보면서 나쁘다 좋다 하는 마음 자체가 바로 다스리고 갈 수 있는 그 마음입니다. 여러분의 마음이 두 개 세 개는 아니지만 다스릴 수 있는 마음, 좋고 나쁜 걸 아는 마음, 이게 바로 인간의 마음이죠. 그리고 이 속에 들어 있는 그 모습들, 그 의식들에서 나오는 마음은 여러분이 다스리는 대로 따라갑니다. 좋고 나쁜 걸 아는 마음에서 생각하는 대로, 즉 인솔해 주면 인솔해 주는 대로 따라가는 그런 의식들입니다. 이런 걸 해서 나쁜지 이런 걸 해서 좋은지도 모르고 따라가죠.

그러니 여러분이 각자 좋고 나쁜 걸 아는 분들이니까 부처가 될 수 있다고 했지 않습니까. 좋고 나쁜 걸 아는 그 마음이 다스리면서 좋은 결과가 즐겁게 나오걸랑 감사하게 거기 맡겨 놓고, 또 악으로 인해서 남을 이익 되지 않게 하는 마음이 나오걸랑 침착하게 거기에 놓고 굴려서 '아! 이렇게 나쁘게 나오는 것도 거기에서 인과로 인해서 나오는 것이로구나!' 하고 다시 놓는다면, 좋은 마음을 내서 거기 이익이 되게 놓는다면 유전성도 무너지고 영계성도 무너지고 세균성도 무너지고 모두가, 오간지옥이 다 무너진다 이겁니다.

그런데 여러분은 생각나는 대로, 그냥 막 솟구쳐 오르면 솟구쳐 오르는 대로 얼굴도 변하고 행과 말도 그냥 악의적으로 쏜살같이 나가게 합니다. 남에게 누가 되게 하고 남에게 듣기 싫게 하고 남이 안되게 마음을 내서 말을 함부로 하고 이런다면 그게 악이지 다른 게 악이 아닙니다. 꼭 사람을 죽여서만 악이 아닙니다. 마음 한 번 잘못 먹으면 안 되기 때문에 남을 이익하게 하는 일은 하시고, 악한 마음이 나올 때는 거기다 놓고 한번 굴려서 다시 좋은 마음으로 나오게끔 다스리는 마음을 가지십시오.

여러분은 한마음의 도리로 모든 것을 커버해 나갈 수 있어야만 합니다. 바로 한마음이 되어야 공덕이라고 하는 것입니다. 한마음이 되지 못한다면, 둘로 보고 증오하고 원망하고 탓하고 말 함부로 하고 부드럽지 않게 행을 한다면 모두 악이 돼서 공덕이 될 수가 없는 것이죠. 남한테 시주를 많이 하고 남한테 좋은 일을 많이 했다고 해서 '내가 이렇게 좋은 일을 하고 내가 너를 위해서 이렇게 했다.'고 생각한다면 공덕이 되지 않습니다. 자식한테도 '한 게 없다'고 하는 겁니다. '나는 이렇게 했는데 너희는 이렇게 하고 있으니' 하고서 착을 갖고 원망을 하고 그런다면 그게 공덕이 되지 않는 겁니다. 한마음으로 되질 않거든요.

부처님께서는 진드기의 발 하나도 발이 아니라고 하신 적이 없기 때문에, 메뚜기의 발도 버리지 않으셨기 때문에, 저렇게 땅바닥에 뿌리를 내리고 심어져 있는 것 하나도 버리지 않으셨기 때문에 평발이라고 했던 겁니다. "내 발 아님이 없고 내 도량 아님이 없어서 평발로, 한발로 디뎠느니라." 그래서 평발이거든요. 벌레, 곤충의 발 하나도 버리지 않았기 때문입니다. 그 뜻을 생각하면 그분만이 평발이 아니라 일체의 발이 어느 것 하나 빠짐 없이 그대로 여여하고 그대로 부처님 발과 둘이 아닌 까닭에 한발이요 평발이라, 그 평발로 디뎠다는 얘깁니다. 이렇게 마음으로 행하는 법이 독불장군이 없이 같이 행하기 때문에 사장은 직원으로 인해서 직원은 사장으로 인해서, 회장은 사장으로 인해서 직원들로 인해서 이렇게 같이같이 주고받으며 먹고 사는 조화된 세상입니다.

과거 현재 미래를 한데 합쳐서 세상이라고 한 것이고 이 우주와 더불어 같이 말할 때는 대천세계라고 한 것입니다. 그럼 삼천대천세계는 어떤 것인가. 과거에도 그대로 대천이요 현실에도 대천이요 미래에도 대천이니 그 대천은 삼천대천입니다. 알아듣기 쉽게 하기 위해서 이렇게 말하는 겁니다. 책에 있는 거와 똑같이는 얘기 안 하지마는 뜻은 똑같습니다. 끊임없이 돌아가고 있거든요. 푸르른 청산이 있는가 하면 저 물은 끊임없이 흘러 돌고 있고, 끊임없이 봄이 오면 꽃이 피고 끊임없이 가을이 되면 낙엽이 지면서 사계절이 돌고 돕니다.

그러니 여러분이, 마음속에 있는 여러분의 그 마음이 수없이 나오는 거를 수없이 다스려서 거기 놓는다면, 잘되는 거는 감사하게 놓고 안되는 것은 '거기에서만이 걸리지 않고 돌아가게 할 수 있다.'는 믿음과 더불어 물러서지 않는 마음을 갖는다면 우리가 생활하는 것이 그대로 생활과학이요, 바로 참선이요 좌선입니다. 우리 공부는 끊임없는 진리를 탐구하는 데에 목적이 있는 것이요 나를 깨닫는 데 목적이 있는 것입니다.

우리나라를 한번 둘러보십시다. 우리가 지금 남의 나라처럼 기술이 요요합니까? 남의 나라처럼 마음이 그렇게 깨어서 삽니까? 정신세계로 진출해서 갑니까? 물질을 좇는 데만 여념이 없고 자기 분수를 모르고 자기 분수에 맞춰서 살 줄 모르는 분들이 많이 있습니다. 그러니 정신세계는 언제 돌아다보겠습니까. 미래의 세계에서 본다면 우리 지금 현실세계가 과거가 되고, 과거의 세계에서 본다면 정신세계가 미래의 세계입니다. 그래서 미래의 세계와 정신세계가 둘이 아니요 또는 과거와 현실이 둘이 아닌 까닭에 우린 마음으로써 항상 그렇게 다스려 가면서 모든 거를 놓는다면, 크면 큰 대로 다스리고 작으면 작은 대로 다스려서 놓는다면 화목이 오지 않을 수 없고 조화를 이루어서 끝간 데 없이 세계평화를 가져올 수 있는 여건이 주어지지 않을 수 없는 것입니다.

지금 정신과학으로 이탈 없이 가려면 여러분의 자녀들이 배우는 교과서에도 정신세계, 무심 도리의 도를 알 수 있게 해야 하죠. 무심 도리를 배워야만 물질세계에 바로 내놓을 수 있는 영력(靈力)이 생겨서 과학적인 문제를 첨단으로, 정신세계로 올려놓을 수 있는 우리나라의 주인이 될 것입니다. 남들과 같이 눈 달리고 귀 달리고 코 달리고 입 달리고, 또 우리나라 사람들은 남보다도 더 부지런하고 머리가 영리하다고 봅니다. 그런데 왜 따라가지 못하느냐 하면 보고 들은 게 없기 때문입니다. 왜 보고 들은 게 없느냐? 예를 들어서 남들이 자장면을 만들었다 합시다. 그런데 우리는 자장면을 만드는 것도 못 봤고 먹어 보지도 못했고 구경도 못했습니다. 그런데 그 사람네들은 먼저 자장면을 연구해서 만들었고 먹어 봤습니다. 내가 미국 등지로 다니면서 들어 보면 그 박사들 하는 얘기가 있습니다. 하버드대학의 미국인 박사가 이런 말을 하더군요. "당신이 말씀하듯 내 생산처가 여기 있습니다. 만질 수도 없고 볼 수도 없고 쥘 수도 없지만 내 생산처가 무궁무진하게 내 깊은 마음속에 있다는 것을 나는 증명하고 갑니다. 그런데 당신께서 그 핵심을 이렇게 여러 사람들한테 불어넣어 주시니 참 감사합니다. 남들은 그걸 믿지 않습니다." 이러는 거예요.

그러니 그러한 첨단의 무심 도리가 있다는 것을 아는 겁니다. 물론 말, 언어는 다르지마는 그 뜻은 다 똑같았습니다. 그걸 아는 사람들은 기독교나 가톨릭교에 나가지 않는답니다. 지금 가톨릭교나 기독교의 성당이나 교회가 많이 비었습니다. 난 그걸 눈으로 보고 다녔으니까요. 거기 가서 사는 한국 사람들하고 흑인들이 많이 나가요. 그런데 그걸로써 유지가 되지 않으니까 텅텅 비어 있는 성당이나 교회가 많아요. 그건 왜 그렇게 됐을까요? 내 집에 주인이 생겼기 때문입니다. 그러니까 거기 나가면 만날, 즉 말하자면 빈집 단속하라고 하는 거밖에는 없으니까 안 나가죠. 빈집, 내 마음의 빈집! 여러분도 비었다면, 주인이 없다면 '네 마음이 그렇게 한마음으로 한 그릇이 되지 못했다면 내가 한마음으로 너의 마음속에 같이 밝게 할 수가 없다. 한마음이 될 수가 없다.' 하는 거죠. 임제 스님이 "네가 주장자가 없다면 내 주장자를 주지 못할 것이고 네 주장자가 있다면 내 주장자를 줄 것이니라." 하셨듯이 말입니다. 그것은 '네가 주장자가 없다면 빈집이 돼서 털구멍을 통하고 콧구멍을 통하고 눈구멍을 통해서 바로 세균성, 영계성, 귀신들, 도깨비 모두가 들랑날랑거려서 녹이 슬고 거미줄이 생기고 곰팡이가 슬고 그래서 그 집은 그냥 순간 망가질 수 있느니라.' 그런 뜻입니다.

그러니 이렇게 가르쳐 드릴 때 여러분이 진짜로 믿어야 합니다. 주인이 나한테 있다는 것을, 생산처가 나한테 있다는 사실을 여러분이 깨닫지 못하고 알지 못한다면 빈집이 될 것입니다. 여러분은 항상 신이 바깥에 있는 줄 알고, 잘되게 해 달라고 바깥으로 관세음보살 찾고 문수보살 찾고 보현보살 찾고, 칠성부처 찾고 지장보살 찾고 약사보살 찾고 아무리 해 봐도 그건 허탕이에요. 공덕이 될 수가 없어요. 한마음이 되지 않는데 어떻게 공덕이 될 수가 있겠습니까.

여러분의 마음이 생산처인 줄 알고 일체가 평등공법임을 아시고 칠보활궁공법을 아시고 수레공법을 아신다면, 사무 사유(四無四有) 팔수레공법을 아신다면 여러분의 마음이 스스로 한마음이 돼서 저 나무 이파리 하나도 버리지 않고 저 꽃 한 송이 풀 한 포기도 버리지 않고,

또 하나도 버릴 게 없다는 사실을 알게 됩니다. 그래서 부처님이 말씀하시기를 "삼십이응신으로서 천백억화신으로서 법신으로서 모두가 화해서 응해 주시느니라." 하셨습니다. 꽃 한 송이가 원을 해도 응해 주시고 곤충 하나가 원을 해도 응해 주신다 이거예요. 응해 주신다는 뜻은 한마음이 되어 주신다 이거지요. 찰나에 한마음으로 들어 주시고 찰나에 한마음이 너 나로 분리돼서 또 한 찰나에 나시고, 이게 달라 하면 이게 달라는 대로 저게 달라 하면 저게 달라는 대로 응해 주시는 그분이, 바로 부처라고 이름할 게 없는 것이 바로 부처니라. 내가 어떤 것이 되어서 한마음이 돼 줄 때에 나라고 하고 내가 해 주었다고 하며 부처라고 할 수 있겠는가? 부처라는 것은 이름 없는 것이 부처이고 그 이름 없이 행하는 것이 바로 법성신이니라.

그러니 여러분도 인간으로 태어났다면 수억겁을 거쳐서 쫓고 쫓기면서 진화돼서 인간까지 올라온 것이니까 이 몸속에 있는, 내 인과에 따라서 만난 인연들, 중생들을 내 한마음으로 뭉쳐서 모두 인간으로 화하게 만들어야 되지 않겠느냐 이겁니다. 만약에 독사의 모습이라면 그 독사의 모습을 면치 못하고 끝간 데 없이 악독한 그 모습을 가지고서 행해야 되고, 그 모습을 벗을 길이 없어서 오백 생을 지내야만이 또 한 번 인도환생할 수 있는 기회가 있는 것입니다. 그런 어두움 속에서 헤매는 곤충이나 짐승들의 모습을 가지고 우리가 살아야만 하겠습니까? 인간으로 살았으면 인간의 습이 있을 거고 곤충으로 살았으면 곤충의 습이 있을 거고 독사로 살았으면 독사의 습이 있을 거고 소로 살았다면 소의 습이 있을 겁니다. 그러니 그 모든 습을, 모든 걸 놔라 이겁니다. 습에 끄달린다면, 관습에 끄달린다면 절대로 그 고덩어리 속에서는 헤어날 수가 없습니다. 그러니 벌써 그건 내 몸으로부터 우리 가정, 우리 사회, 국가, 세계, 우주에 이르기까지 다 손해입니다.

젊은 분들은 임신을 했더라도 한생각으로 그렇게 마음을 갖는다면 어머니의 마음을 충분히 받아서 그 아기도 잘 자랄 것이고, 그저 싸움이나 하고 악의적으로 남을 원망이나 하는 마음을 가졌다면 그 아기도 따라서 그런 의식을 가질 겁니다. 그러니 콩 심은 데 콩 나고 팥 심은 데 팥 나죠. 어머니의 교양이 얼마나 참, 태아의 이미지로 부착되는지 아십니까? 그런데 하물며 여러분 속에 그 많은 생명의 의식들이 여러분의 마음 따라서 움죽거리니, 여러분은 어떻게 생각하십니까? 이건 기가 막힐 일입니다.

그러니 내가 항상 여러분한테 말씀드리는 것은, 만약에 이게 팥죽 솥이라면 주걱으로 익으라고 젓는 놈은 바로 여러분이 다스릴 수 있는, 좋고 나쁜 걸 아는 고 마음, 고놈입니다. 그런데 팥죽 솥에서 불끈 불끈 불끈 그냥 수없이 일어나는 그 팥죽 방울은 그저 아무것도 모르고 그냥 자동적으로 나오는 겁니다. 좋은 말을 들으면 그냥 아주 좋아하고, 또 '너 죽일 년이래' '죽일 놈이래' 이러고 회사에서도 '너는 벌써 이렇다더라, 윗분들이 이렇게 말을 하더라' 이러면 그냥 화가 불쑥 나고 기가 이만큼 올라서 죽일 것 같은 그런 심정이 되거든요. 고렇게 만든다고요. 듣는 대로 만들고 보는 대로 만들고 행하는 대로 만들고 이러니까, 그 마음이 팥죽 솥에서 팥죽 방울 일어나듯 불릉불릉 일어납니다. 여기서 일어나지 않으면 저기서 일어나고 저기서 일어나지 않으면 여기서 일어나고, 지나가면 또 일어나고 지나가면 또 일어나면서 기쁜 마음은 그저 잠시잠깐이고 삶의 보람 있는 고 순간은 바람결같이 스쳐 갈 뿐이죠. 그러니 24시간 동안에 즐거운 마음이 몇 초나 들까요? 모두가 그렇게 돌아가는 그 자체를, 즐거워도 즐거워하지도 말고 거기에 착 놓고 '이 즐거움도 거기서 즐겁게 나오게 했구나. 또 괴로움도 거기서 괴롭게 나오게 했구나. 모두가 그놈한테서 나온 거로구나!' 이러면서 지켜보시라 이겁니다. 팥죽 속에서 팥죽 방울이 다 나온 거지 팥죽이 없는데 어떻게 팥죽 방울이 나오겠습니까, 네?

그러니 그렇게 팥죽 방울이 많이 나와서 꺼지고 일어나고 꺼지고 일어나고 꺼지고 일어나고 그러듯이, 여러분의 살림살이가 다 팥죽 솥에서 팥죽 끓듯 하는 살림살이입니다. 여러분이 지금 먹고 싸 버리고, 보면 없어지고 들으면 없어집니다. 여러분이 짊어지고 다니시는 것이 있다면 내놓으십시오. 여러분이 여기 오신 그 발자취가 있다면 내놓으십시오. 그 자취를 걸머지고 다니는 마음이 있다면 내놓으시라구요. 그래서 여러분은 한 사이가 없고 고정됨이 없고 그대로 여여하게, 나쁘든 좋든 울든 웃든 죽든 살든 부서지든 변하든 그대로 여여하게 그냥 끊임없이 지금 흘러 돌고 있습니다, 쳇바퀴 돌듯.

그런데 여러분, 이렇게 죽든 저렇게 죽든 사대(四大)가 흩어져도 그 의식은 남아서 또 고생할 바에야 살아서 아주 죽어 버려요. 살아서 죽는 것이 열반이지 그냥 죽는 것은 열반이 아닙니다. 여러분이 살아 있으면서 마음이 죽어야 하고 그리고 죽은 그 마음이, 바로 살아 있는 것도 아니요 죽어 있는 것도 아닌 가운데서 다스릴 수 있는 그 마음이 한 주먹이 불끈 솟아서 하늘을 받치고 땅을 한 발로 디뎠다는 그 사실을, 그리고 또 한마음으로 모든 수레를 굴린다는 그 자체를 아셔야 할 것입니다. 그렇게 해서 다 놓고, 놓는 마음에서 자기가 하는 사이가 없이 한마음 낸다면 그게 법이거든요. 여러분은 몇 번 나오고는 "스님한테 가서, 절에 가서 정성을 지극하게 했는데도 안됩니다. 스님이 하라는 대로 했는데 안돼요." 이렇게 말하거든요. 아니, 그렇게 값싼 마음이라면 어찌 마음공부를 하라고 그러겠습니까?

다스리는 그 마음의 보배를 간직하면서, 나오는 여러 마음을 다스릴 수 있는 그 마음, 다스리면서 거기 놓을 수 있는 그 마음이 있다면 또 굴릴 수 있는 마음이 생기는 겁니다. 생활 속에서 병이 났어도 너무 늦지 않았으면 낫게 할 수 있고 너무 늦었으면 몸을 바꿔서 또다시 이 세상에 나와서 두루 이끌어 갈 수 있는 능력자로서 공덕을 펴게 하고…, 이렇게 여러분이 한생각 내서 그렇게 할 수 있다면 바로 그것이 끝간 데 없이 공덕을 받아서…. 악업도 수미산만한가 하면 선업도 수미산만하다 이겁니다. 여러분이 악업도 없고 선업도 없이 공덕을 받는다면 더욱더 좋구요. 우리가 이렇게 사람으로서 있지만 이 도리의 공덕을 모른다면, 그리고 무심도법을 모른다면, 우리가 그것을 가지고 있으면서도 모른다면 앞으로 이 조그마한 우리나라와 우리의 삶은 어떻게 되겠습니까.

여러분이 만약에 지금 마음공부 하셨다가 이다음에 몸을 원점으로, 사대로 흩뜨려 보내고도 그 마음이 이 세상에 보배 씨로 출현해서 정말 무심도법의 첨단 과학자가 된다면 우리나라는 '왔다' 입니다. 정말입니다. 그렇게 해서 앞으로 이끌어 나갈 수 있는 대능력자가 되고 대자유인이 돼서 자력과 광력과 전력과 통신력을 자재로이 끌어서 연구할 수 있고 가르칠 수 있으며, 그런 연구와 그런 기술과 그런 의학과 그런 문화 문명을 꽃피우게 할 수 있을 것입니다. 또 지금 여러분이 공부한 도리를 내놓아서 만약에 우리나라의 교과서로 나가게 한다면, 유의 세계 무의 세계 모든 걸, 즉 말하자면 물질세계 정신세계를 종합해서 교과서에 실리게 한다면, 또 그것을 배우면서 우리의 물리가 터진다면 기술과 과학 분야에 첨단을 걷게 할 수 있는 능력자가 많이 배출되어 아마 우죽 쏟아지듯 할 겁니다. 한두 건이 아닙니다. 우리가 모자라는 것을 어떻게 말로 다 하리까. 그래서 이 한 가지만 대물리가 터진다면 바로 여러분의 몸과 가정을 이끌어 가는 것은 물론이거니와 우리가 정치인이 아니라 할지라도 사회나 국가를 이끌어 나가는 데에는 정말 (엄지손가락을 들어 보이시며) 최고입니다. 또 우리가 우주적으로도 알아야 첨단을 가져올 수 있는 과학자가 되는 것이죠.

왜냐하면 지금 모두가 물질로써 뭉쳐져 있는데 그 물질로 뭉쳐져 있는 자체가 바로 바탕이 되고 있으니까요. 바탕이 되고 있어요. 뭐냐? 지수화풍(地水火風) 바탕이요. 그 지수화풍 바탕 때문에 이 컵이 나왔다 이겁니다. 컵이 생겼죠. 네 가지가 모두 한데 합쳤는데, 또 사람이 있어야 되죠. 다섯 가지가 합쳐서 하나가 나왔는데 우리가 이 도리를, 무심의 도법을 정말 캐치한다면 모든 것을 지수화풍의 그 바탕에 의해 광력 전력 자력 통신력으로 능히 들이고 내고 하면서 정신과학으로 일체를 이끌고 갈 수 있는 첨단의 길을 걷게 될 겁니다.

이게 부처님이 가르치신 산 법문이요. 부처님께서는 바로 실천궁행하는 이런 도법을 가르치신 거지 '너는 죽어서 천당에 간다' 이런 법을 가르치신 게 아닙니다. 왜 그런 줄 아십니까? 여러분이 물질세계의 의식을 가지고 있다면 바로 거기에 끄달려서, 죽었다 해도 여러분 육신 속에 있는 그 생명체들의 의식이 다, 바깥으로 나와서 재생하면 그리로 또 같이 하려고 여러분을 그림자처럼 따라다닙니다. 내가 천부당만부당한 소리를 하는 게 아닙니다. 허허허…. 그래서 죽게 되면 부처님 성전에 같이 한자리를 할 수가 없다 이 소립니다. 살아생전에 독사한테 물리고 뱀한테 물리고 곤충한테 물리고 짐승한테 물릴까 봐 무서워하던 의식이 있어서 거길 건너가지 못하죠.

우리가 물질 사회에서 살다 보니까 모두가 물질화로 아주 백비가 돼 버렸어요. 그래서 자기 마음이 체가 없다는 그 소식도 몰라요. 그런 인식을 못하기 때문에 의식적으로 그런 거를 가지고 있단 말이에요. 아주 잠재해 있어요. 그래, 죽으면 체가 없는 혼백인데도 자기가 체가 있는 양, 물을 건너가야 하는데 빠져 죽을까 봐 못 건너가는 거죠. 그리고 배 오기를 기다리며 십 년이 되든 오백 생이 되든 거기 섰으니 아니, 배가 옵니까? 글쎄 빠져 죽을까 봐 못 가는 거예요. 한생각, 한 찰나면 그냥 건너갈 수 있는데도 불구하고 우리가 물질적 의식으로만 살았기 때문에 그렇단 말입니다. 그래서 그걸 다 벗어 놔라 이 소립니다. 물이 깊어서 빠져 죽을까 봐 배 오기만 기다리니 어떻게 부처님 세계의 맛을 볼 것입니까. 그러니까 '요단강 건너가 만나리' '아제아제 바라아제 바라승아제' 이러고 있지요.

세 단계의 또 한 가지를 말하자면, 여러분이 타 죽을까 봐 못 건너가는 데가 있어요. 우주의 모든 것이 돌아가는 것도 불바퀴입니다. 우리 마음들이 돌아가는 것도 불바퀴예요. 생명의 근본이 없으면 돌아갈 수가 없거든요. 바로 사대가 무너지면 다 원점으로 돌아가면서 내 마음은 그대로. 자기 그릇대로 차원대로 그냥 가는 거지요. 또 어디 가서 태어나야 하는데, 즉 말하자면 소 부부가 사는 데로 들어가질 않나, 새 부부가 사는 데로 들어가질 않나, 짐승들 곤충들 사는 데로 들어가질 않나. 자기가 모르니까, 귀도 먹고 눈도 멀었으니 어찌 그것을 다 보고 들어가리요, 이거예요. 합류화될 것인가 이거예요.

그러니까 깡통은 깡통대로 한데 모이고 금은 금대로 모이고 무쇠는 무쇠대로 모이죠. 우리 사람 사는 것도 정치인은 정치인대로 모이고 공업가는 공업가대로 모이고 상인은 상인대로 모이고 이러죠? 그렇게만 얘기해도 알겠죠. 그냥 자연적으로 모이듯이 그렇게 모인단 말입니다. 그러면 자기 마음이 그 그릇밖에 안 되기 때문에 새집에 들어가질 않나, 독사집에 들어가지 않나, 염소집에 들어가지 않나, 개집에 들어가지 않나! 도대체 이렇게 몰라서야 어떻게 하겠습니까.

그러니 여러분이 물질적인 의식들을 다 놓는다면, 지수화풍으로 흩어진다 하더라도 마음의 그 첨단을 알고 한생각 끄떡하면 벌써 건너가 있고 끄떡하면 저기 가 있고 만 리라도 끄떡하면 가 있고, 내 몸 아닌 내 몸이 수없이 입자가 되고 분자가 돼 가지고 수없는 중생을 건지고, 수없는 중생을 제도하고, 수없는 중생을 이끌어 가고, 이렇게 하는 여러분이 될 수 있는데도 불구하고 그렇다 이겁니다. 자력은 인간의 마음으로 쓰기 때문에 한계가 없지만 자석은 물질이라 쓰는 데 한계가 있죠. 그렇기 때문에 여러분의 마음이 무한계의 도리를 알 때 무심의 도법으로 가만히 앉아서 이 세상만사를 한 주먹에 놓고, 보려면 보고 말려면 말고 가려면 가고 말려면 말고 자유자재하더라 이런 거지요.

그러니 그러한 능력을 가진 사람들로서 자유자재하더라 이거지요. 모두 내 자식 아님이 없고 남의 자식도 내 자식 아님이 없고, 남의 부모도 내 부모 아님이 없고, 내 형제 아님이 없고 나 아님이 없으니 풀 한 포기도 내 생명 아닌 게 하나도 없더라. 이심전심으로, 한마음 한뜻으로 모두 공생 공용 공체 공식화 하고 돌아가고 조화를 이루고 있는 이 진리가, 끝간 데 없는 진리가 바로 한마음 속에서 나오는 거로구나. 마음 자체의 씨가 바로 보배로구나. 그러면서도 쥘 수도 없고 볼 수도 없는 그 자체가 바로 무엇이냐? 허공을 쥘 수 없고 볼 수 없고 가질 수 없는 것처럼 여러분이 가지고 있는 자체의 그 마음이 그렇게 쥘 수도 없고 볼 수도 없고 가질 수도 없기 때문에 묘법을 이루고 나가는 겁니다. 천지의 근본도 인간의 근본에 바로 직결돼 있고 가설이 돼 있다는 그 사실을 여러분은 직감할 수 있게 됩니다. 우리 마음이요, 아까 얘기를 했어도 가만히 보니까 그냥 희미하게 가는 것 같아요. 허이구, 참!

여러분 육신 속에 들어 있는 그 마음들이, 의식들이 헤아릴 수가 없습니다. 공장이라고 해도 되지마는 세계라고 해도 됩니다. 위라는 세상, 장이라는 세상, 간장이라는 세상, 소장이라는 세상, 이름이 그렇게 많아서 이걸 세계라고 하죠. 그냥 여러분을 해꼬지하게도 나오고 남을 해꼬지하게 마음을 일으키게도 하는 모든 의식들을 침착하게 생각해서 거기에다가 맡겨 놓고, 거기에서 나온 거니까 거기에서 해결할 수 있게끔 다 놓고 나는 종노릇을 하십시오. 몸은 종노릇을 하면서 그 다스리는 마음은 항상 한마음으로 돼 주고 겸손하게 돼 주시란 얘깁니다.

아니, 내 몸속에 있는 진드기가 보기 싫고, 촌챙이가 보기 싫고, 거위가 보기 싫고 이렇다면 어떻게 내 몸을 이끌고 다닙니까? 그러니 그것도 존중해 줘야지요. '아! 그것도 나로구나. 나를 끌고 다니는 바로 너로구나!' 하고서 한마음으로 인정을 해 줘야지요. 여러분이 인정을 해 주고 '너희가 모두, 하나도 버릴 게 없이 나로구나!' 하고 인정을 해 줘야 자기 죽이는 법이 없죠. 자기가 자기 죽이는 법은 없어요.

여러분이 생각하고 말하는 대로 따라가는 거니까 그걸 명심하시라 이겁니다. 자식도 잘못하면 "저 도둑놈의 새끼, 저놈의 새끼 믿고 가르쳤더니 나를 이렇게 한다." 그러지만 그것도 그렇게 돼 있는 겁니다. 그러니 부모는 주는 게 부모지 받는 게, 달라고 하는 게 부모가 아닙니다. 모든 것을 다 주십시오. 거미의 부모도 자식들한테 다 주고 자기는 껍데기로 화해서 그냥 말라서 가루가 돼 버립니다. 어머니는 알을 낳아 놓고 그 자식들을 위해서 다 주고선 떠납니다.

그래서 여러분도 아낌없이, 자식이 죽게 되면 생명을 대신해 주리만큼 그렇게 자식들을 귀하게 생각하면서 자기는 껍데기로, 껍데기로 껍데기로 이렇게 차츰차츰 변해 갑니다. 그렇게 자기는 껍데기만 남아서 나중에 함께 가자고 해도 자식들이 안 가지요. 몸뚱이도 가지 않죠. 자기 따라 안 갑니다. 그러니까 그렇게 아무리 자식을 사랑하고 아무리 부부지간에 사랑했다, 아무리 재산을 사랑했다, 집을 닦고 깨끗하게 잘해 놨다, 몸뚱이를 깨끗하게 씻고 바르고 온통 귀걸이를 달고 잘했다 할지라도 그것들이 여러분을 따라가지 않습니다.

우리가 캠핑 와서 그저 조금 먹고 살기 위해서, 좀 놀다가 가기 위해서 바람처럼 구름처럼 풀잎의 이슬처럼 왔다가도 그냥 스쳐 가듯이 그냥 또 다 버리고 가는 거죠. 애들이 공기를 놀다가도, 내 땅 네 땅 하고 놀다가도 저녁때 엄마가 부르면 으레 다 버리고 툭툭 털고 일어서듯이 인생도 그렇단 말이죠.

여러분이 생각을 깊이 해서 무한의 도리를 여러분이 다 가지고 있다는 사실을 아시고 공부를 열심히 하셔서 현실에서도 남의 뿌리를 싱싱하게 도와주십시오. 뿌리를 도와주면 이파리도 가장구도 싱싱하게 될 것입니다. 그렇게 서로 한마음으로 도와주면서 건져 주면서, 자기가 예쁘다고 뿌려 놓은 씨도 건지면서, 사랑하는 부부지간에도 서로 도와가면서 조화를 이루고 화목하게 한다면 젊은이들이 아마 스스로 첨단의 심성과학자가 돼서 우리나라를 능히 이끌고 나아갈 수 있는 주인이 될 것입니다. 여러분 모두가 한마음 한뜻으로 그렇게 할 때, 저 풀 이파리 하나도 한마음 아닌 게 없이 그렇게 될 때 그 한마음 속에서 일꾼이 나온다는 거를 아셔야 됩니다.

그런 마음이 없다면 이 나라에 일꾼이 생기지도 않을 뿐만 아니라 바람결처럼 스쳐 가는 그러한 논다니로서 정치를 하는 사람만이 생겨서, 부모가 잘못하면 자식이 고생하듯 우리 국민은 서로가 고생을 하게 마련입니다. 그러니 자식들도 부모를 위해서, 부모가 그렇게 잘하도록 만드는 자식들이 되어야만이 우리 국민 속에서 그런 부모가 생길 수 있게 되는 것입니다. 아침 종성(鍾聲)에도 있듯이 여러분의 마음들이 모두 그렇게 해 나갈 수 있는 마음이라면 참, 앞으로 이 나라뿐만 아니라 여러분 가정에도 화목한 꽃이, 인꽃이 필 것입니다. 그리고 꼭 될 것이라고 믿습니다.

오늘 두서없이 이렇게 말씀드렸습니다만, 나는 '바담 풍' 하더라도 여러분은 '바람 풍'으로 알아들으십시오. 나는 두서없이 말했더라도 차근차근히 생각하셔서 내 한마음을 그렇게만 한다면 자식들도 길을 잃지 않을 것이요 내 부모 조상들도 길을 찾을 것이요 묵은 빚을 갚을 것이요 햇빛을 줄 것입니다. '부처님의 그 마음과 조상의 마음과 자식의 마음, 풀 한 포기의 마음이 둘이 아니게 모두 합쳐서 나의 마음속에 찰나찰나 들고 나시니 어찌 내가 당당치 않으리요.' 하고서 나가실 겁니다.

두서없이 말씀드려서 죄송합니다. 난 그렇게 모르는 사람이거든요. 그러니까 그걸 양해하시구요, 잘 배우신 양반들이 침착하고 체계 있게 생각하시고 한번 써 놨다가 또 한번 보시고 이렇게 하면서 다스려 나가시기 바랍니다. (합장하심)

사회자 다음은 오늘 준공법회에 즈음하여 먼저 무애 스님 인사 말씀이 있겠습니다.

무애 스님 오늘 이렇게 더운 날씨에 큰스님 말씀을 한 시간 가까이 들었습니다만 전혀 지루하지 않고 덥지 않은 연유가 무엇인지 모르겠습니다. 여러분 마음도 또한 이렇게 다 밝으니 아마 많은 감응을 얻으신 것 같습니다. 그러니 어찌 이게 공덕이 안 되겠습니까.

우리가 알맹이부터 시작하면 껍데기는 저절로 커지지만 껍데기부터 커지면 알맹이가 들지 않듯이 우리 도량도 공부하시는 스님들과 신도 분들이 있음으로써 더 커지게 되는 이런 계기를 갖는 것 같습니다. 복 짓는다고 쫓아다니면서 한 시주는 공덕이 되지 않겠지마는 한마음으로 시주한 것은 참공덕이 되리라고 봅니다.

또 김 선생님께서, 전에도 이곳의 중창 불사를 하셨다고 들었는데 이번에도 겸손한 마음으로 이렇게 시주해 주셨으니 이 도량에서 모든 분들이 수행 정진을 열심히 하신다면 아마 도량이 더욱 빛나게 되리라고 봅니다. 계속 시주를 받고 있는데 다음에는 종각도 세울 계획을 하고 있습니다. 뜻이 있으신 분들께서는 언제라도 찾아 주십시오. 저희는 복 짓는 일이라고 강요해서 하지 않습니다. 진짜 마음으로 우러나서 동참해 주시면 아마 두루두루 공덕이 되리라고 봅니다. 오늘 이렇게 많이 참여해 주셔서 고맙습니다. 앞으로도 공부하는 데 많이 동참해 주셔서 각자가 무량공덕을 지으시기 바랍니다. 감사합니다.

큰스님 내가 잠깐 말귀를 잡아야 되겠군요. 여러분이 '내가 요만한 시주를 하면 그만큼 나한테 오겠지.' 이렇게 하지 마시고 지금 여기 무애 스님이 말씀하시는 거하고 똑같이, 우리가 무주상 보시를 한다면 여러분 앞에 무주상 보시로 돌아갈 겁니다. 그러니까 지금 부산이든 광주든 본원이든 여기든 어디고 간에 불사가 다 있습니다. 다 있는데, 어디든지 무주상 보시로 하시면 무주상 보시로 갈 겁니다. 여러분이 해 놓은 것은 여러분이 갖지 않는 게 없으니 누구를 줬다 안 줬다 할 것도 없죠. 감사합니다.

생활 불교

울산지원 개원 대법회

1991년 8월 11일

지난번에도 울산 여러분과 같이 한자리를 한 바가 있었는데 이번이 두 번째입니다. 여러분의 신심이 돈독해서 여기에 지원이 마련됐습니다. 내 집도 아니고 여러분과 똑같은 한마음 여래의 집입니다. 여러분이 공부하는 장소죠.

부처님을 한 분만 모셔 놓은 것은 그 부처님이 여러분과 몸이 둘이 아닌 것이요, 여러분과 마음이 둘이 아닌 것이요, 여러분과 생명이 둘이 아닌 것을 여러분이 꼭 아셔야 되기 때문입니다. 부처님께서는 옛날부터 "내 고깃덩어리를 보지 말라. 내 골수를 알라."라고 말씀하셨습니다. 여러분뿐만 아니라 모두가, 미래의 정신계가 지금 물질계의 참나와 더불어 같이 돌아가는 줄 모르고 항상 기복으로 허덕이고 있습니다. 내가 '기복으로 해라, 말아라' 할 권리는 없습니다만 앞으로는 점점 미래의 정신세계와 더불어 같이 내 마음의 굴레에서 벗어나지 않으면 살기가 힘들어진다는 걸 아셔야 합니다.

우리가 스님이든 아니든, 다른 종교인이라 할지라도 불교 아닌 바가 없으니 이 공부를 꼭 해야만 합니다. 불(佛)은 영원한 근본, 즉 생명, 움죽거리지 않는 근본이며 우리가 지금 이렇게 말하고 있는 거는 교(敎)이기 때문에 불교라고 한 것입니다. 단어 그대로 불교라는 것은 영원한, 즉 말하자면 끝간 데 없는 진리를 말한 것입니다. 풀 한 포기, 나무 한 그루, 물 불 바람 흙, 이런 것도 불교 아닌 게 없습니다.

우리는 지수화풍으로 뭉쳐졌습니다. 지수화풍이 한데 합쳐졌기 때문에 생명이 생겨났고 생명이 생겨났기 때문에 우리가 지금 수억겁을 거쳐서 진화돼서 인간까지 올라왔다고 봅니다. 이 말을 하려면 말도 길고 그렇지만 말한 사이가 없는 거죠. 왜냐하면 말 한마디 하면 그냥 과거로 돌아가기 때문입니다. 시간과 공간을 초월해서 지금도 돌아가고 있고, 어디가 머리고 어디가 발인지도 모르게끔 돌아가고 있습니다. 여러분이 그것을 납득 못할는지 모르겠습니다마는 말입니다. 불교는 그렇게 끝간 데 없이, 지금 프로펠러가 돌아가듯 돌아가는데 부처님께서는 '불바퀴가 돌아간다' 고 하셨고 '우주 전체의 불바퀴' 라고 하셨고 '우리 불성을 먼저 알라' 고 하셨습니다. 외국에서는 블랙홀이라고 그렇게 말합디다마는 블랙홀이라는 그 생산처는 바로 내 가슴에 직결돼 있다는 말을 하고 싶군요.

여러분이 지금 여기 울산 지역에 살면서 담을 뚱그렇게 쳐 놓고 담 바깥에서는 천야만야한 데로 떨어지는 줄도 모르고 그 안에서만 아주 안이하게 살 수 있는 것처럼 생각하지 마시고, 될 수 있으면 한번 바깥도 내다볼 수 있는 기회가 있었으면 좋겠습니다. 여러분의 마음은 바로 땅속이나 물속이나 저 허공이나 다른 혹성이나 별성이나 어디고 아니 다니는 데 없이 다닐 수 있는 능력을 가지고 있습니다. 지수화풍이 존재하는 한 여러분은 그게 바탕이 돼서 오신통이라는 문제도 굴릴 수 있는 겁니다. 바로 법바퀴를 말입니다.

그 법바퀴를 굴릴 수 있는 것은 여러분이 지수화풍을 바탕으로 하고 있어서 광력 전력 자력 통신력이 충만하게 갖추어져 있기 때문입니다. 지금도 그렇게 과학적으로도 쓰고 있고 의학적으로도 쓰고 있고 모두 쓰고 있지 않습니까? 남녀노소를 막론해 놓고 우리 앞에 광력이나 전력이나 자력이나 통신력이라는 재료가 충만히 있다는 것을 여러분은 아셔야 합니다. 바로 50%의 저 언덕을 몰라서 생각을 안 하기 때문에, 과거 50%를 생각지도 않고 현재 50%만 가지고 생각을 하고 사시는 분들이기 때문에 모를 뿐입니다. 지금은 그런 시대가 아니라는 것을 여러분은 아셔야 합니다.

재차 말하지만 지수화풍으로 바탕이 돼서 생명이 생겨나서 미생물의 시대도 있었고 곤충의 시대도 있었고 짐승들의 시대도 있었고 공룡의 시대도 있었고, 그 외에 여러 가지 난폭한 짐승들의 시대도 있었고, 또 인간이 될 수 있는 진화력을 가지고 실험하는 시대도 있었고, 인간이 되는 시대도 있었고 인간이 증발해 버리는 시대도 있었는데, 지금 현재에도 그렇게 돌아가고 있습니다.

법당에 가서 절이나 하고 음식이나 놓고 돈이나 놓고 잘되게 해 달라고 빌면 불자가 되는 줄 알지 마십시오. 어느 종교인을 막론해 놓고 이 세상에 태어났다면 다 불자입니다. 불자는 불자대로 불자 노릇을 해야 불자가 아니겠습니까? 그게 무슨 소리냐 하면 자기의 근본을 알고, 우주의 근본이 자기의 근본 속에 있고 이 세상 돌아가는 것 모두가 자기 마음속의 근본에 가설이 돼서 같이 한마음으로 돌아간다는 그 뜻을 여러분은 아셔야 합니다. 허공을 믿을 것도 아니고 이름을 믿을 것도 아니고 우리 스님네들 고깃덩어리를 믿을 것도 아닙니다. 그리고 이름도 믿을 게 아닙니다. 여러분이 평상시에 살고 돌아가고 하는 그 자체 속에 바로 부처가 있고 법신이 있고 화신이 있습니다. 여러분은 움죽거리지 않는 근본이 있기 때문에 바로 마음을 낼 수가 있고 마음을 낼 수가 있기 때문에 바로 몸이 움죽거릴 수가 있는 것입니다. 여러분을 누가 끌고 갑니까. 저 허공에 부처가 있어서 여러분을 끌고 가는 게 아니라 바로 여러분의 마음이 여러분 몸을 끌고 다닙니다.

그리고 또 여러분이 과거에 살 때 한 것만큼, 인연을 맺은 것만큼, 악으로 맺었으면 악이요 선으로 맺었으면 선이요, 악업 선업이 다, 인연으로 인해서 만난 그 모임들이 바로 여러분의 몸속에 있다는 사실을 여러분은 의심해서는 아니 됩니다. 여러분 몸속에서 시키는 대로, 파워가 일어나면 일어나는 대로 벌어지는 것은 바로 도청 입력이 돼 있기 때문입니다. 자동적으로 말입니다. 그러니 여러분이 잘돼 보겠다고 어디를 가더라도 '이 집을 떠나서 다른 데로 가면 잘되겠지. 이 직장을 벗어나서 딴 데로 가면 잘되겠지.' 이래도 업식들은 여러분의 합쳐진 그 도청 입력기에 입력이 돼서 그림자처럼 따라다니기 때문에 그걸 벗어날 수가 없습니다.

여러분이 과거에 살면서 생각했던 것이나 지금 살아가면서 생각하는 것들이 자꾸 입력이 되는 것은 도청이 되기 때문입니다. 우주간 법계에서 다 통하고 있고 이 세상에서 다 통하고 있습니다. 생각을 어떻게 하는지를 자기가 알기 때문에 바로 자기 마음속에 입력이 됩니다. 도청이 돼 있기 때문에 여러분이 생각하는 대로 자동적으로 입력이 되며, 그것을 벗어날 수가 없게 그림자처럼 좇아다니는 게 바로 도청기 때문입니다.

사람을 죽였는지 남에게 해를 끼치는 생각을 했는지 누가 압니까? 그러나 본인들은 잘 알고 있습니다. 본인들이 모르겠습니까? 남한테 좋은 일을 했으면 즐거운 마음을 가졌을 테고 남을 언짢게, 이익하지 못하게 생각했다면 바로 자기가 아는 거죠. 자기한테 모두 있기 때문에 그걸 벗어날 수가 없는 거죠. 한 찰나에 연락이 다 되며 한 찰나에 들고 나며 한 찰나에 오고 감이 없이 오고 가는 그 자체가 바로 지금 현실의 여러분이 살고 있는 생활이거든요. 그러니 여러분이 어떻게 부정하겠습니까? 내가 아니다, 그렇다 하고 어떻게 변명을 하겠습니까? 여러분이 행하고 있는 그 사실을, 여러분이 다 알고 있는 걸 어떻게 변명을 하겠습니까? 그러나 자기 손가락이 자기 손가락을 꺾지 못하고 자기 손가락이 자기 손가락을 죽이지 못합니다. 여러분이 지금 그 고통

속에서 벗어나려면 어떻게 해야 할까요?

여러분한테 항상 말씀해 드립니다. 컴퓨터가 바로 여러분한테 있고 팩시밀리가 여러분한테 있고, 탐지기가 바로 여러분한테 있고 무전통신기가 여러분한테 있고, 천체망원경이 여러분한테 있는데 그것을 불교에서는 오신통이라고 합니다. 지금 여러분한테 알기 쉽게 하기 위해서 이름을 바꿔서 얘기했습니다. 불가에서 말하는 건 천이통 타심통 신족통 천안통 숙명통, 이 다섯 가지이고 바깥으로 벗어나서 그걸 굴릴 수 있는 지배인을 바로 누진통이라고 그럽니다. 누진, 즉 레이다망도 두뇌에 돼 있습니다. 여러분은 이 뜻을 잘 생각해서 이 세상을 똑바로 보고 똑바로 행하고, 똑바로 말하고 똑바로 숭상하고 나가야 됩니다. 불자가 도대체 어떠한 것인가? 바로 불자도 나요 법신도 나요 움죽거리는 화신도 나입니다, 각자!

나는 여러분이 딱할 때가 많습니다. 나를 찾아와서 "병이 이렇고 이런데, 암이라는데, 또 백혈구가 이렇게 돼서 백혈병이라는데 이걸 어떡합니까. 인제 꼼짝없이 죽었습니다." 이럽니다. 여러분, 생각을 잘 해 보십시오. 그건 이름입니다. 만약에 사람들이 혈관이 막혀서 뭉쳐 있는 것을 암이라고 이름을 지어 놨다면 암인 것입니다. 여러분은 암이라고 하는 데 속지 마시고 그 이름에 질겁을 하지 마세요. 여러분의 능력은 여러분이 키우는 것이고, 할 수 있는 그 능력, 재료도 여러분이 가지고 있는 겁니다.

아까도 얘기했듯이 광력 전력 자력 통신력이 충만히 여러분한테 재료로 있다는 것은 바로 지수화풍이 바탕으로 돼 있기 때문입니다. 여러분, 물이 아니었더라면 어떻게 발전소가 돌아갑니까? 물이 아니라면 어떻게 농사를 지으며 물이 아니라면 여러분이 어떻게 날마다 삽니까? 여러분은 지수화풍으로 뭉쳐져 있고 지수화풍을 먹고 삽니다. 감사함이 느껴지지 않습니까? 우리가 전부 각자 지수화풍으로 뭉쳐진 혹성입니다.

그 혹성 속에는 뭣이 살고 있을까요? 여러분이, 바로 생명체가 별성처럼 돌아가고 있습니다. 모습은 그럴지언정 지금 그게 운행을 안 해 준다면 내가 못 사니까 바로 나인 것입니다. 나의 별성인 것입니다. 혹성을 몸체라고 한다면 별성은 살고 있는 그 생명들입니다. 그게 여러분이 미생물에서부터 진화돼서 이날까지 왔다는 증명서입니다, 증명서! 여러분의 몸속에 있는 그 자체를 한번 들여다보시고 한번 바깥을 보십시오. 바깥에 있는 건 전부, 보면 더럽고 무섭고 징그럽고 그렇지만, 그 징그럽고 더럽고 무서운 것들이 전부 나를 운행해 주고 나를 이렇게 움죽거리게 해 주고 건강하게 해 주고 또는 파워를 일으켜서 나를 못 살게 만들기도 하고 죽게 하기도 하고 이렇습니다.

내가 이렇게 두서없게 말한다고 해서 여러분도 두서없이 들어서는 안 됩니다. 누구 말마따나 '바담 풍' 하더라도 '바람 풍' 하라고 제자들더러 가르쳤듯이 말입니다. 두서없이 말을 했다 하더라도 여러분이 두서없이 들어서는 안 되는 이유는 바로 생활 자체이기 때문입니다. 여러분한테 가장 가깝고, 바로 여러분이기 때문이고 여러분이 지금 행하면서 살림을 하고 가고 있기 때문입니다. 지구가 우리 몸뚱이라면 이 몸뚱이 속에 사는 생명체들처럼 우리도 그 지구 속에 지구를 집을 삼아서 지금 살고 있는 겁니다.

우리들이 지금 어떻게 붙어서 살고 있을까요? 작든 크든 모두 생긴 것도 다르지만 차원들도 달라서 이 세상에는 이것을 할 수 있는 사람이 있는가 하면 저것을 할 수 있는 사람이 있고 그 밑에서 일하는 사람이 있고…, 그 자기 그릇대로 이 세상이 돌아가고 있습니다. 그릇들을 보십시오. 종지가 있는가 하면 접시도 사발도 있어서 그렇게 여러 층으로 돼 있듯이, 사람들의 차원도 그렇죠. 도랑물이 있으면 바다가 있고 연못이 있어서, 그걸 썩지 않게 할 수 있는 그런 마음이 조성돼야만이 썩히지 않고 살 수 있는 겁니다. 그런 것도 여러분의 마음입니다.

우리가 항상 불법을 가르치면서 바깥으로 찾지 말라고 합니다.

부처님께서도 역대 조사들도 “만약에 너희가 바깥으로 만날 칠성 독성 산신을 찾고 돌아간다면 그것은 마구니의 소굴이요, 바로 마구니가 말하는 것이니 마귀에 빠지느니라.” 그랬습니다. “둘로 보는 말을 한다면 그것은 법이 아니라 말로 한데 떨어져서 마구니로 이끌어 가는 길이니라. 너희가 아무리 정성이 지극하고 아무리 이론으로다가 무불통지해서 설법을 잘한다 하더라도 둘로 본다면 그것은 마구니의 소굴이다. 그리고 공덕이 없다.” 하셨습니다.

왜 그러냐? 우리가 아무리 사량으로 말을 해도 실천이 되지 않기 때문입니다. 여러분과 더불어 같이 말을 할 때는 입력이 돼서 에너지가 가기도 하고 오기도 하면서 서로 주고받는 그런 이치가 있습니다. 여러분도 잘 아시다시피 나무와 우리가 서로서로 주고받으면서 살고 있지 않습니까? 밤에 주는 게 있고 낮에 받는 게 있는 것처럼 말입니다. 이산화탄소나 산소를 자발적으로 만들어서 서로 주고받고 우리는 살고 있습니다. 고거 한마디만 해도 모든 것을 증명할 수 있죠.

그런데 여러분은 지금 내 마음속에 주인을 두지 않고 살기 때문에 그 에너지와 혼은 다 뺏기고…, 예를 들어서 여러분 몸속에 큰 자석이 있다고 합시다. 그런다면 바깥에 있는 쇳덩어리라고 하는 쇳덩어리는 다 여러분 자석에 붙어 들어오지마는 여러분의 자석이 작다면 그 조그마한 내 자석 하나 있는 것마저도 다 딴 데로 가서 붙어 버려요. 원리가 그렇게 돼 있거든요. 내 주인이 없기 때문에 자꾸 에너지와 모든 혼을 뺏기니 빈집에서 무슨 되는 노릇이 있겠습니까?

유전성 영계성 세균성 업보성, 이 모든 것이 아귀들같이 다가오는 겁니다. 와도 주인이 없기 때문에 그것을 어떻게 커버를 해낼 수가 없는 겁니다. 우리가 생활 속에서 실천을 하고 실천하는 데서 체험을 하고, 체험을 하는 데서 실험을 하고, 실험하는 데서 자유스럽게 살 수 있는 그런 체험을 하면서 생활을 해 나가야 하는데도 불구하고 항상 남한테 기대는 마음, 남을 믿어서 보증이나 서 주는 마음, 남을 믿어서 속기나 하고 망하고 구덩이에 빠지고 또 속고 속이고 이러는 마음들을 가지고서 항상 살아나가니 여러분이 어떻게 제대로 살아나갈 수 있겠습니까? 집이 비었으니 말입니다.

또 내가 새삼스럽게 이런 말 하는 건 아닙니다만 여러분 속에 있는 그 미생물의 모든 의식들은 좋고 나쁘고를 모릅니다. 여러분 마음이 '내가 저거 죽여야겠다' 고 마음을 먹어도 그대로 따라 주고, '이건 이렇게 하면 안 되지' 하는 선한 마음을 먹어도 그대로 따라 주기만 합니다. 아시겠습니까? 이해가 안 가십니까?

대중 가운데서 이해 갑니다.

큰스님 네. 지금 속에 있는 것뿐만 아닙니다. 저런 벌레들도 좋고 나쁜 거를 모릅니다. 그렇기 때문에 그저 막 잡아먹고 잡아먹히고 하는 겁니다. 그런데 인간은 몸을 잡아먹고 잡아먹히지는 않아도 정신을 잡아먹히고 잡아먹고 뺏기고 그럽니다. 잘 아셔야 합니다. 여러분은 생각하는 대로 할 수 있는 지배인의 자격을 가졌습니다. 인간이기 때문에 만물의 영장이라는 거죠. 인간은 좋고 나쁘고 하는 걸 잘 알고 있으니까요. 좋고 나쁘고를 알고 있는 여러분의 마음이 생각을 해서, 모르는 모든 중생들을 일깨워 주는 것이 바로 하화중생입니다. '상구보리 하화중생' 이라는 이 자체를 먼저 알아야죠. 마음 씀씀이에 의해서 여러분의 몸뚱이 속의 생명들을 이끌어 가지고 갈 수 있는 여러분의 다스리는 마음이, 좋고 나쁜 거를 아는 마음이, 나라는 아집과 착, 이런 거를 다 놓고 그것을 다스려 나가는 그 마음이 바로 중생을 전부 천백억화신으로 만드는 겁니다.

그 힘이 길러지면 어떻게 되느냐? 삼십이응신으로서 모든 중생들을 받아들일 수 있는 겁니다. 만약에 악이 와서 '날 좀 살려 주시오' 하면 둘이 아니게 한마음을 내서 바로 건져 주고 내가 돼 주는 겁니다. 작으면 작은 대로 크면 큰 대로 모든 것을 받아들여 줄 수 있는 그 한마음이 바로 부처인 것입니다. 그래서 부처는, 이 세상에 모두가 나 아닌 게 없고 내 도량 아닌 게 없고 내 자리 아닌 게 없고 내 마음 아닌 게 없습니다. 바로 끝간 데 없는 진리입니다. 기어다니는 조그마한 벌레가 땅을 딛고 있는 그 발도 내 발이기에 바로 평발이니라 하셨습니다. 부처님의 발이 뭉뚝하게 잘라져서 평발이 아니라, 벌레 발 하나도 내 발 아닌 게 없기 때문에 바로 평발이라고 하신 겁니다. 여러분은 그 뜻을 잘 아셔야 합니다.

부처님께서 꽃 한 송이를 들자 가섭이 웃고 한마음이 돼 버렸습니다. 꽃 한 송이 들 때와 가섭이 웃을 때는 둘이 아니었습니다. 그렇게 해서 모두가 둘이 아닌 한마음이라고 가르쳐 주셨고 나아가서는 그 꽃을 들고선 대중 속으로 들어가셨으니 모두가 한자리요, 한몸이라는 뜻을 일러 주셨습니다. 말 없이 일러 줬다고 해서 무시하면 아니 되죠. 그 뜻이 중요하고 실천이 중요한 거지 말이 중요하고 이론이 중요한 것이 아닙니다. 여러분은 불교를 믿을 때 올바로 알고 믿으셔야 합니다. 이 세상이 다 없어진다 하더라도, 저 풀 한 포기만 남아도, 아니 흙만 있어도 불교는 있는 겁니다. 우린 그 네 가지로 빚어진 몸이거든요.

여러분, 이런 생각 안 해 보셨어요? 물에 가면 물이 참 좋고 산천초목을 보면 그렇게도 좋습니다. 여러분, 싫어하시지 않죠? 그렇게 신선하고 좋죠! 여러분의 고향이니까 그렇습니다. 억만 년을, 수억겁을 거쳐 왔다 하더라도 고향이기 때문입니다. 그리고 우리는 산천초목에서 뛰어놀았기 때문입니다. 우린 지금 들에서 뛰어놀고 있습니다. 그러면서 에너지의 정신, 혼, 이런 걸 뺏기고 뺏으면서 지금 살고 있는 겁니다. 그런데 여러분이 그렇게 뺏기셔야 되겠습니까?

여러분의 몸뚱이 속에 식구들을, 악업 선업의 인연들을 많이 가지고 있는데 그것들을 다 보살로 화하게 만들 수 있는 건 여러분의 다스리는 마음, 한마음입니다. 아집이라는 마음, 착이라는 마음 그걸 다 다스리면서 겸손하고 부드러운 마음, 부드러운 말, 부드러운 행동, 남을 이익하게 하는 마음으로써, 자기가 조금 밑지더라도 둘로 보지 말고 그렇게 행해야 합니다. 아무리 나쁜 사람이다 할지라도 고정되게 나쁜 사람으로만 있는 게 아니고, 좋은 사람도 고정되게 좋은 사람으로만 있는 게 아니니까 말입니다. 그러니 모두가 모를 때의 내 모습으로 생각하세요. 어린 사람은 아무리 나쁜 사람이라도 내 형제로 생각하고, 그렇게 내 자식 내 부모로 생각하십시오.

부처님께서 제자들을 가르치기 위해서 해골 무더기에다 큰절을 했죠. 그러니까 "사생자부인 어버이신데 어찌 하치않은 해골에다가 큰절을 하십니까?" 하고 제자들이 물으니까 "얘야! 수억겁을 거쳐 오면서 우리는 차원에 따라서 끼리끼리 만났다가 헤어지고, 헤어지면 또 저기 가서 구름처럼 모였다가 또 헤어지고, 또 헤어지고 또 만나고, 부모가 되고 자식이 되고 이러다 보니까 수억겁을 거쳐 나왔어. 그러니 저 해골이 우리 할머니일 수도 있고 아버지일 수도 있고 형제일 수도 있고 그런데 어떻게 절을 안 하겠느냐." 하니 "미처 거기까지 몰랐습니다." 하고 통곡을 하며 울었답니다.

우리가 지금 네 부모 내 부모가 없고, 네 자식 내 자식이 없고, 네 형제 내 형제가 없는 까닭이 바로 그겁니다. 여러분은 짚단 모이듯 한 식구가 인연 따라서 그릇대로 모였다가 또 사대로 흩어지면 원점으로 돌아가고, 또 차원대로 끼리끼리 만나게 돼 있습니다. 그런데 어떻게 지금 부모만 내 부모겠습니까? 만약에 저리로 돌아가서 또 내 부모가 됐다면 어떡하렵니까? 그렇게 수없이 거듭거듭 돌아가면서 거쳐 나왔으니 내 부모 아닌 게 어딨고 내 자식 아닌 게 어딨습니까?

그러니 사랑하라! 준다고 해서 남을 주는 게 아니니라. 바로 너이기 때문에, 내 자식이기 때문에, 내 부모이기 때문에, 내 형제이기 때문에 없으면 서로 나누어 쓰는 것이니라. 그래서 나누어 쓰는, 공산주의라는 그 자체가 바로 절에서 나온 거죠. 그런데 오히려 말만 공산주의지 행동은 독재요, 사회주의요, 마음을 평등하게 쓰면서 그냥 사는 사람보다도 더 기가 막힌 일들이 많죠.

한마디 더 하자면, 일본에서는 사람들이 서산 대사와 사명 대사 때문에 불교라면 아주 자지러져서 아주 불교국으로 됐지 않습니까. 생활을 불교식으로 하고 있지 않습니까. 그러면서 불교에서 따 간 것이 뭔 줄 아십니까? 이 장삼을 하오리로 만들었고, 오조 가사를 사무라이 총받이로 만들었습니다. 얼마나 약습니까? 처음에는 행전을 당코바지로 만들었는데 나중에는 각반으로 만들었습니다. 우리 발우공양을 공기밥으로 만들었습니다. 글도 한국 사람들한테 배운 겁니다. 그렇게 해 가지고도 정신을 잃지 않고 혼을 뺏기지 않았습니다.

그런데 우리는 지금 어떻게 하고 있습니까? 남이 향을 꽂으려고 자기가 꽂아 놓은 것을 빼 버리면 그냥 뭐 야단이 나고, 물 떠다 놓고 초 켜 놓고 이래야만이 정성들이는 것인 줄 알고 있습니다. 이렇게 해서야 되겠습니까? 남이 향을 켜 놓고 초를 켜 놓았다 하더라도 그 초 한 자루에 수천수만이 밝음을 얻을 수도 있습니다. 남이 아닙니다. 남이 꽂아 놓은 거, 내가 꽂아 놓은 거, 이게 없습니다.

그러니 침착한 마음으로, 서로 먼저 하겠다고 다투지 마십시오. 여러분의 마음의 정성이 지극하면 여러분의 마음의 등이 밝을 것입니다. 여러분의 마음 뒷면에 영원한 밝음이 있다는 사실을 아셔야 합니다. 마음의 인등을 켜신다면 시간과 공간을 초월해서 항상 밝을 것이고 공덕이 될 것입니다. 여러분, 백일기도 드리고 난 뒤에는 지구가 안 돌아가나요? (대중 웃음) 하하하…. 백일기도 드릴 때만 지구가 돌아가고 백일기도 드릴 때만 자기가 먹고 모두 움죽거리나요? 백일기도 드리고 난 뒤에는 어떡할 겁니까? 불이 꺼져도 괜찮습니까?

이 세상 진리는 항상 밝고 항상 움죽거리고 있어요. 그리고 시간과 공간을 초월해서 불바퀴는 돌아가고 있는데, 우리가 사는 이 혹성, 이 별성이 모두 살아나가고 운동하는 데서 바로 에너지가 배출되죠. 그러면 아까 자석에 모든 것이 끌려와 붙는다고 얘기했듯이, 그 불바퀴는 크니까 다 붙어서 하나로 돌아가면서 바로 법바퀴가 그것을, 우리가 전력을 빼서 쓰듯이 그렇게 빼서 바로 생산을 해내는 거죠. 멸하고 생산되고 멸하고 생산되고 이러죠. 이게 바로 인간이 살아나가는 작용이죠.

이런 진리를 탐구할 생각은 안 하고 모두 남한테 기댈 생각만 하고 있습니다. 우리 살림살이 속에 부처가 있고 법신이 있고 화신이 있어서 모든 일을, 일체 만법을 다 들이고 내고 해낼 수 있는데도 불구하고 여러분은 항상 자기 집은 주인도 없이 비워 놓고 항상 남한테다가 기대면서 살고 있죠. 물질에 기대고 이름에 기대고, 그저 여기 가서 빌고 저기 가서 빌고 있습니다. 그리고 또 그뿐인가요? '요기다 놓지 않아서 우리 남편이 어떻게 되지나 않을까? 아이구, 요기다 놓지 않았는데 무슨 일이 생기면 어쩌나?' 그래서 땀으로 뭉쳐진 종이짝 몇 개 가지곤 벼르면서, 여기 안 놓으면 안 되니까 요거 별러서 놓고 요기 놓고 조기 놓고 그러다 보니까 아주 고통스럽죠. 우리 인간이 진짜 자유인이 될 수 있도록 뛰어넘는 공부를 하는 것도 지금 힘들어 죽겠는데 거기에 그렇게 끄달리면서 살아야 되겠습니까. 살기도 힘들어 죽겠는데 종교 믿는 것마저도 그렇게 편안치 못하고 고통스러워서 어떻게 종교라고 하겠습니까?

그래서 난 여러분한테 무슨 석달 열흘 기도를 드려라, 인등을 켜라, 뭘 해라 뭘 해라 하지 않습니다. 그리고 여러분은 또 생각할 게 있습니다. '나는 절대 팔자 운명이 따로 없다. 내 생각에 의해서 팔자 운명이 붙는 거지 내 생각이 시간과 공간이 없이 돌아가는데, 공했는데 내게 팔자 운명 붙을 자리가 어디 있으며 유전성 붙을 자리가 어딨으며 병 붙을 자리가 어딨나. 가난 붙을 자리가 어딨고 우환 붙을 자리가 어딨고 날짜를 정해서 가지 않으면 무슨 사고가 일어난다 이러는 게 어딨느냐. 집을 짓는데 구랑신이 내려서 집을 못 짓는다 하는 게 어딨느냐. 내가 하고 싶으면 하고 말고 싶으면 말지.' 왜 이렇게 패기 있게 못 나갑니까? 여러분이 그렇게 하면서도 불자며 인간이라 할 수 있습니까? 탈만 썼지 어떻게 인간이라고 보겠습니까? 어떻게 만물의 영장이라고 보겠습니까? 어떻게 부처라고 보겠습니까?

보십시오. 저도요, 말을 하다 보니까 목이 말라서 이 물을 먹어야 괜찮지 않습니까? 여러분도 생활하는 데에 참, 배고픈 일이 너무도 많고 애처로운 일이 너무도 많고, 쓰라린 일이 너무도 많고 터무니없는 일이 너무도 많고, 여러분 사시는 데에 천차만별로 닥치는 그 문제가 얼마나 많습니까. 사랑하는 사람과도 더불어 얘기를 못하는 비밀도 많습니다. 오히려 친구한테 털어놓을 수 있어도 정말, 자식한테는 털어놓을 수 없고 부모한테는 털어놓을 수 없는 그런 사정들이 얼마나 많습니까?

그런데 여러분의 참주인이 없다면 어떤 것도 커버해 나갈 수 없고 몸 안에서 병이 들어도 커버해 나갈 수 없습니다. 그러나 자기가 자기를 죽일 수 없다는 사실, 즉 속에 있는 중생들이 모두 자기와 더불어 한마음이라는 걸 아셔야 됩니다. 한몸, 한마음 말입니다. 내 마음을 그렇게 한마음으로 문을 열어 주니까 거기서 생각할 때에 '아 참, 둘이 아니라는데….' 하고 그걸 알게 되면 죽어 가던 세포도 자꾸자꾸 살아나게끔 바로 작동을 하죠.

여러분! 어떠한 병이라도 지금 병원에서 35%는 고칠 수 있어도 그 외는 고칠 수가 없습니다. 여러분이 여러분의 마음으로 바로 자기를 끌고 다니는 주인공을 진실히 믿고 '한마음 속에서 병이 난 거니까 한마음 속에서 고칠 수 있다.'는 믿음으로 뭐든지 거기다 맡기고, 자기는 편안한 마음으로 몸을 부지런히 움죽거린다면 그게 바로 시자가 주인의 심부름하는 거나 마찬가지죠. 거기다 맡기고 부지런히 움죽거려 주는 거 말입니다. 이렇게 말씀드리는데 '아이구, 그게 뭐 나발 같은 소리야! 그까짓 것, 나는 광대한 부처님 앞에 가서 빌기만 하면 부처님이 그냥 봐 줄 텐데, 뭐.' 요렇게 생각하진 마세요.

여러분이 첫째는 나를 발견해야 하기 때문에 자기 주인공을 믿고 다 맡겨야 하고 그다음에, 맡겨서 밝게 나를 발견했을 때는 바로 둘이 아닌 공부를 하기 위해서 또 맡겨야 합니다. '나는 견성했다'고 고개를 탁 들고 내가 나라고 이렇게 한다면 둘이 아닌 도리 공부는 글렀죠. 그리고 미해지죠. 세번째는 둘이 아닌 걸 알았으면, 아까도 얘기했지요. '네 자식 내 자식이 둘이 아니다'는 그 도리를 알았으면 고다음에는 부처님이 말씀하시듯이 개구리가 도와 달라고 그랬을 때는 개구리가 되어 한마음이 돼서 응해 주시고, 병신이 달래든 또는 못생긴 사람이 달래든 잘생긴 사람이 달래든, 부자가 달래든 가난한 사람이 달래든, 새가 달래든 곤충이 달래든 짐승이 달래든, 아무 말 없이 그저 그대로 자기가 돼 주시는 겁니다. 그것이 돼 주려니까 작으면 작은 대로 내가 작아져야 똑같이 되죠? 그러니까 건져지는 것이죠.

그래서 어느 때의 부처님이 진짜 부처님이라고, 뭐가 됐을 때에 부처님이라고 할 수 있겠습니까? 돼지, 소 이런 짐승이 됐을 때 부처라고 할까요, 사람이 됐을 때 부처라고 할까요? 그래서 '부처라고 할 수 없는 게 부처다'라는 얘깁니다. 했던 말 되하고 했던 말 되하고 합니다. 여러분이 잘 알아서 들으세요. 여러분 마음 가운데 주인이 없다면 안 되기 때문에 여러분이 찾아오면 '여러분이 가지고 있는 주인이 있으니 거기다가 맡겨서 실천을, 실험을 해 보십시오. 거기서 할 수밖엔 없으니 거기다 맡기세요.' 이렇게 하지 내가 '기도를 하라' 뭐 '정성을 들여라' 이럽디까?

그래서 세번째는, 그렇게 되니 그것이 바로 성불이며 열반이며, 구경경지에 이르러서 앞뒤가 없는 불바퀴를 넘어 참으로 영원한 밝음을 얻을 수 있는 그런 경지입니다. 그래서 그 경지를 얻는다면 바로 평등공법에 해당이 되고, 고다음에는 칠보활궁공법에 해당이 되고 고다음에는 팔수레공법에 해당이 됩니다. 이렇게 해서 여러분이 정말 도리천, 즉 도리천의 자유인이 될 것입니다. 이 모두를 하나도 빼놓지 않고, 평발이니 평손이니 평눈이니 하는 모든 것이 다 종합된 자유인이 될 것입니다. 그 자유인이 바로 부처이자 바로 신이죠. 그냥 보통 자기를 불러도 '자신' 이러죠. 여러분을 끌고 다니는 자신이 있는데 왜 타신을 믿습니까? 자신부터 알아야 타신도 둘이 아니라는 걸 알죠. 그래서 나는 무식한 사람이니까 "내 집부터 전화통을 놔야 남의 집에 전화도 할 수 있고 전화도 올 수 있지." 이런 말을 하죠.

여러분이 법당에다 음식을 차려 놓고 그러지 말라는 게 아닙니다. 내가 항상 방편으로 이렇게 말했습니다. 찰떡을 해서 둥그런 그릇에 딱 담으면 그게 그냥 둥그렇게 됩니다. 그러면 그 둥그런 떡 한 그릇이 전체를 먹이고도 남는다는 뜻을 아시라고 항상 그럽니다. 내 조상 따로 있고 부처 따로 있고 중생 따로 있고 그런 게 아닙니다. 그러니 법당에 올라가시면 내 마음으로 부처든 나든 조상이든 뭐 중생이든 할 것 없이 그냥 전체 둥굴려서 지극하게 한다면 일 배를 드려도 삼 배, 삼정례 한 것보다도 더 많아지고 백팔 배를 했다 해도 일 배도 한 사이가 없다는 것을 아셔야 됩니다.

여북하면 달마 대사께서 양 무제더러 "당신은 공덕이 하나도 없다." 했겠습니까? 그렇다고 해서 약사발을 안겨서 죽일 건 뭐 있습니까, 또. 몸이 죽어 없어진 뒤에도 바로 그 몸을 해 가지고 짚세기 한 짝은 거기 두고 짚세기 한 짝은 주장자 끝에 터억 메고서 가다가, 나라에서 심부름하는 사람을 뭐라고 그러죠? 입에서 뱅뱅 돌고 또 안 나와요.

대중 가운데서 사신.

큰스님 네, 사신이지요. 사신으로 갔던 사람이 오는 도중에 딱 달마 대사를 만나게 만들었으니 말입니다. 죽어서 없어졌는데도 그 모습을 다시 해 가지고 양 무제를 가르치기 위해서 터억 보였으니 어떻습니까? 어버이라는 마음은 죽으나 사나 여러분을 아마…. 지금도 부처님이 내내 가르치고 계십니다. 여러분이 살아 있는 것이 바로 부처가 살아 계신 것이니까요. 부처님이 삼천 년 전에 열반하셨다 하는데 열반한 게 아닙니다. 사대가 흩어졌을 뿐이고 여러분이 또다시…, 그분이 바로 여러분이니까요. 하하하…. 그 뜻을 아실 거예요, 언젠가는요. 모르시는 분은 모르실 테죠.

그러니까 법당에 가시면 부처님 형상이든 어떤 물질이든 마음에 둥글려서 둘 아니게 만드세요. 여러분이 그 공부를 하게 되면 '진짜 부처가 저거구나!' 하는 걸 알게 돼요. 우리가 처음에 공부할 때는 모셔 놓은 부처님을 내 마음 가운데 한데 둘 아니게 굴려야 합니다. 그러다 보면 '아하! 방편으로 놓았든 뭘로 놓았든 하여튼 진짜 부처구나!' 이렇게 알게 돼요. 진짜 부처니까요.

예를 들어서 각자 여러분을 가르치기 위해서, 역대 조사들이 그림을 그려서 놓거나 형상을 조성해 놓은 것을 "이거는 사리가 없다." 그러고선 갖다 태워 버리질 않나, 임신을 못해서 어린애를 좀 낳게 해 달라고 정성을 들이면 다기 그릇에다 손을 터억 넣어 가지고 밥을 갖다 뚤뚤 뭉쳐서 부처님 입에다 척 붙여 놓곤 "이 사람이 지금 어린애를 달래니 이거 먹고 해 주라." 그러고선 터억 하니 걸망을 지고 털럭 털럭 가면서 "인연 있으면 요다음에 어린애 낳거든 또 만나자." 그랬다는 거죠. 낳아서 업고 와서 보니까 그 스님이 또 와 있더라는 겁니다.

그러니까 부처와 중생이 따로 있는 게 아니라 깨달으면 부처다 이겁니다. 그러니까 자기 몸이나 그 몸이나 둘이 아닌데 그 사람이 모르고 스님들이 모르니까 방편으로 "야, 너 부처지?" "예." 자기가 대답해요, 또. "너 부처지?" 그러니까 "예." "부처걸랑 그럼 이거 먹고 해 줘." 그러고선 그냥 탁 입에다가 붙여 놓고는 가는 거죠. 그게 얼마나 멋집니까. 참, 그 멋지죠. 삿갓 쓰고 주장자 하나 들고 평발로서 바리때 하나 들고 목마르면 물 마시고 배고프면 먹고 졸리면 아무 데고 그저 내 각장 장판인 줄 알고 터억 드러누워서 편안하게 자고 먹고는 소화시키니, 똥마려우면 똥 누고 오줌마려우면 오줌 누고 맘대로 그렇게 할 수 있는 사람이 되기 위해서 우리는 이런 공부를 하는 겁니다.

여러분, 먹고 똥 누고 이러는 게 무엇인지 아십니까? 우리가 밥 먹고 배설하는 그거를 한번 생각해 보세요. '이 세상 일체 생활을 하면서 생각 한번 잘하고 소화를 잘 시킨다면' 이런 소리나 똑같은 얘깁니다. 생각 한번 잘하면 먹는 것이고 먹으면 소화는 저절로 되는 겁니다. 만약에 먹고 소화 못 시키면 체합니다. 그러니까 구덩이에 빠지죠.

여러분이 불교를 잘 생각해서…, 여러분이 있기 때문에 불교가 있는 거지 여러분 빼놓고 불교가 어딨습니까? 여러분 빼놓고 부처 보셨습니까? 여러분이 이 세상에 나오지 않았다면 부처가 어딨는지 봤겠습니까? 여러분이 이 세상에 나왔기 때문에 바로 부처를 보고 믿게 되고 듣고 보고 이렇게 행하게 되는 겁니다.

여러분, 질문할 것 없어요? 하치않아도 좋아요. 팥으로 메주를 쑨대도 나는 믿으니까 얘기하세요. 여러분이 팥으로 메주를 쑨다 해도 나는 믿어요. 머리가 발이라고 해도 믿고요, 발이 머리라고 해도 믿어요. 왜 그런 줄 아세요? 이 몸은 물질이고 물질 아닌 마음은 실체가 없기 때문에, 이 몸이 실체가 아니며 마음은 실체가 없기 때문입니다. 그렇기 때문에 콩이라고 한들 어떻고 팥이라고 한들 어떻습니까? 콩이라고 생각한다면 콩인 것이고 팥이라고 생각한다면 팥인 것입니다. 그래서 한생각에 뛰어넘을 수가 있다는 겁니다. 이거 한마디만 하고 끝내겠습니다.

여러분이 물질세계에서 그렇게 관습에 젖어서 기복에 젖어서 산다면 요다음에 몸뚱이 속에 인과응보로 뭉쳐진 것이 수없이 늘어나 가지곤, 화해 가지곤 내가 죽은 뒤에 턱하니 나와서 눈앞에 벌어집니다. 살아 있을 때도 수없이 자꾸 파워를 일으키고 자꾸 입력됐다가 용도에 따라서 나오는데, 죽어서도 고게 그림자처럼 따라다니면서 그냥 크게, 요만한 벌레도 크게 돼 가지곤 눈에 다 보이니까 한 발짝도 못 들어서요. 자기가 인연 지은 대로 나오는 거니까요. 머릴 풀어 산발을 한 사람으로 나오죠, 벌레로 나오죠, 짐승으로 나오죠, 독사로 나오죠. 모두 그렇게 나와서 늘비하게 널려 있으니 그 길밖에 없는데 한 발짝이나 떼어 놓을 수 있겠어요? 그거 이해가 안 가시죠? 그게 일 단계예요.

이 단계는 뭐냐? 여러분이 '아제아제 바라아제 바라승아제' 하죠. 일 단계에도 뛰어넘는 거지만 그것도 마음으로 뛰어넘으면 될 것을 내가 항상 의식으로 물질로다가 아주 관습이 됐기 때문에 젖었어요. 그래서 '여기에 배가 와야 건너가지 내가 그냥 어떻게 건너갈 수 있나? 빠져 죽지.' 이런 생각으로 영혼들이 그냥 주욱 기다리고 있는 거죠. 어때요? 거짓말 같아요? 정말이에요. 그래서 기독교나 가톨릭교는 '요단강 건너가 만나리' 하고 여기선 '아제아제 바라아제 바라승아제, 저 강을 건너가서 우리 같이 만나자, 같이 건너가자.' 하는 거죠. 그러니 죽어서도 고런 마음들을 가지고, 내 모습이 그대로 있는 줄 알고 글쎄, 배가 올 때를 기다리니 오백 생을 기다리면 옵니까? 그러니 천도가 생긴 겁니다. 여러분은 요새 그러한 도리를 배우니까 좀 아시겠지마는 옛날에 돌아가신 분들은 그런 걸 몰라서 그저 요런 거 하나 조런 거 하나 일일이 따지고 덤비고 그냥 먹으려고 하고 그랬겠죠.

또 그뿐입니까. 우리가 아까 불바퀴라고 얘기했죠. 통로인 거기를 마저 뛰어넘어야만이 우리가 이름해서 성불이라고 하고 또 자유인이 될 수 있고 영원히 끝간 데 없이 밝음을 얻으리라 한 것입니다. 그런데 타 죽을까 봐 거기 못 들어가거든요. 타 죽을 몸이 있나요? 그런데도 불구하고 자기가 있다는 거죠. 의식이 그렇게 하고 살았으니까요. 그래서 부처님께서는 "공했으니 놔라 놔라! 쉬어라! 놔라!" 그냥 수없이 그러셨죠. 여러분, 안 그렇습니까?

그냥 어린애도 돌보지 않고 남편도 돌보지 않고, 또 남편은 부인을 돌보지 않고 만날 백팔 배나 하고 염불이나 하고 경이나 외우고 구석방에 들어가서 염하기나 하고 이래야만이 불교 공부를 아주 잘한다고 생각하는 어리석음을 인제는 좀 놓으십시오. 하지 말라는 게 아니라 살림을 요렇게 만들어 놓고 아니, 지금 애들이 학교에 나가고 남편도 나가고 그러는데, 그냥 먹거나 말거나 "애들아, 여기 차려놨으니 먹어라." 그러곤 그냥 쾍 나가야겠습니까? 훤해요, 아주! (대중 웃음) 그거

오손도손 밥 먹고 오손도손 얘기하고 오손도손 친절하게 참, 말을 해서 내보내면 그날 일도 잘돼요.

그런데 자기 일 보느라고 그렇게 하다 보면 그게 쌓이고 쌓입니다. 그게 바로 애정에 굶주린다는 거죠. 그래서 잘못 나가죠. 중학생쯤 되거나 고등학생쯤 되면 잠잤던 것이 바락바락 일어나죠. 그렇게 해 가지고 잘못되는 거를 누구한테다 항거를 합니까? 하다못해 시장을 가더라도 참, 애들이 들어오거나 남편이 들어온다면 "내가 지금 당신 좋아하는 거 사러 시장에 가요." 한다든가, 애들한테도 '나 이렇게 갔다 올 테니 너희들 냉장고에서 요런 거 꺼내 먹고 있어. 기다려. 참 사랑해.' 하고 요렇게 써서 냉장고 문에나 붙여 놓고 뽀뽀 한 번 해 놓고 가면 이탈될래야 이탈될 수가 없지요. 그건 떠다밀어도 안되죠. 아주 접착제로 붙어 있듯이 고렇게 붙어 있는데요. 그런데 어디로 이탈이 됩니까?

그러니까 모든 책임은 서로에게 있으니 누구에게 탓을 할 게 하나도 없어요. 남편도 자식들한테나 아내한테나 아무리 바깥에서 피곤하고 그렇더라도, 남자는 가슴이 넓지 않습니까? 넓어서 넓은 게 아니라 남자니까요. 못났든 잘났든 내 아내 내 자식이기 때문에, 나를 생각해 주는 그 마음이 고마워서라도 그저 아내가 늦게 들어오거나 이러더라도 이해해 주고 "여보, 밥이나 먹고 다녀? 배고프지 않아? 내가 꺼내 줄까?" 하는 그 말 한마디에 고만 그 하루 동안 고통받았던 게 싹 씻어지죠. 말 한마디에 구덩이에서 빠지느냐 구덩이에 들어가느냐입니다. 여러 가지죠. 내가 지금 여러분한테 말하는 것을 '저 스님이 불교는 말 안 하고 별말을 다 하네.' 이렇게 생각하지 마세요. 그냥 사는 게 불교니까요. 돌 하나도 불교 아닌 게 없어요.

여러분은 전부 부처가 돼서 질문이 하나도 없군요. (대중 웃음) 한 시간이 넘었는데요. 하여튼 우리가 인연이 돼서 여기에 지원을 내게 된 것을 감사히 생각합니다. 무엇보다도 중요한 것은 여러분과 더불어 같이 한마음으로 내 몸뚱이 속에 있는 중생들을 다 천백억화신으로서 보살로 만드는 작업을 해야 한다는 겁니다. 또 둘째는 그 작업을 그렇게 해야만이 여러분 건강도 되찾을 수 있으며 또 가난도 소멸시킬 수 있으며 또는 가환, 우환, 될 듯하면서도 안되는 그런 모든 가환도 다 무너뜨릴 수가 있습니다. 그리고 그림자처럼 쫓아다니는, 그 모든 것이 입력된 도청기에서 벗어나서 우리는 자유인이 되어야 합니다. 아시겠습니까?

대중 예.

큰스님 우리 이 자리에서 서로 한마음으로 감사하게 생각하면서 이만…. (대중 박수)

무심코 버린 쓰레기 하나도 인과

대구지원 개원 대법회

1991년 8월 25일

여러분과 같이 이렇게 한자리에 앉게 된 것을 감사히 생각하며, 또 대구 불자 여러분께서 이렇게 자진해서 자리를 마련한 것에 대해서도 너무나 감사하게 생각합니다. 이렇게 불자님들이 마련한 자리에 함께 하고 있지만 내가 잘한다고 하기 이전에, 여러분이 원하시지 않는다면 오지도 않았을 겁니다. 외국에 지원이 열 군데나 생겼는데 모두 여러분처럼 거기 신도님들이 자진해서 만든 것입니다. 나는 이날까지 한국의 돈을 가져가서 미국에 지원을 만들거나 이러진 않았습니다. 여기 한국에서도 그렇습니다. 내가 알면 얼마나 알며 또 설법을 한들 얼마나 잘하겠습니까?

그러나 설법이라는 건 이론적으로, 말로만 하는 게 아닙니다. 오고 가지 않으면서도 오고 갈 수 있는 이심전심이라는 것이 있으며, 오고 가지 않으면서도 광력이나 전력 자력 통신력이 충만히 오고 갈 수 있다는 것을 여러분은 생각하셔야 될 것입니다. 부처님께서는 49년이라는 그 기나긴 세월 동안 여러분에게 '너부터 알라' 하고 말씀하셨습니다. 너부터 안다면 우주 삼천대천세계를 다, 서로 통신할 수 있고 서로 볼 수 있고, 서로 말할 수 있고 서로 마음을 알 수 있고 서로 가고 옴이 없이 가고 올 수 있다는 것을 말씀하셨습니다. 내가 지금 오신통이라는 것을 쉽게 풀어서 말씀드리는 것입니다.

그러나 물질적인 컴퓨터나 탐지기나 망원경이나 통신기나 팩시밀리나 그런 것을 가지고는 감당하기가 어려울 미래의 정신계의 모든 점을 해결하기 위해서도 그렇지만, 우리가 지금 현실에서 굴리면서 사는 이 도리를 아셔야 부처님의 골수를 안다 할 것입니다. 골수를 알지 못하더라도 넓게 생각을 해서 이 시대를 한번 관찰해 보신다면 내 마음의 세계가 그렇게 오고 가는 자리가 없으면서도 오고 갈 수 있고, 넓고 좁고 길고 짧고가 없으면서도 여러분이 자유스럽게 살 수 있는 그 기반이 돼 있다는 것을 알 수 있을 겁니다. 모두가 여러분의 마음에 달렸습니다.

우리가 기복으로만 믿어서 물질의 노예가 되느냐, 아니면 내면세계의 노예가 되느냐 하는 것이 문제입니다. 서산 대사가 문지방 양쪽에 발을 딛고 "내가 나가겠느냐, 들어가겠느냐?" 하고 사명 대사한테 물었듯이, 여러분이 똥이 급할 때 '내가 이 똥을 누어야 옳은가, 안 누어야 옳은가?' 하고 생각을 하면서 똥을 누십니까? 그와 같이 여러분은 여여하게 놓고 가시면서도 그렇게 놓을 수가 없다고 합니다.

우리가 사는 것이 생활 불교이자 과학입니다. 미래도 여기 있고 과거도 여기 있고 현재도 여기 있는데 그 현재마저도 공해서 우리는 찰나찰나 나투면서 화해서 돌아가고 있습니다. 그렇기 때문에 공해서 조금 아까 말한 것도 벌써 과거로 돌아가고 있습니다. 그런데 착과 아집과 욕심을 떠나지 못해서 전생에서부터 배낭에 짊어지고 나온 고(苦)덩어리를 놓지 못한다면 앞으로 사대가 흩어져서 무너지더라도 그 고의 배낭은 다시 짊어지고 또 와야 되는 것이지요. 여러분, 가만히 생각해 보십시오. 지금 갖은 고통을 다 받으면서 괴롭게 살고 계시는 분들이 너무도 많습니다. 돈이 있고 권력이 있다고 해서 고통이 없는 것이 아닙니다. 작으나 크나 고통은 다 마찬가지일 것입니다.

그런데 지금 여러분의 몸뚱이 속에 이 세상에 태어나기 이전에 살면서 인과로써 지은 악업 선업의 고덩어리를 지니고 있습니다. 그것을 바로 컴퓨터에 입력이 된 숙명통이라고 하는 것입니다. 입력이 돼서 거기 모여 있던 의식들이 자꾸만 현실에 나오는 것입니다. 거기에 입력이 됐다가 나오는 것을 거기다가 다시 맡겨 놓는다면 바로 현실에 입력을 되하는 것이 되겠습니다. 그래서 앞서 입력된 것은 다 무너져서 없어지고 현실에 입력하는 것만이 되돌아나오는데, 그것이 바로 무에서 유로 나오는 것입니다.

여러분 몸뚱이 속에 들어 있는 헤아릴 수 없는 그 의식들은 어떤 것이 올바른 판단이고, 어떻게 해야 좋고, 어떻게 해서 이렇게 움직이는지를 모릅니다. 인간의 마음만이 나쁘고 좋은 것을 알기 때문에 여러분의 마음을 잘 쓰라는 거죠. 여러분이 한생각 하는 대로 몸뚱이 속의 그 의식들은 다 따라 줍니다. 강도질을 하겠다고 생각을 했다면 강도질을 하게끔 충동질해서 강도질을 하게 만들고, 선의 길을 닦고 좋은 일을 하겠다 하면 바로 그 헤아릴 수 없는 의식들은 그대로 따라 줍니다. 그렇기 때문에 악과 선은 딴 데 있는 게 아니라 바로 여러분 마음에 있다고 볼 수 있겠죠.

악의 인연을 맺는 것도 그 자리, 선의 인연을 맺는 것도 그 자리인 것입니다. 넓게 좀 보십시오. 우리가 마음자리에서 생각해 본다면 마음은 체가 없어서 지구 바깥으로도 나갈 수 있으며 여기 앉아서 여러분네 가정에도 갔다 올 수가 있는 것입니다. 그렇게 마음이 광대무변하니 여러분 그 마음 마음이 얼마나 중요하고 보배로운 마음이겠습니까?

지금 제가 하는 말을 아리송해 하는 사람도 있겠습니다마는 제가 미국데 갔을 때 이런 말을 했습니다. 거기에서도 이렇게 사람들이 많이 모여서 같이 토론을 했습니다. 거기는 석사 학위, 박사 학위들을 따기 위해 공부하는 분들이 함께 캠퍼스에 모여서 많은 토론들을 합니다. 그래서 이런 말을 했지요. 영원한 생명의 근본이 불(佛)이요, 우리가 서로 공용하고 공생하고 공식하며 부드럽게 조화를 이루는 이 진리가, 바로 우리가 서로 말을 하는 그 자체가 교(敎)라고요. 우리가 말하는 것만 교가 아니라 저런 꽃잎도 다 이심전심으로 말 없이 말을 하는데 그것도 교입니다. 그렇기 때문에 풀 한 포기 꽃 한 송이도 불교 아닌 게 없으니 여러분이 기독교다 가톨릭교다 일본 불교다 티벳 불교다 하는 것을 염두에 두지 말라고요. 불교라는 건 어느 한 귀퉁이에 국한돼 있는 것이 아니라 전체라고요. 그러면서 그런 말도 했지요. 케네디 대통령 묘지에 가 보니까 불이 훨훨 타오르더라고요. 그것은 무엇을 상징하는가? 몸뚱이는 비록 없어졌어도 그 영원한 근본만은 살아 있다는 뜻이죠.

그러니 우리가 밥이나 놓고 떡이나 놓고 비는 게 불교가 아니라 가정에서도 마음 마음을 잘 쓰시라 이겁니다. 즉 밥을 먹을 때도 애들한테 "얘들아! 엄마 마음, 아빠 마음, 이 세상의 일체 선지식들의 마음, 일체가 다 한마음이란다. 그러니까 한마음에 감사하면서 먹어라. 그래야 엄마한테도 아빠한테도 고마운 줄 알지 않겠느냐." 하고 감사하게 먹게 할 때에 그것이 가르침이요. "그 한마음 속에서, 네가 이 세상에 나오고 나서 세상도 벌어지고 상대성도 생기고 엄마도 있고 모두 벌어진 거니까 어떠한 일이 있더라도, 물리가 안 터지더라도, 공부가 안되더라도 거기다가 맡기고, 그렇게 해서 물리가 터지도록 하고 그래라. 이 세상에서 너를 누가 도와주겠느냐? 네 자신의 주인공만이 너를 도와줄 수 있다." 이렇게 얘기를 해 줄 때에 자녀들의 뿌리는 썩지 않고 아주 싱싱하게 됨으로써 바로 나무와 가지와 이파리가 푸르고 성성할 것입니다.

가정을 떠나서 부처님 법이 있는 건 아닙니다. 부부지간이나 형제지간이나 또는 부모 며느리 사이 딸 사이에 서로 마음이 어긋나지 않게 하는 태도와 부드러운 행과 부드러운 말이 가정을 행복하게 만들 수 있고 화목하게 만들 수 있고 돈도 저절로 따라 들어오게 만들 수 있고 가난도 없앨 수가 있는 겁니다. 마음들이 부잔데 어찌 가난하겠습니까? 마음이 가난하면 바로 가정도 가난해질 것입니다.

마음이 그렇게 중요하기 때문에 여러분은 자녀들이 나가서 안 들어온다, 어떠한 일이 있다 하더라도 한마음에 맡겨 해결할 수 있는 겁니다. 예를 들어 말씀드리자면 전력은 네 전력이나 내 전력이나 똑같습니다. 전구는 저렇게 따로따로 있지만 전력은 다 똑같다는 거를 아셔야 합니다. 우리가 살림살이하기도 바쁘고 죽겠는데 아들 따로 딸 따로, 부모 따로 남편 따로 기도드려 주고 이런다면 얼마나 힘들겠습니까? 그렇기 대문에 여러분의 그 마음이 중요합니다. '전구는 각각 있지만 전력이야 어찌 각각 있으랴. 내 한마음의 스위치가 올라가면 우리 식구가 다 밝게 불이 들어올 수 있다.' 하고 진실하게 믿으면서 여러분은 내 자신의 주인공에 '한마음 주인공만이 나를 이끌어 줄 수 있고 물리가 터지게 해 줄 수가 있고, 좋은 데로 가게 할 수도 있고 또 오래 살게 할 수도 있고, 또 어떠한 재난이 있다 해도 모든 것은 거기서 해결할 수 있다.' 하고 모든 것을 맡겨 놓되 해결이 되면 감사하게 거기 놓고 할 수 있다면 여러분은 정말이지 누가 행복을 갖다 줘서가 아니라 자기가 만들어서 행복하게 살 수 있는, 그러고도 자유인으로 살 수 있는 여러분이 될 것입니다.

사랑이라는 것이 아주 작기도 하고 크기도 합니다. 요즈음 가만히 볼 때 인구는 늘어가고 병은 많아지고 있습니다. 그런데 여러분을 보면 참 답답할 때가 있습니다. 길을 걷다 봐도 그렇고 테레비를 봐도 그렇고, 무슨 쓰레기든지 그냥 아무 데나 버려서 썩어 문드러지면 거기서 안개 같은 세균이 눈에 보이지 않게 나옵니다. 그것이 어디로 가는 줄 아십니까? 인과가 뭡니까? 인연이 뭡니까? 여러분이 버린 거라면 여러분의 마음이 알고 있기 때문에 바로 컴퓨터에 입력이 되는 겁니다.

도청기가 거기에 부합이 돼 있거든요. 남은 몰라도 여러분의 양심은 알고 있기 때문에 그것이 바로 인과응보요, 업보가 되는 것이요, 그것을 면치 못한다고, 벗어날 수가 없다고 하는 것입니다. 그런 게 썩으면 나무뿌리가 썩고 우리는 썩은 물을 먹게 되고, 그 세균은 버린 사람의 인연을 따라서 좇아옵니다.

만약에 어느 누가 쓰레기를 버려서 썩어서 세균이 생겼다면 입력이 되고 도청기가 있으니까 그것에서 벗어날 수가 없죠. 그림자처럼 따라다니다가 들어오는 겁니다. 중심을 두지 않은 껍데기 빈집이, 들어가니 압니까, 나가니 압니까? 털구멍을 통하고 눈구멍을 통하고 귓구멍을 통하고 콧구멍을 통해서 그 세균성은 그냥 자기한테 부합이 되는 것입니다. 그래서 병이 들면 한 가족이 모두 그 병든 사람을 보며 같이 괴로워하고 고통을 받게 되는데 그런 역할을 해서는 안 됩니다.

'저이는 스님인데도 왜 부처님에 관한 얘기는 안 하고 뭐가 잘났다고 저렇게 생활에 대해서만 저러나?' 이러는 사람도 있겠죠. 그러나 여러분이 여기서 한생각이라도 그것을 부정하고 '그것이 아니다' 라고 생각을 하신다면 정말 여러분은 꼭 겪어 볼 겁니다. 사람이 자기가 아파 보고, 자기가 괴로워해 보고, 자기가 경험을 안 해 본다면 그 아픔을 몰라서 남의 말 듣듯, 남의 말 하듯, 남의 행 하듯 이렇게 그냥 무심하게 넘어가지마는 전 안 그렇습니다. 저는 어떤 때는 "저 사람은 병을 잘 고친대." 이런 흉을 듣습니다. 여러분이 들어 본 중에 내가 병 고쳐준다고 한 일이 있습디까, 없습디까?

여러분의 몸뚱이가 지수화풍으로 뭉쳐졌기 때문에 광력이나 전력 자력 통신력이라는 재료가 여러분 속에 충만히 있으니 여러분은 문제가 있을 때마다 여기저기 가서 빌지 말고 내 내면세계 그 깊은 마음속의 해결력을 믿어 보세요. 아픈 것도 내 한마음 속에서 나온 거니 거기다가 맡겨 놓고 산다면 자기 내면이 그대로 의사가 됩니다. 지금 어떠한 문제가 있더라도 찰나에 관세음보살이 됐다가 칠성이 됐다가, 지장이 됐다가 지신이 됐다가 용신이 됐다가, 이렇게 한생각에 마음이 찰나찰나 화하기 때문에 부처님께서는 "바로 네 마음 한생각에 물리가 터지고 모든 것을 항복을 받아서 모두 내줘도 줄지 않고 들여놔도 두드러지지 않는 이런 세계를 파악한다면 삼천대천세계가 한 주먹에 있느니라." 하셨습니다.

그렇게 된다면 여러분은 자유자재권을 가지고 자유스럽게 삶의 보람을 느끼면서 살 수 있다는 거지요. 여러분이 이런 공부를 해서 내 몸속의 중생들을 제도해서 천백억화신으로 만드시고 여러분 가정을 이끌어 나가시면서 사회를 이끌어 나가고 나라를 이끌어 나갈 수 있는 그런 능력을 얻는 데 목적을 두십시오. 우주와도 직결이 돼 있고 세상과도 가설이 돼 있으니까 여러분의 마음에 따라서 그것은 즉시 무에서 유로 나올 것입니다. 그것은 여러분이 마음속에 재료를 가지고 있기 때문이며, 그래서 99% 부처가 될 수 있는 것이 그 마음입니다. 돈이 드니 마음을 그렇게 못 씁니까, 피곤하니 마음을 그렇게 못 씁니까? 여기 가나 저기 가나 참선이요, 여기 가나 저기 가나 바로 자기 자리요, 여기 가나 저기 가나 바로 그것이 좌선이란 말입니다. 여러분이 마음이 편안하면 좌선이요 마음이 복잡하면 망상이라고 하는 것입니다.

이 세상에서 욕심 없는 사람이 어디 있겠습니까마는 우리가 이 세상에 나와서 고무줄 같은 인생에 뜬구름 같은 이 모습이 다 흩어지고 나면 뭐 남는 게 있겠습니까. 그러나 그 정신력, 나의 마음의 차원을 그대로 가지고 또 태어납니다. 여러분이 생각해 보십시오. 너무 물질로 치달아서 노예가 된다면 여러분이 죽어도 그 의식 영혼들이 거기에서 벗어나지 못합니다. 즉 말하자면 몸에 있는 중생을 제도 못했기 때문에 자기 인과로써 뭉친 선악업이 그림자처럼 따라다니면서 바로 눈앞에 브이니 한 발짝도 떼 놓을 수가 없는 겁니다. 고다음에 이차적으로는 여러분이 물질적으로 그렇게 착이 줄줄이 붙어서 살아왔기 때문에, 그 물질에서 벗어나지 못했기 때문에 내 몸이 그대로 있는 줄 알고, 영혼들이 물을 건너가야 하는데 물에 빠져 죽을까 봐 배 오기를 기다리고 죽 섰으니, 오백 생을 기다린들 배가 오겠습니까. 그러니 여러분이 죽으나 사나, 스님이든 스님이 아니든, 기독교든 가톨릭교든 불교든 국한돼 있는 게 아니라 한 항아리 속에서 지금 구르고 있고 돌아가고 있습니다.

여러분이 그렇게 빠져 죽을까 봐 건너가지 못하니까 불교에서는 '저 언덕을 넘어서 저 물을 건너가세. 같이같이 건너가세.' 하는 뜻으로 '아제아제 바라아제 바라승아제' 하는 것이고 '요단강 건너가 만나리' 한 것도 역시 그런 뜻이다 이겁니다. 자기의 좋고 나쁘고 한 그 마음, 자기로부터 수북하게 나오는 그 악마 같은 마음, 요만한 것 가지고도 괜히 신경질 내는 마음, 남의 탓을 하는 마음, 남을 원망하는 마음, 이것들이 그냥 배어서 항상 그렇게 하다 보면 여러분은 아마 생전 가도, 오백 생이 가도, 천년만년이 가도 고에서 벗어날 수가 없을 것입니다.

우리가 생활을 벗어나서 부처님 법이 어디 있겠습니까? 부처님이 있기 이전에 여러분이 있고 여러분의 생활이 있기 때문에 부처님 생명이 내 생명이요, 부처님 마음이 내 마음이요, 부처님 몸이 내 몸이니 둘이 아닌 까닭에 아무렇게나 아무 데나 놓고 절하고 그러지 말라는 겁니다. 부처와 나와 둘이 아니고 세상과 나와 둘이 아닌 까닭에 일정례를 올리더라도 마음을 둥글려서 내가 정성스럽게 할 수 있다면, 어디다가 절을 해도 바로 자기 주인공에 자기가 하는 것이 되는 것입니다. 어느 고깃덩어리에다가 절을 하겠습니까?

여러분, 똑바로 생각해 보십시오. 여러분이 이런 공부를 해서 내 가정과 사회 국가 세계를 잘 이끌어 나가야 합니다. 세계를 잘되게 하려면 우주를 알아야 되고 우리나라를 조절하려면 세계를 조절할 줄 알아야 되는 것입니다. 누가 '해라' 이래서 하는 것도 아니요, '말아라' 해서 마는 것도 아닙니다. 자기가 하고 싶으면 하는 것이 바로 자유인인 것입니다. 무슨 누구의 칭찬을 받으려고 하는 게 아닙니다. 칭찬을 받으려고 보이는 데서 남한테 보시를 한다면 그것은 보시가 아니라 여러분이 욕심에 처해 있는 거고 상인이 물건 팔아서 이익을 보려고 하는 것과 같은 마음입니다. 그래서 부처님께서는 '무주상 보시를 하되 함이 없이 하라' 하고 말씀하신 겁니다. 부처님의 말씀이 있기 이전에 우리들의 마음이 그래야 되겠지요.

그러니 우리의 목적은 어떤 것인가? 지금 과학도 물질 만능으로 가고 있지만 우린 정신계와 물질계의 교차로에 서 있습니다. 여러분이 앞으로 정신계를 무시한다면 아마도 살기가 급급해지리라고 믿습니다. 적었던 인구가 이렇게 많아진 걸 보십시오. 또 화산이 일어나도 과학자들이 그것을 재료로 삼아 연구함으로써 많은 이득이 있었듯이, 여러분이 이 마음공부를 해서 활력소를 넣을 수 있는 그런 마음의 능력과 오고 감이 없는 오신통 자체가 바로 재료로 주어져 있다는 사실을 아시라 이겁니다.

보이지 않는 데서 보는 천안통, 가고 옴이 없이 가고 올 수 있는 팩시밀리, 바로 신족통. 전체의 소리를 듣는 무전통신기, 바로 천이통. 또 여러분을 보기만 해도 어디서 왔는지 과거를 전부 아는 숙명통 컴퓨터가 있는 거죠. 그 컴퓨터에 입력이 돼서 자꾸자꾸 현실에 나오는 것을 운명 팔자라고 이름을 붙여 놓고 여러분은 창살 없는 감옥에서 한 발짝도 벗어나지 못하는 마음으로 살고 있습니다. 바로 그 마음이 자기를 구덩이에 빠뜨릴 수도 있고 구덩이에서 나오게 할 수도 있는 보배입니다.

그러니 그 오신통에서 벗어나야만이 됩니다. 지금 시쳇말로 한다면 부처님께서는 "이 세상을 다 봐도 도가 아니니라. 이 세상을 모두 다 들어도 도가 아니니라. 또 과거를 잘 안다고 해도 도가 아니니라. 남의 속을 빤히 잘 안다고 해도 도가 아니니라. 가고 옴이 없이 대천세계를 다 가고 온다 하더라도 도가 아니니라." 하셨습니다. 그 다섯 가지 오신통에서 벗어나서 오신통의 바퀴를 굴려야만이, 법바퀴를 굴려야만이 바로 누진, 즉 레이다망으로 벗어나서 자유자재할 수 있는 거죠. 레이다망이 바로 들어오는 거, 나가는 거, 통신하는 거 이 세 가지 소임을 맡아 가지고 일을 하고 있습니다. 그와 마찬가지로 인간의 두뇌도 안으로도 통신, 바깥으로도 통신, 그리고 정확하게 결정하는 것도 바로 거기서 하는 것입니다. 인간의 몸만이 아니라, 두뇌만이 아니라 지구의 모든 문제들도 그렇습니다.

그렇다면 우주의 섭류가 어디에 있을까요. 먼 데서 찾으려고 애를 쓰지 말고 여러분의 마음속에서 모든 물리가 터진다면 아마 망원경으로도 탐험을 못하는 것을 여러분의 천안으로, 바로 마음의 눈으로 세계를 다 볼 수 있으며 세상을 다 볼 수 있으며, 조절할 수 있으며 들을 수 있으며 가고 올 수 있으며, 모든 것을 자기가 결정할 수 있는 그런 주권을 가질 수 있는 것입니다.

우리가 지금 이 세상에 살아나가는 것만이, 그저 취직해서 일 다니고 집안에서 살림하고 애 낳고 기르고 하는 것만이 능사가 아닙니다. 그렇게 사는 걸 그만두라는 게 아니라 착실하고 부지런하게 살되 그렇게 움죽거리면서 활력 있게 사는 놈이 누구냐는 얘깁니다. 그렇게 하라고 그러는 놈이 누구냐? 마음입니다. 마음의 주인이 여러분의 몸을 끌고 다닙니다. '가자' 그래야 가고 '오자' 그래야 오고 '이렇게 하자' 그래야 하지, 하기 싫은 놈의 걸 억지로 '하지 마라' 그런 거 안 합니다. 여러분, 여기 오실 때 오고 싶어서 왔지 오기 싫으면 안 왔을 겁니다.

그런데 이 절만 절이 아니라, 강당만 강당이 아니라 여러분의 안방도 바로 여래의 집이며 여러분의 몸도 여래의 집인 것이며, 어느 한 군데 여래의 집 아닌 자리가 없고 여러분의 한마음 아닌 자리가 없습니다. 사장이 있으면 직원이 있듯이 말입니다. 직원이 없으면 사장이 없고 사장이 없으면 직원이 없는 것입니다. 모두가 이렇게 상대성의 원리로서, 삼위일체로서 돌아가고 있습니다. 바로 하늘과 땅도 역시 그렇게 돌아가고 있습니다.

여북하면 옛날에 스승들이 그런 말을 했겠습니까. 저 태극기에도 있군요. 보세요! 석 삼 자가 쓰여져 있죠? 그 아래에는 점이 네 개입니다. 그다음에 뭡니까. 점이 다섯 개입니다. 삼, 사, 오, 육입니다. 어떻게 해서 저렇게 됐는지 아세요? 천지의 근본은 인간의 살림살이에, 마음에 다 있다는 얘깁니다. 저, 보세요! 과거 삼, 현재 삼, 이 자체가 바로 육입니다, 육! 인간의 마음이 다 저렇게 사무 사유가 한데 합친 것이 넷입니다. 위는 태양이 되고 아래는 대지가 돼서, 대지는 어머니요 태양은 아버지로서 둘이 아니게 저렇게 한꺼번에 둥글려졌습니다. 그러니 천지를 두고 말한 거지요. 저걸 둘이라고 하겠습니까?

여러분, 돌부리 하나도 부처님 아닌 게 없고 부처님 법 아닌 게 없고, 바로 공안 아닌 게 없고 화두 아닌 게 없고 스승 아닌 게 없으니, 어느 교가 옳다 어느 교가 그르다 말하겠습니까. 어느 종교든지 국한돼 있다고 생각 마시고 나 하나로부터 아셔야 합니다. 내가 이 세상에 나왔으니까 태초고, 나 하나가 이 세상에 나왔으니까 바로 내가 나온 것이 화두요, 내가 나왔으니까 이 세상이 벌어졌으니 나부터 알아야 되겠다 이겁니다. 내 집부터 전화를 놔야 전화를 할 수 있고 전화를 받을 수 있다는 그 믿음의 자세가 필요합니다. 어디부터 믿어야 하느냐? 여러분이 절을 해도 내가 받지 않는 거니까 나는 그렇게 신경 안 씁니다. "아이구, 고맙습니다. 잘 왔습니다." 이렇게 하고 싶지도 않습니다. 여러분이 오겠으면 오고 말겠으면 말지요, 뭐. 이 세상에 돈벌이 해먹으려고 중 된 것도 아니고 옷 잘 입으려고 했던 것도 아니고 잘살려고 했던 것도 아니고 오래 살려고 했던 것도 아니니까요.

여러분은 누구를 위해서 이렇게 오셨는지, 지금 누구를 위해서 어디를 걷고 있는지, 누구를 위해서 돌아가고 있는지 그것을 침착하게 생각해 보십시오. '나는 이 종교를 믿기 때문에 못 나간다.' 하는 생각도 여러분의 생각이지 이 세계, 우주 전체의 생각은 아닙니다. 진리는 아닌 것입니다. 여러분의 좁은 소견입니다. 여러분이 바로 그렇게 막아 놓고 여러분이 못 나가고 있을 뿐이죠. 그러니 여러분의 마음 한 가지를 가지고 열 가지 백 가지 만 가지 요리를 할 수 있는 그런 자유인의 능력을 가지고 사시라고 이렇게 애절하게 말하는 것입니다.

여러분이 맛을 보면 맛을 보는 대로 '아, 이런 것이로구나!' 하고 감탄하면서 '야! 과학이 딴 데 있는 게 아니라 여기 있구나! 불가사의하다는 것이 뭔가 했더니 바로 여기서 내가 실험하고 체험하는 것이, 불가사의한 문제가 바로 여기서 나오는구나!' 하는 거를 여러분이 터득하라고 그러는 거지 나는 이날까지 '나한테다 절해라, 나를 믿어라, 또는 기도를 드려라, 정성을 들여라' 이래 본 예가 없어요. 여러분한테 닥치는 대로 한마음 속에 놔서 용도에 따라서 한마음 속에서 해결을 하게 만드는 그런 작업을 바로 자신들이 해야 됩니다. 카세트에 옛날 구식 노래가 있는데 그 카세트에다 새로 나온 곡을 입력한다면 앞서 입력됐던 것이 다 없어지고 새로운 곡이 거기 들어가서 좋은 신곡이 나올 것입니다. 바로 그와 마찬가지로 인간도 한생각에 고를 무너뜨릴 수가 있기 때문에 팔자 운명은 없는 것입니다. 그리고 병고도 거기 붙을 자리가 없는 것입니다.

여러분, 생각해 보십시오. 비행기를 타고 오는데 프로펠러가 너무 빨리 돌아가서 눈에 보이지도 않았습니다. 그렇다면 지금 만약에 지구가 그렇게, 아니 지구뿐이 아니라 일체가 그렇게 빠르게 움죽거려서 돌아간다면 여러분은 마음으로 그걸 따라갈 수가 없다고 하는 겁니다. 그런데 마음은 체가 없기 때문에 따라갈 수 있는 바탕이 있고 따라갈 수 있는 능력이 있는 거지요. 지수화풍의 뭉치이기 때문에 자력이나, 물질적으로는 자석이라고 그러지만, 통신력이나 광력 전력이 충만합니다. 그래서 바로 우리가 우주의 섭류를 간파할 수 있는 거죠. 어떤 별성이든 혹성이든 전부 생명이 있고 운동을 하고 돌아가면서 우리가 지금 살고 있듯이 그렇게 살고 있는데, 단지 각자의 마음에 따라 수명이 길고 짧고 한 것입니다.

여러분의 마음이 자꾸 끄달리기만 한다면 오래 못 삽니다. 예를 들어서 의사들이 암이다, 백혈이다 이런다고 그 이름에 끄달린다면 자기를 자기가 구출을 못해요. 그러니까 여러분은 병 이름에도 끄달리지 마시고, 지금 금방 죽는다 하더라도 살려고 하지도 말고 죽는다는 이름에도 끄달리지 마십시오. 바로 내가 재량껏 모든 것을 상식적으로 해 나가는 겁니다. 우리 인간의 본의 그대로 음식을 조절해서 기운이 없어지지 않게 하면서, 육식을 너무 하면 피가 걸다고 하니까 해물 이런 거를 대신 쓰면서 생각 자체를 '내가 병난 거 내가 고쳐야 한다'는 식으로 마음을 먹는다면 좋아집니다.

지금 보세요. 몸속에 정맥 동맥 혈관이 돌아가고 세포가 돌아가고 있는데, 거기 모든 생명들의 의식이 내 마음 지배인을 좇아서 다 마음을 합쳐 준다면 어느 한 귀퉁이가 마비가 됐더라도 '얘야! 지금 네 심부름을 하고 다니는 이 몸뚱이를 이렇게 아프게 해서 되겠느냐?' 그러면 내 몸중이 내가 죽일 수 없으니까 굳어 들어가는 것을 고쳐서 아주 성능이 좋게 만드는 것입니다. 그렇게 할 수 있는데도 여러분은 그 이름에 속아서 그냥 쓰러져서 죽어 버리고 말지요. 그러니까 여러분은 어디에도 속지 말고 여러분 자신의 주인공만 믿고 주인공에다 맡겨 놓으면서 감사하게 사신다면 아마도 체험을 할 수 있을 것입니다. 그러면 자기 자신의 불성이 얼마나 귀중한지 그거를 아마 아실 겁니다.

우리 신도 중에 산부인과 의사로 있는 분이 있습니다. 마음공부를 하고 있는 많은 신도들 가운데서도 이 신도는 온 지 얼마 되지 않아서 공부가 채 되지 않은 상태였습니다. 그런데 애들을 낙태시키고 그러는 것이 애달파서 그러다가, 때에 따라서는 사고가 나는 일도 있거든요. 하치않은 일에 사람을 죽이기도 하고. 이런 일이 허다하다고 봅니다. 그럼 죽어도 상관없다고 도장은 찍어 놨겠다, 여러분에게 뾰족한 수가 있습니까? 그러니 손해는 누구 손해입니까? 여러분의 손해죠. 그러니 여러분의 능력을 길러서 70%든지 65%든지 자기 자신들이 담당할 수 있는 그런 능력을 가져야 될 것입니다.

그래서 앞으로는 물질계가 정신계로 돌아서지 않는다면 살기가 아주 어렵습니다. 바로 정신계를 돌아서 물질계로 나와야 우리 지구도 수명이 길어질 것이고 자원도 많이 생길 것이고 또 팽창되는 인구도 조절할 것이고, 여러분이 생각하는 대로 다 되는 것입니다. 이것이 거짓말이라고 생각되시면 여러분이 다 해 보십시오. 부처님 당시에 가르치실 때에도 불상을 해 놓고 가르치신 게 아닙니다.

대구에 와서 여기 처음 오신 분들에게 '어떻게 해야만이 여러분이 그 요리를 맛있게 잘 자시고 소화를 잘 시킬 수 있을까?' 하는 생각에서 그저 뜨금뜨금 이렇게 넘어갑니다. 나는 뜨금뜨금 넘어가더라도 여러분은 차근차근히 들으십시오.

그런데 그 병원에서 사고가 났답니다. 그 사고로 인해서 병원 문을 닫아야 하는 그런 지경에 이르렀더랍니다. 급하니까 안양 본원에 뛰어왔습니다. 뛰어와서 하는 소리가 뭐라고 하느냐 하면 "지금 숨을 쉬지 않습니다. 의식을 잃고는 아무리 깨어날 때를 기다려도 깨어나지 않으니 이걸 어떻게 했으면 좋겠습니까?" 하는 겁니다. 아니, 온 게 아니라 전화로 그랬습니다.

전화를 받고, 내 버릇이 항상 그렇습니다. 애가 그러면 "알았다." 이러고, 어른이 그러면 "알았습니다." 이러고, 또 더 노인네가 그러면 "정말 알았습니다." 이럽니다. 내 부모, 내 형제, 내 자식 아님이 없으니까요. 여러분이 수억겁 전으로부터 미생물에서부터 쫓고 쫓기면서 먹고 먹히면서 이렇게 진화돼서 인간까지 올라온 그 자체를 볼 때 우리가 모였다 흩어지고 흩어졌다가 또 딴 데 가서 모이고 그러는데, 수없이 거듭거듭 해 온 인생살이를 우리가 체크해 볼 때 누구를 내 부모라고 하고 내 형제, 내 자식이라고 할 수 있겠습니까?

그런데 전화를 놓고 가니까 벌써 그 사람 의식이 깨어나더랍니다. 나중에 나더러 고맙다고 그러기에 "날더러 고맙다 그러지 마라. 당신이 그러한 생각을 하고 전화를 했고, 그걸 믿고 그러한 생각을 했기 때문에 당신이 고친 거다." 그랬죠.

여기에 사람들이 아무리 많이 계신다 해도 나는 여기서 여러분을 다 보고 있습니다. 여러분이야 나 하나니까 나를 볼 수 있겠지요. 그러나 나는 여러분의 몸뚱일 보는 게 아니라 마음을 보고 있습니다. 그러니 여러분의 마음으로 내 마음을 보십시오. 이심전심으로 마음과 마음이 전해졌을 때 광력도 전력도 자력도 통신력도 다 전달이 되는 겁니다.

여러분에게 어떤 병고가 있어도 자기 안에서 광력으로 모든 병을 완치시킬 수 있습니다. 어떤 사람들은 "병만 고치는 것이 제일인가?" 이렇게 말하지만 병을 앓아서 의욕이 없고 그렇게 괴로움을 당하는 그 사람을 만약에 고쳐 줄 수 있는 능력만 있다면 내 몸이 가루가 된대도, 욕을 먹는대도, 그건 불법이 아니라고 하더라도 당연히 할 겁니다. 앞에 닥치는 거 마다하지 않고 가는 거 잡지 않는 것이 바로 부처님이 가르쳐 주신 법이요, 우리가 세세생생을 통해서 살 수 있는 바로 보배인 것입니다. 좋은 것만 하고 언짢은 거는 하지 않으려 하고, 자기한테 이익 되는 것만 하려고 그러면서 남에게 해로운 것이라도 서슴지 않고 하는 거, 또는 그저 남이 괴롭든지 말든지 그냥 나오는 대로 불쑥불쑥 해 버리는 그런 마음, 조금만 화가 나도 불쑥 그냥 화를 내고 이러지 마시고 그냥 전부 안에다가 맡겨 놓으세요.

이런 말을 안 할 수가 없네요. 왼쪽은 잠재의식 쪽, 바른쪽은 바로 현실의 감각적인 문제를 가지고 있는 곳입니다. 중심에 있는 것은 바로 우리가 맡기는 대로 거기서 굴려서 잠재의식 쪽으로 가고 잠재의식 쪽에서 또 나올 때는 거기를 거쳐서 현실로 나갑니다. 의학적으로도 인간의 두뇌에 그렇게 돼 있단 말입니다. 나는 이름은 잘 모르지만 구조가 그렇게 돼 있습니다.

그렇다면 여러분은 지금 자식들이 잘못한다 어쩐다 하지 말고 여러분이 참으로 자식들을 위한다면, 위하는 게 돈을 많이 주고 잘 입히고 잘 먹여서가 아니라 내 말 한마디에 정을 주고 말 한마디에 사랑을 할 수 있어야 하는 거죠. 그렇게 말 한마디 생각 하나를 잘 할 수 있다면 이탈을 하지 않고 모든 자손들이 한마음 한뜻이 돼서 화목하게 살 수 있고, 또 사회도 문란하게 어지럽히지 않을 것입니다.

그러니 이 마음이 얼마나 좋은 건지 여러분이 체험을 안 해 봐서 모르겠지마는 인제부터 체험을 해서 부처, 자기 자부처, 바로 자성은 자기 한마음 속에 있다는 그 점을 아셔야 합니다. 부처님께서도 아무 말 없이 꽃 한 송이를 들어서 한마음을 보여 주시고 꽃 한 송이 들어서 대중 속으로 들어가셨으니, '그 한마음 한자리, 바로 평발이다' 하는 이 뜻을 전부 가르쳐 주신 것입니다. 바로 진드기의 발 하나도 내 발 아닌 게 없기 때문에 평발이라고 하신 겁니다.

우리가 질문도 좀 들어 보기도 하고 서로 오손도손 토론도 했으면 좋겠지만…. 여러분, 또 이런 게 있지요. 여러분이 병고 없이 건강하고 젊게 사시려면 끄달리지 않고 살아야 합니다. 그건 왜냐? 지구가 돌아가는 대로, 섭류가 돌아가는 대로 그냥 여여하게 같이 마음이 걸리지 않고 돌아간다면 1년 살 것을 5년을 더 산다, 5년이 더 젊다 하는 이런 말이 나옵니다. 느릿느릿하고 이것저것에 걸려 가지고 거기에 같이 합쳐서 돌아가질 못하는 마음이라면 늙고 병들고 이렇게 되지만, 거기에 같이 돌아간다면 1년 돌아갈 것을 5년을 더 돌아가니까, 10년을 더 돌아가니까 얼마나 젊어집니까? 납득이 안되실는지 모르겠지만 납득이 되시는 분들도 있으실 겁니다.

일체 모든 분야, 천체물리학이든 과학이든 지리학이든 생물학이든 전체를 다 그 마음 하나 속에서 할 수 있습니다. 그런 마음의 보배가 여러분한테 있습니다. 어디 부러지거나 이런 것이 아니라면 여러분의 병도 스스로 해결할 수 있는 문제고, 부러졌더라도 바로 의사의 손이 내 손이요, 의사의 마음이 내 마음이요, 의사의 몸이 내 몸이라면 바로 자기가 떡 서서 수술하는 것도 볼 수 있고 또 잘못한다 해도 의사가 돼 버리면 바로잡을 수 있고, 자기가 자기를 수술할 수 있는 묘한 법도 여러분한테 주어져 있다고 봅니다.

그러니 여러분께서 '저 사람이 와서 별말 하는 것도 없는데 뭐가 그런가.' 하지 마시고 앞으로 행을 그렇게 해 보십시오. 그리고 부부지간에도 형제지간에도 부모자식지간에도 남의 탓을 하지 말고 살아야 합니다. 이런 일이 있었죠. 어느 분이 이렇게 말을 해요. "스님, 우리 손자가 하나 있습니다. 엄마가 죽고 아빠가 재혼을 했는데 그 손자가 자꾸 도둑질을 해 내가고 도둑질을 해 들여오고 나가서 안 들어오고 그럽니다. 그래서 매를 맞고 그러는 걸 보면 가슴이 내려앉고 살점이 미어지는 것 같습니다."라고 하는 겁니다. 그럴 때 나도 불쌍했습니다. 그래 그 할머니는 항상 자기 한마음 속에 그저 등을 밝히면서 그 손주의 마음과 자기 마음이 둘이 아니라고 믿었습니다. 그렇게 믿으면서 한참을 다니시니까 그 애는 너무나 착해지고 정직해지고 고등학교에 잘 다녀서 대학에 덥석 붙었답니다.

그러니 그런 할머니도 그렇게 실험을 통해서 체험을 해서 소원을 풀었잖습니까? 우리도 그렇게 할 수 있어야죠. 우리 젊은이들은 앞으로 이 나라의 주인이 되는데, 세계를 조절할 수 있는 원력자가 돼야만이 우리나라도 이끌어 갈 수 있는 그런 여건이 생기는 것입니다. 대통령이나 정치인들이나 과학자들이나 모든 사람들이 바로 물리가 터지게끔 마음을 내서 같이 한마음이 돼 준다면 얼마나 이익이 오겠습니까? 내가 잘한다고 자랑하지 마시고 내가 했다고 내세우지 말고 아상아집 욕심, 그런 거를 다 버리시고 묵묵히 내가 하고 싶은 대로 일할 수 있는 그런 마음의 태세, 자비를 가지신다면, 의리와 도의, 사랑 이런 것에서 벗어나지 않으신다면 바로 계율도 올바로 지켜지고 혜안도 생기는 것입니다. '계정혜' 이런다고 해도 "혜도 정이요, 계도 정이니 그 정마저 공해서 없느니라." 했다는 그 얘기를 잘 생각해 보시면 구절구절이 부처님의 말씀과 하나도 틀리지 않는 그런 이치가 나올 것입니다.

그런 거 한 가지뿐만이 아닙니다. 지금 공부해 들어가는 분들이 "참으로 신기합니다." 그러는데 본래는 신기한 게 아니라고 얘기합니다. 모두 자기가 재료를 가지고 있고 할 수 있는 능력을 가지고 있습니다. 부처이기 때문에 자기가 할 수 있는 겁니다. 가만히 있으면 부처요, 생각을 하면 법신이요, 몸이 움죽거리면 화신이다 이겁니다.

여러분, 인과가 왜 무서운 줄 아십니까? 아까도 말씀드렸지만, 버린 쓰레기에서 일어났던 먼지 같은 세균이 그 인연으로 그 집에 와서 인연을 맺을 때에, 그래서 병이 들어서 펄펄 뛰고 바깥으로 헤집고 다니고 그러면 식구들은 얼마나 고생을 하겠습니까? 그래서 예전에 내가 가만히 보니까, 그런 것으로 인해서 어느 동네에서 막 굿을 하고 야단법석이 났더라고요. 기독교인인데 말입니다. 그런데 나는 기독교다 불교다 이런 걸 따지지 않습니다. 우리가 몰라서 죄지 죄가 어디 있습니까? 모르는 게 다 죄가 아니겠습니까? 그래서 아는 사람한테 그랬습니다. "그 사람을 잠깐만 불러와." 그 동네 일이니까요. 징을 두드리며 굿을 하는데 듣기도 싫고 잠도 못 잔다고 그러니 차라리 그이를 불러오라고 그랬습니다. 불러다가 말을 시켜 보니까 벌써 며느리가 시아버지가 된 거예요. 그래서 며느리가 시어머니더러 담뱃대 가져오라고 그러고, 담뱃대에다 담배 끼워 오라고 그러고 "마누라!" 이럽디다. 그런 거를 어떻게 고쳐야 되겠습니까?

뜨거운 것은 뜨거운 걸로 고치고 찬 것은 찬 걸로 고쳐야지요. 그것은 물질로나 약으로나 말로써 고치는 게 아닙니다. 한마음이 돼 줌으로써 그 사람은 마음의 문을 활짝 열고, 또 마음을 내 줌으로써 몰랐던 그 영혼은 그걸 알고서 오히려 마음의 고개를 푹 수그리고 자청해서 건강해지게 도와주고 자긴 자기대로 바로 환생을 하고 맙니다. 우리는 쳇바퀴 돌듯 돌아가고 있어서, 죽는다고 그냥 없어지는 게 아닙니다. 별성도 그대로 그냥 없어진다고 없어지는 게 아닙니다. 껍데길 벗으면 그 껍데기는 우리 이 지구에 떨어지기도 하고 딴 데 떨어지기도 하고 이러면서 바로 그것이 우리에게는 자원이 되고 재료가 되고 이럴 수도 있겠죠. 때로는 쓰레기도 될 수 있겠고요.

하지만 그런 것이 없다면 우리는 인간으로서 살 수 없는 무지한 사람이 될 것입니다. 그런 것들도 다들 껍데기를 벗고 다시 밝게 만들어서 탄생을 하고 그렇듯이 인간도 역시 그렇게 지금 살고 있지 않습니까? 그러니 '죽으면 그만일 거 아무렇게나 살자.' 하거나 '우리 집에 가면 그만이지.' 하고 쓰레기 탁 버리고, 안 보이니까 아무 데나 그냥 침 탁 뱉고, 또 안 보이니까 커피 먹고 그냥 탁 버리고, 차 타고 가면서도 담배 피우다가 담배꽁초 확 버리고, 이것이 누구한테로 가느냐 하면 자기한테로 다시 가는 거지요. 왜냐? 자기가 버렸다는 걸 자기가 알고 있기 때문이죠. 그게 바로 입력입니다, 입력! 입력을 하게 되면 입력됐기 때문에, 도청기와 같아서 언제나 그림자처럼 여러분을 따라다니니 그것을 팔자 운명이라고 하는 거죠. 여러분이 해 놓고 누구를 원망하겠습니까? 우리가 종교를 믿는다고 하지 말고 가정에서 살아가면서 그것을 하나하나 정리해 나가는 데 역점을 둬야 될 겁니다.

그것뿐입니까? 사람이 살아나가면서 잘못되면 모두 조상의 탓을 하지요. 그런데 그것도 왜 그러느냐? 왜 그런지 모르겠습니다만 오늘은 여기 와서 인과에 대해서 이렇게 말을 많이 한단 말입니다. 예를 들어서, 아까도 얘기했지만 사람이 물질에 의해서만 살다가 정신세계의 도리를 모른다면 의식이 항상 거기에 속해서 그 차원에 있기 때문에 입력된 대로 바로 그냥 쏜살같이 나갑니다. 현재 살고 있으면서도 쏜살같이 나가지요. 한번 마음을 굴려서 내가는 법이 없어요. 그러니까 그냥 그 말대로 그 뜻대로 그냥 막 돌아가지요. 그런데 죽어서도 그 마음이 있기 때문에 친척 아니면…, 엊그저께도 그런 예가 있었어요. 엊그저께만이 아니라 그런 일로 사람들이 많이 옵니다.

친구가 물에 빠져 죽었는데 항상 친구들을 찾아 다니는 거예요. 그 친구가 꿈에 보이기만 하면 시집을 못 가게 되고, 시집을 간 사람은 애가 떨어지고 또 고통이 오고 신랑하고 싸우게 되고 둘이 갈라서게 되고 이렇게 되는 일이 한두 건이 아니랍니다. 그 친구들이 가만히 생각해 보니까 이거 야단났거든요. 냉정한 사람한테는 범접을 안 하는데 냉정치 않은 친구들한테는 가는 사이 없고 오는 사이 없이 그렇게 자기 갈 곳을 못 가고 헤매고 도는 거죠.

예전 어느 때인가 나도 실험하느라고 '왜 그런가?' 하고 한번 검토를 해 보니까 글쎄, 시어머니가 왔는데요, 죽은 혼백이 욕심이 나서 갈 줄을 모르는 거예요. 두고 죽은 게 아까워서 거기 붙어서 돌아가다가 와서 "얘, 아무개야! 이걸 좀 나에게 싸서 다오." 하고 죽은 사람이 그러니까 어떻게 알아들을 수도 없고 볼 수도 없고 그런 거 아닙니까? 죽은 사람은 자기가 지금 몸뚱이가 있어서 보고 듣고 그러는 줄 알고 있는 거예요. 그러니 화가 나서 며느리를 한 대 쳤더니만 그 날로 병이 든 거예요. 병이 들어서 애 넷을 두고서 다 죽게 된 거예요. 세상에, 걸음 한 발짝을 떼 놓지 못해서 양쪽에서 받치고 온 겁니다. 그러나 딴 데서 병난 거 같으면 모르지만 나도 실험도 해 볼 겸해서 그냥 아무 생각 없이 "둘 아닌 것만 알라. 한마음, 네 주인공에다가 모두 맡기고 거기서밖에 낫게 할 수 없다고 맡겨라." 이렇게 말을 했습니다. 차차차차 시간이 지나니까 시어머니는 둘이 아니게 돼서 그 인간의 아는 마음 속으로 들어가서 환토를 해 가지고 잘 살고 그 사람은 그 사람대로 지금은 법사가 돼서 살고 있습니다.

그러니 보이지 않는 데 50%를 여러분이 모르기 때문에, 지금 물질세계의 50%만 가지고 사시기 때문에 그렇게 살기가 고통스럽고 삶의 보람이 없지요. 여러분이 아마 그 맛을 안다면 이 세상을 다 준대도 바꿀 수 없는 것이 여러분의 마음 보배라는 걸 알 겁니다. 이 세상에 나오기 이전이 말입니다. 그래서 여러분의 몸은 시자일 수도 있고 집일 수도 있고, 바로 여러분의 몸속에, 그 허망한 몸 속에 바로 진짜 여러분이 있다는 거를 아셔야 됩니다.

그냥 이렇게 여러 마디 운만 띄우고 돌아갔습니다. 그러니 말소리만 들으려고 하지 마시고 실천을 해 보세요. 15년인가 18년 동안 병원에서 등이 구부러져서 일어나지 못하고 드러누워 있던 사람도 『한마음요전』을 100독을 하고 나니까 꿈에 할아버지가 작대기로, 이 젊은 놈이 만날 드러누웠다고 하면서 그냥 넘겨 치니까 "아이구!" 하곤 벌떡 일어난 것이 진짜로 일어나게 됐습니다. 그래서 살고 있습니다마는 그러한 문제 등등이 여러분한테 하나하나, 여러분의 가정에 이익하고 여러분에게 이익해야지, 나는 내가 이익하자고 그러는 것도 아니요 여러분이 날 위해서 하는 것도 아닙니다. 꼭 이것을 아셔야만이 앞으로의 시대에 맞게 돌아갈 겁니다. 시대가 어떻게 변해 왔습니까? 즉 말하자면 미생물, 곤충의 시대를 얼마나 거치고 거쳐서 이렇게 인간까지 왔습니까? 그런데 인간이 돼 가지고도 한번 짚고 넘어가고 벗어날 줄 모른다면 우리는 세세생생에 고통을 받고 벗어나지 못할 것이니 어떻게 할 것입니까?

여러분에게 산더미 같은 돈을 내놓고 하라는 것도 아니지 않습니까. 여러분이 땀 흘려 벌어서 그 얼마 안 되는 것을 가지고 한 달을 사시려면 애쓰실 텐데, 여러분이 자급자족해서 생활하는 데 좀더 이익이 있도록 하시라는 겁니다. 여러분이 병원에 갖다 주는 것만 해도 한 달이면 5만 원이 든다 20만 원이 든다 그러는데 그것도 식구 나름이고 집마다 다르겠죠. 그것만 들겠습니까? 병뿐만 아니라 이렇게 함으로써 여러분의 가환 우환 병고 액난 애고를 해결하고, 답답한 마음과 더불어 바로 가난 그 자체를 모두 해소시킬 수 있는 그런 여건이 되는 겁니다.

오늘 여기 와서 밑도끝도없이 '마음공부 해라' 이런다고 흉보지 마시고 잘 생각하시기 바랍니다. 중요한 것은 여러분이 지금 어디다 목적을 두고 가느냐 이겁니다. 여러분이 지금 이 마음공부를 해서 내 몸과 내 가정, 내 자식, 내 나라를 잘 이끌어 가시라 이겁니다. 바로 내 나라를 위하려면 세계를 조절할 줄 알아야 되고 우주와 직결돼 있는 이 섭류를 다 파악해야 됩니다. 인간으로 태어났으면 여러분이 좀더 그 도리를 알아야만이 인간의 도리를 다할 수 있기 때문입니다. 내가 어디서 왔는지 어디로 가는지, 지금 무엇을 하고 있는지 내가 지금 하고 있는 것이 왜 전부 공했다, 무(無)라고 하나, 이런 것도 좀 알아볼 겸해서 여러분은 공부 열심히 하셔야 될 것입니다.

얘기 더 하기 싫은데 안 해야 옳겠죠? 여러분이 받아들이는 율이…, 이 음파가 여러분 마음속에 쏙쏙 들어간다면 음파가 다시 돌아오질 않아요. 여러분 눈에는 보이지 않지만 나한테는 그렇습니다. 음파가 다시 돌아온다면 난 말하기가 싫으니까요. 왜? 여러분이 이렇게 있어서 어떠한 병자라도 그렇고, 어떠한 가난한 사람도 그렇고…. 또 이런 얘기 하나 해 드릴까요? 요거 얘기해 드리고 끝마칠게요.

왜 이런 얘길 하느냐 하면 너무 장해서 그럽니다. 애들 여섯을 데리고 소금 장사를 해서 먹고 사는 사람이 있었는데, 남편은 정신분열증이라서 방에 가두어 놓고 소금 장사를 하지 않으면 안 되는 집이었습니다. 자식들은 그 옆에다가 텐트를 치고 살게 하고 방에는 남편을 자물통으로 가두고 밥만 넣어 주는데 소금 장사를 하지 않으면 안 되는 입장이 됐습니다. 그래서 그이는 항상 남편을 위해서 뭐 다닌다 안 다닌다 이런 얘기도 없이 그냥 먼저 따로 떠 놓았던 소금 한 공기를 저녁 나절에 장사를 끝내고 가지고 오거나 아침에 팔러 갈 때에 갖다 놓고 가거나 합니다. 소금 한 공기를 말입니다. 더 받으면 뭘 합니까마는 그것도 받지 않으려 해도 그 사람의 정성이니까요. 누가 받고 안 받고 간에 공양간에다가 그냥 놓고 갑니다. 그러면 공양주가 받게 되겠지요. 놓고는 그냥 "스님, 자물통으로 잠궈 놓고 갑니다." 이거 한마디면 그만입니다. 뭐 더 할 말이 있겠습니까? 무슨 시주할 게 많으니 겁나겠습니까? 뭐 누가 재산을 뺏어 갈 테니 걱정입니까? 뭐 재산을 뺏어 가려고 누가 속이는 말을 할 테니 걱정입니까? "스님, 자물통으로 잠궈 놓고 갑니다." 그거 한 마디 뿡 하고 바쁘니까 그냥 가요.

한 달 되고 두 달 되고 석 달이 되었습니다. 그런데 소금 장사하다 보니까 우연히 김밥을 말아서 들이라고 하는 공장이 있었답니다. 그래서 김밥을 해서 들이니까 소금 파는 것보다 낫지요? 그런데 새로 싼 바로 그 김밥 하나를, 고 하나 말입니다! 많이도 아니고요. 누가 많이 먹을 사람도 또 없지마는, 요 김밥 하나를 종이에다 딱 싸 가지고선 그거를 갖다가 놓고는 또 부지런히 가는 겁니다. 이거 누가 그렇게 하래도 못합니다. 그러더니 어느 날 와서는 "애들 아빠가 인제는 나았어요. 인제는 가진 기술로 뭘 하겠대요. 텐트 쳐 놓은 데서는 아빠가 일하던 것을 하고 애들하고 전부 방으로 옮겼습니다." 이러더라고요.

그렇게 말해 놓고 "스님, 참 감사합니다." 그러고 울면서 김밥 하나를 거기다 놓고 가요. 이렇게 앉았으면 여기다 놓고 가는 겁니다. 그걸 맛있게 먹으라고 그 손으로 직접 한 건데 안 먹으면 됩니까? 부자가 갖다 주는 거는 덜 먹고 또 그걸 먹습니다. 그랬는데 참, 남편도 낫고 공장에 김밥을 말아서 들이면서 돈을 잘 벌어 가지고 소금 도매상도 하고 그래 가지고는 어떻게 어떻게 하더니 지금은 집을 잘 짓고 말입니다, 떵떵거리고 살면서 애들을 대학까지 보내면서 잘 가르치고 있습니다.

아니, 그뿐이 아닙니다. 내가 빼먹었어요. 그렇게 소금을 이고 다니더니 어느 날 하루는 피가 많이 흐르고 그냥 묵지룩하고 아파서 소금을 이고 다닐 수가 없고 하도 죽겠으니까 아마 병원에 간 모양입니다. 그러니까 자궁암이라고 그러더래요. 그랬다고 울면서 글쎄 소금 한 공기를 턱하니 놓고 가는 겁니다. 소금을 놓고 하는 소리가 "스님, 자궁암이래요." 남의 말 하듯 그러고는 "나가서 일을 해야 할 테니까, 빨리 가야 하니까 무겁더라도 갑니다. 할 수 없이 기어가더라도 가야겠습니다." 하고 엉거주춤하고 걸음도 잘 못 걸으면서 그냥 나가요. '세상에 아무리 막다른 골목에 닥쳤다 해도 저럴 수가 있을까?' 하고 세상에 어떻게 눈물이 나는지 가슴속으로 눈물을 흘리면서 '참, 여자의 일생이라는 게 저런 것인가!' 하고 울었습니다. 울면서 조금 있으니까 '이건 살려 줘야지.' 하는 의욕이 이 몸에 그냥 확 차오르면서 눈에 불이 그냥 팍팍 나요. 그러고 이틀 사흘이 지나서 오더니만 "아휴! 스님 안 아프고 괜찮아서 병원에 가 보니까 '언제 없어졌네. 오진을 했나?' 이래요." 그러면서 나았다고 좋아합니다. (대중 박수)

그러니 여러분도 한 가지만이 아니라 용도에 따라서 닥치는 것 모두를 공부할 수 있는 재료로 아세요, 재료로! 내가 병이 들었어도 '그것은 내 공부할 수 있는 재료다. 이걸 가지고 공부해야겠다.' 가난해도 가난한 게 재료요, 아파도 아픈 게 재료요, 만약에 법에 저촉이 돼서 어떤 문제가 생겼어도 그것도 재료요, 만약에 은행에 부도가 나서 망했다 하더라도 그것도 재료요, 모두 재료로 생각하시고 공부 열심히들 해 보십시오, 어떠한가…. (대중 박수)

물러서지 않는 믿음으로의 실천

부산지원 법회

1991년 9월 1일

부산지원에서 여러 불자님들과 더불어 큰스님들을 모시고 이렇게 한자리를 하게 된 것을 매우 기쁘게 생각합니다. 여러 스님들께서 이렇게 호응을 해 주신 것에 대해 깊이 감사드립니다. 여기 스님들을 뵙고 보니까 너무 기쁘고 황송하고, 또 노스님을 뵈오니 아버님 같기도 합니다. 하여튼 여러분과 더불어 불법을, 아니 불법이라기보다도 세상 이치를 서로 얘기하면서 이렇게 한자리를 하게 된 것이 정말 기쁩니다.

여러분한테 부처님께서 말씀하신 불교, 불(佛)이라는 그 자체가 무엇인가부터 말씀드려야 되겠습니다. 불이라는 것은 아주 의미가 깊습니다. 여러 가지로 표현이 되지만 전체를 싸고돌면서 모든 생명을 생산해 내는 데 목적이 있다고 생각합니다. 불! 불이라는 건 영원한 생명의 근본이며 교(敎)라는 것은 우리가 서로 이렇게 이심전심으로 돌아가는 이 자체, 말하고 통하는 자체를 뜻하는 것입니다. 그렇기 때문에 불교라는 단어가 어느 한 군데에 국한돼 있는 게 아니라 전체, 끝없는 진리를 표현하는 방편으로써 불교라고 한 것입니다.

그렇기 때문에 기독교든 가톨릭교든 어느 교를 막론해 놓고 불교 아님이 하나도 없습니다. 풀 한 포기도 물 한 그릇도 흙 한 줌도 역시 모두가 그 생명의 근본이 불 아닌 것이 없습니다. 어떤 종교든지 간판을 붙여 놓고 내 종교, 네 종교라고 하는 것뿐입니다. 여러분이 그렇게 좁은 마음으로 항아리 속에서 진드기가 공에 매달려서 살듯이 매달려 살고 있습니다. 그것을 한번 생각해 보시고, 지구 바깥을 벗어나서 우주로 마음을 돌려 보실 수 있다면 우리 불교가 개선이 되고 발전이 되고 개혁이 돼서 앞으로 성스럽게 부처님의 뜻을 그대로 행하고 실천하면서, 실천 또 실천, 그리고 또 실행을 하면서 우리는 나아갈 것입니다. 그러니 '불교다, 불교가 아니다' 라고 얘기할 게 없죠.

그런데 미국에 가서 보니까 기독교나 가톨릭교나 티벳 불교 일본 불교 통일교, 모든 종교들이 나서서 '내 거다 네 거다' 하고 싸우는데 너무도 기가 막혔습니다. 그런데 오늘 여기 와서 부산의 여러 스님네들을 뵈니 감탄하지 않을 수 없습니다. 아니, 스님이라고 하기보다 부처님으로 모시고 싶습니다. 왜냐? 그것은 법랍이 높고 낮고 간에 그 마음 때문입니다. 서로 위해 주고 서로 도와주고 서로 받들고 하는 그 마음이 바로 부처님이 가르쳐 주신 법도가 아니겠습니까? 그런데 외국에 가니까 부처님들이 가르쳐 주신 그 법도는 다 어디 가고 수행자들이 서로 싸우고, 그것뿐만 아니라 한국 사람들이 한인회관을 서로 팔아먹고 서로 잡혀먹고, 서로 한마음으로 뭉치지 않아서 외국에서도 비난을 많이 받는 것을 봤습니다.

하여튼 그건 그렇게 놔두고 참, 스님 여러분, 고맙습니다. 그리고 불자 여러분, 고맙습니다. 그런데 제가 지금 말은 체계적으로 못하지마는 그 뜻은 아마 조금도 틀림이 없을 거라고 생각합니다. 여러분! 우리가 물이 없으면 못 살죠? 어떻게 생각하십니까? 이번에 부산에서는 그렇게 피해를 보고 그랬지만 물이 없으면 안 되는 것을 잘 아실 것입니다. 여러분은 물의 감사함을 느끼고 또 흙의 감사함을 느끼고 바람으로 인해서 공기의 감사함을 느끼셔야 합니다. 불은 물론이고 말입니다. 왜냐하면 우리가 애당초에, 생명이 생기기 이전에 지금 현재의 지수화풍에 의해서, 흙과 물과 바람 이 세 가지가 한데 합쳐서 바로 거기에 따뜻한 원기를 즘으로써 생명체가 생기고, 그 생명체가 생김으로써 바로 우리는 불이라는, 생명이 생기기 이전인 불이라는 그 자체의 불성을 얻은 것이라고 생각합니다.

그렇다면 세 가지가 뭉쳐서 그 한 가지로 인해서 생명이 나온 것인데, (컵을 들어 보이시며) 이것도 역시 세 가지가 뭉쳐서 불에 구워졌기 때문에 이 컵이 나온 것입니다. 그리고 맨 나중에 인간으로 진화됐다고 봅니다. 그렇다면 세 가지가 그렇게 한데 합쳐서 온 누리에 어떠한 거든지…, 혹성이 돼서 그것이 부딪치고 또 깨지고, 부딪치고 모이고 부딪치고 모이고 그러면서 수억겁이 흘러서 미생물의 문제들이 나온 거라고 생각합니다. 그 미생물이 수없이 흘러나오는데, 묘한 것은 그 미생물은 넷이 동업자가 돼서 같이 했지만 네 종류로 나왔습니다. 태로 낳고 알로 낳고 화해서 낳고 습(濕)에서 낳고 이래서 네 가지로 화현을 했는데, 묘한 것이 있어요. 물의 성품은 물의 성품대로 물에서 살게 했고, 바람의 성품은 바람의 성품대로 날면서 살게 했고, 습에서 난 것은 습의 성질이 있기 때문에 바로 습에서, 이 땅에서 살게 했단 말입니다.

그런데 그 중에서 아주 기묘한 것이 불입니다. 불의 성질! 그런데 불의 성질은 뜨거운 것뿐만 아니라 인간 생명의 근본, 세상에 나기 이전을 주셨습니다. 그래서 그 불 자체는 모든 것을 포괄하게 돼 있고, 모든 것을 같이 이끌어 돌아가는 한마음의 끝없는 진리인 것입니다! 누구의 생명이든 더하고 덜함이 없이 그 소중한, 바로 불이라는 보배가 우리에게 전부 주어졌다는 겁니다. 미생물에서부터 우리는 쫓고 쫓기면서 단계 단계를 밟아 진화되었습니다. 즉 말하자면 미생물의 단계 또 곤충의 단계, 동물의 단계, 즉 인간의 바로 밑에 있는 코끼리라든가 소나 말 같은 단계를 거쳐서 제일 마지막에 우리 인간이 됐다 합니다.

여러분이 먹히고 먹고, 쫓기고 쫓고 부딪침을 거듭하며 뼈아픈 그 세월을 지나오면서 진화돼서 인간까지 왔다 하더라도 인간 이 자체, 만물의 영장이라고 이름을 붙인 인간으로 세 번을 태어나 살아야 인간 됨됨이가 제대로 된다, 바로 부처님이 된다고 하셨습니다. 짐승으로 살다가 금방 인간이 된 사람은 가끔 짐승의 짓을 잘해서 행동 자체가 거칠고 악한 문제들이 많이 있다고 봅니다.

그러니 우리는 한생각을 돌려서 공한 자체를 알고 인간으로서 행해야겠습니다. 과거도 현재도 미래도 없이 돌아가는 지금 이 시점의 공한 자체를 부처님께서는 바로 "색이 공이고 공이 색이니라." 하셨습니다. 그랬는데 아까 말했던 그 사생 자체가 얼마나 묘한지…, 물의 성질을 띠고 나왔기 때문에 물에서 살고, 또 흙에서 살고, 습한 흙에서 살고 또는 날아다니며 사는 사생들이 불성을 다 가졌지만 사람만이 좋고 나쁜 것을 알고 있는 인간이 되었단 말입니다. 나쁜 짓도 하겠지마는 좋고 나쁜 것은 다 압니다. 인간도 차원의 그릇이 있기 때문에 그렇겠죠.

그러나 여러분의 몸속에 있는 중생들은 바로 여러분이 생각하는 것처럼 그렇게 잘 아는 게 아닙니다. 그건 왜냐하면 여러분이 과거에 인연 지은 대로, 악업 선업을 지은 대로 여러분의 몸속에 뭉쳐져 있기 때문입니다. 그걸 고덩어리라고 하지요. 그러나 여러분 속에 있는 그 자체 생명의 의식들은 스스로, 내가 잘못됐다 잘됐다 하는 걸 모릅니다. 그러니까 자기의 몸에 있는 자생중생을 제도하려면 여러분의 마음이, 인간의 마음이 바로 다스리며 나가야 된다는 겁니다. 안에서 나오는 것은 안에서 나오는 것대로 둘이 아닌 까닭에 바로 그 마음이 한마음에서 나온 것이니 한마음에다가 놓고 다스려야 한다는 얘깁니다.

모든 마음들을 다, 작으면 작은 대로 크면 큰 대로 옳다고 하시겠지만 그거는 여러분의 생각입니다. 나도 마찬가지이지만 말입니다. 다 여러분의 생각이지 그런 것이 아닙니다. 옳은 게 하나도 없고 그른 게 하나도 없습니다. 왜냐하면 작으면 작은 대로 쓸모가 있고 크면 큰 대로 쓸모가 있기 때문입니다. 하나도 쓸모없는 게 없습니다. 그래서 부처님께서는 하찮은 허망함 속에 진짜 참자기가 있으며 참진실이 있고 실행이 있다고 하셨습니다. 그것이 둘이 아닌 까닭에 한 사이가 없이 하고, 또는 하고도 한 사이가 없이 자기가 생각할 수 있는 그런 멋진 마음의 도리를, 스스로 고정됨이 없이 한 발 한 발 떼어 놓으면서도 짊어지지 않고 가는 그런 도리를 알아야 할 것입니다. 지금 그렇게 가고 있는데도 불구하고 내가 지고 다니는 것처럼, 놓으면 죽는 것처럼 이렇게 여러분은 살고 있습니다.

여러분은 지금 여러분이 나오기 이전의 배낭을, 악업 선업이 들어 있는 마음의 배낭을 짊어지고 나왔습니다. 그러니 과거가 또 어디 있겠습니까? 짊어지고 나왔으니 말입니다. 미래는 오지 않아서 없다고 했지만 바로 미래도 여기 있습니다. 정신계로부터 물질계로 나오니까 정신계와 물질계의 그 깊은 사연들은 삼합이 한데 합쳐져서 돌아가고 있는 것입니다. 그렇기 때문에 천당이니 지옥이니 하는 것도 다 지금 여기에 있는 것이지요.

여러분은 50% 정신세계를 추구하지 않고 부처님의 본뜻을 받지 않고 오직 그렇게 물질세계에서만 끄달리고 있습니다. 착 욕심 아만 아상 아집, 이 모두를 한꺼번에 짊어진 채 거기서 나오는 대로, 배낭 속에서 나오는 대로 온통 성질을 내고, 별 거 아닌 거 가지고도 온통 싸우고 분통을 내고 또는 병고를 앓고, 온통 야단들이죠. 왜 그럴까요? 그 수많은 악업 선업들이 나오기 때문인데, 그게 무엇인가? 영계성 유전성 세균성 업보성 인과성이 수없이 거기에 들어서, 팥죽 솥에서 팥죽 방울이 끓어오르듯이 온통 나오는데, 그 방울 방울이 따로따로 있는 것이 아니라 여러분 마음 배낭 속에서 바로 여러분이 산 것만큼, 행한 것만큼, 바로 자기가 저지른 것만큼 거기에서 나오는 것입니다.

그러니까 누구를 원망하겠습니까? 바로 자기가 해 놓고 자기가 짊어지고 나왔고, 짊어지고 나왔기 때문에 거기서 나오는 것을 어떻게, 누구의 탓을 하며 누구를 원망하겠습니까? 바로 이 세상에 내가 짊어지고 나온 탓이니까 말입니다. 모든 걸 내 탓으로 돌리세요. 바로 내가 이 세상에 나온 탓이고 그게 화두입니다. '내가 어디서 왔는가' 하는 것도 직선적으로, 직결적으로 들어가야 되는 것입니다.

두 가지 방법이 있지요. '내가, 공한 이 자체가 어디서 나왔는가?' 하는 게 하나요. 어디서 나왔느냐 하는 것을 점프해서 뛰어넘어서 그냥 '내가 이렇게 나왔다는 건 지수화풍을 바탕으로 해서 생명체가 생겼고 그래서 이렇게 진화돼서 나왔구나! 그랬으니까 그 나온 거는 나온 거로되 무조건 놓고 가야겠구나!' 하는 거죠. 즉 '내가 어디서 왔는가?' 하는 거하고 바로 맡겨 놓고 가는 거, 이 두 가지가 정신계의 지름길이 될 수 있으며 그런 길을 발견할 수 있는 것입니다. 거기다 또 붙이고 또 붙인다면 그건 영원히 참자기의 그림자도 보지 못할 것이고 또 맛도 못 볼 것입니다. 그 맛을 알아도 남한테 일러 주지 못하는 법인데 하물며 맛을 모르고 내 몸 하나 이끌어 가지 못한대서야 어찌 불자라고 말하겠습니까?

우리는 지금 정신세계로 치닫게 되는 교차로에 놓여 있는데 물질세계 50%만 가지고 살기에 여념이 없습니다. 지금 천체물리학이니 과학이니 철학이니 지리학이니 천문학이니 하고 무수히 떠들고 있습니다. 그러나 그 연구를 할 때 우리가 제일 먼저 알아야 할 게 있죠. 그럼 요거부터 말씀드릴까요? 미국의 하버드대학 박사가 이런 말을 하더군요. 교수님들하고 전부 같이 모여 있을 때입니다. "스님! 지금 우리는 우주에서 전파를 통해서 외계인으로부터 연락이 오지 않을까 해서 아주 기대하고 있습니다." 그래서 그건 천부당만부당하다고 그랬습니다.

"왜냐하면 내가 내 무전전화를 내 마음속에서부터 놓아야 남한테 무전전화도 하고 무전전화도 받을 수 있지만 나를 떠나서는 그 통로가 막혀 있다. 모두 각자 나에게 통로가 있으니까 그 통로를 바로 틔워 주어서 물리가 터지고 모든 게 파악이 된다면 내가 두루 탐험할 것이고 볼 것이고, 두루 들을 것이고 찰나찰나 만날 것이고, 내가 결정지을 것이고 내가 안팎으로 통신하는 소임을 할 수 있을 것이다. 부처님이라는 그 이름 없는 부처님 그 자체는 바로 진드기 발 하나도 내 발 아닌 게 없기 때문에 바로 평발이라 했고, 모든 손도 내 손 아님이 하나도 없기 때문에 바로 평손이라고 했다. 부처님께서 '어느 곳에 내 손 아님이 없고 내 손 없는 데가 없고 내가 없는 자리가 없다'고 이런 말씀을 하신 것이 바로 그 때문이다. 그러니까 모두 당신네들 마음속에 통로가 되어 있으니까 만약에 그 마음속의 통로를 안다면 벽도 봇장도 없어서, 자기 마음으로 창살을 만들어 놓고 그 속에 갇혀 있던 자기가 창살도 없다는 것을 알고 감옥에서 탁 틔어져 나오니 우주, 삼라만상 대천세계를 드루 볼 것이다." 이랬습니다.

그러나 이것마저도, 두루 보는 것도 도가 아니라고 부처님께서 말씀하셨습니다. 보는 것뿐만 아니라 듣는 것도 도가 아니니라. 즉 마음의 눈으로 보는 것도 도가 아니라고 그랬는데, 마음의 귀로 듣는 것도 도가 아니라고 그랬어요. 또 가고 옴이 없이 가고 온다, 삼천대천세계를 두루 한다 하더라도 도가 아니니라 그랬습니다. 난 그렇게 생각합니다. 스님 여러분께 죄송합니다마는 제 의견으로는 그렇다 이겁니다. 제가 더 잘 알아서 그러는 게 아니라 제 의견에 그렇다는 얘기죠. 그리고 실생활 속에서 그것을 체험하고 실험하고 했더니 그렇더라는 얘기입니다. 그런데 그렇게, 남의 속을 빤히 들여다보고 과거 현재 미래까지 알아도 도가 아니라고 했습니다. 그뿐이 아닙니다. 과거를 다 안다고 하더라도 도가 아니라고 그랬습니다. 미거한 저도 그렇게 생각합니다.

왜냐하면 내가 여기 물그릇을 보고 있으면서도 만약에 이것을 갖다 먹을 수 없는 형편이라면 보나마나니까요. 가고 온다 하더라도 아무 실천이 없다면 가고 와도 소용이 없으니까요. 들어도 행하지 못하면, 진실된 행을 못한다면 한데로 떨어지고 그건 소용없는 거니까요. 과거를 안다 하더라도 아는 것만으로는 도가 아니죠. 그러나 과거를 알아서 현재의 그 다섯 가지를 굴리면서 모든 거를 실천하고 자비로써 한마음이 돼서 발전시키고 개혁해 나갈 수 있다면 바로 함이 없이 해 나가는 겁니다.

이 다섯 가지를 우리 지금 언어로 말하자면 숙명통은 컴퓨터, 타심통은 탐지기, 신족통은 팩시밀리, 천안통은 천체망원경, 천이통은 천체무전통신기인데 이 다섯 가지를 다 안다고 하더라도 거기서 벗어나지 않는다면 도가 아니라고 했습니다. 이거는 제가 하고 싶어서, 자랑삼아 하는 게 아닙니다. 부처님께서 말씀하신 그 한마디의 뜻이 열 가지 백 가지의 뜻으로 나갑니다. 그러니까 지금 누진통이라는 것이 뭘 뜻하는가? 지금 시쳇말로 레이다망이라고 해도 됩니다. 레이다망은 이 대기권에서 벗어나서 안에서 나오는 거, 바깥에서 들어오는 거 그것을 무전통신기로서 다 통신하고 있습니다. 그리고 결정해야 할 문제를 결정합니다. 이것을 바로 우리 인간의 몸이라고 한다면 누진통으로 비유하겠습니다.

그러니까 우리가 그 다섯 가지를 알지도 못하면서 그냥 조금 맛만 봤다고 해서 '내가 이렇게 전부 알았다' 이런다면 벌써 그건 그른 거예요. 내가 부처를 이루겠다고 해도 그른 거고 안 이루겠다고 해도 그른 겁니다. 그대로 실천하면서 묵묵히 걸어가는 묵언! 묵언 행! 남의 탈을 잡고 원망하고 이러지 말고 모든 거를 내 탓으로 돌리며 물러서지 않는 믿음으로 거기에 맡겨 놓아야 합니다. 모든 것은 한데 합쳐진 한마음의 그 속에서 나오는 거니 한마음으로 해결할 수 있기에, 이열치열이라는 그런 속담의 말도 있듯이, 모든 것은 거기에 맡겨 놓는 겁니다. 모든 것은 거기서 하는 것이니 나는 시자일 뿐입니다. 기독교를 믿는 사람들은 종이라고 합디다.

그러면 내 마음이 움죽거려서 이 몸을 움죽거리게 하는 거지, 몸이 마음을 끌고 가는 게 아닙니다. 여러분 중에 차를 타고 오신 분이 많겠죠. 운전수는 중간에서 차를 잘 이끌어 가지고 가면서 고장이 났으면 고쳐서 가고, 한데로 빠졌으면 다시 돌려서 빼 가지고 건져서 가고, 또 위로는 기름을 넣고 이렇게 하죠. 그것이 바로 여러분 마음이 여러분 몸을 다스리면서 나가는 것과 같습니다. 마음 나오는 대로 다 제일이라고 하지 마시고 좋은 거든 나쁜 거든 모든 것은 다, 좋은 거는 감사하게 놓고 나쁜 것은 '아하, 나쁜 것이 거기서 나온 거니까 좋은 것도 거기서 나올 수 있어.' 하고 거기다 놓고 이렇게 돌아갈 수 있다면 바로 어언간 밝은 자기를 볼 수 있는 그런 계기가 올 줄 믿습니다.

여러분, 여러분은 지금 50% 물질세계에 물이 들어서 요만큼도 여유가 없이 남이 화나는 소리 하면 화를 벌컥 내고 안으로 굴릴 줄도 모릅니다. 세상에 그런 법이 어디 있습니까? 이게 의학적으로도 지금 정신세계, 즉 말하자면 무심세계의 의학이 돼야 되는 거지 학술적인 이론의 의학이 돼서는 바로 30%, 35%밖에는 해결이 되지 않습니다. 그럼 나머지 65%는 누가 감당을 하느냐? 여러분이 그것을 감당하고 나가야죠. 말을 하다가도 이렇게 자꾸 샙니다. 딴 데로 나가거든요, 문이 하도 많아서요. 허허허…. 문이 많아서 문이 없고 문이 없어서 문이 없습니다. 그래서 문이 없어서 문이 없고 문이 없어서 문이 많습니다.

이러니 여러분이 그 뜻을, 우리 부처님의 골수의 뜻을 잘 아셔야 할 겁니다. 고깃덩어리를 믿을 수도 없고 이름을 믿을 수도 없고 형상을 믿을 수도 없고 허공을 믿을 수도 없습니다. 여러분이 뼈저리게 마음이 아파도 도와주는 사람 하나도 없습니다. 그렇듯이 아픈 것도 누가 대신 아파 줄 수도 없고 먹는 거 똥 누는 거 자는 거 죽는 거, 모두 대신 해 줄 스 없습니다. 대신 해 줄 수 있는 것도 있겠지만 말입니다. 여러분은 50%의 그 물질세계에 아주 그냥 배어서 조금도 용납이 없고 용서할 줄 모르고, 또는 남의 탓을 하고 남을 원망을 하고, 내 종교 네 종교만 따지고 이럽니다. 한그릇 안에서 사는 다 같은 구더기가 더 잘

났으면 얼마나 더 잘났겠습니까, 네? 그 항아리 속에서 벗어나려고는 안 하고 항아리 속에서 네 집 내 집 하고 들입다 싸우고 있으니…, 이런 소리가 나오게끔 되면 안 되죠.

여러분! 그냥 졸졸이 졸졸이 물질계에 붙어서 사니 여러분이 이 몸에 착을 둬 가지고, 내가 공해서 없는데도 불구하고 내가 있다는 생각에 착이 꽉 들어차서, 아픈 것도 아픈 게 붙을 자리가 없다는 것을 알아야 할 텐데도 불구하고 아프다 뭐다 하니까 더 아플 수밖에 없죠. 왠 줄 아십니까? 몸속의 악업 선업들이 원수 갚으려고 나오기도 하고, 인연에 따라서 모든 걸 갚으려고 요거 나오고 조거 나오고, 때를 찾아서 잘 나오는 것을 아, 그것을 모르고 자꾸 속는단 말입니다. '그것도 그놈 속에서 나오는 거니까, 그것도 숙명통 컴퓨터에 입력이 돼 가지고 나오는 거니까 내가 요놈의 거를, 나오는 거를 컴퓨터에다 다시 입력을 해 넣어야겠다.' 왜 요런 생각을 못하십니까? 그래서 컴퓨터에다 다시 입력을 해 놓으면 앞서 입력됐던 게 아주 없어지는 법입니다.

그러니 과거의 그 업보라는 게 어디 붙을 자리가 있습니까? 그것을 여러분이 더 잘 아시리라고 믿습니다. 왜냐하면 이 지구가 일 초에 몇 바퀴씩 돌아갑니까? 말씀해 보십시오. 그리고 또 부처님께서 "너희가 색이 공이고 공이 색이니라." 하셨는데, 우리가 고정된 게 하나라도 있습니까? 여러분 이름은 많지만 그건 이름대로 이름일 뿐입니다. 아버지가 됐다가 금방 남편이 됐다가, 금방 자식이 됐다가 금방 형님이 됐다가, 아우가 됐다가 금방 사위가 됐다가 이렇게 많은 이름을 가지고 있는데 금방 어떤 것이 됐을 때에 나라고 말씀하시겠습니까? 여자고 남자고 다 그렇습니다.

그러니 나라는 걸 내세울 게 하나도 없는데 여러분은 나라는 걸 내세우고 있습니다. 그냥 거기서, 팥죽 그릇에서 팥죽 끓듯, 팥죽 방울 나오듯 그냥 나오는 걸 가지고, 제 솥에서 팥죽 나오는 걸 가지고 꼭 조상 탓이나 하고, 딴 데서 무슨 세균이 붙어서 병에 걸렸다고 하고 또 딴 데서 마가 들어서, 가난이 들어서, 병고가 들려서 이렇다고 하시니 여러분은 참으로 나같이 어리석습니다. 허허허, 나같이….

나도 사실은 못나고 못나서 울기도 많이 울었습니다. '왜 하필이면 무지렁이고 아무것도 모르는 나한테 왜 이런 길을 걷게 했나?' 하는 생각에 하늘을 쳐다보고 악을 쓰면서 엉엉 울기도 했습니다마는 그럴 때마다 '사람의 콧구멍은 내리뚫렸는데 소 콧구멍은 치뚫렸기 때문에 먼지가 끼어서 막혔느니라. 그렇기 때문에 그렇지 뭘 그러느냐?' 하는 말씀을 듣고는 뼈저린, 그 못난 생각을 다시 한 번 돌려서 이렇게 생각했죠. '못났으면 못난 대로고 잘났으면 잘난 대로고 크면 큰 대로고 작으면 작은 대로지, 나하고 무슨 상관이 있을까?' 하고 말입니다. (대중 박수)

또 제가 이렇게 지내 오면서 보니까 말입니다, 글쎄 천도가 왜 생겼나 했더니, 천도 말입니다. 부처님께서 한 사람 있으면 한 사람 있는 대로 이 도리를 가르치시고 두 사람 있으면 두 사람 있는 대로 함이 없이 설법을 하셨는데, 49년이라는 건 무슨 어느 날짜가 있는 게 아닙니다. 그냥 여러분이 알아듣기 쉽게 49년이라 합시다. 그렇게 설법을 하고 그렇게 행으로 보여 주셨고, 말로 듣게 해 주셨고 귀가 뚫어져라 하고 가르쳐 주셨는데도 불구하고 그냥 착이 조잘이 조잘이 붙어 가지곤 사대가 흩어져서 원점으로 돌아가니까 영혼들이 뭐라고 그러는 줄 아십니까? "아이구, 아이구! 나는 한 발짝도 내딛지 못하겠다." 하는 겁니다. 왠 줄 아십니까?

이 도리를 몰라서 착이 잔뜩 있으니까, 욕심을 잔뜩 그냥, 내 몸뚱이보다 더 크게 가지고 있으니까 친척 집으로, 내 자식들 집으로, 친구 집으로 이렇게 돌아다니는 게 일이에요. 그러니까 천도를 안 하면 안 되죠. 또 한 가지는 자기가 사대로 흩어져서 없어지면 자기의 그 고 덩어리가 전부, 인과로써 맺어진 인연들이, 그냥 요만한 것들이 전부 화해서 큰 곤충으로 변해 가지고, 또 인간의 인연을 맺은 인과는 그냥 머리를 풀어 산발하고 전부 늘비하게 널려 있으면서 그림자처럼 자기를 좇아다니니 어찌 한 발짝인들 벗어날 수 있겠습니까? 요게 첫째 대목입니다.

둘째는 여러분은 만날 '아제 아제 바라아제 바라승아제' 하고, 기독교인들은 '요단강 건너가 만나리' 합니다. 그런데 가만히 생각을 해 보니까 말입니다, '천도가 이래서 생겼구나!' 하는 거를 느꼈습니다. '중들이 귀찮게 무슨 천도야, 천도가. 만날 그냥 음식을 괴어 놓고 염불하고, 뭐 해 가지고 오면 만날 잔뜩 벌여 놓고선 하고 그러는데…' 그전에 어려서 그런 생각을 했죠. 아, 그런 생각을 하자마자 이런 생각이 납디다. 이렇게 만날 그런 걸 눈으로 보고 가지 않습니까? 글쎄, 모두 자기 몸뚱이가 있는 줄 알고요, 살아생전처럼 몸뚱이가 있는 줄 알고 강에 가서 배 올 때를 기다리는 거예요. 어떻게 생각합니까? 강을 건너가려고 글쎄, 배 올 때를 기다리고 있는 거예요. 영혼들이 말입니다. 그러니 오백 생을 기다린들 그 배가 오겠습니까? 자기가 체가 없다는 것을 알면 한생각 끄덕하면 한 찰나에 건너갈 수 있고, 건너가자니 내 마음이 공했는데 강이 어디 있으며 건너갈 거는 어디 있겠습니까? 건너간다는 말을 할 게 어디 있습니까? 그런데도 영혼들이 건너가기 위해서 배를 기다리면서 그렇게 죽 서 있다니 말이 됩니까? 아, 그래서 배 올 때를 기다리고 있으니 그 영혼들이 어떻게 건너갑니까? 자기가 몸이 없다는 것을 알면 빠져 죽을 것도 없고 그럴 텐데 그 영혼은 빠져 죽을까 봐 건너갈 수도 없죠. 참 묘한 도리입니다. 여러분의 한생각이 자기를 홀랑 벗겨 놓을 수도 있고 홀랑 씌워 놓을 수도 있으니 말입니다. 참, 그러니까 만물의 영장이죠.

세번째는 이 세상 우주 천지가 전부 불바퀴로 돌아가고 있습니다. 우리네 생명들이나 은하계 혹성이든 별성이든 유성이든 행성이든 전부가 불 아닌 것이 없지요. 불성 아닌 것이 없다 이 소립니다. 그래서 불성 아닌 것이 없기 때문에, 율동을 하기 때문에 그 율동을 하는 대로 에너지가 배출되죠. 불바퀴로 배출이 된단 얘기죠. 왜냐하면 불바퀴는 한두 군데 있는 게 아니고, 은하계도 한두 군데 있는 게 아니기 때문입니다. 별성도 전부 한두 군데 집합을 하고 있는 게 아닙니다. 동네가 저기 대구에도 있고 부산에도 있듯이 말입니다.

그렇게 돌아가니까, 거기서 운동을 하는 것이 뭐냐? 자꾸자꾸 발전을 하고, 죽고 살고 발전하고 이렇게 행하고 돌아가니까, 그 에너지는 어디로 배출이 되느냐 하면 바로 불바퀴로 배출이 됩니다. 가만히 그 능력만 가지고 있는 것이 불바퀴라고 한다면 그 능력을 가지고서 우리가 용도대로 끌어 쓰는 겁니다. 여러분이 지금 전력을 발전소에서 끌어 쓰는데, 크면 큰 대로 끌어 쓰고 작으면 작은 대로 끌어 쓰죠? 그와 같은 거죠. 그렇기 때문에 별성이 별성대로 그 마음에 따라서 별성들이 바로 생산이 되고, 생산이 되면 율동을 하고 율동을 하면 바로 배출이 되고 에너지가 되죠. 이 우주 삼라대천세계가 이렇게 해서 돌아가고 있고 바로 우리들도 그렇게 하고 있는 겁니다.

우리도 그렇게 하고 있는데, 우리 마음 그 자체가, 아까도 얘기했듯이 불 속을, 불바퀴 소용돌이를 타 죽을까 봐 못 들어가기 때문에 우리는 뛰어넘지 못한다 이겁니다. 우리 마음들이 그렇게 만들어 놓고, 그 마음들은 체가 없는데도 불구하고 몸이 있는 줄 알고 타 죽을까 봐 애쓴다는 그 점을 좀더 생각해 보셔야 할 겁니다. 그러니까 인과 법칙으로 인해서 악업 선업을 자기가 만들어 놓고 모두 늘비하게 늘어서 있으면서 자기가 거기를 넘어갈 수 없는 그런 1단계와 또 물에 빠져 죽을까 봐 못 가는 2단계와 또 타 죽을까 봐 못 넘어가는 3단계가, 단계 없는 단계가 있단 말입니다. 내 한생각을 돌리면 1단계도 없고 2단계도 없고 3단계도 없건만, 그렇게 해 가지고서 자기가 자기를 이끌어 갈 수 없고, 그런 고덩어리를 짊어진 채 영원토록 세세생생에 끄달리면서 그저 만날 쳇바퀴 돌듯 하는 그런 인생이 돼서는 안 되겠다는 얘기입니다.

그러니까 여러분도 살아서 그 도리를 모른다면 죽어서도 모릅니다. 만약에 살아서 열반이라는, 이름해서 열반이라는 그 자체를 못 넘어선다면 우리는 죽어도 열반이 아닙니다. 여러분 모두가 여러분 속에서 여러분이 깨닫고, 여러분의 마음으로부터 이 세상이 벌어진 거니까 여러분부터 믿어야 하고 여러분부터 알아야 하고 그렇지 않습니까? 남에게서 무엇을 배워야 하고 남한테서 무엇을 받아야 하고 남한테서 무슨 행을 배워야 되겠습니까? 물론 인간으로 태어났다면 나쁘다 좋다, 계율을 어기는 것이다 아니다, 이런 거를 자기가 벌써 잘 알고 있기 때문에 그것은 생략하고 들어가는 겁니다. 나쁘고 좋은 것을 너무나 잘 아시기 때문에 그건 생략하고 우리가 마음공부 하는 데 마음을 기울이는 겁니다. 마음공부라는 것도 이름일 뿐입니다.

여러분이 마음공부라고 이름만 불러 놓고 진짜 행을 안 하고 실험을 안 하고 체험을 안 하신다면 우리는 생활 속에 부처가 있다는 그 사실을 모를 겁니다. 부처님이 삼천 년 전에 열반하셨다고 해서 안 계신 걸로 생각하지 마세요. 풀 한 포기 나무 한 그루, 돌 하나 흙 하나, 물 한 컵 이것도 바로 부처님이 계신 그 증명입니다. 부처님은 이 세상에 나오신 것도 없고 가신 것도 없습니다. 수만 명, 아니 수억만 분이 깨달았다 하더라도 부처님은 한 분이자 그 한 분마저도 없는 것입니다. 너무 많기 때문에 없다고도 할 수 있죠, 공했기 때문에.

부처님께서는 삼십이상이 구족함으로써 삼십이응신으로서 수많은 생명들에 응해 주십니다. 하다못해 뱀 새끼가 "아이구, 부처님! 날 좀 도와주십시오." 해도 뱀 속에 들어가서 한마음이 돼 주시는, 찰나에 응해 주시는 그런 자비가 있습니다. 이 도리를 여러분은 잘 아셔야만이 한생각에 저 우주 법계를 두루 할 수 있는 그런 눈이 될 것이요, 귀가 될 것이요, 바로 한마음이 전부 그걸 두루 할 것입니다.

여러분은 '무슨 횡설수설, 어떠니저떠니 하고 있어?' 이런 생각을 하실지 모르지만 내가 비록 체계 있게 하지 못하고 말이 서툴러서 말을 못한다 하더라도 잘 참작해서, 바로 여러분께서 내 거로 만들어서 내가 진짜 한 걸음 떼어 놓을 수 있는 그런 멋쟁이들이 돼야 될 것입니다. 목마르면 그냥 냉장고 문 열고 그냥 마시지 '내가 이 물을 마셔야 옳을까, 안 마셔야 옳을까?' 이러고 마십니까? 똥이 급해 죽겠는데 '내가 똥을 눠야 옳은가, 안 눠야 옳은가?' 하고선 계산하고 똥을 눕니까? (대중 박수) 이 모두가 부처님 법이자 우리들의 법입니다. 우리들의 법이 없다면, 생활이 없다면 아무것도 없는 것입니다. 부처님이, 석존이 여기 계시고 여러분이 석존이라 할지라도 나는 석존의 고깃덩어리를 믿는 게 아닙니다. 석존을 참 받들어 모시되 내 가죽 속에, 내 골수 속에 넣고 참으로…, 울면 같이 울고 웃으면 같이 웃고, 죽으면 같이 죽고 살면 같이 살고 이럴 수 있는 그 마음이, 첫째에 그 마음이 문제입니다.

'한마음' 하면, '원' 하면 원자에서 입자가 수-만큼 나갑니다. 그런데 부처님께서는 그거를 뭐라고 그러셨는지 아십니까? "아무것도 생각 안 하면 부처요 한생각을 했다 하면 법신, 바로 문수요 몸을 움죽거렸다 하면 보현, 화신이니라." 화신 말이에요. 여기 아프면 여기 만져줬다가 저기 아프면 저기 만져 줬다가, 온통 고정된 게 하나도 없으니 보현신이자 화신이죠. 생각을 했다 하면 법신이니 바로 여러분이 마음 내는 거와 같습니다. 마음을 내야 움죽거릴 수 있고 일을 할 수 있고 그렇듯이 말입니다. 부처 법신 화신이 동시에 돌아가면서 하나지 둘이 아닙니다. 그래서 그 하나도, 어떤 거 할 때에 나라고 할 수 없는 게 부처기 때문에 없는 것이 부처인 것입니다. 그래서 그 부처님은 여러분이 계시는 한, 풀 한 포기가 있는 한, 물 한 모금이 있는 한 전부 부처님이 안 계신 데가 없습니다.

나는 그전에도 그렇게 생각했습니다. 어느 산골짜기에서 나무를, 옛날에는 나무를 동이 동이 이렇게 매서 쌓아 놨습니다. 산 밑에다가 치켜 쌓아 놓죠, 겨울에 때려고요. 봄에 때기도 하고 그러려구요. 동굴

속에 있다가 밤은 늦어지고 춥기는 하고 그래서 거기를 찾아가려고 가던 중이었습니다. 그러다 보니까 돌부리에 차여서 발톱 반이 빠졌습니다. 피가 줄줄줄줄 흐르면서 걷잡을 수 없이 아파요. 그래서 눈물을 줄줄 흘리면서 이런 생각을 했습니다. '어, 자리가 딴 자리가 없건만 내 욕심에, 뜨뜻하게 잘 욕심에 가다가 그랬구나.' 그 돌부리도 추상같이 호령을 하면서, 자리가 따로 어디 있기에 자리를 찾아가느냐고 악을 벽력같이 썼습니다. 그러니 요런 돌덩어리 하나 부처 아닌 게 없고 법신 아닌 게 없고 화신 아닌 게 없습디다. 그러한데 어찌 제가 잘났다 못났다 이론으로 하겠습니까?

지금 우리가 학술적인 이론으로써 해(害)를 보고, 정신계에 입각하지 못하고 나를 밝게 보지 못해서 올바르게 발전과 개혁을 하지 못한 채 불나비 날아다니듯 이렇게 하고 있는 것입니다. 여러분이 잘 생각하셔서 자기를 먼저 믿고 물러서지 않고 찾는다면 찾을 것도 없다는 것을 알게 될 것입니다. 그리고 그대로 여여하다는 걸 알게 될 것이구요. 달마 대사께서도 양 무제가 그렇게 많은 시주를 했건만 공덕이 하나도 없다고 한 것을 여러분이 더 잘 아시겠죠. 왜 공덕이 없다고 했겠습니까? 소크라테스의 '너부터 알라' 한 그 말 한마디가 이날까지 살아서 귀에 쟁쟁합니다. '너부터 알라' 한 소리가 말입니다.

세상의 모든 것이 나와 둘이 아니라고 생각한다면, 이런 걸 한번 생각해 보십시오. 여러분이 아마 저보다 더 잘 아실 거예요. 예전에 인도에서는 산에다가 송장을 그냥 갖다 놓으니까 해골이 그냥 무더기 무더기 있었죠. 그런데 부처님께서 제자들을 데리고 거길 지나시다가 그 해골바가지를 보고 큰절을 하셨답니다. 그래서 "사생자부이신 어버이신데 어찌 이런 해골바가지에다가 큰절을 하시나이까?" 하고 제자들이 물으니 "얘야! 그런 소리 말아라. 미생물에서부터 수억겁을 거치면서 쫓고 쫓기면서 자식이 됐다 부모가 됐다가, 모였다 흩어지고 흩어졌다 다시 모여서 또 자식이 되고 또 부모가 되고 이렇게 하기를 수없이 거듭거듭 해 나왔느니라. 그러니 저 해골이 바로 우리 친척도 될 수 있고 할머니도 될 수 있고 할아버지도 될 수 있고 내 부모가 될 수 있으니까 그 뜻을, 그 도리를 깊이 생각하라." 하시니 그 제자들은 "미처 이런 도리를, 이렇게 크나큰 도리를 몰랐습니다." 하고 엎드려서 울었답니다.

그와 같이 여러분! 여러분도 지금 현재 그렇게 돌아가고 있습니다. 여러분은 죽으면 아무것도 없다고 하지마는 죽으면 바로 사대로 흩어져서, 네 가지로 분류가 돼서 다 원점으로 돌아갑니다. 그런데 그 원점으로 돌아간 이유가 뭘까? 그 원점으로 돌아갔던 것은 다시 생산처로 투입이 됩니다. 그것이 다시 모여서 다시 누구네 집의 자식이 또 됩니다. 구름이 흩어졌다가 또다시 다른 구름하고 모이듯, 또 구름이 흩어졌다가 다른 구름하고 모이듯 이렇게 말입니다. 우리는 바로 한식구로서 마음의 배낭을 짊어지고 캠핑 나왔다가 같이 모여서 살고 같이 놀다가, 한 철 놀다가 가는 친구들이죠.

그런데 또 그렇게만 됐으면 좋겠는데 여러분, 잘 생각해 보세요. 무쇠전에는 무쇠가 모여 있고 넝마전에는 넝마가 모여 있고, 금방에는 금이 모여 있습니다. 그런데 시장에 나가 보니까 과일도 배는 배대로 놓고 사과는 사과대로 놨습디다. 일체 다 말입니다. 그러니 여러분도 구름과 한데 모였다가 다시 딴 구름하고 모일 때에 똑같은 차원끼리 모여요. 그러니까 종지는 종지대로 놓고 접시는 접시대로 놓고 대접은 대접대로 놓듯이 그렇게 끼리끼리, 누가 모으려고 안 해도 끼리끼리 모이죠. 여러분이 더 잘 아실 거예요. 정치인들은 정치인들대로 모이고 과학자는 과학자대로 모이고, 기업가는 기업가대로 모이고 상인은 상인대로 모이고 이러죠? 누가 오란 말 안 해도 장사를 하려면 시장으로 들어갑디다. 그러니 끼리끼리 모이는 건 자연적인 겁니다. 여러분 마음 차원의 그릇에 따라서 모이게 돼 있죠.

그러니 한 가족이 모인다 하는 것도 인연 따라서 모입니다. "야, 너 이놈아! 왜 그러니? 공부를 왜 안 하니? 왜 그렇게 이탈을 해 가지고 나가서 안 들어오느냐?" 하고 온통 야단을 하고 원망을 하고 욕을 하고 "저놈의 새끼, 나가서 죽지도 않아. 뭐 어째…." 이러거든요. 그런 것 좀 안 하셨으면 좋겠어요. 왜냐하면 여러분의 자식이라 할지라도 여러분의 소유물이 아닙니다. 아시겠습니까? 여러분의 소유물이 아니라 바로 인연 따라서 서로 만난 인연들이죠.

그래서 다섯 식구면 다섯 식구, 이렇게 모두 묶어서 같이 살자고, 같이 한 철 나자고, 우리 선방에 가서 한 철 나듯이 그렇게 사는 겁니다. 그런데 거기 뭐 가질 게 있습니까? (대중 박수) 그러니 우리가 선방에 가서 한 철 나듯이 나는 생활 속에서 그릇대로의 만남이니까 깡통끼리 모였으면, 깡통끼리 만났으면 깡통 소리가 나지요. 그러니 속상하고 그거 뭐, 말도 못하죠. 병고에 휘달리고 우환에 휘달리고 증오에 휘달리고 배신감 이런 데 또 휘달리고…. 요새 뭐 한두 건이 아니죠. 회사에 나가서도 그렇고 살아나가는 데도 그렇고 말입니다.

그러니까 여러분이 잘 생각해서 사회에 나가더라도 절대로 남의 탓을 하지 마시고, 남이 미운 짓을 하더라도 '아하! 내가 모자랐을 때 나였구나.' 하시고 말을 막 하걸랑 '아하, 내가 모자랐을 때, 그전에 내가 말을 막 하고 몰랐을 때 내 모습이로구나.' 하고 모든 거를 몰랐을 때 나로 본다면, 크면 큰 대로 나로 생각하고 작으면 작은 대로 나로 생각한다면 여러분이 정말이지 삶의 보람을 느낄 수 있는 바로 그런 자유인이 될 것입니다.

여러분, 불법이 국한돼 있는 게 아니라고 아까 얘기했습니다. 그런데 우리는 이 지구 항아리 속에 붙어 사는 벌레밖에 안 됩니다. 고등동물로서 태어났지만 사생의 뜻이, 천차만별로 돼 있는 무리들이 다 붙어서 사는 겁니다. 그런데 우리는 인간으로서 벗어나야 할 게 아니겠습니까? 우리가 벗어나게 되면 다 줄줄이 붙어서 벗어나는 것입니다.

왜냐하면 우리가 세계평화를 가져오려면 우주의 섭류를 알아야 하고 우주를 평화롭게 하려면 바로 삼천대천세계의 섭류를 알아야 되는 것입니다. 지금 우리가 이 도리를 공부함으로써 젊은 청소년들이 서로가 서로를 알고 베풀 수 있는 자비가 근원에서 샘물처럼 쏟아질 것이고 우리 국가의 역사도 빛날 것입니다. 또 경제도 빚을 지지 않을 뿐만 아니라 발전을 거듭거듭 할 것이요, 세계가 평화롭도록 우리가 참 멋지게 해 나갈 수 있을 겁니다. 그런 것이 여러분의 마음에 의해서 되는 것입니다.

여러분, 생각해 보십시오. 우리가 똑똑하기는 하나 지혜롭지 못해서, 불법을 탄압하고 모두 유교만 숭상했기 때문에 무심 도리를 한 번도 생각해 보지 않았고, 부처님이 가르쳐 주신 그 뜻을 한 번도 안으로 깊이 새겨 보지 못한 까닭에 우리의 역사를 어떻게 가져오게 되었습니까?

그러니 여러분이 '이 교가 다르다, 저 교가 다르다' 이렇게 생각하지 마시고 '우리는 지구라는 한 항아리에 붙어서 한 발짝도 에누리 없이 살아나가고 있구나.' 하는 것을 생각하면서 한번 자기를 돌아다볼 수 있고 자기를 생각해 볼 수 있고, 자기를 뉘우치는 생각을 해 볼 수 있어야 합니다. 자기 마음 깊은 속에 바로 자기 부처를 자기가 가지고 있고, 아까도 얘기했듯이 마음이 움죽거리면 법신이 되고, 몸이 움죽거리면 화신이 된다는 그 사실을 여러분은 잘 아셔야 합니다. 우리 생활 속에 부처님은 항상 우리가 있는 데 계셔서, 내가 변소간에 있으면 변소에 계시고, 내가 방에 들어가면 바로 방에 계시고 들에 가면 들에 계시고 일을 할 때면 일하는 데 계십니다.

내 우스운 얘기 한마디 하죠. 예전에 스물 한 대여섯 됐을 때입니다. 서울에 백련사라는 데가 있습니다. 그때 가 보고 여직껏 안 가 봤습니다만 그때 제가 가 봤을 때는 나한전도 있었고 대처 스님들이 사셨습니다. 그랬는데 거기에 놀러 오는 사람들을 위해서 시멘트로다가 네모반듯하게 해 놓은 자리가 있고 저 건너편으로 산소가 보였습니다. 그래 거기 앉아 있는데 날더러 '너, 애비가 자식한테로 가면 그냥 자식이 되고, 자식이 애비한테로 가면 애비 하나가 돼 버리니 그것은 무슨 까닭이냐?' 하고 물었습니다. 내가 그걸 몰라서요, 사흘을 이슬을 맞고 있었거든요. 나중에 팔다리가 움죽거려지질 않습디다. 그러나 죄 없이 그렇게 된 거는 빨리 풀리더군요. 죄가 있어서 다리가 비틀어진 거는 더디지마는 죄 없이 그렇게 된 거는 아주 다리가 빨리 풀려요. 그래서 그때 그랬죠. '다리를 이렇게 아프게 한 것도 너고, 또 다리를 이렇게 꼬이게 만들어 놓은 것도 너고, 풀리게 하는 것도 너다.' 이러고는 그저 움죽거리기만 했죠. 그랬지만 그때 '그게 무슨 까닭이냐?' 그래서 아이, 글쎄 마음은 체가 없다는 걸 아예 생각지도 못했잖습니까? 나를 깨달아 가지고도 말입니다. 그래서 깨닫는 거보다 깨달아 가지고 둘 아닌 도리를 알게 하는 자기의 작업이 아주 더 어렵다는 거를 느꼈습니다.

그러니까 여러분이 앞으로 더한층 편안하게, 그냥 살아나가는 대로 사시려면 다 놓아야 합니다. 그런데 어떤 분은 "다 놓고 어떻게 살라고 합니까?" 그러거든요. 여러분이 사시는 게 다 주인이 사는 거지 여러분 몸뚱이, 산 송장이 사는 게 아닙니다. 그런데도 산 송장도 꼭 있어야만 한다는 거죠. 이 송장, 몸뚱이가 없으면요, 허망함 속에서 참나를 찾지 못하거든요. 발견 못해요. 그러니까 열반, 구경경지에 이르지 못한다 이거지요. 그러니까 여기에 모든 것을 다 맡겨 놓고 나는 시자로서 살 수만 있다면…. 그렇게 거기 다 맡겨 놓고, 거기서 다 하는 것이니까, 아프더라도 말입니다. 보세요, 아프더라도 거기다가 다 맡겨 놓고 한마음 속에서 아프게 만든 거니까 한마음 속에서 낫게 해야죠.

그것이 과거의, 내가 이 세상에 태어나기 이전의 카세트란 말입니다. 카세트에 입력이 되어 있는 거거든요. 그래서 솔솔 나오는 거니까 어떠한 거든지 다 거기다 맡겨 놓으시면 그것이 바로 재입력 하는 겁니다. 그러니 재입력 하면 앞서 입력된 게 바로 없어짐으로써 내 몸도 건강해질 수 있고 바로 가환도 없어질 수 있고, 내 불편도 괴로움도 편안하게 아마 쉬어질 겁니다. 예전에 한암 스님께서 "3년만 눈 뜨고 푹 쉬어라." 아, 이러신단 말입니다. 그뿐입니까? "너는 죽어야 너를 본다." 그래 가지고 죽으려고 차 밑에 말입니다, 밤에, 새벽같이 떠나는 차 밑에 몇 번이나 들어간 줄 아십니까? 여섯 번, 일곱 번을 들어가도 못 죽었어요. 그러고 보니까 그렇게 죽으라는 게 아니었습디다.

그러니까 모든 데서 속지 마시고 여러분은 그저 여여하게 더 가려고 하지도 말고 더 안 하려고 하지도 말고 여러분 생활 속에서 그대로 실천하십시오. '내 한마음 주인공' 할 때, 한마음이라는 거는 왜 넣느냐 하면 이 자생중생들이, 의식들이 헤아릴 수가 없이 숫자가 많거든요. 의식들이 이 도리를 알면 한생각이 수천 마음, 그 모습 없는 모습으로도 화할 수가 있거든요. 그래서 부처님 법은 그렇게 광대무변하다고 합니다. 그러니 여러분도 부처님 아님이 없는데 여러분 한생각의 차이니까, 한생각 차이에 여러분은 중생이고 부처란 말입니다.

부처님, 여러 큰 부처님들께서도 또 여러 작은 부처님들께서도 다 한마음으로 토론을 했으니 그쯤 아시고, 이제는 생활을 그렇게 해나가시면서 바로 실험하고 체험하시기를 바라면서, 그리고 자유인이 되시기를 바라면서 이만 그치겠습니다.

우주의 살림살이와 나의 살림살이가 둘이 아니다

마산지원 개원 대법회

1992년 2월 29일

여러분과 같이 한자리를 하게 된 것을 감사히 생각합니다. 부처님 법이란 이 세상 돌아가는 거와 일체 만물이 사는 거와 고정됨이 없이 모두 찰나에 나투면서 돌아가는 그 속에 있습니다. 모두를 봤을 때 하나도 내 생명 아님이 없고 내 살림 아님이 없고, 내 아픔 아님이 없고 내 몸 아님이 없는 까닭에 더 이상 불법이 이러니저러니 하고 얘기할 바는 못됩니다. 하지만 이렇게 말을 하게 되었으니까 말을 하는 것입니다. 여러분께서도 그렇게 둘 아니게 생각하시게 되면 아주 좋은 결과가 나오죠. 말을 하는 순간 전자와 전자가 한데 합쳐져서 작용을 하면서 불이 들어오는 거와 같이, 여러분의 마음과 내 마음, 일체제불의 마음이 통틀어 일심으로 돌아간다는 그 자체를 아신다면 일심조차도 공해서 이 세상이, 우주 법계가 그대로 여여하게 돌아간다는 것을 알게 될 것입니다.

지난번에도 얘기했지만 불교가 한 군데 국한돼 있는 것이 아닙니다. 가톨릭교든 기독교든 알라신교든 티벳 불교든 통일교든 어느 종교를 막론해 놓고 불교 안에 있는 겁니다. 불교라는 말은, 즉 말하자면 영원한 생명의 근본이 불(佛)이요, 일체 만물만생이 다 스스로 이심전심으로 돌아가는 그 자체가 교(敎)입니다. 하다못해 사과나무와 사과나무도 사랑을 하고 열매를 맺습니다. 아무리 천리만리 떨어져 있어도 마음이라는 거는 체가 없어서 가깝고 멀고가 없는 것입니다. 그렇기 때문에 불교란 어느 한 군데 국한돼 있는 게 아니라 우주 전체 만물만생 모두가 한꺼번에 시간과 공간을 초월해서 돌아간다는 진리인 것입니다.

여러분이 '내가 옳지, 내 종교가 옳지' 이렇게 생각하시는 것은 아마 모두 여러분의 주관적인 생각일 것입니다. 그 생각에 의해서 창살을 만들어 놓고 창살 속에서 나오지 못하고 걸려서 구덩이에 빠지고, 빠지면 나오지 못해서 울곤 합니다. 죄가 있다면 모두가 모르는 게 죄겠지요. 눈도 멀고 귀도 트이지 못하고 마음과 마음이 전달되는 도리를 모르기 때문에 자유스럽게 살지를 못하고 50%의 물질세계의 관습 때문에 옴쭉을 못하고 걸리는 거죠. 그러니까 정신세계의 50%와 물질세계의 50%가 상응하면서 작용을 해야만이 100% 자유스럽게 살 수 있다고 볼 수 있겠습니다.

그럼으로써 여러분 자체가 안 계시다면, 한 분 한 분이 안 계시다면 이 세상이 어떻게 벌어졌을 것이며 또 상대가 어디 있겠습니까? 가정이 어디 있고 종교가 어디 있겠습니까? 모두가 무효입니다. 여러분이 나온 뒤에 세상도 벌어졌고 상대성 원리도 생겼습니다. 그전에도 말을 했지만, 내 집에 전화도 놓지 않고 남의 집에서 전화가 올 때를 기다리거나 전화를 하려고 애를 써 봤던들 소용이 없는 거와 같이, 내 마음속의 자성신을 믿지 않고 나부터 발견할 줄 모르는 사람이 돼서는 절대로 일체제불의 그 마음 자체가 공전이 될 수 없으며 공심(共心)이 될 수 없으며, 공체(共體)가 될 수 없으며 공용(共用)을 할 수 없게 되는 것입니다.

나 자체를, 내 마음을 떠나서 무엇이 있겠습니까? 과학이나 천문학이나 지리학이나 의학이나 말로 다 형용할 수 없이 많은 모든 분야의 연구도 이 마음을 떠나서는 이룰 수가 없는 것입니다. 모두가 마음으로 인한 것이기 때문에 여러분이 볍씨를 심어서 벼농사를 지어서 쌀을 만드는 것도 과학이고 밥을 짓는 것도 과학이고 먹는 것도 과학입니다. 하나하나가 과학 아닌 게 없습니다. 여러분이 똥이 마려우면 가서 똥을 누는 것도 과학입니다. 배가 고파서 밥을 먹는 것도 과학이요, 졸려서 잠을 자는 것도 과학입니다.

가만히들 생각해 보십시오. '똥이 마려우면 변소에 가서 눈다.' 하는 이론과 이름이 제일이겠습니까, 똥이 마려우면 아무 소리 없이 그냥 변소에 들어가서 화다닥 누어 버리는 게 시원하겠습니까? 똥이 마려우면 '똥을 누어야 되나, 안 누어야 되나?' 하고 망설이고 눕니까? 부처님께서는 똥이 마려우면 그냥 가서 누는 법을 가르쳤다 이겁니다. 말을 아무리 잘한다 하더라도 마음이 뿌리에 닿지 않고는 법이 될 수가 없습니다. 그러니만큼 수억겁을 지나면서 미생물에서부터 쫓기고 쫓으면서 진화돼서 인간까지 이렇게 등장을 했으니 여러분의 주인공 자체가 얼마나 소중합니까? 그 소중한 주인공이라는 자체가 바로 나를 끌고 다니는 것입니다.

그런데 선업이 있고 악업이 있다고 했습니다. '여러분의 마음으로 악업을 짓기도 하고 선업을 짓기도 한다. 이 세상에 태어나기 이전에 그렇게 악업도 짓고 선업을 지은 까닭에 지금 현실에 자꾸 나온다.' 했습니다. 과거의 모든 인연에 의해서, 악업을 지었든지 선업을 지었든지 여러분의 몸속에 다 있는 것입니다. 여러분 몸속에 수십억의 생명들이 있습니다. 그리고 모습들이 있고 의식들이 있습니다. 그 의식들 자체가 전자에 잘했든 못했든 한 것대로 바로 숙명통에 입력이 돼서 이 세상에 지금 자꾸 나오는 것입니다. 그러니까 부처님께서도 "내면에서 이걸로도 나오고 저걸로도 나오고, 화해서도 나오고 이렇게 하는 것을 다 항복을 받았느니라." 하는 말씀을 하셨죠.

그런데 그 속에 들어 있는 중생들은 잘하는지 못하는지를 모릅니다. 그러나 여러분의 마음은 아무것도 모르고 악업이든 선업이든 전자에 지은 그대로 나오는 모든 중생들을 다스릴 수 있습니다. 즉 말하자면 소를 끌고 가는데 남의 밭에 들어가서 밭을 망쳐 놓거나 그러지 않도록 고삐를 끌어서 올바르게 가게끔 "이랴!" 하는 것입니다. 그와 같이 여러분의 마음도 안에서 악행이 나오거나 바깥에서 악행이 들어오거나, 안에서 선행이 나오거나 바깥에서 선행이 들어오거나 모든 것을 다 마음 자체로 다스려서 거기다 맡겨 놓는 작업이 필요합니다. 모든 것은 한마음 교차로에서 들고 나고 악도 나오고 선도 나오는 까닭입니다.

어떤 종교라도 내 마음 밖에서 찾는다면 공덕이 하나도 될 수가 없습니다. 운전수가 차를 끌고 다니지 차가 운전수 끌고 다니는 것 보셨습니까? 중심을 잡고 중심에서, 즉 운전수는 위로는 기름을 넣고 아래로는 차를 끌고 다닙니다. 이게 바로 중용이며 중심입니다. 우주의 근본도 인간의 마음의 근본에 있고, 이 세상 살림살이도 모두가 내 마음에 가설이 돼 있는 것입니다. 그래서 혼자 사는 게 아니라, 아까도 얘기했지만 공생 공용 공체 공식화 하고 그대로 여여하게 돌아가는 것입니다. 이 몸이 지수화풍을 바탕으로 하고 있어서 여러분에게 광력이나 전력 자력 통신력이 충만히 재료로 주어져 있는 것입니다. 여러분 한 분 한 분에게 말입니다. 그 재료가 주어져 있는 까닭에 오신통이라는 자체가 여러분 한 분 한 분에게 다 있는 것입니다.

오신통이라는 것은 육안으로 보지 않고 마음으로 보는 눈, 또는 말하는 거를 듣는 귀가 아니라 마음으로 듣는 귀, 그것을 천안통, 천이통이라고 합니다. 타심통을 탐지기라고 표현해도 됩니다. 숙명통은 과거로부터 걸어 나온 것을 아는 것인데, 그것은 바로 컴퓨터라고 해도 과언이 아닙니다. 천이통 자체를 바로 무전통신기라고 해도 되고, 신족통이라는 것은 팩시밀리라고 해도 됩니다. 이와 같이 우리에게 오신통이 갖추어진 것은 여러분에게 아까 얘기했던 네 가지, 그 재료가 충만히 있기 때문입니다. 우리가 찰나찰나에 마음을 돌려 나가는 그 과정이 바로 오신통입니다. '보는 것도 도가 아니니라. 듣는 것도 도가 아니니라. 남의 속을 다 아는 것도 도가 아니니라. 가고 옴이 없이 가고 온다 하더라도 도가 아니니라. 또는 남이 어디서 왔는지 아는 것도 도가 아니니라.' 했습니다.

그건 왜냐하면 컵이 있다고 알고 물이 있다고 알아도 말만 하고 목마른데 마실 수 없다면 소용이 없기 때문입니다. 즉 물이 있다고 하는 이론과 이름은 물질계의 측면에서 첨보될 뿐이지 이름과 이론으로 되는 게 아닙니다. 아까도 얘기했듯이 똥마려우면 똥 누러 가는 거지 '똥을 눠야 할까, 안 눠야 할까?' 하는 이론이 붙습니까? 똥이 마려우면 똥을 눠야 한다는 이론의 이름하고 똥이 마려우면 그냥 직접 가서 똥을 누는 거하곤 천지 차이로 다른 것입니다. 그렇기 때문에 '물이 있다. 컵이 있다. 목이 마르면 컵에 있는 무슨 물을 마시지.' 하는 이론을 얘기하는 거하고는 다르다는 말입니다. 여러분이 목이 마르면 그냥 마시죠? 배가 고프면 그냥 밥을 먹죠? 배가 고파서 밥을 먹는데 이론이 거기 왜 들어가며 '이걸 먹어야 할까, 먹지 말아야 할까?' 하는 망설임이 왜 생기겠습니까?

그러니까 돌아가는 다섯 가지의 통을 모두 벗어나야 바퀴를 굴릴 수 있다는 거죠. 그것을 불바퀴라고도 하고 외국에서는 블랙홀이라고도 합니다. 돌아가는 그 자체를 넘어서야만이, 그 통 안에서 벗어나야만이 불바퀴를 굴릴 수가 있고, 법바퀴도 굴릴 수가 있고, 자유인이 되어 삶의 보람을 느낄 수도 있다 이 말입니다. 무슨 소리가 무슨 소린지 아리송하실는지도 모르죠. 그러니까 얼른 쉽게 말해서 정신계의 50%와 물질계의 50% 양면이 작용이 돼야 에너지가 나온다는 얘깁니다. 아무리 물질계의 50%에서 의학적으로나 과학적으로나 모든 거를 다 충족시키려고 해도 그건 한계가 있는 것입니다. 그렇기 때문에 정신계의 50%가 마저 같이 작용을 해야만이 그 에너지는 충족이 될 것입니다.

여러분 가정의 살림살이를 봐도 아시겠죠? 전자와 전자를 한데 붙여 놓지 않는다면 불이 안 들어옵니다. 예를 들어서 표현하는 겁니다. 그 전력은 평등한 겁니다. 전력은 평등하나 여러분 각자의 살림살이에서는 평등치가 못합니다. 왜냐하면 용도에 따라서, 그릇에 따라서 그 전력을 끌어 쓰니까 말입니다. 그걸 자유스럽게, 작든지 크든지 자유스럽게 끌어 쓰려면 내 마음의 도리가 아니면 안 됩니다. 내 마음 자체, 생각 내기 이전, 영원한 자기 근본, 이 자체로 인해서 마음을 낼 수도 있고 마음을 내서 충족할 수도 있는 것입니다.

아까 얘기했죠? 광력이나 전력이나 자력이나 통신력이 충만하기 때문에 몸속에 들어 있는 중생들이 몸 바깥의 대기권에서 유전성이나 업보성이나 세균성이나 영계성이나 인과성, 이 다섯 가지 모든 것에 대해 작용을 해 준다 이겁니다. 또 활용할 때에도 마찬가지입니다. 자력이 있어서 모든 것에 끌려가지 않고 끌려오지 않고 팽팽하게 할 수 있는 거죠. 또 다섯 가지의 오신통이라고 하는 자체가 마음에서부터 두뇌로 가서 모든 작용을 하게 돼 있습니다, 레이다망처럼. 가고 오는 걸 통신을 하고, 가고 오는 거를 정돈을 하고 이렇게 해서 대기권을 지킵니다. 인간에게도 대기권이 있고 이 지구에도 대기권이 있고, 모든 식물에도 있고 만물만생에 다 있습니다. 세포 하나하나의 대기권을 지키고 내부에서 공장을 지키고, 위 공장이나 장 공장이나, 대장 공장, 소장 공장, 방광 공장, 콩팥 공장, 심장 공장 이 모두가 공장을 지키는 자가 있고, 바깥의 대기를 정돈하는 자가 있고, 통신하는 자가 있고, 이렇게 아주 무변하고 묘하게 스스로 그렇게 돼 있단 말입니다. 그러니 여러분이 눈에 보이는 것만 과학이라고 할 수 있겠습니까? 정자와 난자가 한데 합쳐져서 인간 하나 생산되는 것도 과학입니다. 모두가, 이 세상만사가 다 과학 아닌 것이 없습니다. 과학이라고 이름을 지어 놨으니까 과학이라고 이름을 부를 수밖에 없겠죠? 그 이름이 없더라도 그대로 여전히 여여하게 그렇게 충족하고 돌아가고 끝간 데 없이 아마 그렇게 시공을 초월해서 돌아갈 겁니다.

그렇기 때문에 나 자체를 알지 못하고는 남의 마음도 모릅니다. 중생들이 모두 입력이 돼서 자꾸 현실로 나오는 거를 나오는 데다 다시 맡겨 놓게끔 되입력을 하세요. 앞서 입력된 것에 다시 다른 거를 녹음한다면 앞서 녹음됐던 것이 무산돼 버리죠. 우리의 마음도 그와 같이 작용하게 하는 겁니다. 도둑질을 한다 사기를 친다 이런 마음이 있다면 우리의 마음, 한마음이 그것을 다스려서 그러지 않도록 다시 그 자리에다가 놓는 겁니다, 맡겨 놓는 겁니다. 선행을 할 때는 선행을 하는 대로 감사하게 '선행하게 해서 감사하구나!' 하고 거기 또 놔야 합니다. 그렇게 양면을 다 놓으면서 믿고 정직하고 진실하게 구한다면 진정한 깨달음의 소식을 얻을 것입니다.

여러분이 모두 다녀 보셨으니까 아시겠지요? 맑은 물 흐르는 데 가서 아주 좋다고 들여다보면 맑은 물이 '좋다'고 말을 합니다. '어떠한 물이 들어오든, 진흙탕물이 들어오든 고름물이 들어오든 핏물이 들어오든 구정물이 들어오든 맑은 물이 들어오든 탓 안 하고 묵묵히 흘러가는 자만이 평등법을 얻을 것이니라.' 하고 물이 이야기해 줍니다. 또 길을 가다가 엎드러지면 그 길을 짚고 일어나야 되겠죠? 어디에 우물을 파는데 흙을 파 재끼고 그래도 흙은 말이 없어요. 아파도 말이 없어요. 그러나 그 아픔을 참다 보면 깊숙한 속에서는 샘물이 나죠. 그 샘물은 뭐라고 그러는지 아십니까? '나같이 참고 견디면 줄지 않는 물이 나올 수 있을 거야.'라고 합니다.

일체 만물만생이 다 산하대지의 어머니 속에서 길러집니다. 태양과 더불어 씨를 받으면 인연에 의해서 밭이 되고, 인연에 의해서 물을 주게 되고 싹이 나고 이렇듯이 일체 만물만생이 다 그러하다고 봅니다.

팔만대장경이 따로 있는 게 아니라 이 세상 모두가, 돌아가는 이 자체가 팔만대장경이니 어떻게 팔만대장경으로만 비하리까? 팔만대장경이라 하는 것도 이름으로 해 놓은 것도 아니요, 개수로 지어 놓은 것도 아닙니다. 그러니까 여러분은 일체 만물이 다 내 스승 아님이 없고 내 아픔 아님이 없고, 내 몸 아님이 없고 내 자리 아님이 없다는 이 도리를 잘 아셔야 할 것입니다.

여러분이 걸망을 하나 짊어지고, 배낭이라고 합시다. 배낭을 하나 짊어지고 한 철 나려고 왔습니다. 그 배낭 짊어지고 와서 한 철을 나는데 그렇게 욕심과 착과 그 모두를 한꺼번에 가지고서 극매느라고 병들고, 병이 들어 죽으니 다 가져갈 건가요? 여러분! 우리가 '불교' 하면서 물질로만 끄달려서는 안됩니다. 재산이 아무리 많다 하더라도 그 재산은 '네가 좋아서 나를 쫓아다녔지 내가 좋아서 너를 쫓아다닌 게 아니다.' 라고 합니다. 그리고 죽을 때도 문 안에서 고합니다. 아무리 부모와 자식지간 부부지간이라 해도, 아무리 절친한 친구라 할지라도, 아무리 권세가 높다 하더라도 죽으면 동구 바깥에서 고하고 맙니다. 그러나 여러분이 지은 업은, 악업을 지었든지 선업을 지었든지 그림자처럼 쫓아다니면서 이 세상에 다시 나올 때 또 몸속으로 스며들어서 모두 인연의 소치로 뭉쳐서 다시 나오게 됩니다.

그러니까 우리가 끝까지 본다면, 나무가 죽었다고 해서 나무가 없어지는 게 아니고 사람이 죽었다고 해서 사람이 없어지는 게 아니란 말입니다. 그러니 아주 좁게 본다면 죽었다고 할 테지만 넓게 본다면 죽었다 살았다 할 게 하나도 없다 이 소리죠. 이 마음의 도리를 아신다면 믿기가 아주 어렵지도 않습니다. 여러분이 여러분을 이끌어 가지고 가고, 여러분이 지어 놓고 여러분이 받고, 그러니까 여러분을 끌고 다니는 여러분 주인공을 진실히 믿으라고 그러는데 왜 못 믿습니까?

여러분 몸 안에 들어 있는 그 생명들이 작용을 안 해 주면 이건 송장입니다. 그렇기 때문에 어떤 것이 나라고 할 수 없는 것입니다. 그 모두가 한마음이니 곤충 하나도 나 아님이 없다 이 소립니다. 그리고 미생물에서부터 진화돼서 사람이 되었다는 것에 대해 의심하는 마음이 있다면 이걸 한번 생각해 보십시오. 내 속에 미생물이 그득하게 들어 있다는 거를요. 그걸로 말미암아 내가 움죽거리고 다닌다는 것을요. 그것이 바로 자기가 미생물에서 왔다는 증거입니다.

부처님 법이 따로 있는 게 아니라 우리들의 생활이 부처님 법입니다. 부처님의 공부를 하는데 자기 자성신을 못 믿는다면 누굴 믿겠습니까? 나부터, 나부터 있고야 부처가 있고 나부터 있고야 세상이 있는 것인데 말입니다. 광대무변한 법이 각자 여러분한테 있다는 것을 명심하셔야 될 것입니다. 우리가 불교를 믿는다고 하지만 전체가 불교 아님이 없으니 풀 한 포기도 불교 아님이 없습니다. 생명의 근본이 불(佛)이기 때문이죠. 그러니 자기 주인을 믿지 않고는 자기 영혼도 건질 수가 없거니와 남을 이끌어 줄 수도 없고 한 가정을 이끌어 나갈 수도 없습니다.

분쟁, 싸움, 이 모두가 어디서 나옵니까? 그전에도 말했지만 공부를 못한다는 둥 공부를 안 한다는 둥 너는 고렇게 하다가는 깡통밖에 못 찬다는 둥, 자손들에게 그냥 "공부! 공부!" 이렇게 해 나가는데 여러분, 잘 생각해 보세요. 부부지간도 그렇습니다. 나는 이렇게 말하고 싶습니다. 어떠한 괴로움과 갈등이 있더라도 모든 것은 한마음 주인공에다 맡겨 놓고 부드럽게 말해 주고 부드럽게 행동해 주고 남을 위해서 이익을 주는 뜻을 갖는다면, 남의 탓을 안 하고 남을 원망 안 하고 모든 걸 그렇게 생활을 한다면 가정도 화목하기도 하거니와 보이지 않는 데 정신계의 50%가 그냥 반영이 됩니다. 말로는 부드럽게 말하고 이렇게 함으로써 오고 감이 없이 멀고 가까움도 없이 가고 오면서 전달이 되고, 모든 게 자유스럽게 이루어진다고 봅니다. 얘길 하다가도 얘기 말머리가 어디로 갔는지 간 곳이 없어지고 이러는군요.

왜냐하면 전력이 다 똑같이 들어오듯이 내 한 가정에서도 부부지간이다 자식지간이다 손자지간이다 해도, 어떠한 일이 생겼든가 어떠한 애고가 생겼든가 어떠한 병고가 생겼든가 하더라도 내 주인공과 그 주인공이 둘이 아닌 것입니다. 전구는 다 각각 있지요. 저렇게요! 그런데 전력은 다 똑같습니다. 저게 한 가정의 집안 식구라고 합시다. 그런데 한 군데의 스위치를 올리면 저 전구마다 불이 다 들어오지 않습니까? 그러니까 내 한마음에 모든 것을 맡겨 놓으세요. 둘이 아니니까요. 한 가정의 식구가 가설이 됐다는 겁니다. 이렇게 전기 가설이 돼 있듯이 부모다 자식이다 형제다 부부다 하는 마음의 가설, 그 가설이 돼 있기 때문에 애고로 고통을 당하는 사람이 있다면 제삼자의 문제라도 모두 나한테다 맡기고, 제삼자가 따르지 않더라도 그것을 내 주인공에다 넣고 이끌어 간다면 전구에 불이 들어오듯이 그 마음에 둘이 아니게 불이 들어옵니다. 마음의 불, 인등 켜는 거와 같죠.

아까도 얘기했지만 부처님 법을 지금 현실의 용어로써 알기 쉽게 하기 위해서 이렇게 말을 했습니다. 여러분이 한 달에 한 번씩 나오는 회보라든가 카세트라든가 이런 거를 잘 보셔서 내가 걸어가지 않으면 안 된다는 거, 내가 생각지 않으면 안 된다는 거, 내가 하지 않으면 안 된다는 거를 잘 아셔서 내가 내 마음의 뿌리를 진정으로 믿고 거기에 맡겨 놓아야 합니다. 저 나무들을 보십시오! 뿌리가 싱싱하면 가지도 싱싱하고 이파리도 싱싱하고 그렇습니다. 그러니까 바로 내 마음의 뿌리에 물을 주는 거와 같은 겁니다. 내 마음에 모든 것을 맡겨 놓고 '거기서만이 해결할 수 있다. 거기서만이 이 병고를 낫게 할 수 있다. 거기서만이 이끌어 줄 수 있다. 거기서만이 물리가 트이게 해 줄 수 있다. 거기서만이 나 아닌 나가 있다는 증명을 해 줄 수 있다.' 이것이 바로 참선입니다. 행선 좌선 입선 와선을 한데 합쳐서 참선인 겁니다. 우리 생활 그대로가 참선인 것입니다. 똥을 누어도 참선이요 먹어도 참선이요 잠을 자도 참선인 것이요 길을 걸어가도 참선인 것이요, 어떤 걸 막론해 놓고 참선인 것입니다. 우리가 지수화풍으로 바탕이 되지 않았더라면 광력이나 전력이나 자력이나 통신력이 원만히 우리들한테 주어지지 않았을 겁니다. 그것이 주어졌기 때문에 우리가 자유스럽게 마음을 굴릴 수 있고 고정됨이 없고 여여하게 끝간 데 없이 진리가 돌아가게끔 돼 있죠.

하여튼 자손들을 기르고 가정을 이끌어 나가시려면 모든 것이 50% 마음속에서 바로 50% 물질계로 나온다는 사실을 여러분은 잘 아셔야 합니다. 우리가 꼭 물러서지 않고 믿을 수 있어야만이 되기 때문에 그럽니다. 허공을 믿습니까, 이름을 믿습니까, 형상을 믿습니까, 또는 우리 스님들의 고깃덩어리를 믿습니까? 그런 게 아닙니다. 여러분이 이 도리를 공부하시면 어떠한 거든지 내가 될 수 있는 것입니다. 내가 지금 아무리 말을 해도 여러분의 가슴에 와 닿지 않을 겁니다.

우리도 혹성이자 별성이고, 저 우주 전체에 있는 모든 것이 다 우리가 살고 있는 이 살림살이와 같습니다. 수명이 짧고 길 뿐이죠. 태양도 인간의 마음에 의해 팽창이 되지 않게 조절해서 줄일 수 있고, 타버리지 않게 할 수 있는 그런 능력을 여러분이 다 가지고 있는 것입니다. 세계적으로 자원이 부족하다 할지라도 우리의 마음에 달려 있습니다. 또 말세가 왔다는 둥 종말이 온다는 둥 이러는 사람들도 많이 있습니다마는 우리의 마음에 따라서 종말이 올 수도 있고 우리의 마음에 따라서 말세도 오는 것입니다.

여러분이 부산에 간다면 부산에 가는 거리와 시간, 요것만 아시지 말고, 한 사람의 한 마음 한 찰나가 저 우주를 다 돌고도 남음이 있다는 것을 아셔야 합니다. 가고 옴이 없이 다 돌 수 있고, 가고 옴이 없이 볼 수 있고, 가고 옴이 없이 들을 수 있고, 그리고 물 한 그릇이라면 너를 주기도 하고 내가 먹기도 합니다. 만물은 우리네더러 모두 자기같이 살라고 합니다. 그러니까 마음 한 번 잘 쓰면 선업으로써 악업을 제거하고, 선의 도리를 알려 하면 악업과 선업을 다, 선업은 감사하게 놓고 악업은 굴려서 놓아야 합니다.

이거 보십시오! 악이 왔을 때 뭐 삼재가 들었다 뭐가 들었다, 어떠한 애고가 왔다, 이사를 잘못 갔다, 이렇게 혼란에 빠지는 문제가 많습니다. 그런데 나는 그렇게 생각 안 합니다. 모든 것은 내 한마음에 달려 있으니까 여러분이 다 주인공에다 맡겨 놓고, 모르시는 분은 주인공에다 맡겨 놓고 그저 내 가고 싶은 날 이사 가면 되죠. 삼재가 들었다 하는 것도 관습입니다. 관습에 의해서 그르쳐지는 일들이 한두 건이 아닙니다. 잘못돼서 들어오게 되면 '잘못되는 것도 내 주인공에서 나온 거니까 거기서만이 해결할 수 있다.' 하고 맡겨 놓는 겁니다. 하여튼 나로 인해서 온 거 아닙니까? 내가 없다면 부딪칠 것도 없으니까, 내가 있기 때문에 오는 거니까 '바로 내 안에서 나온 거니 내 안에서 해결을 할 수 있다.' 하는 믿음과 물러서지 않는 그 진실을 가지고 거기다가 맡겨 놓는다면, 나를 발견하기에 그리고 실험하기에 아주 좋은 계기가 될 것입니다.

여러분이 어떠한 괴로움이 있다 할지라도, 어느 사찰에 다니든지 괴로운 문제가 있다 하면 그걸 재료로 알고, 내가 괴로운 데서 괴로운 것을 해결할 수 있어야만이 되는 거겠죠. 그렇게 실험을 함으로써 체험이 되고 체험을 함으로써 그 도리를 알게 되는 것입니다.

오늘 여러분이 질문을 좀 해 주셨으면 좋을 뻔했습니다마는 어떻게, 여러분 각자의 입맛에 닿게 말씀을 드렸는지 모르겠습니다. 하여튼 이 도리를 알고 그렇게 해 나가신다면 여러분이 삶의 보람을 느낄 수가 있고 또는 자유스럽게 살 수가 있겠죠. 어떻게 된 건지 말이 하기 싫어지는데요? 허허허…. (대중 박수)

진리는 바로
서천에서 동천을 대하니
동천은 서천을 대하더라.
앞 뒤 중간도 없는 것

이 모두가
서천 골짜기의 샘물은
젖지도 않는다 하리.

더불어 같이 사는 은혜

제주지원 법회

1992년 3월 22일

여러분과 같이 한자리에 앉게 돼서 기쁩니다. 한편으로는 여기에 자주 오지 못했다는 생각이 들어 좀 안됐습니다. 그러나 앞으로는 자주 만나 뵈리라고 생각됩니다.

우리가 이 공부를 하는 것은 세상을 다 주고도 바꿀 수 없는 공부이기 때문입니다. 학술적으로 배우는 것도 아니고 이론적으로 배우는 것도 아니고 지식으로 배우는 것도 아닙니다. 사람으로서 이 세상에 나왔다면 모든 것은 자기로부터 있는 것입니다. 자기로부터 세상이 벌어졌고 자기로부터 상대성 원리가 생긴 것입니다. 만약에 자기가 이 세상에 나오지 않았다면 아무것도 없습니다. 무효입니다. 그렇기 때문에 역대 조사들은 "너부터 믿고 너부터 알라." 했습니다. 우리는 정신계 50%와 물질계 50%가 상응하면서 작용을 해야만이 100% 인간의 삶이라고 볼 수 있습니다. 그런데 물질계 50%에 의해 관습이 생기고 그 습성에 끄달려서 '꼭 이렇게 해야 한다, 저렇게 해야 한다' 하는 고집이 생기고, 거기에 그만 자기가 자기를 창살 없는 감옥에다 넣고 한 발도 떼어 놓지 못하게 묶어 놓는 그런 마음들을 가지게 되었지요. 그 마음

속에서 벗어나야 됩니다.

우주의 삼천대천세계의 근본이 어디 있는 줄 아십니까? 우리 마음의 근본에 있는 것입니다. 또 이 세상의 모든 살림살이가, 살아가는 이 모든 삶이 어디 있는 줄 아십니까? 모두가 인연에 따라서 가설이 돼 있습니다. 가설이 돼 있어서 그걸 가지고 공생 공용 공체 공식화 하고 돌아간다고 합니다. 바로 인간의 마음에 가설이 돼 있다는 겁니다. 부처님께서는 그것을 말씀하시기를 "너희들이 생각하고 마음먹고 행하고 말하고 하는 그 자체가 바로 우주간 법계에 자동적으로 입력이 돼서 모두 두루 알고 있느니라." 하셨습니다. 그래서 우주간 법계라는 얘길 했습니다. 자신이 어질러 놓은 거, 자신이 저지른 거, 자신이 잘하고 간 것들이 전부 과거로부터 현실로 나오는 거니까요.

그럼 과거가 따로 있느냐 하면 그것도 아니죠. 과거라는 것이 어저께도 과거요, 아까도 과거요, 일 초 전도 과거입니다. 그런데 과거라면 우리가 나기 이전을 말하기도 합니다. 우리가 나기 이전에 살던 그 자체가 스스로 입력이 돼서 우주간 법계에서 모두 알고 있다는 겁니다. 그것이 숙명통, 즉 컴퓨터에 입력이 돼 있듯이 그렇게 입력이 돼 있어요. 그래서 현실에 자꾸 나오는 겁니다. 그건 독 안에 들어도 못 면하죠. 천차만별로 자꾸 나오니까 말입니다. 자기가 한 것대로 산 것대로 행동한 것대로 말한 것대로, 모든 것에 의해서 말입니다. 그렇게 나오니까 내가 여기서 가르치는 것은 '입력이 돼서 나오는 데다 입력을 다시 해라.' 이겁니다. 잘 들으셔야 됩니다. 길을 걸어가다가 땅에 엎드러지면 땅을 짚고 일어나지요? 딴 데 짚고 일어날 수가 없죠. 이열치열이란 말이 있듯이 '나한테서 나오는 것은 나한테서 해결을 해야 한다.' 하는 건 정신계에서 벌어진 것은 정신계에서 해결을 해야 된다는 얘깁니다. 무심의 도리가 바로 그겁니다. 그래서 '사람이 살아가면서 현실로 나오는 모든 것을 거기 맡겨 놔라. 천차만별의 생활을, 들이고 내는 거를 거기다가 맡겨 놔라. 내 한마음 주인공에다 맡겨 놔라.' 이러는 겁니다.

'한마음 주인공이라는 건 뭐 말라빠져 죽은 건가.' 하고 생각하는 사람도 있겠죠. 한번 얘기해 볼까요? 내가 부모에게 몸을 받습니다. 그러나 자기 영혼이 있습니다. 영원한 생명의 근본이 있어요. 그것에다 과거에 자기가 산 것대로 입력된 그 업식이 잔뜩 인연이 돼서 거기에 포함된단 말입니다. 그렇게 해서 현실에 몸 하나를 받아 가지고 인간으로 출현되죠. 출현이 되면 거기에 모습과 생명, 의식들이 수십억이 있단 말입니다. 여러분이 여러분이 아니에요. 어떤 것을 여러분이라고 생각하고, 어떤 거 할 때 내가 했다고 할 수 있고, 어떤 거 말했을 때 내가 말했다고 할 수 있습니까? 그렇게 수십억의 생명들이 있고 의식들이 있고 모습들이 있는데 어떻게 나라고만 하겠습니까? 그렇기 때문에 한마음이라고 그랬습니다, 한마음!

그런데 그 의식들은 자기가 산 것대로, 한 것대로만 생각을 하고 나오지 변동이 없어요. 이 속의 중생들은 잘되고 잘못되는 거를 도무지 몰라요. 인간의 마음이 다스려야만 되는 겁니다. 인간은 99% 부처가 될 수 있다고 했습니다. 그렇기 때문에 인간의 마음이 내가 행동을 잘하면 감사하게 생각하면서 그렇게 가고, 또 누가 되게 하는 일이라면 다스려서 거기 놔라 이겁니다. 다스려서 맡겨 놔라. 그렇게 다스리는 그 마음이 한생각을 낼 때에 '도둑질을 한다' 하고 생각을 하면 도둑질하는 대로 몰아 줍니다, 이 마음들이 말입니다. 또 내가 '좋은, 선의적인 일을 해야지.' 한다면 그냥 그대로 또 따라 줍니다. 그러니까 악법 선법이 다 한마음 속에 있다 이겁니다. 마음속에 있는데 여러분이 마음을 어떻게 쓰느냐에 따라서 바로 지옥도 있고 천당도 있는 것입니다. 그렇기 때문에 '과거는 지나갔으니까 없다.' 이런 말이 있습니다. '미래는 아직 오지 않았으니까 없고, 현실도 너무 많이 찰나에 화해서 돌아가니까 공했다. 그래서 무(無)다.' 이렇게 말하는 겁니다.

자세히 한 번 더 말씀을 해 드린다면, 가정에서도 여러분 이름이 많죠? 아버지라는 이름도 있고 아들이라는 이름도 있고 사위라는 이름도 있고 남편이라는 이름도 있고, 이름이 좀 많습니까? 생각들 해 보세요. 형이다 아우다 뭐 별 이름이 다 있죠. 그런데 남편이 됐을 때 나라고 할까요, 자식이 됐을 때 나라고 할까요, 또 아빠가 됐을 때 나라고 할까요? 나라고 할 수 없는 게 부처예요. '내가 했다' '나다' 이렇게 할 수 없는 도리가 바로 이 세상 진리인 것입니다. 이 세상만사가 다 그렇고요. 그래서 부처님께서는 자기 마음으로 이름을 지어 놓았습니다. 동방에는 아촉이라고 지어 놓고, 서방에는 아미타라고 지어 놓고, 이 세상 사바세계에는 관세음이라고 지어 놓고, 지천국에는 지장이라고 지어 놨던 겁니다. 이름입니다. 여러분을 아빠다, 아들이다, 남편이다 하고 부르는 것과 같은 이름입니다. 그것뿐이 아닙니다. 용신이라고도 했고 지신이라고도 했고 또 신중이라고도 했고 사왕천이라고도 했고 약사라고도 했고 뭐, 좀처럼 해서는 그 이름을 다 부르지도 못합니다. 한마음에서 모두 나오는 것입니다.

그래서 부처님 자체는 부처님이지마는 왼쪽에는 문수 바른쪽에는 보현, 이렇게 삼 불을 해 놓은 것은 바로 여러분이나 똑같습니다. 이 영원한 생명의 근본이 있으면 법이 있고 또 움죽거림이 있습니다. 그와 마찬가지로 문수는 한생각을 내는, 바로 법을 말합니다. 그리고 한생각을 내면 움죽거립니다. 움죽거리는 걸 보현이라고 그랬습니다, 화신! 그러니 그 셋이 모습은 따로따로 있을지언정 어찌 마음이야 둘, 셋이겠느냐 이겁니다.

그리고 모두들 참선, 좌선 이렇게 말들을 하는데 이걸 똑바로 아셔야 됩니다. 생활을 떠나서는 참선도 없을 뿐만 아니라 부처님 법도 없습니다. 이것을 잘 들으셔야 됩니다. 앉으나 서나 생활이 그냥 참선이기 때문에 행선 와선 입선 좌선을 한데 합쳐서 참선이라고 그런 겁니다. 앉아도 여러분이 앉은 것이고 선 것도 여러분이 선 것이고, 눕는 것도 여러분이 눕는 것이고, 똥 누는 것도 여러분이 똥 누고 먹는 것도 여러분이 먹고, 자는 것도 여러분이 자지 않습니까? 여러분이 아니라면 부처는 없죠. 아니, 부처만 없는 게 아니라 세상도 없고 가정도 없고 형제도 없고 부모도 없고 아무것도 없습니다. 그러니까 변소에 들어가도 내가 거기 있기 때문에 부처가 있는 겁니다.

또 이런 게 있죠. 참선이라고 그러는 것은 이론과 학설로 되는 게 아닙니다. 염불 잘하고 또 교리를 잘 알아서 말을 체계 있게 잘하는 것만이 참선이 아닙니다. 내가 살면서 실험하고 체험하면서 자꾸 느끼면서 가는 것이 바로 참선입니다. 마음을 찾고 발견해서 발전시키고 창조력을 기르고 생활이 과학인 줄 알고 그대로 가는 것이, 그것이 참선입니다. 이 세상에 어린애를 임신해서 낳는 것도 바로 과학입니다. 모를 심어서 쌀을 만드는 것도 과학입니다. 그 쌀로 밥을 지어 놓는 것도 과학입니다. 어느 것 하나 과학 아닌 게 없습니다. '어느 것은 과학이고 어느 것은 과학이 아니다' 라는 그런 것이 없습니다.

이러한 생활 속에서 물리가 터지려면 이런 것도 좀 알아 두셔야 될 것 같습니다. 우리가 세상에서 살면서 감사함을 느끼지 못하고 사는 일이 여간 많지 않습니다. 왜 스님네들이 허허벌판에 가만히 앉아 있기도 하고, 비가 억수같이 쏟아지는데 그 비를 맞으면서 풀섶에 그냥 앉아 있기도 하고, 물이 흘러 내려가는 데 앉아 있기도 하고, 천둥 번개가 치고 그러는 데 앉아 있기도 하고, 높은 산골짜기에 앉아 있기도 하는 줄 아십니까? 인간은 이 세상에 태어나서 감사한 줄을 알아야 된다 이겁니다. 오늘 아침에도 쉿송을 했지만 '오종대은(五種大恩)을 알라. 오종대은을, 대은을 알라. 일체제불과 더불어 일체 생명 전체에 감사할 줄 알라.' 이 소립니다. 그런데 우리는 돈도 내지 않고 지금 생명을 유지하고 있습니다. 물도 감사한 줄 알아야 됩니다. 지수화풍을 감사하게 받아들일 줄 알고 이 세상 풀 한 포기도, 곤충 하나도 감사히 생각할 수 있어야만 된다 이겁니다.

그건 왜 그런 줄 아십니까? 수억겁 광년을 거치면서 쫓고 쫓기면서 먹히고 먹으면서 이 세상을 거듭거듭 걸어 나와서 진화돼서 제일 나중에 인간이 됐다 합니다. 그렇다면 어느 부모만 내 부모요 어느 자식만 내 자식이라고 생각하겠습니까? 거듭거듭 거치면서 짐승의 부모도 됐다가 짐승의 자식도 됐다가, 곤충의 부모도 됐다가 곤충의 자식도 됐다가, 또 딴 부모의 자식이 됐다가 딴 자식의 부모가 되고, 거듭거듭 구름이 한데 모였다가 흩어지고 또 딴 구름하고 또 모이고 또 흩어지고 또 모이고 이렇게 하는 것과 우리 인생살이가 다 같습니다. 그러니 남의 부모는 남의 부모고 내 부모만 내 부모라고 할 수 없는 그 도리가 바로 진리 안에 있습니다. 그래서 그 오종대은을 아는 사람은, 모두가 둘이 아닌 줄을 아는 사람은 보살의 행을 할 수가 있다, 모든 데에 착을 두지 않고 사랑할 줄 안다고 했습니다.

여러분, 또 이런 게 있죠. 부모가 자식을 조건 없이 사랑하지 조건을 붙이고 사랑합니까? 자식을 생각할 때 조건이 있습니까, 없습니까? 없죠! 그게 바로 부처님의 자비란 말입니다. 흔히들 말하는 사랑, 그것이 사랑이 아닙니다. 흔히들 말하는 사랑은 이기적이기도 하고 조건이 있고 이익이 있어야 주고, 모두 이렇게 삽니다. 이게 어떻게 보시가 될 수 있습니까? 어떻게 이게 무주상 보시가 될 수 있습니까? 이게 어떻게 무심 도리가 될 수 있겠습니까? 그렇기 때문에 조건 없이 이익을 줄 수 있는 자비심을 내라 이겁니다. 한 가정에서도 자식이 아무리 잘못된다 할지라도, 또 남편이 아무리 그렇다 하더라도, 부인이 아무리 그렇다 하더라도, 어떠한 문제가 있다 하더라도 '주인공!' 하고 주인공을 부르고서 거기다가 맡겨 놓고 부드럽게 말하고 부드러운 행동과 부드러운 마음으로 대해 주면 그쪽에도 불이 들어오게 돼 있습니다.

나한테 이익이 되는 게 없더라도 조건 없는 자비를 줄 수 있는 그런 마음, 행동, 말이 나가야 됩니다. 그래야 전구는 달라도 전력은 다 똑같으니까 바로 공을 치면 공이 튀어오르듯, 내 마음의 스위치를 올리면 그쪽에도 불이 들어오게 됩니다. 가설이 돼 있지 않습니까? 부모다 자식이다 이렇게 가설이 돼 있어요. 그러니까 무심 도리의 그 줄은 가는 사이도 없고 오는 사이도 없이 그쪽에도 불이 들어오게 할 수 있습니다. 그렇기 때문에 내 마음이 밝아지면, 자식이라는 가설이 돼 있기 때문에 그 쪽에도 불이 들어오게 돼 있습니다. 그러니까 가정에서 어떠한 문제가 있다 하더라도 그렇게 해서 가정을 융합시키고 화합하게 하고 다복하게 하고 사십시오. 돈이 달아나가게 하지 말고 나를 쫓아오게 하는 그런 여러분이 되셨으면 합니다.

돈이고 저런 흙이고 돌이고 생명 없는 것이 하나도 없고 돌아가지 않는 게 하나도 없습니다. (법상을 두드리시며) 이것도 지금 돌아가지 않는 게 아닙니다. 다 돌아가고 있습니다. 시간과 공간을 초월해서 돌아가고 있습니다. 그런데 화두를 가지고 그게 끊어질까 봐 붙들고 얽매이는 사람들이 있는가 하면, 이것이 옳다고 하면서 타의에서 구하는 사람들이 있는데 모두가 진실되지 못합니다. 진실되게 믿으면서 진실되게 구한다면 진실된 나를, 참나를 구하는 소식을 그때서야 맛볼 수 있는 것입니다. 여러분이 살아 봐서 다 아시겠지만 피나는 노력이 아니라면 어떠한 경험도 얻을 수가 없습니다. 기술도 그렇고 모든 게 피나는 노력을 해야만이 뛰어넘을 수 있는 겁니다.

그런데 생활에서 행하는 게 그대로 참선이라고 하는데도 그것도 지키지 못한다면 어떻게 뛰어넘을 수 있겠습니까. 그리고 누구를 믿습니까? 허공을 믿습니까, 이름을 믿습니까, 형상을 믿습니까, 스님들의 고깃덩어리를 믿습니까? 말해 보세요. 모든 거를 잘 살펴봐서 세 가지가 다 충분해야만 따르라고 했습니다. 믿는 건 자기를 믿는 겁니다. 자기, 즉 수십억 마리를 사람 마음으로 다스려서 한마음으로 묶어 세운다면 그게 바로 주장자입니다. 그리고 중심입니다. 중심이면서도 찰나찰나에 돌아가니까 공입니다. 그래서 주인공이라고 하는 겁니다.

그러니 저런 풀잎 하나도 감사하고 저 흘러 내려가는 물도 감사한 겁니다. 물이 여러분한테 아마 그렇게 말할 겁니다. '아이구, 나같이

만 살면 아무 일 없을 텐데….' 하하하…. '나는 어떤 게 막혀도 그냥 이렇게 돌아서 내려가니까 아무 지장이 없는데, 막히면 그냥 뚫고 나가려고 애쓰니까 막히는 거지.' 하고 흉을 봅니다. 흙은 흙대로 자기처럼 살라고 합니다. 아무리 파 재끼고 아무리 마구잡이로 해도 이렇다 저렇다, 왜 파느냐, 아프다 어떻다는 말 한 마디 없어요. 뭐, 뒤집건 메꾸건 짓밟건 말입니다. 마음은 체가 없습니다. 마음은 체가 없어서 개나 고양이나 풀 이파리나 꽃이나 나무나 물이나 어떠한 거든지 둘 아니게 통할 수 있습니다. 또 우리가 모습이 보이지 않으면 귀신이라고 그러죠? 귀신이라고 그러지 말고 그냥 혼백이라고 해도 좋고 영령들이라고 해도 좋아요. 모지락스럽게 귀신이라고 이름을 붙일 필요가 없어요, 우리도 귀신이니까요.

그래서 모든 것이 나 아님이 없고 내 자식 아님이 없고, 내 부모 아님이 없고 내 아픔 아님이 없습니다. 바로 그렇게 둘로 보지 않는다면 서로 말도 할 수 있습니다. 서로 말이 통해요. 개가 서로 반갑다고 그러는 게 우리에게는 싸우는 거같이 보이겠죠? 그건 결혼한 지 얼마 안 된 부부가 들에 나가면 서로 장난하고 그러는 거와 똑같은 겁니다. 서로 사랑하는 소리인데도 다른 사람이 볼 땐 싸우는 걸로 봅니다.

모두를 나같이 알고, 즉 여러분같이 알고 감사히 생각하라. 그 은혜를 생각하라. 국왕의 은혜도 알아야 하고 국민의 은혜도 알아야 하고, 부모의 은혜도 알아야 하고 형제의 은혜도 알아야 하고, 사장(師長)의 은혜도 알아야 하고 모든 은혜를 알아야 하는데, 더불어 같이 살기 때문입니다. 혼자 살 수는 없죠. 혼자 산다면 옷도 입지 말아야 하고 먹을 것도 먹지 말아야 하고 뭐, 땅도 딛지 말아야 하고 이러니까 말입니다. 그래서 우주 만유를 창조해 나가는 인연의 필연적인 법칙이라고 합니다.

저는 이제 그만 말할까요? 여러분이 질문하시길 바랍니다. 질문이라는 게 특별한 것이 아니라 생활 속에서 살다가 의문나는 것을 말씀하시라 이겁니다. 부처님 법이라는 게 높은 것도 아니고 아주 얕은 것도 아니고, 우리 평상시에 사는 것이 부처님 법입니다. 모두 도를 통했습니까? 하하하…. 질문하실 분들 없어요?

우리는 마음을 떠나서는 어떤 것도 할 수가 없습니다. 마음을 떠나서는 말입니다. 모두가, 천문학도 지리학도 의학도 과학도 마음 떠나서는 할 수가 없는 겁니다. 그렇기 때문에 선지식들이 말씀하시기를 "네 마음을 구하려면 진실해야 하고 너 아닌 너와 너가 항상 자문자답하면서, 잘못된 거면 다스리면서 나가야 하느니라." 하셨습니다. 항상 그냥 자나깨나 끊어지지 않는 겁니다, 본래. 본래 끊어지는 게 어딨습니까? 자도 자는 게 아니요 깨도 깨는 게 아니요 그대로 움죽거리는 겁니다. 아니, 자다가는 움죽거리지 않습니까? 몸뚱이는 재워 놓고 자기가 나가서 온통 돌아다니고 이 야단들을 하는데 어떻게 움죽거리지 않는다고 할 수 있습니까. 그러니 여러분이 배낭을 짊어진 채 한 철 사는 건데 뭐가 그렇게 응어리가 지고 뭐가 그렇게 억하심정이 있고 애틋하고 그 가슴에 멍이 들고 그럽니까. 그런 걸 다 푸시고 모든 거를 거기다 맡겨 놓으십시오.

여기 와서 내가 전에도 말했지만, 오신통이라는 자체가 이런 겁니다. 과거로부터 어떻게 왔나를 아는 것이 숙명통입니다. 또 심안으로 보는 것이 천안통입니다. 또 가고 옴이 없이 듣고 무전통신 하는 것이 바로 천이통입니다. 또 가고 옴이 없이 가고 오는 것을 신족통이라고 합니다. 그리고 남의 마음을 아는 것이 바로 타심통입니다. 아무리 이 다섯 가지를 다 안다 하더라도 그건 도가 아니라고 했습니다.

왼 줄 아십니까? 알고 보고 듣고 아무리 가고 오고 한다 하더라도 내가 (물컵을 들어 보이시며) 이 물컵을 남한테 줘서 먹일 수 있고 내가 먹을 수도 있어야만이 도라고 하는 것입니다. 보고 먹지 못하는 거, 무슨 소용 있습니까? 듣고 보고 먹지 못하는 거, 무슨 소용 있습니까? 그래서 오신통에서 벗어나서, 그 통에서 벗어나서 그거를 굴릴 줄 아는 누진이 돼야 된다는 얘깁니다. 그런데 그저 조금 보이기만 했다, 좀 들리기만 했다, 좀 이랬다고 하면 이건 장땡이다, 내가 오신통을 한다, 뭘 한다, 이 짓들을 하거든요. 이거는 잘못하면 마구니가 되는 겁니다. 그래서 수많은 사람에게 해를 입힙니다. 그러니까 사기를 치는 사람도 그렇고 사기를 당하는 사람도 그렇고 다 똑같은 사람이기 때문에 그렇다는 겁니다.

그렇기 때문에 정신이라고 하는데, 정신이 있으니까 바로 정심이 있죠. 또 자성신이라고 하고 자성불이라고 합니다. 불이라는 것은 영원한 생명의 근본입니다. 이 세상만사 생명 없는 게 없는 것을 외국에서는 바로 블랙홀이라고 하고 한국에서는 불바퀴라고 합니다. 그거는 평등공법을 말하는 겁니다. 그리고 수레공법이라는 것은 법입니다. 돌아가는 그것을, 작용하는 법을 말합니다. 활궁법이라고 하는 것이 평등법입니다. 또 법이라는 자체가 이 세상의 모든 사람들이 마음을 내고 돌아가는 걸 말하죠. 중심 없는 법은 없으니까요. 그래서 이 법을 바로 도권법이라고 하죠. 그런데 이 모두가 따로 있는 것이 아니죠. 우리가 불법승 삼보에 귀의한다고 하는데 자기한테 자기가 귀의하는 거예요. 그런데 한 얼굴에 듣는 거 따로 있고 보는 거 따로 있고 맛을 아는 거 따로 있습니까? 이름은 귀다, 눈이다, 입이다, 코다, 다 따로 있지마는 한 얼굴에 있습니다. 그리고 동시에 나갑니다. 가서 싸우는 것을 보면 누가 잘못하고 잘하는지 판단이 아주 그 자리에서 나옵니다.

그렇듯이 자꾸 이름을 찾고 구하려고 하지 말고 그 이름 속의 뜻을 새겨야 합니다. 우리는 그것을 알기 위해서 무조건 몸속에 있는 수십억 마리의 의식을 한데 합쳐서 한마음으로 다스려야죠. 한마음으로 뭉쳐서 그걸 중심으로 세운 게 주인공입니다. 그러니 여러분이 주인공을 믿지 않는다고 해 봐야 여러분이 여러분을 믿지 않는 건데 그걸 누구한테다 한가를 합니까? 어쩔 수가 없는 거죠. 자기를 끌고 다니는 자기 주인을 안 믿는데 어떡합니까? 할 수 없는 거지요. 그러니까 인연 없는 중생은 어찌할 수 없다는 얘기가 나온 거죠. 그러니까 타의에서 구하는 것은 절대로 금하는 겁니다.

외국에도 가 보니까, 지금 미국에서도 대학가에서 교수들이 정신계를 얼마나 집요하게 추구하는지 모릅니다. 과학 따로 생활 따로 있는 줄 알았더니 그게 아니더라는 거를 알았다는 겁니다. 그리고 종교를 제가끔들 가지고 내 종교니 네 종교니 하는 거예요. 그래서 내가 그걸 비유해서 그랬어요. "케네디 대통령 묘지에 가니까 항상, 자나깨나 불봉에 불이 일어나더라. 그건 무엇을 상징하려고 해 놨느냐. 우리 생명의 근본은 죽는 것도 아니고 사는 것도 아니고 그냥 언어가 붙지 않는 자리다. 그냥 불바퀴다. 그냥…." 그런데 이 지구라는 독 속에서 내 종교 네 종교 하고 찾는다면, 즉 말하자면 진드기들이 이건 내 집 이건 네 집, 이런다면 얼마나 우스꽝스럽겠습니까. 알고 보면 우리도 지구에 붙어서 사는 진드기나 한가지예요.

그러면서도 내가 제일이라고 그러는데, 내가 제일이라는 데서 고만 한마음이 되지 않는 거죠. 좀 마음을 죽이고 '내가 어떤 거 할 때 나라고 할 수 있나?' 잘못하는 사람을 본다면 '저거는 꼭 저렇게 잘못하고…, 저건 나쁜 놈이야.' 이러지 마세요. 사람이 고정되게 나쁘지만은 않습니다. 좋은 일도 합니다. 좋을 때도 있고 나쁠 때도 있고, 이게 자꾸 바뀌집니다. 고정된 게 하나도 없어요. 먹는 것도 고정된 게 없고, 듣는 것도 달하는 것도 가고 오는 것도 모두가 고정된 게 없어요. 그러니까 꼬집어서 저놈 나쁘다 할 필요가 없다 이 소립니다. 그저 모두에게 사랑을 베풀 수 있는 그런 뜻을 가져야만이 무주상 보시가 되고 공덕이 되죠. 물질을 줘도 못 먹는 걸 줘서는 아니 되죠. 못 먹는 것은 씻어서 우리가 먹더라도 먹을 수 있는 거를 남을 줘야죠. 뒤에 대가를 받으려고 하지 말고 조건 없이 모두 보시를 한다면 그게 공덕입니다. 그게 무주상이구요.

그리고 나는 그렇게 말합니다. 천도재를 하더라도 부모를 원망하면서 '왜 우리 조상이 우리 집안을 이렇게 만들어 놨나.' 하는 생각이 있으면 아예 천도재를 하지 말라고 그럽니다. 평상시에도 부모는 자식을 무조건 사랑한다고 그랬죠? 그저 자식들 잘되게 하는 것이 나한테 복이다 하고요. 그런데 어떻게 부모가 자식을 잘못되게 하겠습니까? 만약에 부모가 몰라서, 잘되는 것인 줄 알고 구덩이로 끌고 가는 것은 있을 수 있을지언정…. 알아들으시겠습니까? 부모가 자식들하고 한번 살아 보겠다고 끌고 가다 보니까 구덩이에 빠질 수도 있습니다. 그거는 몰라서 그런 거지 자식을 일부러 구덩이에다 빠뜨리려고 해서 그런 건 아니지 않습니까? 그것도 자비다 이겁니다.

그러니까 내가 부탁하는 것은 가정에 어떠한 일이 있더라도 조상의 탓을 하지 말고 누구 원망도 하지 말고 '내가 없었더라면 이 모든 부딪침이 없었을 텐데, 내가 없었더라면 부모도 없고 형제도 없었을 텐데 내가 있으니까 바로 상대가 있었던 거 아닌가.' 하고 내 탓으로 돌리라는 겁니다. 내가 아무리 잘했다 하더라도 말입니다. 모든 거를 내 탓으로 돌리고 감사하게 생각한다면 그 상대방의 마음에도 환하게 불이 들어와서 내 의견대로 따라 주게 돼 있어요. 내 한마음 주인공에다 모든 거를 놓고, 자식이나 부모가 아팠을 때도 '주인공, 당신만이 우리 어머니 우리 동생 뭐, 누구든 낫게 할 수 있어. 당신만이 낫게 할 수 있어.' 이렇게 한다면 그게 가설이 돼 있으니 불이 들어올 거 아닙니까? 벌써 이 줄과 줄이, 전자와 전자가 한데 합쳐져야 불이 들어오고 에너지가 나오죠? 그렇게 무심의 줄이 거기까지 가설이 돼 있기 때문에 한생각을 그렇게 할 때 그쪽도 불이 들어와요. 그래서 나을 수 있어요. 정히 따라 주지 않는다면 그렇게 해야죠. 따라 주면 더욱 좋고요.

모두가 이 귀한 도리를 모르고 교리를 좇아서 가거나 학설로 가거나, 이게 옳다는 둥 이게 정법이라는 둥 이게 사법이라는 둥 이렇게 논란을 하게 되면 선(禪)에서는 아예 팔만 사천 리로 멀어집니다. 여러분이 몸이 있고 이런 인연이 있을 때, 이 배낭을 짊어지고 한 철 날 때 정신 바짝 차리고 이 공부를 하지 않는다면 몸을 벗고 죽었을 때 내 몸뚱이가 그대로 있는 줄 알고 집안으로 돌아다니거나, 그 뜻을 모르고 보질 못하고 듣지 못하고 의식만 있으니까 모든 게 부작연하죠. 그렇기 때문에 짐승이 잠자리를 하는데도 짐승인지도 모르고, 또는 새가 그래도 모르고 그 속에 들어가는 거죠. 그렇게 해서 모습을 가지고 나오면 그 행동을 해야지 어쩔 수가 없는 거지요. 그러니까 천방지축이죠. 귀머거리 장님이 천방지축으로 돌아다니듯 하면서 다시 탄생이 될 때에 그 모습을 가지고 나온다면 또다시 인간 되기가 상당히 어렵습니다.

그래서 우리 불가에서 '아제 아제 바라아제' 하죠? 또 기독교에서는 '요단강 건너가 만나리' 그러죠? 이것이 다, 살아생전에 내 몸이 공했다는 이 도리를 몰랐으니까 죽어서도 모르기 때문에 그렇게 하는 겁니다. 그래서 강을 건너가야 할 텐데 물에 빠져 죽을까 봐 못 건너가는 겁니다. 그러니 백 년이고 오백 년이고 배 올 때를 기다리고 서성거리는 영혼들이 있습니다. 타 죽을까 봐 불바퀴를 넘지 못하고요. 그리고 내 몸 안의 업식이 잔뜩 나와서 그림자처럼 쫓아다니니까 또 그것도 넘어설 수 없고요.

그래서 이러한 것을 부처님께서는 네 여자로 비유를 해서 설법을 하셨습니다. 근근득생 내외가 살다가 어떻게 어떻게 먹고 살 만하니까 첩을 턱 얻었지 않습니까? 이 이야기는 아마 잘 아실 겁니다. 아시더라도 한 번 더 들어 보세요. 첩을 얻어 가지고 아주 죽자사자 하더니 또 둘째 첩을 털컥 얻었지 뭡니까. 또 죽자사자 하더니만 또 셋째 첩을 얻어 가지고도 그렇게 죽자사자 하더니 어느 날 죽어 버린 겁니다. 이것은 부처님께서 비유를 하신 것입니다. 그러니 어떻게 됐겠습니까?

셋째 첩은 남편이 죽어서 나가는데도 방문 안에서 나가 보지도 않는 겁니다. 둘째 첩은 대문 안에서 나가 보지도 않고요. 첫째 첩은 그냥 동구 바깥에서 인사하고는 그만인 겁니다. 그런데 큰마누라는 산소에까지 쫓아가서 울고 있습니다. 그것이 무엇을 뜻하느냐 하면 셋째 첩은 금은보화를 말합니다. 금은보화가 바깥에 나가는 것 봤습니까? 둘째 첩은 큰 집을 말하는 겁니다. 집이 대문 바깥에까지 나가서 인사합니까? 첫째 첩은 자식이나 부부나 친구들이나 이런 사람들이죠. 그 사람들은 동구 바깥에까지 나가서 배웅하고 돌아설 뿐이죠. 그리고 큰마누라는 업식이란 말입니다. 항상 습에 의해서 돌아가는 우리의 업식 말입니다. 이거는 그저 잘하든 못하든 그림자처럼 쫓아다니는 거예요. 그러니 그 업식을 벗어나야 될 텐데 그게 쫓아다니니 어떡합니까. 내가 잘되려고 '뭘 좀 해 볼까' 하고 어떻게 시작을 하면 아, 요게 핀트가 맞질 않아요. 모두 잘못돼 돌아가고 있을 때가 많단 말이에요. 그게 바로 업식이 쫓아다니기 때문입니다. 눈이 밝지 못하고 귀가 뜨이지 못하고 이러는 것도 업식이 가로막아서 그렇습니다.

그러니까 업식을 벗어나야 허공을 훨훨 날고, 그냥 만공에 꽃이 필 텐데 말입니다. '내가 이놈의 집 아니면 못 사나.' 그러고선 이혼을 하고 다른 데로 가 봤던들 그 업식이 또 그림자처럼 쫓아오죠. 먼저 가 있어요. 하하하…. 사람보다 먼저 가 있단 말입니다, 벌써. 그러니 바로 나한테, 모든 것이 각자 자기로부터 있는 거지요. 자기 마음의 차원과 업식의 문제거든요. 그런 것이니 딴 사람들을 원망하거나 딴 사람들에게 해롭게 마음을 쓰거나 이렇게 하지 마세요.

언젠가 한번 얘기했지만…, 여긴 도인들만 계셔서 질문을 안 하시니까 어쩔 수 없이 한마디만 더 하고 끝내겠습니다. 하하하…. 어느 집에 남편이 술만 먹고 들어오기만 하면 그냥 마누라를 복 패듯 패는 겁니다. 아무거로나 닥치는 대로 때리고 부수는 겁니다. 예전에는 뭐, 이혼을 한다 이런 것도 없고 '그 집 귀신이 돼야 된다' 이런 것밖에는 없으니까 할 수 없이 애 셋 넷을 낳도록 그렇게 살아나가는데 어느 날 스님 한 분이 오셨더랍니다.

그 스님을 붙들고 사연을 얘기했습니다. 밥 한 그릇을 시주하면서 "우리 남편이 이러니 제가 도저히 살 수가 없습니다. 몸에 먹물을 갈아 부은 듯이 멍이 들고 인제는 도저히 배겨낼 수가 없습니다." 하고 붙들고 우니까 스님이 "여보시오, 당신은 예전에 마부였고 당신 남편은 바로 당나귀였소. 그래서 그 당나귀를 끄는데 얼마나 모질게 때렸는지 너무너무 그 당나귀가 고통스러웠기 때문에 아주 애원해서 당신 남편으로 태어났소." 그러면서 하는 소리가 "얇은 돗자리를 좌악 말아서 매가지고 손쉽게 그걸 들고 때리게끔, 그 돗자리 올의 숫자대로 수효가 많으니까 그냥 그걸 붙들고 때리게끔 찾기 쉬운 데 놔두라." 그러더랍니다. 그러면 그 업이 다 무너질 테니까 그렇게 하라고 하더랍니다.

그래서 다른 건 다 치우고 그것만 놔두었는데 이 사람이 들어오더니만 뭐 다짜고짜 그걸 잡고는 그냥 복 패듯 하는 겁니다. 그러니 한 번만 때려도 벌써 그 오락지가 몇 개입니까? 그 돗자리 올이 말입니다. 그러니까 '한 번 때리는 데 천 대요.' 하는 겁니다. 한 번 때리면 천 대가 없어져요. 그래서 한 번 때리는 데 천 대씩 면하고는 한 사나흘 그렇게 때리더니 나중에는 들어오더니만 "당신을 내가 왜 그렇게 때렸지?" 이러더랍니다. "당신을 왜 그렇게 때렸지? 나도 몰라, 내가 미쳤나 봐." 이러면서 그날부터 "아유, 이거 인제 보니까 당신 몸이 성한 데가 하나도 없구먼." 이러면서 나가더니 약을 지어다가 달여서 주고 이렇게 다복하게 살더랍니다.

그러니 내가 한 일은 내가 꼭 받게 돼 있습니다. 천당 지옥을 딴 데 가서 찾지 마세요. 내가 여기 이 세상에서 살면서 천당 지옥을 바로 보실 수 있지 않습니까? 천당도 있고 지옥도 있고, 또는 생산처도 있고 멸하는 죽음의 터도 있습니다. 다 이 자리에서지 딴 데서 나오는 게 하나도 없습니다. 그러니까 여러분이 마음을 잘 쓰셔서 가정을 다복하게 이룩하는 것도, 인연에 따라서 발전시키는 것도, 창조력을 기르는 것도, 과학을 발전시키는 것도 다 부처님 법입니다. 죽어서 천당에 가라고 그렇게 가르친 게 아닙니다. 현실에서 발전하면서 인연에 따라 돌아가는 그 공한 도리를 알라고 하는 겁니다. 그러니까 남한테 나쁜 일은 씌우지 말고 조금 야속하더라도 참고, 참는 게 아니라 거기다 맡겨 놓고 '거기서 나온 거니까 거기서 해결하라.' 하고 맡겨 놓고서 그저 좋은 말로 부드럽게 해 주면 그쪽에서 반성을 하고 다시 감사함을 느끼고 나한테 회개를 하고 들어온다 이 소립니다.

그러니까 이 부처님 법이라는 것이 무슨 글자로 배우는 것도 아니요 학술로 배우는 것도 아니요 또 학식으로 배우는 것도 아닙니다. 생활에서 터득하고 나가는 자체입니다. 그리고 마음이라는 건 체가 없어서 허공을 날 수도 있고 지구를 벗어날 수도 있는 겁니다. 그러니 좀 더 넓게 생각하셔서 좀 지혜롭게 사신다면 그게 보살행이고, 그게 때로는 부처님이 됐다가 때로는 보살도 됐다가, 때로는 약사도 됐다가 지신도 됐다가 용신도 됐다가, 전부 그렇게 되는 겁니다.

그리고 또 한 가지 말할 것은, 부모들이 돌아가시면 위패를 해서 모두 갖다가 묶어 놓는데, 산 사람을 그렇게 묶어 놓으면 좋겠습니까? 네? 혼백이 있다면 좀 활보하게 놔둬야지 그렇게 묶어 놓는 게 좋겠습니까? 제사 지낼 때 위패를 해서 놓고 끝나면 소해 드려야지요. 형체가 없으면 혼백이 와서 붙질 않습니다. 그래서 위패를 해 놓는 겁니다. 그런데 위패에 이름 석 자를 써서 딱 붙여 놓고 부착을 시켜 놓곤 옴짝을 못하게 하는데 그게 자식의 도리입니까. 부처님께서 그렇게 가르치신 게 아닙니다.

또 여러분이 인등을 켠다고 하는데, 그저 등잔 요만하게 해 놓고 꼬리표를 붙여 놓곤 거기다가, 지금은 초도 안 켜고 기름도 안 켜고 전기로 켜요. 그래, 이름을 써서 거기다 놓고선 백 일 인등을 켠다는 둥 뭐 그러는데, 인등이라고 한다면 마음의 인등, 마음의 불을 말하는 겁니다. 마음의 불, 마음의 불씨 말입니다. 아니, 백일기도 드릴 때만 지구가 돌아가고 백일기도가 다 끝나면 아예 그냥 멈춰 버리나요, 네? 세상이 멈춰 버려요? 그렇기 때문에 항상 마음의 불씨를 켜고 있기 때문에, 본래 켜고 있기 때문에 꺼졌다 켜졌다 이런 언어도 붙지 않는 자리다 이러는 겁니다. 자나깨나 마음의 불씨가 항상 밝아 있으니 그걸 인등이라고 하는 겁니다. 왜냐하면, 부모는 자식의 걱정을 항상 하죠? 그렇기 때문에 거기다 믿고 맡겨 놓고 그런다면 항상 불이 밝아져요, 광명세계가 와요. 그러니까 그 광명세계를 맛을 보고 체험을 하고 가는 사람들이 수두룩합니다.

이런 것도 있죠. 자기 맛을 자기가 모르면 항상 가난합니다. 떠다 놓은 물이라는 것은 언젠가는 썩어요. 그러나 마음 골짜기에서 나오는 샘물이라면 항상 퍼 써도 줄지 않고 또 갖다 부어도 늘어나지 않는 겁니다. 그리고 항상 새 맛이 나고요. 우리가 이러한 도리를 알자고 공부하는 거지 말이나 배우고 이론이나 배우고 이러려고 하는 게 아닙니다.

부모의 은혜를 갚는 것도 그렇습니다. '아유, 나를 낳아서 이날까지 길러서 이렇게 성장시켜서 살게 해 주셨으니 감사하구나. 부모가 받든 안 받든 자식의 도리로 부모를 위해서 해 드려야지. 또 그 도리를 몰라서 부모가 업식으로 인해 떠돈다면 안 되니까 우리가 지극한 마음으로 천도를 해 드려야지.' 하고 내 성의껏 해 드린다면 모르지만 '부모 조상으로 인해서 우리가 잘못되니까 천도를 해야겠다. 부모 조상 탓이다.' 이렇게 한다면 아예 그것은 하지도 말아야지요.

여러분, 오늘은 이것으로써 마치겠습니다. 여러분이 이 마음공부라는 것은 일상생활 속에서 그대로 해 나가야 한다는 걸 아셔야 합니다. 어떤 분들은 아침에 염송을 하고 절을 하고 온통 경을 달달달달 외우고, 반야심경을 외우고 금강경을 외우고 이러지마는 어림도 없어요. 어림도 없죠. 달마 대사가 양 무제더러 한 소리를 들어 보세요, 어림이나 있나. 역대 조사들이 말씀하신 거를 가만히 생각해 보세요, 어림이나 있나. 오히려 그런 것은 과정에 지나지 않는다 이겁니다. 우리 아까 뜻으로 푼 반야심경과 천수경을 독송했지만 그게 다 설법입니다.

여기 테이프도 있으니까 마음이 산란할 때는 테이프를 틀어 놓고 가만히 들어 보세요. 어떤 때는 아무리 좋은 말이라도 듣기 싫을 때가 있어요. 그럴 땐 듣지 마시고요. 그리고 다달이 설법한 걸 책으로 묶어 놓은 게 있어요. 그것을 하루 한 장씩이라도 보시면서, 다 보면 또 되풀이해서 보시면서 자기 것을 만드세요. 그 글자가 자기를 가르치는 게 아닙니다. 그 뜻이 자기를 자꾸자꾸 지혜롭게 만드는 거죠. 그리고 물리가 터지게 해 주는 거지요. 그럼으로써 진실한, 바로 자기 아닌 자기를 구하는 소식이 당도한다 이 소립니다. 여러 부처님들, 그럼 이만 하겠습니다.

사계절 없는 마음의 봄

마산지원 법회

1992년 4월 26일

우리가 사는 세상에는 사계절이 있습니다. 그러나 우리의 마음에는 사계절 없는 마음의 봄이 와야 되겠습니다. 마음의 봄 말입니다. 사계절이 있는데 겨울이 좋은 사람은 겨울로 쫓아가고 여름이 좋은 사람은 여름으로 쫓아가고, 가을로 봄으로 사방으로 흩어져서 쫓아다니곤 있습니다. 그런데 그 마음은 근본에서 나오는 것이니까, 일체 만법이 들고 나는 그 자체에서 나오는 것이니까 그 근본 한군데에서 봄날을 맞이해야 되지 않겠습니까?

곤충에서부터 사람에 이르기까지 사생에 대한 문제가 천차만별로 돼 있는데 천차만별로 돼 있는 그 마음 자체가 사계절 없는 마음의 봄이 된다면 얼마나 자유스럽고 좋겠습니까? 여러분은 이 뜻을 알지 못하고, 과거에 수억겁을 거치며 쫓고 쫓기면서 살아온 악업 선업을 잔뜩 짊어지고 이 세상에 나서 지금 모두 살고들 계십니다. 내가 이 자리에 있으면 이 자리에 있는 거지, 과거가 따로 없고 미래가 따로 없는 것입니다. 그래서 과거는 지나갔으니까 없을 것이고 미래는 오지 않았으니까 없을 것이고 현재는 공했기 때문에 없을 것이라 이겁니다. 그러니 공한 이 자리에서 내 마음의 봄을 찾지 못한다면 인간으로서 자유스럽게 살지 못하며, 항상 얘기드리지마는 악업 선업의 업식 속에서, 고에서 벗어날 수가 없습니다.

업식이란 무엇인가? 그것은 우리가 과거로부터 수없이 행해 온 악한 일 선한 일들이 용도에 따라서 자동적으로 입력이 돼서 지금 현실에 나오는 것입니다. 그러므로 우리가 그것을 모른다면 이렇게 살다가 죽어도 그 수십억의 업식들이 화해서 내 눈 앞에, 죽은 그 혼백 앞에 그냥 줄줄이 늘어서게 되니 한 발짝도 내디딜 수가 없어요. 한 발짝도 내디딜 수가 없으니까 벗어날 길이 없죠. 그래서 업식은 그림자처럼 따라다닌다고 말하는 겁니다.

요것을 말하기 전에 시간이 좀 걸리더라도 부처님께서 네 여자로 비유해서 말씀하신 것을 이야기하겠습니다. 여러분, 아시죠? 아신다면 군더더기로 또 말할 거 없고요.

대중 모릅니다.

큰스님 어떤 남자가 마누라를 얻어서 참 근근득생 살았더랍니다. 그러다가 좀 살 만하게 되니까 첩을 하나 얻었죠. 하하하…. 아마 들으면 다 아실 겁니다. 첩을 하나 얻어서 거기에 그냥 온통 미쳐서 정신없이 끌려가다가 첩을 또 하나 덜컥 얻었어요. 그러고는 정신없이 몇 해고 가다가 또 새 첩을 얻었죠. 첩을 셋이나 얻은 겁니다. 그래서 새 첩을 얻어서 거기에 미쳐서 그냥 어쩔 줄을 모르더니 그만 어느 땐가 덜컥 죽어 버렸단 말입니다.

죽어서 셋째 첩에게 "너 같이 가자." 하니까 세상에, 방문 안에서 인사를 하곤 그냥 대척도 안 하더랍니다. 둘째 첩에게 또 가자고 하니까 아예 대문 안에서 그냥 고하고 말아 버리더랍니다. "네가 좋아서 나를 쫓아왔지 내가 좋아서 너를 쫓아다닌 게 아니지 않느냐. 그런데 내가 왜 쫓아가느냐." 하면서 안 가더랍니다. 그래서 또 첫째 첩에게 같이 가자고 그러니까 동구 바깥에서 그냥 인사를 올리고는 안 가더랍니다. 그러니 어떻게 됐겠습니까? 큰마누라는 가자고 그러니까 "아이, 죽으나 사나 가야지 그럼 어떻게 합니까?" 죽으나 사나 같이 가야지 어떡하느냐고 하더랍니다. 가장 천대받고 가장 무시당했던 마누라가 말입니다.

그런데 부처님께서 왜 그렇게 네 여자로 비유했느냐? 셋째 첩은 금은보화를 말한 겁니다. 그러니까 안방에서 나가는 일이 없죠. 둘째 첩은 집이니까 대문 안에서 나가는 법이 없죠. 또 첫째 첩은 부인이나 자식들이나 또는 사회 인사들이나 친구들이나 이런 사람들이니 동구 바깥밖에 더 나갑니까? 지금으로 치면 화장터 묘지 같은 이런 데까지 밖에는 더 나갈 수 없죠. 거기서 하직을 하죠. 그러니 죽어서 갈 때도 같이 갈 수가 없는 겁니다. 대신 해 줄 수 없는 거고 말입니다. "죽으나 사나 같이 다녀야지 어떡하느냐?" 하는 큰마누라는 바로 업식입니다. 여러분이 살아온 업식 말입니다. 그런데 그 업식마저도 벗어나야 된다는 얘깁니다.

죽으면 자기 몸까지 다 버리고 가는데도 불구하고 몇천 년 몇만 년 살 것같이 마음이 그냥 거기에만 온통 쏠려 가지고는 아우성을 떨다가 털컥 망하거나 뭐가 잘못되면 병까지 든다 이겁니다. 사람이 병까지 들어요. 그러면 그게 자기를 깎아 먹는 일이지 자기를 승화시키는 일은 아니거든요. 그 모든 게 마음의 탓이라 이겁니다. 말이 딴 데로 샜어요. 근데 정작 죽어서도 업식은 그렇게 따라다닙니다. 혼백이 죽은 몸뚱일 버리고 딱 나가 보니까 자기 살았던 대로 업식이 늘비하게 쫓아다니니 한 발짝도 떼어 놓을 수 없죠.

또 거기에서 어떡어떡하다 벗어났다고 봅시다. 그런데 '나'라는 게 있습니다. 지금 이 공부를 열심히 하시라 하는 것은 나라는 걸 빼 버려라 이겁니다. 공했다는 걸 알아라. 나라는 게 있다면 의식적으로 나를 내세우게 되고 또 그게 화해서, 죽어서 몸뚱이가 없는데도 불구하고 제 몸뚱이가 있는 줄 안단 말입니다. 그러니까 강을 건너가려고 강가를 돌면서 노력을 하는데 자기가 빠져 죽을까 봐 건너갈 수가 있나요? 그래 강가를 돌면서 배 오기를 기다리고 있다가 보니까 오백 년도 가요 천 년도 가요, 이렇게 되더라 이겁니다.

세번째는 우리가 둘 아닌 줄을 몰라요. 항상 변하고 부서지고 돌아가는 거를 모르기 때문에 이 불바퀴를 넘어서지 못하는 거예요. 즉 말하자면 내가 둘이 아닌 줄 알고 둘이 아니게 나투는 줄 안다면 그냥 불바퀴가 돼 버릴 텐데, 불바퀴에 닿으면 타 죽는 줄 알고는 거기에 접근을 못한단 말입니다. 그러니 중생을 면치 못한다 이 소립니다. 이 세상만사가 다 조그만 불바퀴가 있는가 하면 큰 불바퀴가 있어서 함께 돌아갑니다. 우리네 이 몸을 혹성이라고 가정하면 그 혹성 가운데에 별성이 있고 별성 가운데에 그 뜻이 있고 바로 의식적인 마음들이 있어요. 그 마음들이 일체를 들이고 냄에 있어서 광력 전력 통신력 자력을 충만히 엮어 나가면서 내면세계의 인연의 줄을 타고 그냥 돌아가는데, 이걸 모르니까 깜깜하게 막히는 거예요. 그러니 무(無)의 세계, 보이지 않는 정신세계 50%를 깜깜하게 모르는 거예요.

그러니 유(有)의 세계, 물질세계만 가지고 그냥 허우적거리다가, 그냥 누가 아름답다고 칭찬하는 바도 없는데, 누구한테 칭찬받을 줄도 모르고, 또 감사할 줄도 모르고 그저 자기가 먹고 살 양으로만 애쓰다가 그냥 쓰러지는 거죠. 그래서 옛날에 부처님께서도 그러셨어요. "먹고만 살려고 하는 자는 돼지와 같으니라. 돼지에게 옥을 준들 옥을 알랴." 사람이 살 양으로 먹나, 또 먹을 양으로 사나? 이것을 한번 생각해 볼 점도 있지 않아요?

생명의 근본이라 한다면 우리 인간의 생명, 근본만이 아니라 일체 만물만생이 다 생명이 있습니다. 생명이 있는 고로 작은 거나 큰 거나 생명은 다 같습니다. 이것을 만날 전력으로 비유하는데, 전력이 크고 작은 게 어디 있겠습니까? 전구에 불이 들어오면 여러분은 모두 그 불 들어오는 것만 봤지 전력이 들어오고 나가는 것은 못 보시죠? 그리고 아주 커다란 모터가 돌아가는 것만 봤지 전력이 그렇게 많이 들어와서 오고 가는 사이 없이 오고 간다는 사실은 까맣게 모르는 겁니다. 모르니까 우리가 자유스럽게 살 수가 없는 거죠. 즉 말하자면 우주 만유가 다 인연에 따라서 필연적으로 돌아가고 있습니다. 인연의 법칙, 바로 인연의 줄이, 줄이 없으면서도 있죠. 그렇게 전력이 들어오는 것도 모르고 나가는 것도 모르지만 전구에 불이 들어와 있듯이, 인연의 줄도 그렇습니다. 이거를 불가에서는 법계라고 합니다.

그런데 인연줄을 '가설'이라고 해도 좋습니다. 모두가 가설이 돼서 재깍 불이 들어왔다가 재깍 나가고, 재깍 들어왔다가 재깍 나가고 하는 이것이 바로 나툼입니다. 이렇게 들어오고 나감에 있어서, 우리가 사는 데는 불을 켜려면 붙여야 되고 불을 끄려면 떼야 하는 작용을 여전히 하면서 돌아갑니다. 그런데 인등이라고 하는 이 마음의 불은 영원한 겁니다. 불이 꺼졌다 켜졌다 하는 언어도 붙지 않는 자리다 이 소립니다. 그거는 우리 몸뚱이가 있든 없어지든 영원한 겁니다.

왜 영원하다고 하느냐. 이건 말로 해서 되는 일이 아닌데, 말로 해서 여러분이 이해를 할는지 모르겠습니다마는 잘 들으시기 바랍니다. 우리가 몸을 벗고 죽으면, 늙어서 죽었든 젊어서 죽었든 아주 애적에 죽었든, 죽으면 탈바가지만 없어지는 거지 그 사람 자체 근본은 죽는 게 아닙니다. 그것은 또다시, 즉 구름이 모여서 한 식구로 살았다면, 흩어졌다가 또 딴 구름하고 모이듯이 딴 집 가서 또 태어납니다. 자기가 지은 대로, 깡통이면 깡통 집안에 태어날 거고 금이면 금 집안에 태어날 겁니다. 콩 심은 데 콩 나고 팥 심은 데 팥 나듯이 말입니다. 이렇게 각처로 나누어져서 돌아가면서 또다시 태어납니다. 자식들도 태어나서 같이 살다 보면 응그랑 응그랑 하고 소리가 나는데, 깡통끼리 만났기 때문에 소리가 나는 겁니다. 그러니까 누구 탓을 하지 마시라 이런 소립니다. 여기에서 벗어나려면, 모든 것에서 벗어나려면 자동적으로 입력이 돼서 자꾸 나오는 데다가 되입력을 해야 합니다. 그래야

다 없어지니까요.

그러니까 모든 것은 거기다가 맡겨 놓고 살림을 하시는 게 좋다 이겁니다. 남편이든 부인이든 형제든 자식이든 부모지간이든 병고 아니면 애고, 애고 아니면 재난 이런 문제들이 너무도 많기 때문입니다. 내가 항상 얘기하죠. 유전성이나 영계성이나 업보성이나 세균성이나 이런 문제들이 모두 덮치고 있기 때문에, 여러분 몸 안에 있기 때문에 그냥 그냥 때때로 심심하면 나오는 겁니다. 돈을 조금 벌어서 모일 만하면 '너 고렇게 모였구나.' 하고 탁 쳐 버리고 탁 쳐 버리고, 또 웬만큼 벌어서 살 만하다 그러면 그냥 반을 착 없애 버리고는 병들게 하거나 이렇게 일을 마련한단 말입니다. 그것이 어디서 오느냐 하면 자기한테서 오는 거거든요.

자기한테서 오는데, 이걸 잘 이해해서 들어야 합니다. 가게에 가면 배는 배들끼리 모아 놨죠? 그래서 한 가족이 모두 똑같은 배라면 누구 탓을 할 게 하나도 없죠. 하하하! 전체가 똑같은 배이기 때문입니다. 그러니까 부처님께서는 그걸 뜻으로 "콩 심은 데 콩 나고 팥 심은 데 팥 나느니라. 모든 사람들은 그렇게 끼리끼리 만나느니라. 이 세상 돌아가는 것도 끼리끼리 만남에 의해서 돌아가느니라." 하고 말씀하신 것입니다. 그러니 누구 탓을 하겠습니까. 부인 탓을 하겠습니까, 남편 탓을 하겠습니까, 자식 탓을 하겠습니까. 모든 걸 탓하지 말고 제가끔 생각하는 대로 제가끔 자기 탓으로 돌려라 이거예요. 그래야만 거기에서 그냥 홀랑 벗어난다 이겁니다. '화목을 가져오는 것도 너밖에 없다. 나를 이끌어 가는 것도 너밖에 없다. 나를 낫게 해 주는 것도 너밖에 없다. 이렇게 고통스런 고가 너한테서 나온 거니까 너한테서 없애고 네가 이끌어 줘야지 딴 데서는 이끌 수가 없다.' 이렇게 되놓는 작업을 수없이 해야 한단 말입니다. 내가 실험을 해서 거기다 놓고 착 지켜보면 자기도 모르는 사이에 풀어져요. 자기도 모르는 사이에 나아요. 자기도 모르는 사이에 좀 완화가 돼요. 마음이 편안해져요. 또 자기도 모르는 사이에 애들이 좀더 유하게 되고 그렇게 일을 저지르지를 않아요. 이렇게 가다 보니까 체험을 하게 되는 거죠. 자기가 자꾸자꾸 체험을 하게 되는데 그것이 바로 자기가 자기를 키우는 거죠.

그래서 옛날부터 이런 말이 있죠. "대나무 방구씨를 심어서 대나무 귀신 방구털을 먹여서 키운다. 그런데 그 방구털을 더 먹여도 안 되고 덜 먹여도 안 되느니라." 허허허, 이게 무슨 소리냐 하면 나한테 닥치는 대로, 가는 거 잡을 필요도 없고 오는 거 마다할 필요도 없고 오는 대로 그냥 그 중심에 놔라 이겁니다. 놓고 가라. '거기서만이 모든 것을 들이고 내는 거니까, 모든 건 네놈한테서 나온 거니까 네놈이 다 알아서 할 게 아닌가! 네놈이 이끌어 줄 거고 네놈이 다 할 거고. 이 몸도 네 시자니까, 네 종이니까 네가 건강하게 해서 이끌고 다니려면 이끌고 다니고, 네가 죽이려면 죽이고 마음대로 해라.' 하고 왈칵 그냥 다 놔 버리는 거죠.

마음을 이렇게 돌려서 굴려 놓는 자체가 팔수레공법이란 말입니다. 바로 사무 사유, 이것이 팔입니다. 모두를 본다면 하나하나가 그냥 거저 이렇게 된 게 없어요. 수억겁을 거쳐 오면서 여러분이 다 지어 놓은 거지 다른 게 아니에요. 그러니 우리가 생각할 때는 그냥그냥 살아가는 거 같지만 지금 살아나가는 게 끌려가고 매달려 가는 셈입니다.

그러니 모두 마음들을 잘 실험을 해서 체험을 하도록 하세요. 여기 사시는 마산 분들이 열심히 해서 마산을 아주 풍요롭게 하고 내 가정을 풍요롭게 하고 내 나라를 풍요롭게 하세요. 내 나라를 풍요롭게 하려면 세계를 풍요롭게 할 줄 알아야죠? 그런데다가 또 수없이 인연따라서 아는 사람을 만나고 불쌍한 사람을 만나고 불쌍한 짐승을 만나고 이럴 때 한생각에 다 건질 수 있어야 합니다. 이 마음이라는 것을 바다로 비유해 보죠. 바다에 몇 양동이 물을 갖다 붓는다고 두드러집니까? 두드러지지 않죠? 또 몇 양동이를 퍼낸다고 줍니까? 안 줄죠? 고거와 같다 이겁니다. 내 마음속에 불쌍한 사람들을 수없이 집어넣어도 두드러지지 않으니 무명을 벗겨 줄 수 있는 그런 마음가짐으로, 조건없이 사랑할 수 있는 그 마음을 가지고 거기다가 맡겨 놓는다면, 넣어도 두드러지지 않고 꺼내도 줄지 않는 바로 평등공법, 활궁공법이 그냥 수없이 자동적으로 솔솔 나오게끔 돼 있습니다. 사과 하나 떨어지는 걸 보고도 중력에 대해서 캐치를 했다고 합니다마는 사람들이 발전하는 것도 생각하기에 달렸다 이겁니다. 또 생각을 잘해서 발전하는 것도 인연에 의해서, 상대방에 의해서 발전이 되는 겁니다. 그냥 자기 홀로 발전이 되는 게 아닙니다.

모두가 차원대로 높은 것입니다. '차원대로 높은 것이다' 하는 거는 낮고 높고가 없다는 겁니다. 농사짓는 사람은 농사짓는 대로 높고 공업 하는 사람은 공업 하는 사람대로 높습니다. 고거 두 마디만 해도 아시겠지요? 상업 하는 사람은 상업 하는 대로 높고요. 왜? 이거 하는 사람에게 저거 하라면 못하고 저거 하는 사람에게 이거 하라면 못하니까 말입니다. 그러니까 어느 종교든 낮고 높은 게 없이 생각하라 이겁니다. 사대 성인들도 다 내 주인공으로 생각하라 이겁니다.

그러니까 불(佛)이라는 단어는 최상의 단어입니다. 이것은 진리를 일컫는 단어입니다. 풀 한 포기도 생명이 있고 어느 거 하나도 생명이 없는 게 없습니다. 생명이 있는 것은 불입니다. 생명이 있는 것은 불이되, 죽은 세상이나 산 세상, 보이지 않는 데나 보이는 데나 모두 서로가 통하는데, 서로가 이렇게 통해서 돌아가는 자체가 바로 교(敎)입니다. 그러니까 불교가 어느 종교에 국한돼 있는 게 아니고 끝간 데 없이 돌아가는 이 진리 자체가, 시공을 초월해서 돌아가는 자체가 바로 불교다 이겁니다.

'마음공부 하는 사람들은 가정에서나 사회에 나가서나 남을 원망하지 말고 남을 증오하지 말라. 칼을 들고 강도질을 하러 들어왔더라도 남을 증오하지 말라.' 하는 겁니다. 모든 거를 내 주인공에다 맡기고 '저 사람과 나와 둘이 아닌데 나쁜 일을 할 수가 있나?' 하고 생각을 하면 그대로 칼을 떨어뜨릴 수 있습니다. 그런 일들도 많이 있었다 합니다. 어느 청년이 길을 가다가 깡패들을 만났는데 돈 내놓으라고 칼을 들고 하도 야단을 하니까 자기도 모르는 사이에 '주인공! 모두가 둘이 아닌데 왜 이런 일이 일어납니까?' 하고 그냥 급하니까 거기다 맡겼답니다. 급한 나머지 막 그냥 주인공도 부르고 스님도 부르고 그랬던 모양입니다. 그러니까 그 청년 셋이서 "에이! 이놈 봐 봤자 시간만 낭비해!" 그러곤 가더랍니다. 이게 우연이 아닙니다. 우연이라고 생각하는 것도 그 사람의 생각일 뿐이지요. 그러니까 우리가 이것을 잘 이끌어 나갈 수 있는 자력을 기르는 그러한 사람이 되어야 하고 창조력을 길러야 되고 창조를 해내야 되겠죠. 이건 인연의 법칙에 의해서 필연적입니다.

어느 사람이 속세를 떠나서 혼자 산속에 들어가서 공부한다 하니까 "너 다 버리고 간다면 먹지도 말아야 하고 입지도 말아야지. 또 참선을 한다는데 앉았다 일어나면 선이 끊어지니까 앉았으면 일어나지도 말아야 하고 오줌도 누지 말고 똥도 누지 말아야 하지 않느냐?" 하니까 이 소리를 듣고선 깨쳤다고 합니다. 그러니까 우리가 생활하고 이러는 모두가 그대로 참선입니다. 하나도 참선 아닌 게 없습니다. 쪼그맣다고 깔보고 또 우습게 생각하고 이러지 마십시오.

그리고 옛날에도 망상과 졸음을 쫓기 위해서 턱에다 칼을 대고 그랬다 합니다. 그런데 내 생각은 조금 다릅니다. 잠이 오는 것도 근본에서 나오는 거, 망상도 근본에서 나오는 거니 모두 근본에 돌려놓으면 근본에서 잠을 덜 자게 할 수도 있고 더 자게 할 수도 있는 거란 말입니다. 망상이라는 거는 수십억 마리의 업식에서 나오는 거니까 자기가 목석이 아닌 이상에야 생각이 있는 거지요. 목석입니까, 생각이 없게? 있는 대로 그냥 자꾸 거푸거푸 꼬리에 꼬리를 물고 나오는데 나오는 대로 거기다 맡겨 놓고 '이것도 거기서 나오는 거니까' 하고선 놓게 되면 졸음과 망상 때문에 공부 못하지는 않습니다. 자는 것도 참선이요, 일어나 앉은 것도 참선이요, 선 것도 참선이요, 일하는 것도 참선이요, 모두가 참선 아닌 게 없으니 아니, 어떤 거를 놓고 어떤 거를 안 놓고 어떤 거를 끊고 어떤 거를 끊지 않고가 어딨습니까? 그걸 송두리째 집어삼켜 버린다면 어떻게 되겠습니까?

시간과 공간을 초월해서 돌아가는 이 마음은 체가 없으니 우리가 탑을 쌓으려 해도 한순간에 쌓을 수가 있고 봉우리를 올려놓으려 해도 한순간에 올려놓을 수가 있는 것입니다. 점수다 돈오다 할 게 없습니다. 모두가 그냥 둘이 아닌 까닭에 앉았다 서는 것도 참선입니다. '아이구! 내가 이렇게 답답해서 쓰겠나. 이렇게 공부가 안돼서 쓰겠나.' 하는 생각조차도 거기서 나오는 거니까 거기다 놔라 이겁니다. 모든 걸 다요. 잘되는 건 감사하게 놓고 안되는 건 돌려서 놓고요. 비행기 프로펠러 돌아가듯 그렇게 시간과 공간을 초월해서 돌아가는데 어떤 걸 내가 하고 어떤 걸 끊고 이런 게 있겠습니까? 지금 우리가 본래는 놓고 갑니다. 여러분이 본래는 놓고 가는데 마음으로 놓고 가질 못해서 고만 그렇게 업이 되죠.

생각이라는 게 너무나 엄청난 것이라 여러분이 스스로 그것을 알았으면 합니다. 내가 말을 해 줘서 되는 게 아니니까 말입니다. 사람의 사량으로서는 도저히 안되는 것이라 할지라도 한생각에 작용을 할 수 있다 이겁니다. 저 태양의 근본에 의해서 은하계로 연결이 되고, 또 지구로 연결이 되고 대천세계 중천세계 소천세계에 다 연결이 돼서, 이름만 대천세계 중천세계 소천세계라고 하지 같이 돌아갑니다. 비유를 한다면 여러분 생명의 근본이 있죠? 또 마음을 내는 마음, 육신이 움죽거리는 것 이렇게 세 가지가 한데 합쳐서 있지 따로따로 떨어져 있는 게 아니죠? 그래서 그와 같이 삼위일체로 돌아간다 이 말입니다. 작으면 작은 대로 크면 큰 대로 모든 게 다 그렇습니다. 대천세계와 중천세계 소천세계가 다 같이 그렇게 돌아가죠. 그런데 그 대천세계 도리천도 한생각에 들었다 놨다 할 수가 있다, 작용을 할 수 있다 이겁니다.

여러분이 이 멋진 묘법을 모르고 육신을 그냥 버린다면 참 원통할 거예요. 원통할 거예요. 정말입니다! 원통하고 말고요! 남 날 때 나서 코 달리고 눈 달리고 귀 달리고 부족한 것이 없는데도 이 도리를 모른다면 그냥 그 억울함을 어떻게 할 겁니까? 세상에! 먹고 사는 게 문제가 아니에요. 한 철 캠핑하러 나왔다 가는 거나 마찬가지니까요. 한 철 캠핑하러 나왔는데 그 사이에 이 도리를 알아서 세세생생 끝간데 없이 자유자재할 수 있는 자유인이 되느냐 못 되느냐 이게 문제니까요.

이렇게 말하면 아마 아리송하고 이해되지 않을 거예요. 태양도 은하계도 다 직결돼 있고 이 세상만사가 가설이 돼 있어서 그게 한생각에 작용이 될 수 있다는 얘깁니다. 태양이 새끼를 낳게 할 수도 있고 그 새끼가 어미가 될 수도 있고, 하하하…, 알을 낳을 수가 있다 이 소립니다. 태양을 팽창시킬 수도 있고 타 버리게 할 수도 있는 그 능력이 있기 때문에 또한 잘 유지하고 나갈 수가 있다 이 소리죠. 아까도 얘기했지만 그것뿐만이 아닙니다. 우리한테도 모든 게 다, 광력이나 전력 자력 통신력이 충만히 있습니다.

그래서 우리는 항상 지수화풍에 감사한 줄 알아야 합니다. 공기도 감사하고 불도 감사하고 물도 감사하고 죄 감사한 겁니다. 아침 쇳송에 '오종대은 명심불망'이라고 한 뜻이 거기에 있습니다. 그래도 국민을 이끌고 나가는 왕의 은혜를 알아라. 우리를 낳아 준 부모의 은혜를 알아라. 국민의 은혜를 알아라. 이 '국민의 은혜를 알아라' 하는 거는 모두가 서로 주고 먹고 사니까 말입니다. '사장(師長)의 은혜를 알아야 한다' 이거는 일체 만물에 대한 은혜를 알아야 한다는 겁니다. 왜냐? 물이든지 초목이든지 모든 산천초목이 '나를 보고 나같이 살아라' 하고 설법을 해 주니까 말입니다. 목신이든지 식물이든지 모두가 '날 먹고 살면서도 어떻게 생각을 잘할 수 있을까. 날 먹고 살면서도 나하고 둘이 아니라고 하겠는가?' 하고 설법을 한다 이겁니다. 말 없이 설법을 해요. '그러니까 근중한 줄 알고 아껴 먹어라.' 이러고 설법도 한다고요. '우리들을 아무렇게나 해서 그냥 막 내버리지 말고 귀중한 줄 알고 먹어라. 우리도 생명이 있는 거다.' 하고 말이에요. 흘러가는 물은 흘러가는 대로 우리한테 설법을 해 준다 이겁니다. '우리가 흘러갈 때 큰 바위가 있으면 돌아간다. 거스르지 않고 돌아간다. 근데 사람들은 그걸 뚫고 나가려고 애쓰다 보니까 모두 병들고 죽지 않느냐.' 하고 설법을 합니다. 허허허…. 그래 일체 만물이 다 설법을 해 줘요.

그러니 내 스승 아님이 어디 있으며 나 아님이 어디 있으며, 내 아픔 아님이 어디 있으며 내 형제 아님이 어디 있습니까? 내 부모 아님이 어디 있고 내 자식 아님이 어딨습니까? 수억겁 광년으로부터 흘러나오면서, 쫓고 쫓기고 진화하면서 여기 가서 태어났다 저기 가서 태어났다 이쪽 자식이 됐다 저쪽 부모가 됐다 이러는데, 그렇게 수없이 흘러나왔는데 지금 당대의 부모 자식만 부모 자식이라고 생각할 수 있겠습니까? 그러니까 남의 부모도 내 부모같이 생각해라 이런 뜻입니다. 왜냐하면 내가 그 집에서 부모 노릇을 하다가 죽어서 이쪽 자식 노릇을 하게 됐어요. 그 집에서 떠나와서 이쪽 집의 자식 노릇을 하게 됐는데, 알고 보면 이쪽의 할아버지란 말입니다. 하하하…. 그런데 모르니까, 과거니까, 자기가 살아 있을 때 벌써 과거가 돼 버리고 현실이 돼 버렸는데, 그걸 모른단 말입니다.

몰라서 그렇지마는 이것을 다 공부해서 지혜롭게 되면 그때는 하나하나 체험을 하면서 돌아갑니다. 권투를 잘하는 선수가 조그만 애들 막 주먹질하는 걸 보고 피익 웃고 섰듯이 말입니다. '아이구! 그거 뭘 저런 걸 가지고…. 에이! 그냥 말할 것도 없구나!' 하고선 그때는 말수가 적어지죠. 공부를 하다 보면 말수가 적어지고 또 욕심이 적어지고 집착이 적어지고, 높고 낮고 이런 것에 집착이 적어지고 반항이 적어지고 남을 원망하는 게 적어지고 매사 게 다 그렇게 달라집니다. 사람이 스스로 그냥 자꾸 개선이 되죠. 이렇게 해서 금이 되는 겁니다.

자기를 자기가 금으로 만드는 겁니다.

이런 것인데 누구를, 형상을 믿습니까, 이름을 믿습니까, 허공을 믿습니까? 또는 이 스님들의 고깃덩어리를 믿습니까? 아니죠? 그건 있을 수가 없어요. 그러니까 그저 세 가지가 다, 행과 말과 뜻이 똑같은 사람이라면, 진리에 벗어나지 않는 사람이라면 따르라 이겁니다. 따르라! 믿는 것은 바로 자기 한마음 주인공만 믿어라 이거죠.

악업 선업, 업식이 자기한테 잔뜩 들어 있고, 과거는 지나갔으니까, 벌써 현실에 자기가 끼고 있으니까 없는 거죠. 현실에 끼고 있으면서 미래로 자꾸 연결되게 만들지 말고 그냥 단번에 이 자리에서 해결해 버려라 이겁니다. 업식으로 나오는 모든 거를 그저 거기다가 가차없이 '네놈이 하는 거니까, 네놈한테서 해결을 할 수밖엔 없지 않느냐.' 하고 맡겨 놔요.

질문자1(여) 스님, 말씀 감사합니다. 마음공부를 할 수 있도록 이 도량을 마련한 모든 분들께 감사하면서 제가 생각했던 것을 말씀드리고자 합니다. 저는 어릴 때부터 '국민 개개인이 돈을 조금씩 모아서 한 사람을 큰 부자로 만들어 주고 두 사람, 세 사람 만들어 주고 그랬으면….' 이렇게 생각했는데 오늘 스님의 법문을 접하고 보니 '아! 이것이로구나.' 하고 느낀 바가 큽니다. 스님, 우리 국민 개개인을 마음 부자로 만들어 주시려고 이 도량을 마련해 주신 이 감사함을 뭐라고 말씀드릴지 모르겠습니다.

그리고 제가 살면서 서원을 세우기를 '나로 인해서 딴 사람의 마음이 상하지 않게끔 하고, 단 하나의 악한 일도 하지 않겠다.' 발원하면서 걸어왔는데 부족하다 보니 어떻게 딴 사람에게 거슬리는 짓을 할 때가 많은가 봐요. 참 이럴 때는 어떻게 해야 되는지 모르겠어요. 그래서 이렇게 스님께 질문합니다.

큰스님 한 가정에서 식구가 모여 살면서 생기는 제일 어려운 문제를 한번 얘기해 보죠. 자손들이 공부를 안 하거나 말썽을 일으키는 수가 있고, 부부지간에도 어려운 문제가 많죠? 그냥 증오하면서도 말은 못하고, 말을 하려니 싸움이 일어나고 이러니까 그냥 참다 참다 가슴이 멍이 들게 되는 수도 많고요. 그런데 자식들이 속을 썩인다고 해서 그것을 거죽으로 "요놈의 새끼야, 왜 공부를 안 하느냐?" 남편이 그런다 해서 "당신은 왜 이렇게 내 복장을 썩이느냐?" 하는 식으로 해서는 아니 됩니다. 그런다면 항상 대립이 되기 때문에 쌍방이 업을 더 많이 짓게 되는 겁니다.

그렇게 되었을 때 어떻게 하느냐. 아들이라는 것, 남편이라는 것이 전부 가설이 돼 있습니다. 이게 인연줄의 가설입니다. 생명이 둘이 아니듯이 내 주인공과 저 주인공이 둘이 아닙니다. 그러니까 내 주인공에다 모든 것을 맡기면서 '자식이나 남편이나 모두가 주인공 자체는 둘이 아니니까, 그저 주인공 당신만이 그렇게 안 하게끔 할 수 있고, 당신만이 공부 잘하게 이끌어 줄 수 있지 않은가!' 라고 한다면 그것이 바로 내가 여기서 불을 켜는 것과 같아서 저쪽에도 불이 전부 들어오는 거예요. 그렇게 하고 거죽으로는 부드럽게 말하고 부드러운 행동을 하면서 그저 잘 이끌어 가면 따뜻한 데로 고이게 돼 있거든요. 애도 어른도 다 그렇습니다. 배고프면 배부르게 먹을 데로 고여들고, 또 추울 때는 따뜻한 데로, 부드러운 데로 고여들게 돼 있거든요. '그래도 내 가정이라는 이 울타리가 참, 아주 제일 좋구나.' 하고선 가정으로 얼른 들어오게 돼 있어요. 이게 그냥 말하는 게 아닙니다. 뒷면의 인연의 줄이, 법망의 줄이 이어져서 불을 켜 주니까, 그 마음과 마음이 연결돼서 불이 들어오니까 전부 마음이 바뀌어지는 거죠.

이런 분이 있었죠. 직장 일이 끝나도 집에 들어가고 싶질 않고 괜히 마음이 헛헛하고 그렇다는 거예요. 그래서 술집 가서 술 한잔 흥건하게 먹고 집에 들어가는데도 다 귀찮고 다 메어다 패대기치고 싶고 그렇대요. 이것을 억지로는 못하죠. 어떡합니까? 그래서 나는 그분의 부인에게 그랬어요. "당신 남편이 미운 게 아니라 당신 남편의 업이 미워. 그런데 당신의 업도 그 남편의 업도 둘이 똑같지? 어느 하나도 기울고 트는 게 없어. 보는 놈이나 하는 놈이나 똑같다 이거야." 하하하…. 그러니까 깡통은 깡통끼리 모였다 이 소리죠. "그러니까 그 업을 모두 없애려면 남편 탓하지 말고 내 탓으로 돌리고, 자식이 그렇더라도 내 탓으로 돌리고 모든 것을 거기다 놓고 녹여라. 그러면 거기까지도 녹여진다." 그랬어요. 그런데 하루는 남편이 들어오더니 "내가 왜 이랬는지 몰라. 내가 괜히 술 먹어서 돈 없애고 세간 부수고…, 내가 미쳤나 봐. 여보, 나 참 미쳤나 봐." 그러고는 수박 한 덩이를 건네주면서 "이거 술 먹을 걸로 수박 사 왔지." 하하하! "아니, 소쿠리 하나만 부서져도 내 손해인데, 내가 또 사다 놓아야 될 텐데, 손해 나는 일을 괜히 했어." 그러고는 아주 우스워서 죽겠다고 그러더라는 거죠. 그날부터 가정이 화목해지고 좋아져서 잘 살게 됐더랍니다.

그래서 부처님께서 뭐라고 그러셨는 줄 아십니까? '상구보리 하화중생 하라. 위로는 네 자성불을 섬기고 아래로는 네 몸속에 있는 중생들을 제도해라. 그러면 몸속에 있는 중생들이 제도가 돼서 천백억화신으로 화해서 나투느니라. 털구멍을 통하고 눈구멍을 통해 나투면서 모든 사람에게 약사도 되고 칠성도 되고 산신도 되고 지장도 되고 용신, 지신까지도 돼 주느니라. 누가 응해 달라고 하든지 응신이 돼서 전부 천백억으로 나투느니라.' 이러셨단 말입니다. 이해가 가십니까? 하하하…. 여러분도 그렇게 돼 있다는 겁니다. 머리 깎은 스님들만 그렇게 하는 게 아니라 여러분도 그렇게 공부할 수 있다는 얘깁니다.

유마힐 거사 아시죠? 왜 그렇게 됐는 줄 아십니까? 여러분을 가르치기 위해서 유마힐 거사도 그렇게 나오신 것입니다. 그게 다 부처님들입니다. 머리 깎고 입산한 사람이나 입산을 안 한 사람이나 마음 닦는 것은 같다는 그 뜻을 여러분 앞에 보여 주고 또 여러분도 공부해라 하는 뜻에서 나신 게 아니겠습니까? 그러니까 내 마음을 내가 다스려서 내 몸속에 들어 있는 중생들을 제도해야죠. 모두가 그렇게 해서 시급히 업식들을 녹이고 다스리면서 실천을 해 나가는 이러한 공부가 됐으면 합니다. 또 누구 없습니까?

그러니 아웅다웅하고 싸우고 "요놈의 자식, 왜 공부는 안 하고 요렇게 나가서 돌아다니기만 하면서 집에 안 들어오느냐?" 하고 그냥 밖으로만 야단하면 점점 더 나빠집니다. 그러지 말고 안에다 놓고 "얘! 너 밥이나 먹고 다니니? 잠은 어떻게 자니? 집에 들어와서 자야 편안하지 않겠니?" 이렇게 아주 부드럽고 인의롭게 말해 주세요. 봄에 꽃 피듯이 말입니다. 겨울에는 보잘것없었던 고목이 봄이 되어 잎이 나오고 꽃이 피듯이 말입니다. 이렇게 마음속에서 향기가 나오고 조건 없는 사랑을 할 때에 비로소 조건 없이 모든 게 들어옵니다.

질문자2(여) 저는 안양까지도 몇 번 올라갔습니다마는 질문하실 분들이 너무 많아서 못했는데 이렇게 마산에 오신 길에 질문을 드립니다. 저는 공부를 딴 분보다 많이 못했습니다. 마음자리에다 맡기는 공부를 저 혼자서 하긴 했는데 너무나 어려운 지경에 처해 있어서 감당 못할 정도로 너무 힘듭니다.

큰스님 사람은 한 찰나 생각하기에 달린 겁니다. '그놈은 누구고 그놈은 누구냐?' 한번 생각해 보십시오. '자는 놈은 누구고 자다가 일어나는 놈은 누구냐?' 이렇게 한번 생각해 보십시오. '꿈을 꾼 놈은 누구고 생시에 이렇게 다니는 놈은 누구냐?' 이 모두를 자기가 하는 겁니다. 그 생각이 옹졸했을 뿐이지 생각이 넓다면 이 우주를 그냥 단번에 삼키고도 남음이 있습니다. 여러분이 '내가 삼천대천세계를 단박에 삼키고도 남음이 있다.' 이러면 이게 뭔 소린가, 무슨 귀신 씨나락 까먹는 소린가 할 겁니다. 그러나 그게 참 멋진….

그래서 우리가 그 도리를 알아야 하는 거죠. '그냥 삼킬 수 있다' 이런 말이 참, 위로는 평등공법이 되고 아래로는 칠활궁공법이 되고, 셋째번에는 팔수레공법이 되고, 이렇게 해서 모든 것이 들고 나면서 다양하게 자재할 때 비로소 '자재할 것도 없다. 자재한 것도 없다. 나는 그런 걸 하려고 생각한 예도 없다. 나는 말한 것도 없고 생각한 것도 없고 한 것도 없고….' 그게 나오죠. 그러니 모두가 나 아님이 없는데 어떤 거를 할 때 내가 했다고 할 수 있겠느냐 해서 그런 거죠.

그러니까 보살님! 감당할 수 없는 그 보살님의 마음이나 감당하기 어렵게 용도에 따라서 닥치는 그거나 둘 다 똑같습니다. 그러니까 '허! 감당하기 어렵다 하는 생각이 나는 것도 네놈한테서 나오는 거니까….' 하고 거기다가 그냥 맡겨 놓으시고 '감당하기 어려운 놈은 누구고 감당하기 쉬운 놈은 누구냐?' 하곤 그냥 거기다 무조건! 무조건입니다. 무조건 맡겨 놓을 수 있고 무조건 감사할 수 있고 그렇다면 됩니다. 그러면 이제 거기에서, 샘터에서 샘물이 꼬약꼬약 나올 때에 샘물 맛을 알겠죠.

질문자3(여) 오늘 이 자리에서 스님을 뵙게 돼서 대단히 감사합니다. 개인적인 질문을 드리게 돼서 대단히 죄송하지마는 저는 아침에 자고 일어나면 곰이 천근만근이나 되는 것 같고 하도 몸이 아파서 병원에 가서 물어보니까 심장판막증이라는 병에 걸렸다고 수술을 받으라고 하는데 정말로 수술을 받아야 나을지, 저는 수술받기가 굉장히 싫거든요. 그래 어떻게 해야 좋을지 스님께 감히 질문을 드립니다.

큰스님 그건요, 댁의 마음에 달려 있어요.

질문자3(여) 마음에요?

큰스님 예. 수술을 하기 싫으면 하지 말고 또 하고 싶으면 하는 거고요. 그런데 진짜 자기 자성신을 믿어야 되죠. 딴 신을 찾는 게 아니라 내 신을 믿는 거예요. '나를 수억겁 동안 이렇게 진화시키면서 사방팔방으로 끌고 돌아다녔구나.' 하고 내 주인이 나를 이끌어 온 거를 진짜로 믿을 때, 진짜로 마음의 주인을 믿을 때 성과가 있겠죠. 진짜로 믿는다면 안 해도 좋고요, 진짜로 믿지 못한다면 바깥으로 끄달릴 거고요. 그거는 당신의 생각에 달린 거죠. 그건 당신의 마음에 따라서 이렇게도 될 수 있고 저렇게도 될 수 있는 일입니다.

질문자3(여) 그래도 마음의 중심이 안 잡히고 이래 볼까 저래 볼까….

큰스님 그러니까 공부를 하라 이 소리 아닙니까? 그건 마음대로 하세요. 댁에서 의사가 되려면 의사가 되고요, 약사가 되려면 약사가 되고요, 또는 마구니가 되려면 마구니가 되고요, 사람 끌어가는 사자가 되려면 사자가 되고요. 마음대로 하세요. 허허허…. 그러니까 좋게 생각하세요.

좋은 질문만 하라는 것이 아니고 그것만이 참선이 아닙니다. 자신이 처한 상황에서 불편한 점이 있다면 그냥 질문해도 됩니다. 남이 뭐, 나를 금에다가 얹어 놓겠습니까. (삼 배 하는 질문자에게) 한 번만 하세요. 그 한 번마저도 나한테다 하는 게 아니니까요. 나야 뭐 한 번을 하든 안 하든 상관도 없어요. 하하하! 저 부처님도 그러실 거예요. '열 번을 해 봐라. 나한테다 하는 건가.' 하고, 하하하…. (대중 웃음) 부처님은 속지 않거든요. '백 번, 삼천 번을 해 봐라. 나한테 하는 건가.' 그러시죠, 허허허….

질문자4(여) 스님, 가까이에서 뵙게 돼서 너무 감사합니다. 애써 주신 회장님과 여러 신도님 덕택에 이렇게 가까이 뵈올 수 있게 되었습니다. 너무 감사합니다.

큰스님 어-유! 그런 걸 아시니까 공부가 되겠습니다. 하하하!

질문자4(여) 감사합니다. 저는 너무 공부가 안되고 몰라서 답답하고 궁금한 마음에 이렇게 나왔는데요, 평소에 저는 신문에서나 뭐 나쁜 기사를 보면 '주인공! 저런 나쁜 일이 일어나지 않게 해 주면 좋지 않겠느냐.' 하고 항상 이렇게 생각을 하거든요. 이것이 옳은 공부 방법인지요.

큰스님 사람이 아주 친밀해야 됩니다. 그냥 아무것에나 괜히 마음 내고 이러질 마시고요.

질문자4(여) '심주를 잡아라' 하신 말씀이 있는 것 같은데요, 저는 아직 심주가 안 잡혔는지 통…. 그리고 시동생이 지금 여기 나와 있는데 현재 눈이 안 보입니다. 제가 어떻게 마음을 내서 그런 건지, 머리로만 이렇게 저렇게 생각하다가 궁금해서 말씀드리는데요, 수술을 하기 전에는 '내가 공부가 잘됐더라면 저 시동생을 수술까지 안 하게 할 수 있을 것이고 큰스님에게 맡기면 될 텐데 내 힘이 약해서 못하겠다.' 이런 생각으로 저 혼자만 애를 태웠거든요. 그래서 수술을 세 번이나 했습니다, 지금 현재까지. 그래도 가망이 없어서 뭐 소련까지 가느니 어쩌니 하고 지금 집안에서 의논하고 있거든요. 그래서 가기 전에 어떻게 안양에 가서라도 큰스님 한 번 뵈었으면 했는데 스님께서 마음을 내셔서 여기까지 오시니 가까이서 뵐 수 있어서 너무 감사합니다.

큰스님 마음을 낼 때도 침착하게 결정을 지어서, 모든 걸 한군데에다가 놓으실 줄 알아야 되고, 한군데서 나온다는 것을 믿어야 됩니다. 길을 가다가 개가 묶여서 끌려가거나 소가 도살장으로 가거나 닭이 전부 백숙 하는 데로 가는 것을 본다 하더라도 한생각에 무명을 벗겨 줄 수 있거든요. 수만 개를 갖다가 집어넣어도 두드러지지 않는 거니까요. 그렇게 해서 수효대로가 아니라 만 개를 한데 합쳐서 한 사람으로서 그 무명을 벗겨 줄래도 벗겨 줄 수 있는 거고, 개개인으로 이렇게 할 수도 있는 거고 그렇지마는, 이렇게 인구가 많은 상태니까 그 씨를 너무 많이 벌일 필요가 없으므로 그저 나한테다 넣어서 굴려서 생산이 되게끔 한다면 아주 적은 수효로 나가죠.

지금 시동생 문제도 그렇습니다. 모든 건 자신이 하는 것이 외려 더 중요하죠. 그리고 주위에서도 함께 똑같이 하는 겁니다. 또한 이 몸이 자연적으로 되어 있는데 칼을 대서 변경하거나 한 뒤에 자연법칙으로 자생력에 의해서 나오려 하면 참 힘든 문제가 많다는 그런 점도 있습니다. 그러나 그런 것도 저런 것도 다 불문에 부치고 모든 거를 다 주인공에 놓아 보세요. 병원에 가도 법, 안 가도 법이니까 '그저 가는 것도 법, 안 가는 것도 법, 네놈이 알아서 이끌어 가지고 가는 거니까 당신만이 고쳐 줄 수 있어. 당신만이 이끌어 줄 수 있어.' 하고 믿을 수 있고 물러서지 않는다면…. 그거는 자기 마음에, 모두의 마음에 달려 있지 태양에 달려 있지 않습니다. 하하하…. 예를 들어서 태양은 높고 낮음이 없이 여러분을 비춰 주고 있습니다. 그런데 응달을 지워 놓고선 태양이 안 들어온다고 해서는 아니 되지요? 그러니까 여러분의 마음에 달려 있습니다. 벽을 탁탁 털어 버리고 태양 빛을 쬐느냐, 그렇지 않으면 '아이구! 벽이 없으면 안 되지.' 하고 벽 속에서 컴컴하게 있느냐 하는 겁니다. 벽을 만들어 놓고 태양 빛을 쬐려고 한다면 그거는 천부당만부당한 소리죠.

질문자4(여) 스님께서는 저희가 일일이 말씀 안 드려도 다 아시겠지요. 전 아직 공부가 어떻게 된 건지 감을 잡지 못해 가지고 너무 안타까워서….

큰스님 공부가 어떻게 됐는지 감을 잡을 수 없는 것조차 거기다가 맡겨 놓으세요.

질문자4(여) 제 문제 하나도 해결 못합니다. 그래서 오늘….

큰스님 '해결 못한다' 하는 생각도 그냥 무조건 거기다 맡겨 놓으세요.

질문자4(여) 감사합니다. 끝으로 큰스님 이렇게 뵈어도 친견이지만 저의 시동생이 직접 좀 친견하기를 희망합니다.

큰스님 그렇게 '거죽으로 본다, 거죽으로 뵙는다, 거죽으로 봐야만 되지' 이런 생각은 좀 어두운 생각이 아닐까요? 이것 보세요. 보이는 거는 전자와 전자지마는 불이 확 켜지는 거는 그 전자와 전자가 작용을 했기 때문에 들어오는 겁니다. 마음과 마음이 작용을 해야만 불이 들어오는 거지 마음과 마음이 없는데 어떻게 들어옵니까? 그러니까 마음으로 열심히 그저 자기 자성불을 진짜로 믿고 해 보세요. 자성불이 공해서 그냥 주인공이라고 하는 거니까 주인공을 진짜로 믿고 '주인공! 당신만이 이끌어 줄 수 있어!' 그렇게 하세요. 본인더러도 그렇게 하라 하시고요. 또 주위의 보호자들도 그렇게 하시고요. 그거뿐이 아니라 그저 용도에 따라서 닥치는 대로 넣으세요. 그럼 용광로에 들어가서 녹아서 내가 원하는 대로 새로 생산이 돼서 착착 나갑니다. 자동적으로요.

질문자5(여) 반갑습니다. 저는요, 합천 해인사 자운 스님 사리 친견하러 갔거든요. 그런데 그때 가니까 수녀님이 그 사리를 친견하러 오셨더라고요. 그런데 저희 시어머님은요, 여기 한마음선원에 다니면 한마음선원에만 가야 되는 거다. 딴 절에 갈 때는 그 절에 구경하러 간다 생각하고 가야 된다고 말씀을 하시는데요, 제 생각은 좀 다르거든요. 먼젓번에 어느 회관에서 한 스님께서, 절에 갈 때는 부처님을 믿고 가는 거지 스님의 썩을 육신을 보러 가는 게 아니라고 말씀을 하셨어요. 어느 절에 계시나 부처님은 다 같은데 왜 꼭 딴 절에 갈 때는 그 절에 구경하러 가는 것처럼 하고 가야 되는지를 모르겠어요. 이 세계 어디에 있든 부처님은 한 분이고 제 마음이 부처이듯이 서로가 다 부처님은 똑같은 분이라고 생각하거든요. 그런데 저의 시어머님께서 그러시니까 사실 시어머님이 조금 밉더라고요. 그래서 오늘 이렇게 스님한테 이 궁금증을 질문드립니다.

큰스님 말씀 잘하셨어요. 참 말씀 잘하셨어요. 이 세상에 사람들이 수없이 많고 헤아릴 수 없이 생명들이 태어났어도 보살님 하나가 태어나지 않았더라면 무효입니다. 그죠? 없죠?

질문자5(여) 예.

큰스님 그렇습니다. 상대도 없고 아무것도, 미움도 고움도 아무것도 없어요. 그런데 말입니다, 댁에서 먼저 태어났기 때문에 상대가 생기고 세상이 모두 벌어진 겁니다. 그런 거와 같이 '모든 부처님은 한 부처님이다.' 하는 것은 평등한 생명! 평등한 생명을 말합니다. '부처님은 한 부처님이다. 한 생명이다.' 하는 소리와 똑같습니다. 그래서 옛날에 부처님께서 이렇게 말씀하셨죠. "그 절에 사람이 없다면 부처가 없느니라." 그것이 왜냐? 생명은 다 똑같지마는 씀씀이는 다 달라요. 차원이 다 다릅니다. 그래서 생각하는 점이 모두 다르게 돌아가는 거죠. 그건 법을 말하는 겁니다. 그래서 삼 불을 모셔 놔도 석가세존은 생명의 근본을 말하고, 또 문수보살은 생각을 내는 법신을 말합니다. 법신이 생각을 한다면 보현신은 화하는 것을 말합니다, 보현신! 즉 말하자면 화신이자 보현신이죠. 자기 다리가 어디에 부딪치면 자기 다리를 자기가 만지죠? "아이구, 아퍼!" 하고요. 이게 보현신의 손이란 말입니다. 그리고 잘하든 못하든 생각을 내는 그 자체가 바로 법신입니다. 그러니 한생각에, 한마음에 의해서 마음을 내고 몸이 움죽거리고 하는 것을 문수 보현으로 세운 겁니다. 그러니까 부처님 한마음이 동방에는 아촉불, 서방에는 아미타불, 이 세상은 관세음보살로 이렇게 이름을 지어 놓고, 또는 지천국에는 지장으로 이름을 지어 놓은 것입니다. 어찌 그 이름들만 지어 놨겠습니까?

여러분, 고걸 여러분 가정에 비유해서 본다면 그 이름이 말입니다, 자식 노릇을 할 때의 아들이라는 이름 아버지라는 이름, 남편이라는 이름 사위라는 이름, 얼마나 많습니까? 형이라는 이름, 아우라는 이름, 친구라는 이름, 그렇게 이름이 많듯이 부처님의 그 마음으로서 부처님의 이름도 그렇게 많단 말입니다. 아촉불이다 아미타불이다 뭐 또…. 그러니까 찰나에 바뀌어서 돌아가는 대로 이름은 다른 것입니다, 전부.

예전에 조선시대 때에 불교를 탄압했기 때문에, 그냥 스님들 붙들어다 볼기를 때리고 이랬기 때문에 저 산속으로 들어가서 공부를 하려니까, 공부를 할 수가 없으니까 그때 칠성이다 독성이다 용왕이다 하고 전부 붙여 놨던 겁니다. 그런데 거기에서 아직까지도 벗어나지 못하고 있습니다. 지금은 불교 탄압을 하지 않는데도 벗어나지 못하고 있습니다.

그런데 지금 '부처님은 한 부처님'이라고 얘기한 것은 진리를 말하는 겁니다. 그런데 그 진리 속에서 나부터 알아야만이 모두 돌아가면서 둘 아닌 도리와 둘 아니게 나투는 도리를 알기 때문에, 나부터 알아야 되겠기에 내 집의 전화통부터 놔라 이 소립니다. 내 집에 전화 놓을 때까지는 남의 집에 전화 놓은 것 쫓아다니면서 간섭하지 말아라! 그리고 남의 집에 전화 놓은 거에 가서 전화를 좀 하고자 하고 전화를 받고자 하고 이러는 짓을 하지 말아라. 내 집에 전화를 놔서 전화 받기도 하고 전화를 하기도 할 때에 비로소 딴 절에 가 보면 알 수 있느니라.

질문자5(여) 그래서 저도 이 한마음 공부를 제 나름대로는 한다고 하고 있고, 제 주인공을 그만큼 믿고 있거든요. 그래도 어떻게 시간이 없어서 절에 못 올 때 제가 딴 절에 가 있으면 어머님 하시는 그 말씀이 뇌리에 스치는 거예요. 그래서 오늘은 꼭 스님한테 한번 여쭈어 보아야 되겠다고….

큰스님 그것도 자유입니다. 병원에 가지 마라, 가라 이런 게 아니죠. 병원에 가는 것도 법, 안 가는 것도 법인데 그것이 안되고 되는 것은 그 마음에 따라서 되고 안되는 것이 나타나는 거니까 그거는 억지로 '가지 마라, 가라' 이렇게 할 수는 없는 거지요.

질문자5(여) 그러니까 제 마음대로 이끌리는 대로 제 주인공이 하는 대로….

큰스님 예! 예! 마음대로 하십시오.

질문자5(여) 감사합니다.

큰스님 마음대로 하세요. 마음대로 하는 것도 누가, 아니 업식이 많아서 도둑질을 시키는 수도 있고 강도질을 시키는 수도 있고, 또 정말 좋은 일을 시키는 수도 있고 아주 악한 일을 시키는 수도 있고 이렇게 하는데, 그거를 자기가 다스려서 잘 해 나가는 데에 멋진 도리가 있는 거지 아, 그걸 다스릴 줄 모른다면 안 되죠. 그냥 구덩이에 빠져도 법, 구덩이에서 나와도 법이니까 '구덩이에 빠지는 것도 법이라면, 그러면 잘못돼도 좋단 말인가?' 이렇게 생각하겠지마는 그건 자유에 맡깁니다.

사회자 시간 관계상 질문은 이것으로 끝내겠습니다. 다음 기회에 또 질문하시고요, 노래공양을 올리겠습니다. 곡목은 '선종관문 알아보세' 입니다.

큰스님 한 사람, 두 사람만 더 했으면 좋을 걸, 아주 아쉬워하는 것 같은데…. (대중 웃음) 하하하…. 그저 그렇게 해 나가신다면 좋은 결과가 있을 겁니다.

마음의 주인을 진실하게 믿어라

온양지원 법회 - 천안소년원 원생들에게 설하심

1992년 5월 20일

여러분을 만나게 돼서 참 기뻐요. 이런 말을 하면 여러분이 믿지 않으실지 모르겠지만, 이 세상의 진리는 어느 사람이든 다, 나 아님이 없고 내 부모 아님이 없고 내 자식 아님이 없고 내 형제 아님이 없는 한 진리예요. '어머님의 은혜'라는 노래도 남녀노소를 막론하고 누구든지 마음속으로 진짜 부를 수 있는 노래랍니다. 젊은 사람들만 부르는 게 아닙니다.

내가 여러분한테 말씀드릴 거는 불교라는 것이 어떤 것인가에 대해서입니다. 영원한 생명의 근본이 불(佛)이요, 보이지 않는 데서나 보이는 데서나 서로 말을 하고 서로 대화를 하고 그렇게 하는 것이 교(敎)예요. 일체가 혼자, 독불장군은 없죠? 마음의 인연줄이라는 줄은 보이지 않아요. 전력이 있다는 것을 알고 가설을 해 놨기 때문에 그 전력이 들어오고 나가는 것은 못 보지만 불이 들어오는 거는 볼 수 있고 알 수 있죠? 그와 같이 인간의 마음과 마음이 이어지는 인연줄도 역시 그렇게 보이지는 않지만 연결이 돼 있습니다. 그것을 우주 법계라고 하죠. 그거는 이따 이어 가고요.

그래서 불교라는 것은 그렇게 광대무변하고 어느 한 군데 국한돼 있는 게 아니라 포괄적인 하나의 진리입니다. 이 세상 우주 삼천대천세계의 불바퀴의 근본이, 우리가 수십억 겁을 거슬러 올라가서 얘기한다면, 지수풍(地水風) 세 가지가 서로 암흑에서 휘적거리고 서로 만나서 뭉치고 그러다 보니까 그 안에서 바로 온기가 생겨서 광(光)이 일어난 거죠. 그래서 그 광력으로 인해서 생명이 생겼죠. 그래서 지수화풍 그게 원천적인 것입니다. 우리의 몸뚱이도 지수화풍입니다. 지수화풍 아닌 게 하나도 없습니다. 이것도 흙과 물을 개서 바람에 말려서 불에다 구워서 컵이라는 이름을 가지고 나온 겁니다. 그러니 이것도 지수화풍으로 등장을 한 거죠.

불교라는 것이 너무 엄청납니다. 서로 공생 공용 공체 공식화 하고 돌아가는 이 우주의 섭류가 전체의 진리입니다. 자기의 영원한 영혼이 있기 때문에, 근본이 있기 때문에 내 몸뚱이가 떨어졌어도 그대로 진행해 나가는 겁니다. 차원에 따라서 이 모습으로도 나올 수 있고 저 모습으로도 나올 수 있습니다. 그렇기 때문에 자기가 마음먹는 대로 모두가 이루어질 수도 있고 패배할 수도 있는 그런 문제들이 나옵니다. 그래서 죽은 세상의, 보이지 않는 세상의 영혼들도 서로 교류를 하고 날아다니는 새들도 교류를 하고, 핀 꽃들도 서로 대화를 하고 나무들도 무정물도 생물도 식물도 다 서로 대화를 하고 돌아갑니다. 대화를 하고 돌아가는 게 즉 교(敎)입니다.

불이라는 것은 영원한 생명의 근본을 말합니다. 여러분뿐만 아니라 풀포기 하나도 생명은 있는 것입니다. 생명 없는 것이 없기 때문에 그것은 마치…, 외국에 가니까 블랙홀이라고 합디다. 작은 거든 큰 거든 모든 것이 돌아가는 그 자체가 불바퀴라 이겁니다. 지구가 쉬지 않고 돌아가듯이 우리 인간도 삶에 의해서 생활이 쉬지 않고 돌아가는 겁니다. 잔다 깬다, 일한다 앉는다 선다, 변소에 간다 먹는다 하는 것이 고정된 게 하나도 없죠. 보는 것도 고정됨이 있습니까? 듣는 것도 고정됨이 없죠, 만남도 고정됨이 없죠, 가고 오는 것도 고정됨이 없죠, 먹는 것도 고정됨이 없어요. 모두가 그렇게 쉴 사이 없이, 비행기 프로펠러 돌아가듯 그렇게 쉬지 않고 돌아가는 겁니다. 우리 사는 것도 말입니다. 그런데 그 사는 게, 그렇게 돌아가는 그 자체가, 바로 우주의 근본도 우리 마음에 직결이 돼 있고 세상살이 만사가 다 우리들 마음에 가설이 돼 있습니다.

새삼스러워하거나 거짓으로 알지 마시고요. 여러분을 만나니까 어떤 말을 어떻게 해야 옳을지 말을 잊어버렸어요. 왜 그런 줄 아십니까? 나는 아홉 살에 남의 집에 갔어요. 그런데 그 집에 갔더니 엄마 없는 두 살이 된 아이가 있고 재혼한 부인이 어린애를 낳아서 그 나이가 된 아이가 또 있었어요. 그래서 부모 없는 아이는 내가 맡고, 한 아이는 저희 엄마 아버지가 있으니까요. 그래서 그 아이를 맡아 가지고 있는데 밤이면 울고 그러니까 항상 등에다 업고 잠을 재웠어요. 어린애가 울면 같이 울고 그랬죠. 그걸 말로 어떻게 다 하리까. 그때 일제 시대 때는 물 한 지게에 고련씩 받았어요. 그러니까 일 전에 두 지게씩이죠. 그때는 먹을 것도 귀했기 때문에 내가 하나 빠지면 먹는 게 좀 낫지 않을까 해서 남의 집에 갔던 거예요. 그랬는데 신발이나 제대로 있었겠어요? 게다가 다 닳아 빠져서 반쪽 남은 거를 신고 물을 길러 가니까 이게 미끄러워서 툭 하면 넘어지죠. 그래서 거기다가 새끼를 질끈 매 가지고 아홉 살 먹은 소녀는 그렇게 지냈더래요. 물지게를 지는데 하루 아홉 지게씩을 져 와야 그 집에서 먹어요. 이렇게 하면서 부모의 탓도 할 수 없고 남의 탓도 할 수 없고, 모든 것을 자기 탓으로 돌렸죠.

왜냐하면, 여러분도 생각을 잘해 보세요. 여러분이 이 세상에 나지 않았다면 바로 상대가 없을 거예요. 가정도 없고 상대도 없고 이런 등지도 없고 잘하고 잘못하고도 없고요. 그런데 여러분이 이 세상에 났기 때문에 부딪침이 있는 겁니다. 그런데 용도에 따라서 내 앞에 다가오는 모든 문제들을 어떻게 타개를 하겠느냐 하는 그런 말입니다. 남의 탓을 할 게 아니라 이 세상에서 잘했든 못했든 내가 이 세상에 난 탓이 아니겠습니까? 이 세상에 생긴 탓이죠. 남을 나무라기 이전에 말입니다.

여러분의 몸뚱이 속에 수십억의 생명들, 모습들, 의식들이 있습니다. 그것이 어디서 그렇게 인연이 된 줄 아십니까. 그 의식들이 여러분을 끌고 갑니다. 부부 사이에 한 사람이 태어나게 되면 부모에게는 몸을 받습니다. 그러나 정자 난자와 나의 영혼이, 즉 삼합이 한데 합쳐져야만 인생으로 화합니다. 그럴 때에 자기가 과거에 잘 살았든지 못 살았든지, 죄를 졌든지 죄를 안 졌든지 그 인연에 따라서 업식이 자기의 영혼에 부착이 돼서, 모두 한데 합쳐서 이렇게 인간 하나가 됩니다. 그럼 그 과거의 업은 지나갔으니까 없다 하는 것이 바로 우리들 몸뚱이 속에 가지고 나왔기 때문입니다. 우리들 몸뚱이 속에 생명과 의식, 모습들을 가지고 나왔습니다. 그랬기 때문에 가지고 나온 그 자체의 의식들은 잘하고 못하고 이런 거를 모릅니다. 그래서 중생이라고 그러죠.

모르기 때문에 마음이 그 여러 의식들을 다스려야 합니다. 왜냐하면 모두가 여러분의 숙명통에서, 즉 컴퓨터에 입력이 됐다가 나오는 것처럼 그렇게 현실에 나오는 겁니다. 여러분이 잘못해서가 아니라 과거로부터 가지고 나온 업식이, 그 의식들이 그만 여러분을 충동질합니다. 그 속에서 하나하나가 '이럭하라' 하면 이럭하고 '저럭하라' 하면 저럭하고, 화가 나게도 하고 화가 안 나게도 하고, 여러 가지로 자꾸 충동질합니다. 수십억이 들어 있으면서 차례차례로 그렇게 나온단 말입니다.

그래서 '거기에 속지 마라' 하는 것은 내 마음이 그렇게 나올 때 누가 될 일이라면 '야! 이렇게 해서 돼? 내 영원한 친구여, 이렇게 이끌어 가서는 안 되잖아.' 하고 거기다 맡기고 '잘 이끌어 가 봐. 좀더 삶에 보람이 있고 자유스럽고, 광력으로써 창조력을 갖게끔 해 줘 봐.' 하고 거기다가 맡겨 놓으세요. 또 안되는 거라면 되게끔 거기다 맡겨 놓고 거기서만이, 한마음 주인공만이 나를 잘 이끌어 줄 수 있고, 아프면 병이 낫게끔 할 수 있다는 것을 믿으세요. 자기 마음의 주인이니까요. 운전수가 차를 끌고 다니지 차가 운전수 끌고 다니는 거 못 봤죠? 운전수는 위로는 기름을 넣고 아래로는 차를 끌고 다니죠. 그렇듯이 그 운전수는 양면을 다 가지고 있어요. 마음의 주인이라는 거죠. 마음의 주인이 있으니까 이끌고 가는 거예요. 그래서 모든 것을 거기다가 맡기고 거기서만이 잘 이끌고 갈 수 있다고 믿으라는 겁니다. '안되게끔 하는 것도 거기다. 그러니까 되게 하는 것도 거기다.' 라는 거죠. 안되게 할 수 있는 능력이 있다면 되게 할 수 있는 능력도 있죠. 또는 잘되게끔, 싱그럽고 내 마음이 참 잠잠해지고 아주 좋게 될 때는 감사하게 거기 맡기고요.

자기 마음의 주인밖에 없어요. 어디 믿을 데가 없어요. 허공을 믿습니까, 이름을 믿습니까, 형상을 믿습니까? 또는 스님이나 신부, 목사님의 고깃덩어리를 믿습니까? 고깃덩어리를 믿는 게 아니라 근본을 믿는 겁니다. 마음과 마음이 서로 연결돼서 돌아가는 그 근본, 한마음 주인공! 자기를 끌고 다니는 자기 주인공! 자기 주인공만이 자기를 이끌어 준다는 얘기죠. 자기 마음의 주인만이 이익하게 할 수 있다는 거죠. 바깥으로 '하나님 아버지시여! 부처님이시여!' 이렇게 찾는 것은 기복이고 미신인 것입니다. 그렇게 되기 이전에, 바깥으로 찾는 것은 공덕이 하나도 없다고 그랬습니다. 이득이 하나도 없어요. 그건 이름일 뿐이니까요. 나로부터 이 세상이 벌어졌으니까 나부터 알아야죠. 내 집부터 전화를 놔야 남의 집에서 전화도 오고 전화도 할 수가 있죠. 내 집에 전화가 없는데 어떻게 전화 올 때를 기다리겠습니까. 그리고 전화를 할 수 있겠습니까. 그러니까 나로부터입니다. 내가 길을 가다가 엎드러졌으면 그 자리에서 땅을 딛고 일어나야 하는 것이 바로 우리들 인생의 진리입니다.

아까도 얘기했듯이 업식이 컴퓨터에 입력이 돼서, 자기가 나쁜 짓을 했든 좋은 일을 했든 과거에 살던 그 차원대로 입력이 돼서 현실에 나오는 겁니다. 현실에 그렇게 충동질하는 겁니다. 충동질한다고 그대로 따라가서는 안 됩니다. 내 마음으로 일어나는 것을 다스려서 '주인공! 그렇게 해서는 안 되잖아! 길을 잘 인도해서 빛나게 살게 해! 너만이 그렇게 할 수 있어.' 하고서 거기다 맡겨 놓는 겁니다.

공동묘지에 가 보세요. 남녀노소를 막론해 놓고, 남자 여자, 늙고 젊고 그것을 막론해 놓고 영령입니다. 그대로 영령이 돼서 수만 명이 있다 하더라도 하나도 없는 것입니다. 영혼이라는 것은, 마음이라는 것은 체가 없어서 지구 바깥을 벗어나려고 해도 벗어날 수 있습니다. 마음으로 지어서 창살 없는 감옥에서 애쓰는 것이니 더욱 이 마음의 도리를 알아야죠. 마음은 체가 없는 반면에 차원이 높게 어디든지 창살을 벗어나서, 이건 '이 방통 안을 벗어나서' 이 소립니다. 어디든지 마음은 갈 수가 있습니다. 시공을 초월해서 말입니다. 가고 올 수가 있는 거, 마음으로 볼 수 있는 거, 마음으로 들을 수 있는 거, 그래서 오신통이라고 합니다. 오신통은 여러분이 다 가지고 있습니다.

여러분이 지금부터라도 그 업식을 다 벗어날 수가 있습니다. 과거에 입력된, 즉 시쳇말로 비유를 하겠습니다. 카세트에 여러분이 살던 노래를 하나 가득 넣었다고 봅시다. 그러면 그 카세트에다가 지금 현재의 노래를 다시 넣었을 때는 앞서의 노래는 다 없어졌죠. 없어지죠? 그러니까 과거의 그 악업 선업은 다 무너질 수가 있다는 얘깁니다. 여러분 마음의 주인한테 모든 거를 맡겨 놓으세요. 끌고 다니는 이 몸뚱이는 집일 수도 있고 종일 수도 있어요. 마음의 주인이라는 것은 나를 영원히 끌고 가는 겁니다. 그러니까 영원히 끌고 가는 그 자체, 그것이 과거도 끌고 가고 지금 현재도 끌고 가고 있습니다. 여러분이 마음을 잘 못 냈기 때문에 악과 선이 두루마리로 돼서 입력이 됐던 것입니다. 여기서 이렇게 우리들의 만남이 있는 것도 거기에서 순종이 현실에 나왔기 때문입니다.

그것이 카세트에 담긴 것처럼 돼 있으니까 거기다 지금 새 마음으로, 즉 말하자면 '마음의 주인! 너밖엔 나를 이끌어 갈 수 없어. 영원한 친구!' 하고 모든 것을 맡겨 놓으란 말입니다. 영원한 친구라고 해도 돼요. 주인공이 영원한 친구니까요. '영원한 친구! 너밖에 나를 이끌어 갈 수 없어. 너밖에 나를 돌봐 줄 수 없어. 내가 새 마음을 가지고 좀더 빛나게 자유스럽게 살 수 있게 하는 거는 너밖에 없어.' 하고 거기다가 모든 거를 다, 이 세상에 난 거하고 뭐, 똥 누는 거니 자고 깨는 거니 모든 거를 거기다 맡기고 다 거기서 한다고 생각을 해야 합니다.

그리고 믿으세요. 자기가 자길 못 믿으면 어떡합니까? 자기가 자기를 끌고 다니는 자기 주인을 믿어야지, 바깥으로 부처님이니 하나님이니 온통 이름을 불러도 소용없어요. 자기 마음의 주인은 영원히 이끌어 주는 주인입니다. 진짜로 자기 내면세계에서 찾으세요. 내면세계를 믿으세요! 그리고 내면세계에서만이 여러분의 앞날을 기약할 수 있습니다. 여러분! 그것이 카세트에 녹음하는 것과 같아서 그렇다 이겁니다. 그러니까 여러분이 그렇게 훌떡 벗어날 수 있다 이겁니다. 마음으로 지어서 '나는 그렇게 못한다' 이렇게 하시지마는 예전에 부처님께서 말씀하시길 몸뚱이로 문을 통해서 다니는 자는 소인이요 중생이요, 문을 통하지 않고 벽이나 봇장이나 아무 데로나, 마음대로 다니는 자는 바로 부처라고 그랬어요.

내가 지금 말을 뒤죽박죽 하는데, 여러분을 보는 순간 너무 안타까워서 말할 의욕도 다 잊어버렸습니다. 오직 조건 없는 사랑, 조건 없이 사랑할 수 있는 그 마음밖엔 생각나는 게 없습니다. 허허허…. 우리가 '자비 자비' 하고 '사랑 사랑' 하지만 사랑이 뭐 말라빠져 죽은 게 사랑입니까? 꼭 조건이 있는 사랑을 모두 하거든요. 조건 없는 사랑을 한번 해 보세요. 대가 없는 사랑 말입니다. 모두가 서로 돕고 이렇게 하는 것도 조건 없이 해 보세요.

어떠한 부딪치는 경우가 있다 하더라도 '바로 내 탓이다. 내가 이 세상에 있는 탓이다.' 그러고 '한마음 주인공! 당신만이 얽히고설킨 이것을 다 풀어 줄 수 있어.' 하고, 울더라도 거기를 붙들고 울어야만 합니다. 이 말 저 말을 끌어다가 하면 오히려 더 산란할 겁니다. 그러니 여러분은 진짜 자기 주인공만 붙들고 사세요. 여기 스님이 그 세 구절을 여러분한테 다 써 주셨을 겁니다. 거기에도 있지만, 주인공! 자기 영원한 친구! 여러분이 그 도리만 찾는다면 여러분의 앞날이 참 밝아질 것입니다. 정말입니다. 거짓말 아닙니다. 여러분이 그 영원한 자기 친구를 찾아서 몸뚱이의 자유권이 아니라 마음의 자유권을 얻을 때 몸뚱이는 스스로 자유권을 얻게 되고 여러분의 안팎이 다 잘될 것입니다. 마음도 바뀌질 수 있고 가정도 그렇고요. 여러분이 질문하실 거 있으면 질문해 주면 좋겠어요. 이런 도리를 배우는 데는 질문하는 것도 아주 좋습니다.

아까도 얘기했지만 불교라는 단어는 어느 한 군데에 국한돼 있는 게 아니라 포괄적인 진리를 불교라고 했던 것입니다. 생명 근본이 불이요, 바로 우리가 서로 통하고 말하는 것이 교입니다. 그러니까 불교라고 하죠. 불교의 진리는 우리들의 마음에 의해서, 마음에 따라서 주어지는데 보이지 않는 데 정신계의 50%, 물질계의 50%가 서로 상응하고 작용을 해야만이 불이 들어오는 것입니다. 그건 무슨 소리냐 하면 여러분의 주인공 그 자체가, 바로 무심과 유심이 서로 작용을 해야 불이 들어옵니다. 전자와 전자가 서로 만남이 있어야 불이 들어오듯이 말입니다. 이건 상대성의 원리입니다. 인연의 법칙이구요.

여러분한테는 긴 말이 필요 없을 것 같습니다. 우선 나의 한마음 주인공만을 믿고, 오로지 거기서만이 나를 이끌어 준다는 믿음, 물러서지 않는 마음! 잘못된 일들을 하게 될 때는 '이렇게 해서는 안 되잖아. 주인공, 당신이 잘 이끌어 줘!' 하고 바꿔서 거기 놓으면 그대로 천연스럽게 돌아갑니다. 정말입니다.

즉 말하자면, 팩시밀리라는 건 신족통이라고 비유하겠습니다. 가고 옴이 없이 가고 온다. 또 천이통, 이것은 무전통신기라고 비유해도 됩니다. 천안통, 즉 말하자면 천체망원경이라고 비유해도 되죠. 숙명통, 이것은 바로 컴퓨터라고 비유해도 됩니다. 그리고 타심통, 남의 마음을 아는 거, 그것은 탐지기라고 해도 됩니다. 이 다섯 가지를 다 한마음 주인공에서 관여하는 겁니다. 즉 말하자면 누진통, 이것은 레이다망이라고 비유해도 됩니다. 레이다망에서는 들어오고 나가는 책정을 다 하고 결정을 지어서 연락을 합니다. 그렇듯이 한마음 주인공에다가 모든 것을 맡겨 놓고 하면 맡겨 놓은 자체의 음파가 누진으로 올라갑니다. 누진으로 인해서 사대로 다 통신이 됩니다. 통신이 돼서 모든 작용을 해 줍니다. 그러면 모든 모습, 즉 말하자면 의식들이 전부 화해서 털구멍을 통해서 나갔다 들어왔다 마음대로 하면서 바깥으로도 출중하게 일들을 하고 안에서도 작용을 하고 이럽니다.

그러니까 여러분이 진짜로 그 체험을 해 보셔야 됩니다. '한마음 주인공만이 나를 이끌어 줄 수 있고, 나를 새 마음으로써 용기 있는 남자, 즉 남자다운 남자로 만들 수 있다.' 창조력을 길러서 창조해 내고, 우리나라에도 그렇고 우리 가정에도 그렇고, 사회에서도 그렇고 진짜 빛나는 일꾼들이 되게끔 할 수 있는 그런 문제입니다.

내가 이런 말을 하면 어떻게 생각할는지 모르지만 사람은 이 세상에 나올 때에 캠핑 온 거나 같습니다. 걸망 하나 짊어지고 나왔다가 한 철 나고 또 걸망 하나 짊어지고 나옵니다. '걸망을 또 짊어진다' 하는 것은 자기가 어떠한 마음으로 살았느냐에 따라서 짊어지게 됩니다. 그러니까 그렇게 해서 자기가 산 것대로 이 모두가 반영돼서 나온 것이죠. 그렇게 한 철 났다가 가는 그 한 철 동안에 영원한 내 마음의 차원을 길러 놓는다면 길러 놓은 대로 주어질 거고 길러 놓지 못했다면 길러 놓지 못한 대로 주어질 것입니다. 요다음 생에 또 나와서 주어진 차원대로 살 겁니다. 눈 깜짝할 사이에 요다음 생이 되고 역구가 되죠.

그러니까 여러분, 어떻게 됐든지 우리가 주인공을 믿고 그렇게 모든 것을 거기다 맡기고 '거기서만이 할 수 있다' 하면서 맡겨 놓고 관찰하고, 지켜보고 실험하고 체험하는 것이 참선입니다. 참선! 하여튼 인연이 있으면 요다음에 또 만나겠지만 여러분 모두 그 체험을 해 본 뒤에 만나게 되면 얼마나 좋을까요. 그리고 체험을 하게 되면 자기도 모르게 나가게 됩니다. 체험을 하게 되면 나가더라도 가정도 다복하게 될 것입니다. 그리고 사회를 보는 눈도 달라질 것이고 듣는 귀도 달라질 것이고, 모두 사회에 나가서 사회인으로서 한생각에 모든 창조를, 작은 거든지 큰 거든지 다 이룩할 것입니다. 정말입니다.

어느 학생에게 이런 도리를 가르쳐 줬어요. 그랬는데 무슨 까닭에 쫓겼는지 쫓기다가 다급하니까 후미진 데 있는 우물에 들어갔더래요. 옛날에는 돌로다가 쌓았죠. 우물로 들어가서 몸을 감추고서 다 지나간 뒤에 나오려니까 당최 나올 수가 없더랍니다. 그래서 '한마음 친구야! 나를 살려야 하지 않느냐!' 하고 그냥 마음속으로 눈물을 흘리면서 애원했더랍니다. 그러니까 지나가던 사람이 목이 말라서 두레박을 얻어 가지고 부지런히 왔더랍니다. 그러니까 그 우물도 후미진 곳에 있었는데 부지런히 와서 물을 뜨려고 보니까 사람이 있지 않습니까. 그러니까 두레박 줄을 잡고 나오게끔 해서 살았답니다. 그러니까 주인공 자기 친구가 '야, 내가 나가서 빨리 사람을 데리고 올 테니까 그렇게 알고 꼭 붙들고 있어.' 이러고선 그 몸뚱인 거기다 두고 자기 마음의 주인, 영원한 친구가 나가서 사람을 불러 오더래요. 그래서 살았대요.

옛날에 부처님께서도 제자들을 데리고 길을 가시다가 "종이 떨어진 거를 주워 봐라." 하셨더래요. 주워 보니까 향내가 나는 향 쌌던 종이더랍니다. 또 가시다가 "새끼오락지를 주워 봐라." 하시더랍니다. 그래서 새끼오락지를 주워 보니까 생선 묶었던 새끼오락지더래요. 그러니까 썩은 비린내가 나죠. 그러니까 부처님께서 하신 말씀이 "썩은 새끼오락지 냄새를 맡으니까 어떻더냐?" "썩은 비린내가 납니다." 그래서 부처님께서는 말씀하시기를 "그와 같이 지금 불교를 처음 공부하는 초발심자는 반드시 이것을 알아야 하느니라. 친구를 잘못 만나서 사람을 나쁘게 하거나, 또는 싸움을 하거나 피비린내가 나게끔 한다면 이 새끼오락지와 같은 거니라. 그리고 향 쌌던 종이는 모든 친구들과 서로 의합하게, 서로 이해하고 또 나쁘고 좋은 거를 알아서 자기 마음을 자기가 다스리고 자기 몸뚱이를 잘 이끌고 가는 데에 의해서 그 모든 향음이 전부 두루 하느니라. 그래서 배고프지 않고 헐벗지 않고, 또는 집 없는 데서 자거나 하는 법이 없느니라. 향음이 가득 차 있고 꽃이 만발했구나."라고 하셨답니다. 꽃이 만발했다 하는 것은, 여기 들어오면서 보니까 무궁화꽃 위에다가 횃불을 세워 놓고 저거 해 놨죠? 비둘기! 그거를 한번 생각해 보셨어요?

연꽃은 부처님을 상징하는 건데 부처님만을 상징한 게 아니라 우리들의 마음을 말하는 겁니다. 우리들의 마음은 떨어질 것도 없죠. 그와 같이 연꽃으로 상징했지마는 나라를 비유할 때는 무궁화꽃으로 하죠. 무궁화꽃이든지 연꽃이든지 다 한마음에서 나가는 겁니다. 불가에서 아침 쇳송에 '오종대은 명심불망'이라는 게 있습니다. 국왕의 은혜, 세상 국민의 은혜, 사장(師長)의 은혜, 또는 지수화풍의 은혜, 만물만생의 은혜, 어머니 아버지의 은혜, 모두 은혜 아닌 게 없죠. 길을 딛고 다니는 것도 은혜요 물을 마시는 것도 은혜입니다. 불이 없으면 못 사니까 불의 은혜, 바람 공기의 은혜, 낳아 주신 어머니 아버지의 은혜, 모두가 은혜를 베풀지 않는 것이 없죠.

그렇기 때문에 어머니 아버지와 모두 같이 공생하고 공용하면서 공체로서 이 세상에 살고 있으니 바로 우리가 나라를 상징해서 무궁화꽃 위에다가 넣은 것은 마음의 꽃을 말합니다. 즉 나라를 사랑하는 마음! 나라만 사랑하는 마음이 아니라 나라를 생각하는 마음이라면 우리 가정, 사회 모두 들어갑니다. 모든 은혜가 전부 들어갑니다. 그래서 그 은혜를 생각할 때에 마음의 꽃이란 얘깁니다. 마음이라는 건 상징입니다.

그래서 그런 마음을, 생각을 일으키는 게 불입니다. 그런데 마음을 일으키는 게 불인데 비둘기가 서로 입을 대고 있죠? 그거는 바로 상대성 원리입니다. 만약에 나 하나가 이 세상에 살려고 그러면 살아집니까? 생명은 다 똑같으니 공생이요, 마음은 다 똑같으니 공심이요, 몸뚱이는 다 똑같은 물질이니까 공체요, 이게 전부 같이 돌아가면서 주고받고 먹는 거기 때문에 공식화하고 돌아간다는 얘기죠. 회장이 있으면 사장이 있고, 사장이 있으면 직원이 있고 그렇듯이 직원이나 사장이나 똑같이 평등한 겁니다. 높은 산은 얕은 산이 있기 때문에 높지 얕은 산이 없었다면 높지가 못합니다. 그렇기 때문에 얕은 거나 높은 거나, 직원이나 사장이나 다 평등한 겁니다. 사장이 없어도 아니 되고 직원이 없어도 아니 되죠. 그렇기 때문에 평등한 것입니다. 그렇기 때문에 평등한 진리가 전체를 상징한 겁니다.

마음이 있다고 그래도 일으키지 않는다면, 마음을 내지 않는다면 소용이 없습니다. 그렇기 때문에 돌과 돌을 잡고선 탁 치면 거기서 불이 번쩍 일어나는데, 예전에 그걸 가지고 불을 켜고 살았죠? 부싯돌이라고 그랬죠? 그랬는데 지금 진리가, 돌아가는 원리가 그렇단 얘깁니다. 우리가 마음을 일으키지 않는다면 불이 들어올 수 없고 인연에 따라서, 상대에 따라서 생각을 일으키지 않는다면 우리는 조화를 이루어서 발전을 일으킬 수가 없습니다. 발전이 될 수가 없죠. 만남이 없는데 어떻게 발전을 합니까? 그래서 인연의 법칙은 그대로 발전의 원천인 겁니다. 그러니까 발전을 해 나가면서 우리가 정신계와 육신계가 그냥 합일해서 상응하고 작용하고 돌아간다면 큰일을 앞으로도 할 수 있는 것입니다.

그렇게 마음을 넓히고 넓혀서 생각을 내야 되겠죠. 넓히는 데는 마음은 체가 없다는 사실을 꼭 알아야 하고, 체가 없는 나가 체가 있는 나를 끌고 다닌다는 그 믿음을 꼭 가져야만이 되는 거죠. 그래서 예전에 소크라테스도 '너부터 알라' 고 했고 아리스토텔레스도 그랬듯이 사대 성인들이 다 '너부터 믿고 너부터 알아서 세상을 알라.' 이랬거든요. 자기를 모른다면 어떻게 남을 알 수 있으며, 어떻게 남에게 길을 리드해 나갈 수가 있겠습니까? 그러니 나부터 알고 나부터 믿고 내가 어디서 와서 지금 어디로 가고 있고, 지금 현실에 내가 무엇을 하고 있는지 그것을 좀더 생각해 보고 자문자답해 보기를 바랍니다.

우리가 아까 상징으로 무궁화꽃에다가 횃불을 해 놓고, 횃불 위에다가 서로 입을 대고 있는 비둘기를 해 놨다고 그랬습니다. 이 모든 것이 나로부터, 내 마음으로부터, 즉 마음을 일으키는 것으로 인해서, 불로 인해서 이 세상 모두 같이 돌아간다는 뜻입니다. 같이 상응을 해야 발전도 하고 창조력도 기르고 창조도 할 수 있습니다. 과학도 물리학도 모두가 한마음 속에서 나오는 거지 마음 떠나서는 없습니다. 생활이 그냥 과학입니다. 우리가 살고 있는 이 자체가 그대로 과학입니다. 과학이든 철학이든 어떠한 거든지, 마음의 한 점에서 나오는 겁니다. 그 한 점! 볼 수도 없고 빛깔도 없고 만질 수도 없는 그 마음의 한 점은 우주를 싸고도, 바로 삼천대천세계를 싸고도 남음이 있는 것입니다.

그래서 옛날에 부처님이나 예수님은 떡 하나를 놓고 이 세상 만물만생을 다 먹이고도 되남았다고 했습니다. 기독교든지 불교든지 타의에서 구하는 것은 다 공덕이 없는 것이고, 그것은 진짜 믿음이 아닌 것입니다. 지금 시대에는 정신계를 떠나서는 절대로 성공을 못합니다. 그리고 세세생생에 잡초라면 잡초끼리 만나는 것이고, 금이라면 금끼리 만나는 것이고, 넝마라면 넝마끼리 만나고 모이게 됩니다. 이 세상 이치를 잘 보십시오. 깡통이면 깡통끼리 모이고 그러듯이 인간도 정치인들은 정치인들대로 모이고 상인들은 상인들대로 모이고 기사는 기사대로 모이고, 이렇게 끼리끼리 모이고 있는 것입니다. 상점에 가 보십시오. 사과는 사과대로 놓고 배는 배대로 놓고 채소는 채소대로 놨습니다. 그거 한 가지뿐만이 아닙니다. 일거일동 다 그렇죠.

보이지 않는 데서도 마음의 차원대로, 차원이 1차원은 1차원대로 모이고 2차원은 2차원대로 모입니다. 새들은 새들대로 모이고 인간은 인간대로 모이고, 짐승은 짐승대로 모이고 지렁이는 지렁이대로 모이고, 삼라만상의 모든 생물이 다 끼리끼리 모이고 있는 것입니다. 그러니까 여러분이 마음 한 가지를 잘 쓰면, 주인공에다 맡기고 잘 다스리면 차원이 그렇게 3차원 4차원 5차원 6차원 7차원, 즉 평등공법으로서의 자유권을 얻을 수 있고 수레공법으로써 자유자재할 수 있는, 중용을 할 수 있는 묘법이 있습니다.

여러분! 아까도 얘기했지만 여기에 상징으로 해 놓은 것은 마음의 아름다움이, 아름다운 마음을 한생각 내면 불이요, 불이 일어나게 되면 사방에 모든 세상을, 아니 시간과 공간을 초월해서 돌아가는 그 불바퀴와 같으니까 모두가 같이 중용을 해서 돌아간다는 뜻입니다. 그러니 이 세상천지를 한마음에 넣을 수가 있는 것입니다. 이게 거짓말이 아닙니다. 여러분, 비천하게 생각하시지 말고 또 내 몸뚱이를 숨기려고 애쓰지 마시고 떳떳하게 마음의 도리를 공부하세요. 그러면 알 바가 있을 겁니다. 마음의 도리를 공부한다면 마음은 이 세상 어디고, 수억겁이 걸리는 먼 데도 한 찰나입니다. 암흑 속에서 지수화풍이 한데 합쳐서 광(光)이 일어나고 그래서 은하계가 생기고, 또 그것이 생겨서 태양계가 생기고, 태양계가 생기면 또 은하계도 많아지고 혹성도 많아지고 별성도 많아지고, 태양계도 많아지고 이러는 원인이 우리네 마음의 그 불씨에서 나온 것입니다.

여러분을 업신여기는 게 아니라 내가 긴 얘기와 짧은 얘기를 엄청나게 한다면 여러분이 오히려 '이게 정말 이럴까?' 하고 뒤로 물러설까 봐 말을 제대로 못했습니다. 그러나 제대로 한 것만은 다 이해해서 듣고, 모든 것은 바로 각자 여러분이 아니었더라면 이 세상이 없었다는 걸 아셔야 됩니다. 각자 여러분이 없었다면 내 가정도 상대도 세상도 모두가 무효라는 거, 여러분으로부터, 각자 여러분 한 분 한 분으로부터 이 세상이 벌어진 것입니다. 그리고 이런 일 저런 일 생긴 것도 여러분의 마음 탓입니다. 자기가 마음으로써 끌고 다니는 육체를 함부로 했기 때문입니다.

그러니까 인제는 좀더 비장한 각오를 가지시고 '내 마음의 주인, 영원한 친구! 그 친구가 나를 이끌어 가지고 갈 것이다. 나를 자유스럽게 만들 것이다. 나를 발전하게 할 것이다. 내 가정을 화목하게 만들 것이다. 모두 나를 만나는 사람들은 한마음의 주인공에 전부 가설이 돼 있으니까 둘 아니게 이끌어 갈 것이다.' 라고 믿으세요. 모두 가설이 돼 있는 겁니다! 자식이라는 것도 알고 부모라는 것도 아는 그 마음의 줄이 바로 얽히고설켜서 가설이 돼 있는 겁니다. 그러니까 여러분이 잘 생각하셔서 모든 주위의 환경도 전부 자기 탓이라고 돌리시고, 자기로 인해서 이런 일이 생겼다고 보고 '주인공! 나를 이렇게 이끌고 가지 마라!' 하고 거기다가 맡기세요. 진짜로 발전하고 경험을 얻고 실험하고 체험하고 나가시려면 꼭 내 주인공을 믿고 꼭 거기다 맡기시고 일임하고 주인공과 더불어 자문자답하시고, 울더라도 주인공을 잡고 우세요. 그런다면 좀더 멋있는 살림살이가 형성될 겁니다. 그럼 이것으로써 마치겠습니다. 질문하시라 그래도 안 하니까 말입니다. 그래, 질문해 봐요.

질문자1(남) 제일 좋아하는 음식은 무엇입니까?

큰스님 제일 좋아하는 음식요? 나는 특별히 좋아하는 음식이 없어요. 오는 대로 나누어 먹고 가는 거 잡지 않아요.

질문자1(남) 얼마큼 드십니까?

큰스님 그것도 대중없어요. 먹기 싫으면 안 먹고, 먹고 싶으면 먹으니까요.

질문자1(남) 하루 종일 드십니까?

큰스님 하루 종일 굶을 때도 있었고, 하루 종일뿐만 아니라 젊었을 때는 굶기도 많이 했어요. 그러나 굶었다고 굶은 게 아니죠. 여러

가지로 먹을 걸 걸머지고 다니지 않으면 먹을 게 생기는 거구요, 먹을 걸 짊어지고 다니면 먹을 게 안 생겨요. 참 그게 아주 묘한 도리죠. 여러분도 한마음을 느끼시고 그렇게 한번 실험해 보세요. 주인공에다가 맡기시고요. 또 질문하실 분 없어요?

질문자2(남) 부처가 부처가 아니고 중생이 중생이 아니라는데 거기에 대해서 말씀해 주십시오.

큰스님 아까도 얘기했듯이 부처 속에 중생이 들어 있고 중생 속에 부처가 들어 있으니 어찌 둘이겠소? 이거 봐요. 댁의 영원한 생명의 근본이 불(佛)이라면 불이 없어서도 안 되고 바로 여러분 자체가 없어도 안 되죠? 그러니까 중생이자 부처고 부처이자 중생이에요. 따로 부처가 있는 게 아니에요. 그래서 법당에 들어가면 그 부처님의 형상이 내 형상이고, 아까 '일체제불의 마음'이라는 노래 불렀죠? 일체제불의 그 마음이 내 한마음이라는 거, 그 노래를 가만히 생각을 해 보세요. 그렇다면 부처 중생이 둘이 아닐 테니까요. 우리들의 마음을 깨닫고, 또는 우리가 다 물리가 터져서 제대로 파악한다면 부처고 중생이고 언어가 붙을 자리가 있을까요?

질문자3(남) 사후의 세계가 있습니까?

큰스님 사후의 세계요? 이 자리가 사후의 세계도 되고, 이 자리가 지금 현재의 세계도 되죠. 왜냐하면 삼천 년 전도 오늘이요, 삼천 년 후도 오늘입니다. 오늘도 공해서 쉴 사이 없이 돌아가는 것입니다. 그렇기 때문에 사후도, 천당도 이 자리고 지옥도 이 자리고, 하하하…, 죽는 자리도 이 자리고 사는 자리도 이 자립니다. 그러니까 어서 하루바삐 깨쳐서 여러분이 훨훨 날으십시오.

질문자4(남) 큰스님께서 수행하실 때 말입니다, 두 번 죽고 한 번 나투어진다고 말씀하셨습니까? 그럼 죽는다는 뜻은 무슨 말입니까?

큰스님 죽는다는 뜻이요? 그렇게 질문을 해야지 말이 나오지요. (대중 웃음) 여러분이 여기에 걸어 들어오실 때 발자취를 짊어지고 들어오지 않으셨죠? 네?

걸음을 한 발 한 발 떼어 놓는 대로 없어졌단 말입니다. 그런데 우리 살아가는 것도 고정된 게 하나도 없이 그냥그냥 막 돌아가요. 그 도리를 알고 내 주인공 거기다가 모든 것을 놓는 것이, 돌아가는 거기 한군데다가 뭉쳐 놓는 것이 바로 죽는 거예요. 나 하나를 나 하나라고 하는 게 아니고 포괄해서 돌아간다는 것을 알게 되면 그것이 죽는 것이에요. 사람들은 '내가 죽는다, 내가 아프다, 내가 했다, 내가 망했다, 내가 부자가 됐다, 내가 있다' 이러죠? 그런데 진리를 볼 때에는 내가 한 게 하나도 없어요. 각자 내가 한 게 하나도 없다구요. 고정된 게 하나도 없이 돌아가고, 이것이 됐다가 저것이 됐다가, 이것도 했다 저것도 했다, 이것도 봤다 저것도 봤다 하니까 고정된 게 하나도 없이 돌아가요.

그래서 한마음 주인공을 깨달으면 그 도리를 알게 돼요. 물리가 확 터지니까요. 왼쪽 두뇌, 바른쪽 두뇌 이 상반이 작용을 하는데, 내가 말할 땐 이렇게 합니다. 송과체 통과제가 이 모든 작용을 하는 한 점에 그 뭐라고, 불이라고 할까요? 그것이 확산을 시켰다가 줄였다가 할 수 있는 작용을, 모든 것을 할 수 있기 때문에 여러분이 그 도리를 알면 다 알게 돼 있어요. 열심히 공부하세요. 그러면 죽는 것도 알고 사는 것도 알죠. 나중에 가서는 죽고 사는 그런 것이 바로 무효다 하는 것이 돼요. 또 질문할 거 없어요?

질문자5(남) 불교가 아닌 다른 종교에 대해서 어떻게 생각하시는지요?

큰스님 우리가 지구에 한데 붙어서 사는 생명들인데 다른 종교가 따로 있겠소? 예를 들어서 말하자면 그건 각자가 '이거는 내 종교다' 하고 창살을 만들어 놓고 창살 바깥을 못 나가는 것뿐이지, 그건 개별적인 자기의 생각일 뿐이지 진리를 생각한다면 모든 게 한 군데에 있습니다. 즉, 조각조각이 나서 국한돼 있는 게 아니고 전체가 같이 돌아가는 진리이기 때문에 마음을 넓게 크게 가지라는 얘깁니다. '요거는 내 종교다' 하고 발 한 짝을 놓지 못하는 소인은 중생이라 하고, '내 마음은 어디든지 통해 있다' 하는 것을 아는 사람은 깨달은 자유인이라고 했습니다. 그러니까 모든 거를 생각할 때 내 마음이 옹졸하면 한 발짝도 떼어 놓을 수 없는 것이고 바늘도 들어가지 못하는 것입니다.

그러니까 우리가 현재에 마음을 넓게 가지고 넓게 보시고, 영의 세계나 유체의 세계나 모두가 둘이 아니게, 이 세상만사가 다 그렇게 같이 돌아간다는 거를 아셔야 됩니다. 이 회색 옷을 입은 것도 살아 있다 죽었다, 여자다 남자다, 동이다 서다 이러는 것이 없이, 그러니까 희지도 않고 검지도 않다는 뜻에서 이 먹물옷을 상징으로 입은 것입니다. 그렇듯이 여러분도 중심을 제대로 두셔야 합니다. 중심이 즉 돌아가는 심봉과 같은 겁니다. 핵 자체가 있습니다.

예를 들어서 전자와 전자가 붙으면 에너지가 나오듯이 유체 무체가, 무심이 한데 합쳐지면 작용을 합니다. 그러니까 종교라는 건 제 각기 마음먹기에 달린 거지 그렇게 따로따로 있는 것이 아닙니다. 마음이라는 건 무한량이기 때문에 넓게 쓰면 넓은 것이요, 둘이 아닌 것이요, 또는 좁게 쓰면 만날 각자 벌어져 있는 것입니다. 벌어져 있다 하더라도 전부 하나인데 모두 각자가 마음을 잘 먹지 못하기 때문에, 잘 쓰지 못하기 때문에, 행을 잘 못하기 때문에, 조건 있는 사랑을 하기 때문에 조건 없는 사랑을 못하는 것입니다. 그리고 모두 그렇게 가기 때문에 융합이 되지 않고 그저 이거는 너의 집 이거는 내 집, 너 나 이것이 틀림없이 있습니다. 무궁화꽃 진달래꽃 연꽃, 이 꽃 저 꽃, 꽃이 수없이 많지만 무슨 꽃 무슨 꽃 해서 꽃은 하나지 둘이 아닙니다. 그와 같은 겁니다. 꽃은 많지만 꽃이라는 그 자체는 하나입니다.

질문자6(남) 큰스님, 책을 보니까 말입니다, 자기 자신을 계속 죽이다 보면 신통력까지 나타난다고 그랬지 않습니까? 근데 신통력까지 못 버리고 거기 휘말려 버리면 무당이 되고 그런다고 하지 않았습니까. 그러면 무당이나 그런 신통력을 발휘하는 사람이나 점을 봐 주고 그런 사람들은 어느 정도의 깨달음을 얻은 사람들입니까, 아닙니까?

큰스님 이거 봐요. 내가 이 물컵을 하나 가지고 있는데 이거를 가지고 오고 가고 이렇게 했어요. 이걸 볼 수만 있어요. 이게 무당이 하는 짓이에요. 볼 수만 있는 것은 도가 아니요, 듣는 것만 해도 도가 아니요, 가고 올 줄 안다고 해도 도가 아니요, 남의 마음을 빤히 다 안다고 해도 도가 아니요, 모두가 도가 아니라고 그랬어요. 아닌 거예요. 왜냐하면 직접 내가 봤으면 집어다가 주기도 하고 먹을 줄도 알아야 그게 진짜 도예요. 먹지 못하는 건 아무리 봐도 아무리 들어도 소용없는 거예요. 그렇기 때문에 오신통이 다 도가 아니라고 그랬어요. 오신통이라는 것이 만약에 통이라면 통 안에 있을 때는 통을 굴릴 수가 없겠죠? 그렇죠?

그런데 여기서 벗어났다면 이거를 마음대로 굴릴 수가 있겠죠. 그거예요. 여기서 벗어나야 이거를 마음대로 굴릴 수 있다. 배고픈 사람에게 줄 수도 있고 자기가 배고프면 먹을 수도 있지만, 통 안에서 벗어나지 못한다면 영영 이거를 굴릴 수 없다. 즉 말하자면 중용을 못한다 이 소리죠.

질문자6(남) 그 통 밖을 벗어나지 못했으니까 마음을 내고 그런 걸 해도 실천이 안되는 겁니까?

큰스님 하는 사이 없이 하게 되는 것이 그대로 법이에요. 우리 생활 자체에, 깨달은 분들은 생활 자체에서 자기를 버리고 자기를 죽이고, 그렇게 해서 다시 이 세상으로 살아서 나오는 거예요. 그래서 그대로 생활 자체가 여여한 거죠. 이 도리를 공부한다면 엄청난 도리를 알게 돼 있고, 살아나가는 데 모든 것을 좀, 아주 능통하고 능률 있고 아주 푸근하고, 정말 어떻게 말로는 형용할 수 없이 부자인 것입니다.

사회자 여러분, 대단히 죄송합니다. 법문을 들으시고 의문점이 대단히 많으시겠지만 시간 관계상 다음 기회가 있을 걸로 믿고 질문을 생략할까 합니다.

큰스님 그럼 여러분, 바로 자기들을 끌고 다니는 마음의 주인을 진실히 믿고 거기다 맡기시고, 거기서만이 나를 이끌어 준다는 그 믿음! 앞에 닥치는 것대로 거기다 맡기고 거기서만이 해결할 수 있다고 믿고 지켜보시고 거기에서 실험하시고 체험하세요. 그렇게 해서 연방 연방 마음을 넓혀 가세요. 정말입니다. 정말 좋은 도리이고 묘법입니다. 그럼 여러분, 다시 만날 때까지 안녕히 계세요.

출가의 진정한 의미

온양지원 법회 - 천안소년원 경비교도대원들에게 설하심

1992년 5월 20일

…이 도리가 꼭 머리 깎고 스님이 돼서, 부처가 돼 가지고 가만히 있어서 되는 것이 아닙니다. 그렇게 알고 있는 사람들이 많아요. 스님들은 방편상 머리를 깎고 승복을 입고 그러는 겁니다. 왜냐하면 장가 안 가고 시집 안 가고 이렇게 자기를 모두 버린 채 공부하는 사람들을 따르는 사람들이 많이 있으니까요. 믿게 하기 위해서가 아니라 따르게 하기 위해서 그러는 거죠.

그리고 누구나 믿는 것은 자기를 끌고 다니는 자신을 믿어야지 어디 믿을 데가 있나요? 아무리 스님을 존경한다 하더라도 따르라고 그랬지 믿으라고 그러진 않았단 말입니다. 여북하면 '자신(自神)'이라고 그랬겠어요. '자신'을 믿고 찾지 왜 '타신'을 믿느냐 이거예요. 부처님께서 49년을 설해 주시고 가르쳐 주신 뜻이 '자신을 발견하고 찾아라' 이거지 타신을 찾으라는 게 아니에요. 자신이 모두 한데 합쳐져도, 우주 전체가 합쳐져도 하나로 돌아가는 이치입니다. 아직 공부를 안 하고 덜 해서 모르시니까 그 하나로 돌아가는 것마저도 없다는 얘기를 할 수가 없으니 그거는 나중에 얘기하죠. 하나로 돌아가는 것만이라도 아셔야 할 겁니다.

마음이라는 것은 말 그대로 마음먹기에 달려 있습니다. 마음은 한 찰나에 달나라에 가서 전체를 볼 수도 있는 거고, 끌어다가 볼 수도 있는 겁니다. 그런데 그냥 앉아서 우주를 그대로 끌어다 볼 수 있는 그 자체도 도가 아니라고 그랬어요. 왜냐? '이렇게 되면 안 되니까 내가 이것을 다시 고쳐서 해 놔야겠다.' 이런 거를 자유자재할 수 있어야 도라고 그럽니다. 탐험을 하고 보기만 해서는 도가 아니라고 그랬습니다. 사실이에요. 내 집에서 물건을 이쪽으로 놨다가 저쪽으로 놨다가 또 이것도 했다가 저것도 했다가 하듯이 마음대로 할 수 있어야, 모두를 위해서 그렇게 할 수 있어야 자유자재 대권을 가진 것이죠. '아뇩다라삼먁삼보리' '마하반야바라밀'이라고 하는 그 자체입니다. '한생각에 큰 우주를 자기 마음 안에 넣고도 두드러지지도 않고, 다 꺼내서 벌려 놔도 줄지 않는다.' 이런 뜻이죠. 그래서 사람들에게는 보이지 않는 세계니까 언덕이라고 했죠, 언덕! 언덕이라고 비유했지만 바로 이 자리가 언덕이요, 이 자리가 저쪽 자리고 저 자리가 이쪽 자리요, 왼손 바른손과 같은 거죠.

이러한 마음 도리를 배우고 안 배우고 간에 이 세상 이치가 과학이자 부처님 법이에요. 우리가 살아나가는 생활 그대로 어느 것 하나도 빼놓지 않는 거죠. 부처님 법이기 이전에 그대로 우리들의 법이에요. 불교에서는 계정혜(戒定慧)를 말하는데 하나님, 하늘님, 한울님 이렇게 세 가지로 비유한다면 하늘님은 지혜고 하나님은 나입니다. 내 님이 내 속에 있지 내 님이 타의에 있나요? 그래서 하나의 님이에요. 그리고 한울님은 모두가 같이 서로 상응하면서 듣고 돌아간다는 거죠. 새들도 모이면 자기네들 말로 다 통하고 있어요. 또 개미들도 먹을 것 하나 만나면 어떻게든지 통해서 다 떼로 몰려와서 물어 가요. 이게 한울님이에요. 한울님! 자체 내에 주인이 있는 거지, 내 주인이 이미 있는 거지 타의에, 바깥에, 이름에, 물질에 있는 게 아닙니다. 해박하게 다 깨달아서

'선지식들이다' 이런다고 해서 그 사람네들 발자취를 좇아가서는 나를 깨칠 수가 없어요, 나를!

나를 깨치고 나면, 나부터 알고 나면 일체 만법이 다 내 법이요, 일체제불의 마음이 다, 외국 사람이든 한국 사람이든 어떠한 사람이든 깨달은 사람은 다 한마음으로 모이게 돼 있어요, 하나로! 그냥 한 찰나에 들었다가 한 찰나에 나고, 한 찰나에 났다가 한 찰나에 듭니다. 일을 할 게 있으면, 손으로 집을 게 있으면 빨리 집었다 놓고선 또 떼고, 또 뭐 일할 거 있으면 또 집고 이렇게 하듯이 찰나찰나에 한마음이 된다는 거죠.

이 도리는 각자가 좀 깨달아야 될 거예요. 작은 걸로부터 큰 거까지 하나하나 깨달아 갈 수 있으니까요. 지금 또 이렇게 앉아 있는 것도 '믿겠다' 하는 것보다도 '나도 좀 알아봐야 되겠다' 하는 이런 마음으로 인해서 앉은 거예요. 진짜 자기를 끌고 다니며 자기를 앉혀 놓기도 하고 세워 놓기도 하고 그러는, 상대적이면서도 상대가 아닌 자기를 그렇게 못 믿어요? 세상에 못났든 잘났든 자기가 자기를 믿지 누구를 믿겠어요! 따로 믿을 사람 있어요? 정말로 자기를 믿어야죠.

질문자1(남) 지금 여기 중대에 있는 대원들이 생활하는 데 크고 작은 사고가 자꾸 일어나고 있어요. 왜 그런지는 모르겠지만 그렇지 않도록 큰스님께서 한마음 내 주십시오.

큰스님 나무라면 뿌리와 잎새와 가지가 같이 돌아가야 되죠. 근데 그것도 사실, 마음이라면 같이 한마음으로 '야! 그런 일 나지 말아라.' 하면 나지 않는 건데, 뿌리는 그냥 내버려 두고 '아이, 그런 거 안 났으면 좋겠어. 그런 거 안 났으면 좋겠어. 그런 거 좀 없애 주지 않나?' 이렇게 그냥 흘러나가니까 그게 되나? 보이는 데에도 생명이 있고 보이지 않는 데에도 생명들이 있어요.

예전에 어느 학교 선생님이 있었는데 그 학교를 짓고 나서 사람이 자꾸 죽는대요. 사람이 병들고 죽고, 또 사고가 자꾸 나고 그런대요. 그래서 그 선생님더러 이렇게 이렇게 하고 나가라고 그러고선 거기에서 해마다 제사 지낼 때에 물 한 그릇 떠 놓고 그냥 지내라고 그랬어요. 모두 목욕을 시켜서 천도를 시키라고 그랬죠. 그럭하고부터 아무 일도 없어요. 그러니까 보이는 거든지 보이지 않는 거든지 한마음으로 돌아가는 거니까요. 여러분도 공부해 보세요. 보이는 것만 하나로 돌아가는 게 아닙니다.

만약에 상대가 깐죽깐죽하거나 사회에서 어떠한 문제가 생겼어도 내가 실험을 해 보는 거예요. '주인공, 저 사람이 저렇게 하는 것도 당신밖에 해결할 수 없어. 저 사람의 마음이 흔들리지 않게 하고 또 엉키지 않게 하고, 나와 대립하지 않게 하는 것도 당신밖에 없어. 당신만이 그렇게 할 수 있어.' 하고 실험을 해 보세요. 하나하나 생활 속에서 실험을 하고 나가 보세요. 정말이지 이게 좋은 공부입니다. 이건 마음공부이기 때문에 그냥 네 종교 내 종교 하고 따질 필요도 없고요. 그래서 선원에는 가톨릭교니 티벳 불교니 통일교니 불교니 뭐, 안 오는 사람들이 없어요.

질문하고 싶으시면 한번 해 보세요. 꼭히 무슨 질문할 건덕지가 있어서 하는 게 아니라 마음 내키는 대로 해 보세요.

질문자2(남) 속세를 떠나 출가하게 된 동기가 무엇입니까? 말씀 좀 해 주십시오.

큰스님 허허허…, 무상하니까요. 이 세상 모두가 부서지고 변하고 죽고, 하나도 그대로 있는 게 없어요. 사람도 변하고 돌아가고 마음도 변하고 돌아가고, 보는 것 듣는 것 모두가 변하고 돌아가요. 그 변하고 돌아가는 문제가 어떻게 돼서 변하고 돌아가나? 그러면 내가 어디서 왔나? 지금 어디로 가고 있는가? 어떻게 변해서 지금 여기까지 또 왔는가? 또 지금 무엇을 하고 있는가? 그것이 궁금해서요. 정말이에요!

허허허….

지금 우리는 빈손 들고 벌거벗고 나와 가지고 한 철 나고는 또 가요. 지금 아무리 재산이 많고 보물이 많다 하더라도 죽을 때 그것들이 따라가는 일은 없어요. 안방에서 내다보지도 않아요. 또 아무리 좋은 집이 있다 하더라도 대문 안에서 배웅하지 바깥으로 나오지도 않아요. 집이 말입니다. 하하하…. 그리고 아무리 친한 친구들과 자식들, 부부가 있다 할지라도 동구 바깥밖엔 안 나와요. 따라가지 못해요. 그런데 자기가 살아온 거에 따라서, 그거를 업식이라고 하죠. 자기가 어떻게 살았느냐에 따라서 인연에 따라서 업식이 되니까 그걸 인과라고 하는데, 그 업식만이 죽은 뒤에까지 따라가는 거예요. 그러니 다시 태어나도 자기가 어떻게 살았느냐에 따라서, 차원에 따라서 주어지는 그런 업식이, 즉 컴퓨터에 입력된 거와 같이 들어 있다가 그대로 솔솔 자꾸 나오게 되는 거죠. 그런데 나오는 거기에다 모든 것을 되입력을 한다면 앞서 것이 다 지워지지 않겠습니까? 그렇게 해서 지워지는 겁니다.

그러니까 입산을 하는 것도 그렇게 해서 입산하는 사람이 있고, '에이그, 이렇게 변하는 세상에 살면 뭘 하나? 그까짓 것 조금 더 살면 뭘 하고 덜 살면 뭘 하나, 에이!' 그러면서 그냥 가정을 다 버리고 나오는 사람도 있죠. 다 버리고 그냥 오직 마음 도리를 알려고 하는 것뿐이니까요. 이 몸뚱이가 살면 얼마나 살겠어요. 그러니까 그렇게 공부를 하려고 그러죠.

예전과 달라서 지금은 뭐, 대학을 나오고 대학원을 나오고도 입산을 하죠. 지금은 입산하는 그 차원이 아주 달라요. 우리 자랄 때만 하더라도 소학교 겨우 졸업해 가지고 들어오거나, 연애에 실패해 가지고 들어오거나, 살기 어려워서 들어오는 사람이 있고 그랬는데 지금은 그렇지 않아요. 지금은 뭐, 난다 긴다 하는 사람들이 들어와요. 외국에도 지원이 인제 열 갠가 되는데 외국 사람들도, 대학에서 석사나 박사 과정에 있는 사람들 또 교수들, 이런 사람들도 이 공부를 할 양으로 모여서 무지하게 노력들을 해요. 정말이에요.

그래서 이번에도 버클리대학에서 교수들 모임이 있는데 참, 부탁을 받고도 지난번에는 못 갔다가 이번에 갑니다. 하여튼 자기네 나름대로 이 공부를 해 가지고 논문을 쓰고 박사 학위를 따고 연구를 계속하는데 그 성과는 말로 할 수 없답니다. 이 공부만 하면 좋긴 좋은가 봐요. 내가 좋다고 그래서 되나요? 본인들이 좋아야죠. 하여튼 열심히 해 보세요. 가정을 이끌어 나가거나 사회를 이끌어 나가거나, 나 자체의 몸뚱이를 이끌어 가거나 간에 아주 다양하게 활용할 수 있고 나중엔 조건 없이 주는 사랑을 할 수 있어요. 아주 좋습니다. 조건 없는 사랑은 사랑이라고 안 그러고 자비라고 그러죠.

하여튼 여기 스님한테 열심히 배우세요. 어저께도 없고 내일도 없고 오늘도 없기 때문에 그 없는 가운데에 바로 평등공법에 의해서 자유권을 얻고, 팔수레공법의 자유권을 얻고, 활궁법의 자유권을 얻고, 이래서 삼라만상 우주대천세계 일체 생명들을 맛있게 먹일 수 있는 그 도리를 알기 위해 모두들 입산을 해서 공부한답니다. 그럼 이것으로써 마치겠습니다.

진실한 믿음이 모든 업식을 녹인다

온양지원 법회

1992년 5월 20일

여기 지원장 스님이 진리를 너무도 역력하게 가르치시기 때문에 내가 좀 등한시한다 하더라도 바로 지원장 스님 마음이 내 마음이고 내 마음이 지원장 스님 마음입니다. 비록 모습은 다르나 마음이 어찌 둘이겠습니까. 깨달음의 진리는 하나인 것이지 둘도 아닙니다. 그 깨달음의 진리를 안 스님이라면 바로 부처하고도 둘이 아니요 내 마음하고도 둘이 아니요 모두가 둘이 아닌 것입니다.

더군다나 우리가 몸 떨어지기 전에 이 도리를 꼭 알아야 하는 문제가 개재돼 있습니다. 자기 주인공은 분명코 있습니다. 자기를 끌고 다니는 과거의 조상 말입니다. 여러분이 죽어서 요다음에 다시 태어날 때, 현재 살면서 행동하고 말하는 그 모든 인연에 따라서, 가고 오고 행한 그 모든 업식의 차원에 따라서 각자의 삶이 주어지는 것은 바로 자동으로 입력되어 있기 때문입니다.

따라서 지금 현실에 주어지고 있는 것은 우리가 과거에 살던 그 차원, 자기가 어떻게 살았느냐에 따른 것입니다. 그러므로 현실에 주어진 그 자체를 우리가 주인공에다가 되입력 해서 업식을 녹일 수 있는 것입니다. 즉 말하자면, 여기 지원장 스님이 변소간에까지 써서 붙여 놓았습니다마는 모든 것을 주인공이 한다고 믿고 거기다가 맡겨 놓을 수 있다면 틀림없이 진정한 참자기의 소식을 발견하실 겁니다. 우리가 주인공을 믿지도 않고 등한시한다면 그것은 바로 자기를 믿지 않고 등한시하는 겁니다. 부처님 모습이 저기 계십니다만 저 부처님 모습이 바로 각자 자기 모습이라는 걸 아셔야 됩니다. 부처님은 한 분이지만 여러분의 모습이 그 모습과 둘이 아니라는 뜻입니다. 지금 '일체제불의 마음'이라는 노래를 부르셨죠. 마음도 둘이 아니요 모습도 둘이 아니요 생명도 둘이 아니요, 일상생활 속에서 해 나가는 마음 자체가 바로 일체제불의 마음과 둘이 아니게 행동하고 계십니다. 그런데 자기네들이 못 믿는 겁니다. 나는 나다, 내가 망했다, 내가 잘했다, 내 자식이다 뭐, 일거일동 나, 나, 나, 나 하고 돌아갑니다.

그런데 부처님을 왜 부처님이라고 이름을 지었는지 아십니까? 부처님이란 부처님 한 분으로만 계셔서 부처님이라고 부르는 것이 아닙니다. 부처님은 부처님 한 분으로만 계신 게 아니라 법신 응신 보신 이렇게 연방 화하면서 이 중생이 원하면 그대로 한마음이 돼서 응해 주시고, 또 저 중생이 원하면 그 소원대로 응해 주십니다. 그러니까 내가 아파서 주인공에다가 맡겨 놓고 '당신만이 할 수 있어.' 할 때 그 부처님의 마음이 약사보살로 화하게 되죠. 당신 주인공의 마음과 둘이 아니게 결부가 돼서 바로 약사보살이 돼 준다 이겁니다. 그리고 법에 저촉을 받았을 때 '당신만이 이 법에 얽힌 것을 풀 수 있다.' 하고 믿고 거기다가 맡겼을 때는 법신이 바로 한 찰나에 그 마음에 한마음으로 돼 가지고 엉킨 거를 다 풀어 주시고 한 찰나에 나가신다 이겁니다.

부처님이라는 이름이 어떻게 해서 얻어진 건 줄 아십니까. 이 세상 만물만생을, 죽은 중생이나 산 중생을 다, 하다못해 곤충 하나까지도 보살피지 않는 게 없기 때문입니다. 곤충이 진화할 때도 반드시 부처님의 마음이 한마음이 돼 주셔서 진화가 됩니다. 진화! 모습이 바뀌진다는 겁니다. 그러면서 다시 진화할 때는 그 곤충의 마음이 얼마나 좋은지…, 바로 부처님의 마음이 거기 한마음으로 들어서 지혜가 생기니까 능히 진화될 수 있는 차원이 돼서 진화가 된다 이겁니다.

여러분은 길을 걸을 때 저런 나무도 그냥 나무로만 보시죠? 그러나 그 나무 속에는 목신, 즉 나무의 신이라는 게 있습니다, 생명의 신. 그래서 사람이 왔다 갔다 하는 것도 다 보고 그 속도 다 안단 말입니다. 허영 그냥 저렇게 서 있는 게 아닙니다. 부처님은 그런 것까지도 다 응해 주십니다. 그리고 응해 주시려면 벌써 그 모습으로 화해서 그렇게 해 주시기 때문에 일체 만물만생이 다 부처님 아님이 없고 부처님 모습 아님이 없고 부처님 자리 아님이 없고 부처님 생명 아닌 게 없고, 이렇게 되니까 어떤 것이 될 때에 부처님이라고 할 수 있겠습니까. 돼지를 건지기 위해서 돼지가 됐을 때 돼지 하나만 건지는 게 아닙니다. 돼지 하나면 수십억의 중생들을 건질 수 있다 이겁니다. 그래서 부처님은 돼지를 건지기 위해서 응신으로 화하셔서 돼지 속에 들어가서 삼 일을 있든 이레를 있든 거기에 물들지 않으시고 그대로 돼지가 화하게 모습을 바꿔 주고 나신다 이겁니다. 돼지뿐만 아닙니다.

그거를 모르시겠걸랑 가정에 어머니니 할머니니 아버지니 할아버지니 이렇게 한 가족이 함께 살고 계시는 것을 비유해서 말할 테니 들어 보십시오. 우리가 아버지다 어머니다 하는데, 아내가 부르면 남편이 돼 가지고 있는데 자식이 "아버지!" 하면 남편이 됐다가도 자동적으로 아버지가 됩니다. 아버지가 돼 가지고 있는데 어머니가 "애, 아무개야!" 하고 부르거든요. 그러니까 "예, 어머니." 하고 아들 노릇을 한단 말입니다. 안 그렇습니까? 또 "형님!" 하고 부르면 그냥 "그래." 하면서 아들 노릇을 하다 금방 형님이 돼요. 장모가 부르면 금방 사위가 되죠. 한 가정에서도 한 사람의 이름이 얼마나 많습니까. 그렇게 많은 이름들을 걸림 없이, 불리는 대로 아주 자동적으로 여여하게, 그냥 역할을 잘하고 가시죠. 금방 "여보!" 하면 남편 노릇을 여여하게 하고,

"아버지!" 하면 아버지의 노릇을 여여하게 하고 가시죠. 그러니 남편 노릇 할 때를 나라고 할 겁니까, 자식 노릇 할 때를 나라고 하겠습니까. 아버지 노릇 할 때를 나라고 할 수 있겠습니까. 그러니까 한 사람이 그렇게 많은 역할을 하고 갑니다. 안 그렇습니까? 엄마도 그렇고 아빠도 그렇고 다 말입니다. 이해가 갑니까?

부처님께서도 아촉이라는 이름, 아미타라는 이름, 관세음이라는 이름, 지장이라는 이름, 약사보살이라는 이름, 칠성이라는 이름, 독성이라는 이름, 지신이라는 이름, 용신이라는 이름, 보현신이라는 이름 등 뭐 하고많은 이름을 가지고 계십니다. 그렇게 많은 이름을 한 분이 다 가지고 계시다 이겁니다.

그런데 여러분은 부처님 한 분 앞에만 갖다 놓으면 걸리죠? 그런데 여기 지원장 스님이 아주 쉽게 간편하게 가르칩니다. 이것도 해 놓고 저것도 해 놓고, 여기다 놓고 빌어라 저기다 놓고 빌어라 한다면 돈이 없어서 못 놓을 때는 '아이고, 저기 칠성에다 놓지 않아서 우리 자식들이나 남편이나 명이 짧아지면 어쩌나.' 요렇게 생각이 들죠. 신중단을 해 놓지 않았기에 망정이지 신중단을 해 놓았으면, 부처님 앞에다만 놓고 거기다 안 놓으면 '이거 잘못되면 어쩌나.' 하는 고민이 많을 것인데 지원장 스님이 그것을 다 면하게 해 주신 겁니다. 요기 놓고 빌어야 하고 조기 놓고 빌어야 하는 걱정 근심을 다 덜어 드렸다 이 소립니다.

그래서 그렇게 많은 이름을 가지시고 이렇게도 화하시고 저렇게도 응하시고, 응신이 되시고 법신이 되시고 보현신이 되셔서 수시로 나투시고 계신 겁니다. 바로 여러분이 마음에 부처님을 진실하게 믿고 그런다면 원하는 대로 나투어 주실 겁니다. 일체 모든 생명의 근본은 다 똑같기 때문에 일체제불이라고 하는 겁니다. 그래서 여러분이 가정에서 그렇게 여여하게 모든 역할을 하시듯이 부처님도 여여하게, 여러분이 응해 달라는 대로 산신을 찾으면 산신도 되시고 아파서 찾으면 약사도 되시고 또 자식들이 물에 빠져 죽을까 봐 걱정을 할 때는 바로 용신이 돼 주신다 이겁니다.

마음이라는 건 무한합니다. 그래서 부처님의 깨달은 마음은 한량이 없어서 무한량이고 우주간 삼천대천세계에 그 부처님의 마음이 꽉 찼다 이 소립니다. 그 도리를 알면, 여러분 각자 주인공의 그 맛을 알면 맛을 아는 그 자체가 바로 부처님의 마음과 더불어 같이 하는 것입니다. 즉 말하자면 비가 와서 빗방울이 다 한 그릇에 들어가도 두드러짐이 없이 한 그릇이듯이 우리의 마음도 무한량이 돼서 바다와 같다 이겁니다.

마음은 체가 없는 겁니다. 그렇기 때문에 지혜롭게 마음을 쓰십시오. 관세음보살이라는 것도 이름입니다. 우리가 바로 이 세상을 관해서 보고 관해서 듣고 관해서 지켜보고 말하면서 자기 마음으로 자기를, 자기 몸뚱이를 다스리면서 돌아가는 것이 관세음입니다. 그래서 고삐와 소를 말한 겁니다. 소를 모는 목동과 같이, 자기 몸을 한데 떨어지지 않게 다스리면서 가다가 내 마음이 그렇게 다스려지면 그냥 그대로 관세음입니다. 관세음이라고 해서 바깥으로 높이 있는 관세음을 찾거나 자꾸 이름을 찾아도 그건 소용이 없는 겁니다. 관세음은 높은 데 있는 것도 아니고 낮은 데 있는 것도 아닙니다. 직접 생활하면서 살아나가고 있는 자기가 바로 그대로 관세음입니다. 우리가 지켜보면서 듣고 말하고 그렇게 모든 생활 자체를 그대로 해 나가는 것이, 자기가 자기를 다스리면서 체험하는 것이 그대로 참선입니다. 그런데 '관세음보살! 관세음보살!' 입으로만 부르고 바깥으로 들입다 관세음보살을 찾으니 관세음보살이 대답이나 할 것 같습니까? 내가 나를 발견하는 것이 곧 관세음보살을 발견하는 거와 같다 이겁니다. 관세음보살도 이 '세상 세(世)' 자를 써서 세상 모든 것을 뜻하는 것으로 그 글자 그대로입니다. 이름입니다. 이 세상 이름, 우리가 살아나가는 이름, 그러니 그 이름 속에 바로 참나가 있다는 것을 아셔야 합니다.

여러분이 물그릇을 놓고 '이 물그릇이 뭣고?' 하면서 아무리 돌려 가면서 봐도, 아무리 돌려 가면서 염하고 애를 써도 물맛은 볼 수가 없습니다. 그러면 그냥 허탕입니다. 만약에 마음이 물그릇과 같다면, 물방울이 생기는 대로 여기 들어간다면 그냥 한 그릇이 돼 버리고 말죠. 그렇듯이 모든 걸 내 마음속에, 마음은 체가 없는 겁니다. 체가 없는 것을 체가 없는 데다 놓으면 두드러지지도 않죠. 체가 없는 데서 없는 것을 꺼내더라도 줄지도 않죠. 모든 것이 그렇게 묘한 것입니다.

여러분이 여기 지원장 스님 같은 길잡이를 만나기가, 말하자면 눈먼 거북이가 물속에서 천 년을 공부하다가 한 번 딱 떠오르는데 구멍 뚫린 뗏목을 하나 만나서 거기 안식처를 두는 것과 같이 그렇게 어렵다는 얘깁니다. 그래서 스승 한 분 만나기가 그렇게 어렵다는 얘깁니다. 그러니 이렇게 만난 것도 인연이 너무나 지중할 뿐만 아니라 여러분도 예전에 그런 공덕을 지어 놓으셨기 때문에 오늘날 지원장 스님 같은 길잡이를 만난 것입니다.

지금 기독교나 가톨릭교나 불교나 어디든 다 가 보십시오. 모두 타의에서 구합니다. "칠성님, 나를 도와주십시오. 나를 살려 주십시오. 지장보살, 나를 좋은 데로 가게 해 주십시오. 부처님, 나를 도와주십시오. 산신, 나를 이끌어 주십시오." 하고 온통 바깥으로 돌아가고 "하나님 아버지시여! 주여!" 하고는 또 바깥으로 돌고 이럽니다. 그게 무슨 짝입니까. 자기로부터 이 세상이 벌어졌단 얘깁니다. 자기가 안 나왔으면 다 무효죠. 그러니까 자기로부터 자기를 알아야 하고 믿어야 하는 겁니다. 수억겁 광년을 걸쳐 미생물로부터 시작해서 곤충으로도 짐승으로도 태어나서 수없는 나날을 쫓기고 쫓으면서 갖은 고생 다 하면서 진화되어 인간까지 이렇게 올라왔는데 그때서부터 그렇게 끌고 온 장본인이 바로 주인공이에요. 그런데 믿지 않으시겠습니까? 과거에도 끌고 다녔고 지금도 끌고 다니는데 말입니다. 그래서 자성을 찾지 못한, 발견하지 못한 사람은 그대로 중생이요 발견하는 사람은 그대로 법신이고 또 부처다 이런 소리를 하게 됩니다.

또 한 가지는, 내 몸뚱이 속에 수없는 중생들이 있는데 이 마음 하나 공부하면 한마음으로 뭉쳐져서 그 모든 중생들이 바뀌어집니다. 중생이 보살로 바뀌어집니다, 화하는 거죠. 바뀌어져 가지고 털구멍을 통해서 들고 나면서 중생들을 제도합니다. 이 마음 하나 공부하면 천백억화신으로 화하게 된다 이 소립니다. 여러분은 각자 자기 속에 수십억의 중생들이 들어 있다는 것을 잊어서는 안 됩니다. 여러분의 마음 하나로 인해서 수십억의 중생들이 제도가 됩니다. 여러분의 마음 하나가 몸과 행동과 말 등 모든 걸 다스리고 나가게 되면 몸속의 중생들이 다 다스리는 대로 진화가 되는 겁니다.

그래서 과거의 업이라든가 유전성이라든가 영계성 업보성 세균성, 이런 문제들을 전부 타파하는 겁니다. 진짜로 거기다 맡기고 정말 믿어서 '거기서만이 해결을 할 수 있고, 거기서만이 이끌어 줄 수 있고, 거기서만이 낫게 해 줄 수 있고, 거기서만이 생활을 그대로 하고 있다.'는 그 사실을 진짜로 믿는다면 그냥그냥 확확 화해 버립니다. 그리고 업이 무너집니다. 오간지옥이 무너지고 유전성이 무너지고 업보성이 무너지고 다 무너져서 내 생활도 차차 빛이 나고 내 마음이 편안해지고 가정이 화목하게 됩니다. 업보가 무너져서 악행이 줄어들고 없어지게 되면 자연적으로 가정살림이 좀더 펴지고 가족이 융화가 되고 그렇습니다.

그리고 가정에서 자식들을 키우는 것에 관해 또 한 가지 말하죠. 나가서 나쁜 짓을 한다든가 나가서 안 들어온다든가, 뭐 집안에서 속을 썩인다든가 공부를 안 한다든가 이런다고 해서 "야! 요놈의 새끼야, 배울 시기에 배워야지 부모가 애쓰고 벌어서 공부시켜 주는데 요렇게 놀다가 나중에 뭐가 되려고 그러느냐!" 하고 욕을 하고 온통 야단을 치고 붙접을 못하게, 그저 잘못하는 대로 붙들고 야단을 치는 것이 잘하는 겁니까? 어떻게 해야 잘하는 겁니까? 여기 아시는 분 있으면 말씀해 보세요.

그리고 잘한다 못한다를 떠나서 진짜 마음과 마음이 통하게끔 해야 환하게 불이 들어와서 자기도 모르게 그냥 저절로 부모의 마음을 따라 주게끔 되는 거지, 덮어놓고 말로 그냥 한몫해 버리면 외려 몸뚱이가 달아나가요. 아침에 나갔다 저녁에 들어오면서도 '저놈의 집에 들어가면 또 귀찮고 냉랭하고 따뜻하지가 못하고 이럴 거야.' 이런다면 자연적으로 멀어져요. 들볶으면 남편도 역시 그럴 거예요. 부인도, 자식도 그럴 거구요.

그런데 그것이요, 솔직한 얘기지만, 딸에게든 아들에게든 남편에게든 부인에게든 '마음을 고쳐 줄 수 있는 건 당신밖에 없어. 그렇게 안 하도록 하는 것은 당신밖에 없어.' 하고 한마음 주인공에 맡기면서 부드럽게 말해 주고 부드럽게 행해 주고, 아주 사심 없고 조건 없이 사랑할 수 있는 마음을 내는 것이 가장 지름길이에요. 속에서 이런 게 치밀더라도 그 화나는 것을 거기다 맡겨야죠. 화가 나게 하는 것도 안 나게 하는 것도 거기뿐이니까, 화나게 할 수 있는 능력이 있다면 화 안 나게 할 수 있는 능력도 거기 있다 이거죠. 그러니 거기다가 맡겨 놓고…. 왜 맡겨 놓으라고 하느냐? 아들이다 남편이다 부인이다 딸이다 이런 거를 다 알고 계시죠? 알고 있는 그 자체가 가설이 된 겁니다. 알고 있는 그 자체가 바로 인과의 법칙에 의해서 가설이 된 겁니다. 그래서 가설이 된 전구에는 스위치를 올리면 불이 들어오게 돼 있죠. 그러니까 아들이든 딸이든 남편이든 아내든 주인공에다 모든 걸 맡겨 놓고 부드럽게 말해 주고 부드럽게 행해 줄 때, 바로 그쪽까지 마음에 불이 들어오는 겁니다.

여러분도 그렇게 실천을 하면서 지켜보세요. 그러면 체험을 하게 돼요. 작든지 크든지 그렇게 하나하나 지켜보면서 실천해 가세요. 그러면 지원장 스님이 귀한 줄도 알고 여러분 가정이 귀한 줄도 알고, 아들 딸 남편 부인 모두 소중한 줄 알 겁니다. 지금은 사람들이 모두 조건 있는 사랑을 합니다. 만약에 부인이 석 달이든 일 년이든 누워서 일어나지 못한다면 남편들은 어떻게 생각하시겠습니까? 아픈 것도 하루 이틀이라야 하고 한 달 두 달이라야지, 만약에 일 년이 넘어갔다, 이 년이 돼 간다, 이건 일어날 수가 없다, 이럴 땐 어떻게 하시겠습니까? 배신 아닌 배신을 하겠죠? 아마 어떻게 해 볼 수가 없을 겁니다. 그러나 이 도리를 공부하는 사람들은 그렇게 일이 벌어지지도 않겠지만 그렇다 할지라도 마음과 마음이 통해서 남편을 그렇게 고생시키면서 오랫동안 드러누워 있지도 않을 것이며 모두가 같이 불이 들어오게끔 할 겁니다.

내 가정의 가족 모두에게 불이 같이 들어오게 되면 이 세상에도 같이 들어오고, 세상에 불이 같이 들어오게 되면 우주에도 같이 들어오게 됩니다. 이것을 그냥 '저이는 그냥 저렇게 말을 하는 것이려니….' 하고 듣고 있죠, 예? 우주에 불이 같이 들어온다니까 '그럴 수 있을까? 그렇게 될 수 있을까?' 하는 생각에서 막연히 그냥 듣고만 있을 테죠.

쉴 사이 없이 시공을 초월해서 혹성이 돌아갑니다. 은하계도 마음의 생명의 그 근본 자리에서 돌아가니까 천체가 돌아갑니다. 돌아가니까 돌아가는 대로 바로 태양에 연결이 돼 있단 말입니다. 그 태양은 우리들 마음을 따뜻하게, 모든 만물을 따뜻하게 해서 길러 주는 아버지라고도 할 수 있죠. 그런데 그것은 아주 따뜻한 마음을 뜻하는 겁니다. 달은 밝음과 청정함을 말하고 해는 따뜻한 것을, 지혜를 뜻합니다. 그래서 꽃들이 가지각색으로 많듯이 사람도 그 마음 그릇의 꽃이 천차만별로 돼 있단 얘기죠. 그런데 수많은 이름의 꽃들이 있더라도 꽃이라는 건 하나밖에 없습니다, 하나! 가지가지 꽃의 이름이 있어도 꽃이라는 것만은 하나입니다. 사람도 갖은 사람이 있지만 사람이라는 건 하나입니다.

그렇듯이 우리가 이것저것 생각할 게 없습니다. 그래서 어떤 스님께서도 그러셨지만, 왜 이것저것 다 없다고 하느냐 하면 주인공 하나만 가지면 모든 게 해결이 날 것을 그냥 요것 생각하고 저것 생각하니까 그렇게 말씀하신 거죠. 그거를 표현하자면, 돈 한 가지만 가지면 전부 살 수 있는 것을 왜 요것조것 걱정하느냐 이런 말입니다. 모든 생활 자체가 바로 주인공에서 벌어졌다 줄어들었다 하는 고무줄과 같은 건데 말입니다. 거기다 맡겨서 체험을 하시고 그 맛을 꼭 보셔야 될 겁니다, 정말!

여기 온양에 계신 많은 분들이 몸 떨어지기 전에 이 도리를 공부하셔서 체험을 하고 돌아가신다면 요다음 생에는 나올 때 아마 그냥 키만 들고 나올 겁니다, 하하하…. 오조 스님께서 "방아는 다 찧어졌느냐?" 하니까 육조 스님이 "찧어진 지 오랩니다만 키질을 못해서 그렇습니다." 하고 대답했답니다. '키질만 못했다'는 거죠. 그렇듯이 여러분이 몸 떨어지기 전에 이 도리를 공부하신다면 다음 생에는 키만 들고 나올 거라 이겁니다. 뚜껑만 열면 다 되게끔 돼 있겠죠, 뭐. 거짓이 아닙니다. 정말입니다.

한마음이 천백억화신으로 화해서 온 누리를 다 건질 때, 여러분의 한마음 공부 한 것이 그렇게 위대하다는 걸 알았을 때 여러분은 하늘을 보고 앙청하고 땅을 내려다보며 통곡을 하시겠죠. 이 소리는 절름발이가 절름발이를 면하고 장님이 눈을 뜨고, 귀머거리가 귀가 열리고, 보이지 않는 데 냄새를 맡게 되니까 모든 일체가 다…, 일체를 다 준대도 바꿀 수 없고 언어가 붙지도 않는 그것을 알게 되니까 아무 소리 못하고 하늘을 보고 앙청을 하고 땅을 내려다보며 통곡하게 되는 거죠. 그 앙청하는 소리가 우주 천체를 울릴 수 있다, 범종이 울리듯 말입니다. 그 앙청하는 소리는 보이지 않는 데 중생들이나 보이는 데 중생들이 다, 자기는 모르고 있는데 다 듣고 있다는 얘기죠. 질문하실 게 없습니까?

(삼 배 하는 질문자에게) 한 번만 하세요. 그래 누가 다리 저리게 그렇게 앉으래요? 그것 봐요. 마이크 들고 하세요.

질문자1(남) 스님, 저는 마음공부를 하는 사람인데 스님 법문이 회보로 나오고 또 안양 가서 법문을 듣고 하면서 어느 때부터인가 이상하게, 법문을 과학이나 의학과 비교를 하게 됐어요. 제가 아는 한도 내에서요.

요 근래에 와서는 제가 이런 생각이 들어요. '아 참! 큰스님이나 우리 지원장 스님이 마음공부를 하라고 말씀을 하시지만 실질적으로 이렇게 하라 저렇게 하라고는 말씀을 안 하시는구나!' 그러니까 그 말씀을 듣고 나서 나름대로 찾아서 공부를 합니다. 생활도 공부라는데요. 그러니까 생활을 하면서 공부를 하는 법도 있고 또 내가 진실하게 내 마음을 가지고 공부를 하는 법도 있다고 봤을 때는요, 저는 마음공부보다는 우선 자기의 생활을 하면서 이 공부를 해 나가는 게 모르는 사람한테는 좀더 효과적이 아닐까 하는 생각을 했어요. 그래서 오늘 스님 법문을 듣고요, 스님 말씀대로 내가 만약에 내 생활 속에서 불법을 구해서 깨우침을 받는다면 육신의 깨우침을 받아도 내 마음공부는 아마 성숙하지 못할 것이다. 그러면 어떻게 해야 내 마음공부를 할 수 있을지 아직까지도 의문이에요, 스님.

큰스님 아이고, 참 내! 걱정도 팔자야. 마음공부 다르고 생활 공부 다릅니까? 지금 자기 마음 하나로 인해서 일체 만법의 생활을 그대로 들이고 내고 하고 있지 않습니까? 그러면 어떤 놈이 생활을 하고 있습니까? 예?

질문자1(남) 제가 하죠.

큰스님 그렇죠? 그러면 당신의 그 마음이 '이럭해라' 하면 이럭하고 '저럭해라' 하면 저럭하고 다 그렇게 하죠?

질문자1(남) 그렇죠!

큰스님 이리로 오라고 그랬으니까 또 여기도 왔죠?

질문자1(남) 그렇죠!

큰스님 그랬다면 마음 다르고 마음 법 다른 게 아닙니다. 그러니까 여기 지원장 스님이 써 놓은 것처럼 진짜로 나 자신의 주인공만이, 한마음 주인공만이 일체 만법을 다 하는 겁니다. 안 그렇습니까?

질문자1(남) 물론 그렇죠.

큰스님 그러면 진짜로 믿어야죠?

질문자1(남) 그런데 스님, 진짜로 믿는데요, 진짜로 내 마음을 믿는데 내가 하고 싶지 않은 행동도 내 마음속에서 우러나옵니다.

큰스님 그래요.

질문자1(남) 네, 그러면 그게 내 마음속에서 나왔을 때는 행동을 하면 안 되는데도 그것도 행해야 됩니까?

큰스님 아니죠. 그러니까 다스리란 얘기가 나오죠.

질문자1(남) 그렇죠? 그 마음을 다스려 주는 거예요.

큰스님 이거 보세요. 울화증이 나온다, 잘못하는 일이 나온다, 잘못하게 만든다 이럴 때는 잘못하게 만드는 것도 거기 아닙니까?

질문자1(남) 그렇죠.

큰스님 네. 그러니까 잘하게 만들 수 있는 것도 거기서 나옵니다. '아, 이렇게 잘못하게 하는 것도 당신이니까 좋게 돌려서 나오게 하는 것도 당신밖에 없어.' 하고 거기다 탁 맡길 때에 시공을 초월해서 막 돌아가니까 돌아가다가 다시 바뀌어서 나옵니다.

질문자1(남) 거사님이나 보살님들도 실질적으로 그 정도는 다 알고 있을 거예요. 본인의 마음속에서 다 우러나서 행동도 하고 실천도 하는 건데요. 그런데 정작 이 마음공부를 하려고 생각을 했을 때는, 진짜 큰스님 말씀대로 콩인지 팥인지 진짜 이해가 안되는 것이 굉장히 많아요.

큰스님 아이구! 이해를 하라는 게 아니에요. 이해를 다 하자면 그거는 학술적으로 논의하게 되는 거죠. 그런데 이 공부는 무심으로서 무(無)의 도리를 알게끔 하는 겁니다. 그렇기 때문에 그냥 무조건 믿고 물러서지 말고 거기다가 맡겨 놔라 이거죠. 맡겨 놓고, 거기서만이 해결할 수 있고 거기서만이 살림살이를 일체 다 하고 있다 하는 걸 믿으세요.

질문자1(남) 네, 알겠습니다. 스님, 그럼 앞으로 말입니다, 내 마음 속에서 좋은 마음이 나올 때는 행하고, 그렇지 않고 나쁜 마음이 나올 때에는 자제해서 가라앉히면 그게 바로 마음공부입니까?

큰스님 예.

질문자1(남) 그렇습니까? 고맙습니다.

큰스님 예. 그런데 자제해서 놓더라도 '주인공! 다시 돌려서 싱그럽고 좋게 마음이 나오게끔 해!' 하고 거기다가 놓습니다. 그리고 잘되는 거는 감사하게 거기 놓고…, 이렇게 해 버릇하면 나중에는 놓고 자실 것도 없겠지만 하여튼 진짜로만 그렇게 하십시오.

질문자1(남) 고맙습니다.

큰스님 우리가 말로만 '주인공! 주인공!' 해서 되는 게 아닙니다. 자기라는 놈이, 한마음 주인공이라고 하는 자기라는 놈이 일체를 하고 있으니까 '일체를 하고 있는 너 하나만 믿어.' 이렇게 하는 겁니다. 너 하나 믿는데 잘하는 거는 '감사하다' 하고, 또 잘못돼 돌아가는 것은 '당신만이 잘 돌아가게끔 바꿀 수 있어.' 이렇게 거기다가 딱 바꿔서 맡겨 놓을 때 이 모두가….

왜 그렇게 하라느냐 하면 과거로부터의 업식이 잔뜩 몸에 들어 있단 말입니다. 이게 죽 솥 같아요, 죽 솥! 죽이 끓을 때 죽 방울이 얼마나 많습니까. 그러니 그 업식이 이렇게도 하고 저렇게도 하고, 이렇게도 하게 하고 저렇게도 하게끔 자꾸 끌고 나가는 겁니다. 그러는 거를 단호히 '주인공, 나는 너를 믿어! 거기서 입력이 돼서 나오는 거니까 거기서 해결을 해라.' 그러고 거기다 다시 맡겼을 때에는 입력이 되들어가는 겁니다. 이열치열이라는 말이 있죠. 입력된 것이 나오는 데다가 되입력을 하니까 앞서 입력이 없어지면서 새로 들어가는 겁니다. 그렇게 해서 체험의 소식을 맛보는 것이고, 그렇게 해서 진정한 참나의 소식을 얻는 것입니다.

세상에 단 한 분이라도 깨치신 분이 있으면 벌써 자기 나라부터 살리는 법입니다. 내 몸을 살릴 수 있어야 내 가정을 살릴 수 있고, 내 나라를 살리려면 전 세계를 움죽거릴 줄 알아야 하는 것입니다. 내 몸 하나 끌고 가려면 다스리는 마음이 수십억 중생들의 의식을 끌고 가야 되는 것입니다. 그렇다고 짐이 아주 무겁다고 생각하지 마시고 '응, 우리가 이 세상에 났으니 일체 만법, 과거든 현재든 미래든 모든 걸 그놈이 끌고 나가는 거야.' 이렇게 콱 그냥 하나로 믿으세요. 걱정 근심 뭐, 이것저것 분별하지 말고 그냥 콱 하나로 믿어 버리세요. '그놈이 다 하고 가는 거로구나.' 하구요. 그리고 요렇게만 굴리세요. 잘못되게 나오는 거는 '잘되게 하는 것도 거기야.' 하고 딱 입력을 다시 해서 넣어 버리고 또 잘되게 나오는 것은 '아이구, 감사하구나.' 하고 입력을 해서 넣고, 이렇게 한다면 아주 공부가 속성으로 잘될 겁니다.

그래야 지원장 스님이 변소간에까지도 써서 붙인 그 은혜가 빛나죠. 하하하…. 하여튼 이 세상을 다 뒤집어 봐도 여기 지원장 스님 같은 분을 만나기가 어렵다 이 소립니다. 지금 앉은 자리에서만 그렇다는 게 아닙니다. 저 외국으로, 세계적으로 돌아다녀 봐도 전부, 티벳 불교니 통일교니 기독교니 가톨릭교니 일본 불교니 할 것 없이 모두가 타의에서 구합니다. 그러니 이런 스님 만나기가 얼마나 어렵겠습니까, 네?

지금 천문학자 같은 과학자들이나 학자들이 이렇다 하는 대학에서 모여서 이 공부들을 하고 있어요. 지금 정신계의 바탕을 세우려고 외국 사람들은 무지하게 애씁니다. 그런데 한국에서 가르치고 있는데, 우리 한국에서 이렇게 게을리 해서야 되겠습니까? 그리고 자기를 끌고 다니는 자길 믿지 못해서야 되겠습니까! 외국에서는 나를 이리 청하고 저리 청해도 청하는 곳마다 다 가 주지를 못해서 야단인데 한국에서 이럭해서 되겠습니까? 지금 이 도리를 공부하는 사람이나 스님네들이나 여기 한마음선원 스님네들은 전부 둘이 아닙니다. 나 따로 있고 지원장 스님 따로 있고 이 스님들 따로 있는 게 아닙니다. 오직 그 도리를, 그 마음의 도리를 실천해 나가기 때문입니다. 절대로 둘이 아닙니다. 능력도 둘이 아닙니다.

그러니까 그저 말로 이해타산을 하고 요것조것 따지고 그러지 마세요. 자기가 자길 믿는데 무슨 이해타산이 들어갑니까? 무슨 따지는 마음이 들어갑니까? 똥이 마려워서 변소간에 들어갈 때도 이해타산이 있겠습니까? '내가 똥을 눠야 될까, 안 눠야 될까?' 하고 말입니다. 배가 고파서 밥을 먹는데도 이해타산이 들어갈까요? '요걸 먹어야 옳을까, 안 먹어야 옳을까?' 하고요. 이해타산은 절대 하지 말고 그냥 믿고, 똥마려우면 변소간에 가서 화닥닥 그냥 시원하게 눠 버리는 거와 같이 하셔야 됩니다. 아시겠어요? 그럼 오늘은 이것으로써 끝마치겠습니다.

마음의 길

대구지원 법회

1992년 5월 24일

대구에 계시는 여러분과 같이 한자리 하게 된 것을 더욱더 감사하게 생각합니다. 여러분의 마음이나 제 마음이나 역대 부처님의 마음이나 어디 둘이겠습니까? 그 간절한 마음과 체가 없어 광대무변한 마음이 말입니다. 조그마한 것부터 큰 것까지 여러분은 마음 떠나서는 살지 못합니다. 육신이 없으면 무효고 마음내는 게 없으면 목석이죠. 안 그렇습니까?

그러니까 여러분은 마음으로 이 세상 온갖 법을 다 들이고 내고 하십니다. 그러니 부처님이 따로 있고, 부처님 법이 따로 있고, 부처님 마음이 따로 있다고 생각하지 마십시오. 여러분이 원하시는 대로 부처님은 법신 응신 화신으로서 응해 주십니다. 모습은 다 각각이지만 마음이 한마음으로 집결돼서 음파가 모두에게 나가는 거와 같이 그렇습니다. 그러니 마음이야 어찌 둘이겠습니까. 전력이 같듯이 말입니다. 전력은 똑같습니다. 가설을 해 놓고 자기 가정의 용도에 따라서 많게든 적게든 끌어 쓰게 돼 있습니다. 그처럼 마음의 법도 역시 크든 작든 자기네 용도에 따라서 끌어 쓰게 돼 있습니다.

부처님 법에 법계라고 하는 게 있습니다, 법계! 우리 몸뚱이의 세포 하나하나에도 가설이 돼 있고 지구에도 가설이 돼 있습니다. 지구에도, 바로 우리 세포에 가설이 돼 있듯이 그렇게 돼 있단 얘깁니다. 그러니까 무전통신기처럼 전파를 통해서 자연법칙으로서 전체를 오고 감이 없이 오고 갈 수 있는 것이 법계란 말입니다. 우리 마음은 무변하고 묘해서 마음이 한번 생각을 하면 꽃나무하고도 상통할 수 있고 달나라하고도 상통할 수 있고, 즉 말하자면 은하계하고도 그 근본이 통할 수 있고 태양계하고도 통할 수 있다 이겁니다. 즉 우주 천체의 근본이 인간 마음의 근본에 있다는 얘깁니다. 직결돼 있죠. 그렇기 때문에 이 모든 세상만사 살림살이가 전부 우리 마음에 가설이 돼 있습니다. 그래서 공생 공용. 공체 공식화 하고 돌아가는 끊임없는 진리지요.

그런데 부처님 법이 따로 있다고 하신다면 너무나 잘못된 생각입니다. 우리네 살림살이, 생활을 빼놓고 부처님 법이 어디 따로 있겠습니까. 우리의 생활을 떠나서 무슨 부처님 법이 있겠습니까? 입산해서 수도하는 승려들이 참선을 한다면서 틀고 앉아 있는데 그렇게 해야만 참선을 하는 줄 알고 있습니다. 그렇게 아는 신도들도 많이 있을 겁니다. 그러나 와선이나 입선이나 좌선이나 행선이나 즉, 누우나 일어서나 앉으나 일을 하나 그 자체가 전부 참선이란 말입니다. 일하고 앉고 서고 눕고 하는 그 자체가 전부 참선이란 말입니다. 모두가 참선이라고 한다면 어떻게 해야 진짜 참선이 될 수 있는가? 내가 이 세상에 나왔으면 나로부터 일체가 벌어졌다 하는 걸 인식해야 합니다. 잘못되고 잘되는 것도 나로부터 생겨나는 것이라는 걸 잊어서는 안 됩니다.

그래서 사대 성인들이 전부 말씀하시기를 '너부터 알라. 너부터 깨달아라. 너를 끌고 다니는 너부터 믿어라.' 하신 것입니다. 그러니 바깥으로 '하나님이시여! 주여! 부처님이시여! 칠성이시여! 독성님이시여!' 하고 아무리 찾아 봤던들 허공에 헛손질하는 거나 마찬가지입니다. 나를 끌고 다니는 내 마음의 주인이 있으니, 몸뚱이는 그 주인의 시자요 집인 것입니다. 그래서 이 몸뚱이도 여래의 집이 될 수 있고 도량도 여래의 집이 될 수 있다 이 소립니다.

그래서 참선을 하려면 반드시 자기 마음의 주인에게 맡겨 놓고 지켜볼 줄 알아야 합니다. 마음의 주인으로부터 일체 만법을 들이고 내고 들이고 내면서 살림을 하는 것은 아시죠? 살림을 누가 합니까? 모두 여러분이, 각자 여러분이 하고 계시죠? 여러분이 하고 계신 그 자체의 마음이 마음을 내면, 마음을 내게 하는 것도 바로 그 주인입니다. 나쁜 일도 하게 하고 좋은 일도 하게 하고, 거룩한 일도 하게 하고 배신도 하게 하고, 불덩어리가 올라오게도 하고 답답하게도 하고, 애고도 생기게 하고 병고도 생기게 하고 여러 가지죠. 그런 걸 어떻게 말로 다 하리까. 그렇게 하는 그 자체가 바로 몸속에 과거에 어떻게 살았느냐에 따라서 악업 선업이 다 들어 있기 때문입니다. 부모에게 정자 난자를 받아서 내 영혼과 더불어 삼합이 합쳐져서 내가 탄생이 됐는데, 어떻게 살았느냐에 따라서 악업 선업이 거기에 집결이 되는 거죠. 인연에 따라서 같이 합쳐집니다. 한 몸 태어나는 데 그것이 전부 들어 있게 되는 거죠. 들어 있되, 작용을 하기 위한 방편으로써 자기의 업식대로 부서를 맡아서, 즉 공장이라면 공장을 맡아서, 다 자기 일할 것들을 맡아서 몸속에 들어앉는단 말입니다.

그러니까 몸뚱이 속에 들어 있는 의식들은 잘하는 건지 못하는 건지 모릅니다. 이 중생들은 전부 과거에 어떻게 살았느냐에 따라서 주어진 대로 입력이 돼 가지고 그냥 현실로 나오는 것뿐입니다. 그런데 사람의 마음은 좋은 것도 알고 나쁜 것도 알아서 모두를 다스릴 수가 있는 것입니다. 그래서 사람의 마음은 항상 '너와 나와 둘이 아닌 한마음인데….' 하는 생각을 하게 되는 거죠. 그럼으로써 속에 있는 의식들도 다 '아! 둘이 아니로구나.' 이렇게 알게 되는 겁니다. 그리고 '아, 네가 죽으면 바로 나도 죽는 것이지.' 이렇게 알게 되는 것입니다. 또 '네가 잘못되면 내가 잘못되는 것이지.' 그런 것을 알게 되는 것입니다. 그렇기 때문에 속의 모든 중생들은 다 이 공부를 함으로써 상태가 바뀌지는 것입니다.

그래서 부처님께서 뭐라고 말씀하셨느냐 하면 "상구보리 하화중생, 위로는 네 자성을 섬기고 아래로는 몸뚱이 속의 모든 중생들을 제도하라." 하신 겁니다. 그래서 제도를 하게 되면, 그 마음으로 다스리면 보살로 화합니다. 즉 남한테 누가 될 일이라면 '모든 것을 그렇게 안 하게 당신만이 할 수 있지 않아.' 하고 돌려서 놓는 데에 묘미가 있는 겁니다. 그 마음의 의식, 업보 인과응보 유전성 세균성 영계성까지도 마음으로써 한마음으로 다뤄 주는 데서 그게 커버가 되고, 앞서 입력돼서 나오던 게 다 무너지고 없어지게 되기 때문에 묘미가 있다고 하는 것입니다. 그럼으로써 그 수많은 의식들이 모두 천백억화신으로 다 화한다 이 소립니다. 모든 의식들이 몰랐던 거를 알게 되고 모두가 둘이 아니게 돌아가는 도리를 알게 됐기 때문에 화해서 나투게 되죠. 모든 중생들이 보살로 화해서 털구멍을 통하고 눈구멍을 통해서 바깥으로 나고 들면서 가고 옴이 없이 제도를 한다는 얘깁니다.

여기 대구에 와서, 여러분이 생활 속에서 참선을 하는 법과 일체 만법을 들이고 내는 법과 자유자재할 수 있는 법을 어떻게 하면 알 수가 있을까 하는 그 의심, 의정으로 가득 차 있는 것을 느꼈습니다. 꼭 '주인공!' 하고 불러야만 참선이 되는 게 아닙니다. 내면세계의 모든 것이 한마음이고, 들어오는 대로 외부의 모든 것이 한마음이며, 꽃과 날아다니는 것도 모두 함께 통해서 작용을 하고 한마음으로 돌아갑니다. 하여튼 전부 통합니다. 그래서 한마음으로 돌아가는 동시에 '한마음'이란 개별적인 것이 아니라 포괄적인 것이어서 공생 공용 공체 공식화 하고 돌아가는 한마음인 것입니다. 이 한마음을 딱 한마음으로 세운다면 중심, 주인공이 되는 거죠.

주인공이란 뭘 뜻하느냐? 우리가 살림을 하면서 돌아가는 것이 고정된 게 하나도 없어요. 보는 것도 만나는 것도 가고 오는 것도 먹는 것도 일하는 것도 똥 누는 것도 고정된 게 하나도 없어요. 생각해 보세요. 고정된 것을 하나라도 꼬집어 말할 수 있습니까, 없습니까? 그냥 놓고 돌아가시죠? 걸어오면 발자취를 짊어지고 오는 게 아니라 그냥 놓고 오시죠? 그리고 만났다가 헤어졌으면 놓고 가시죠? 봤으면 본 대로 다른 걸 볼 때는 앞서 본 거는 놓고 가시죠? 일거일동 놓고 가시는 겁니다.

그런데 여러분은 마음으로 '아이구, 내가….' 이러시면서 놓고 가는 걸 모릅니다. 그러니까 마음으로 붙들고 그냥 매달리고 온통 야단들을 하니 그 고가 얼마나 많겠습니까. 지구도 시공을 초월해서 일분일초도 쉬지 않고 돌아가고 있습니다. 그게 돌아가는 이상 모든 게, 천체가 다 그렇게 돌아가고 있습니다. 지금 내가 말하는 것도 돌아가고 있습니다. 조금 아까 말한 것도 벌써 과거입니다. (법상을 짚으시며) 이것도 돌아가고 있습니다. 그러니 일체 살림살이가 어찌 고정되게 머물러 있다고 보겠습니까. 머물지 않는 도리로 살고 계시니까, 그렇게 돌아가니까 용도에 따라서 다가오는 대로 돌아가는 불바퀴에다 그냥 넣는 것입니다. 놓는 것입니다. 정신계의 이치를 모르시니까 다시 재차 놓고 돌아가는 것입니다. 본래는 놓을 것도 없고 안 놓을 것도 없지만 말입니다.

그렇게 놓고 관찰하고 지켜본다면 하나하나 실험이 되고 체험이 되는 것입니다. 그것이 바로 참선입니다. '부처님이시여! 주여! 하나님이시여!' 하면서 이름을 부르고 바깥으로 찾는다고 해서 참선이 되는 게 아닙니다. 틀림없는 실천궁행을 하는 것이 참선입니다. 자기가 자기한테다 하나를 딱 맡겼으면 관찰하는 것입니다. 지켜보는 것입니다. 믿는 것입니다. 바로 그게 실험이지 다른 게 실험이 아닙니다. 그럼으로써 '아하, 이런 거로구나!' 하고선 체험을 하게 됩니다. 그게 진짜 참선입니다. 잘되려고 떡이나 밥이나 해다 놓고 시주를 억만금을 가져다 주어도 내 마음 깨닫는 거하고는 천양지차가 있습니다. 그거하고는 완전히 다른 것입니다. 그러나 마음공부 하시는 분은 손가락 처맬 거 하나를 갖다가 시주를 한다 하더라도 공덕이 되는 것입니다. 집 한 채를 팔아서 다 갖다 바쳐도, 만약에 기복으로 하신다면 그건 이익이 하나도 없고 공덕이 없고 전부 무효입니다. 그러나 마음의 뿌리와 나뭇가지와 잎새와 모든 게 한데 어울린 한마음으로 시주를 한다면, 자기 한 것만큼 이자에 이자가 붙어서 돌아올 겁니다. 그게 공덕이 된다는 뜻입니다.

내 마음의 주인을 떠나서 무슨 불법이 있습니까? 만약에 여러분 각자가 이 세상에 나오지 않았고 여러분이 없다면 무효입니다. 무효예요! 아무것도, 뭐 더할 것도 덜할 것도 없어요. 이 세상에 생겨났으니까 애고나 병고나 그 어려운 고통이 뒤따르고 있는 거지 그렇지 않으면 뭐 때문에 뒤따르겠습니까. 뭐가 있다고요. 참선을 진짜로 하실 수 있다면 정말이지 불가사의한 법이 이 세상에 따로 있는 게 아니라 그대로 우리들의 법이라 이 소립니다. 불가사의한 게 불가사의한 게 아니다 이 소립니다. 그대로 우리들의 법입니다.

몇 년 전 얘깁니다만, 어떤 사람이 뼈가 툭 튀어나왔어요. 그랬는데 이 공부를 하니까 차츰차츰 그 뼈가 들어가더라는 겁니다. 인체도 개선시킬 수가 있고 마음도 바꿀 수가 있고…, 이 도리는 너무 엄청난, 참 광대무변한 도리다 이겁니다. 여러분도 광력 전력 자력 통신력을 충만히 가지고 계십니다. 가지고 계신데 그거를 어떻게 쓰느냐를 모르시는 것뿐이죠. 지수화풍이 바로 광력 통신력 자력, 이 모두를 불러일으키는 것 아닙니까? 지수화풍 아닌 것이 하나도 없어요. 그러니까 누구나가 원력이 있다는 결론이죠. 원력이 있는데도 자기를 중생이라고 낮추고, 자기는 할 수 없다라고 낮추고, 또 때로는 '내가 나다' 하고 올리고 이러니까 쓰지를 못하는 겁니다. 그러니까 여러분이 자유자재권을 가지고, 어떠한 문제가 생겨도 걱정 하나도 없이 싱긋이 웃으면서 삶의 보람을 느끼고 자유스럽게 살 수 있게끔 길을 인도하는 겁니다.

내 한마음 주인공에, 자기 마음을 끌고 가는 자기 운전수한테 믿고 맡기라는데 세금을 내라니 걱정입니까, 돈을 내라니 걱정입니까? 왜 못합니까? 왜 못 믿습니까? 고깃덩어리인 스님을 믿으라는 것도 아니고, 부처님 형상을 믿으라는 것도 아니고, 허공을 믿으라는 것도 아니고, 이름을 믿으라는 것도 아니고, 자기가 자기를 믿으라는데 왜 못 믿습니까?

이 세상 모든 생명, 만물만생이 다 서로 돕고 삽니다. 나무는 공기를 저장했다가 인간에게 보급하고 사람들은 이산화탄소를 내놓아서 그 나무들에게 공급해 주어 먹고 살게 하죠. 그렇듯이 사장은 직원을 위해서 직원은 사장을 위해서 그렇게 한다면 회사를 위해서 양면이 다 뛰는 거죠. 그러니 모든 게 평등하다 이 소립니다. 서로 주고받고 사니까요. 여러분이 한 달 내내 일을 안 하셨다면 한 달 월급이 안 나올 겁니다. 여러분이 마음을 내지 않고 이 공부를 게을리 하신다면 게을리 한 것만큼 월급은 적을 겁니다. 그와 같은 겁니다. 누구를 위해서 이 길을 걸어야 합니까. 누구를 위해서 꼭 해야 합니까.

여러분의 가정에서도 자식이든 누구든 한 식구가 아무리 속을 썩이더라도 강압적으로 "네가 이렇게 해서는 깡통밖에 못 찬다." 하며 욕을 하거나 또는 "이렇게 해서는 안 된다." 하고 볼 적마다 야단을 하거나 이런다면 빗나가기 십중팔구입니다. 보금자리가 겨울에는 따뜻해야 되고 여름에는 시원해야 되겠죠? 그와 같이 마음이 포근하고 따뜻해야 됩니다. 첫째는 그거지만 둘째, 셋째는…, 이것을 가만히 생각해 보십시오. 마음과 마음이 통하고 마음과 마음에 불이 들어와야 육신이 움죽거리는 거지, 마음이 통하지 않고 마음이 엇나가는데 어떻게 그게 잠잠해지겠습니까? 그러니까 말로 아무리 닦달을 해도 아니 된다 이겁니다.

그래서 내가 항상 얘기하기를 마음과 마음이 통하면 인간은 물론이고 개미하고도 통하고 바퀴벌레하고도 통하고, 꽃하고도 통하고 날아다니는 새하고도 통하고, 지렁이 하나 곤충 하나도 통하지 않는 게 없다고 했습니다. 그런데 하물며 내 식구하고 통하지 않겠습니까? 자식이라는 거 부모라는 거 남편이라는 거 아내라는 거, 이게 가설이 다 돼 있으니까 내 스위치 하나 누르면 식구들에게 다 불이 들어올 수 있다는 그런 믿음과 폭넓은 지혜를 가지고 우리가 불을 켜야 되지 않을까 생각이 됩니다.

그런데 식구가 그렇게 속을 썩이고 그런다 해도 그 사람이 잘못하는 게 아닙니다. 과거에 산 그대로 나오는 것입니다. 이렇게 말해도 못 알아들으신다면 저 시장바닥에 나가 보거나 이 세상 돌아가는 자체를 잘 보십시오. 모두 끼리끼리 모여서 삽니다. 정치가는 정치가대로 끼리끼리, 기사는 기사대로 끼리끼리, 공원들은 공원들대로 끼리끼리 모여서 삽니다. 또 시장에 가 보면 사과는 사과대로 배는 배대로 식물은 식물대로 동물은 동물대로 모두가 모아져 있습니다.

그렇듯이 모두가 그렇게 돼 있기 때문에 한 가족이 전부 가설이 돼 있다 이겁니다. 그럼에도 불구하고 마음속의 스위치를 누를 생각은 안 하고 거죽으로 만날 그냥 야단법석을 하는 겁니다. 죽느니 사느니 하고 "이놈아!" "이놈의 자식아!" 이러면서 그냥 속으로는 죽이고 싶은 거를 참아 가면서 입으로는 거품을 물고 야단법석이죠. 이렇게 해서 해결이 나는 게 아닙니다. 오히려 불난 데 부채질하는 거와 같습니다. 그러니까 모든 거는 자기 주인공에 맡겨 놓고 '모두가 둘 아니잖아. 아빠의 주인공, 그 마음도 둘이 아니니까 저 마음과 내 마음에 다 같이 불이 들어와서 광명세계를 찾을 수 있는데 괜히 이렇게 야단법석을 했구나. 이 모습을 가지고 살면 얼마나 산다고 한 철 나기 위해서 이렇게 서로 싸워야 하나?' 하면서 '그저 둘이 아니니까 서로 마음이 통해서 해결을 할 수 있는 것은 주인공밖에 없다.' 하고 거기다 놓고 부드러운 말을 해 주고 부드러운 행을 해 주세요. 그럼으로써 잘못 나가던 자식들도 생각을 잘하게 되죠. 그러고는 '아유, 바깥에서는 춥고 배고파도 집에만 들어가면 따뜻해!' 하는 생각에서 고만 다 팽개치고 집으로 들어오는 거죠.

마음과 마음은 천 리 밖에서도 통하니까요. 정말입니다. 거짓말이 아니니 실험을 해 보세요. 급한 일이 생겼을 때 나가 있는 사람에게 주인공에다가 놓고 한번 전화를 돌려 보세요. (가슴을 짚으시며) 이게 전화통이죠. 내 집에 전화도 놓지 않고 남의 집에 전화를 어떻게 할 수 있으며 또 남의 집에서 오는 전화를 어떻게 받을 수 있겠습니까, 네? 내 집부터 전화를 놔야죠. 당연한 일이죠? 그래서 전화가 놓여 있으니까 급한 일이 생기면 전화를 돌리라는 거죠. 그러니까 남편이 나갔다가 집에 전화를 해 보고 싶은 생각이 불현듯 들어서 전화를 하거든요. 이게 통하는 겁니다. 자연의 법칙입니다. 이게 불가사의한 법인데도 불가사의한 법이 아니다 이거예요. 인간의 마음은 그래서 이 우주하고도 직결이 돼 있고 세상하고도 가설이 돼 있단 얘깁니다. 그런데도 자기를 무시하고 그렇게 사시겠습니까?

얕은 마음은 좀 올리고 높은 마음은 조금 가라앉히고 하면서 중심에다 놓고 중용을 할 수 있다면 그것은 참 멋진 살림살이죠. 이 세상에 아마 그런 꽃은 없을 겁니다. 엊그저께 천안에 있는 소년원에 갔는데 요만한 어린애들이 있는데요, 하여튼 열세 살에서부터 스물세 살까지 몇천 명 됩디다. 그런데 거기 들어가니까 상징으로 무궁화꽃 가운데다 횃불을 세워 놓고 비둘기가 양쪽에서 입을 대고 있습디다. 그러니 어느 거 하나를 봐도 한마음으로 돌아가지 않는 데가 없습니다. 그리고 인연에 따라서 돌아가지 않는 게 없고요. 그게 인연의 법칙이죠. 만남이 있어야 자동적으로 발전도 할 수 있고, 창조력도 기를 수 있고 창조도 해낼 수 있는 거지 만남이 없는데 독불장군으로서 어떻게 발전을 합니까. 그래서 만남의 광장이라고 해도 과언이 아닙니다. 그것을 상징으로 해 놨는데 모두 그 뜻은 한 번도 생각해 보지를 않아요. 연꽃에다 해 놨으면 부처님의 깨달은 마음이요, 무궁화꽃에다 해 놓았으면 나라의 법칙이요, 나라를 상징하는 거란 말입니다. 그 꽃들이 모두 마음의 꽃을 상징한다면 마음을 일으키는 거를 불이라고 합니다. 마음의 불이고 마음의 지혜죠. 전부 둘 아니게 돌아가는 것을 상징해서 입을 마주대 봤습니다.

모두가 모습은 다를지언정 생명도 둘이 아니요, 마음 또한 둘이 아닌 것입니다. 왜냐하면 높은 산 낮은 산이 있으면, 우리가 부를 적에는 낮은 산 높은 산이라고 부릅니다. 그러나 내막적으로 본다면, 뒷면을 본다면 낮은 산이 있음으로써 높은 산이라고 불리는 거지 낮은 산이 없는데 어떻게 높은 산이라고 불리겠습니까? 그러니까 모두가 평등하단 말입니다. 그래서 마음세계를 서천골이라고 해도 됩니다, 보이지 않는 서천골. '서천골의 샘물은 바로, 젖지도 않는다.' 하는 것은 한마음으로 돌아가고 연결 연결 해서 돌아가니까, 비행기 프로펠러 돌아가듯 하니까요. 지구가 일분일초도 쉬지 않고 돌아가듯이 인간의 삶 자체도 태어나고 죽고 물질도 부서지고 변하면서 이렇게 돌아가고 있는데, 이것을 무상이라고 하죠. 이렇게 무상하게 돌아가는데 거기에 무엇이 걸릴 게 있겠습니까.

몇천 년 몇만 년이나 보물을, 재산을 지니고 삽니까? 그게 아닙니다. 부모가 재산을 아무리 많이 자식들한테 물려주어도 하루아침의 벗밖에 되지 않는 수도 있습니다. 그런 재산을 주기보다도 마음공부를 하는 데에 그 뿌리를 성성하게 해 주는 것이 제일이며 재산보다 더 좋은 겁니다. 여러분이 사시다가 몸뚱이를 벗는다면, 재물이 아무리 많이 있다 하더라도 방문 안에서 인사를 하고 바깥에 나오지도 않습니다. 재물이란 언제나 감춰 두게 마련이니까 나와서 인사나 할 수 있나요? 하하하…. 또 집이 아무리 좋다 한들, 땅을 아무리 많이 사 놨던들 죽어서 갈 때는 대문 안에서 고하고 말죠. 아무리 친한 친구나 자식, 부부가 있다 하더라도 동구 바깥에, 즉 말하자면 묘지나 화장터밖에 안 와 줍니다. 거기서 인사를 고하면 그만이죠. 그런데 어떻게 살았느냐에 따른 그 악업 선업들은 그림자처럼 쫓아다니게 됩니다. 악한 짓을 했다면 악한 업이, 선한 일을 했다면 선한 업이 그림자처럼 따라다니면서 요다음 생에 나와도 역시 또 몸속에 침투해 가지고 또 그렇게 평생 고생을 시켜서, 아주 믝 그 빚을 톡톡히 갚는다고 합니다. 이것이 거짓이 아닙니다. 콩 심은 데 콩 나고 팥 심은 데 팥 나기 마련입니다. 조금도 에누리가 없습니다.

그러니 우리가 몸을 벗기 전에 이 도리를 알아야 하겠습니다. 몸이 떨어지면 말 잘하던 것도 다 떨어지고 생각하던 것도 다 없어지지만 우리의 영원한 생명의 근본, 그 자체의 앎은 변하는 게 아닙니다. 요다음에 또 나와도 대통령으로 나와서 일을 아주 밝고 정확하게 해서 국민들을 살릴 수도 있고, 큰 회사를 해서 직원들을 다 잘 먹여 살릴 수도 있죠. 모든 게 자기가 산 대로 나오는 겁니다. 이제 얼마 안 가면 이게 꿈이냐 생시냐 하는 게 나옵니다. 모두가 꿈도 아니고 생시도 아니고 현실입니다.

그러니 부처님 법이 따로 있어서 부처님 모셔 놓은 데만 있다고 생각하지 마세요. 부처님의 형상을 모셔 놓은 건 방편으로 모셔 놓은 것이니 그 형상도 여러분의 형상과 둘로 보지 마시고 부처님의 마음도 둘로 보지 마시고 부처님의 생명도 둘로 보지 마세요. 법당에 와서 절을 할 때는 부처님과 둘이 아닌 둥근 한마음으로 예배를 올리고, 그러니까 자기한테 자기가 하는 겁니다. 따지고 보면 즉, 자기 조상이죠. 지수화풍이 한데 합쳐지니까 밝음이, 광력이 나와서 생명이 생기고, 그 생명이 수억겁 동안 쫓고 쫓기고 진화를 거듭하면서 사람으로까지 등장하게 된 사실을 아신다면, 누가 형성시켜서 그렇게 끌고 다녔나를 아신다면 지금 자기 참주인공에게 믿고 맡기지 않을 수 없을 것입니다. 주인은 딴 데 있는 게 아닙니다. 주인은 내 마음 가운데 만질 수도 없고 쥘 수도 없고 볼 수도 없는 그 자체, 바로 핵점입니다. 만질 수 없고 볼 수 없고 빛깔도 없기 때문에 광대무변한 겁니다. 어디고 그 한 점이 닿지 않는 데가 없습니다. 그래서 외국에서는 블랙홀이라고 하고 한국에서는 불바퀴라고 합니다. 불바퀴의 그 중심, 소용돌이, 중심 한 점, 그 한 점은 육안으로 보이지도 않고 붙잡을 수도 없고 빛깔도 없는 것입니다.

우리들의 인간에게도 왼쪽 두뇌와 바른쪽 두뇌, 양면을 작용하는 핵점이 있습니다. 말하고 작용하고 행동하고, 크고 작은 걸 알고, 좋고 나쁜 걸 알게 하는 그 핵점 말입니다. 그래서 마음에서 모든 거를 거기다 맡겨 놓으면 그 핵점으로 통신이 돼서 각 부서로다가 하달이 되죠. 이걸 누진이라 그럽니다. 그 핵점을 누진이라고 한다면 바로 거기서 사대로 통신이 돼서 모든 공장에서 알게 되는 거죠. 어느 공장에 파워가 일어났다든가 고장이 났다든가 그러면 모두 한마음으로 작용을 해 줘서 그 공장의 직원들이 모두 일깨워지는 겁니다. 그렇게 한 공장에서 일어난 파워를 딴 공장에서 모두 협조를 해서 막아 주는 거죠.

여러분에게 병고가 많은 원인도 바로 그런 파워가 일어나기 때문입니다. 파워는 안에서 일어날 수도 있고, 영계성으로 인해서 들어올 수도 있고, 유전성으로 인해서 들어올 수도 있고, 세균성으로 인해서 들어올 수도 있습니다. 업보성 인과성, 이러한 것에서 부질없는 일들이 수없이 벌어져서, 요게 떠나고 나면 저게 들어오고 이게 들어오고…, 사람이 살아가는 것이 좀 흥락하고 삶이 좀 싱그럽고 보람이 있어야 하는데, 그런 게 자꾸자꾸 들어오니까 상이 찌푸려지고 그냥 신경질이 나고 대수롭지 않은 일에도 화가 나고 옆에서 말하는 소리도 듣기 싫고 이렇게 하게끔 만드는 장본인들이 바로 그 마음속에 있습니다.

그러니까 모든 것을 거기에 진짜로 맡겨서 누진을 통해서 통신이 되게 해야 합니다. 이 지구에도 레이다망이라고 할 수 있는 게 있습니다. 또 오신통을 비유해서 얘기하자면 천안통을 천체망원경이라고 말할 수 있고, 천이통을 무전통신기라고 말할 수 있고, 신족통을 팩시밀리라고 해도 되는데, 가고 옴이 없이 가고 오는 거죠. 또 숙명통을 컴퓨터라고 해도 됩니다. 그리고 남의 마음을 아주 들여다보는 것처럼 잘 알 수 있는 것이 타심통인데 그것을 탐지기라고 해도 과언이 아닙니다. 그렇게 다섯 가지가 있는 것을 조절하는 것이 바로 누진통, 즉 시쳇말로 말하면 레이다망입니다. 바깥에 있는 것을 안으로 연락하고 또 안에서 일어나서 바깥으로 가는 거 연락하고, 중심을 잡아서 결정을 내려서 통신을 하는 소임을 맡고 있습니다. 그러하니 우리가 변명할 여지가 조금도 없이 우리의 몸과 마음, 모든 생활, 우주의 섭류 이런 것이 전부 같이 돌아갑니다. 그러니 조금이라도 의심할 게 아니라 진짜로 믿고 맡겨야 합니다.

그래서 숙명통이다 컴퓨터다 이러는 것은, 컴퓨터에 그냥 과거에 살던 게 잔뜩 입력이 돼 가지고 그게 현실에 자꾸 꾸역꾸역 나오기 때문입니다. 아시겠습니까? 그걸 컴퓨터로 비유합시다. 만약에 입력을 할 줄 안다면 그렇게 꾸역꾸역 나오는 것을 나오는 대로 그냥 입력을 다시 해 버리는 거예요. 어때요? 놓으라는 말이 바로 그겁니다. 입력이 돼서 자꾸 컴퓨터에서 나오니까 컴퓨터에다가 다시 입력을 해서 놔라 이겁니다. 그러면 앞서 입력된 게 없어짐으로써 팔자 운명이 바뀌지는 겁니다.

그래서 선지식들, 산 부처님들, 깨친 부처님들이 "고도 붙을 자리가 없고 집착도 붙을 자리가 없고, 멸이다 하는 것도 붙을 자리가 없고 도라는 언어도 붙을 자리가 없다. 이 모두가 그대로 여여하기 때문이다." 이렇게 말씀하셨습니다. 육조 스님이 말씀해 놓으신 거를 저기다 제가 써 놓았습니다. 아래 위 다 떼어 버리고 그냥 요지만 썼습니다. 본래 자기 중심은 청정한 것입니다. 본래 자기 자성은, 본래 자기 마음 중심으로 일을 해 나가기 때문에 청정이라 그랬습니다. '한가운데 중' 자를 써서 중심이 청정하다는 거죠. '본래 자성이 청정함을 알라. 여여함을 알라. 갖추어 가지고 있음을 알라. 자유자재함을 알라.' 본래 그런 거란 말입니다.

그런데 가르칠 때 모두 이것이다 저것이다, 이것이 정법이고 저것이 정법이다 이렇게 한다면 벌써 정법이면 사법이 들러붙고 사법에는 정법이 들러붙기 때문에 참선이 될 수가 없습니다. 그리고 모든 것이 그 마음은 둘이 아닙니다. 육조 스님도 "모습은 다를지언정 마음과 생명이 어떻게 둘이겠느냐." 하셨습니다. 풀 한 포기도 생명이 있는 건데요. 그래서 "마음이야 어찌 둘이겠습니까?" 이랬습니다. 비구 비구니, 여자 남자 할 것 없이 둘이 아니라 이 소립니다. 그런데 지금 사람들은 옛 조사들의 뒷발자취만 쫓아가면서 미거한 소리를 하고 있습니다. 이렇게 밝은 세상인데도 미거한 소리를 하고 있어요. 여자는 성불 못한다는 둥, 비구니는 뭐 천도도 못한다는 둥, 비구니는 비구 앞에 삼 배를 올려야 한다는 둥, 상황 따라서 용도에 따라서 모두 주어진 것이고 서로 주고받는 것인데도 말입니다. 그렇다면 비구는 어디서 나왔겠습니까? 비구니 속에서 나왔죠? (대중 웃음) 안 그렇습니까? (대중 박수)

그래서 나는 이렇게 생각합니다. 태양계의 모두를 아버지라고 비유한다면 산하대지의 일체 만물을 길러 주는 것은 어머니라고 생각합니다. 그런데 산하대지의 일체 만물이 나고 자라는 도리를 모르니, 그렇게 말하는 분은 한번 어머니 뱃속에 다시 들어갔다 나와야 되겠구나 하는 생각을 해요. 여북하면 '자궁'이라고 합니까? 자식의 집이라 이 소립니다. 집의 도리를 모르니까 한 번 더 들어가서 구경을 하고 나와야 될 것 아닙니까? 하하하….

어쨌든 간에 거짓말을 해서 남이 이익하다면 그건 거짓말이 아닙니다. 또 진실을 말해서 언짢을 일이라면 거짓말을 쓱 해서 양면이 다 좋게끔 하는 것이 참 좋은 법이죠. 그렇기 때문에 여러분이 모두 마음으로써 자기가 할 일을 자기가 지켜보고 누가 될 일은 하지 말라고 하는 것은, 소가 남의 파밭으로 들어가든 말든 그저 내버려 두지 말고 고삐를 쥐고 다스려라 이겁니다. 남의 파밭으로 들어가면 '아이, 똑바로 가야지!' 하고선 고삐를 잡아채는 것이 바로 마음의 다스림입니다.

마음으로써 자기를 다스리는 과정입니다. 그 모두를 그렇게 잘 다스리면서 그저 정에다 놓으셔야 잘 돌아가죠. 모든 것을 한마음 가운데다가 탁탁 놓되, 안되는 거는 '안되는 것도 거기서 나오는 거니까 되게 할 수 있잖아!' 하고 놓고, 잘되는 건 감사하게 놓고 이렇게 마음을 일으키면서 굴리면서 척척 놔야 시공이 없이 돌아가는 틈에서 그냥 잘 돌아가게끔 되지 않겠습니까?

따로따로 생각해서 '병고가 있으니까 스님한테 꼭 얘기를 해야 된다.' 이러는 건 너무 무모한 생각입니다. 얘기를 들어 드리긴 합니다. 심부름꾼이 심부름을 해 드리려니까 들어 달라면 들어 드려야 하고, 해 달라면 해 줘야 하고, 같이 걸어 달라면 걸어 줘야 하니까요. 이것은 나라는 게 없습니다. 자유가 없는 게 아니라 나라는 게 아예 없어요. 여러분도 여러분 자체가 없어질 때까지 하셔야 됩니다. 그래야 조건 없는 사랑을 할 수 있습니다. 조건 없는 사랑이요. 모두 사랑들을 해도 조건이 있는 사랑을 합니다. '내가 요렇게 요렇게 해 줬는데 조거는 안 그래!' 하고 말이죠. 그러나 부처님께서는 조건 없는 사랑을 하기 때문에 자비라고 합니다, 자비!

여러분도 지금 자식들한테 조건 없는 사랑을 하고들 계시죠. 여러분 자식들한테 조건 있는 사랑을 합니까? 조건을 붙이고 줍니까? 조건이 하나도 없이 주지 않습니까? 자식이 물에 빠지면 그냥, 자기가 죽든 말든 그냥 더펙 뛰어들어 끌어냅니다. '물에서 건져 주면 뭐 어떻게 한다' 이런 거 없죠. 바로 그렇게 어머니가 자식들을, 아버지가 자식들을 생각하는 그 마음이 자비입니다. 그래서 부처님 마음과 자비는, 어머니 아버지가 자식들을 생각하는 마음이나 그 자비와 둘이 아니다 이런 겁니다.

또 하나 얘기할 것은, 우리 부모의 조상이나 부처님들의 조상을 둘로 보지 마세요. 살아나가는 데 엇갈립니다. 안 그렇겠습니까? 엇갈립니다. 이거는 부처님 조상 믿으랴, 육신을 낳아 주신 부모 조상들 위하랴. 이게 얼마나 귀찮습니까? 그런데 한마음으로 한다면 조상들도 아주 참답게 진짜로 한마음 안에 한자리 하게끔, 즉 말하자면 해탈을 시킬 수 있는 그런 도리가 있습니다. 이 공부를 열심히 하시면서 제사를 지낼 때도 찹쌀로다 둥그런 떡 세 켜든지 한 켜든지 놓고 향, 물, 촛불, 이렇게만 해 놓으시고 합장 배례를 하시고 '한마음 주인공이시여! 모든 조상들의 마음과 일체제불의 마음과 모두가, 한마음 한자리 한도량에 모두가 운집을 하셨는데 뭐 따로따로 있겠습니까. 감사합니다.' 하고 한번 해 놓으면 그뿐이지 뭐가 또 있느냐 이거예요. 그리고 자기가 마음으로 천혼문을 생각해서 그렇게 하면 그게 천혼문이라 이겁니다.

그러면 그 둥그런 떡이 말이에요, 삼라만상 대천세계의 '세계'란 말입니다. 위는 위대로 중간은 중간대로, 즉 대천세계 소천세계 중천세계를 다 먹이고도 되남아요. 하하하…. 그 떡이 되남아요. 아시겠소? 이것이 거짓인 줄 알지 마세요. 진짜 우리가 살아나가는 데에 '참 교묘하고 아주 조금도 빈틈없는 우리 삶의 보람이로구나!' 하고 아시게 될 겁니다. 그러면 조상의 마음도 한자리가 되는 거죠. 상에다가 조금조금 차려 놓고선 '요거 잡수시오' 하고 어리석은 마음으로 하는 것보다도 이 삼천대천세계 모두를 자기 집으로 만들어 주고, 자기 먹을 걸로 만들어 주고, 자기 살 곳으로 만들어 준다면 '가는 족족 내 자리이고, 가는 족족 내 먹을 것이고, 내 거 아님이 없고 나 아님이 없으니 먹고 먹고 또 먹어도 남고 또 먹어도 또 남고 하는데 끝간 데 없더라.' 이렇게 되는 거죠. 그래야 올바른 거지 그저 상에다가 조금 차려 놓고 그저 요거 요거…. 이거는 어떻게 생각하면 자기가 미신이 됐기 때문에 미신을 외려 만들고 있는 겁니다. 자기가 진짜 '사람'이라는 두 글자로 불리고 있다면 진짜 사람으로서 그 은혜를 갚기 위해서 그런 도리를 몰라서는 안 되죠. 알아야 위로는 부모의 은혜를 갚으면서 묵은 빚을 갚고 아래로는 자식들에게 햇빛을 줄 수 있으니까요.

여러분이 전자에서부터 살면서 해 내려오던 그 관습이 있기 때문에 이사를 가도 무엇을 봐야 된다, 혼인을 해도 무슨 궁합을 봐야 된다 하는데 궁합들을 그렇게 잘 봐서 모두들 잘 사십니까? 네? (대중 웃음) 그리고 이사 가는 날짜를 잘 봐서, 그렇게 손을 잘 봐서 애고도 없고 병고도 없이 다들 잘 사십니까? 내가 꼭 이사를 가려고 한다면 내가 가고 싶은 날, 식구들이 모두 노는 날, 내가 가고 싶은 그 날이 그냥 이사 가는 날이에요. 두 남녀가 봐서 '나하고 평생을 사랑할 수 있겠다.' 이런 마음을 갖게 되면 그대로 궁합이 좋다고 생각하시고, 주위에서 데리고 살 것이 아니니 그냥 결혼시키시란 말입니다. 이것이 바로 사람 사는 도리입니다. 그냥 엉거주춤하니 자기 마음대로 살 수 없다면 창살 없는 감옥에 갇힌 노예죠, 뭐. 귀신 노예 사람 노예, 허허허…. 모두 노예가 돼 가지고, 보이지 않는 데서는 보이지 않는 대로 노예가 되고, 보이는 데서는 보이는 대로 노예가 되고, 이거 어떻게 합니까?

상에 밥 갖다 놓고 떡 갖다 놓고 돈 갖다 놓는 거 보고서 스님 되려는 사람은 천지에 없을 겁니다. 그러니까 여기서 저 부처님 한 분만 모셔 놓고 이렇게 하는 건 이러한 기복과 관습에서 벗어나게 하려는 것입니다. 수없는 나날을 지내 오며 관습이 아주 조잘이 조잘이 붙어서, 기복이 조잘이 조잘이 붙어서 여러분이 그냥 요기조기 갖다가 놓고 '칠성님, 명 길게 해 주시오. 독성님, 우환 없게 해 주시오. 지장님, 나를 좋은 데로 가게 해 주시오. 부처님, 잘살게 해 주시오. 또는 관세음보살, 잘되게 해 주시오.' 이러기 때문입니다. 관세음이라는 것이 무언 줄 아십니까? 이름이에요. 부처님의 마음으로 이름을 지어 놓은 겁니다. 동방에는 아촉불이요 서방에는 아미타요 이 세상 사바세계는 관세음이요 지천국에는 지장이라고 이름을 지은 거라고요. 이렇게 이름을 만들어 놓은 겁니다.

여러분이 한 가정에서 아버지 이름만 가지고 계십니까? 아버지 이름도 가졌죠, 할아버지 이름도 가졌죠, 남편 이름도 가졌죠, 형님 이름도 가졌죠, 사위 이름도 가졌죠. 아휴! 이름도 너무 많잖아요. 그 이름대로 "여보!" 하면 "왜 그래?" 하고선 그냥 자동적으로 남편 노릇 해주는 겁니다. 그것도 뭐 걸림이 없어요. "아버지!" 그러면 "어, 너 왔니?" 하면서 자동적으로 남편이라는 건 없어지고 아버지가 금방 됐어요. 그렇게 나투어서 돌아가는 거 보세요. 자동적으로 말입니다.

그러면 부처님 마음은 어떻습니까? 부처님도 자동적으로 중생들이 '아휴, 병고에 이렇게 휘달리니 이 병 좀 고쳐 주세요, 부처님!' 이러면 약사가 돼서 응신으로 나투어 주십니다. 또 '아이고, 살림살이가 늘지 않고 만날 망하기만 하고 죽겠으니 어떡합니까?' 하면 그냥 관세음으로 응신이 돼서 나투어 주신다 이겁니다. 이와 같이 여러분 아버지나 어머니가 한 가정에서 살면서 그렇게 자동적으로 나투면서 이 노릇 저 노릇 다 하는 것처럼 부처님의 한마음이 그렇게 나투시면서 사시는 거다 이겁니다.

부처님의 깨달은 마음이 그렇다 이겁니다. 그러면 깨달은 마음이 죄 각각이냐? 그게 아닙니다. 이 세상에 외국 사람이든 한국 사람이든 막론해 놓고 깨달은 사람의 마음은 한마음으로 돌아간단 얘깁니다, 하나로! 그래서 하나로 돌아가기 때문에 어떤 거 할 때 나라고 할 수 없는 게 부처다 이겁니다. 없는 게 부처입니다, 없는 게. 공해서 시공이 없이 돌아가는 그 자체 불바퀴가 그냥 부처예요, 이름해서. 그래서 부처란 말은, 보세요! 아까도 얘기했지만, 아버지가 아들 노릇 할 때에 내가 했다고 하겠습니까, 남편 노릇 할 때에 내가 했다고 하겠습니까, 또는 자식 노릇 할 때에 내가 했다고 하겠습니까, 또는 형님 노릇 할 때에 내가 했다고 할 수 있겠습니까? 그렇게 자동적으로 돌아가니까 공했다 이 소립니다. '색이 공이요 공이 색이니라. 모두가 둘이 아니게 나투면서 돌아가고 고정됨이 없으니 그쯤 알라.' 자세히 얘기하자면 이렇다는 얘깁니다. 그렇게 나투면서 돌아가는데 나투며 돌아가는 분의 이름은 많지만 그 나투며 돌아가는 분은 하나예요, 하나! 하나가 여러 가지를 하는 거예요. 안 그렇겠습니까? 비교를 하자면 그렇다 이겁니다.

그래서 이 사바세계에는 관세음보살로 해 놨다 이겁니다. 여러분이 관해 보고 관해 듣고 이 세상을 살아가면서 서로 주고받고 돌아가는 이 자체를 관세음이라고 했습니다. 이름입니다. 이 세상 이름입니다. 그러니까 세상 이름을 아무리 불러도 대답이 없죠. 자기 끌고 다니는 자기 주인을 먼저 발견을 해야 찰나찰나 나투는 일체제불의 마음을 알 수가 있다는 얘깁니다. "모든 깨달음은 하나지 둘이 아니다! 그런데 그 하나는 어디로 돌아가는고?" 했단 말이에요. "하나로 돌아가는 건 어디로 돌아가는고?" "담 너머로 호박 넝쿨이 넘어가서 호박 열리는 까닭입니다." 했답니다. "호박은 여여한가?" 하니까 "호박은 제 나무에서 무르익어서 맛이 좋습니다." 하더랍니다. 이 도리를 여러분이 가정에서 모두 깨달으십시오.

말씀해 놓은 것이 모두 여러분의 길잡이가 되게 하고, 또 길을 따라서 이 공부를 하게 하기 위해서 관세음보살이니 뭐니 뭐니 전부 이름을 지어 놨지, 여러분이 바로 관세음보살이에요! 여러분이 그대로입니다! 여러분 하나가 가정에서 아버지 노릇 하고 남편 노릇 하고 사시는 것처럼 그렇게 이름은 많지만 다 여러분의 살림살이가 바로 부처님 법이에요. 여러분이 부처고요. 중생 속에서 부처가 나고 부처 속에서 중생이 나니 어떤 걸로 갈라 놓고 중생이다 부처다 하겠습니까.

예전에 독립군이 총을 맞고 산에서 쓰러지니까 까마귀가 떼를 지어 "까욱까욱" 하고 와서 눈알도 빼 먹으려고 하고 이러니까 "까마귀들아, 나를 보고 비웃지 마라. 비록 이 모습은 쓰러지나 나를 파먹지는 못하며 나를 죽일 수는 없느니라." 했듯이 말입니다. 참 여러분은 죽고 사는 게 없습니다. 죽는다 산다도 없습니다. 영원한 겁니다. 영원한 자기를 발견해서 사시려면 생활 속에서 꼭 '내 이 껍데기가 하는 게 아니라 마음의 주인이 하는 거다. 모든 재물도 내 것이 아니고 나는 관리인이다.' 하고 사시란 말입니다. 관리인밖에 더 됩니까? 진짜 자기

겁니까? 관리인이죠. 관리를 어떻게 잘하느냐 못하느냐 여기에 달려 있는 거지 자기 게 아닙니다. 자기 거라고 한다면 슬금슬금 다 나가서 금방 곳간이 빌 겁니다. '흥, 나를 꽉 붙들어매 놓으려고 그래?' 하면서 어떻게 해서든지 나가니까요. 돈도 생명이 있고 돈도 마음이 있거든요.

그러니 여러분! 이 대구에 계신 여러분이 좀더 밝게 지혜를 가지고 내 한마음을 믿고 발견하셔서 애고도 벗어나시고 병고도 벗어나시고 또 내 가정도 화목하게 이끌어 가시면서 사회도 나라도 이끌어 가세요. 남북통일도 그렇고 마음으로 규정지어서 한생각 낸다면 하지 못하는 게 없습니다. 모습이 있는 거는 걸려서 할 수가 없습니다마는 모습이 없는 마음은 지구 바깥으로도 벗어날 수 있고 달 세계도 한 찰나에 끌어다 볼 수 있습니다. 그러니까 여러분이 공부를 해서 아시게 되면 내가 왜 이렇게 말을 해야만 하는지 그걸 아실 겁니다.

내가 이 세상에 나와서 잘살기 위해서, 여러분한테 얻어먹기 위해서 이렇게 하는 것도 아닙니다. 여러분 생명과 모습, 그 마음이 내 마음 아님이 없고 내 고통 아님이 없고…. 어떤 때는 너무나 가슴아파서 울 때가 있습니다. 그쪽에서 울면 나도 웁니다. 우는 것을 보이지 않기 위해서 변소나 어디 가서 그거를 생각하면 아주 가슴이 아픕니다. 옛날에는 선지식들이 깨치면 모든 걸 벗어 버리고 편안하다고 했는데 나는 안 그렇습니다. 난 깨치지 못해서 그런지 몰라도요, 나는 아파서 우는 사람을 보면 같이 울게 되고, 즐거워서 웃는 사람을 보면 나도 즐거워서 웃게 되지 그렇게 되질 않습디다. 그래서 편안한 것도 없고 편안치 않은 것도 없습디다.

그냥 여러분과 같이 그 속에서 그냥 구르고 있는 자체입니다. 그러니 조금도 다르다고 생각 마시고 높다고 생각도 마시고 '저분은 깨달은 분이다.' 이렇게도 생각지 마시고 여러분의 마음속에 같이 하고 같이 공생하고 있다고 생각을 하십시오. 나는 이날까지 높은 게 되려고 생각해 본 예도 없습니다. 못났든 잘났든 자기만이 자기를 끌고 다닙니다. 절대로 한데로 믿지 마십시오! 스님들의 고깃덩어리도 믿지 마시고, 그저 이끌어 주면 이끌어 주는 대로 세 가지가 똑바른가 보시고 이끎을 받으십시오. 말과 행과 뜻이 같으면 따라도 좋다 이겁니다. 그럼 오늘은…. 아니 참, 질문하신다 그랬죠? 질문하실 거 있으면 질문하세요.

질문자1(남) 큰스님, 감사합니다. 분별심 있는 저희로서는 큰스님께서 저희 대구지원에 오셔서 좋은 법문을 해 주시니 감사한 마음을 말로 다 표현을 못하겠습니다. 제가 네 가지 질문을 준비했습니다만 큰스님 법문 중에 둘이 아닌 도리는 누누이 말씀하셔서 잘 알았습니다.

첫번째 질문을 드리겠습니다. 견성 또는 각(覺)을 이룬다는 것은 우리가 주인공을 찾는 것과 같은지요? 그리고 육조단경에는 견성을 단박 깨친, 그러니까 돈오돈수라 하였는데 주인공은 어느 순간에 찾아오는 것인지요? 말씀해 주시면 고맙겠습니다.

큰스님 주인공 자체가, 전부 공생으로 공용을 하고 돌아가는 이 자체가 고정됨이 없이 돌아가니까 공했다고 했습니다. 그러니까 주인공은 내 마음의 중심이면서, 천 가지 만 가지 모두가 마음으로부터 나와서 돌아가니까 공(空)입니다. 그래서 주인공입니다. 그래서 탤런트들이 주인공으로서 배역을 하면 주인공은 죽는 법이 없어요. 하하하…. (대중 웃음, 박수) 그렇듯이 주인공이라는 것은 죽고 사는 게 없습니다. 생멸이 없단 얘깁니다. 그대로 영원한 겁니다. 지금 주인공을 찾는다 할 때의 주인공이란 바로 자기를 끌고 다니는, 수억겁 동안 끌고 다녀온 자기 근본적인 주인, 자기란 말입니다. 그러니까 깨달음이란 것은 그냥 그대로죠.

그럼 돈오가 다르고 점수가 다르냐? 그게 아닙니다. 학과 도가 다르냐? 그것도 아닙니다. 그래서 도와 교는 둘이 아니다 그겁니다. 우리가 탑을 쌓으려면 하나 하나 돌을 갖다 놓습니다. 그 돌을 갖다 놓는 과정을 점수라고 한다면, 탑이 다 돼서 봉우리가 딱 올라갈 때는 돈오라고 그럽니다. 그러니까 그 탑 쌓는 데는 '모두가 둘이 아니다'라는 얘깁니다.

맷돌에도 심봉이 있습니다. 아래 위 심봉을 끼워야 물질이 들어가서 갈리죠? 그래서 물질과 맷돌과 물과 모든 인연이 합세가 돼 가지고 돌아가서 그게 갈려 나온단 말입니다. 그 여러 가지가 그렇게 해서 나오지만 심봉은 움죽거리지 않아요. 심봉은 움죽거리지 않고 맷돌만 돌아가죠. 그러는데도 물질이 다 갈려 나온단 말입니다. 그렇듯이 그 심봉이라는 것은 힘을 가하는 것이지 맷돌과 같이 돌아가는 법이 없어요.

그와 같이 우리의 주인공은 힘만 가하는 것이고 우리 마음을 내서 돌아가는 거는 맷돌 돌아가듯 하는 겁니다, 우리 이 몸뚱이도. 그러니까 마음을 내서 '이거는 이렇고 저거는 저렇고 이것을 해야겠다.' 하는 게 꼭 맷돌에 물건 넣는 거와 같다 이겁니다. 물건을 넣어서 거기서 갈려 나올 때를 기다리면서 또 넣고, 살림살이를 이렇게 하고 가죠. 그런데도 그 심봉은 꿈쩍도 안 한단 말입니다. 그래서 '영원한 자기의 참 주인공을 진실히 믿고 진실히 발견하라.' 본래 없는 게 아니라, 찾는 게 아니라 본래 있는 거니까 발견하라 이거죠. 묻는 말에 대답이나 제대로 했습니까? 하하하…. (대중 웃음)

질문자1(남) 감사합니다. 그럼 두번째 질문 드리겠습니다. 큰스님께서는 저희에게 세 번 죽어야 하는 도리를 말씀하셨는데 저희는 한 번 죽을 때의 변화됨이 무엇인지 모릅니다. 주인공 공부를 하여 단계적으로 죽는 것이 맞는지 아니면 그 단계조차도 그냥 하나로 들어가야 되는 것인지 그것이 궁금합니다. 가르침 주십시오.

큰스님 내가 항상 얘기하죠. 모든 걸 주인공에다 놓고 돌아간다면 나를 발견할 수 있는 거죠. 내가 모든 걸 한군데다 놓고 고정된 게 없이 그렇게 돌아가니까, 생각을 해 보세요, 내가 싹 없어지죠? 아버지로 남편으로 뭐, 이것으로 저것으로, 한마음의 심봉에 의해 매사 게 돌아가니까, 그 심봉을 따진다면 심봉은 어느 편에 설 수도 없으니까 없는 거죠. 심봉은 어느 편에 설 수도 없죠. 돌아가는 맷돌에 의해서 그냥 우뚝 섰으니까요. 네? 어느 편에 선 것도 없잖아요? 그러니까 바로 그렇게 될 때까지 죽어야 한다. 그 어떤 걸로 세울 수 없는 것이, 그 도리를 아는 것이 죽는 겁니다. 그래서 '내가 죽어서 나를 발견한다' 하는 겁니다.

또 두번째로 '내가 죽어서 둘 아닌 도리를 안다' 했습니다. 그리고 세번째로 '내가 죽어서 둘 아니게 나투어야 된다' 했는데, 법신 보신 응신으로서 내 아님이 없이 나툰다고 그랬죠? 돼지를 건지시려고 응신이 돼서 돼지한테로 들어갔는데 너무 오래 머물러 있으니까 돼지 습에 물들까 봐 걱정이 된다는 그런 얘기도 있죠. 그래서 돼지를 건지려면 돼지가 돼서 들어가야 저항력을 느끼지 않지, 돼지가 아니라 사람이 들어가는 걸로 돼지가 알면 저항력을 느껴서 못 받아들이죠. 뱀도 그렇고 짐승도 그렇고 곤충도 그렇고 목신도 그렇고 다 그렇습니다. 그러니까 용신은 용신이 돼서 들어가야 용신이 재깍 받아들일 수 있고요. 그렇기 때문에 일체 응신이라고 했습니다. 그러니까 한 번 죽어서 나를 발견하고 또 두 번 죽어서 둘 아닌 도리를, 모든 전체가 둘 아니게 돌아감을 알고, 그리고 모두가 나 아님이 없이 내 아픔 아님이 없이 나투는 방법을 알기 위해서 또 죽어야 한다 이런 말입니다.

여러분이 마음을 깨닫고 본다면 다 알게 돼 있습니다. 깨닫는 것도 수월합니다. 아주 편리하게 발견할 수 있습니다. 수박을 놓고서 '이게 뭣고?' 하고 의정을 내고 아무리 40년 50년을 굴려 봐도 수박은 수박인데 맛을 모른다 이겁니다. 그냥 무조건 죽고 사는 거를 버린 채 그냥 깨뜨려서 맛을 보는 것이 바로 일 단계의 죽음입니다. 그러니까 지금 돈이 없으면 우리 식구 전체가 죽는다 하더라도 겁내지 마세요. 이 도리를 발견하면 돌 위에 세워놔도 살아요. 자기를 끌고 다니는 자기 주인공은 어떡하든지 먹이고 입히고, 어떡하든지 자기 몸을 건강하게 이끌어서 끌고 가는 겁니다.

잠시 산다 하더라도 삶의 보람을 느끼면서 살다가, 갈 때는 콩깍지가 익어서 툭 건드리기만 해도 콩이 떨어지듯 그래야 합니다. 콩이 익지를 않으면, 여러분이 이 마음공부를 잘 못해서 익지를 않으면 콩깍지가 익지 않은 거와 같아서, 그 콩깍지 속껍데기가 붙어서 떨어지지 않기 때문에 죽을 때도 그냥 병고에 휘달리고 고생을 하는 거와 같다 이겁니다. 그리고 또 질문하실 거 있습니까?

질문자1(남) 마지막으로 질문을 하겠습니다. 큰스님 법문 중에 "네 주장자가 있다면 내 주장자를 줄 것이고, 네 주장자가 없다면 네 주장자를 뺏을 것이다."라고 말씀하셨습니다. 대구에 이렇게 오셨으니 큰스님 주장자를 주고 가심이 어떻겠습니까? (대중 웃음, 박수) 이미 주셨다고 생각해도 될는지요?

큰스님 내가 항상 말하죠. 예전에 임제 스님이 그렇게 말씀하셨다 합니다. "네가 주장자가 없다면 내가 뺏을 것이로되 네 주장자가 있다면 내 주장자를 너에게 줄 것이니라." 하고요. 그게 무슨 소리냐 하면요, 첫째는 받아들이는 마음이 없다면 마음을 줄 수가 없죠. 또 받아들이는 마음이 있고 두 마음이 아니라는 생각에서 아주 숭배하고 받아들인다면 아주 기특한 마음이 들어가고 좋은 마음이 들어가죠? 그러니까 주는 거죠. 그런데 얄밉게 해 보세요. 그것을 아예 그냥 뺏는 것과 같은 거죠. 또 그걸 이차적으로 표현하자면, 아까 전화 얘기 했습니다. 내 마음에 전화를 놓지 않았다면 전화가 올 수도 없고 갈 수도 없어요. 그러니까 내 전화가 있음으로써 전화를 할 수도 있지만, 네 마음속에 전화를 놓지를 않았기 때문에 전화할 수도 없지 않느냐. 하하하…. 그러니까 깨닫지 못한 자는 전화를 놓은 게 아닙니다.

그러나 지금 가르치는 거는 깨닫지 못했다 하더라도 아예 '나한테 전화가 있다' 이렇게 전제하고 들어가라는 겁니다. '이게 뭣고?' 하고 가는 것이 아니라 '나한테 전화가 있다' 하고 아주 전제하고 들어가세요. '나한테 전화가 있다! 이 전화로 말할 것 같으면 우주하고도 직결이 돼 있고 세상하고도 가설이 돼 있다. 사회적으로나 가정적으로나 국가적으로나 사업적으로나 내가 통하려고 마음을 먹는다면 통한다. 몸으로는 뛰어 주고 마음으로는 통해 주고 이렇게 하는 전화가 나한테 있다. 아주 있다.' 하고 실험으로 들어가란 말입니다. '있는 것이니까 여기다 믿고 맡기자. 맡기고 지켜보자. 지켜보면 알 바가 있을 것이다.' 하고 실험을 하고 체험을 하시는 게 참선이란 말입니다.

그러니까 임제 스님의 말씀은 '너에게 전화통이 안 놓여 있으면 내가 너한테 전화를 못할 것이고, 너한테 전화통이 놓여 있을 것 같으면 내가 전화를 할 것이로되 네가 전화통을 안 놨으니까, 못하니까 그냥 빼어 옴과 같다. 아예 통하지 못하니까.' 하시는 말씀이나 똑같은 겁니다.

그러니까 모두 마음의 주장자가 없다고 하지만 옛날에 "부처님이 어디에 있습니까? 불(佛)은 무엇입니까?" 하고 물으니까 "똥 친 막대기니라." 했습니다. 옛날에는 밑씻개가 없어 가지고 작대기를 세워 놓고선 그저 누구든지 똥 누면 그걸로 쓱 닦고 쓱 닦고, 너무 많이 묻었으면 개천에 가서 쓱쓱 씻어다가 도로 세워 놓고 이렇게 했단 말입니다. 그러니까 그것을 그렇게 말씀하실 수도 있죠. 똥 친 막대기죠! 부처가 뭐 다른 겁니까? 똥 친 막대기지요. 똥 친 막대기가 여러분 마음 가운데 있는 거지 다른 데 있는 게 아닙니다. 물질로 생각을 하지 마시고 물질이 아닌 마음으로 무한량 할 수 있는 지혜를 내시고 무한량 남과 나와 서로 통하려고 하세요. 그러면 꽃이 아프다 아주 좋다 하는 것도 느낄 수 있는 그런 재미있는 체험이 아마 자꾸자꾸 생길 겁니다.

어떤 분들은, 한두 분이 아니죠. 정말 체험을 하고 실험하고 들어가는 분들이 "내가 이렇게 소중하고 이렇게 근중하고 묘하고 광대무변한 걸 왜 진작 몰랐을까." 하고 얘기하더군요. 뭐 한두 분이 아닙니다. 그러니까 여러분이 '이게 뭣고?' 하지 마시고 전화통을 먼저 믿고 거기다가 놓으시고, 마음과 마음이 항상 같이 통하도록 그렇게 하시기 바랍니다.

마음의 인연 따라 벌어지는 생활

광명선원 강당 준공법회

1992년 5월 31일

이 광명선원에 여러분이 한마음으로 이렇게 같이 한자리를 하게 된 것을 기쁘게 생각합니다. 이 강당은 여러분이 십시일반으로, 한마음으로 뭉쳐서 건립한 것입니다. 모든 실생활 속에서 인연에 따라 주어지는 대로 찰나찰나 바꾸어 돌아가면서 마음과 마음이 모두 계발이 되고 조화를 이루고, 또 정신계의 창조력을 기르면서 창조를 해냅니다. 조그만 거든 큰 거든 다 창조인 것이고 계발인 것이고 바로 발전인 것입니다.

부처님께서 49년을 설하실 때에도 바로 실천과 궁행을 위해서, 진실한 오늘을 위해서 나로부터 이 세상이 벌어졌다는 사실을 알려 주신 겁니다. 물과 흙과 불과 바람의 인연이 아니었더라면 우리의 형상적인 문제도 해결되지 않았을 겁니다. 물도 생명이고 흙도 생명이고 바람도 생명이지만 그 바람과 흙과 물이 한데 합쳐져서 온기가 생기고, 온기가 생김으로써 바로 불과 바람 흙 물이 한데 합쳐져서 생명들이 생기게 되었던 것입니다. 생명이 생기기 이전에는 모두 암흑 속에서 허덕이고 있었다고 해도 과언이 아닙니다. 암흑 속에서 하나하나의 생명들이 한데 합쳐져 온기가 생기니까 생명체가 나오고 그 생명체들이 진화돼서 인간까지 왔다고 봅니다.

그래서 우리가 혼자서는 살 수 없고 혼자서는 이룰 수 없고 혼자서는 창조해 낼 수가 없다는 겁니다. 인연에 따라서 잘 생각을 해내면 좋은 창조력을 이루고, 만약에 나쁜 악성으로 인연을 지어서 나간다면 악행이 돼서 돌아옵니다. 바로 '콩 심은 데 콩 나고 팥 심은 데 팥 난다' 하는 말이 있듯이 말입니다. 좋은 인연을 지으면 좋은 업보가 오는 것이고 나쁜 인연을 지으면 나쁜 업보가 되는 것이죠.

그런데 여러분이 이런 인연을 지어서 행하고 나가는 것도 생각해 볼 점이 있습니다. 달마 대사가 양 무제더러 공덕이 하나도 없다고 했듯이, 십시일반으로 이렇게 시주를 해서 건립을 했다고 하더라도 한 사이가 없어야 할 것입니다. 모든 것이 정신계의, 내면세계의, 자기를 끌고 다니는 자기 주인공에 의해서 이루어졌다고 생각하신다면 공덕이 될 것이고 '내가 시주를 했다. 내가 좋은 일을 했다. 내가 돈을 벌어서 주었다. 내가 얼마를 주었다.' 이렇게 생각을 하신다면 공덕이 하나도 없는 것입니다.

한 가정에 있어서나 사회적으로나 국가적으로나 세계적으로나 우주적으로나 모두가, 각 혹성들이 한데 합쳤다가 흩어지고 흩어지고 합치고 하면서 발전을 이루게 됩니다. 또 하나가 스무 개가 되고 스무 개가 바로 만 개가 되고 만 개가 십만 개가 되고 이렇게 해서 혹성이라는 게 벌어졌고, 별성이라는 자체는 바로 마음의 불씨인 것입니다. 마음의 불씨란 영원한 것입니다.

마음이 없었다면 여러분이 오늘 여기 이렇게 한자리를 하게 되지 못했을 겁니다. 여러분이 한자리를 함으로써 그 모든 마음의 인연들에 의해 보람 있는 작업의 결과로 강당이 저렇게 우뚝 섰습니다. 그렇듯이 여러분의 가정에서도 한 식구가, 이 식구에게 가도 하나요 저 식구에게 가도 하나가 될 수 있어야 합니다. 이거를 잘 들으셔야 합니다.

다섯 식구가 사는데 이 식구에게 어떠한 문제가 있으면 이 식구에게 하나로 몰아 주고, 저 식구에게 문제가 있으면 저 식구에게 하나로 몰아 주고, 어린애가 그러면 어린애로 하나로 몰아 주어서 이리로 가도 하나고 저리로 가도 하나로 돌아가게끔 하십시오. 한마음의 인등이라는 것은 내 마음에서 마음을 내면 바로 불을 켜는 거나 한가지입니다. 불을 켜게 되면 다 같이 불이 들어와서 한 방이 다 밝아지도록 할 수 있는 도리를 취하십시오.

이 정신계의 발전이란 내 마음 떠나서는 이룰 수가 없습니다. 마음 떠나서 이 건물이 어떻게 생길 수 있으며, 어떻게 생활이 있고 부처가 있고 종교가 있고 모두가 있겠습니까? 항상 말씀드리지마는 불교란 영원한 생명의 근본이 불(佛)이요, 들짐승이나 날짐승이나 인간이나 모두가 서로 통하고 서로 조화를 이루고, 보이지 않는 영혼들이나 보이는 사람들이 모두 서로 뜻이 통하고 가는 것이 바로 교(敎)입니다. 그렇기 때문에 불교라는 단어는 어느 한 군데 국한된 단어가 아닙니다. 끝간 데 없는 진리를 이름해서 붙인 단어인 것입니다.

그리고 여러분은 바로 지수화풍이 바탕으로 돼 있기 때문에 광력이나 전력이나 자력이나 통신력을 충만히 가지고 있다는 겁니다. 그렇기 때문에 여러분이 정신계의 모든 작용을 다 할 수가 있으니 부처님께서는 '모두 각자 오신통이 다 갖추어져 있느니라.' 하셨습니다. 내면세계를 등한시하고 물질계 50%만 가지고 살려고 하면 걸리는 게 수도 없지만, 정신계의 50%와 물질계의 50%가 서로 작용을 한다면 얼마나 걸림이 없이 평온하고 여여하게 살게 되겠습니까.

아까 얘기한 바와 마찬가지로 우리에게는 오신통이 있다는 사실입니다. 마음의 눈으로 보는 거, 마음의 귀로 듣는 거, 과거의 일을 아는 거, 마음으로 남의 마음을 아는 거, 가고 옴이 없이 마음이 가고 오는 거, 그것을 이름해서 오신통이라고 하는 것입니다. 그러면 천안통 천이통 숙명통 타심통 신족통, 이 다섯 가지를 비유해서 한번 쉽게 설명을 해 볼까요? 항상 말하는 겁니다. 항상 말하는 거라고 해서 '저 스님, 또 저 소리를 하네.' 이런 말은 마세요. 항상 들어도 귀로만 들으시니까 좀 마음으로 듣게 하기 위해서입니다. 탐지기는 남의 마음을 읽죠? 그걸 타심통이라고 비유하고요. 천이통, 그건 무전통신기로 비유하죠. 마음으로 소리를 듣는 거요. 천안통은 마음의 눈으로 보는 거, 천체망원경으로 비유해도 됩니다. 신족통은 바로 팩시밀리로 비유합시다. 가고 옴이 없이 가고 온다, 이런 거 말입니다. 숙명통이란 무엇이냐 하면 여러분에게 자동적으로 입력이 될 수 있는 컴퓨터입니다.

여러분은 이 얘기 들어 보셨는지 모르겠습니다. 어디 취직을 하려고 뇌물을 가지고 어느 사람을 찾아가서 단 둘이만 앉았는데 뇌물을 주니까 안 받더랍니다. "아무도 없는데 그것 좀 받고 선처를 해 주십시오." 하니까 "너하고 나하고 있지 않느냐?" 하더랍니다. 하하하…. 그거와 마찬가지로 여러분이 어떻게 사느냐에 따라서 자동적으로 입력이 되는 것입니다. 여러분은 자기가 말을 함부로 하고 함부로 행을 하고, 남 보이지 않는 데 숨어서 도둑질을 하고 사기질을 하고, 이렇게 해도 '남이 보지 않았으니까….' 이러는데 자기가 아는 것이 바로 입력이 되는 것입니다. 자기가 아는 것이 곧바로 컴퓨터에 입력이 되는 것입니다. 그래 그 컴퓨터에 입력이 된다면 또 어디로 퍼지느냐? 이 우주간 한마음의 법계에서 전부 알게 되는 것입니다. 우주도 직결이 돼 있고 이 세상도 가설이 돼 있으니까요. 모두 인연줄에 따라서 가설이 돼 있는 겁니다. 그러니 어찌 거짓말을 하겠습니까? 그래서 수행자들에게 계율을 지키라고 계정혜(戒定慧)를 만들어 놨습니다.

그 모두가 마음의 장난인데 마음의 장난을 어떻게 해야 우리가 구덩이에서 나올 수 있으며 훌쩍 벗어날 수 있겠느냐? 마음은 어디까지나 체가 없습니다. 체가 없어서 오신통을 훌쩍 벗어날 수 있다 이 소립니다. 그래서 오신통을 훌쩍 벗어나서 누진으로 통신이 돼야 누진에서 사대로 통신이 되면서 바로 바깥의 대기권에도 모두 통신이 되는 것입니다. 그럼으로써 들이고 내는 레이다망, 즉 말하자면 두뇌의 바른쪽 왼쪽에 작용을 하면서 그 핵심이 거기에서 바깥 세상과 안 세상 모두를 작용을 하게끔 자동적으로 그렇게 연결이 되는 것입니다. 이 모두가 심성의학도 되고 심성과학도 되고 심성철학도 되고 심성천문학도 되고…. 세상만사가 다 한 가지, 마음의 핵심에서 나오는 것입니다. 그 핵심은 더하고 덜함도 없고 흘러간다 흘러온다도 없는 것입니다. 그렇기 때문에 영원한 것입니다. 여러분의 몸은 사대로 흩어질지언정 그 마음의 핵심은 영원한 것입니다. 자기가 잘못하고 잘하고 그것도 개의치 않는 것입니다.

무식해서 맷돌이라고 그럽니다마는 잘 들으세요. 맷돌의 아래 위에 심봉을 끼워서 돌린다면 그 맷돌의 심봉은 돌아가지도 않으면서 힘만 가하게 됩니다, 힘! 맷돌이 돌아가게끔 힘만 주는 것입니다. 맷돌이 돌아가는 대로 팥을 넣으면 팥이 갈려 나오고, 인연에 따라서 어떤 음식이라도 넣으면 갈려 나옵니다. 자기 용도에 맞게 필요한 것만치 말입니다. 그러니까 그 심봉은 여러분에게 영원한 것입니다. 그 심봉에 의해서 어떻게 갈아 내느냐, 무엇을 갈아 내느냐, 어떠한 인연을 통해서 무엇을 갈아 내느냐, 나쁜 일을 갈아 내느냐 좋은 일을 갈아 내느냐, 선덕을 쌓느냐 악업을 짓느냐 이거에 따라서 바로 자기에게 주어집니다. 그러나 심봉은 어떤 걸 갈아 내든지 말이 없습니다. 여러분이 용도에 따라서 끌어다 쓰는 대로 그냥 그대로 여여하게 힘만 가해 주는 것입니다.

그러니 내 몸뚱이 속의 업식으로부터 생각이 일어나면 그 마음이라는 놈이 그것을 잘 다스려야 합니다. 멋대로 몸뚱이가 움죽거리게 놔두는 것은 바로 고삐 풀린 망아지나 소가 콩밭이든 파밭이든 들어가서 막 그냥 짓밟고 먹어치우는 것과 같습니다. 어떠한 문제라도 그렇게 누가 되는 일은 삼가할 수 있게끔 자기가 자기를 리드해 나가면서 다스려야 합니다. 다스리게끔 해 주는 것은 바로 자기 마음입니다. 자기가 잘못해 놓고 부처님이 어떠니저떠니 하지 마십시오. 하하하…. 부처님은 힘만 가하는 거지 요거 하지 마라 저거 하지 마라 하지도 않습니다. 그러니까 자기를 다스리면서 잘 이끌어 갈 수 있는 자기 마음이 상당히 중요합니다. 마음은 체가 없어서 문을 통해서 다니는 게 아닙니다. 마음은 사방이 다 터지고 지붕도 없고 우주 삼천대천세계(三千大千世界)를 한 찰나에 오고 가고 자유롭습니다.

그러니 여러분이 옹졸하게 생각하지 마시고…. 우리 수행자만 계율이 있는 것이 아니라 인간으로 태어났다면, 아니 인간이 아니더라도 하다못해 개미라도 계율이 있습니다. 날아다니는 새들도 계율이 있구요. 그렇듯이 바로 자기 마음의 계율을 지킨다면 남이 준 계율보다도 아마 한 치도 에누리 없이 계율을 지킬 겁니다. 사람들은 시간 약속을 우습게 생각합니다. 도의나 의리도 우습게 생각하고 자기가 한마디 해 놓은 것을 우습게 생각합니다. 그런데 모두가 신용을 잃고 사람답지 못하게 살게 되는 원인이 거기에서 생기는 겁니다. 자기가 한마디 한 게 보증 수표가 돼야 합니다. 이 세상은 더하고 덜함도 없고 에누리가 없어요. 자동적으로 입력이 되기 때문입니다.

여러분은 "나는 죄지은 일도 없는데 왜 이렇게 고가 많습니까?" 합니다. 현재 고가 많은 이유를 한번 생각해 보시면 과거에 내가 어떻게 살았느냐에 따라서 주어졌다는 것을 알 수 있을 겁니다. 지금 사는 거를 가만히 생각해 보시고 지켜보십시오. 미래가 어떻게 올 것인가를 알 수 있을 것입니다. 우리가 참외씨를 심으면 틀림없이 참외 싹이 납니다. 그렇듯이 세상만사가 다 끼리끼리 놓여져 있습니다. 차원이 낮으면 낮은 대로 모여 있고 높으면 높은 대로 모이고요. 정신계 50%에 좀 더 가려 하는 그런 의식과 더불어 신념이 뚜렷한 분들은 정신계의 모든 정신과학을, 생활을 습득하기 위함이요 깨닫기 위함이요 행하기 위하여 이렇게 같이 모이게 되는 것이 아닙니까? 시장에 가 봐도 배는 배대로 놓고 사과는 사과대로 놨습디다. 모든 게 끼리끼리 놓여 있어요. 사람들도 기사는 기사대로 모이고 정치가는 정치가대로 모였습디다. 이거 두 마디만 해도 알겠죠?

그러니 여러분이 마음먹는 것도, 생각하는 것도, 돌아가는 것도 천차만별로 다 그렇습니다. 가만히 보면 어쩌면 그렇게 답답하고 생각이 돌아가지 않는 사람들이 있는지 모르겠습니다. 하여튼 벽을 치면 봇장이 울려야 되는데 벽을 아무리 쳐도 봇장이 울리지 않을 때가 있어요. 이거는 정말이지 '야 참, 사람사람이 귀가 뜨이고 눈이 뜨이고 마음이 좀 트여야 될 텐데 아주 캄캄이로구나!' 이런 생각이 들 때 더 안됐다는 생각이 듭니다. '어떡하면 저 귀를 띄어 주고 눈을 띄어 주고 마음을 트이게 할 수 있을까?' 하고 말입니다. 말이 이리로 갔다 저리로 갔다 하지만 듣는 분들이 잘 건져 들으십시오.

되풀이합니다. 오신통이라고 하는 자체가 지수화풍이 바탕으로 돼 있기 때문에, 전력도 물이 아니면 안 되죠? 광력 전력 자력 통신력을 충만히 작용시킬 수 있는 능력을 여러분이 다 가지고 있다 이 소립니다. 그런데 정신계의 핵심적인 문제를, 들이고 내는 것이 바로 그 핵심에서 나온다는 걸 모르기 때문에 쓸 수도 없고 믿으려고 하지도 않습니다. 용도에 따라서 전력을 끌어 쓰고 태양열을 끌어 쓰듯이 자연스럽게 자기가 작용을 해서 자기가 생활을 하려고 하질 않는다 이겁니다. 우리 마음이라는 것은 무한량이고 광대무변한 겁니다. 보이지 않는 거는 우습게 생각하고 없는 줄 알고 그러지만 이 허공에 생명이 꽉 찼습니다. 그리고 일분일초도 쉬지 않고 돌아가고 있습니다.

그런데 여러분은 그저 내일 어떻게 될지도 모르면서 오늘 사는 것에만 온갖 힘을 다해서 그냥 착을 가지고 붙들고 늘어진단 말입니다. 빨리 놓고 돌아가야만이 피가 돌듯이 돌아갈 텐데 온통 붙들고 늘어지니 그게 들아가나요? 마음이 그렇다면 몸 자체도 그렇게 병이 드는 수가 많습니다. 정맥 동맥이 재빨리 돌아가야 세포 하나하나가 절대적으로 걸림 없이 돌아갈 겁니다. 그런데 그 한쪽을 붙들고 늘어져 보십시오, 어떻게 되나. 하하하…. 몸뚱이가 망가지듯 생활도 망가지고 바로 사회도 망가지고 나라도 망가지는 것입니다. 열 가지 백 가지 만 가지가 다 하나로부터 이루어지고 하나로 가라앉고 합니다. '일어나고 가라앉는 것이 둘이 아니다.' 하듯이 밀물 썰물도 둘이 아닙니다. 물속에서 사는 생명들도 파도가 쳐야만이 물밑까지 열을 받을 수 있으니까요, 파도에 의해 태양열이 같이 돌아가니까요. 태양이 물속까지 비춰 줄 수는 없는 겁니다. 그러니까 파도가 쳐서 물이 혼합이 돼야만이 모든 생명들이 정상적으로 살 수 있을 것입니다. 그렇기 때문에 "왜 이놈의 물이 파도가 치고 이렇게 극성을 떨어?" 이러지마는 그래도 나름대로 생각이 있어서 하는 겁니다.

그러니까 남 생각도 할 줄 알아야지 내 생각만 하고 밀고 나가는 사람은 좀 지혜가 좁다고 볼 수 있겠습니다. 꽃 한 송이를 꺾더라도 남이 아파하는 거를 한번 생각해 볼 수 있는 그런 마음이라면 마음씨가 갸륵한 것입니다. 어느 것 하나도 말 안 하는 게 없고 생명 없는 게 없고 슬피 울지 않는 게 없고 웃지 않는 게 없습니다. 어느 산골짜기를 지나가다가 보니까 큰 꽃나무가 있었는데, 바람이 너무 세차서 가지가 반이 뚝 잘라지다시피 해서 껍데기도 얼마 안 붙었어요. 그런데 보니까 진물이 흐르는데, 눈으로 볼 때는 진물이지만 그게 피가 흐르는 거예요. 그래서 풀잎을 손으로 뜯어서 새끼를 꽈 가지고 그거를 한데 합쳐 가지고 매 줬죠. 매 주고서 돌아서는데 너무 즐거운 거 있죠. 내 마음이 즐거우면 그 마음도 즐겁고 그 마음이 슬프면 내 마음도 슬픈 것입니다. 몇 달 있다 거길 지나가다가 보니까 진이 묻어서 그냥 한데 합쳐져서 아주 끄떡없이 붙어 버렸어요. 우리 생활 자체가 그런 것입니다. 말을 못한다고 모두가 우습게 생각하고, 하다못해 새 한 마리든 무엇이든 생명을 우습게 생각하는데, 내 생명을 위한다면 남의 생명을 그렇게 앗아서야 되겠습니까? 남의 생명도 귀한 줄 알아야지요.

어떤 스님이 날이 저물어서 어느 오두막집에 들어갔더니 소머리를 고아서 한 쟁반을 해 왔더랍니다. 스님더러 잡수라고 그러니까 스님이 두말없이 잡쉈더랍니다. 스님이 두말없이 잡숴 놓고 하는 말입니다. "어허, 이거 소의 무명이 다 벗겨지고 한 찰나에 내가 돼 버렸구나." 이러더랍니다. 이게 얼마나 기쁜 일이겠습니까. 여러분도 이 공부를 해 보십시오. 차에 실려서 도살장에 끌려가는 소나 돼지나 개와 같은 불쌍한 짐승들을 보았을 때 끌려가는 대로, 스무 마리든 백 마리든 모두 자기에게 넣어도 두드러지지 않습니다. 그러면 아프지 않게 안락사가 돼서 무명을 벗습니다. 무명을 벗은 뒤에 사람 속으로 들어갔으니 사람의 마음이 될 것이 아니겠습니까? 그래서 사람들이 짝짓는 데 또 넣어 준다면 사람이 되는 거죠. 그 소도 수효대로 내주는 게 아니라 만 마리를 한 명으로 만들 수가 있고, 천 마리를 한 명으로 만들 수가 있고, 한 마리를 만 명으로도 만들 수가 있다 이 소립니다. 이렇게 광대무변한 법입니다.

이 도리를 아시는 분에 한해서는 어떠한 거든지 살생이 될 수가 없습니다. 미국 오하이오 주에 있는 어느 스님이 얘기를 하는데, 개미들이 하도 들어오니까 모아 가지고 내다 놓으면서 "야, 사람들 사는 데 들어오면 네 몸뚱이가 자꾸 죽어. 그러니까 바깥에서, 너희들 노는 데서 놀아." 이렇게 말을 했더랍니다. 그랬더니 그날부터 한 마리도 들어오지 않더랍니다. 어떻습니까? 요런가 하면, 만약에 개미들을 몽땅 집어 먹었다고 봅시다. 하하하…. 집어 먹었다면 개미들은 정말 개미라는 무명을 벗고, 고생을 하더라도 인간이 돼서 아마 인간의 도리로서 이렇게 마음공부를 하게 될 겁니다. 이러니 이 공부를 한 사람과 안 한 사람의 마음의 차이가 어떠냐는 겁니다.

인간의 몸뚱이가 천년만년 사는 게 아닙니다. 바로 이 몸뚱이가 한 철 나러 나온 겁니다, 한 철! 그 한 철 날 동안에 이 도리를 아셔야 될 것입니다. 모르면 어떻게 되느냐? 우리 절에서 천도를 잘 시킨다는 얘기도 합디다마는, 아무렇게나 염불이나 하고 목탁이나 친다고 해서 천도가 되는 게 아닙니다. 그걸 똑바로 아셔야 됩니다. 형상의 부처님과 형상인 자기가 둘이 아닌 줄 아는 스님이라야 목탁을 한 번만 쳐도 천도가 되는 것입니다. 하하하…. 그런데 부처 따로 있고 스님 따로 있고 중생 따로 있고 이런다면 목탁을 천만 번을 쳐도 천도가 되지 않을 것입니다.

그러면 천도가 왜 생겼느냐. 정신계의 도리를 모르고 돌아가신 분들은 의식이 항상 자기가 살아 있는 줄 알고 친척 집을 맴돌거나 자기 집에서 떠나지 못하고 묘지에서도 떠나지 못합니다. 모두 그렇게 하기 때문에 몸이 없어지고 나서 잔뜩 들어 있던 업식이 그림자처럼 나타나니까 한 발짝도 벗어날 수가 없는 겁니다. 그 업식 소굴에서 말입니다. 지금 여러분 몸뚱이 속에 업식, 의식, 모습들이 수없이 있습니다. 좀 들여다보십시오. 모습들이 얼마나 천차만별로 돼 있나. 한번 보지 않고 들여다보세요. 그 모습들이 자기 소임을 맡아 가지고 작용들을 하는 겁니다. 그런데 잘못 작용을 해 가지고 파워를 일으키고 해서 자기 집을 망가뜨리고 있는 사람도 있죠.

그렇듯이 온통 자기가 있다고 생각을 하니까 한 발짝도 떼어 놓을 수가 없고, 강을 건너갈래야 빠져 죽을까 봐 못 건너가고 불바퀴를 넘어설래야 타 죽을까 봐 못 가고 이러니까 오백 년이 돼도 천 년이 돼도 물가에서 뱅뱅 돌면서 한 치도 건너갈 수 없죠. 이러니 자손들이 부모를 위해서 천도를 시키는 겁니다. 자기가 병이나 낫겠다고, 또는 자기가 잘되려고 천도재를 한다면 아니 됩니다. 묵은 빚을 갚는다는 생각으로 정성을 다해서 그 길에서 벗어나게 해 드린다면 자손들은 더불어 벗어나게 될 것이 아닙니까? 한 염주 알이니까 말입니다. 그런데도 불구하고 잠시잠깐만 생각하고 내 발등에 불 떨어진 것만 급하게 생각하고 온통 야단법석들을 하는 겁니다.

예전에도 얘기했지만, 어느 대장장이가 대대로 내려오면서 대장간을 했더랍니다. 그런데 새벽같이 일어나서 풀무질을 해서 불을 피워야 뭐라도 만들거든요. 할머니 할아버지 어머니 아버지 모두 살아 계시고 그러니까 "아이구! 묵은 빚 갚으랴 자식들은 옹기종기 있으니까 햇빛 주랴, 이거 참 정말 이 세상 살기가 너무나 어렵구나!" 하고선 한숨을 훅 내쉬고선 손을 혹혹 불면서 불을 피우느라고 풀무질을 하는데 임금이 순회하시다가 담 밑에서 그 소리를 듣게 되었어요. 그런데 '묵은 빚을 갚으랴 햇빛을 주랴' 이 문제를 아무리 궁리해 봐도 이해가 되지를 않아요. 그 사람이 왜 그런 말을 했는지 모르겠는 거예요.

그래서 그 이튿날 신하를 시켜서 그 사람을 불러오게 했어요. 불러와서 "새벽에 불을 피우면서 한 소리가 무슨 뜻이냐?" 하고 물었어요. 그래서 "부모님도 살아 계시고 할머니 할아버지도 살아 계시고 한데, 그분들이 아니었더라면 제가 어디서 나왔겠습니까? 또 그분들이 낳아서 길러 주셨으니 그 은혜를 생각해 보면 제가 죽도록 갚아도 못 갚을 묵은 빚입니다. 그래서 '묵은 빚을 갚으랴 햇빛을 주랴, 이거 참 살기가 어렵구나!' 했습니다." 하고 대답하니까 대대로 내려오는 그 상놈의 풀무쟁이 신분을 싹 치워 주더랍니다. "세상에 이런 효자가 어디 있느냐!" 하고요. 그래서 논농사 짓게끔 논마지기를 떼어 줘서 평민으로 살게 했더랍니다. 그것도 한생각입니다. 그렇게 부모의 은혜를 생각하는 것도 한생각이에요. 그거 우습게 생각할 수도 있는 거고 은혜롭게 생각할 수도 있는 거고 그런 거죠.

그래서 아침 쇳송 할 때 '오종대은 명심불망(五種大恩 銘心不忘)'이라고 종성을 하게 했습니다. 그러니까 거기에 '오종대은'이라고 하는 그 멋있는 말씀은 너무나 광대무변합니다. 하다못해 지수화풍의 은혜요 국민의 은혜요 나라의 은혜요 국왕의 은혜요 사장(師長)의 은혜요, 부모의 은혜 형제의 은혜…, 이 전체가 은혜 아닌 게 없죠. 생각해 보십시오. 우리가 지금 공기가 없으면 한시도 생명을 유지할 수 없을 것입니다. 이건 무주상으로 주는 보시이기 때문에 아마 고마운 줄을 모르실 겁니다. 그러니 모두가 은혜롭지 않습니까? 그 은혜를 알아야 된다는 뜻입니다. 지금 당장 가지고 있는 내 몸을 낳아 주고 길러 주고 한 육의 부모의 은혜와 법을 가르쳐 주신 법의 부모인 부처님의 은혜가…, 그래서 육을 낳아 주신 부모의 은혜나 법을 주신 부처님의 은혜나 둘이 아니에요. 그건 왠 줄 아십니까? 부모도 자식을 기를 때 조건 없이 사랑하고 부처님도 조건 없이 사랑하기 때문입니다. 그렇기 때문에 그러한 조건 없는 사랑은 바로 조건이 없기 때문에 자비라고 말합니다.

그러니 '저 스님은 만날 했던 말 되하고 했던 말 되하고 이래.' 이러지는 마십시오. 왜 여러분은 어제께 밥을 먹었는데 오늘 또 밥을 먹습니까? 그런데 밥을 먹는 것도 고정된 게 하나 없어요. 이것도 먹고 저것도 먹고, 이 소리도 듣고 저 소리도 듣고, 이것도 보고 저것도 보고, 이리로도 가고 저리로도 가고, 또는 아버지도 됐다가 남편도 됐다가 형제도 됐다가 사위도 됐다가 온통 자연스럽게 그렇게 막 돌아가죠? 그러니까 어떤 거 됐을 때, 어떤 거 할 때, 어떤 걸 생각했을 때 내가 했다고 하겠습니까? 내가 했다고 하는 거는 하나도 없을 것입니다. 모든 게 공해서 돌아가기 때문입니다. 이 도리를 '공이 색이요 색이 공이니라.' 하는 그 뜻을 모르니까 거기다 '고정됨이 없어서 그렇다.' 하고 그냥 한마디 더 붙인 것입니다.

여러분은 '낙성식을 하면서 왜 저렇게 잔소리가 많은가.' 하겠지만 그것이 우리 실생활에 직결되는 일이기 때문입니다. 우리 마음을 떠나서 어떻게 저 강당이 저렇게 올라가겠습니까? 마음에 따라서, 마음의 인연에 따라서, 인연의 법칙으로 인해서 우뚝 선 것입니다. 그러니까 우리 생활이 마음의 과학이 아닙니까? 조그만 거든 큰 거든 여러분이 창조력을 길러서 생각하고 마련해서 인연에 따라 모두가 같이 창조해 내고 하는 것입니다. 예전에는 창이나 칼이나 활이나 이런 걸로 나라를 지키고 또는 그렇게 해 나갔습니다마는 지금은 총이다 대포다 로케트다 하고 온통 야단들을 하니까 옛날 것은 벌써 지나갔고 새로운 것이 생겼는데, 그거 이전이 있습니다. 물질 이전, 바로 마음의 핵심. 그 자체가 우주 전체를 싸안을 수도 있고 우주 전체를 집어 먹을 수도 있는 것입니다. 이렇게 말하면 '저게 거짓말이 아닐까.' 이렇게 생각하시겠지만 거짓말이 아닙니다.

그러니까 우리 모두 한마음의 도리를 열심히 이루셔서 내 몸, 집, 이 시자를 튼튼하게 해서 끌고 다니시고 내 가정을 화목하게 이끌어 가십시오. '내 마음 주인공에다 불을 켜도 내 자식들한테 불이 들어온다. 나한테다 불을 켜도 내 남편한테도 들어오고 내 부인한테도 불이 들어올 수 있다.' 이런 걸 잊어서도 아니 되십니다. 이것 따로 저것 따로 보지 마시고, 둘로 보지 마시고 이 마음의 도리를 하루바삐 깨치셔서…, 깨치지 못했다 하더라도 그렇게 이끌고 가신다면 편안하고, 아주 악한 것이 없어지고 선한 도리만 짓게 되고, 착한 일만 하게 되고 부드러운 말만 하게 되고 부드러운 행만 하게 되고, 그렇게 되니까 홀연히 밝게 참자기의 소식을 맛볼 것입니다.

그러니 그렇게 맛을 보신다면 그저 한생각이면 내 가정을 이끌어 갈 수 있고 내 자식의 뿌리를 도와줄 수 있고, 묵은 빚도 갚을 수 있고 얼마든지 햇빛을 줄 수도 있습니다. 또 그렇게 공부한 분들은 일체제불과도 둘이 아니요, 일체 조사들하고도 둘이 아니요, 일체 스님들하고도 둘이 아니요, 일체 모든 버러지라도 둘이 아닙니다. 그 도리를 아신다면 자유인으로서 여여할 것입니다. 그럼 오늘 이대로 끝을 마치면서 끝을 안 마치기로 하죠. 하하하…. (대중 박수)

모든 것을 되돌려 놓아라

울산 대법회

1992년 10월 11일

울산의 여러분과 더불어 스님들을 모시고 이렇게 한자리 하게 된 것을 정말 영광으로 생각합니다. 이 우주 삼라만상 대천세계의 일체 만물만생이 말은 하지 않아도 전부 우리의 스승 아님이 없다고 생각합니다.

'한 철 나면서 너희들 마음대로 가지고 살고 너희들 맘대로 하고 살아라. 그러나 떠날 때는 너희 몸뚱이까지도 다 놓고 가거라.' 이렇게 우리 인생은 말하고 있습니다. 말을 해야만이 듣는 게 아니라, 여러분 모두가 다 놓고 가야 하지 않겠습니까? 그런데 길다면 길고 짧다면 짧은 그 기간 동안에, 한 철 걸망 짊어지고 캠핑 나와서 놀다가 헤어지는 것임에도 불구하고 그렇게 아웅다웅하고 네 탓 내 탓을 다투면서 살아야 하겠습니까? 그 성질 때문에 집안이 홀딱 망하는 수도 있고 파산이 되는 수도 있는데 말입니다.

우리 인생이 그렇듯이 일체 만물만생도 역시 우리의 스승 아님이 없다고 생각합니다. 물이 흐르는 걸 봐도 그렇습니다. 물은 그 안에만 생명을 넣고 굴림을 굴리면서 리드해 나가는데도 걸림 없이 흐르고 있습니다. 물을 물끄러미 보고 있자면 '아, 물이 말을 하는구나! 물이 나같이 살라고 말을 하는구나!' 하게 됩니다. 산길을 걷다 보면 나뭇가지가 바람이 이쪽으로 불면 이쪽으로 흔들리고 저쪽으로 불면 저쪽으로 흔들립니다. 바람 부는 대로 흔들리면서도 그냥 길을 가듯이 아무 말 없이 그냥 그대로 가고 있습니다. 그럴 때도 '저 나무들도 모두 자기와 같이 살라고 하는구나!' 하는 생각을 하게 됩니다. 모든 생명들이, 돌이나 산천초목들도 다 살아 있고 움죽거리고 찰나찰나 화하면서 이렇게 돌아갑니다. 정신세계 50%에서 쉴 사이 없이 돌아가면서도 물질계의 50%와 더불어 같이 상응하고 서로 주고받으면서 살아나가고 있습니다. 그러면서 그 모든 생명들이, 그 모습들이 서로 말을 하고 있습니다. 날아가는 새들도 말입니다.

우리 사람의 살림살이와 동물과 생물, 일체 만물의 살림살이가 둘이 아니라고 생각합니다. 차원만 다르고 모습만 다르다 뿐이지 모두가 한마음 한뜻으로 돌아가고 있습니다. 부처님 속에서 중생이 나고 중생 속에서 부처가 나니 어디 그게 둘이겠습니까? 만물만생이 다 나같이 살라고 한다면 나 또한…, 그도 나도 모두가 나투면서 찰나찰나 화해서 돌아가니 둘이 아닐 것입니다.

부처님께서 말씀하시기를 "색이 공이요 공이 색이니라. 이 모두가 둘이 아니니라. 모두가 천상천하에 유아독존이라." 하셨는데 이것은 당신 혼자만 높다고 하신 게 아닙니다. 모두가 당신 아님이 없기 때문에 모두가 당신 아님이 없이 제가끔 높다는 겁니다. 농사꾼은 농사꾼대로 높고 노동자는 노동자대로 높고 거지는 거지대로 높고, 일체 만물만생이 다 제가끔 높으니 천상천하에 유아독존이라고 말씀을 하셨다고 봅니다. 그리고 여래라는 이름은 부처님의 이름이 아닙니다. 그것은 전체 여러분이 부처요, 여러분이 그대로 쉬는 것도 없고 쉬지 않는 것도 없이 여여하다는 걸 말합니다. 그리고 자유자재로 살 수 있는 그 자체를 보고 여래의 집이라고 했다는 말이죠.

이 우주의 근본도 여러분 마음의 근본에 직결돼 있습니다. 여러분의 생활 자체가 바로 근본에 가설이 돼 있습니다. 그렇기 때문에 일분일초도 쉬지 않고 그냥 여여하게 돌아가고 있습니다. 그러니 불교라는 의미는 만물만생의 생명, 그 근본이 불(佛)이요, 보이지 않는 세계와 보이는 세계에 일체가 다 같이 통하고 교류하고 돌아가는 그 자체가 교(敎)라고 봅니다. 그렇기 때문에 불교라는 그 자체는 어느 한 군데 국한돼 있는 게 아니라 전체가 돌아가는 진리인 것입니다. 모두 불교 안에 있는 것입니다. 어느 종교를 막론해 놓고 말입니다. 어떤 종교라 할지라도 각자 생명의 근본이 있고, 말을 해서 서로 교류하고 전달하면서 돌아가니 모두가 불교 안에 있는 것입니다.

불교라는 이 자체는 너무나 광대무변한 것입니다. 우리 마음 없이는 세상에서 창조력을 기를 수도 없고 창조를 해낼 수도 없고 발전도 할 수 없는 것입니다. 여러분이 가만히 생각해 보십시오. 이 세상에 있는 각계각층의 사람들이 전부 자기가 태어났으니까 상대가 있고 잘못됐든 잘됐든 부딪침이 있는 것입니다. 내가 없다면, 내가 이 세상에 태어나지 않았다면 상대도 없고 부처도 없고 모두가 무효입니다. 그렇기 때문에 선지식들께서 말씀하시기를 "너부터 믿고 너부터 알라. 너부터 알아서 너를 깨달아서 본다면 모든 중생과 부처가, 일체가 다 둘이 아닌 도리를 알 수 있느니라." 하셨습니다.

그런데 우리는 어떻게 하고 갑니까? 애고든 병고든 천차만별의 문제가 닥치면 닥치는 대로 밖으로만 찾습니다. 명이 짧다 하면 칠성님한테 빌고, 가난하고 일이 생겼다 하면 관세음보살 부르고, 좋은 데로 못 간다 하면 지장보살 찾고, 병이 들었다 하면 약사보살 찾고, 물에서 위험할 듯하면 용신을 찾고, 길을 가다가 위험할 듯하면 지신을 찾고…. 여러분, 한마음을 가지고도 자유스럽게 살지 못한다면 어떻게 하겠습니까. 천차만별로 다가오는 것을 오는 대로 어떻게 타의에다가 상대를 두고 빕니까? 상대를 두고 빌어 봤자 공덕이 하나도 없을 뿐만 아니라 해결도 나지 않으며 못났든 잘났든 자기를 발견해 낼 수도 없는 것입니다. 항상 노예로서 세세생생 끄달리면서 벗어나지 못할 겁니다.

모든 것은 우주하고도 직결이 돼 있고 세상하고도 가설이 돼 있다 이겁니다. 우주간 법계의 근본이 바로 여러분 마음의 근본에 직결되고 가설이 돼 있단 얘깁니다. 알기 쉽게 말을 하려니 이렇게밖엔 말할 수가 없군요. 그러니 병고가 오면 '야, 내 깊은 한마음 속에서, 바로 거기에서 병고도 나온 거니까 낫게 하는 것도 거기 아닌가. 네 시자를 네가 건강하게 끌고 다녀야지.' 하고 거기 놔야 이치에 맞다고 봅니다. 또는 명이 짧다 하면 안에서 칠성이 됩니다. 금방 화해서 칠성 부처가 돼요. 여러분, 이해가 안 가면 한마디 할까요? 가정에서 살면서 때에 따라서 금방 아버지가 됐다가, 금방 남편이 됐다가, 금방 아들이 됐다가, 금방 형이 됐다가, 이렇게 아주 자동적으로 돌아가지 않습니까? "여보!" 그러면 "왜 그래?" 하고 그 행동과 말과 뜻이 그대로 남편 노릇을 한단 말입니다. 그랬다가도 "아버지!" 하면 금방 아버지 노릇을 하게 됩니다. 그와 똑같습니다.

부처님 마음이라는 것이, 여러분이 그렇게 자동적으로 돌아가듯이 그대로 나투는 것입니다. 어떠한 애고에 대해서 모든 거를 놓을 때는 자동적으로 산신도 되고 칠성도 되고, 병고가 있어서 거기에 되돌려 놓을 때는 바로 약사가 되고, 좋은 데로 가지 못해서 놓을 때는 바로 지장이 되고…, 그 한군데서 그렇게 일체 만법을 굴리면서 돌아가는 겁니다. 그것을 바로 이름해서 수레공법이라고 하셨습니다.

모든 것을 거기다가 되돌려 놔야 됩니다. 내가 한번 비유를 해 볼까요? 오신통에 숙명통이라는 게 있죠. 그게 있기 때문에 과거에 어떻게 살았느냐에 따라 자동적으로 입력이 돼서 현실에 자동적으로 나오는 것입니다. 그래서 그거를 컴퓨터라고 말해도 됩니다. 물질적인 컴퓨터는 입력을 해야만이 나오지만 마음의 컴퓨터는 자동적인 컴퓨터입니다. 그래서 과거에 어떻게 살았느냐에 따라 악업이든지 선업이든지 자기가 그 업식을 지니고 이 세상에 나오는 것입니다.

내가 왜 나오는 대로 주인공에 되돌려 놓으라고 하느냐 하면, 주인이면서도 주인이 없고 그냥 돌아가는 그 자체가 이름해서 바로 주인공이기 때문입니다. 그러니 거기서 나오는 거 거기다가 되돌려 놓아야 됩니다. 자기가 있기 때문에 일체가 다 나지 자기가 없다면 아무것도 없는 겁니다. 자기가 있기 때문에 부딪침도 있고 화도 나고, 애고도 생기고 병고도 생기고, 망하기도 하고 흥하기도 하는 그런 이치가 생기죠. 그렇다면 그것이 과거에 어떻게 살았느냐에 따라서 입력이 돼서 나오는 거라면, 바로 되돌려서 거기다가 놓는다면 새로이 입력이 되는 것입니다. 그래서 앞서 입력된 거는 없어지는 것입니다.

꼬리에 꼬리를 물고 나오는 그 생각 생각을 망상이라고 부릅니다. 그런데 생각을 한다고 해서 망상이라고 그러는데, 생각이 없다면 목석일 것이고 그걸 망상이라고 생각을 하니까 정말 망상이 되는 것입니다. 사람이 생각이 나오는 대로 생각을 하는 거지 어찌 목석 노릇을 하겠습니까. 그것은 망상이 아니라 자기를 수행시킬 수 있는 과정, 바로 인간 수행의 길이라고 봅니다. 망상이기 이전에 몸뚱이가 없으면 무효요 생각을 못하면 목석이요 생명이 없으면 그것도 무효입니다. 그러니 망상이라고 생각하지 마시고 모든 거를 되돌려 놓을 수 있는 여러분이 돼야 되겠습니다. 다 놓으란다고 해서 뭐, 재산도 뭣도 다 버리라는 게 아닙니다. 놓지 않고도 놓을 수 있고, 놓았다면 가지고 있어도 자기 게 아니니 자긴 관리인이 되는 거죠. 그러니 영원히 자기 것도 아니요 영원히 붙들고 있을 것도 아닙니다. 그렇기 때문에 관리인일 뿐입니다. 그러기에 되돌려 놓으라고 하는 것입니다. 왜, 카세트에 노래를 녹음했다가 다시 노래를 녹음하면 그 앞서의 노래가 지워지듯이, 되돌려 놓으면 먼저 것이 지워지면서 입력이 다시 되는 거죠. 그것이 바로 자기를 발견하는 지름길이며 그대로 여여하게 되는 방법입니다.

'이게 뭣고?' 하고 있는데 뭐긴 뭡니까? 자기가 있으니까 자기 나오기 이전도 자기가 가지고 있는 겁니다. 작년 씨를 올봄에 심었더니 싹이 돼서 화했더라. 그 싹에서 수박이 열려서 씨가 그 안에 있으니 과거는 이미 지나갔으니까 없고, 미래는 오지 않았으니까 없고, 수박씨는 현재 자기한테 있으니 바로 수박을 그냥 쪼개서 맛을 보고 씨를 알아야 되는 것이라고 봅니다. '이게 뭣고?' 하고서 10년 20년이 가도 도대체 해답은 나오지 않습니다. 왜냐? 생각으로 과거 씨를, 내가 나오기 이전을 찾기 때문입니다. 현실에 다 들어 있으면서도 둘 아니게 공하여 화해서 돌아가는 그 자체가 바로 역력히 자기한테 있다는 것을 아셔야 될 것입니다.

몸 안에 악업 선업이 수십억이 들어 있습니다. 수십억이 들어 있는데 어떻게 해야 되겠습니까. 이런 얘기 다들 아시지요? 어느 수좌가 동짓날 팥죽을 쑤는데 팥죽 방울이 수없이 나오니까 "요것도 문수! 요것도 문수!" 하고 주걱으로 쳤다는 얘기 말입니다. 그것을 왜 주걱으로 그렇게 쳤는지, 무슨 까닭으로 "문수다! 문수다!" 했는지 그 뜻을, 그 뒷면을 아셔야 될 겁니다. 지금 되돌려 놓으라는 그 뜻도 그와 똑같습니다. 망상이든지 뭐든지, 우리의 마음이, 안에서 나오고 바깥에서 들어오고 하는 그 자체가 바로 딴 데서 오는 게 하나도 없습니다. 팥죽 솥에서 팥죽 방울 일어나듯 하는 겁니다. 딴 데서 오는 것도 아니고 누가 뺏어 가는 것도 아닙니다. 오직 거기서 나오는 거니까 '이것도 그 자리에서 나오는 거, 이것도 그 자리에서 나오는 거' 하고 주걱으로 치듯이 놓아야 합니다. 왜냐? 팥죽 방울이 올라오는 게 바로 마음 일어나는 것, 생각나는 것을 말합니다. 마음 일어나는 것이 팥죽 방울 일어나듯이 일어나거든요. 그런데 그 팥죽 방울은 딴 데서 온 게 아니라 팥죽 솥에서 나온 거지요. 그러니까 여러분 몸이 팥죽 솥이라면 바로 팥죽 방울이 망상이라고 할 겁니다. 근데 그게 망상이 아닙니다. 이것도 법, 저것도 법, 그것도 법이다 이겁니다. 가만히 있으면 부처요 생각을 냈으면 법신이요 움죽거리면 바로 화신입니다. 즉 말하자면 그건 자기가 뜻을 이루어서 그거를 알았을 뿐만 아니라 여러분한테 귀감이 되고 여러분한테 법을 전한 것도 됩니다.

우리가 모습만 보고 이름만 듣고 그렇게 해서는 도저히 오신통이라는 통 안에서 벗어날 수가 없는 것입니다. 그 통 안에서 벗어나야 되겠기에 모든 것은 마음에다 되돌려 놓고, 남을 원망하지 말고 남을 증오하지 말고 남의 탓을 하지 말라고 하는 거죠. 가정에서 남편이나 자식이 어떠한 잘못을 한다 할지라도 말로 그 몸뚱이를 잡으려 할 게 아니라 마음으로 서로가 밝게 살 수 있는 그런 여건을, 심력을 키우는 것만이 해결 방법인 것입니다. 전깃줄과 전깃줄이 맞닿아야 불이 번쩍 들어오듯이, 내 주인공에다가 되돌려 놓으면, 모두가 가설이 돼 있으니까 거기까지 불이 들어옵니다. 부부, 자식, 부모라고 알고 있는 생각이 있기 때문에 가설이 돼 있는 것입니다. 그러니 내 주인공에다가 모든 거를 맡겨 놓으면 거기까지 불이 들어와서 서로가 밝게 살 수 있는 여건이 생깁니다.

내 몸속에 그렇게 많은 생명체들이 들어 있는데 어떤 문제가 안 나오겠습니까. 그거를 공부할 수 있는 재료로 삼아야지 일일이 바깥으로 끄달리고 이래서야 되겠습니까? 여러분, 길을 걷다가 엎어지면 어딜 짚고 일어나십니까? 그 땅을 짚고 일어나야만 일어나지죠? 허공을 허우적거려서 되는 게 아닙니다. 그렇기 때문에 아까도 얘기했지만, 내가 있어서 나한테서 나온 거라면, 나한테 부닥치는 거라면 나한테다가 되놔야 되는 거죠. 그래야 절름발이가 되지 않고 그 땅을 딛고 일어날 수 있고 그렇지, 아니 바깥으로, 허공을 허우적거려서 그게 일어나질 것 같습니까. 우리는 귀머거리에 절름발이입니다. 그러니까 제 땅에서 걸어가다가 엎어졌으면 제 땅을 짚고 일어나야 되는 것입니다. 그러니 여러분이 상대를 두고 믿는 것은 허공을 허우적거리는 거와 같습니다.

그래서 달마 대사께서도 양 무제한테 이렇게 말을 했었죠. 당신이 시주를 아무리 했어도 공덕이 없다고요. 그로 인해 죽임을 당했지만 죽었으면서도 죽지 않고 지금까지 내내 법을 설하고 계십니다. 부처님께서 열반하셨다고 하지마는 부처님께선 오신 자체가 없기 때문에 가신 자체도 없습니다. 여러분이 전부 부처님 아님이 없기 때문에 여러분이 계신 한 그대로 여기 이 자리에 계신 겁니다.

어저께도 과거요 아까도 과거요 일 초 전도 과거입니다. 지금 지구가 버스라면 우리가 지금 아무것도 모르고, 그 버스가 어디로 돌아가는지 그것도 모르고 그 안에서 네 자리 내 자리, 네 거 내 거 하면서 뺏고 싸우고 야단법석들입니다. 마음은 체가 없습니다. 마음은 멀고 가까움도 없으니 이 지구를 훌떡 벗어날 수도 있는 것입니다. 마음이라는 것은 묘하고 광대무변하고 자유자재해서 이리 갈 수도 있고 저리 갈 수도 있는 것이 마음이기 때문입니다. 그런데 업식으로 인해서, 관습으로 인해서 '이거를 하면 안 되지. 이거는 안될 거야.' '이거는 꼭 될 거야, 땅 짚고 헤엄치기지.' 이렇게 생각하지만 그게 아닙니다. 여러분이 자유스럽게 마음으로써 탈피하고 벗어나지 못한다면 항상 그렇게 노예 생활에서, 창살 없는 감옥에서 벗어날 수가 없을 겁니다.

이 세상에 금방 죽는다 하더라도 죽을 건덕지가 없기 때문에 죽는 것도 없고 또는 산다고 할 것도 없기 때문에 사는 것도 없습니다. 옛날에 두 친구가 있었는데 한 친구는 스님으로서 입산을 하고 다른 친구는 집에서 살았더래요. 그런데 집에서 사는 친구의 어머니가 돌아가시니까 입산한 친구 스님을 청해서 "우리 어머니 좋은 데로 가게 해 주오." 하고 부탁했더랍니다. 그랬더니 "아휴, 이 세상에 오지나 않았더라면 갈 것도 없을 걸 갖다가 그랬어." 하고 그냥 나가더랍니다. "오지나 않았으면 갈 것도 없지." 하고 말입니다. 허허허….

그 뜻을 가만히 생각해 보십시오. 마음이 어찌 어저께가 따로 있고 오늘이 따로 있고 내일이 따로 있겠습니까마는 우리가 마음을 잘못 씀으로써 자동적으로 입력이 되어 업식에서 벗어나지 못하는 겁니다.

여러분은 죽으면 아무것도 못 가져가지만 꼭 한 가지 가져가는 게 있습니다. 업식 말입니다. 선업이든 악업이든 그림자처럼 따라다닐 것입니다. 그렇게 해서 그게 그냥 있는 게 아닙니다. 어떻게 살았느냐에 따라서 이 세상에 모두 그 무명을 쓰고 나옵니다, 어떤 무명이든지. 사람이라고 해서 사람의 무명만 쓰고 나오는 게 아닙니다. 어떻게 살았느냐에 따라서, 독사같이 살았으면 독사의 무명을 쓰고 나올 것이고, 개구리같이 살았으면 개구리 무명을 쓰고 나올 것이고, 짐승같이 살았으면 짐승의 무명을 쓰고 나올 것이고…. 그걸 말로 어떻게 다 하리까. 땅속의 벌레로 무명을 쓰고 나오기도 하고 사람으로 나오기도 하는데, 사람도 천차만별입니다. 사람도 금 사람이 있고 깡통 사람이 있고 넝마 사람이 있고 천차만별이죠.

그러니 과거에 어떻게 마음을 썼고 어떻게 행동을 했고 어떻게 살았느냐에 따라서 현재 닥쳐오는 것이고, 현재 어떻게 사느냐에 따라서 미래가 올 것입니다. 미래의 오늘! 그래서 과거도 오늘이요 미래도 오늘인 것입니다. 영원한 오늘입니다. 그러니 지옥이다 천당이다 하는 게 따로 있는 것이 아닙니다. '지옥도 천당도 이 자리다' 하는 것은 여러분이 잘 아시리라고 믿습니다.

그러나 거기에 더 어렵고 무서운 문제가 있습니다. 여러분이 이 도리를 알아서 거기서 벗어나지 못한다면 여러분이 어떻게 살았느냐에 따라서 그대로 모습을 쓰고 나온다는 사실입니다. 지옥이라는 것이 다른 게 아닙니다. 인간의 의식을 가지고 살다가 짐승의 탈을 써 보십시오. 개 탈을 썼다 이럴 때 내가 아무리 속으로 '내가 사람이다' 하고 사람의 말을 해도 개가 짖고 있을 뿐입니다. 그렇게 개 탈을 썼으니까 개로 대접하지 사람으로 대접을 해 줄 수가 없지요. 한 가지 예로 표현을 할 때 말입니다. 그처럼 아무리 사람의 의식을 가졌다 하더라도 고양이로 태어났거나 독사로 태어났다면, 사람의 의식으로 아무리 말을 한답시고 지저대고 찍찍거려 봤자 그것은 뱀의 소리고 벌레의 소리고 개의 소리일 뿐입니다. 그러니 그거 얼마나 답답하겠습니까. 그게 지옥입니다. 지옥이 따로 있는 게 아닙니다. 그렇게 돌아가고 있습니다. 천차만별로 말입니다.

그저 여러분은 무서운 줄 모르고 말도 함부로 하고, 화나는 대로 그냥 내뱉습니다. 자식이 속을 썩이면 "아이, 저놈 급살이라도 맞아라." 한다든가 "너는 깡통밖에 못 찬다." 한다든가, 이렇게 함부로 말하고 생각도 없이 말을 해도 그것이 입력이 되는 것입니다. 그래서 태교가 귀중하다고 하는 겁니다. 내가 나쁘게 생각하면 생각하는 대로 이 속에 들어 있는 수십억의 업식들이 다 그렇게 따라갑니다. '병원에 가서 진찰을 했는데 병명이 이러니까 우리도 인제는 어찌할 수 없다.' 하니까 '아이구, 인제 난 죽었구나!' 이런 생각이 들면서 그 선고를 그냥 100% 받아들입니다. 그래서 그대로 입력이 되니까 그대로 될 수밖엔 없는 겁니다. 아이한테도 "깡통을 차려고 그러느냐? 너, 공부할 시기에 공부를 안 하면 넌 항상 어려움을 면치 못할 것이다." 하고 막 욕을 해댔는데, 나중에 그대로 됩니다.

그래서 입력이라는 것이 무서운 겁니다. 자식들에게나 부모에게나 부부지간에 말을 함부로 하는 것이 모두가 그대로 입력이 돼서 그대로 현실에 나오는 겁니다. 알고 하는 거는 알게 나오기 마련이고 모르고 하는 거는 모르게 나오게 돼 있는 것입니다. 그래서 말 한 마디, 생각 한 번, 행동 한 번 하기가 어렵다 이겁니다. 부처님께서 "말 한마디를 해도 한데 떨어뜨리지 말라." 하셨습니다. 어떠한 문제가 잘못됐든 잘됐든 간에 여러분이 한생각으로써, 잘됐으면 감사하게 놓고 안된 거라면 '거기서 안된 것이 나온 거니까 잘 돌아가게 할 수 있는 것도 거기다.' 하고 되돌려 놔야만이 인생의 근본적인 공부가 되는 것입니다. 그것도 이름해서 말입니다.

부처님 발을 왜 평발이라고 했을까요? 하다못해 지렁이 발도 부처님 발 아님이 없기 때문에 평발이라고 한 것입니다. 그럼 지렁이 발이 어딨느냐고 하시겠죠? 하여튼 풀 한 포기만 살아 있어도 부처님은 항상 계신 겁니다. 부처님이 삼천 년 전에 나셨다가 열반하셔서 이제는 안 계시다고 생각하지 마십시오. 여러분이 이렇게 계시는 한 부처님은 항상 계시는 거죠. 일체제불이 다, 여러분의 한생각에 찰나에 들고 찰나에 나십니다. 왜 보이는 물질적인 것만 생각을 하고 50%에 매달려서 그렇게 허덕입니까. 정신계와 물질계가 같이 작용을 하고 돌아가는 100%의 한세상을 말입니다.

우리가 앞으로 정신계의 50%를 알지 못한다면, 우리가 서로 둘이 아님을 깨닫지 못한다면 점점 발전력과 창조력이 약해질 겁니다. 과학이 발달이 되었다 하더라도 그건 한계가 있는 것입니다. 의학적으로 의사, 박사들이 어떠한 것을 알아내서 못 고치는 병들을 고친다 하더라도 그것은 일시적이지 완전히 병을 고치는 것은 아닙니다. 병만 고치는 것이 부처님 법이 아닙니다. 여러분이 병고를 호소하면 그 병고를 바로 공부할 수 있는 재료로 삼고 공부하라고 가르칩니다. 병고만이 아니라 애고라든가 고든 걸 말입니다. 만약에 의사, 박사들이 심사숙고해서 연구를 하고 새로운 치료법을 발견해서 불치병을 고친다고 하더라도 다시 병고의 싹이 나오게 됩니다. 어디서 어떻게 돼서 어떠한 관계로 인해서 그 병이 온 줄을 모르기 때문입니다.

병뿐만이 아닙니다. 이 공부 하시는 여러분도 그렇습니다. 우리가 몸에 병이 안 들었다고 해서 병이 없는 사람은 없습니다. 즉 말하자면 마음의 병이죠. 마음의 병을 놔야 자유자재할 수 있는 겁니다. “아무리 천지를 한 찰나에 다 본다 하더라도 도가 아니니라. 가고 옴이 없이 가고 온다 하더라도 도가 아니니라. 과거의 숙명을 아주 꿰뚫듯이 알아도 도가 아니니라. 또는 타심을, 명백히 남의 속을 안다고 해도 도가 아니니라.” 하셨습니다.

우리가 촛불을 하나 켜려면 초, 심지, 성냥, 켜는 사람이 합쳐져야 됩니다. 그런데 그 마음 하나에서 천차만별의 법이 들고 나는 겁니다. 그걸 어떻게 말로 다 하리까. 그러니까 여러분의 마음이, 바로 자기 마음을 다스리되 절대 내 탓으로 돌려야지 남의 탓으로 돌려서는 안 된다 하는 겁니다. 그렇게만 한다면 얼마 안 가서 바로 자기 자성 부(父)를 만날 것입니다. 자(子)와 자성 부가 같이 상봉을 해야 그때부터 진짜 공부를 할 수 있는 것입니다. 그래서 이름해서 평등공법이요 수레공법이요 활궁공법이라고 할 수 있겠습니다만 그 세 가지도 따로따로 있는 게 아닙니다.

부처님께서 49년 설하시면서 일러 주신 이 길을 똑바로 아시고 똑바로 길을 걸어야 합니다. 과거에 어떠한 업이 있다 하더라도, 망상이 수없이 나온다 하더라도, 하늘이 무너지는 병고가 생겼다 하더라도 눈 하나 깜짝하지 말고 다 제자리에다 되돌려 놓는 수행을 하십시오. 그러면 가정도 이끌어 나갈 수 있고 화목하게 할 수도 있고, 묵은 빚도 갚고 햇빛도 줄 수 있고, 나를 발견해서 이 세상 우주 삼라대천세계를 끌어다가 볼 수 있는가 하면 알 수도 있고, 가고 옴이 없이 가고 올 수 있고, 멀고 가까움도 없을 것입니다. 그런데 부처님께서 "그거를 다 안다 하더라도 도가 아니니라." 하셨던 것은, 우리가 목마른 사람한테 물을 줄 수 없고 자기가 목마른데 먹을 수 없다면 그건 도가 아니다 이 겁니다. 그래서 부처님께서 그렇게 말씀하신 겁니다.

그래서 신도들이 찾아와서 어디가 어떠니 어디가 어떠니 이럴 때에 나는 내 대답을 들으려는 생각을 하지 말라고 그럽니다. 그냥 그대로 말을 하고 가면, 듣는 사람과 말하는 사람이 양쪽의 전깃줄과 같으니까, 부처님 법에 의해서 전깃줄이 딱 붙게 됩니다. 사람이 전깃줄을 갖다가 붙이듯이 하는 게 아니라, 마음은 체가 없기 때문에 듣는 사람과 말하는 사람의 마음이 통하면 그냥 와서 쩔꺽 붙게 돼서 하나로 되면서도 하나도 없는 거죠. 그렇기 때문에 불이 들어오게 돼 있습니다.

그러니까 불만 들어왔을 뿐이지 양쪽의 전깃줄은 내가 했느니 네가 했느니 할 수가 없는 겁니다. '내가 해 줬다' '내가 했다' 이럴 수가 없는 겁니다. 이게 부처님 법입니다. 그래서 부처님께서는 '내가 한 마디도 한 예가 없고 내가 마음을 낸 예도 없다.'는 말씀을 하셨습니다. '내가 했다' '나다' '내가 이만치 배웠으면 됐지' 이렇게 생각을 한다면 오산입니다. 그리고 배우는 사람이 '여자다 남자다' '동쪽이다 서쪽이다' '높다 낮다' '이게 정법이고 저게 사법이다' 이런 것을 따진다면 벌써 깨달음과는 천리만리 멀어지는 겁니다. 풀 한 포기도 나 아님이 없다고 하신 말씀을 생각할 때 어느 거 하나 내 스승 아닌 게 없고 내 아픔 아닌 것도 없는데 어찌 '이것이 먼저다 저것이 나중이다' '이것이 틀렸다 그것이 잘됐다' 할 수 있겠습니까.

그래서 '점수와 돈오도 없다. 둘이 아닌 것이다. 그래서 선과 교가 둘이 아니다. 넓게 본다면 이 모두가 둘이 아닌 까닭을 알 것이다. 수억겁을 거쳐 진화되면서 찰나에 화해서 자꾸자꾸, 구름이 모였다 흩어지고 흩어졌다 모이듯이 이렇게 거쳐 와서 여기까지 온 것을 알 것 같으면 네 자식 내 자식 내 부모 네 부모 이렇게 따질 것도 없다.' 이랬습니다. 이렇게 엄청난 도리가 있는데 어떻게 단순하게 그냥 요 앞의 것만 생각하고 살 수가 있겠습니까. 인간으로 태어났으면 그냥 갈 수는 없죠. 절대 그냥 갈 수가 없는 것입니다.

아까 얘기했죠. 부처님은 지금까지도 가르치고 계십니다. 물은 자기같이 살라고 하고…, 그게 전부 부처님이 가르치시는 겁니다. 팔만대장경이 따로 있다고 생각하지 마십시오. 이 세상 돌아가는 자체가 모두 팔만대장경입니다. 여러분의 가정에서 살림하는 것도, 좌선이다 입선이다 와선이다 행선이다 하는 것도 따로 있는 게 아니라 모두가 참선입니다. 좌선을 하는 것만 참선이라고 생각한다면 그거는 무척 잘못된 일입니다. 앉았다 일어나면 선은 끊어지니까요.

하여튼 여러분과 이렇게 같이 앉게 돼서 반갑습니다. 또 오늘은 특별히 스님 여러분과 동석을 하게 되었는데 미거한 나를 이렇게 잘 봐 주시니까 감사합니다. 그리고 질문하실 거 있으면 질문하세요.

질문자1(남) 여기 선 이 불자는 한마음선원에서 공부하기 시작한 지가 약 일 년밖에 되지 않습니다. 늦게나마 큰스님의 법을 듣고 공부를 하게 된 것을 대단한 영광으로 생각합니다. 여러 가지 여쭈고 싶지만 다음 질문자가 있을 것 같아서 간단하게 여쭙겠습니다. 생과 사가 둘이 아니라는 것을 제가 바로 알고 있는지 큰스님께서 들으시고 좀 가르쳐 주시면 좋겠습니다.

저희들이 지금까지 공부를 해 오면서 '한마음은 온 우주를 감싸고도 남으며 부처님의 진리의 용광로다.' 이렇게 알고 있습니다. 그런데 저희 중생들은 몸에 중생심이 굉장히 많이 있습니다. '몇십억이 되는지는 모르지만 이 중생심을 하나로 통일시켜서 그 중생심이 가지고 있는 탐진치나 분별심에 의한 착을 한마음 자리에 되돌려 놓고, 억겁을 쌓아 온 선업 악업도 다 제자리에 돌려놓아서 지혜가 자꾸 밝아지면 모든 고에서 벗어나 자유인이 되어 해탈한다. 소위 중생이 해탈한다는 그것이 곧 부처 자리에 간다는 것이다.' 이렇게 알고 있습니다. 그래서 부처의 진리에서는 태어남과 죽음, 즉 생멸이 없는 걸로 저는 이해를 하고 현재 그렇게 알고 있는데, 우리 불자님들과 간혹 이야기를 하다 보면 "사람이 나서 살아간다는 건 곧 죽어 가는 거니까, 생과 사를 합해 가지고 시공을 초월했을 때 하나의 찰나니까 이것이 생사가 둘이 아니다." 이렇게 이야기를 하는데 어느 것이 맞는지요? 만약에 제가 방금 말씀드린 전자가 맞다면, 생멸이 없다는 그 자체는 열반경지에 가신 분만 아는지, 그렇지 않다면 이렇게 알고 있는 것을 저희 중생들이 마음으로라도 좀더 이해할 수 있는 방법은 없는지 질문하고 싶어서 나왔습니다.

큰스님 서울에서, 즉 시발점에서 차를 타고 부산에 왔습니다. 부산을 왔는데, 종점에서 내렸다고 생각했는데 종점이 아니라 또 시발점이 되더랍니다. 그러니까 종점과 시발점이 둘이 아닌 까닭에 모두가 그냥 일분일초도 쉬지 않고 돌아갑니다. 영원히 말입니다. 그러니까 서울에서 부산을 왔다가 그냥 있어야만이 죽는 것인데, 부산에 왔다가 도로 타고 도로 가야 되구요, 갔으면 또 와야 되고 왔으면 또 가야 되고, 이러니 살아나온 것이 따로 있습니까? 또, 죽어 갈 것이 따로 있습니까?

질문자1(남) 생과 사가 둘이 아니라는 것에 대해서 방금 설명을 하셨는데, 저희들이 나고 죽고 또 나고 이렇게 윤회를 하고 있습니다. 그러면 태어남과 죽음은 열반경지에 가기 위한 하나의 방편으로 말씀을 하시는 겁니까?

큰스님 방편입니다. 그런데 사람들이 '내가 늙어 죽어야 가고 오고 이런다'고 생각하는데 그게 아닙니다. 마음은 정신계와 물질계를 한 찰나에도 들고 한 찰나에도 나고 합니다. 부처님께서는 둘이 아니게 그냥 그대로 한 찰나에 나고 한 찰나에 들고 이러시기 때문에, 아예 죽고 사는 생사를 벗어난 분이죠. 그렇기 때문에 여러분도 부처님의 길을 따라서 자기가 못났든 잘났든 자기 마음속에서 자기를 찾아야 됩니다. 찾는 게 아니라 본래 있기 때문에 발견하는 겁니다. 그걸 발견을 해야 생사가 둘이 아닌지 어떤지를 알게 되지 말로는 해결이 되지 않습니다.

질문자1(남) 감사합니다.

질문자2(남) 오늘 이 좋은 날 주옥 같은 큰스님의 법문을 듣고 질문까지 하게 되어 본인으로서는 무한한 영광으로 생각합니다.

제법무아(諸法無我) 제행무상(諸行無常) 일체개공(一切皆空) 열반적정(涅槃寂靜)! 오늘 이 KBS홀에 만장하신 여러분께서는 일체의 고해를 넘어서서 불교에서 말하는 해탈을 해서 열반의 경지에까지 가도록 수행을 해야 될 것이라고 생각합니다. 그런데 큰스님께서 말씀하시는 한마음 주인공과 해탈을 해서 열반하는 그 수행과 둘이 아니고 하나라는 도리를 저희들이 잘 알 수 있도록 다시 한 번 설명해 주시면 대단히 감사하겠습니다.

큰스님 원자에서 입자가 많이 생길 수 있는 것처럼 한마음은 이 생각 저 생각, 이런 말 저런 말, 헤아릴 수도 없는 것을 다 포함하고, 이 우주 전체를 다 싸안으라 해도 싸안을 수 있습니다. 아까 직결되고 가설이 돼 있다고 그랬죠? 그러니까 모든 것은 자기 혼자가 아니라 천체가 같이 돌아가고 있습니다. 나무는 산소를 저장했다가 인간에게 주고 인간은 이산화탄소를 내주듯이 그렇게 서로 주고받으면서 공생 공용 공체 공식화 하고 돌아가고 있습니다. 그러니까 '주인공' 하면 일체가 다 귀합이 되는 것입니다. 귀합이 돼서 나 너가 없이 돌아가는 것을, 즉 말하자면 '공이 색이고 색이 공이니라.' 하는 거와 똑같이 '주인공' 하면 이름해서 주인공이지 없는 것을 뜻합니다.

똥 누러 갈 때는 아무 생각 없이 가서 똥을 누죠? '똥을 눠야 하나, 안 눠야 하나?' 이런 생각이 없이 똥마려우면 그냥 변소에 가서 똥 누듯이, 그냥 나오는 대로 용도에 따라 거기에 되돌려 놓는 것이 바로 수행에 있어서 첨단의 길입니다. 그래, 생각해 보십시오. 못하든 잘하든 자기네들이 하고 있지 딴 사람이 해 줍니까? 안 그렇습니까? 못하든 잘하든, 망하든 흥하든 자기가 했습니다. 자기가 한 거를 '이 몸뚱이 내가 한 게 아니라, 주인의 심부름꾼이 한 게 아니라, 이 심부름꾼은 심부름만 했지 주인이 한 거로구나!' 하고 거기다가 맡겨 놓으십시오. 주인과 심부름꾼이 둘이 아닌 까닭에 주인공입니다.

그러니까 되맡겨 놓으면 벌써 마음이 편안해질 뿐만 아니라 가정이 화목해지고, 잘못돼 나가던 애들이 벌써 유순해지고 부모의 의견을 존중하게 됩니다. 또는 애들이 잘못되지 않게 해 줄 수 있는 여건이 실천으로 나옵니다. '우리 생활이 참선이다' 하는 것은 그렇게 나오는 것을 그대로 거기다가 맡겨 놓고, 되돌려 놓고 지켜보고 체험하는 것을 말합니다. 참선이 달리 있는 게 아닙니다. 거기다 맡겨 놓고 지켜보고 체험하는 것이 참선이 무르익어 가는 과정입니다.

그러니까 누구든지 못났든 잘났든 자기 주인공에다 모든 걸 되돌려 놓고 지켜보는데, 잘되는 건 감사하게 되돌려 놓고 안되는 건 '안되는 것도 거기서 나온 거니까 되게 할 수도 있다.' 하는 믿음으로 거기에다가 되돌려 놓으시면 앞으로 살아나가면서 극한적인 괴로움은 벗어날 겁니다.

질문자2(남) 잘 알았습니다. (대중 박수)

질문자3(남) 이렇게 친견하게 돼서 정말 감사합니다. 저는 두 가지 질문을 하겠습니다. 탐진치 삼독과 번뇌 망상심, 이런 도리는 제가 알겠는데요, 병고의 문제에 대해 조금 전에 스님께서 '그 모든 병고가 공부거리로 나와 있다' 이렇게 말씀을 하셨는데 공부감이라고 하기에는 그 자체가 너무나 가혹하지 않은가 하는 생각이 듭니다. 그래서 병고에 대한 이치를 조금 더 말씀해 주십시오.

큰스님 여러분이 그렇게 모습으로 보고 모습으로 생각을 하니까 그렇지 체가 없는 마음자리로 본다면 그게 아닙니다. 어떠한 병고가 닥치더라도, 즉 말하자면 하늘이 무너지고 금방 죽는다 하더라도 믿는 사람은 태연합니다. 여러분이 여러분을 믿지 않고 뭘 믿습니까. 허공을 믿겠습니까, 형상을 믿겠습니까? 또는 이름을 믿겠습니까, 스님들의 고깃덩어리를 믿겠습니까? 뭘 믿겠습니까?

그러니까 자기 주먹을 믿듯이 자기를 끌고 다니는 자기 운전수를 믿어야 합니다. 과거도 현재도 미래도, 오늘 이렇게 끌고 다니는 겁니다. 수억겁을 통해서 말입니다. 그러니까 진짜로 믿으십시오. 죽어도 거기요 살아도 거기니까, 금방 죽는다 하더라도 죽는다 산다를 떠나서 거기를 믿고 거기다가 맡겨 놓으세요. 믿는 것은 그렇게 살리는 것만을 목적으로 믿는 게 아닙니다. 죽는 거 사는 걸 다 놓을 수 있다면, 그냥 그렇게 맡겨 놓으신다면, 그렇게 할 수만 있다면 아마 자기 소망대로 될 것입니다.

질문자3(남) 네. 잘 알았습니다. 또 한 가지는요, 우리가 사주나 관상이나 미래학을 볼 때에 흔히들 생년월일과 시(時)를 넣어 줘야 그게 나온다는 것을, 제가 직접 가 보진 않았습니다만 들었습니다. 그렇다면 사바세계에서 우리가 행한 업이 생멸의 시와 어떤 관계가 있기에 꼭 생년월일, 시를 넣어야 그게 나오는 건지 그것이 알고 싶어서 질문을 드립니다.

큰스님 시를 넣을 것도 없고 뺄 것도 없고, 이름을 넣을 것도 없고 뺄 것도 없는 도리가 바로 부처님 도리입니다. 그러니까 아까 얘기했지 않습니까? 어떠한 문제든지 거기다 되돌려 놓으라고요. 뭐, 이사 날짜가 나빠서 어떻고, 삼재가 들어서 뭐가 어떠니저떠니 하면서 죽을까 봐 겁내지 말고 모든 것을 거기에 놓으세요. 또 한편으로 볼 때, 내가 이날 이사 간다 했으면 그 날이 좋은 날이에요. 그리고 삼재가 들어서 뭐가 어떠니 뭐가 어떠니 이렇게 생각을 하니까 그게 입력이 돼서 꼭 그렇게 되죠. 그러니까 그렇게 안되도록 마음을 잘 쓰시라 이겁니다.

질문자3(남) 예, 잘 알았습니다. 감사합니다.

큰스님 여러분, 그럼 안녕히 계십시오. (대중 박수)

한 마디도 한 예가 없다

부산 대법회

1992년 11월 1일

여러 큰스님, 그리고 여러분과 같이 한자리 하게 된 것을 기쁘게 생각합니다. 불교라 하는 그 자체가 개별적으로 어디 한 군데 국한돼 있는 게 아니라 포괄적이면서도 모든 것이 한데 귀결돼서 한 주먹에 있는 진리인 것입니다. 왜냐하면 일체 생명의 근본이 불(佛)이요, 보이지 않는 세상이나 보이는 세상이 전부, 일체가 다 같이 통하고 말하고 돌아가는 그 자체가 교(敎)이기 때문입니다. 그렇기 때문에 불교란 어느 한 군데 국한돼 있는 것이 아니라 가톨릭교든 기독교든 알라신교든 힌두교든 어느 교를 막론해 놓고, 거지든 부자든 풀 한 포기든 모두 생명이 있고 또 근원이 있어서, 그게 불이니만큼 불교 안에 모든 종교가, 이름이 거기에 포함돼서 돌아가고 있습니다.

그런데 여러분은 이 종교 저 종교 따지면서, 내 집 네 집을 따지면서, 내 생명 네 생명을 따지면서 이렇게 가야만 되겠습니까? 부처님이 49년을 설해 주시고 길을 인도하실 때 그 뜻을 바로 일러 주시고 "한 마디도 한 예가 없고 한 걸음도 걸은 예가 없고, 한 말 한 생각도 한 예가 없다." 하신 뜻이 바로 거기에 있습니다. 우리가 깊이 잘 생각을 해서, 나 하나만이 독불장군으로서 사는 것이 아니라 일체 만물 일체 생명이 다 같이 공생 공용 공체 공식화 하고 돌아간다는 그 사실을 명백히 알아야 할 것입니다.

이 우주의, 아니 삼천대천세계의 근본이 인간의 마음에 직결이 돼 있고, 세상만사가 돌아가는 모든 것이 인간의 마음에 가설이 돼 있습니다. 그 가설이 돼 있는 자체는 바로 우리가, 너 나가 둘이 아니라는 뜻입니다. 가설이 돼 있기 때문에 우리는 항상 둘이 아님을 생각하게 되고, 수억겁 동안 미생물에서부터 쫓고 쫓기고 진화되고 화하고 나투면서 이렇게 여기까지 왔다고 생각합니다. 그래서 인간은 만물의 영장이라고 일컬어지죠. 그런데 사람 개개인에게 어떠한 것이 주어져 있는가? 직결돼 있고 가설돼 있는 이 몸에 말입니다. 나 하나가 이 세상에 나오지 않았더라면 어떤 것도 무효입니다. 어제 내일 오늘도 없이 말입니다. 모든 것은 나로부터 있는 것입니다. 나로부터 상대가 생기고 인연이 생기고 인과가 생기고 윤회가 생기고, 유전성이니 업보성이니 그 모두가 생기는 것입니다.

그러면 어떻게 나를 발견할 것인가. 나에게는 나를 이끌어 가는, 바로 수억겁 전부터 끌고 왔으며 지금까지도 진화시켜 가면서 화해서 돌아가게 하는 나의 주인이 있는 것입니다. 그런데도 불구하고 딴 데다가 상대를 두고서 부처님을 찾는다거나 상대를 두고서 갖은 이름을 다 찾으면서 기도를 한다면 부처님의 마음은 한 치도 꿰뚫어볼 수가 없는 것입니다. 부처님의 마음을 꿰뚫어보고 일체 중생의 마음을 꿰뚫어보고 일체 만물만생의 마음을 서로 둘이 아니게 꿰뚫어보려면 내 집부터 전화를 놔야 됩니다. 내 집부터 전화를 놓지 않는다면 전화를 할 수도 없고 받을 수도 없는 것입니다. 그렇기 때문에 나 자체를, 이끌어 가는 나를 똑바로 보라 이겁니다. 나 자체가 바로 일체 만법을 이끌어 가고 있습니다. 내 마음은 체가 없어서 일체제불을 다 한데 넣어도 두드러지지 않습니다. 삼천대천세계를 다 집어넣는대도 두드러지지 않습니다.

다 꺼낸다 하더라도 줄지 않습니다.

그래서 우리는 바로 나 자신부터 알아야 합니다. 바로 내 마음과 내 육체, 이 자체가 어디로부터 와서 이렇게 내가 끌려다니고 있나 하는 거를 지켜보는 그 자체가 참선인 것입니다. 좌선을 한다, 입선을 한다, 행선을 한다, 와선을 한다 하는 것도 따로따로 있는 게 아니라 생활 속에서 바로 나 자신 주인에 맡겨 놓고 돌아간다면, 그리고 지켜보고 실험하고 체험한다면 그것이 참선인 것입니다.

참선이라는 것도 그러하지마는 이 세상의 마음들을 모두 내놓으라 해도 하나도 내놓을 수가 없는 것이 마음입니다. 그렇기 때문에 문이 없는 것을 기준 삼아야 하는 것입니다. 지붕도 없고 벽도 없는데 문을 찾아서 부처님 도리를 배우려고 한다면 그거는 천만 리 먼 것입니다. 천칠백 공안도 이 세상 돌아가는 데 있고 천당 지옥도 이 세상 돌아가는 데 있고, 부처님 법도 이 세상 돌아가는 데 있습니다. 팔만대장경이 지금도 이렇게 돌아가고 있지 않습니까? 어떻게 말로 다 하리까?

여러분이 가만히 생각을 해 보십시오. 여러분 먼저 알아야 할 것입니다. 중생들이 병이 나아야 내 병이 낫겠다고 한 유마힐 거사의 그 대답을 가만히 생각해 보십시오. 자기 몸속에 있는 수십억의 생명과 의식과 모습이 바로 미생물에서부터 진화됐다는 사실을 일깨워 주고 있습니다. 그 수십억의 의식들이 과거에 어떻게 살았느냐에 따라서 현재 솔솔 나오고 있죠. 그래서 지금 현재를 보면 과거에 자기가 어떻게 살았는지를 알 수 있으며, 현재에 사는 것을 지켜본다면 자기가 미래에 어떻게 살 것인지를 짐작하고도 남음이 있을 것입니다. 이 몸뚱이 속의 업식이, 악업 선업이 뭉쳐서 정자와 난자를 통해서 자기 영혼과 더불어 같이 생산이 되는 것입니다.

그런데 부처님께서도 "오신통이 오신통이 아니니라. 네 몸속의 중생들부터 제도하고 네 몸속에서 벗어나야 네 몸뚱이를 굴릴 수 있으며 이 세상 통을 굴릴 수 있느니라." 하셨습니다. 예를 들어서 예전에 어느 수좌가 동짓날 팥죽을 쑤는데 그 팥죽 솥에서 팥죽 방울이 끓어서 술술 나오니까 "요것도 문수! 요것도 문수!" 했다는 말은 아마 모르시는 분 없이 다 아실 겁니다. 여러분 자체가 팥죽 솥이라면 수없이 일어나는 그 번뇌 업식이 바로 그 솥에서 나오는 죽 방울이 아니겠습니까? 제 솥에서 제 죽 방울이 일어나는 것이지 딴 솥에서 나오는 게 아니거든요. 생각을 했다 하면 법이고, 몸을 움죽거렸다 하면 화신이고, 가만히 있으면 부처니 셋이 따로 있는 것이 아닐 겁니다. 몸속에 있는 모든 업식들이 수없이, 좋게도 나오고 언짢게도 나오고 병고도 나오고 애고도 나오고 화도 일으키고, 헤아릴 수 없이 수많은 일들을 일으키는 것은 모두 과거에 어떻게 살았느냐에 따라서 나오는 것입니다.

지금으로 따진다면 자동 컴퓨터죠. 숙명통이란 자동 컴퓨터라고 볼 수 있겠죠. 여러분이 모두 오신통은 가지고 있으나 오신통도 도가 아니라고 하셨습니다. 왜냐하면 오신통 속에서 벗어나야 목마른 사람에게 물 한 컵을 줄 수 있고 자기도 목마르면 물 한 컵을 먹을 수가 있기 때문입니다. 그것을 이름해서 누진이라고 합니다. 그런데 남을 원망하고 남의 탓을 하고, 저 스님은 잘하고 저 스님은 못하고, 또는 저 사람은 잘하고 저 사람은 못하고, 저 사람으로 인해 망했고…, 그러면서 시비를 합니다. 한 가정에 살면서도 "저놈 저렇게 하다가는 깡통이나 차지." 하고 자식 욕을 하거나, 부부지간에도 그러한 문제들이 한두 건이 아닙니다. 우리가 생활 하나하나 해 나가는 것이 부처님 법이며 여러분의 법이 부처님 법이지 여러분의 법을 버리고 부처님의 법이 어딨겠습니까. 그렇기 때문에 타심통이다, 천이통이다, 신족통이다, 천안통이다, 숙명통이다 하는 것도 모두 여러분이 가지고 계신 겁니다. 지수화풍을 바탕으로 하고 있기 때문에 광력 전력 자력 통신력이 충만히 여러분 앞에 주어져 있는 것입니다. 그렇기 때문에 땅에 발을 붙이고 다니고 통신을 하고 말을 할 수 있는 사람으로서, 만물의 영장으로서 사는 것입니다.

그런데 고기들이 물속에서 사는 것처럼 우리 인간은 지금 공기 속에서 살고 있는 것입니다. 공기에도 중심이 있기 때문에 오선이 있고 오심이 있어서 만법의 기준을 한데 합쳐서 오르고 내리는 데 작용을 합니다. 그렇기 때문에 우리가 이렇게 살 수 있는 겁니다. 고기들도 물이 없으면 죽듯이 우리 인간도 공기가 없으면 죽습니다. 그런데 바람이나 지수화풍에게 감사할 줄을 모르고 허무하게만 생각한다 이겁니다. 내 몸뚱이도 지수화풍이라, 그래서 허망하게만 생각할 것도 아니고 또 허망치 않다고 생각할 것도 없고, 모두가 귀중하게 생각을 아니 할 수 없는 것입니다.

우리 모두가 그대로 참다운 부처님 법이라고 한다면, 여러분이 다 깨쳤다 하더라도 바로 한 부처입니다. 부처님은 아니 되시는 게 없기 때문에 부처님이라고 한 겁니다. 여러분이 가정에서 "여보!" 하면 금방 남편이 돼서 말도 행도 다 그렇게 나가고 "아버지!" 하면 아버지가 돼서 그렇게 나가듯이 부처님 마음도, 명이 짧아서 애원하는 사람이 있다면 칠성으로 응해 주시고, 몸이 아파서 애원하는 사람이 있다면 약사로 응해 주시고, 좋은 데로 못 가서 애원하는 사람이 있다면 지장으로 응해 주시고, 물에 빠져서 허덕이면 용신으로 화해 주시고, 길을 가다가 원하면 지신으로 응해 주시고, 어떠한 병고가 있고 가난해서 염원을 하면 바로 관세음으로 응해 주시고…, 그렇게 원하는 대로 응해 주십니다. 동방에는 아촉으로 이름을 해 놓으시고, 서방에는 아미타로 이름을 해 놓으시고, 사바세계는 관세음으로 이름을 해 놓으시고, 지천국에는 지장으로 이름을 해 놓으셨습니다. 자기 한마음, 마음에서 자동적으로 돌아가는 이치를 그렇게 이름지어 놓으신 거죠. 그래서 부처는 하나지 둘이 아니라고 했던 거고 부처는 하나도 없기 때문에 부처라고 했던 겁니다.

그런데 이거는 삼재가 들어서 안되느니, 이사를 가야 할 텐데 손이 있어서 못 가느니, 조상을 모시는데 뭐가 잘못돼서 안되느니, 모두 이러는데 이것은 바로 여러분의 마음의 관습인 것입니다. 모든 것을 탁 떼 버리고 내가 가고 싶은 날 이사를 가면 그게 좋은 날입니다. 내가 이 세상에 나서 지금 살아나가기도 급급해 죽겠는데 종교마저도 그렇게 거북해서야 어떻게 종교라고 할 수 있겠습니까. 여러분이 살아나가는 게 다 종교입니다. 종교 아닌 게 하나도 없습니다. 여러분이 안방에 들어가시면 자기가 있기 때문에 안방에 부처가 계시고 변소에 가도 자기가 있기 때문에 부처가 계십니다. 법당에 가시면 항상 그 형상은 내 형상이요, 그 마음은 내 마음이요, 그 생명은 내 생명이니 둘이 아닌, 그 진실한 마음으로 일 배를 올려도 만 배가 될 수 있습니다. 그런데 만 배를 올려도 일 배도 안 되는 수가 있어요!

이 모두가 여러분의 마음에 달렸으니, 마음이란 어마어마하고 너무나 광대무변해서 모두 알 길이 없겠죠. 천당 지옥이다 하는 것도 말로만 알 겁니다. 그러나 여러분이 알고 본다면 실감 안 날 수가 없습니다. 예를 들어서 어떤 사람이 인간세계에 나와서 개같이 살았더랍니다. 그다음 생에 개로 화해서 개 모습을, 무명을 쓰고 나왔죠. 개 모습으로 하고 나오니까 모든 사람들이 개로 대접을 해 주더라 이겁니다. 개 모습이니까 개 노릇을 해야 하고 개 대접을 받아야죠? 자기가 아무리 사람의 의식이 있다 하더라도 그 고통은 면할 길이 없을 겁니다. 지금도 그렇게 돌아가고 있습니다. 대천세계 중천세계 하천세계라고 해 놓은 것은 모든 천차만별의 사생의 그 뜻이 그냥 같이 돌아가기 때문입니다. 그런데 중세계라는 것은 체로 거르듯이, 여러분의 마음에서 거르듯이 이렇게 걸러져서 위로 차원이 높아지느냐 아래로 떨어지느냐의 교차로에 놓여 있는 겁니다. 그래서 마음이라는 게 얼마나 중요한지 모릅니다.

그래서 과거에 어떻게 살았느냐에 따라서 현실에 솔솔 나오는 것은 바로 자동적인 마음의 컴퓨터에 그렇게 입력이 돼 있기 때문에 나오는 것입니다. 그러면 거기다가 되입력을 한다면, 모든 걸 거기다가 방하착 하고 놓는다면, 그리고 거기서만이 이끌 수 있고 '안되는 것도 법 되는 것도 법이다.' 하고 다 거기다 놓는다면 바로 되입력이 돼서 앞서 입력된 것이 몰락 무너질 수 있다는 얘깁니다. 이렇게 마음이 중요합니다. 이 마음은 자동적으로 입력이 되는 것입니다. 여러분이 혼자만 알고 혼자 생각하고 아무도 모르게 나쁜 일을 하고 또 속으로 남을 원망하고 욕을 하고 이랬다 해서 혼자만 아는 게 아닙니다. 아까도 얘기했죠? 우주와 세상과 직결이 돼 있고 가설이 돼 있다고, 우주간 법계에 가설이 돼 있다고요. 그렇기 때문에 자기가 아는 것을 우주간 법계에서 다 알고 있으니 어찌 감추오리까? 이 마음이라는 게 이렇게 중요합니다. 왜, 세간에서 그런 말들을 하죠? 태교가 참 중요하다고요. 그런데 실천을 못합니다. 그렇게 중요하다고 하면서도 못하는 원인은 실감이 나질 않기 때문입니다. 실천에 옮겨 보지 않았기 때문입니다. 그게 이 세상에서 실천으로 돌아가는 거를 모르기 때문입니다.

이거를 모르면 업보성이나 세균성이나 영계성이나 윤회성, 이 모두에 끄달려서 여러분은 고통을 면할 길이 없습니다. 이열치열이란 말이 있죠. 자기가 길을 걸어가다 엎드러지면 그 길을 짚고 일어나야지 허공을 허우적거려서 일어날 수는 없는 것입니다. 그렇듯이 상대를 두고서 기도를 한다 이런 거는 없습니다. 예를 들어서 상대가 아무리 많이 있더라도 모든 것을 공심으로 돌려놓는다면 만 개가 있어도 하나요, 또 하나가 있어도 만 개가 될 수 있는 것입니다.

그런데 해 놓은 대로 일일이 각각 찾고 돌아다니니 자기 마음은 언제 보겠습니까? 보는 대로 자기 아님이 없고 이 세상 만물만생이 자기 아님이 없습니다. 왜냐하면 미생물에서부터 올라오면서 우리 인간이 되기까지, 구름이 모였다가 헤어지고 또 딴 구름하고 모이고 이러듯이, 모두 들고 돌아서 부모가 되고 자식이 되고 부모가 되고 자식이 되고, 이렇게 짐승이든 새든 독사든 사람이든 수없이 거푸거푸 돌았기 때문입니다. 돌면서 수없이 거듭거듭 해 온 그 자체가 바로 자기 주인인 것입니다. 주인이 그렇게 끌고 나왔기 때문에 거기에 되돌려 놓고 거기를 지켜보는 관을 하시란 말입니다. 관! 지켜보는 관이지 기도를 하는 것이 아닙니다. 관세음을 찾을 때 저 높이 올려놓고 찾거나, 주인공을 찾는다 하더라도 둘로 보고 '주인공, 나에게 이런 걸 좀 해 주시오.' 한다면 벌써 이건 어긋나는 겁니다. '주인공만이 할 수 있어! 안되는 것도 주인공이 한 거니까 되게 할 수 있는 것도 주인공이야!' 하고, 할 수 있다 없다를 다 그냥 거기다가 되돌려 놓고 지켜보고 실험하고 체험하는 그 자체가 바로 참선인 것입니다.

부처가 만 개가 있은들 어떻습니까. 만 개도 하나요 하나도 만 개니, 칠성이다 독성이다 산신이다 약사다 지장이다 하고 따로따로 찾지 않으시길 바랍니다. 그건 왜냐? 부처님의 한생각이 문수도 되고 보현도 되고 그러니까요. 한생각을 일으켰다 하면 문수요 한생각을 일으켜서 움죽거렸다 하면 바로 보현입니다. 부처님만 그러신 게 아니라 여러분도 지금 가정에서도 그렇게 하고 계시지 않습니까. 이름이 좀 많습니까. 가정에서 금방 형이 됐다가 금방 아버지가 됐다가, 금방 남편이 됐다가 금방 자식이 됐다가, 금방 사위가 됐다가 금방 친구가 됐다가 하고 있고, 또 사회에서의 이름, 안에서의 이름, 그 이름 이름이 좀 많습니까. 지네가 그렇게 많은 다리를 가지고도 걸리지 않고 여여하게 걸어가듯 여러분도 그냥 그렇게 돌아가고 있지 않습니까? 그거와 부처님 법이 뭐가 다릅니까? 여러분이 부처님 법을 그렇게 등한시하고 "아이고, 부처님 법을 어떻게 찾어?" 하든가 또 "난 기독교를 믿으니까 뭐, 불교 그까짓 마구니 소굴." 이렇게 밀쳐 버리고 마는데 그런 거는 정말이지 절대적으로 100% 어리석은 사람들의 행입니다.

아까도 얘기했듯이 불교란, 불법이란 어느 한 군데 국한돼 있는 것이 아닙니다. 그렇기 때문에 부처님께서 말씀하시기를 어떤 거를 어떻게 할 때 내가 했다고 할 수 없는 것이 부처라고 했습니다. 즉, 가정에서 아버지 노릇 할 때 내가 했다고 할 건가요, 남편 노릇 할 때 내가 했다고 할 건가요, 또 자식 노릇 할 때 내가 했다고 할까요. 그렇게 할 수 없는 것이 바로 부처거든요. 그렇기 때문에 어느 거든 했다고 할 것이 없다 이겁니다. 또 풀 한 포기, 벌레 하나라도 아니 되시는 게 없습니다. 돼지를 건지시려면 돼지 소굴로 들어가서 응해 주시고, 독사가 염원하면 독사로 화하시고, 찰나찰나 이렇게 화해서 돌아가는데 어떤 거 되실 때 부처라고 하겠습니까? 그렇기 때문에 부처지요. 그렇기 때문에 진리고요.

그러니까 가만히 생각해 보십시오. 전력이 들어와 있는데도 전깃줄과 전깃줄이, 전자와 전자가 한데 합치지 않는다면 불이 들어오지 않습니다. 전자와 전자가 한데 합치니까 불이 들어왔다 이겁니다. 그런데 그 불을 누가 켰을까요? 이쪽 줄이 켰을까요, 저쪽 줄이 켰을까요? 어떻게 생각하십니까? 그래서 어떤 사람이 어느 스님한테 덕을 봤다든가 좋은 법을 내가 배웠다 하더라도 내가 했다 네가 했다 할 수가 없는 것입니다. 이 전깃줄이 했다 할 수도 없고 저 전깃줄이 했다 할 수도 없는 것이 부처님의 법입니다. 그러니 부처님의 법이 법당에 가서만 있는 게 아닙니다. 만약에 법당에 가야만 부처님 법이 있다고 한다면 진리라고 할 수 없는 거죠. 예를 들어서 지구는 쉴 사이 없이 시공을 초월해서 돌아가는데, 그 시공이 없는 진리를 진리 속에서 파악하려고 하는 사람들이, 진리에 포함돼서 내가 가고 있는데도 앉았다가 일어났다고 하거나 잠시잠깐 했다고 한다거나 '법당에 가서 이렇게 하고 오니까 참 마음이 편안하더라.' 이렇게 생각한다면 그거는 법당에 갈 때만 이어지는 거죠. 그러면 이어졌다가도 도로 끊어지니까 도루묵이죠, 도루묵. 이어졌다가도 그냥 순식간에 끊어져 버리니까 갔던 것이 무효가 된 거죠.

앉아서 좌선을 해도, 좌선을 한다 안 한다는 이유가 붙으면 좌선이 아닌 것입니다. 마음이 좌선이 돼야지 몸뚱이가 좌선이 돼서 되겠습니까? 일상생활 속에서 항상 마음이 찰나찰나 돌아가면서 아주 그냥 잠재해 있듯이, 어디서 뇌성벽력이 들어온다, 하늘이 깨져 무너진다, 밥을 굶는다, 생명이 죽어 없어진다 하더라도 눈 하나 깜짝하지 않는, 움죽거리지 않는 마음을 부처님께서 그렇게 가르치신 겁니다. 그거를 알라고 가르치신 겁니다. 그래야만이 이 세상의 모든 것을 다 평등공법으로 볼 수 있고 활궁공법으로 볼 수 있고 수레공법으로 볼 수 있으니 말입니다. 또 이 세 가지가 따로따로 있는 건 아닙니다. 그래서 선지식들께서 "나는 샘물도 젖지 않는다 하리!" 이렇게 말씀하셨던 원인이 거기 있는 것입니다.

여러분, 생활 속에서 알아 둬야 할 일이 너무도 많습니다. 지금은 뛰면서 생각하고 생각하면서 뛰지 않으면 안 되는 세상입니다. 외국에 가 보니까 부부가 나가서 일을 해야 하는 가정이 많아요. 전체가 다 그래요. 한국에서도 그런 가정이 많죠? 가난해서도 그렇지마는 돈이 있어도 활동을 하고 싶어서 그렇게 하기도 하죠. 그런데 백일기도를 드리러 올라간다면서 목욕재계하고 음식도 모두 가리고 남편도 자식들도 굶주리게 하는 일이 있습니다. 심지어는 부부의 잠자리까지도 거부하면서, 아무리 백 일 아니라 천 일을 올라가서 기도를 드린들 무슨 소용이 있겠습니까? 나중에는 남편은 배가 고파서 주전부리를 하게 되고 애들은 이탈이 되고, 이렇게 되면 가정 파괴가 오고…. 그건 누구의 책임입니까? 모두가 다 사람들의 책임입니다. 부처가 하나가 아니기 때문입니다. 하나가 아니기 때문에 하나도 없는 것입니다. 없어서 없는 게 아니라 말입니다.

그래서 한생각이 중요한 것이므로 법당에 자주 나가되 그렇게 끈질기게 노닥거리고 있을 필요도 없습니다. 지구가 기도드리는 백 일만 돌아가나요? 그러면 기도드리고 왔을 때는 지구가 멈춰지겠네요? 한날 한시도, 일분일초도 떠나지 않는 자체 그대로입니다, 그대로! 이것을 '끊어뜨리지 않아야지' 한다면 끊어지는 법이고, 끊어뜨린다 끊어뜨리지 않는다는 그 자체가 없어진다면 그대로 여여한 겁니다. 그래 여북하면 여래라고 하지 않았습니까? 부처님만 여래가 아니라 그 마음이 바로 부처이기 때문에 여여하게 돌아가는 사람들은 다 여래죠. 천상천하 유아독존이라고 한 뜻이 무엇인 줄 아십니까. 높은 것도 높고 낮은 것도 높고, 풀포기는 풀포기대로 높고, 높지 않은 게 하나도 없기 때문에 바로 독존이라고 한 것입니다. 부처님 당신만이 높다고 한 것이 아니라 말입니다. 여러분이 '이렇게 광대하고 심오하고 이렇게 어마어마한 그 길이 바로 불교던가.' 하는 생각을 한번 해 보십시오.

또 이런 게 있습니다. 부부가 싸우는데 울화가 치밀면, 겉으로는 말 못하고 속으로만 '어유, 나한테 그래 봐. 뭐 저한테 좋은 일이 생기나? 인제 저러다가 큰코다치지!' 하는 수가 있죠. 그러면 그게 그대로 입력이 되는 것입니다. 그래서 큰코다치게 되는 거죠. 그러니 자식들이든 누구든 어떠한 문제가 있더라도, 어떤 죽을 일을 했다 할지라도 모든 거를 자기 주인공에다 되돌려 놓아야 합니다. 주인공은 둘이 아니에요. 전구는 이렇게 많지만 스위치는 하나이듯이 모두가 모습은 다를지언정 마음이야 어떻게 둘이겠습니까. 전력을 크게 쓰고 작게 쓸 뿐이지 어떻게 전력이 따로따로 있겠습니까. 그와 같이 애나 어른에게 말이나 생각을 함부로 하게 되면 그냥 입력이 됨으로써 그대로 반영이 되어 나오게 되니까 이렇게 해서는 안 됩니다. 용광로에 헌쇠들이 모두 들어가서 저절로 재생이 돼서 나오듯 그렇게 해야 합니다. 우리가 모든 것을 주인공에 맡겨 놓고 지켜보고 관한다면, 바로 용광로에다가 헌 것들을 다 넣으니까 저절로 재생이 돼서 나오듯 나옵니다. 그냥 넣는 작업만 하면 재생되는 거는 자동적이죠.

아무리 자기한테 악하게 하고 아무리 죽을 짓을, 잘못을 저질렀다 하더라도 거기다 맡기고 돌려 놓고 지켜보면서 상대에게는 부드럽게 말해 주고 부드러운 행을 해 주고 부드러운 뜻을 가져야 됩니다. 원망을 하지 말고 모든 것을 내 탓으로 돌리고 '내가 이 세상에 나지 않았다면 바로 저 상대가 없을 것이다. 내가 있기 때문에 좋든 나쁘든 상대가 있는 것이니 내 잘못이 아니겠는가?' 하고 돌린다면 바로 환하게 불이 들어오니까 저쪽의 전구에도 환하게 불이 들어오게 돼 있는 거죠. 그러니 마음은 서로가 밝아서, 한 사람이 밝게 쓰니까 다른 한 사람마저 밝게 살 수 있는 거죠. 그러니까 '참, 내가 이럭하면 안 되는 건데…. 아이구, 내가 그렇게 했어도 저 사람은 저렇게 하는구나.' 하고선 후회를 하고 다시금 마음이 밝아져서 둘이 밝고 정답게 살 수 있는 거죠.

그렇게 화목해지니 좋고 애고가 없어지니 좋고 병고가 없어지니 좋고 모든 것이 다 좋아지니 얼마나 좋겠습니까. 유마힐 거사가 '중생들이 다 나아야 내 몸이 낫는다'고 한 그 뜻을 한번 새겨 보십시오. 내 몸속에 들어 있는 위장 공장, 간장 공장, 척수 공장, 척추 공장, 방광 공장, 콩팥 공장, 심장 공장 할 것 없이 어떤 공장에서든 파워가 일어나면 그 사람의 집은 무너집니다. 그런데 모든 걸 이끌어 가는 내 마음이 한마음으로 다스린다면 일체가 작용을 해 줘요. 그래서 그 모든 중생들이 건강해지고 파워를 일으키지 않으니 중생들이 있는 이 집이 튼튼해지고 건강해질 수밖에요! 이것은 사실입니다. 사실이 아닌 말을 해서 헛되게 떨어뜨리지 말라고 부처님께서 말씀하셨죠.

우리 살아나가는 것이 전부 과학 아닌 것이 없는데 물질과학으로 가기 때문에, 의학도 그렇고 과학도 그렇고 50%밖에 모르는 거지요. 보여 주고 증명하지 못한다면 과학이 아니라고 그러는데, 생각을 하면 설계가 나오고 설계가 나왔으면 집이 올라가는 겁니다. 이게 생각으로부터 나오는 거지 집부터 나오는 게 아니거든요. 이것을 포함해서 과학이라고 한다면 심성과학이라고 해야 될 일이지 심성을 빼놓고는 과학이고 뭐고 없단 말입니다.

부처님은 한결같이 "너 나가 따로 없고, 네 국토 내 국토가 따로 없고, 여자 남자가 따로 없고, 길고 짧음이 따로 없고, 더럽고 깨끗한 게 따로 없고 모두가 찰나에 화해서 돌아가니 몰락 놓게 되면 그 도리를 몰락 얻으리라. 버릴 게 없느니라." 이렇게 가르쳐 오셨는데도 여직껏 상대를 놓고 온통 바깥으로 끄달립니다. 기독교든 가톨릭교든 불교든 전부 기복이에요. 자기를 중심으로 해서 자기가 자기 몸뚱이 돌아가는 도리부터 알고 자기 몸뚱이 속의 중생들부터 제도해서 삽십이응신의 그 도리를, 천백억화신이 내 몸뚱이 속에서 털구멍을 통해서 들고 난다는 사실을 알아야 부처님의 마음도 가늠할 수 있죠.

이 세상이 말을 안 하면서도 말을 하고 있어요. 아무리 재산이 많다 하더라도 다 놓고 가야 되죠. 제 몸을 아무리 아꼈다 하더라도 다 놓고 가야 됩니다. 아무리 집이 훌륭하고 권세가 좋다 하더라도, 자식 부부가 다 있다 하더라도 다 놓고 가야 돼요. 그러면서 세상이 뭐라고 그러는지 한번 말해 보세요. 일체 만물만생이 다 자기같이 살라고 가르쳤어요. 모두가 서로 주고받고 먹고 살듯이, 공생 공심 공체 공용 하듯이 모두 서로 가르치고 있어요.

길을 걸어가다가 나무들을 봐도, 바람에 쓸려서 그냥 뿌리가 뽑힐 듯 말 듯해도 그 나무는 바람 부는 대로 삽니다. '물이 파도냐, 파도가 물이냐?' 이러는 사람도 있지마는, 물고기들이 다 물속에서 살아야 되듯이 우리 인간들도 다 공기 속에서 살고 있는데 작용이 없으면 우린 멸망해요. 그렇기 때문에 파도가 치는 것도 일리가 있어요. 왜? 물속에는 태양열이 절반밖에는 들어갈 수가 없으니까 말입니다. 그러니까 소용돌이를 쳐서 모두 굴려 줘야 그 생명들이 잘 살 수 있는 거죠. 그래서 파도도 필요한 것인데, 거기에 순응치 않고 자기만 알고 자기만 살 양으로 한 치 앞도 내다보지 못한다면 그걸 어떻게 부처님 제자라고 할 수 있으며 어떻게 만물의 영장이라고 할 수 있겠습니까.

내가 미국에 갔을 때 어떠한 일이 있었느냐 하면, 거기 신부 한 분이 이렇게 질문을 던졌어요. "당신네들이 그렇게 공부한다면서 한국에서는 왜 스님들이 그렇게 싸우고 치고 박고 그러느냐?" 그래서 뭐라고 그랬는지 아십니까. "화산이 터져서 과학자들이나 인류가 얼마나 발전이 됐느냐? 그와 같이 발전을 시키기 위한 작용이지 싸움이 아니다. 너희들 눈이 장님이 돼서 그렇다." 그렇게 얘기했더니 아무 소리 못하더군요. (대중 박수) 그리고 "너희 나라에 있는 케네디 대통령 묘지에 가 보니까 불을 훨훨 날리게 해 놓았던데 그렇게 밤낮없이 불이 나오게 한 원인이 어디 있는 줄 아느냐. 이게 부처님이 가르치신 도리야. 그거는 더하고 덜함도 없이 항상 밝다는 뜻이야. 당신네들도 그렇게 해 놓고 가면서 그 뜻을 모르느냐? 모든 종교가 불교 주먹에, 한 주먹에 있다." 하고 말했죠. 거기 가면요, 신부나 목사님 또는 이름 있는 분들이 초청을 해서 같이 토론도 하고 그럽니다. 또 독일에 가서도 그런 일이 있었고 그렇지마는 모가 나야 걸릴 텐데 모가 나지 않으니까 걸리지 않습디다. 하하하…. 그래서 그 사람네들이 손을 번쩍번쩍 들었죠.

하여튼 우리 부처님이 얼마나 장하시면 그랬겠습니까. 그래서 내가 그랬죠. "예수님도 보살이 되려다 말아서 그렇지, 왜 몸뚱이로 그렇게 돌아다녔느냐. 그러니 그 사대가 그냥 못에 박히지 않았느냐. 부처님은 앉아서 천백억화신으로 제도하셨다. 천백억화신만 되겠느냐. 일체 중생이 자기 아님이 하나도 없이 마음으로 마음을 전달했다면 당시에 그렇게 되지는 않으셨을 거 아니겠느냐. 즉 천백억화신으로서 화했더라면 그 많은 사람을 죽이지도 않았고 자기 몸뚱이, 자기 집이 그렇게 무너지지 않았을 것이다."라고요.

집이 있으면서 열반을 해야 진짜 열반인 것이지 그냥 집이 없어지고 죽는 것은 열반이 아니거든요, 네? 사람이 살아 있으면서 구경의 경지까지 이르러야, 즉 나를 죽여서 내가 나를 발견하고, 둘이 아니게 더불어 죽어서 또 둘 아닌 도리를 알고, 또 더불어 같이 나투는 도리를 알아야 그것이 바로 자유인이라고 할 수도 있고 열반이라고도 할 수 있죠. 열반이라고 하는 것도 이름인지라 무슨 소용이 있겠소마는 여러분과 같이 질서를 지키면서 배우고 나가려면 이름이 없어서는 안 되니까 이름을 지어 놓은 것뿐이죠. 그러니까 살아서 열반이지 죽으면 열반이 아니다라는 얘기예요. 살아서 못한 거를 죽어서 어떻게 하겠소? 더하고 덜함도 없는데 말입니다.

여러분이 세간에 살면서 속세 따로 부처님 법당 따로 생각해서 둘로 보신다면 항상 선은 끊어질 것입니다. 일체 모든 것이 다 둘 아닌 도리로 돌아가는 것입니다. 그러니 우리가 항상 풀 한 포기, 벌레 하나도 나 아님이 없어서 내 아픔이고 내 몸이라고 생각할 수 있는 평등한 마음이 있어야만 합니다. 부처님께서 뼈 무더기에다가 절을 해 보인 것도 역시 그러한 도리를 가르치기 위해서입니다.

공동묘지에 가 보니까 애나 어른이나 여자나 남자나 다 늙었습디다. 그냥 늙었어요. 그러니 어찌 부처님의 그 심오한 뜻을 실천하지 않을 수 있겠습니까? 모습이 없다고 해서 삼천 년 전에 부처님이 계셨지 지금은 안 계시다고 하지 마세요. 삼천 년 전도 오늘이요 삼천 년 후도 오늘이에요. 부처님은 지금도 계시고 이렇게 만물만생으로 나투면서 설해 주시면서 가고 계시지 않습니까?

하여튼 두서없는 말씀을 드렸지마는 여러분이 맛있게 잡숫고 안 잡숫는 거야 어찌해 볼 수 없는 거니까요. 허허, 그거야 어쩔 수가 없고, 궁금하신 게 있으면 질문하십시오.

질문자1(남) 오늘 큰스님 법문 중에 다 들어 있는 말씀이기 때문에 질문을 또 할 필요는 없는 거지만 이미 질문을 하려고 생각했던 거라서 질문드리겠습니다. 오늘 이렇게 뵙게 되니까 정말 참 가슴 벅차게 기쁩니다.

저는 큰스님의 법문을 직접 들으면서, 또 책과 테이프를 통해서 열심히 공부하면서 '큰스님께서 중생 제도의 방편으로 삼으시는 것은 바로 주인공이구나!' 하는 생각을 했습니다. 큰스님께서 '주인공에 모든 것을 믿고 맡겨라' 하고 가르치시는 도리는 방편설인지 아니면 주인공이 실체로서 정말 있어서 믿고 맡겨야 한다고 하시는지 저의 주변에서 언쟁이 많았습니다. 오늘 법문에 충분히 있지만 다시 이것을 정립해 주신다는 생각으로 짧은 가르침을 주셨으면 감사하겠습니다.

큰스님 허허허…. 지금 선생님이 말씀하셨죠. 말하고 행동하고, 자동적으로 나오셨죠. 그리고 운전수가 차를 끌고 다니지 차가 운전수 끌고 다니는 거 보셨습니까, 그죠? 사람도 자기 운전수가 바로 몸뚱이를 끌고 다닙니다. 그러니까 운전수와 차가 둘이 아니죠?

질문자1(남) 예.

큰스님 운전수가 위로는 기름을 넣고 아래로는 차를 끌고 다니는 바로 주인이죠. 그러니까 말도 하게 하고 이리로 가게 하고 저리로 가게 하고 화도 나게 하고 즐겁게도 해 주고 이렇게 하는 것이 바로 당신의 주인공이에요. 그러니까 이거는 선불리 어디서 신이 와서 이렇게 되는 게 아니라 자기 실상 자체, 돌아가는 자체, 자기를 스스로 끌고 다니는 그 자체가 바로 자기 주인공인 것입니다. 주인공이라 하는 것은 화해서 자꾸 돌아가기 때문에, 그 이름마저도 없기 때문에 주인공이라고 했던 겁니다. 그러니까 자기를 지켜보십시오.

질문자1(남) 감사합니다.

질문자2(여) 큰스님, 오늘 이렇게 큰 법문 내려 주시고 일일이 다 나누어 주셔서 감사합니다. 이 법회가 공고된 지 얼마 안 돼서 저는 제 친지로부터 질문을 받았습니다. 제가 어머님께 투정부리는 마음으로 큰스님께 질문드리니까 용서해 주십시오.

질문 내용은, 여든 된 비구니 스님도 출가한 지 얼마 안 되는 사미 스님한테 예를 갖추어야 한다고 하는데 비구니 스님을 어떻게 큰스님이라고 하느냐면서 그 대답을 확실히 해 주면 이 자리에 참석할 수 있고 그렇지 못하면 이 자리에 참석을 할 수 없다고 했습니다. 전 경전 공부를 많이 하지 않았기 때문에 그 도리를 확실히 전해 주지를 못해서 이 자리에 같이 할 수 없었습니다. 전 모든 사람들이 이 법석에 한

자리 하기를 소망합니다. 큰스님의 좋은 법문 부탁드립니다.

큰스님 이거 봐요. 한번 넓게 생각을 해 봐요. 마음이라는 거는 지구 바깥으로도 벗어날 수 있어요. 몸은 한 몸으로 이렇게 앉았지마는 이 혹성에서도 살고 저 혹성에서도 살 수 있어요. 그렇듯이 마음이라는 것은 그렇게 광대무변해서 무슨 행자승이고 수좌승이고 대승이고 소승이고가 없어요. 이런 것은 이름일 뿐, 원 선법에는 붙지 않아요. 그러니까 일체 만물만생이 같이 돌아가고 지금 같이 꽃을 피우고 있잖아요. 한번 생각을 깊이 해 보세요. '이렇게 질문을 했는데 엉뚱한 대답으로 이렇게 말을 하니 내가 어떻게 알 수 있나?' 이러지 말고 한번 눈을 크게 뜨고 둘러봐요. (대중 박수)

질문자3(남) 좋으신 말씀 감사합니다. 수행하여 가는 중에 저의 내면을 관찰해 보면 수많은 의식으로 가득 차 있는 것 같습니다. 살아 있을 때 이런 의식들이 육신이 죽고 난 후에는 업식으로 되는 것으로 알고 있습니다. 그러면 영혼은 어떤 것이며 불성, 참나와는 어떠한 관계가 있는지요? 궁금해서 질문드립니다.

큰스님 생각을 내면 모두 망상이라고 그러는데, 나는 그것을 진짜 사람으로 만드는 작업소라고밖에는 말할 수 없습니다. 그런데 그 작업소, 즉 생각을 해내는 그 자체가 영혼입니다. 맷돌로 비유한다면 맷돌 추는 바로 불성이요, 즉 맷돌이 돌아가게 하는 그 자체는 그냥 힘을 내주기나 했지 움죽거리지 않습니다. 그러니까 불성입니다. 그리고 돌아가는 것은 바로 영혼의 장난입니다. 그러나 영혼과 불성이 다르지 않고 바로 육신까지도 다르지 않습니다. 둘이 아닌 까닭에 삼라만상의 일체가 다 같이 혼연히 돌아가고 있습니다. 각각 보시지 마세요.

질문자3(남) 감사합니다.

질문자4(여) 큰스님, 이렇게 가까이 뵙게 돼서 정말 감사합니다. 지난 사월에 저의 막내동서 언니가 자궁암으로 수술을 받았었는데요, 그 수술을 받고 나서 제가 전화를 받았습니다. 그날 굉장히 바쁜 날이었는데도 시간을 놓칠 것 같은 생각이 들어서 병원을 갔더니 복막에 물이 차서 재수술을 받게 된다고 했습니다. 그 환자는 물론 움직일 수 없는 상태이며, 암 수술을 받았는데 잘라 보니까 암세포가 다른 곳으로 다 번졌더랍니다. 그래서 제가 안양으로 동생을 보냈습니다. 그랬더니 스님을 만나 뵙지는 못했지만 안양 선원에서 하룻밤을 지내고 왔다고 전화가 왔습디다. 그래서 제가 "그게 다 헛것은 아닐 거다." 이렇게 말을 했는데 며칠 후에 제가 병원을 찾아갔더니요, 그 환자의 얼굴에 완전히 활기가 돌아왔더라구요.

그래서 제가 며칠을 간절하게 마음을 냈었는데 살겠다 싶은 생각이 들었습니다. 그러고 나서 며칠 있다가 또 갔더니 암이 전신에 퍼졌다고 했던 환자가 퇴원을 하고 없더라구요. 그런데 며칠 뒤에 동서가 와서 확인을 해 봤더니 안양을 간 그 날 그 환자가 비몽사몽간에 병실 창문을 통해서 뭔가가 들어와서는 자기 속에 있는 것을 확 빼 가는 거를 느꼈더랍니다. 그래서 그 순간에 환자가 '나는 살 수 있다.' 하는 확신이 생겼다는 것이었습니다.

병원에서는 일 주일을 견딜 수 있으면 몇 개월은 더 살겠다 했었는데 보름이 안 돼서 퇴원을 했습니다. 그래서 그 병원에서는 이상하게 생각을 한 거지요. 분명히 암이었는데 암 증세가 없으니까 병원에서는 자꾸 전화가 오는 겁니다. 이 보살님이 지금 창원에 있습니다. 그 일을 계기로 해서 이제 병원에도 가지 않고 아주 건강하게 마산 한마음선원에 다니면서 부지런히 정진하고 있다고 들었습니다. 그래서 믿음에 대한 확신을 주신 큰스님께 이 자리를 빌려서 정말 감사의 말씀 드립니다. (대중 박수)

큰스님 여러분이 여기에서도 배울 점이 많이 있으실 겁니다. 이 법은 부처님 법입니다. 그게 왜냐하면 부처님은 화해서 한 찰나에 드시고 한 찰나에 나십니다. 그런데 그 도리를 알기 위해서는 나 자체부터 알아야죠. 그러면 일체가 자기가 원하는 대로, 오고 가지 않아도 오고 감이 있고, 또 오고 감이 있는 반면에 천리만리가 둘이 아닙니다. 지붕도 벽도 없어서 드나드는 데도 걱정이 없어요. 그러니까 염원하는 그 마음과 부처님 마음과 이끌어 주는 당신의 마음과 모든 마음이 한데 합쳐서 했으니 어떤 마음이 했다고 할 수 있겠소? 그렇기 때문에 부처님이 하셨다고 하는 거요. (대중 박수)

질문자4(여) 그리고 큰스님, 제가 한 가지만 더 여쭙겠습니다. 스님께서 '첫째는 내가 죽어야 되고, 두 번째는 더불어 죽어야 되고, 세 번째는 나툴 수 있어야 된다.' 하셨습니다. 그런데 한마음 공부를 하기 전에는, 그 나툼의 도리가 어떤 불보살의 경지에서만 가능한 것이라고 생각을 했었는데 이 공부를 하고는 그게 아니라고 생각되거든요. 스님께서 법문하신 것처럼 생활 자체가 불교라면 나툼도 생활에서 나투어져야 된다고 생각을 합니다. 그러니까 우리 불자들이 생활 속의 나툼을 실현할 수 있는 구체적인 방법 같은 것을 말씀해 주셨으면 감사하겠습니다.

큰스님 아까도 얘기했듯이, 여러분이 한 가정에서 도반으로서 사는데, 가족이 아무리 잘못했다 할지라도 잘못한 것에 대해 천연적으로 울화가 치밀고 이러지를 말아야 해요. 한군데에서 들고 나는 것이니까 그 한군데다가 몰락 되놓고 부드럽게 해 줘요. 부드럽게 해 주는 그런 작업이 필요합니다. 일체가 다 한마음에서 나고 든다는 것을 알면 진짜로 믿고 넘어가야지 '이놈이 뭣고?' 하고서 천년만년을 있은들 맛을 알 수가 있나요? 자기 자성 부(父)를 상봉할 수가 있나요? 그러니까 자성 부를 상봉하기 위해서는 아무것도 가리지 말고 모든 것을 자기 탓으로 돌리고 부드럽게 해 주고, 상대방을 원한 사게 하지 말고 마음 나쁘게 하지 말고, 모든 거를 거기다가 놓고 욕심부리지 말아야죠. 자기 고삐를 자기가 쥐고 다스리면서 잘 나갈 수 있는 그런 사람이라면,

그릇이 비고 담기고 비고 담기고 해서 빈 것도 없고 담긴 것도 없이 됐을 때에 비로소 자기가 홀연히 나와서 그 도리를 알게 돼요. (대중 박수)

질문자4(여) 감사합니다.

질문자5(남) 오늘날 우리 불자들이 신심이 없는 이유 중의 하나가 윤회에 대한 확신이 없어서 그런 것이 아닌가 하는 생각이 듭니다. 큰스님께서는 백 년 전에는 어디서 어떤 모습으로 계셨으며 오늘 법문하시고 계시는 스님은 백 년 후에 어떠한 모습을 보여 주시겠습니까? (대중 웃음, 박수)

큰스님 하하하, 백 년 전이든 백 년 후든, 지금조차도 없어요! 하하하…. (대중 박수) 그런데 지금조차 없다고 하는 것은, 아까도 얘기했듯이 사람이 살려니까 질서를 지키고 백 년 전이니 백 년 후니 하지, 이거는 백 년도 없고 천 년도 없고, 후도 없고 전도 없어요. 시발점도 종점도 없어요! (대중 박수)

질문자6(남) 지금 큰스님의 법문을 듣건대 '일체를 주인공 자리에 놓아라. 모든 경계를 둘로 보지 마라. 그 모든 경계를 주인공 자리에 되돌려 놓아라. 주인공은 일체의 근본이다.' 이렇게 말씀하신 걸로 알고 있습니다. 그렇다면 주인공이 곧 불성이요 진여이므로 그 자리에 놓으라고 했는데 주인공, 불성을 찾기 위하여 저희들은 수행, 곧 참선을 하는 것으로 압니다. 그러면 천칠백 공안 중에 스님께서는 어떠한 화두로 참선 수행을 하면서 행주좌와를 하셔서 깨치셨는지, 그리고 그 참구하는 방법을 좀 말씀해 주시고 깨달았을 때의 경계가 어떠했는지 알기 쉽게 말씀해 주십시오. (대중 박수)

큰스님 이거 보세요. 하하하…. 작년 씨를 올봄에 심었더니 싹으로 화했어. 싹으로 화해서 열매가 열리니 그 열매 안에 씨가 들었더라.

그 씨는 안에 들어 있는 것이지 과거에, 밖에 있지 않느니라. 그러니 그 씨가 그 씨고 그 씨가 그 씨지, 다른 데 씨가 있는 게 아닙니다. (대중 박수) (자리로 들어가는 질문자에게) 아니, 깨칠 때에 어떠했더냐고 물어 놓고 대답도 안 듣고 가요? 하하하! (대중 웃음, 박수) 깨달을 때에 어떠했더냐고 물었죠?

질문자6(남) 네. (대중 웃음)

큰스님 지금 이렇게 웃고 있는 때, 그런 때로 봤습니다. 웃고 있었지요? 웃는 거 다 보셨지요?

질문자6(남) 네.

큰스님 그런 거예요. 하하하…. (대중 웃음, 박수)

질문자7(남) 부처님께서 열반하신 지 이천오백 년이 지난 지금을 흔히 저희들은 말법 시대니 혼돈의 시대라고 말하고 있습니다. 이런 시대에 태어난 저희 중생들은 부처님과 인연이 멀고 또 사법과 사교가 활개치는 세상에 있습니다. 이럴 때는 정말 정법 만나기가 힘들다고 합니다. 그러나 우리는 다행히 이 정법을 만났고 또 배우고 수행하여 참 자유인이 되도록 그 길을 걸어가고 있습니다. 그렇지마는 우리 주위에는 아직까지도 이런 법을 모르고 사법에 빠져 있는 분들이 많이 있습니다. 이런 시대에 이런 분들에게 스님께서는 어떻게 포교하고 계시며, 그리고 스님을 대신해서 이 법을 전할 수 있는 방안이 있으면 말씀해 주셨으면 고맙겠습니다. 저는 불교 교육대학 포교사 과정을 공부를 하고 있는 사람입니다.

큰스님 이 법이 다른 게 아니에요. 예를 들어서 사람들이 '아이구, 이사를 가야 하는데 가서 날짜를 물어보고 가야지 그렇지 않으면 큰 탈이 생긴다.' 이렇게 예전부터 내려오는 관습에 의해서 살아요. 그 한 예만 봐도 살아나가는 게 모두 그렇게 관습으로 사는 거예요. 자기 생각대로 그대로 나가는 게 없어요. 자기 하고 싶은 대로 자기 권리대로,

만물의 영장으로 태어난 그 권리대로 사는 사람이 없어요. 그렇기 때문에 그것이 계속 유전되어 와서 그냥 머리에 배었죠. 지금 가르치는 사람도 그렇고 배우는 사람도 그렇고 다 그렇죠. 그런데 가르치는 사람도 틀리지 않고 배우는 사람도 틀리지 않아요. 왜냐? 이 세상 살아나가는 게 부처님 법 그대로라는 걸 백지 한 장 사이인데도 모르고 있지만 그것만 알아채면 이 세상을 그대로 여여하게 살 수 있는 거니까요. 아주 그렇게 간단하죠.

그런데 생각들에 젖어 가지고 아무리 말을 해 줘도 "아이고, 그렇게 다 놓으라니 다 놓고 어떻게 삽니까?" 허허, 이러는 거예요. 그러니 내가 그런 말을 하죠. "당신이 걸어올 때 한 발 들고 한 발 놓고, 한 발 들고 한 발 놓고 이렇게 걸어오는데, 그건 짊어지고 다니느냐?" 그랬어요. 우리가 지금 살림하는 게 그렇게 놓고 가는 겁니다, 그대로. 붙들고 가는 게 하나도 없어요. 그런데 시공을 초월해서 돌아가는 대로 그냥 순응하지 못하고, 마음으로 지어 가지고 그렇게 온통 붙들고 만날 걸리는 거죠. 그게 자기가 마음으로 지어서 창살 없는 감옥을 만들고 나오지 못해서 자유스럽지 못한 것뿐이죠.

그러니까 그거를 일러 주세요. 배우는 사람에게도 '이게 뭣고?' 하지 말고 '네가 너를 끌고 다니니까 그대로 거기다 맡기고 그대로 지켜봐라. 못하는 것도 거기서 나오는 거니까 잘 굴리는 것도 거기서 나오는 거고, 안되는 것도 거기서 나오는 거니까 되게 하는 것도 거기고, 잘됐으면 감사하게 놓고 거기에다 맡겨라. 주인의 그 구멍은 한 구멍밖엔 없다.' 하고 말해 주는 겁니다. 그러니까 들고 나면서 당신을 끌고 다니는 자체를 주인 삼아서 꼭 그렇게 하면, 나중에는 스스로 깨치게 되어 고삐도 없어지고 소도 없어지듯이 자기 주인이라는 이름도 없어져요. 그러니까 그렇게 우리가 정신계의 50%와 물질계의 50%가 서로 100% 작용할 줄 알아야 에너지를 바로 자기 자신들이 충당할 수 있는 것입니다.

질문자7(남) 알겠습니다.

질문자8(남) 스님께서 불이(不二)의 법문을 해 주시면서 둘로 보지 말라고 말씀을 하셨기 때문에 짐작은 갑니다만 평소에 의심나는 게 있어서 여쭙겠습니다. 부처님이 설하신 계 가운데 불살생계라는 것이 있습니다. 산 것을 죽이지 말라고 하셨습니다. 그러나 우리 중생들이 살아가는 생활 가운데에 음식을 먹으면서 육식도 하고 채식도 하고 그럽니다. 육식 생활을 함에 있어서 늘 그 불살생계에 걸리는 것을 느끼게 됩니다. 거기에 대해서 확연하게 깨달음을 주신다면 감사하겠습니다.

큰스님 옛날에 이런 분이 있었죠. "손님들이 와서 닭 30마리를 잡아야 할 텐데 어떻게 했으면 좋겠습니까?" 하고 나한테 물으러 왔습니다. "남편은 아무것도 모르고 30마리를 잡아서 서른 사람을 대접을 해야 된다고 저렇게 하고, 만약에 하지 말자고 우긴다면 집안에 큰 싸움이 날 테니 스님, 어떡하면 좋겠습니까?" 했습니다. 그거를 살생이라고 생각하는 사람은 아직 백지장 하나를 넘지 못해서 모르니 살생이 될 것이고, 백지장을 뚫은 사람은 그것이 살생이 아니고 아무것도 아니죠. 왜냐? 그래서 내가 그랬죠. "당신이 아무것도 모르더라도 생각을 이렇게 해라. 닭의 살은 네 살이고, 닭의 생명도 네 생명이고, 닭의 마음을 네 마음으로 생각하라. 그러면 그 닭의 살은 약으로 될 것이고 닭 30마리가 그냥 홀랑 네가 돼 버리고 만다. 그러니 30개를 넣어도 두드러지지 않고 30개를 꺼내도 줄지 않는 도리니 거기다가 모든 거를 맡기고 그냥 해라." 이랬습니다.

그런데 그 이튿날 와서 하는 소리가 "어렴풋이 꿈을 꾸니까 닭발이 전부 한데 묶여서 천상으로 올라가요." 자기와 그 닭들이 둘이 아니게끔 그냥 자기 몸뚱이로 들어오더니만 자기가 천상으로 올라가더랍니다. 그건 왜? 그 도리가 그러합니다. 예를 들어서 그런 사람에게 소고기 한 점이 걸리는 것이 오백 년, 천 년 만에 한 번 인연이 될까 말까 한 일이라 했습니다. 그러나 난 그렇게 생각하지 않습니다. 오백 년도 일 초요 일 초도 오백 년이지, 오백 년이 따로 있는 게 아니고 일 초가 따로 있는 게 아닙니다. 그러니 오가다 도살장에 끌려가는 소를 봐도 그 소 모두를 내 마음 안에 넣으면 내가 되고 내가 그 마음 안에 들어가면 소가 되고, 소가 돼서 소 무명을 벗기면 그대로 인도환생인데 뭐가 그렇게 걱정입니까? 사람들은 연쇄적으로 하(下)의 동물을 먹고 그 하의 무명을 벗기고 천국을 만드는 것입니다. 그런데 살생한다고 그것을 넘기지 못해서야 어찌 부처님의 법을 따른다고 하며 그 뜻을 안다고 하겠습니까? 그러니 살생을 한 바도 없고 안 한 바도 없는 그 가운데 도리를 알 것 같으면 아주 무주상 보시죠. (대중 박수) 하하하….

질문자9(남) 제가 나이 71살인데 지금까지 살아오면서 아무리 생각을 해 봐도 하늘 천(天) 따 지(地) 사람 인(人), 하늘과 땅 사이에는 사람이 가장 중요해서, 사람 나고 성인 생기고 글이 생기고 돈이 생기고 그랬으니 사람이 가장 중요하다고 알고 있습니다. 그런데 지금까지 내가 법문을 아무리 많이 들어 봐도 '사람이다' 하는 정답을 가르쳐 주신 스님이 한 분도 안 계셨습니다. 오늘 여기 보니까 수많은 사람이 이렇게 많이 들어와 계신데, 사람이 가장 중요하다 하는데 어째서 사람인가? 그 사람이라는 정답을 좀 가르쳐 주십시오. 듣기가 소원입니다.

큰스님 아까 말씀드렸죠. 부처님은 사람도 아니고 짐승도 아니고, 꽃도 아니고 아무것도 아니라고 한 뜻이 뭐냐? 그 많은 중생들이 응해 달라는 대로 찰나찰나 응신으로서 나투시니까, 도대체 짐승도 아니요 사람도 아니기 때문에 부처인 것입니다. 그러니까 생각을 잘 하십시오. 인간이 생각할 때는 이렇게 시간도 있고 말도 있지마는 우리가 말하고 이렇게 돌아가는 생활 자체가 바로 시공을 초월해서 돌아가는 겁니다. 그러니까 이거다 저거다 할 수 없는 그 자체가 바로 사람입니다.

질문자9(남) 제가 또 한 말씀 드리겠습니다. 스님 말씀도 맞는 말씀이지마는 제가 생각하기에는 오늘 이 자리에 오신 여러 사람들이 방금 스님 하신 법문을, 진어를, 명답을, 옳은 말을 잘 들을 줄 아는 그 사람이 옳은 사람이라고 저는 알고 있습니다. 글자도 사람 인(人) 변에 말씀 언(言), 믿을 신(信) 자라. 말을 잘 듣는 그 사람이 사람이 아닌가 저는 그렇게 생각합니다.

큰스님 그런데 부처님께서는 말을 듣든 안 듣든, 보이지 않는 세계의 말을 듣든 안 듣든, 생각을 하는 중생이나 생각을 안 하는 중생이나, 차원이 높든 낮든 그대로 여여하다고 했습니다. 부처님께서는 잘 듣는 사람은 사람이고 잘 듣지 못하는 사람은 사람이 아니라고 한 게 아닙니다. 그러니까 우리 모두가 살아나갈 때에 명심해야 될 것은, 지옥 천당이 따로 있는 게 아니라 우리가 마음을 잘못 쓰면 모습을 잘못 쓰고 나온다는 얘기입니다. 모습을 잘못 쓰고 나오면 그 모습에다 인간으로 살던 의식이 남아 있어서 고통받는 그거는 말도 못합니다. 그러니까 그냥 어떤 자리가 있어서 천당 지옥이 있는 게 아니라 그냥 쉴 사이 없이 돌아가면서 뱀의 짓을 했으면 뱀의 모습으로 될 것이고 또는 개의 짓으로 살았으면 개의 모습으로 될 것이고, 그냥 모습으로 그렇게 화해서 돌아가요. 그래서 사생이 그대로 천차만별로 돌아가고 있는 거죠. 그러니까 사회에 사는 거는 차원이 있지만 우리 공부하는 마음가짐에는 차원을 두지 마십시오. (대중 박수)

질문자9(남) 또 질문이 있습니다. 선방에 가면 스님들이 화두를 많이 들고 계시는데 제가 화두로 들고 있는 것은 '다행히 내가 사람으로 태어나 가지고 어쨌든 사람 노릇 좀 해 가지고 꼭 사람이 되어야겠다. 사람이 되기 전에는 늙어 죽질 않아야 될 텐데….' 하고 나는 사람이 되어야겠다는 그런 화두를 들고 있습니다. 그런 화두를 들어도 되겠습니까. 내가 사람이 되려고 화두를 들고 있습니다.

큰스님 뭐 사람이다 짐승이다 사람이 아니다 이런 생각 할 필요도 없어요. 못났든 잘났든 자기를 끌고 다니는 자기 자신을 근중하게 생각하고 그 도리를 알아내면 삼천 년 전의 부처님의 마음도, 부처님의 그 도리도 아주 꿰뚫어서 알 수 있는 거니까요. 즉 자기니까요. 그러니까 사람이 되겠다 안 되겠다 하는 이런 생각조차도 놓으십시오. 모든 거를 거기다 놓으십시오.

질문자9(남) 예, 알겠습니다.

큰스님 여러분이 다 각각 소소영영하게 있지만 마음이야 어찌 각각 있겠습니까. 서로 도반이 돼서 찰나찰나 돌아가면서 같이 중용하는 도리를 열심히 공부해 봅시다. 감사합니다. (대중 박수)

마음 다스림이 생활 속에서 이루어져야 한다

진주지원 개원법회
1992년 11월 29일

진주에서 개원식을 갖게 된 것을 기쁘게 생각합니다. 정신세계와 물질세계가 합하여 한마음으로 이렇게 지원이 생겼습니다. 지금까지 애써 주신 여기 회장님으로부터 부회장님, 총무님, 그리고 여러 신도님들께 감사드립니다.

그런데 따지고 본다면 모두가 각자 자기 일 자기가 하는 것이라고 생각합니다. 우리는 어떻게 사느냐에 따라서, 또는 어떻게 마음을 먹느냐에 따라서, 어떻게 행을 하느냐에 따라서, 어떻게 말을 하느냐에 따라서 어떻게 주어지든지 주어지는 것입니다. 참으로 사람의 마음이라는 게 얼마나 중요한지 모릅니다. 마음이 중요하다는 것은 마음 한생각을 잘하면 인체의 세포 하나하나에 들어 있는 수십억의 의식들이 같이 따라 주기 때문입니다. 그렇게 따라 주기 때문에 한생각 내기가 그렇게 어렵단 얘깁니다.

생활 속에서 살아나가면서 나쁜 생각을 하지 말고, 나쁘게 들어오는 걸 좋게 생각을 돌려서 그 자리에 일임하라고 했습니다. 몸속의 의식들은 과거에 어떻게 살았느냐에 따라서 자동적으로 입력이 돼서 지금 현실에 나오는 것인데, 나오는 데다 다시 입력을 한다면 앞서의 입력이 없어지게 됩니다. 그러니 모든 업보성 윤회성 유전성 영계성 세균성, 이 모두가 없어지는 까닭에 내 몸이 편안하고, 내 몸이 편안한 까닭에 부처는 편안하다 이 소립니다. 내 몸이 편안한 것은 내 몸속에 들어 있는 중생들이 작용을 잘 해 주기 때문이죠. 그리고 또 내 마음이 모두 한데 합쳐져서 한마음으로 돌아가니까, 하여튼 사람이 마음내는 대로 의식들은 그 몸 속에서 모두 그대로 따라 주는 겁니다.

그렇게 에너지덩어리는 심력만 배출할 뿐, 악으로 나갈 수도 있고 선으로 나갈 수도 있습니다. 즉 말하자면 태양열도 그렇지만 전력도 우리가 크게 끌어 쓰려면 크게 끌어 쓰고 작게 끌어 쓰려면 작게 끌어 쓸 수 있는 것입니다. 자기의 용도에 따라서 다 주어지듯이 말입니다. 자기에게 에너지덩어리 하나가 있는데, 강도질을 하고 도둑질을 하고 사기를 치려고 그 에너지를 빼 쓴다면 그대로 그냥 배출이 되니까 그대로 될 겁니다. 하지만 선으로 나가는 데도 또 그것이 그대로 배출됩니다. 한마음에 일체를 다스려 주는 그 근본이 있기 때문에 자동적으로 입력이 되는 거죠. 그래서 악하게 하면 악하게 하는 대로 입력이 되고 선하게 하면 선하게 하는 대로 입력이 자동적으로 돼 간단 말입니다.

그래서 과거에 어떻게 살았느냐에 따라서 지금 현실에 나오는 것이니, 자기가 현실에 사는 거를 가만히 지켜본다면 미래에 올 것을 알 수 있다 이겁니다. 그래서 옛날에도 부처님께서 말씀하시기를 "지금 죄를 안 짓는데도 왜 이렇게 고가 많고 병고가 많고 애고가 많은가 하고 남을 원망하고 그렇게 하겠지만, 네가 지금 겪고 있는 것을 가만히 지켜본다면 네가 과거에 한 거를 대충 짐작하리라. 그리고 지금 어떻게 살고 있나를 가만히 본다면 미래에 또 어떻게 올 것인가를 잘 알 수 있느니라. 그러니 남을 원망하거나 탓하지 말라." 하셨습니다.

그리고 태교가 중요하듯이 마음과 마음이 전달되는 자체가 아주 중요합니다. 한생각을 잘하면 수십억의 의식들이 모두 나가서 작용을 해 줍니다. 즉 말하자면 이것도 혹성입니다. 크고 작을 뿐이지요. 그러면 몸에도 대기권이 있다는 얘깁니다. 그건 왜냐하면 몸속의 의식들이 다 나가서 작용들을 하니까 말입니다. 그리고 들고 나고 들고 나고 하니까 말입니다. 그래서 생각을 잘못하면 악연을 가져오게 돼 있고, 세균성을 끌어들여서 몸을 망가뜨리기도 하고, 영계성을 끌어들여서 정신병자로 만들 수도 있고, 유전성을 끌어들여서 그냥 복잡하게 2대 3대가 가도록 연방 같은 병 증세 또는 애고의 문제, 이런 것들이 꽁지에 꽁지를 물고 일어나게도 합니다. 왜냐하면 이 대기권에서 모든 것을 통신하는, 들여보낼 수도 있고 내놓을 수도 있는 통신력을 가지고 있거든요. 내 마음을 한번 잘 쓰면 두뇌로 배출이 돼서 두뇌에서 사대로 통신이 되게 돼 있어요. 내 몸뚱이 하나가 움죽거리는 거를 본다면 전체 우주가 움죽거리는 것도 알 수 있다는 얘깁니다.

부처님이 49년을 설하시며 가르치실 때도 그러셨지만 본래 불교는 생활 자체 그대로입니다. 목탁 두드리고 머리 깎고 회색 옷 입고 이렇게 하는 게 불교가 아니라, 하나도 빼놓는 게 없이 전체가 다 불교 아닌 게 없습니다. 그래서 49년을 부처님께서 설하실 때는 "너희가 마음을 깨달아서 본다면 내 마음도 꿰뚫어볼 수 있느니라. 네 마음과 내 마음이 둘이 아닌 까닭에 일체 모든 생명들의 마음이 둘이 아니니라. 그러기에 한도량이요, 모두 각자 내 도량 아님이 없고, 내 아픔 아님이 없고, 내 몸 아님이 없기 때문에 공생 공용 공체 공식화 하고 돌아가는 진리이니라." 그러셨던 겁니다.

하다못해 벌레 한 마리도 생명이 있는 거기 때문에, 미생물 하나도 생명이 있는 거기 때문에 생명이 있는 것들은 모두가 다 불(佛)입니다. 영원한 생명의 근본이 바로 불이에요, 불! 또 보이지 않는 데나 보이는 데나, 정신계나 물질계가 한데 합쳐서 작용하면서 돌아가고 통신이 되고 모두 교류하고 돌아가는, 말하면서 돌아가고 생각이 같이 어울려 돌아가고 이러는 것이 교(敎)예요. 그래서 불교는 어느 한 군데 국한돼 있는 게 아니고 전체가 같이, 아까도 얘기했지만 공생이며 공체며 공식하고 공용하고 돌아가는 그 자체가 바로 불교입니다. 그렇기 때문에 머리 깎고 회색 옷 입고 이렇게 하는 것만 불교가 아니라 전체 생활의 어느 것 하나도 빼놓지 않고, 사생이 전부 한데 합쳐서 돌아가되 (법상을 짚으시며) 이런 거 하나도 버림이 없는 것이 불교입니다. 이런 것도 지금 시공을 초월해서 돌아가고 있어요. 우리 마음이 낱낱이 나투면서 화해서 돌아가니까 이런 것도 돌아가고 있죠. 모두가, 하나도 쉬고 있는 게 없어요. 그렇기 때문에 우리가 그대로 여여하게 사는 그 자체가 불교라 이겁니다.

종교가 많지만 그건 모두 이름일 뿐입니다. 그 이름을 가지고 내 종교 네 종교, 내 사찰 네 사찰 하고 싸우고들 야단들인데, 그건 있을 수가 없어요. 그거는 넓게 생각을 못해서일 겁니다. 계정혜(戒定慧)를 왜 만들어 놨습니까? 계율과 질서를 참으로 지키려면, 즉 잘못되는 걸 다스리면서 자기가 행하는 것을 모두 정에다가 같이 놔라 이겁니다. 물리가 터지고 지혜가 있는 것도 다 정에다 놔서 같이 한마음으로 그거를 다스려 나가는 것이 자유인의 길이라는 얘깁니다.

불교라는 자체가 그냥 여여하기 때문에 천상천하 유아독존이라 했습니다. '낮은 것도 높고 높은 것도 높으니 어느 거 하나 높지 않은 게 없느니라.' 해서 천상천하에 유아독존이라고 하신 겁니다. 어느 가정이든지 내 남편이 높고 내 자식이 높듯이, 또 바다에서 보면 뱃사공이 높고, 농사짓는 데 가면 농사꾼이 높고, 정치하는 데 가면 정치인이 높고, 모두가 하나도 높지 않은 게 없죠? 산도 높은 게 있으니까 낮은 게 있고 낮은 게 있으니까 높다고 하지 낮은 게 없는데 어떻게 높다고 하겠습니까? 이 모두가 평등한 진리며 모두가 둘이 아닌 도리입니다.

외국에 나가 봐도 그렇고, 어느 종교를 막론하고 항상 기복으로 타의에서, 꼭 상대를 놓고 믿어요. 상대를 놓고 찾아요. 이거는 어불성설이지요. 이거는 있을 수가 없어요. 사대 성인들, 역대 조사들이 말씀하시기를 "너부터 믿고 너부터 알아야 가설되어 돌아가는 이 세상의 법계를 알고 우주의 섭류를 아느니라. 네가 이 세상에 나오지 않았다면 상대가 어딨고 종교가 어딨겠느냐? 너부터 알라." 했는데 모두들 상대를 놓고 하나님을 찾고 주를 찾고 부처를 찾고 온통 야단들이에요. 그러니까 달마 대사도 "당신네가 상대를 놓고 비는 이상 노예로밖에는 살 수 없다. 가르치는 사람도 노예요 배우는 사람도 노예일 뿐이지 자기 소굴에서 벗어날 수는 없느니라." 했습니다. 그렇기 때문에 공덕이 하나도 없다고 그랬어요. 그래서 죽임을 당하기까지 했죠. 소크라테스도 그랬지만 말입니다. 모두들 미거한 탓에 그렇게 의인을 죽여야만 했던 때도 있었죠.

그렇지만 여러분이 생각해 보세요. 어느 형상을 믿겠습니까, 스님들의 고깃덩어리를 믿겠습니까? 또 이름을 믿겠습니까, 아니면 허공을 믿겠습니까? 뭘 믿어야만 되죠? 어느 분이 한번 이렇게 말하더군요. "나는 아무도 믿지 않아. 내 주먹만 믿어!" 이렇게 말하더군요. 그것도 좋지만 내 주먹을 믿는다면 펼 줄도 알고 쥘 줄도 알아야만이 진짜 넓은 지혜로 가는 길입니다. 내가 주먹을 쥐고선 펼 줄 모른다면 모두가 둘이 아닌 도리를 알 수가 없습니다. 공생이며 공용이며 공체로 공식화하고 돌아가는, 시공을 초월한 이 자체의 진리를 파악하지 못할 겁니다. 그러니 내 한마음에 우주가 직결이 돼 있고 이 세상이 가설이 돼 있다는 사실을 알아야 지혜가 풍부해지고 물리가 터집니다. '나를 믿되 나가 아닌 나를, 즉 주인공을 믿어라. 그리고 거기다가 일임해라. 그리고 거기서만이 이끌어 간다는 믿음을 가져라. 거기서만이 이끌어 가고 거기서만이 병도 낫게 할 수 있다.' 이겁니다. 왜냐? 그 모든 것은 거기서 나온 거니까요. 땅을 걸어가다가 엎드러져도 땅을 짚고 일어나야지 허공을 허우적거려서는 일어날 수가 없으니까 말입니다.

그래서 거기다 모든 걸 일임하고 돌아간다면 안에서 작용을 해 줍니다. 자기가 자기를 죽일 수 없기 때문에 안에서는 작용을 해 주고 밖으로 약을 먹더라도 주인공과 둘 아니게 먹어야 하는 겁니다. 밥도 약입니다. 밥도 약이에요! 평소에 사과나 어떤 과일을 먹는 것도 약입니다. 이 몸뚱이를 이끌고 나가기 위해서 먹는 거 아닙니까? 그러니까 전체가 약 아닌 게 없죠. 그러니 환경에 따라서 용도에 따라서 자기가 하고 싶은 대로, 먹고 싶은 대로 먹는 것이 바로 법이라는 얘기죠. 그러니까 하나도 걸릴 게 없어요. 불교라는 자체가 이렇게 광대하고 무변하기 때문에 내 종교니 네 종교니 하고 찾을 것도 없다 하는 것입니다.

그리고 여러분이 불교를 믿든 기독교를 믿든 가톨릭교를 믿든 가정 생활을 소홀히 하지는 마세요. 기도를 하러 갑네 하고 가정을 비워 놓고, 또는 남편을 굶주리게 하고 자식을 굶주리게 하고, 음식을 가리면서까지 잘되게 한다고 기도를 하러 석달 열흘을 가지를 않나 일주일을 가지 않나. 그러나 이것이 모두 헛된 일이라고 생각합니다. 왜냐하면 그거는 건건이 나쁜 일이지요. 집안 사람들을 돌보지 않고 잘되겠다고 가는 것은 올바른 일이 아닙니다. 자기 앉아 있는 자리에 부처든지 주처가 있는 거지 자기가 없는데 뭐가 있습니까?

법당에도 오시면 여러분이 오셨기 때문에 거기 부처가 있는 거죠. 여기 스님네들이 항상 계시기 때문에 부처가 있는 거죠. 그리고 또 이런 말도 있죠. '사람이 없으면 부처가 없다.' 이 뜻을 아시겠습니까? 어느 사찰이든지 어느 교회나 성당이든지 사람이 없으면 부처가 없고 주님도 없어요! 허허허…. 그 뜻을 잘 알아내 보십시오. 자기만이 자기를 알 수 있는 거니까요. 나도 전에 고해성사까지도 해 봤지만 말입니다. 허허허….

하여튼 불교라는 게 그렇게 광대하고 무변한 겁니다. 그러니 일체가 나로부터 나온다는 것을 꼭 알고 가야만 되겠다는 얘깁니다. 우리는 지금 세세생생 쳇바퀴 돌듯 하면서 옷이 더러우면 벗어 버리고 또 새 옷 입고 이러듯이, 우리 몸뚱이는 한 철 캠핑 나와서 놀다 가는데 그냥 어떻게 노느냐에 따라서 또 주어지죠. 주어지면 그걸로 또 이 세상에 나오는 거란 말입니다. 그런데 천당 지옥이 어디에 있느냐? 여러분은 그걸 실감 못할 겁니다.

자기가 어떻게 사느냐에 따라서 이 모습, 즉 말하자면 무명이 씌워집니다. 개같이 산다면 개의 모습으로 나올 거고, 짐승같이 산다면 짐승의 모습으로 나올 거고 사람같이 산다면 사람의 모습으로 나올 겁니다. 그러니 사람으로 살다가 사람의 의식을 가지고 만약에 개로 됐다고 합시다. 그런다면 그게 얼마나 고통스러운 지옥이겠습니까? 지옥이 따로 없습니다. 이 자리가 지옥이고 이 자리가 바로 천당입니다. 무슨 지옥이 따로 있어서 가둬 놓는 데가 따로 있고 이런 게 아닙니다. 한 찰나에 그냥 사람으로 됐다가, 한 찰나에 그냥 딴 모습을 쓰고 나오게끔 돼 있죠. 그래서 상천세계 중천세계 하천세계, 이렇게 돼 있습니다마는, 우리가 있는 곳은 중천세계라고 볼 수 있죠. 상천세계로, 대천세계로 승진을 하느냐 하천세계로 떨어지느냐 하는 문제가 지금 우리가 여기서 살아나가는 데에 달렸다 이겁니다.

그래서 모든 사람들이 마음공부 할 때는 과거심 현재심 미래심이 바로 둘이 아니다 이 소립니다. 과거심도 현재심이요 미래심도 현재심이다 이겁니다. 그걸 일일이 따진다면 헛갈려서 안되겠지만 마음은 체가 없습니다. 삼천 년 전이라 할지라도 오늘입니다. 삼천 년 후도 오늘입니다. 이해가 갑니까? 안 가죠? 허, 이해가 그렇게 안 가십니까? 간단하게 말해서 어저께도 오늘이고 내일도 오늘이다 이 소립니다. 그런데 어저께 해 놓은 일이 있기 때문에 오늘 부딪치죠. 오늘 해 놓은 일이 있기 때문에 내일 오늘이 있습니다. 내일 오늘이요. 그래서 삼천 년 전 오늘이나 삼천 년 후 오늘이나 오늘 일심으로 일체 만법을 들이고 낸다 이겁니다.

여러분, '정신세계는 뭐고 물질세계는 뭔가?' 이렇게 생각해 보셨습니까? 여러분이 집을 짓겠다고 생각을 했을 때가 정신세계고, 설계도가 나왔을 때가 바로 물질계입니다. 그럼 정신계와 물질계가 종합해서 집 한 채가 올라갑니다. 허허허…. 여러분이 그렇게 여여하게 살면서도 그것을 한 번도 생각해 본 예가 없어요. 달력에 써 놓은 내용들을 하나하나 잘 읽어 보세요.

수억겁을 거쳐서 우리가 미생물에서부터 진화하면서 나투면서 화하면서 이렇게 인간까지 왔습니다. 그렇게 진화해서 이렇게 온 것도 자기가 자기를 형성시키며 온 겁니다. 지금 가만히 생각해 보십시오. 어머니 아버지의 정자 난자가 합하고 거기에 태어날 자기 영혼이 포함되어야 됩니다. 그렇게 삼합이 포함되지 않으면 어린애가 형성될 수가 없습니다. 형성될 수가 없는데 거기에 과거에 어떻게 살았느냐에 따라서 업식이 또 붙습니다, 영혼에. 업식이 붙어서 형성된 인체 내부에 모든 회사가 들어섭니다. 간장 공장, 심장 공장, 콩팥 공장, 척수 척추 공장, 대장 소장 공장 이 모든 공장이 쫙 몸뚱이에 들어서서 작용을 해 주기 때문에 모두 부처님이시죠. 허허허…. 그리고 다닐 수가 있죠. 말할 수가 있고 행동할 수가 있고요. 그렇기 때문에 그 업식이라는 것이 모두가 그런 공장의 바로 공장장들이죠.

그러니 내가 마음을 이렇게 쓰면 이렇게 쓰는 대로 하나로 돼 주고, 또 내 마음이 그리로 든다면 그냥 한마음이 돼서 부처고요. 그래서 자(子)와 부(父)가 서로 상봉을 해야만이, 과거에 살던 내 조상과 지금 현재의 내가 상봉을 해야 깨달았다고 하는 겁니다. 즉 말하자면 어린애를 낳은 셈이다 이겁니다. 육체적인 어린애 말고 정신적인 어린애로 태어났다. 정신의 어린애로 태어났다면 그게 또 성장하도록 길러야 되겠죠? 기르는데 체가 없는 마음으로 하기 때문에 바로 귀신 방구털을 더 먹이지도 말고 덜 먹이지도 말고 길러야 한다는 얘기가 있습니다. 이건 마음으로 먹이고 마음으로 조절해야 되는 거죠. 이 마음 다스림이 바로 생활 속에서 이루어져야 한다는 것입니다.

우리가 정신계를 키워서 물질계를 모두 개발하고 발전시키고, 창조력을 길러서 창조를 하고 이러는 게 즉, 생활과학입니다. 부처님이 딴 거 가르치지 않으셨습니다. '마음 하나로 인해서 우주 삼천대천세계가 그냥 움죽거리고 돌아가느니라. 이 마음에 전체가 다 같이 호흡하면서 돌아가느니라.' 본래 여러분이 지수화풍으로 바탕이 돼 있기 때문에 광력 전력 자력 통신력이 재료로 쓰여지게 충만히 있단 말입니다. 그런데 지금 지수화풍이 바탕으로 돼 있으며 지수화풍을 먹고 삽니다. 그런데 고마운 줄을 몰라요. 어떻습니까? 한번 고맙게 생각해 보신 적이 있습니까? '물아, 참 고맙다! 바람 공기야, 참 고맙다! 내 생명을 유지시켜 줘서 참 고맙다! 불아, 고맙다! 흙아, 고맙다!' 해 봤습니까? 밥을 먹으면서도, 걸어다니면서도 한번 고맙다고 해 봤습니까? 허허허….

하여튼 지수화풍으로 바탕이 돼 있고 지수화풍을 먹고 살고 또 그렇게 하기 때문에 살 수 있는 것처럼, 광력 전력 자력 통신력도 우리가 먹고 사는 겁니다. 네? 안 그렇습니까? 그러면 그것을 어떻게 사용하느냐, 어떻게 작용하게 하느냐를 알아야지요. 물질계와 정신계가 100% 같이 돌아가야 합니다. 즉 말하자면 전깃줄과 전깃줄이 합해져야만이 불이 들어올 수 있죠. 그렇듯이 우리가 마음이라는 공부를 하지 않으면 그 도리를 모르기 때문에 불을 켤 수가 없는 거죠. 자유스럽질 못해요.

컴컴하다면 불을 켜서 밝은 데서 살고, 목이 마르면 물 마시고, 똥이 마려우면 똥 누고 이렇게 자유스럽게 사세요, 자유스럽게! 속이 더부룩하고 그럴 때 똥을 누면 시원하죠? 그 똥 누는 것만 생각하지 말고, 생활하면서 살아나가는 데에 그저 이것저것 닥쳐오고 답답하고 그럴 땐 똥 못 누는 거나 똑같아요. 허허허…. 그러니까 변비 생겨서 똥 못 누는 거나 사람이 살아가면서 답답한 거나 똑같습니다. 그런데 그것을 타파하고 나갈 수 있다면 아주 시원한 삶이죠. 그러니 모두 여러분의 한마음에 달려 있고 어떻게 사느냐에 달려 있습니다. 모두에게 네 가지 재료가 주어져 있으니 본래 있는 거 가지고 바로 중용을 하실 겁니다. 모두 본래 가지고 있으니까요.

의사들도 많이 계시고 그렇지만, 내가 박사님들더러 그럽니다. 박사님들께서 연구를 해서 못 고치는 병을 고친다고 하더라도, 그 병자는 또 딴 병으로 바꿔서 올 겁니다. 왜냐하면 업식을 끊지 못하기 때문입니다. 의사 분들은 또 이 병이 어디서 어떻게 돼서, 어떻게 얽혀서 왔는지를 모르기 때문에 그 병 이름을 알고도 못 고치는 병들이 많습니다. 병 이름은 모두 여러분이 지어 놓은 거지 저절로 생긴 게 아닙니다. 그런데도 이름들을 가지고 야단법석이죠.

그래서 그 박사님들더러 이렇게 말을 합니다. 아주 잘한다고 해도 35%나 40%, 45% 그것밖에 되지 않습니다. 그러니 그 나머지는 누가 충당을 합니까? 여러분이 해야죠. 그런데 여러분이 이 도리를 모르기 때문에, 어디서 온 거를 모르고 어디로 갈 것도 모르기 때문에 그거를 타파 못하고 자유스럽게 헤치고 나갈 수가 없는 거죠. 그러니 병원에선들 어떡합니까? 업보성으로 오고 영계성으로 오고, 세균성으로 오고 유전성으로 오고 아, 이러는 놈의 거를 어떻게 의사가 치료를 해요? 정신세계의 마음공부를 안 했다면 그거를 알 수가 없으니까 못하죠.

그러니 이 공부를 어느 분이고 모두 다 하셔야 될 겁니다. 그래야 조상의 묵은 빚도 갚을 수 있고 지금 자녀들에게 햇빛도 줄 수 있지 않습니까? 사람들이 모두 재산을 모아서 주려고 하는데 재산을 모아 주기보다도 이 마음공부를 전달해서 뿌리가 싱싱하다면 나무도 싱싱하고 가지도 싱싱하고 잎새도 싱싱해서 열매가 굵고 아주 맛있게 열리고, 제 나무에서 실과는 익어 누구나가 다 먹을 수 있게끔 할 수 있을 겁니다. 그런데 물질적으로만 안겨 줄 양으로 그냥, 자기가 병이 드는지 죽는지도 모르고 '어떻게 해서든지 자식들한테 잘살게 해 줘야지!' 하는 소망만 가지고 뛰는 겁니다. 하기야 사는 날까지는 꼭 살겠죠! 그렇지만 사는 날까지 살더라도 자유스럽게 살고 자유스럽게 가야죠. 옷이 더러우면 '빨아 입어야겠다!' 하고 벗을 줄 아는 사람이 돼야죠.

목탁을 두들기고 머리 깎고 회색 옷을 입는 것만이 불교가 아니라는 것을 여러분이 꼭 증명을 하시고, 생활 속에서 꼭 아셔야 됩니다. 그것은 모두 방편으로써 그렇게 하는 겁니다. 방편이란다고 또 거짓으로 알진 마세요. 거짓으로 이렇게 하는 게 아닙니다. 테레비 화면에서 별의별 게 다 나오는데 우리가 켤 줄 알아야 그걸 다 볼 수 있다는 얘기죠. 그리고 생각도 할 수 있고요. 보면서 불쌍하다는 생각도 할 수 있고 "아이! 저놈은 얄미워." 하는 소리도 나오고 "조놈은 아주 잘하는데…." 하기도 할 겁니다. 그러니까 우리는 지금 테레비 화면과 같고 테레비 몸체와 같습니다. 테레비 속에 선 같은 것이 연결되어 있듯이 우리도 두뇌에, 몸의 세포 하나하나에 그렇게 돼 있습니다. 그러니까 켤 줄 알아야 켜지 몸체만 있으면 뭘 합니까? 네?

그러니까 여러분이 모두 '불교가 그런 것이 아니로구나!' 하는 생각을 하셔야 합니다. 절간에만 불교가 있는 게 아닙니다. 여러분이 아침 먹고 저녁 먹고 잠자고 똥 누고 이러는 자체가 그대로 불교입니다. 그런데 모두 40분이고 한 시간이고 앉아서 좌선을 하려고 생각들을 하거든요? 좌선하는 게 참선인 줄 알아요. 왜 참선이 못 되느냐 하면 앉았다 일어나면 참선하는 게 끊어질 거 아닙니까? 그래서 앉는 거 서는 거 자는 거 일하는 거, 즉 말하자면 좌선 입선 와선 행선 이것이 몽땅 다 참선입니다. 스스로 자유롭게 시간이 나면 좀 앉아 있기도 하고, 서 있기도 하고 일하기도 하고 그냥 눕기도 하고, 이러는 게 그대로 참선이에요. 그러니까 참선하기가 그렇게 어렵지 않다 이겁니다. 앉았다 눕고, 눕다가 앉았고, 서다가 일하고 이러는 게 다 참선이니 그냥 일상생활이죠. 일상생활이 그냥 참선이죠. 마음은 꽁지에 꽁지를 물고 들떠서 망상에 훌떡 그냥 넘어가는데 몸만 앉혀 놓으면 뭘 합니까? 마음이 안정돼야 그게 좌선입니다, 네? 서나 앉으나 일하나 마음이 안정된다면 그것이 바로 좌선이며 참선입니다.

그냥 우리 생활이 종교입니다. 여러분이 이 세상에 없다면 무효입니다. 부처가 어디 있고 중생이 어딨습니까? 미생물에서 나왔다는 증거가 여러분 오장 육부의 세포 하나하나 속에 있지 않습니까. 증명하느라고 벌써 그렇게 가지고 있지 않습니까? 미생물에서부터 인연에 따라서 형성돼 가지고 이렇게 사람으로까지 등장을 하게 된 것은 자꾸자꾸 화해서 나투면서 진화를 했기 때문입니다. 이런 문제도 있죠. 짐승으로 화해서 쫓기다가 내리막을 내려가는데 앞다리가 짧고 뒷다리가 기니까 도무지 내려갈 수가 없더랍니다. '아, 이거 앞다리가 짧고 뒷다리가 기니까 안 되겠구나!' 하는 생각을 하고선 그냥 잡아먹혔죠. 그래서 그다음에 태어날 때는 앞다리와 뒷다리가 거반거반 같게 나왔더랍니다. 이게 마음의 진화입니다!

임신을 했을 때 태교를 중요시하는 것도 그런 탓입니다. '이미 낳았는데 그러면 어떡하지?' 이렇게 하지 마세요. 가설이 돼 있기 때문에 전력이 전달되듯이, 이미 낳은 어린애하고도 마음과 마음이 전달되거든요. 이 방에 전구가 이렇게 많고 모습은 다 각각이지만 전력은 다 똑같으니까 여기서 스위치를 올리면 저기까지도 다 불이 들어올 수가 있습니다. 그와 똑같은 겁니다. 그렇기 때문에 내 식구 중에 한 사람이 병이 들었다거나 친구가 병이 들었다 하더라도, 실험을 하는 공부니까 거기다 마음을 주든가 내 마음에다가 넣든가 해서 맡겨 놓고 지켜볼 수 있는 사람이 있다면 실험하고 체험할 수 있는 것입니다. 그렇게 해서 공부를 해 나가는 겁니다. 그렇게 해서 바로 '아, 전력이 둘이 아니기 때문에 내 안의 스위치를 누르니까 전구에 불이 들어오듯이 다 들어오는구나. 그러니까 다 밝게 살 수 있구나!' 이러는 거를 여러분이 느끼고 알고 그래야지 말로 해서 그게 알아지는 게 아닙니다.

여러분은 그렇게 어리석지 않습니다. 자장면에 비유한다면, 여직껏 자장면을 보지도 못했고 맛도 이름도 모르는데 자장면을 찾고 어쩌고 할 길이 없는 거죠. 아주 모르니까요! 이름도 맛도, 또 보지도 못했으니까요. 그래서 먹어 보지 않은 거는 찾아지지도 않죠? 먹어 봐서 그게 맛있다 하는 생각이 있으면 "아, 우리 그것 좀 또 해 먹어!" 그러든가 "우리 그것 좀 먹으러 가자!" 이러지만 먹어 보지 않은 거는 찾아지지도 않는다는 얘깁니다. 그러니까 실험을 해서 체험을 하셔야죠. 모두가 여러분이 생활하는 그 속에 있으니까요. 이게 바로 어마어마한 창조력을 기르는 것이요, 창조를 해내는 법을 아는 것이요, 생활이 그냥 과학이라는 것을 알 수 있는 길입니다.

그러면 오늘 진주에서는 처음 개원식을 하는 거니까 우리가 꼭 알아 둬야 할 거를 말씀드리겠습니다. 아까도 얘기했지만 오신통이라고 하는 게 있습니다. 내가 육안으로 보는 게 아니라 심안으로 볼 줄 아는 거, 심안으로 들을 줄 아는 거, 심안으로 과거에 어떻게 왔는가 아는 거, 심안으로 남의 속을 다 아는 거, 가고 옴이 없이 가고 오는 거, 이런 거를 오신통이라고 합니다. 그런데 그 오신통을 다 해도 도가 아니니라 그랬어요. 그건 왜냐하면 숙명통을 지금 현실의 컴퓨터라고 한다면, 과거에 어떻게 살았느냐에 따라서 입력이 다 돼 있거든요? 그러면 현실에 나오는데 그것을 다 거기다가 일임하고 맡겨야 다시 입력이 됨으로써 앞서의 입력된 거는 없어지죠? 그렇죠? 그거는 아시겠습니까?

그렇기 때문에 과거의 업보로 인해서, 유전성으로 인해서, 영계성으로 인해서, 세균성으로 인해서 오는 그 애고를 다 무너지게 할 수 있다 이 소립니다. 그건 왜? 거기다 입력을 다시 해 버리니까요! 나오는 데다가 되맡겨 놓으니까, 입력이 되니까 앞서 입력이 없어지죠. 없어지니까 내 마음이 편안하고, 속에 들어 있는 의식들이 다 편안해지니까 내 마음도 편안하고, 내 마음이 편안하니까 가정도 화목해지고, 가정이 화목하니까 생활이 잘되고, 생활이 잘되니까 사회도 마음이 건전하게 돌아가죠. 허허허…, 하나에서부터 열까지 전부 좋은 겁니다.

그러니 숙명통을 지금 말로 심성 컴퓨터라고 할 수 있습니다. 우리가 가지고 있는 건 자동적인 컴퓨터입니다. 지금 그 컴퓨터를 여러분이 다 가지고 있습니다. 그래서 어떻게 하느냐에 따라서, 어떻게 행하느냐에 따라서, 어떻게 말을 하느냐에 따라서 입력이 자동적으로 되는 거죠. 정말입니다. 거짓말 안 합니다. 그러니까 팔자 운명을 누가 갖다 주고 뺏어 가는 게 아닙니다. 그 자리에서 하고 그 자리에서 입력이 돼서 그 자리에서 나오는 것입니다. 이런 것을 모르고 어떻게 그냥 가겠습니까? 이걸 어떻게 방치하겠습니까? 이렇게 부처님이 가르치신 건데 지금은 전부 기복으로다가 가르치고 있으니 자기 속에서, 이게 오신통이거든요. 어떻게 오신통 속에서 벗어날 수 있겠습니까? 그래서 오신통을 안다 하더라도 도가 아니라고 했습니다.

왜냐하면 (물컵을 들어 보이시며) 지금 이거를 목마른 사람에게 주기도 하고 내가 목마르면 먹을 수도 있어야만이 바로 누진통이라고 하는 겁니다. 이 오신통 그릇 안에서, 항아리 안에서 딱 벗어나서 보면 자유스럽게 항아리를 굴릴 수가 있죠. 항아리 속에서는 항아리를 굴릴 수가 없어요. 그러니 내 속에서 내가 벗어나야 여기 앉아서도 어디든지 갔다 올 수 있죠. 한 가지 가르쳐 드릴까요? 여기 앉으셔서 집에 좀 갔다 온다 해도 한 찰나에 갔다 오실 수 있지요? 지금 집에 갔다가 오실 수 있겠죠? 허허허…. (대중 박수) 그렇게 마음이 지구 바깥에도 벗어날 수 있다는 사실을 아셔야 합니다.

그리고 지구라는 것이 버스라면 우리는 그 안에 들어가서 버스가 어디로 돌아가는지도 모르고 사는 형편입니다. 그러니 지금 몸속에 들어 있는 중생들도 여러분이 마음을 그렇게 내서 공부하지 않는다면 오장 육부의 모든 중생들이 지금 여러분이 부산을 가는지 진주에 왔는지 그거 모를 겁니다. 이게 참 아주 묘한 도리죠! 여러분이 움직이고 다니게끔 속에서 모두 작용은 해 주지마는 자기가 어디로 돌아다니는지 그걸 몰라요. 지구에 붙어서 살면서도 지금 지구가 어디로 돌아다니는지 우리 중생들은 몰라요. 지금 인간에게 붙어서 사는 것인데도 인간이 어디로 돌아다니는지 또 몰라요.

그러니 모두가, 삼합이 사부주가 맞아야 같이 혼합해서 돌아가는 걸 알게 되죠. '이런 것이 시공을 초월했다는 것이구나. 이런 것이 백 개라도 하나로 할 수도 있고, 천 개라도 하나로 할 수가 있다는 거구나! 그래서 바로 평등공법이며 활궁공법이며 수레공법이구나!' 이런 도리를 진주 여러분이 모두 공부를 해서 하나하나 내 몸으로부터 내 가정으로부터 사회로부터 체험을 하고 아신다면, 핼리 혜성이 어떠한 문제로 인해서 우리 지구 동네에 와서 해를 입힌다 하더라도 내가 그 핼리 혜성이 될 줄 알 겁니다.

구렁이가 사람들 못 다니게 길을 가로질러 걸쳐져 있으니까 달마 대사가 구렁이 속으로 들어가서 구렁이를 끌어다가 딴 데 갖다 놓고 다시 오듯이 말입니다. 어떻습니까? 얼마나 현명한 도리입니까? 그러니 이 세상을 다 주고도 살 수 없는 이 도리를 여러분은 꼭 배우셔야 될 겁니다. 이런 인연 만나기도 참 쉽지 않습니다. 천 년 만에 한 번 만나기도 어렵다는 공부입니다. 여러분이 모두, 마음의 구조도 바꿀 수 있고 체질도 바꿀 수 있고, 모든 걸 다 할 수 있는 자유자재권을 가지고 있고 정신계의 대권, 자유도 가지고 있습니다.

그러니 질문을 좀 해 보시죠. 이해가 안 가시는 점도 많겠습니다마는 처음부터 배부르지 않습니다. 내가 한 숟가락 한 숟가락 떠 넣고 그래서 한 밥그릇이 다 비워져야만이 배가 부른 것을 알게 되죠. 질문하실 븐 없습니까?

질문자1(여) 스님, 전생에 관해서 질문을 드리고 싶은데요. 저희들이 전생을 알 수 있다면 좀더 어리석음을 짓지 않을 것이고 깨달음도 빠를 것인데, 저희들은 어째서 깨닫기 전에는 전생을 모르는지요? 부딪치게 될 때면 그런 생각을 하게 됩니다. 말씀해 주시면 감사하겠습니다.

큰스님 아, 조금 아까도 전생인데요. 하하하…. 한 시간 전의 전생에서 어떻게 했느냐에 따라서 현생에 닥치죠. 그리고 오늘 어떻게 하느냐에 따라서 내일 닥쳐 오죠. 그러니까 전생이다 후생이다 할 것이 없습니다. 알고 보면 시공을 초월해서 만 년 전이라도 오늘이 됩니다. 그 도리를 아셔야 됩니다.

그래서 평상시에는 삼정례를 하다가도 바쁠 때는 과거심 현재심 미래심 한데 합쳐서 일심으로 일정례를 해도 된다! 뛰면서 생각하고 생각하며 뛰는 세상이기 때문에 그렇게 하면서 우리가 발전을 해야 되지 않겠느냐. 한생각에 일정례로 만 번의 절을 할 수가 있고, 삼정례로 삼만 번, 삼십만 번의 절을 한 것이 될 수도 있다 이 소립니다. 그러니까 아주 여유가 있고 '내가 절을 좀 하고 싶다' 이럴 때 그냥 절을 하는 것이 진짜고, 내가 절을 하고 싶지도 않고 바쁜데 '이걸 꼭 해야겠다' 하고 하는 거는 진짜가 아닙니다. 삼십만 번을 해도 진짜가 아닙니다.

목에다 염주를 걸고 다니죠? 이거는 그냥 세상 우주를 짊어지고 다니는 겁니다. 찰나찰나 돌아가는 것을 염주로다가 해 놓은 거거든요. 그리고 백팔 번뇌를 그걸로 비유를 해 놨는데, 그걸 백팔 번뇌라고 하면 안 되죠! 우리가 생각을 하지 못하면 목석이죠? 육체가 없으면 무효죠? 생명이 없어도 무효입니다! 그러니 어떻게 생각생각 나는 것을 망상이라고만 밀어붙이겠습니까? 생각생각 나는 것이 바로 나를 성장시키는 재료라고 봐야죠.

팥죽을 끓이는데, 익으려고 그러면 팥죽 방울이 수없이 올라오죠? 그럼 그거를 망상이라고 하겠습니까? 팥죽 방울이 그렇게 많이 올라오는데 말입니다. 팥죽이 익으려고 팥죽 방울이 끓죠? 하하하…. 그러니까 팥죽 솥에 팥죽 방울 일어나듯이 망상이 일어납니다. 그 망상은 망상이 아닙니다. 그거는 바로 나를 성장시키기 위한 재료입니다. 팥죽을 익히기 위해서 팥죽이 끓는 거와 같이 그건 성장력을 주는 것입니다. 그렇기 때문에 그것은 망상이 아니고 나를 성장시키기 위해서 이런 마음이 자꾸 일어나게 하는 것이니까 감사하게 거기다가 일임해서 놔야죠. 그걸 망상이라고 그러면서 온통 백팔 배를 하고 천 배를 하고 아무리 몸뚱이로 그래 봤자 몸뚱이 떨어지면 입도 떨어지고 입 떨어지면 말도 떨어지는데, 뭐 남는 게 있겠어요? 공덕이 될 거는 하나도 없어요. 달마 대사가 양 무제더러 말했듯이 말이죠.

여러분! 옛날에 누가 묻기에 내가 대답을 그렇게 했지만 말입니다. 부처님은 마음으로 아촉도 되셨다가 아미타도 되셨다가 관세음도 되셨다가 지장도 되셨다가, 칠성도 됐다가 산신도 됐다가 용신도 됐다가 지신도 됐다가 또는 문수도 됐다가 보현도 됐다가 하면서 이렇게 마음으로다가 하시는데 여러분은 그게 따로따로 있는 줄 알죠? 그럼 여러분 가정에서 한번 알아볼까요? 금방 아버지가 됐다가 금방 남편이 됐다가 금방 할아버지가 됐다가 금방 형님이 됐다가 금방 아우가 됐다가 금방 사위가 됐다가…. 하! 이렇게 하고 돌아가는 건 어떡합니까? 허허허…. 아니, 그렇게 이름이 많지 않습니까? 가지각색의 이름이 그렇게 많고, 행하는 게 그렇게 많고, 가고 오는 게 그렇게 많아도 가고 옴이 없다 이 소립니다.

그러니 진주의 여러분이 이 도리를 확실히 아셨으면 합니다. 저 부산에서나 울산에서나 마산에서나 또는 광주에서나 대구에서나 눈이 그냥 샛별같이 청정하게 지금 공부들을 하고 있습니다. 이렇게 공부하시는 것이 바로, 아래로는 썩은 뿌리를 끊어 주고 새 뿌리를 나게 하는 것이요, 위로는 이파리와 가지를 싱싱하게 만드는 작업입니다.

그리고 여러분이 전부 고마운 줄을 알아야 합니다. 내 육신을 낳아서 키워서 보낸 그 은혜도 이 도리를 공부하면 다 갚게 됩니다. 지수화풍의 은혜도 둘이 아닌 까닭에, 전체가 둘이 아닌 까닭에 갚았다 안 갚았다도 없이 그냥 갚아지는 겁니다. 그러니까 업보가 무너지고 유전성이 무너지고 영계성이 무너지고 세균성이 무너지고 이렇게 되니까, 그렇게 모진 병고에 휘달리지도 않을 겁니다.

현명하게 사십시오. 아주 현명하게 말입니다. 뛰면서 생각하고 생각하면서 뛰고 실험하고 체험하면서, 이렇게 해도 그건 아주 빠르게 돌아갑니다. 여러분이 편리하게 사시도록 하는 방법을 부처님께서 49년을 설해서 가르치셨다고 봅니다. 그런데 삼천 년 전에만 부처님이 계신 게 아니라 여러분이 계시는 까닭에 부처님은 여러분 곁에 계십니다. 풀 한 포기만 살았다 하더라도 부처님은 계신 겁니다. 그러니 또 질문 있으면 하세요.

질문자2(여) 스님께서는 항상 모든 것을 주인공에게 맡기고 돌려서 생각을 하라고 그렇게 말씀하셨는데, 저 자신 스스로가 깨달아야 된다고 생각을 하면서도 그게 잘 안됩니다. 이렇게 큰스님을 뵈었을 때 주인공에게 되돌려서 생각하는, 맡기고 생각하는 방법에 대해 조금 도움을 받았으면 합니다.

큰스님 이거 보세요. 깨닫는다는 말조차도, 이름조차도 생각하지 마세요. 깨닫는다 하면 깨닫지 못하는 게 뒤따르기 때문에 깨닫지 못합니다. 아시겠어요? 또 내 마음 자체가 전부 용광로라고만 생각하세요. 재생돼서 자동적으로 나가게 하려면 용광로에다 모든 거를 맡겨 놔야 스스로 녹아서 그냥 재생이 돼서 나옵니다. 그러니까 여기는 불바퀴요 용광로요 바로 자가발전소입니다. 자가발전소도 되고 용광로도 되고 바로 불바퀴도 됩니다. 그러니까 모든 것을 의심치 말고 거기다 맡겨 놓고 잘 지켜보십시오. 그러면 그 도리를 알게 될 겁니다.

'난 깨달아야겠다!' 이러고 안간힘을 쓰면 더 깨달아지지 못하는 경우가 있습니다. 그러니까 깨닫는다 안 깨닫는다 그것이 없이 그대로 내가 있기 때문에 내 주인공이 있다는 것을 아셔야 됩니다. 그러니 안 되는 것도 되는 것도 그 모두가 주인공에서 하는 것이니 마음으로 잘 굴려서 거기 맡겨 놓으세요. 이런 게 있죠. 하인을 뒀다 하더라도 "너 이렇게 이렇게 심부름을 해 가지고 오너라!" 이렇게 해야 해 가지고 오지 "너 알아서 해라!" 이러면 어떻게 심부름을 합니까? 아, 생각해 보세요, 글쎄! 비유를 해서 지금 얘기하는 겁니다. '주인공, 해 주시오!' 해도 안 됩니다. 둘로 되기 때문에요. '네 몸뚱이 네가 건강하게 해서 끌고 가야지 네 심부름을 하잖아?' 하든지 '너한테서 나온 거니까 네가 해결을 해야잖아!' 하고 어떤 용도든지 그렇게 나가야지, '주인공, 이거를 해 주시오!' 이런다면 관세음보살을 바깥으로 찾는 거와 뭐가 다르겠습니까? 둘로 보지 말고 꼭 그렇게 하세요. 질문하실 것 또 없습니까?

질문자3(남) 큰스님 말씀에, 되지도 않는 질문도 하면 되는 법이 있다 해서 제가…. (대중 웃음)

큰스님 하하하…. 그래요!

질문자3(남) 저희 중생들은 무슨 일을 하더라도 시행착오가 있고 또 실수가 있는 법인데, 제가 꼭 여쭈어 볼 것은, 깨달은 분은 실수가 있는지요, 없는지요? 그것을 꼭 답변을 해 주시면 감사하겠습니다.

큰스님 아무리 실수가 많아도 얽매이지 않습니다. (대중 박수) 마음이라는 건 체가 없는 겁니다. 지금 시공이 없이 돌아가고, 즉 말하자면 비행기 프로펠러 돌아가듯 돌아가는 겁니다. 그게 한창 돌아갈 때는 보이지도 않죠? 프로펠러가 보이지 않죠? 지금 돌아가긴 돌아가는데 보이지 않는 겁니다. 우리 돌아가는 게 그렇다는 겁니다. 그런데 거기다가 딱 걸렸을 때에 내 마음이 걸린 거지 그 프로펠러가 걸린 게 아니죠? 그러니 실수를 해서 마음에 걸렸다 하더라도 마음을 빨리 돌려서 '어! 이렇게 안 돌아가게 한 것도 거기서 나온 거니까 돌아가게 하는 것도 너 아니야?' 하고 거기다 딱 놨을 때에 제창 그냥 다시 돌아가는 거죠. 다시가 아니라 마음에 걸렸던 게 풀어지면서 그냥 돌아가는 거죠.

그렇기 때문에 빨리 바꿔 놓는 것이 활궁공법이에요. 그래서 지혜 있게 돌아가게 하는 것은 바로 수레공법이라고 하죠. 또 가만히 있으면 부처다 하는 건 평등공법이죠. 하하하…. 이 모두를 여러분 자체가 다 할 수 있는 겁니다. 다 할 수 있는데 지금 먹어 보지를 못해서 맛도 모르고, 어떻게 해 먹는 것도 모르고, 어떻게 생긴 것도 못 보고 그랬으니까 그런 거 아닙니까?

그러니까 부처님이 가르쳐 주신 뜻은 기복이 아니고, 모두 각자 자기네들이 자기네들을 깨달아서, 즉 말하자면 어린애를 낳아서 키워서 사회에 내보내고 자유스럽게 살아라 하는 걸 가르쳐 준 거와 같습니다. 나를 깨쳤다 하더라도 그것은 갓 나온 어린애와 같은 거니까요. 두번째 깨치는 거는 둘이 아닌 까닭을 알아야만 되기 때문이고, 세번째는 둘이 아니게 나투는 까닭을 알아야 구경경지에 이르러 열반계로 뛰어넘기 때문입니다.

질문자4(여) 그럼 답답한 마음도 용광로에 놔야 됩니까?

큰스님 그렇죠! 답답한 것도 거기서 나온 거니까 거기서 물리가 터지고 거기서 알아야만 되는 거지요. 아까도 얘기했지만 길을 가다가도 엎드러지면 길을 딛고 일어나야지 딴 데다가, 허공을 허우적거려서 답답한 걸 호소를 할 겁니까? 그러니까 답답한 것이 나온 자리에다 되놓고 '답답한 것도 거기서 나온 거니까 답답하지 않게 할 수 있는 것도 거기 아니야?' 하고 거기다 맡겨 놓으면 가고 오는지도 모르게 해결이 나는 겁니다. 물질로써 하는 게 아니니까 참 그게…. 그러니까 묘법이라고 하는 거죠! 여러분이 자유스럽게 살려면 이 도리를 꼭 아셔야 합니다. 그냥 갈 수는 없는 겁니다. 그럼 또 누가 질문하시겠습니까?

질문자5(남) 멀리서 왔습니다. 오늘 꼭 한 가지를 여쭤 볼까 하고요. 놓는 것이 공부하는 방법이라고 하는데 어떻게 해야만 잘 놓는 건지요? 그리고 금강경도 읽고 싶고 육조단경도 읽고 싶고…, 지금 법어집이 여러 가지로 많습니다. 스님 법어집은 몇 번 읽었습니다. 그런데 책을 읽으면 안 되는지요?

큰스님 책을 읽더라도 책이 선생님을 보지 않고 선생님이 책을 보지 않는다면, 그 글자와 백지를 같이 보는 게 돼서 보지 않고도 볼 수 있는 거죠. 그러나 선생님이 책을 본다 하고 보고, 또는 책이 선생님을 본다면 그거는 안 되는 법이죠.

여러분, 생각해 보세요. 여기 걸어오실 때에 한 발 딛고 한 발 놓고, 한 발 딛고 한 발 놓고 그러고 올라오셨지 걸머지고 오셨습니까? 네?

질문자5(남) 아니지요. 그러면 그걸 읽어도 마음에 간직하지 말고 다 놓아라 이런 말입니까?

큰스님 놓고, 이 몸뚱이가 테레비라면 테레비 속에 들어 있는 그 화면을 나오게 하는 근본이 바로 여러분의 마음입니다. 그렇다면 마음 하자는 대로 육체는 하거든요. 그런 거와 같이 모든 거를 거기다가 맡겨 놓고 '너만이 나를 보게 하기도 하고 듣게 하기도 하고, 가게 하기도 하고 오게 하기도 하고, 싸우게도 하고 화나게도 하고 이러는 거니까 네가 다 하는 거다!' 하고선 보는 겁니다. 말로만 그렇게 해선 또 안 됩니다! 진짜로 안되는 것도 되는 것도 바로 그놈이 하는 거라고 생각을 할 대에 믿음이 갑니다. 그러니까 모든 것을 거기다 놓으시고 한번 체험을 해 보십시오.

그리고 한 가지 얘기할 거는, 여기에서 일요일마다 비디오 법회가 있을 겁니다. 그거를 열심히 들으시고 책도 보시고 차에 카세트테이프도 넣고 다니시면서 들으시고 이렇게 열심히 하세요. 몸 떨어지면 공부도 못합니다. 그러니까 이 몸 떨어지기 전에 공부들 열심히 하십시오. (대중 박수)

조건 없이 베푼 인연의 공덕

본원 대법당 기공식

1993년 4월 4월

오늘 각 지원의 여러분과 모든 법우님들이 더불어 같이 착공식을 마쳤습니다. 여래의 집이라고 하는 것은 바로 더불어 여러분의 집입니다. 그리고 여러분이 집을 만드는 것입니다. 그렇기 때문에 스님네 집이다, 또는 법우님들의 집이다 이런 것이 없이 그대로 각자 내 집입니다.

우리가 스스로 마음을 내서 십시일반으로 많든 적든 내 성의껏 보시하는 것입니다. 이 절에서는 그렇게 해 나갑니다. 왜 시주를 걷고 이러지 않느냐 하면 모든 것을 자기가 하고 자기가 받는 거기 때문입니다. 악한 일을, 나쁜 일을 했다면 그대로 거둬들이는 법이고 좋은 일, 착한 일, 어진 일, 지혜로운 일을 했으면 그대로 공덕이 돌아오는 것입니다. 여러분이 은행에 천만 원을 예금했다면 거기에 이자가 붙어서 돌아오죠? 이자가 많으냐 적으냐일 뿐 자기가 내놓은 거 자기가 꼭 거둬들이게 돼 있습니다. 적으면 적은 대로 거둬들이고 많으면 많은 대로 거둬들이기 때문에 스님네들은 걱정을 안 합니다. 짓다가 못 지으면 또 쉬어 가면서 하는 거고 그렇지요. 여러분의 가정 살림살이가 즉 내 살림살이이기 때문입니다. 빚을 낸다거나 이래서 그 집이 쪼달리고 가난하다면 내 마음이 불편하고 내 마음도 그와 같이 쪼달리기 때문입니다. 여러분이 편안해야 내 마음이 편안하고 일체제불의 마음이 편안할 것입니다.

왜 권선문을 쓰지 않고 그렇게 하시느냐는 분들도 있으시겠죠. 허나 그렇게 안 하는 까닭을 잘 아셔야 됩니다. 이거는 누가 갖다 주고 뺏어 가고 그러는 게 아닙니다. 여러분이 예금했다가 급하면 찾아 쓰는 거와 같으면서, 또 이자를 더 부풀려서 갖다 쓸 수가 있으니까 말입니다. 여러분이 한 달 일을 안 하면 일의 대가가 없습니다. 그것은 철칙입니다. 에누리가 없습니다. 이 세상 살아나가는 데는 한 치도 에누리가 없다는 사실을 우리는 깊이 생각해야 될 것입니다.

물질을 많이 주면 좋아할 테죠. 그러나 마음을 잘 못 쓰는 사람이 물질만 많이 갖다 줬다고 해서 조건 없는 좋은 일이 되는 건 아닙니다. 조건 없이 좋은 일을 해야 조건 없이 내 앞에 예금이 될 텐데 조건이 있기 때문에 예금이 제대로 되질 않습니다. 권선문을 써서 돌리고 이렇게 한다면, 없는데 그러니까 짜증도 나고 마음도 산란하고 이럴 수 있죠. 그렇게 하지 말고 그대로 여러분이 거두는 것이니까 마음 편안하고 자유스럽게 하세요. 농사짓는 거와 같고 일한 대가 받는 거와 같기 때문에 스님네들이 일부러 그렇게 애를 쓰고 그럴 필요가 없다는 얘깁니다. 만약에 권선문을 써서 강제로 시주하라고 한다면 어떠한 문제가 벌어지느냐? 짜증을 내지 않는다 하더라도 어려운 처지에 놓여 있다면 아주 짐이 무겁게 생각을 할 겁니다. 그렇기 때문에 공덕이 될 수가 없고 또 받는 사람도 받은 사이가 없이 받아야 할 텐데 받는 것이 있게 받으니까 공덕이 될 수가 없죠. 그 뜻을 잘 아시겠습니까?

우리가 아주 아름다운 마음과 즐거운 마음으로 이 세상을 자유스럽게 살도록 그렇게 지도를 받고 지도를 해야죠. 또 여러분이 그렇게 자유스러워지기를, 아름다워지기를 바라고 있는 사람이 어찌 여러분의 고통을 모르겠습니까? 불사를 한다고 하면서 없는 거를 강요해서 돈을 빌려 오게 하거나 빚을 내게 하거나 무엇을 팔아서 하게끔 한다면 그 길잡이는 사람을 자유스럽게 할 수가 없습니다. 자유스럽게 할 수 있는 길잡이가 돼서 그렇게 해야만이 서로가 공덕이 되고 서로가 이익이 오고 그렇지, 불사를 핑계 대고 여러분의 가정을 군색(窘塞)하게 해서야 되겠습니까.

하여튼 여러분은 어디에도 속지 마십시오. 스스로 우러나오는 내 정성이면 족합니다! 내가 많이 하면 많은 것이 나한테 오고 적게 하면 적게 오는 것입니다. 그러나 거기에는 마음이라는 게 붙습니다. 아까도 얘기했듯이 '나는 많이 했으니까 많은 것이 돌아올 거다.' 이런 생각은 마십시오. 이런 생각이 있으면 이 세상의, 허공의, 일체 만물만생의 근원을 구할 수가 없을 겁니다.

그렇다면 가난한 사람은 조금 내니까 조금밖에 못 받겠죠? 그런데 그게 아닙니다. 옛날에도 이런 말을 했죠. 집 안에다가 쌓아 놓고도 안 내놓는 사람이 있었거든요. 그런 사람에게는 웃으면서 이러죠. "그 버선목에다가 뒀다 뭘 하려고? 자기가 죽을 때 하나도 가져가지 못할 거, 왜 그러지?" 하거든요. 그러나 많고 적고 간에, 만약에 있는 사람이 일억을 내놨다면 없는 사람이 십만 원 내놓은 거와 맞잡이가 될는지도 모르죠. 이거는 모두가 평등한 겁니다. 돈이 적고 많고 이것을 떠나서 우리 이 공부도 거기에 포함이 됩니다. 내가 내 마음을 속이지 않고 진실하고 정성스럽게 할 수 있다면 그걸로써 족한 겁니다. 그러니 여러분의 집이니까 여러분이 알아서 하시겠죠. 하하하….

스님은 스님이기 때문에 여러분이 갖다 준 걸 '내가 받았다' 하고 생각을 안 합니다. 그 대신에 여러분도 '스님을 드렸다' 하는 생각은 하지 마십시오. 우린 심부름꾼에 지나지 않고 길잡이에 지나지 않습니다. 잘나견 얼마나 잘났고 잘 배웠으면 얼마나 잘 배웠겠습니까?

삼세(三世)를 둘러볼 때 지금 현재 여러분이 살다가 죽는다면 지금 현실이 과거가 됩니다. 안 그렇겠습니까? 그런데 다시 이 자리에 와서 섰을 땐 미래이자 바로 현실입니다. 이것이 삼세가 돌아가는 케이스입니다. 삼세가 돌아가면 삼심(三心)이 돌아가고 삼심이 돌아가면 일심(一心)이 돌아간다 이겁니다. 그 일심으로 인해서 일체 만법을 들이고 내는 그 마음이 제일 첫째 문제입니다. 마음 가짐가짐 하나하나를 소홀히 생각해서는 아니 됩니다. 이 세상에 누가 지옥을 갖다 주고 누가 천당을 갖다 주는 게 아닙니다. 내 마음이 천당을 갖다 주고 지옥을 갖다 주는 겁니다. 내 한생각을 잘 내면 천지를 다 얻고 내 한생각을 잘 쉬면 일체를 다 소멸한다 이런 말입니다.

생사도 그렇지만 모두가, 아까도 얘기했듯이 삼세를 돌고 있다고 했습니다. 삼세를 돌고 있는데 시공이 있겠습니까? 여기에서 차를 타고 부산에 갔다면 바로 차를 타고 또 와야 합니다. 정맥 동맥이 내려가고 올라가고 하는 그 리듬도 바로 이런 거와 같습니다. 천지인(天地人)이, 삼세가 돌아가는 자체가 바로 정맥 동맥이 돌아가면서 피가 도는 거와 같습니다. 그러니 어느 하나를 소홀히 생각하고 소홀히 볼 수가 있겠습니까?

불사를 한다고 끌어모아서 불사는 성실치 않게 하면서 좀 떼어서 봉창에 넣었다가 그걸로 구경이나 다니고 재산이나 모으고 이러는 수행자가 있는데, 다 부질없는 짓이고 뜬구름 같은 행동입니다. 이 모습을 가지고 인간이 살면 얼마나 살겠습니까? 그런데 그 모습을 벗고도…, 또 그냥 벗는 게 아닙니다. 잘하면 또 인간의 모습을 쓸 것이고, 더 잘하면 바로 정신계의 어버이가 될 것이고, 아주 못한다면 동물의 모습을 가질 수밖에 없는 것이 진리인 것입니다. 그러니까 자기가 생각하고 행동하고 말하고 이런 것에 따라서 반드시 내 앞에 다가오는 거죠.

그래서 될 수 있으면 착한 일, 좋은 일, 지혜로운 일을 해서 내 물리를 터지게 하고 마음을 발견하고 발전시키고 창조력을 길러야 합니다. 우리가 앞으로, 한울을 한생각으로 기둥이 돼서 받칠 수 있고, 한땅을 한발로 평발이 돼서 디딜 수 있고, 한생각으로 모두를 굴릴 수 있다면 얼마나 세상만사가 편리할 것이며, 얼마나 좋은 세상의 삶을 누리겠습니까? 그러니까 이 공부를 소홀히 생각하지 마시라는 뜻입니다. 이 공부 하는 데는 잘하든 못하든, 못났든 잘났든, 가난하든 부자든 그것은 상관없습니다. 오로지 '밥을 얻어먹게 하는 것도 너! 밥을 잘 먹게 하는 것도 너! 가난하게 사는 것도 너니까 얻으러 가지 않게 하는 것도 너 아니냐!' 할 수 있는 것입니다.

마음이라는 것이 참 묘하고도 광대무변한 도리입니다. 이 마음이라는 것이 삼라만상 일체 만물만생을 빚어낸 것입니다. 이것을 알면 조금이라도 어리석은 짓을 하겠습니까? 왜 일부러 긁어서 부스럼을 만들어서 군더더길 붙입니까? 깨끗하다 더럽다 이걸 떠나서, 잘한다 잘못한다 이걸 떠나서 그냥 평범하게 그대로 조건 없는 사랑을 할 수 있으며, 내 아픔과 둘 아니게 볼 수 있으며 생각할 수 있으며, 내 자리와 둘 아니게 볼 수 있으며, 내 몸과 둘 아니게 볼 수 있으며, 모자라는 사람을 볼 때 내가 모자랐을 때 내 모습으로 볼 수 있다면 모두가 화목하고 모날 일이 하나도 없다는 얘깁니다. 가정이나 사회나 국가적으로나 세계적으로나 영계적으로나, 지금 물질세계나 모두가 하나도 모가 날 일이 없다는 얘깁니다.

그런데 공부하는 사람들이 그렇게 미거할 수 있습니까. "당신 밥은 당신이 먹어야 배가 부릅니다." 하니까 '나 혼자 공부해도 되려니…' 이렇게 생각하거든요. '나 혼자 공부를 해도 되려니' 하는 그 어리석은 마음, 그것은 절대 안 됩니다. 좀 넓혀서 공생 공용 공체 공식화 하고 돌아간다는 사실을 알아야 됩니다. 그렇기 때문에 그렇게 혼자, 나 혼자 떳떳하게 할 수 있다 하는 그 마음이 사실은 어리석다 이겁니다. 그러면 남이 지은 옷도 입지 말아야 하고 공기도 마시지 말아야 하고, 땅도 딛지 말아야 하고 물도 먹지 말아야 하고, 밥도 먹지 말아야 하고, 모두가 포함해서 돌아가니까 하나도 하지 말아야 되지 않겠습니까?

그런데 그것이 인연으로 말미암아 돌아가는 것이니 혼자 하는 것이 없는 것입니다. 농사짓는 사람의 인연 먹는 사람의 인연, 사는 사람의 인연 파는 사람의 인연, 모두 인연 도리로써 돌아가는 겁니다. 생각을 잘해서 마음을 잘 내면 모든 인연이 모가 나지 않고 둥글게, 아주 좋은 인연으로써 과보를 받는 거죠. 우리가 지나가는데 바람이 불어서 시원하다고 느껴지는 것도 인연입니다. 그리고 꽃이 피어서 찬란한 거를 보게 하는 것도 꽃이 핀 인연, 우리가 봐 주는 인연, 물의 인연, 바람의 인연, 이 모두가 인연에 의한 것입니다. 허공에 일체가 다 인연 따라서 돌아가고 있습니다.

부처님 법이라고 해서 법당에만 있는 게 아닙니다. 그렇다면 어찌 천상천하 유아독존이라고 했겠습니까? 자기 자신을 두고 말한 게 아닙니다. 우리가 전체 좋은 인연은 짓되 나쁜 인연은 짓지 말라고 한 이치는 무엇인가? 항상 말씀드리지만 콩 심은 데 콩 나고 팥 심은 데 팥 나는 까닭입니다. 오늘은 요걸로써 마치구요, 질문하시기 바랍니다.

질문자1(남) 질문을 하고자 나왔습니다만 오늘 특히 큰스님의 말씀을 들으면서 커다란 죄책감을 느낍니다.

큰스님 그렇게 걸리지 말고 하세요. 걸릴 거 하나도 없어요.

질문자1(남) 네. 우리 불자님들과 같이 특히나 오늘 기공식을 봉축드리고 싶습니다. 제 나름대로 공부를 하면서도 모르는 점이 많습니다. 저 자신부터도 아직 제대로 관하지를 못하니까요. 우선 다섯 가지만 좀 여쭤 보겠습니다.

첫번째 질문을 드리겠습니다. 제 주변에 다른 종교를 믿는 사람들이 많습니다. 그런데 어느 때에 기독교를 믿는 사람한테서 이런 말을 들었습니다. 부처님과 예수님이 다른지는 몰라도 부처님의 가르침과 예수님의 가르침은 같다고 하였습니다. 저는 기독교에서 무엇을 가르치는지는 잘 모릅니다. 다만 그들의 신앙 행위가 다소 지나치고 특히 불교에 대해서 배타적이라는 생각을 하고 있었습니다. 그런데 같다는 말을 듣고는 다소 기이하게 느껴졌습니다. 정말 같은 것인지 알고 싶습니다. 같은 것이라고 하면 절에 다니는 것과 교회 다니는 것도 같은 것인지요. 여쭤 보고 싶습니다.

큰스님 하나씩 질문하세요.

질문자1(남) 예.

큰스님 바다의 물과 연못의 물, 물은 다 마찬가집니다. 그러나 크고 작은 것은 엄연히 있죠. 바다의 물이 다르고 연못의 물이 다르고, 그렇죠? 또 우리가 배추와 무를, 이런 말로 해서 안됐습니다만 배추와 무를 가지고 김치를 담근다고 해 봅시다. 김치는 똑같습니다. 다 똑같이 김치를 담근다고 하는데 솜씨에 따라서 김치 맛이 다 다릅니다.

그러니까 '같다, 아니다' 그런 걸 떠나서 우리가 어떡하면 요리를 잘해서 하나도 남기지 않게 맛있게 먹을 수 있고 버리지 않게 할 수 있을까 하는 그런 마음으로 행해야 합니다. 그러니 항상 내 탓으로 돌리고 내 마음으로 항상 지혜롭게 마음을 써야죠. 모가 나지 않게 사는 것이 바로 지혜로운 마음이죠. 그러니까 같다는 것도 물론 물은 같으니까 같다고 하겠죠. 그런데 어느 그릇에 담겼느냐에 따라 다르죠.

질문자1(남) 두번째 질문을 드리겠습니다. 앞에서 이런 질문을 하게 된 것은 사실 최근의 일과 관련해서 언짢은 느낌을 받았기 때문입니다.

불교 방송과 불교 신문의 보도에 따르면 최근 어느 군부대에서 법당을 폐쇄하고 파불을 하는 일이 있었다고 들었습니다. 그렇지 않아도 새 대통령이 청와대로 목사들을 불러들여 공개적으로 예배를 본 일이 있었던 참이라 이래저래 내심으로 불쾌한 생각이 없지도 않았습니다. 큰스님께서는 이런 일을 어떻게 보셨으며, 그런 일에 대해 저희들의 마음가짐은 어떠해야 하는지를 가르쳐 주시기 바랍니다.

큰스님 하하하…. 나는 하나도 걱정되지 않으니까 여러분도 걱정 조금도 하지 마세요. 왜냐하면, 아까도 얘기했죠. 자기가 뿌려 놓은 거는 자기가 거둔다고요. 자기가 뿌린 대로 거두게 돼 있습니다. 나쁜 일을 했으면 나쁜 거를 거둬들이게 되고, 좋은 일을 했으면 좋은 것을 거둬들이게 돼 있습니다.

그걸 모르걸랑 우리가 살면서 지켜보면서 침착하게 지혜롭게 나갑시다. 우리가 그런 걸 보고 고달프게 마음을 쓰는 사람 같으면 이 한마음 공부를 하겠습니까? 눈 하나 깜짝 안 하고 지긋이 웃으면서 넘어갈 수 있는 사람은 한 주먹을 펴면 깊은 데로 들어가고 쥐면 아주 얕은 물에도 다닐 수 있는 그런 자유자재권을 가진 배가 될 것입니다. (대중 박수)

질문자1(남) 네, 때문에 제가 부끄러움을 느낀다고 했던 것이고, 그런 데서 많이 반성이 되지 않나 생각합니다.

큰스님 하하하….

질문자1(남) 세번째 질문을 드리겠습니다. 천부경에 대해서 간단히 여쭙고자 합니다. 개인적으로 관심이 있어서 천부경에 대한 해설 책자를 여러 번 읽어 보았습니다. 그러나 어떤 신비적인 요소나 비밀스러운 가르침이라는 느낌은 들지 않고 다만 일체유심조라는 마음 도리를 일러 놓은 것이라고 느꼈습니다. 큰스님께서는 천부경을 어떻게 보고 계신지 말씀해 주시면 고맙겠습니다.

큰스님 나는 이렇게 생각합니다. 천부경이라는 것이 81자로 돼 있다고 합디다. 그런데 부처님께서는 80종호가 됩니다. 그러면 이거하고 비교해 볼 때 똑같습니다. 그 가운데 뭐가 있느냐? 우리가 반야심경 읽죠? 반야심경을 읽어 보면 알 겁니다. 덧붙이자면 그때의 세월은 인간으로 태어났어도 사람이 살아나가는 도리를 너무도 몰랐어요. 그래서 그 도리를 일러 주기 위해서, 천지인은 하나로 돌아간다는 것, 부모한테 효도하는 법, 농사짓는 법, 사람을 다루는 법, 또는 마음을 쓰는 법 등을 일러 줬는데 이것이 삼세에 그대로 여여하게 돌아감을 가르친 것이라고 봅니다.

그러니 더하고 덜함도 없이 반야심경을 잘 보시면서 우리 삶을 한번 살펴보세요. 지구가 돌아가는데 어디로 돌아가는지 지구 속에서 사는 사람들이 모르고 있습니다. 우리 뱃속 오장 육부 속에 있는 그 중생들은 사람이 어디로 돌아다니는지를 알지 못하고 있죠. 그것을 자세히 우리가 알 수 있다면 그 내용이 다 거기서 나옵니다.

질문자1(남) 제 자신조차 뭐 제대로 관하질 못하니까 체계 있게 여쭤 보지도 못하고 있습니다. 천부경에 관련해서 한 가지만 다시 여쭤보겠습니다. 언젠가 큰스님께서 법문하신 중에 이런 말씀을 하신 적이 있습니다. 제 기억으로는 "하나가 셋이 되고 셋이 아홉이 되는 도리를 아느냐?" 이렇게 말씀하셨구요, 또한 어느 때는 "물 한 모금이 세 모금이 되며 한 모금이 곧 아홉 모금이니라." 하셨습니다. 왠지 이 말씀이 천부경과 관련되는 것 같아서 그 뜻을 여쭙고자 합니다. 가르침을 주시기 부탁드리겠습니다.

큰스님 시간이 무(無)입니다, 무! 시간이 무예요. 네? 우리 사람들이 이름을 지어서 한 시간이니 두 시간이니 세 시간이니 하지, 전체가 쉴 사이 없이 돌아가는 거를 볼 때 시간을 따질 수가 없습니다. 그러니까 무시죠, 무시! 그렇죠? 하하하…. 그래, 하나로 돌아가면서 하나로 돌아가는 것도 없으니 무시죠, 무시! 너만 두 시간, 한 시간이라고 지내고 나는 그렇게 안 지내는 게 아니고 전체가 그 시간을 다 가지고 사니까 무시죠. 나만이 그렇게 사는 게 아니고 상대방만 그렇게 사는 게 아니지 않습니까? 그래서 무시예요. 무시처럼 우리가 한마음이라면 삼천 년 전의 마음이나 지금 현재의 마음이나 둘이 아니란 말입니다.

그렇기 때문에 둘 아닌 도리를 배우기 위해서는, 내가 예전에 그랬죠. 한 모금의 물을 먹으니까 '세 모금이요' 하는 생각이 들더라구요. 세 모금을 마시니까 '아홉 모금이요' 하더라구요. 그래서 그것이 참작이 돼서 '아하, 이것이 하나가 풀리면 다 풀리는구나. 시간과 공간이 다 초월됐구나. 이게 모두가 공했구나. 그러니 이 시간이다 할 것도 없고 저 시간이다 할 것도 없구나. 그거는 사람이 살아나가는 데 이름일 뿐이구나!' 그렇게 생각했습니다. 그러니 제가 지금 말하는 그 뜻을 아시겠죠?

질문자1(남) 네. 알겠습니다.

큰스님 우리가 지금 일상생활에서 그렇게 살고 있습니다. 무시로요. 일시이면서도 무시로 살고 있다고요. 또 우리가 종을 따진다 하더라도 우리 생명의 근본이, 너만 생명의 근본이 있고 나는 생명의 근본이 없는 게 아닙니다. 모두가 생명의 근본이 있습니다. 그러니 어떤 것이 근본이고 어떤 것이 근본이 아니라고 할 수 없으니까 무종이죠.

한마음으로 모두가 돌아가듯이, 하나로 들고 나면서 돌아가듯이, 정맥과 동맥이 하나로 돌아가듯이 말입니다. 정맥 따로 보고 동맥을 따로 본다면 이게 따로따로 둘이지만 같이 하나로 본다면 하나로 돌아가는 겁니다. 하나이면서도 무종이다 이거지요. 전체 한데 합해서 하나로 돌아가면서도 그냥 무종이다. 너만 있는 것도 아니고 나만 있는 것도 아니고 네 생명만 중한 것도 아니고 내 생명만 중한 것도 아니다. 뿌리는 다 마찬가지다. 그렇기 때문에 어떤 걸 뿌리라고 하고 어떤 걸 뿌리가 아니라고 할 수 없는 까닭에 바로 무종이라고 했던 겁니다.

그와 같이 아까 '물 세 모금이 아홉 모금이 된다' 이 소리는, 우리가 생각하는 나름대로 세 모금이 아홉 모금이 되고, 한 모금이 아홉 모금이 되고, 아홉 모금이 세 모금도 되는 겁니다. 자동적으로 주먹을 쥘 때는 쥐고 펼 때는 펴야 정상이죠. 그렇게 정상으로 살기 위해서 세 모금이 됐다가 아홉 모금이 됐다가 한 모금이 됐다가 이렇게 되는데, 이게 일상생활에 있는 것입니다. 이것을 뜻으로 생각해 보십시오.

전에도 얘기했지만 예를 들어서 "아버지!" 하면 자동적으로 아버지 노릇을 합니다. "여보!" 하면 남편 노릇을 합니다. 그러니 언제 어느 때 "여보!" 하고 찾을는지 "아버지!" 하고 찾을는지 "형님!" 하고 찾을는지 "얘, 아무개야!" 하고 찾을는지 그거는 고정을 못해 놓고 삽니다. 만나면 그냥 자동적으로 바뀌는 거죠. 그렇기 때문에 아홉이 셋이 될 수가 있고 셋이 하나가 될 수가 있고, 자동적으로 더하고 덜함이 없이 그냥 돌아가면서 중용을 하는 데에 쓰이는 살림살이입니다.

정신계와 물질계가 둘이 아니게 작용을 하고 돌아가는 것이 그러한 삶의, 바로 권도라고 할까요? 이것은 여러분 모두에게 권리가 있는 겁니다. 그렇게 살 수 있는 권리. 그리고 대권을 가질 수가 있죠. 그 소리가 무슨 소리냐 하면 '누구나가 다 부처가 될 수 있다' 이런 겁니다. 또 있습니까?

질문자1(남) 예.

큰스님 또 있으면 하세요. 잊어버리고 자꾸 내 말만 했네요.

질문자1(남) 제 질문이 체계적으로 되질 않아서 지루하시겠지만….

큰스님 아뇨, 괜찮습니다.

질문자1(남) 다음 질문하시는 분을 위해서 마지막으로 한 말씀만 더 여쭙겠습니다. 청년회 불자들의 경험담을 기록한 『죽어야 나를 보리라』라는 책자를 보다가 의문이 나는 부분이 있어서 여쭙겠습니다. 그 중에 보면 한 불자가 공부하던 중에 은산철벽을 느끼고 고심하던 끝에 어느 날 내면의 느낌의 소리를 들었다고 했습니다. 그런 다음 그 느낌의 소리와 많은 대화를 나누며 공부가 무르익는 장면이 나옵니다.

그런데 좀 이해하기 어려웠던 부분이 있습니다. 그 느낌 소리가 이르기를 '대답한 내용을 절대 기억하지 말라' 했다는 것입니다. 그리고 또 당사자에게 지옥 구경 극락 구경을 시켜 주어서 본인은 예수를 만나고 부처를 만났다고 했습니다. 기억하지 말라는 말과 지옥 극락 구경은 무엇을 말함인지요.

큰스님 하하하…. 이 문제를 가지고 한번 질문을 해 보겠습니다.

만약에 여러분한테 속에서 '내가 대답한 것을 기억을 하지 말라!' 하고 대답을 했다면 그 뜻이 무엇이겠습니까? 한번 대답해 보십시오. 여러분 중에 한마디 대답해 보십시오. 무슨 뜻인가?

대중 가운데에서 모든 것을 놓고 가라는 말입니다.

큰스님 그렇기도 하죠. 그래서요, 한 발짝을 떼어 놓는 바람에 한 발짝은 다른 데로 떼어 놓습니다. 그죠? 벌써 한 발짝 떼 놓으면 앞서 발자국은 과거가 됩니다. 그런데 한 발짝 떼어 놓는 사이에 벌써 이거는 놔야 될 건데 그걸 붙잡고 늘어져야 되겠습니까? 기억을 하지 말아야지요. '기억을 하지 말라' 하는 그 표현이 좀 그렇다 하더라도 그런 말이라도 하지 않으면 그 뜻을 속으로 깨달아서 아는 게 아니라 입으로 그냥 달달달달 외울 테니까 말입니다.

'기억하지 말아라' 이걸 가만히 생각해 보세요, 안 그런가. 여러분이 모든 걸 진짜로 믿어서 주인공에다가 맡겨 놓고 도로 끄집어내질 말아야 되는데 끄집어낸단 말입니다. 거기에도 해당이 됩니다. 한 발짝 딛고 나갈 때에 벌써 한 발짝이 놔졌으면 그대로 놓고 가야 될 텐데, 그거를 되새기면서 그걸 되짚어서 잊어버리질 않는 겁니다. 믿으면 그냥 거기다 놓고 잊어버리는데, 잊어버리지 않으면서 잊어버리는 거죠. 그런데 이거는 꼭 붙잡고 있어요. 일을 하라고 서류를 줬다가는 다시 끌어내서 꼭 붙잡고 있으면 그게 됩니까? 그러니까 '서류를 맡겨 줬으면 그냥 기억을 하지 말아라. 믿었으면 그대로 믿어라.' 이런 것도 되고 '네가 한 발짝 떼어 놨으면 뒷발자국은 그냥 놔야지 그걸 왜 되붙잡고 가느냐.' 이 소리도 됩니다. 이것이 이해가 안되겠죠?

그러나 마음이 발현이 된 사람들은 대략 짐작을 합니다. 벽을 치면 봇장이 울리게끔 돼 있거든요. 벌써 여기를 탁 짚으면 소리가 나죠. 그 소리를 껴잡고 다닐 수는 없지만 소리나는 건 정녕코 소리가 나거든요. 소리를 담아 갈 수도 없고 묶어 갈 수도 없고 쥘 수도 없지만 소리는 분명히 있어요. 그렇듯이 그런 겁니다. 그러니까 지혜롭게, 그런 것이 의심이 나면 이렇게 한번 물어보고 또 자기 걸로 만들어서 요리를 할 수 있는 그런 계기가 되시길 바래요.

고다음에 또 뭐 있습니까? 천당 지옥이라고 그랬지, 참! 하하하, 천당 지옥이라…. 그거는요, 우리가 그 말을 가지고 이론으로 따질 게 아닙니다. 그 말은 이름일 뿐입니다. 이름을 넘어서야 됩니다. 우리가 마음을 착하게 쓰면 천당이 보이고 악하게 쓰면 지옥이 보인다, 이게 마음의 눈으로 보인다고 했습니다. 이게 분명코 우리가 사는 세상에 그대로 있는 거 아닙니까. 그러니까 '천당도 보여 주고 지옥도 보여 줬다' 그럼 이렇게 말하지 뭐라고 그럽니까. 말로 할 수가 없는 말을 하려니까 방편상 이름을 그렇게 붙여야지 어떡합니까? 천당도 보여 주더라, 지옥도 보여 주더라. 하하하…. 모두 딴 데 있는 게 아니라 이 세상에 지옥도 있고 천당도 있더라. 그런데 그 천당 지옥이 어디에서 오느냐 하면 너 마음먹기에 달려 있다 이런 거죠, 뭐.

그러니 그 말을 가지고 하지 말고 그 말이 나왔으면, 이해가 안 되는 말이라면 '어, 이게 이해가 안 가는데….' 하고 한번 이렇게 질문을 하시는 것도 좋습니다.

질문자1(남) 감사합니다. 저는 부처가 되기 위해서 더욱 철두철미하게 마음공부를 열심히 하겠습니다.

큰스님 아니, 부처가 되려고…, 내 이 소릴 안 하려 해도 또 해야 되겠네. 하하하…. (대중 웃음)

질문자1(남) 그래서 제가 배우는 겁니다.

큰스님 예. '지혜로운 사람은 마음을 구하려고 하고 어리석은 사람은 부처를 구하려고 한다.' 이런 말이 있습니다. 그러니 절대로 어리석은 사람은 되지 마십시오. 시원하시겠습니다. 하하하…. (대중 웃음)

걸림 없이 구족한 마음의 향

광주 대법회

1993년 4월 24일

여러분과 같이 한자리를 하게 된 것을 감사히 생각하며, 여러 대덕 스님들께서 같이 한자리를 해 주신 데 대해서 더욱 감사함을 느낍니다.

부처님께서 49년을 설해 주셨지만 한 마디도 한 사이가 없다고 하셨습니다. 그 뜻은 어떠한 것인가? 삼천 년 전이나 삼천 년 후나, 부처님께서는 우리가 살아 있는 한 우리 깊은 마음속에 항상 살아 계십니다. 영원한 것입니다. 부처님 오신 날을 맞이하여 그 감사함을 어찌 말로 다 하리까. 부처님 봉축일은 찰나찰나 봉축일이며, 오신 것이 없기에 가신 것도 없이 영원한 우리 마음속에 깊이 계시어 무시무종 일승공법인 것입니다.

여러분이 정신계의 50%를 모르면서 물질계의 50%만 가지고 살아나가시려니까 힘들고 얽매이고, 또 애고나 업보나 유전성 세균성 영계성까지도 타파를 못하면서 헤매고 있는 것입니다. 부처님께서는 언제나 한마음으로 일체 만물만생 어느 것이든 아니 되시는 것이 없습니다. 가난한 자가 원할 때에는 한 찰나에 응신으로서 관세음이 돼 주시고, 명이 짧다 하고 구원을 청할 때는 항상 칠성 부처가 돼 주시고, 좋은 데로 못 간다 하고 소원을 하면 지장이 돼 주시고, 물에서는 용신이 돼 주시고, 길에서는 지신이 돼 주시고, 독성이 돼 주시고, 산신이 돼 주시고, 아프면 바로 약사가 돼 주시고…. 이렇게 천차만별로 어느 거 하나 아니 되시는 게 없고, 어느 것 하나 응신이 돼서 나투어 주시지 않는 것이 없습니다.

여러분 눈에는 보이지 않는다고 해서 부처님이 삼천 년 전에 돌아가셨다고 합니다. 그러나 그게 아닙니다. 풀 한 포기만 살아 있어도 부처님은 항상 그 자리에 계신 겁니다. 물도 생명이 있고 불도 생명이 있고 흙도 생명이 있고 바람도 생명이 있는 것입니다. 어찌 어느 자리에든 어느 골골에든 부처님이 아니 계시다고 하겠습니까? 삼천 년 전이 바로 오늘이요 삼천 년 후도 오늘이요 오늘은 영원한 오늘입니다. 그래서 어떤 것이 될 때에 내가 됐다고 할 수 없기 때문에 부처님이라고 이름하신 것입니다.

그리고 여러분한테 "내 자생중생부터 제도를 해야 바로 내가 제도가 되느니라." 했습니다. 자생중생이 어떠한 것인가? 우리가 과거에 어떻게 살았느냐에 따라서 몸속에 생명, 의식, 모습들이 모두 있습니다. 그것은 엄마 아빠, 즉 말하자면 정자와 난자가 한데 합치고 자기 영혼과 더불어 그 업식이 그림자처럼 영혼에 딸려서, 바로 종합이 돼서 이 세상에 생산이 되는 것입니다. 그러니 과거에 어떻게 살았느냐에 따라 그것이 자동적으로 입력이 돼서 현실의 여러분 앞에 입력된 것만치 나오는 것입니다. 그러니 독 안에 들어도 못 면한다는 소리가 나오죠.

그러나 부처님께서는 그것을 이렇게 하라 하고 가르치셨습니다. 역대 조사들도 그랬고 현재 스님네들도 그러시고요. "나오는 자리에다 되놓아라. 나오는 자리에다 되놓지 않는다면 바깥으로 얽매이느니라. 길을 가다 엎드러지면 그 땅을 짚고 일어나야 일어나지지 허공을 허우적거린다면 일어나지지 않느니라." 하셨습니다. 그러니 어떻게 살았느냐에 따라 자동적으로 입력이 돼서 현실에 나오는 것을 나오는 자리에다 되입력을 한다면 앞서의 입력이 없어집니다. 지금 현재의 물질 컴퓨터는 사람이 입력을 해야 나옵니다. 그러나 사람은 만물의 영장이라고 이름하는 까닭에 어떠한 행동을 했든지 어떠한 말을 했든지, 나쁜 일을 했든지 좋은 일을 했든지 자기가 한 것만치, 콩 심은 데 콩 나고 팥 심은 데 팥 나듯이 자기가 아는 것만치 자동적으로 입력이 돼서 현실에 나오는 것입니다. 과거에만 지어서 나오는 게 아니라, 어저께도 과거고 한 시간 전도 과거고 일 초 전만 하더라도 과거입니다. 과거의 잘못이 현실로 나오는 것입니다.

그러니 그렇게 자동적으로 입력이 돼서 나오는 것을 거기다가 되입력을 한다면 앞서의 입력이 몰락 녹아지느니라, 없어지느니라. 본래 공해서 붙어 있을 것도 없는데 사람들이 관습에 의해서 붙어 있다고 생각을 하니까 다시 한 번 거르는 수행을 해야만 되겠기에 부처님께서 그렇게 가르치신 겁니다. 모든 것을 나오는 그 자리에다 되놓는다면 몰락 없어지는 겁니다. 안에서 좋은 일 좋은 생각이 나오고 밖에서 좋은 일 좋은 행동이 들어오고 이럴 땐 감사하게 거기 놓고, 악한 마음이 생길 때는 '악한 마음도 거기서 나오는 거니까, 선한 마음이 나오게 하는 것도 너놈 아니야?' 하고 거기다가 되놓는 작업이 필요한 겁니다. 가정에서 살아가시면서 어떠한 용도에 따라서 닥쳐온다 하더라도 그것을 타파하지 못한다면 살아나가는 데 얼마나 고초가 많겠습니까.

예를 들어서 항상 말씀드리지만, 아프면 '너만이 낫게 할 수 있어. 네 몸뚱이를 건강하게 끌고 다니면서 심부름을 시키려면 네가 낫게 해야잖아. 너만이 할 수 있어.' 하고 놔야 됩니다. 놓는 데도 또 못 믿어서 줬다 뺏었다, 줬다 뺏었다 하면 안 됩니다. 예를 들어서 믿는 사람한테 서류를 맡기고 심부름을 시켰다면 그대로 놔둬야 일이 되지 서류를 맡겼다가 못 믿어서 도로 뺏었다가 도로 줬다가 도로 뺏었다 이런다면 무슨 일이 됩니까? 그와 똑같습니다.

본래 집을 지으려면 기초를 튼튼하게 하고 주춧돌을 세웁니다. 그와 같이 우리 사람들에게는 지수화풍이 바탕으로 돼 있어서 각자에게 광력이나 전력 자력 통신력이 충만하게 주어져 있습니다. 그런데 우리가 마음을 발전시키려면 용도에 따라서 자꾸 거기다가 되놓으면서, 생각하면서 뛰고 뛰면서 생각하고, 이렇게 해야 합니다. 이 자체가 참선 아닙니까? 마음은 들끓는데 육체를 꿇어앉혀 놓는다면 그건 아무 소용도 없는 겁니다. 행선이나 와선이나 입선이나 좌선이나 모두가 참선인 것입니다. 이 모두가 참선이니까 참선 아닌 게 하나도 없어요. 말을 하자면, 이 세상에 풀포기 하나도 스승 아닌 게 없고요. 여러분이 이 세상에 와서 인연 따라서 봤으면 생각하게 되고 생각했으면 행하게 되니까 모두가 스승 아닌 게 어디 하나나 있습니까?

우리가 자기 자성을 무시하는 것은 아니지만, 과거로 돌아가서 씨를 찾으려고 한다면 찾을 수가 있겠습니까. 예전에는 화두를 들어서 많이 깨쳤습니다. 그러나 지금은 너무도 밝게 돌아가고 빨리 돌아가고, 또 세상이 너무 많이 변천했습니다. 그렇기 때문에 그대로 우리는 짚고 넘어가야 합니다. 화두를 붙잡고 '이거 뭣고?' 하기 이전에 바로 '과거의 씨를 올봄에 심었더니 내가 새 싹이 됐구나. 그러니 그 싹 속에 열매도 있고, 바로 그 싹 속에 씨도 있는 것이다. 그러니 내 속에서 찾아야지, 내가 낳기 이전을 과거에서 찾는다면 찾을 수가 있는가?' 하고 뛰어넘어야 되지 않겠습니까?

나라는 존재는 모두가 시자일 뿐입니다. 내 마음의 주인의 시자일 뿐입니다. 어리석은 사람은 부처를 구하지만 지혜로운 사람은 마음을 구합니다. 마음을 구해야 부처님의 마음도 알 수 있고 역대 조사들의 마음도 알 수 있으며 일체 중생들의 마음도 알 수 있을 것입니다. 내 마음속에서 내 마음으로 나를 뛰어넘고 다스려라 하는 것은 몸뚱이 속에 수십억의 의식들이 있기 때문입니다. 그게 중생입니다. "중생이 병이 나아야 내 병이 낫겠노라." 하고 유마힐 거사가 말했듯이 부처님께서도 "너의 자생중생을 먼저 제도해야 네가 해탈을 할 수 있느니라." 하셨는데 똑같은 얘기죠.

그래 어떻게 해야 내 자생중생을 제도하나? 우리가 지금 지구에 매달려서 살면서 지구가 어디로 돌아가는지를 모르고 사는 것처럼, 몸뚱이 속의 중생들은 우리가 어디로 돌아다니는지도 모를 뿐더러 좋고 나쁜 거를 스스로 판단해서 하는 것이 아닙니다. 우리가 생각하고 마음먹는 대로, 강도질을 하려고 한다면 강도질하는 대로 그냥 좇아 주고 착한 일을 하려고 한다면 착한 일로 좇아 줍니다. 우리 마음먹은 대로 몸이 움직이면 손이 쫓아다니듯 하는 거나 마찬가지죠. 그러니 어찌 마음으로써 다스리란 말을 안 하겠습니까?

그래서 행자들에게는 이렇게 말을 합니다. 행자뿐만 아니죠. 속가에서 사는 여러분이 다 부처이자 법신이니까요. 항상 부처님의 법에 누가 되게 해서도 아니 되고, 가르치는 스님네들한테 누가 되게 해서도 아니 되고, 자기에게 누가 되게 해서도 아니 된단 얘깁니다. 그러면서 자기가 이 세상에 나왔으니까 모든 게 자기 탓입니다. 좋은 일이든지 나쁜 일이든지 상대성 원리가 어디에서부터 생겼습니까? 나로부터입니다. 그러니까 내 탓으로 돌려야죠. 모든 거는 내 탓으로 돌린다. 내가 이 세상에 났으니까 부딪침도 있고 상대도 생겼고 세상도 벌어졌고 우주도 벌어졌습니다. 내 탓으로 돌리게 되면 화목을 도모할 수도 있고, 절대로 의리와 도의를 허망하게 생각하지 않을 겁니다. 저절로 말입니다. 그리고 부드러운 행동과 부드러운 말을 하게 됩니다. 그렇게 항상 자기 탓으로 돌리면서 항상 감사함을 느끼고 돌아가는 것을 이름해서 계향(戒香)이라고 봅니다.

우리가 내면에 자기 자성 선을 세우고, 즉 말하자면 선이 중심이 되고 찰나찰나 돌아가니까, 공해서 돌아가니까 공입니다. 그래서 각자 여러분이 주인공이라고 하는 겁니다. 이름은 여러 가지겠죠. 하지만 대체적으로 사회에서도 주인공이라는 이름을 많이 쓰고 있습니다.

그러니 안팎으로 나쁘게 생각이 나오고 나쁘게 닥치고 이러는 것은 '나쁘게 나오는 것도 너니까 좋게 돌려서 나오게 하는 것도 너 아니야?' 하고 자기 주인공에 놓고, 안에서도 좋은 마음이 생기고, 바깥에서도 좋은 행을 하고 좋은 일을 하고 착한 일을 하고 이럴 땐 거기에 감사하게 놓으면서 그 깊은 내면세계를 떠나지 않고 물러서지 않는 그 마음이 바로 이름해서 정향(定香)이라고 난 생각합니다. 계향 정향만 잘해도 공덕이 됩니다.

우리가 향을 피워 놓고 초를 켜 놓고 아무리 빌어 봤던들 공덕은 하나도 없는 것입니다. 진짜로 나를 이끌어 가고 진짜로 나를 이익하게 하며, 업보를 타파하고 번뇌, 망상, 생사, 윤회 같은 과거의 모든 것을 타파할 수 있는 그 에너지는 바로 자기가 가지고 있는 것입니다. 아까도 얘기했듯이 말입니다. 그렇게 자기가 모두 가지고 있으니 일체제불과 일체 중생은 둘이 아니어서 모두가 마음으로 전달하고 통신으로 전달하고 말로 전달하는데, 이게 교(敎)입니다. 풀 한 포기도 바로 생명이 있기 때문에 생명의 근본이 있고요. 그렇기 때문에 불(佛)이라고 했습니다. 그러니 어느 한 군데 국한돼 있는 게 아니라 삼천대천세계가 포괄적으로 돌아가는 진리를 불교라고 말씀하신 겁니다.

그러니 어느 종교든지 막론해 놓고 불교 안에 있는 것입니다. 그런데 불교가 마구니 소굴이라고 생각하는 그런 종교도 있습니다마는 천만의 말씀입니다. 그렇게 생각한다면 짓는 대로 바로 악업도 정해지고 선업도 정해지는 겁니다. 아니라고 아무리 절레절레 머리를 흔든다 하더라도 자기가 바로 자동적인 컴퓨터이기 때문에 자기가 해 놓은 것은 자기에게 입력이 돼서 슬슬 나오게 돼 있습니다.

여기서 조금 저기서 조금, 조금조금씩 떼어서 말씀을 해 드려서 죄송합니다마는 여러분이 다 납득하시리라고 믿습니다. (대중 박수) 얘기를 한 번 더 하겠는데, 왜 마음으로 다스리라느냐? 옛날에 어느 수좌 스님이 동짓날 팥죽을 쑤다가, 이 얘기 다 아실 겁니다. 팥죽 방울이 끓어오르니까 "요것도 문수! 요것도 문수!" 하고 쳤답니다. 여러분 몸뚱이가 팥죽 솥이라고 한다면 어떤 생각이 드십니까? 그 팥죽 솥에서 팥죽 방울이 나오는 거지 딴 데서 오는 것도 빼어 가는 것도 아닙니다. 망상도, 또 굴레에서 벗어나지 못하는 것도 바로 그 속에서 나오는 거니까요. 그러니 거기에 속지 말라 이런 겁니다. 속지 말고 그냥 놔라. 미리 '어, 이것도 팥죽 솥에서 나오는 거니까 이것도 너로구나!' 하고 탁 눌러 놓고, 이것도 눌러 놓고 저것도 눌러 놓고 그러시란 말입니다. 사실이 그렇습니다.

몸뚱이 속의 의식들이 과거에 어떻게 살았느냐에 따라서 나오는 거니까, 그 업식이 그림자처럼 따라다니며 나오는 거니까 나오는 대로 거기다 되놓는 것이 마음으로 마음을 다스림이요, 바로 번뇌와 망상, 생사, 윤회 그 모든 거를 거기다가 녹이는 겁니다. 용광로에다가 헌 쇠든지 새 쇠든지 오락지든지 넣으면 다 녹는 것처럼 말이죠. 그 작업만 한다면 다 녹아서 저절로 생산이 돼서 나가는 거거든요. 그러니 '나중에 어떻게 될까? 잘될까 말까?' 이런 거추장스러운 생각을 마시고 진실히 믿고, 용광로에 쇠를 넣듯이 '모든 것은 네놈이 하는 것이니까, 안되게 할 수 있는 것이 네놈이니까 되게 하는 것도 너다.' 하고 놓아서 구정물이 나올 땐 맑은 물로 바꿔서 써라 이런 겁니다.

이렇게 모든 것을 놓아 가면서 체험하면서 돌아가는 것이 뭐냐 하면 혜향(慧香)입니다. 이름해서 혜향이니 여러분이 그렇게 실천하시는 가운데 목적을 달성하시게 되는 겁니다. 지혜로운 마음으로써 내면세계와 물질세계 양면을 따로 보지 말고 같이 관찰하면서 체험하면서 돌아가는 것이 바로 이름해서 혜향이라고 볼 수 있겠습니다.

이렇게 첫 번째에도 그 자리에다 놓고, 두 번째도 그 자리에다 놓고 보임을 해야 하고, 세 번째도 그 자리에다 놓고 보임을 해야 되겠죠? 그건 왜냐? 나를 깨닫기 위해서, 나를 발견하기 위해서입니다. 본래 없다면 찾는 것이지만 본래 있기 때문에 발견하는 거죠. 그래서 '부

(父)와 자(子)가 상봉을 하게 되면' 하는 소리를 합니다. 그걸 견성이라고 하는데, 견성을 했다고 자만심을 가지고 '내가 견성을 했지' 한다면 미해져서 캄캄해지는 겁니다. 그러니 두 번째는 둘 아닌 도리를 알기 위해서, 지혜로운 마음으로써 양면을 둘로 보지 않는 깨달음을 얻기 위해서 체험하고 돌아가는 그 자체가 바로 혜향입니다.

계향 정향 혜향을 올바르게 한다면 이름해서 해탈향(解脫香)입니다. 여러 부처님들이 다 그렇게 말씀해 놓으신 겁니다. 만물만생이 무명에 묶인 것을 푸는 것이며 또 여여하게 다스리고 나가는 것이 바로 해탈향입니다. 그 이름은 쏙 빼놓고 진실로써 그대로 작업을 하신다면 바로 해탈향입니다. 해탈향이라는 것도 이름입니다. 그리고 이게 마음의 향이지 물질적인 향이 아닙니다.

그래서 우리가 해탈향을 그렇게 했으면 해탈지견향(解脫知見香)이라고 합니다. 그것도 이름입니다. 삼라만상 만물만생을 느끼고 보살핌이 항상 밝아서 걸림이 없이 구족한 것이 바로 해탈지견향이라고 이름할 수도 있는 겁니다.

우리 모두가 한 발 떼어 놓을 때에 한 발을 지고 갑니까? 여러분! 마음입니다, 마음! 금을 쥐었다면 좋은 데다가 깊숙하게 감춰 놓지만 걸레를 짰다면 걸레를 어떻게 놓으십니까? 빨아 가지곤 그냥 아무데나, 세숫대야에 담아서 그냥 아무 데나 밀어 놓죠? 이렇게 좀 걸레 짜서 밀어 놓듯 하시면 어떻습니까? 우리가 항상, 가고 오는 것도 보고 듣는 것도, 말하는 것도 먹는 것도 다 고정된 게 하나도 없어서 우리가 걸어서 여기 올 때도 짊어지고 온 게 하나도 없습니다. 그랬는데 그 마음이 관습 때문에 자유롭지가 못합니다. '인간은 만물의 영장이니라. 자유롭게 할 수 있느니라. 자유롭게 될 수 있느니라.' 하고 마음을 자기 마음대로 쓰게끔 자유스럽게 줬습니다. 그런데도 마음을 자유스럽게 쓸 줄을 몰라요. 얽매여서 말입니다. 이사를 가도 날짜를 봐야 하고 삼재가 들어서 뭐가 어떠니 구랑신이 들어서 집을 못 짓느니 또는 혼인을 해도 날짜를 봐야 하느니, 이것도 관습에 의해서 그런 것입니다.

마음이라는 건 이 지구 바깥을 벗어날 수도 있거니와 문을 찾아서 다니는 것이 아닙니다. 문도 벽도 은산철벽도 지구도 다 문이 없는 겁니다. 땅속도 물속도 어디든지 말입니다. 그건 통과입니다. 그냥그냥 통과예요. 마음대로 하라고 마음을 가졌는데 마음대로 못하고 왜 얽매입니까? 왜 자기의 노예가 됩니까? 왜 항상 노예로서 살아야 합니까? 이 세상에 나와서 사는 것도 복잡하고 힘들어 죽겠는데 종교마저도 얽매이게 해서 되겠습니까?

부처님이 가르쳐 주신 그대로 자유롭게 사세요. 사람이 한 번 죽지 두 번 죽지 않습니다. 예전에 "거기에 집을 지으면 구랑신이 들어서 당신 죽어!" 이렇게 말하는 사람이 있었어요. 그래서 "허! 아니, 쓰다듬고 만지고 그러던 이 몸뚱이도 언젠가는 다들 버리고 가는데 무엇이 그렇게 애틋해서, 죽을까 봐 겁나서 집을 못 지어?" 했던 거죠. 그런데 여직껏 아무 일 없어요. 하하하…. (대중 박수)

자기 마음이 자기 마음을 귀신으로 만들어 놓고 귀신한테 말려서 항상 얽매이는 것입니다. 왜 그런 줄 아십니까? 옛날에도 어느 분이 이렇게 나한테 묻습디다. "귀신이 정말 있는 겁니까? 어디 가서 물어보니까 물귀신이 해친다고 물 있는 데 나가서는 절대로 안 된다고 했습니다." 그랬거든요. 그래서 절대 물에는 가지 않는대요. 그러면서 물귀신이 정말 있다고 합디다. 그래서 내가 그랬죠. "그 물귀신이 있다고 생각하는 바로 당신의 마음이 물귀신이요. 당신의 마음이 물귀신이기 때문에 당신의 몸뚱이는 물귀신한테 말리는 거야. 그러니까 정말 마음을 조심하시오." 그랬어요.

아니나 달라요? 아주 높은 사람인데 누가 초청을 해서 갔거든요. 그 집에서는 귀한 분이 오신다고 층층 계단을 그냥 물로 닦아서 딱 해 놓았는데 그 층계를 올라가다가 그 물에 미끄러져서 그냥 곤두박질을 쳤단 말입니다. 그렇게 허리를 다쳐서 그 해 일 년을 일어서질 못했다는 겁니다. 그러고는 그 후에 또 와서 말하기를 "정말 물귀신은 있다" 이겁니다. 하하하…. 그래서 내가 그랬습니다. "당신 마음이 물귀신이 됐기 때문에 물귀신한테 당신 몸이 그렇게 된 거지 당신 마음이 물귀신이 아니었더라면 그 몸뚱이가 그렇게 되진 않았을 겁니다." 했습니다.

그런 거와 같이, 우리가 물귀신이 되느냐 물귀신이 안 되느냐 하는 게 우리 마음에 달려 있습니다. 일체 천차만별에 대한 것을 마음 하나로 다 타파할 수 있는 도리가 바로 부처님의 도리입니다. 여러분한테 이렇게 자세하게 '너를 깨닫고 너를 만날 수 있다면, 너를 볼 수 있다면 바로 나도 볼 수 있느니라. 너를 볼 수 있다면 자생중생을 천백억화신으로 화하게 다스릴 수가 있느니라.' 하고 가르치신 겁니다. 그러니까 내 마음이 그렇게 해야 이 몸뚱이 속에 있는 중생들도 다 자기가 마음 쓰는 대로 알아듣고 행하죠. 작용을 해 주고 행하고, 털구멍을 통해서 들고 나면서 다 작용을 하죠. 그렇게 돼야 맨 나중에 자기가 견성을 하는 것이고, 그게 아주 첨단의 공부입니다. 말로만 들어서 견성이 되는 것이 아닙니다.

그리고 천차만별로 병풍 둘러치듯 한 삼천대천세계의 진리가 어떻게 책으로 다 엮어지겠습니까. 조그만 것에서부터 큰 것까지 일일이 어떻게 경전에 다 싣겠습니까. 그래서 전자에 선지식들께서 말씀하시길 "일체가 하나로 돌아가는데 그 하나는 어디로 돌아가는고?" 했단 말입니다. 우리 마음을 마음대로 하라고 자유스럽게 줬는데도 불구하고 마음을 자유스럽게 못 쓰고 있습니다. 이 자리에 앉아서도 여러분의 집에 뭐 뭐가 놓인 걸 지금 찰나에 다 가 보고 오실 수 있겠죠? 그런 거와 같이 지구 바깥으로도 벗어날 수 있고 어느 혹성이든지 한 찰나에 빛보다 더 빨리 볼 수 있는가 하면 행할 수가 있다는 사실을 믿지 않아서는 안 됩니다.

우리가 정신세계의 50%를 밝게 알아야 그대로 물질세계 50%로 나오게 돼 있습니다. 정맥 동맥이 같이 돌아가듯 말입니다. 사람이 반이 죽으면 반이 생하고, 반이 생하면 반이 죽고 하는데, 이게 정맥 동맥이 돌아가듯 하는 진리인 것입니다. 이 진리를 모두 여러분의 마음으로서 하나하나 알고 체험을 하셔야만 합니다. 땅속에 있는 금을 캐낸다고 해서 그것이 바로 금으로 쓰이는 게 아닙니다. 그거를 깨뜨려서 물에다 걸러서 추려서 다 금뭉치로 만들어 놔야 금인 것입니다. 그렇게만 해서도 또 금이 아닙니다. 인연에 따라서 손이 가야만이 그게 광이 나고 빛이 납니다. 광이 나야 금으로서 귀걸이도 만들고 목걸이도 만들고 팔찌도 만들고 이도 하고 전부 그렇게 해서 나가듯이 말입니다.

우리도 다 그렇지 않습니까? 하다못해 나무가 자라서 열매 맺는 것도 그렇구요. 우리 몸뚱이가 싹이라면 그 싹을 키워서 아름답게 꽃 피우고, 또 꽃도 그냥 여느 꽃이 아닙니다. 마음의 꽃! 마음의 꽃이 피어야 바로 열매가 맺고, 열매가 맺어야 씨도 생기고 무르익게 되는데 그 무르익는 과정이 바로 수행의 과정입니다. 무르익어야 제 나무에서 익었다고 볼 수 있습니다. 그것이 무르익어서 완전히 익어야 모든 사람들이 맛있다고 갖다가들 먹게끔 돼 있죠. 제 나무에서 익지 않은 것을 따다가, 그냥 선 것을 갖다가 아무리 먹이려고 애를 써도 먹지 않습니다. 그런 것처럼 우리 인간의 삶 속에의 철저함과 부처님이 가르치신 그 길과 똑같습니다. 그러니 부처님의 그 감사함을 어찌 다 말로 하겠습니까?

그리고 부처님의 감사함뿐만 아닙니다. 하다못해 돌부리 하나라도 돌장승 하나라도 풀뿌리 하나라도, 무정물 식물 동물 곤충에 이르기까지 전체가 다 우리의 스승 아닌 게 하나도 없습니다. 그 모두가 없었다면 우리가 어떻게 보고 느끼고 배웠겠습니까? 난 항상 그렇게 생각합니다. 거지든 거지가 아니든, 부자든 가난하든, 여자든 남자든, 애든 어른이든, 또는 곤충이든 풀포기든 어느 거 하나 스승 아닌 게 없습니다. 태로 낳고 알로 낳고 화해서 낳고 질척한 데서 낳는 그 천차만별의 헤아릴 수 없는 사생 자체가 전부 스승 아닌 게 없습니다.

그런데 한 가지 묘한 거는 곤충이나 짐승 이런 것은 사람처럼 빼고 끼울 줄을 몰라요. 사람은 빼고 끼울 줄 아는 지혜가 있는데 말입니다. 그것들은 지혜가 없으니 빼고 끼울 줄 몰라서 자식을 낳아 놓으면 그냥 자기 몸뚱일 자식한테다 다 바칩니다. 그 모습으로 나왔으니까 그 모습에 따른 행을 해야만 되겠죠.

엊그저께도 얘기를 했습니다만 어떤 사람이 이 세상에서 너무 험하게 살았어요. 그래서 개 무명을 쓰고 나왔단 말입니다. 그랬는데 혹간 사람의 의식이 있거든요. 사람의 의식이 있는데 아무리 짖어도 개 대접만 해 주지 사람 대접은 안 해 주거든요. 개 모습이니까 개 대접을 해 주지 무슨 대접을 해 주겠습니까. 아무리 악머구리같이 소리를 쳐도, '난 아무개다' 라고 아무리 악을 쓰고 짖어도 "이놈의 개, 왜 짖어?" 하고서 개 대접을 해 주지 사람 대접 해 주는 게 없습니다. 그렇기 때문에 그러한 모습을 한 번 쓰고 보면 그 습에 얽혀서 사람 되기 어렵다고 했습니다. 그 습에 얽혀서 사람 되기가 상당히 어렵죠. 그러니 사람이 됐을 때 오신통 통 속을 벗어나서 통을 굴려야만 하겠기에 우린 통 안에서 벗어나야 된다 이런 소립니다.

그래서 그 많은, 깨친 부처님들께서 다 말씀하시기를 "봤다고 해서 봤다고 하지 말고, 안다고 해서 안다고 하지 말고, 타심통이니 천안통이니 숙명통이니 천이통이니 신족통이니 하는 것을 다 한다고 해도 했다고 하지 마라. 그 통 속에서 벗어나지 못하면 바로 사대에 통신을 모두 못하고 마음의 전달을 못하고 행을 못하느니라." 하셨습니다. 그것을 이름해서 누진이라고 했지마는 마음으로써 마음이 벗어나야 이 모두를 타파하고 나갈 수 있는 힘이 생기고 창조력이 생기고 발전이 되는 것입니다.

우리는 그냥 가만히 있으면 부처라고 하지만, 깨달아 가지고 가만히 있는 건 가만히 있는 것도 아니고 가만히 있지 않는 것도 아닙니다. 그러나 모르는 사람이 그냥 가만히 있는 거는 바로 목석과 같은 것입니다. 마음의 발전이 없고 말입니다. 그래서 '뛰면서 생각하고 생각하면서 뛰는 것이 그대로 참선이니라. 어느 거 하나 참선 아닌 게 없고, 어느 거 하나 공안 아닌 게 없고, 어느 자리 하나 도량 아닌 게 없고, 어느 거 하나 중생이다 부처다 따로 볼 게 없느니라. 중생 속에 부처가 있고 부처 속에 중생이 있는 거지 따로 있는 게 아니다.' 라는 얘기죠.

공과 색이 어떠한 것인가? '꽃이 필 때는 색이요 꽃이 질 때는 공이다.' 이렇게도 비유할 수 있겠죠. 그러나 공과 색을, 우리의 정신계를 공이라고 한다면 물질계를 색이라고 할 수도 있겠습니다. 그런데 색과 공이, 즉 몸과 정신이 어디 둘입니까? 정맥과 동맥이 돌아가듯 어떤 거 하나 떼 버릴 수 없는, 그저 둘 아니게 돌아가는 작용일 뿐이죠.

그럼 오늘은 이걸로써 내 두서없는 말은 끝을 내겠습니다. 그러면 질문들 하십시오. (대중 박수)

질문자1(남) 자비로우신 큰스님, 먼 길을 오셔서 우리 전남 광주 불자님들을 위해서 큰 법문 받들 기회를 주신 것을 대단히 감사하게 생각합니다.

저는 대학에서 경제학을 가르치고 있습니다. 그동안 한마음 공부를 해 오면서 여러 모로 정신적 평안함을 체득하였습니다만 어려움도 있었습니다. 그러나 그 어려움들을 공부 재료로 삼으라는 큰스님의 가르침을 진실로 믿고 생활해 왔습니다. 오늘은 공부 과정 중에서 몇 가지 의정이 있어서 질문을 드리겠습니다.

요즘 국민들의 지지 속에 문민정부의 부정부패의 척결은 정신혁명이라고 할 정도로 우리 사회에 놀라운 의식의 변화를 가져오고 있습니다. 이처럼 온통 세상을 들끓게 하는 부정부패의 근본 원인은 중생들의 지나친 욕심 때문이라고 생각합니다. 이들이 한마음 공부를 했더라면 그렇게 타락해서 인생을 망치지 않았을 것이라는 생각을 하면서 큰스님의 가르침이 새삼스럽게 더욱 고귀하게 느껴집니다.

그러나 욕망이라고 하는 것은 다른 한편으로 이해하자면 개인의 발전은 물론이거니와 기업이나 국가나 사회 발전의 원동력이 되기도 합니다. 그렇다면 불가에서 얘기하는 넘치지도 부족하지도 않는 참된 욕망이라는 건 어떤 것인가 알고 싶습니다. 특히나 윤리와 도덕이 타락하고 혼탁한 사회 속에서 진정한 참된 삶의 길을 걸어갈 수 있는 욕망의 기준이 어떤 것인지 큰스님의 높으신 가르침을 부탁드립니다. 감사합니다.

큰스님 진정한 욕망이라는 것은 더함도 덜함도 없어야 하는데…, 우리가 정신계와 물질계를 둘로 보지 않는다면 둘 아닌 행동을 하게 됩니다. 그건 반드시 중용으로서 행을 하지 그냥 작용을 하는 게 아닙니다. 그냥 행동을 하는 게 아니고 중용을 하는 겁니다. 안팎을 다 겸해서 하기 때문에, 양쪽에 있는 전자와 전자를 한데 갖다가 붙이면 불만 들어올 뿐이죠. 그와 같이 바로 우리가 저절로…, 아까 얘기했듯이 계향 정향 혜향 해탈향 해탈지견향만 특별히 마음의 향으로 지킬 수만 있다면 그대로 자동적으로 그게 지켜지면서 모든 공덕이 자기한테 스스로 오는 것입니다. 그렇기 때문에 자동적으로, 그렇게 분수 없이 저지르지 않게 되는 것입니다.

질문자2(여) 저는 오늘 질문을 올리기 전에 먼저 큰스님께 감사의 말씀을 올리겠습니다. 저는 이십 년 동안 몸은 살아 움직였지만 마음은 항상 근원을 찾아 헤매었습니다. 그런 끝에 불법을 만났지만 만물에 불성이 깃들어 있다는 부처님 가르침과는 달리 부처님은 항상 멀리 계셨고 저는 미혹한 중생일 수밖에 없었습니다. 그러던 중 큰스님 구도 소설 『도』를 접하게 되었고 전 거기에서 '아! 석가모니 부처님 단순히 그분 한 분만이 아니구나!' 라는 걸 깨달았습니다. 그래서 석가모니 부처님 아닌 부처님, 그리고 큰스님, 그리고 부처님 가르침, '나'가 둘이 아닌 도리를 보고 열심히 공부해 가고 있습니다. 큰스님, 감사합니다.

부처님께서는 인연 없는 중생은 제도를 못한다 하셨고 큰스님께서도 각자 그릇의 크기에 따라 물을 부어야 한다고 하셨습니다. 그렇다면 깨달음을 얻는 것은 각각의 근기에 따라 다르다고 할 수 있는데 이 근기는 타고난 것인지요? 그리고 인연 없는 중생이란 무엇을 뜻함인지 가르침을 청합니다.

큰스님 아주 간단하게 비유해서 말하죠. 회사에 취직을 했는데 딴 직원들과 똑같이 하질 않고 이리저리 건방지게 굴고, 돌아서면 욕을 하고 돌아서면 딴 짓이나 하고, 훔쳐 내가기나 하고 이런다면 그 회사에서 직원으로 두겠소? 안 두죠? 그러니까 인연 없지! 그거는 인연이 없어서 그 회사에 두질 못해요. 그와 같아요. 하하하…. 뭐 크게 어렵게 생각할 필요가 없어요.

질문자3(남) 저는 우선 질문드리기 전에 큰스님께 진심으로 감사의 말씀을 드리고자 이 자리에 나왔습니다. 제가 큰스님을 처음 뵙게 된 것은 제 무릎 관절의 종양으로 고통을 받고 있을 때였습니다. 종합 병원에서 무릎 상하의 관절 부위에 종양이 커서 수술해야 한다고 하기에 전남대 병원 정형외과에 입원했습니다. 일 주일 동안 입원하고 있는데 수술을 해 주지 않아서 주치의에게 물어봤더니 수술 부위가 너무 커서 수술할 수 없고 무릎 관절 상하 부위를 약 9cm 정도 잘라 내고 인조관절 뼈를 대치시키는 수술을 해야 된다고 했습니다. 그때 저의 심정은 정말 절망적이었습니다.

그런데 그날 오후 현 신도회장님께서 오셔서 "수술을 하지 않고도 나을 수 있는 방법이 있는데…" 하시면서 안양에 계신 큰스님과 한마음선원 말씀을 해 주셨습니다. 저는 그다음 날 바로 저의 집사람과 함께 안양 한마음선원을 물어 물어 찾아가서 큰스님을 친견하게 됐습니다. 그리고 그동안 제가 겪은 사정을 자세하게 말씀드리고 "큰스님, 수술을 하지 않기로 했습니다." 하고 간절하게 말씀드렸더니 큰스님은 그때 간단하게 "알았어요." 하시면서 "총무 스님께 가서 주인공에 관하는 법을 배우세요." 하고 말씀하셨습니다. 그 당시 광주에는 한마음선원 지원이 개원되기 전이었습니다. 저희들은 그 길로 광주에 내려와서 『도』, 『무』 책을 읽고 또 읽고 그리고 큰스님 법문 테이프를 들었습니다.

그런데 다리 아픈 것이 편치 않았습니다. 그래서 자주 안양 선원에 가서 큰스님을 친견하고 그때마다 저의 고통을 말씀드렸더니 큰스님께서 하신 말씀은 "주인공에게 맡기세요. 거기서 나온 것이니 전부 다 거기서 해결할 것이야."라고 말씀하셨습니다. 저는 그 길로 다시 내려와서 큰스님 법문 테이프 책, 그리고 법회에 참석하며 큰스님 말씀대로 묵묵히 꾸준히 그대로 실행했습니다.

언젠가 한 번은 큰스님께서 저희들이 구하기 쉬운 생감자라든가 콩, 다시마들을 먹어 보라고 하셨습니다. 그래서 저희들은 내려와서 큰스님 말씀 그대로 했습니다. 언제 한 번인가는 큰스님께서 생수은, 황 그리고 찹쌀죽물을 섞어서 환을 만들어 먹어 보라고 하셨습니다. 저희들은 의심 없이 내려와서 그대로 만들어서 환을 지어 복용을 했습니다. 만약 제게 큰스님의 가르침을 믿는 신심이 없었다면, 만일 제가 의심을 했다면 불가능한 일이었을 겁니다. 여기 계신 대중 여러분도 아시다시피 수은이라고 하면 조금만 마셔도 수은 중독이 되고 여러 가지 합병증을 앓는다는 것을 저는 물리학을 전공하기 때문에 누구보다도 잘 아는 사람입니다. 그러나 저희들은 전혀 의심하지 않고 그걸 그대로 복용했습니다.

언젠가 큰스님께 "강의가 시작되니 빨리 나으면 좋겠습니다."라고 말씀드렸습니다. 그랬더니 큰스님께서 웃으시면서 "아픈 다리를 황금 다리인 줄 알아라." 하시면서 "만약 다리가 아프지 않았다면 어떻게 불법을 공부했겠느냐." 하시면서 다리 아픈 고통이 낫더라도 앞으로 더 큰 고통이 올 터이니 한마음 공부를 해서 낫도록 하라고 말씀하셨습니다. 저희들은 내려와서 또 그대로 실행했습니다.

1991년입니다. 저는 양쪽에 목발을 짚고 강의를 했습니다. 두 시간 연강을 하며 아픈 다리를 짚게 되면 눈에 눈물이 나오고 정말 그 고통은 말할 수 없었습니다. 그런데 하루는 주인공한테 관했습니다. '주인공! 이제 스틱을 놔도 되지 않아?' 하고 그날로 스틱을 놨습니다. 그랬더니 아픈 다리의 통증이 거의 없이 걸을 수 있었습니다. 그리고 이 자리에 제가 우뚝 섰습니다. 제 주위의 모든 분들이, 특히 동료 교수들이 저를 보고 의지의 사나이, 기적을 받는 사람이라고 얘기들을 하고 있고 저도 감사하고 있습니다.

이 모든 것은 큰스님이 저에게 가르쳐 주신 '주인공만이 해결할 수 있고 거기서 나온 것이니 거기에 맡겨서 거기서 해결하라.' 하는 말씀을 따라 꾸준히 정진한 결과라고 생각합니다. 큰스님의 가르침과 한마음 공부를 통해서 얻은 이 기쁨을 회향해서 제 주위에 있는 모든 인연 닿는 분들에게 한마음 공부를 전하고 번뇌와 고통에서 벗어나서 영원한 자유인이 되는 길을 가는 데 일조를 할까 합니다. 진심으로 큰스님께 감사를 올립니다. (대중 박수)

나온 김에 큰스님께 질문 하나 드리겠습니다. 과학 문명은 50%만 담당할 뿐인데 전체를 채우려면 정신과학, 즉 정신, 마음 법, 심성과학을 계발해야 한다고 말씀하셨습니다. 현재 의식과 잠재의식이 계합되지 않고는 완전한 연구는 이루어지지 않는다고 말씀하셨는데, 현재의식과 잠재의식은 무엇이며 현재 의식과 잠재의식을 계합시키는 방법은 어떤 것인지, 물론 앞서의 법문에서 말씀해 주셨습니다만 우매한 저에게 다시 한 번 가르침을 주시면 감사하겠습니다.

큰스님 잠재의식이라는 것은 내가 나기 이전, 자기의 영혼의 근본 그것을 잠재의식이라고 일컬어 말할 수도 있습니다. 그러나 그런 게 없으면, 즉 뿌리가 없으면 나무가 없듯이 씨가 없다면 싹이 날 수가 없어요. 그러니까 아까도 색과 공을 말했듯이, 잠재의식이란 바로 자기의 공을 말하는 거죠. 주인공! 주인공이 바로 잠재의식이라고 할 수 있죠. 그러니까 에너지라고 볼 수 있어요. 그러니까 어떻게 생각하면 조그마한 불바퀴라고도 할 수 있죠.

그러니까 이 몸뚱이, 지금 현재 의식과 잠재의식의 만남이 있어야만 합니다. 항상 만나서 접하면서도 자기 자신들이 그걸 몰라요. 모르니까 자기가 한다고 그러죠. 항상 자기가 한대요. 진짜 자기가 하는 걸 모르고 이 몸뚱이가 자기인 줄 알아요. 그러니까 항상 둘로 보죠. 둘로 보게 돼 있죠.

그러니까 하나로 보게 하기 위해서, 아까도 계향 정향 얘기를 했죠? 그대로 내 탓으로 생각한다면 가정에서도 어떠한 불편이 생긴다 하더라도 화목을 도모할 수 있고 부드러운 말이 나갈 수 있고 부드러운 행동이 나갈 수 있다. 동시에 이러한 마음공부의 지름길에 의해 나는 나대로 나를 발견할 수 있고, 또 발견했으면 지혜를 구할 수 있고, 지혜를 구할 수 있으면 에너지를 배출할 수가 있습니다. 저 전력을 끌어 쓰듯이, 어떠한 용도든지 작으면 작은 대로 크면 큰 대로 각자가 다 끌어 쓸 수 있는 그런 힘을 여러분이 모두 가지고 계십니다.

그러니까 아까도 얘기했듯이 다리에 인조 뼈를 넣어도 일 년쯤 지난다면 다시 바꿔 넣어야 되죠. 그러니까 그것이 얼마나 고통스러우냐 이겁니다. 사람이 한 번 죽지 두 번 죽지 않는데, 부처님을 믿으려면 진짜로 자기 마음속의 부처님을 믿어야 할 텐데도 불구하고 허공을 헤매는 그런 작업을 하니까 나쁜 일이 생기고 영계성이 생기고 유전성이 생기고 업보성이 생기고, 과거에 어떻게 살았느냐에 따라서 입력이 된 것이 자기한테 그냥 뭐 조금도 사해지지 않고 나타나는 거죠.

그러니까 그 잠재의식과 현재 의식이 함께 한다면 의학계에서도, 즉 말하자면 연구 능률이 아주 100% 될 수 있습니다. 그러나 정신계

50%를 포착하지 못한다면 영원히 발전할 수가 없어요. 병이 오는 것도 영계성에서 오고 유전성에서 오고 업보성에서 오고 세균성에서 오고 인과성으로 오고. 가지각색으로 오는데 그게 어디서 온 줄 알고 치료를 하겠소? 그리고 또 모르고 치료를 해 봤던들 그거는 나았을지언정 또 딴 데가 불거져요. 그러니 어쩔 수가 없어요. 썩은 뿌리를 잘라 버리듯 근원을 치료해야죠. 그러니까 우리가 자기의 뿌리를 알아야 남의 뿌리도 알 수 있고, 자기 뿌리를 알아야 자기 나무도 알 수 있고 남의 나무도 알 수 있고 이런 거죠. 그러니까 심성의학이라야만이 된다. 심성을 빼놓고는 창조도 못해 낼 뿐만 아니라 발전도 못한다 이런 거죠.

질문자3(남) 감사합니다.

질문자4(비구 스님) 스님, 반갑습니다. 오늘의 저를 있게 해 주신 수많은 스승들께 감사하면서 제가 공부하면서 약간 미심쩍었던 부분에 대해서 한 가지 질문하겠습니다.

이디오피아는 지금도 몇천 명씩 굶어 죽고, 또 유고슬라비아는 지금 내전을 일으켜서 수없이 죽고 죽이는 살육전을 벌이고 있는데다, 가깝게는 제 주위의 수많은 사람들이 항상 먹고 사는 것에만, 생명줄을 이어 가는 데만 급급하게 사는 것을 보게 됩니다. 그리고 제가 요새 불사 화주 하러 다니는데 거의 두 달 동안 다니면서 제가 제 마음의 부처를 믿는 힘은 훨씬 더 강해졌습니다. 그러나 모든 것이 뜻대로 되지만은 않을 때는 '내가 내 마음의 부처를 믿는 힘이 부족해서 그런가?' 하고 깊이 반성하면서 가지만 때로는 '내 마음의 자재권이 왜 이렇게 부족한가?' 이런 생각을 해 보게 됩니다.

옛날에 책을 보니까 스님께서는 어떤 영가가 돼지 뱃속으로 들어가는 것을 잡아끌어 가지고 순간적으로 천도를 했다 하셨는데, 어떻게 보면 별것이 아닐 것 같은데 나는 왜 그것이 안되는가? 이런 자재력과 부처를 깊이 믿는 그런 마음 사이에서 그 경계선이 좀 애매하고,

내가 왜 그런 것이 잘 안되는 것일까 때로는 회의도 합니다. 이런 면에서 질문을 드리겠습니다.

큰스님 그런데 말이에요, 그거를 할 양으로 주인공, 마음의 부처님을 찾으니까 안되지, 할 양으로 하니까요. 하하하…. 이거 봐요. 내가 예전에도 얘기했듯이 귀신 방구씨를 발견해야….

질문자4(비구 스님) 스님, 그건 옛날에 넘어갔습니다. (대중 웃음)

큰스님 하하하, 발견해야 그 씨의 싹을 기르는데 방구털을 더 먹여도 안되고 덜 먹여도 안된다 이런 뜻이 있듯이, 가만히 앉아서 할 생각을 안 하고, 이거는 몸속에 있는 모든 중생들을 천백억화신으로 화하게 해서 나가서 하게끔 하지 않고 자기 몸뚱이로다가 어떡하든지 해볼 양으로 그냥 야단법석을 하고 다니니 한계가 있지 않나. 몸뚱이야 언제나 한계가 있지요.

옛날에 축지법을 하는 데도 그거는 몸뚱이로 하는 거기 때문에 술(術)이라고 했지요? 그러나 지금 시대는 그렇질 않아요. 로케트가 올라가는 시대이기 때문에 마음의 축지법이 아니라면 안 돼요. 지금 오히려 좀더 마음을 가라앉히고 죽고 사는 거, 하고 안 하는 거를 떠나서 진짜 해 보세요. 그러면 한 찰나예요!

질문자4(비구 스님) 감사합니다. 더 열심히 하겠습니다. (대중 박수)

사회자 예. 지금 시간이 많이 경과됐습니다. 질문을 하실 분들은 굉장히 많습니다만 마지막으로 간단하게, 간략하게 질문해 주시기 바랍니다.

큰스님 하실 분 있으면 댓 분 또 그냥 하시라고 그러세요.

질문자5(남) 이 공부는 곧바로 들어가는 공부라고 큰스님께서 말씀하셔서 저 역시 질문을 곧바로 드리겠습니다. 큰스님께서 저희들을 생각하실 때마다 진하디 진한 눈물이 흐른다고 하셨습니다. 그러시다면

열반하신 후에 다시 한 번 이 세상에 오실 의향이 있으신지 그것이 궁금해서…. (대중 웃음, 박수)

큰스님 하하하…. 이거 봐요. 몸뚱이로 볼 때는 죽는다 산다가 있겠지. 그러나 본래 나온 것도 없고 그렇기 때문에 갈 것도 없어요. 그러니 우리의 마음의 도리라는 건 영원한 겁니다. 이게 그냥 말로만 하는 소리가 아닙니다. 우주의 진리, 모든 거를 타파해 보면 아주 세세히 나와 있어요. 가도 가는 게 아니요 와도 오는 게 아니라, 이 세상에는 떴다 가라앉았다 가라앉았다 떴다 하는 것뿐이다 이런 거예요. 그러나 그렇게 떴다 가라앉았다 가라앉았다 떴다 하는 작업이, 그 작용이 천체 진리로서 되는데, 떴다 가라앉았다 하는 그 굴레에서 벗어나야 된다 이런 소리죠.

질문자5(남) 질문을 하나 더 드리겠습니다. 이 질문은 다른 법우님들도 조금 궁금해하는 것 같아서 그냥 나가려다가 다시 한 번 말씀드리겠습니다.

부모는 자식 때문에 끄달리고요, 자식은 부모와 뜻이 안 맞아서 서로 어긋나는 일이 많거든요. 이러한 부모 자식 간의 관계를 영원히 벗어나는 딱 소리 나는 가르침을 부탁드립니다. (대중 박수)

큰스님 아, 딱 소리가 나게 하려면 자기가 딱 해야지. (대중 웃음, 박수) 아니, 댁이 지금 배가 고파 죽겠는데 대신 내가 밥을 먹는다고 한다면 댁이 배가 부르겠소?

질문자5(남) 부르지 않습니다.

큰스님 부르지 않죠?

질문자5(남) 예.

큰스님 그렇기 때문에 배고프면 먹고, 먹고 나서 똥마려우면 누고, 졸리면 자고 할 수 있는 세 가지 여건이, 세 가지란 말도 없이 그대로 여여하다면 자식과 부모 사이의 인연도 그냥 둘 아니게 돌아가죠. 즉 말하자면 바람의 인연, 종 치는 인연, 보는 사람의 인연 이렇게 돼야 종소리를 들을 수 있는 것처럼 부모 자식도 인연에 따라서 깡통이면 깡통끼리 만나고, 넝마면 넝마대로 만나고, 금은 금대로 만나서 이 세상에 같이 모이게 되거든요. 그러니까 당하는 사람도 똑같은 깡통이요, 그렇게 하는 사람도 똑같은 깡통이란 말이에요.

그러니까 끼리끼리 만난 거죠. 이 세상을 다 보세요. 끼리끼리 모여 있죠. 스님은 스님대로 모여 있고, 하하하…, (대중 웃음) 속인은 속인대로 모여 있고, 정치인은 정치인들대로 모여 있고, 애들은 애들대로 모여서 놀아요. 또 상점에 가 봐요. 사과는 사과대로 놓여 있고 배는 배대로 놓여 있고, 또 금은 금방에 있고 넝마는 넝마전에 있어요. 그렇듯이 모두가 끼리끼리 만나는 것이기 때문에 업보에 대한 문제를 그 업보가 나오는 데다 되놔라 이런 소립니다. 그래야 없어지니까요.

그래서 내가 항상 말하죠. 자식이 공부를 안 한다, 뭐를 잘못한다, 나가서 자고 안 들어온다, 별일을 다 한다 하더라도 아주 부드럽게 말해 주고 부드럽게 대해 줘라. "얘, 너 나가서 배나 안 곯았니? 아이, 어디서 잤니?" 아주 이렇게 부드럽게 "네 일생을 생각해서 네가 지금 알아서 해야지 않겠어?" 하고 웃으면서 "얘, 배고픈데 어서 밥 먹어라." 하고 부드럽게 해 줘야죠. 어떤 거든지 따뜻한 데로 고이게 돼 있거든요. 그리고 마음을 잡아야지 몸뚱이를 잡아서 되는 게 아니에요. 그렇게 해서 차츰차츰 모든 것을 나오는 데다 맡기면, 한 방에 전기 올리는 스위치가 하나듯이, 부모라는 거하고 자식이라는 거하고 알면 그냥 가설이 된 거예요. 부모다 자식이다 하니까 가설이 된 거죠. 그죠? 그래 가설이 된 거니까 내 주인공에다가 모든 거를 맡기고 부드럽게 얘기하고 그러면 그 상대방의 마음속에도 불이 들어오게 돼 있거든요. 그러니까 둘이 아니라는 뜻이에요. (대중 박수)

어떤 사람이 아들과 그냥 원수처럼 고통스럽게 지냈는데 어휴 세상에, 그렇게 망나니처럼 굴던 그 아이가 어느 순간 "어머니, 제가 독 닦아 드릴까요?" 하더랍니다. "독 닦아 드릴까요, 뭐 해 드릴까요?"

그러더라는 거죠. 그러니까 마음을 잡아야, 마음이 둘이 아니기 때문에 자기 주인공에다 그냥 놔도 아이한테도 불이 들어오게 돼 있어요. 가설이 돼 있거든요. 그러니 그 지혜로운 마음이라야만이 융통성 있게 집안을 이끌어 나갈 수 있다는 얘기죠.

질문자6(남) 스님, 반갑습니다. 제가 책을 보다 보니까 많은 스님들과 거사님들의 말씀에 의하면 '불성은 개개인에 있다' '하나만 있다' 그러는데 이 말들이 조사의 어록과 일치가 되지 않으니 불성에 대해서 자세히 좀 말씀해 주십시오.

큰스님 이 세상에 두두물물이 부처요 부처님 법 아닌 게 없는데 뭐가 아니고 맞고가 있습니까? 그리고 또 지금 질문하는 분은 누가 말을 하고 있습니까? 개개인이 불성이 없다면 어떻게 말을 하겠습니까? 불성이 없다면 무효입니다. 형체도 없으니까요. 그러나 생각을 못하면 또 목석입니다. 육신이 없다면 또 무효입니다. 그렇기 때문에 불성이라는 것은 바로 움죽거리지도 않으면서 말을 하게 하고 듣게 하고 움죽거리게 하고, 전체를 천차만별로 하게 합니다. 그렇게 하는 바로 원동력입니다, 원소죠. 그러니까 댁에서 지금 말할 수 있는 걸 보니까 댁에서 가지고 계신 것 같은데요? (대중 웃음, 박수)

질문자6(남) 그러면 스님, 불성은 개개인이 다 지니고 있는 것입니까?

큰스님 그럼요!

질문자6(남) 많은 스님들과 공부를 했다는 분들은 불성이 하나라고 말을 하는데 거기서 그 책의 말과는 일치가 되지 않기 때문에 오늘 질문을 드려서 잘 알고 갑니다. 감사합니다. (대중 박수)

사회자 예. 참 시원한 답이었습니다. 벌써 법회가 시작이 된 지 두 시간이 넘었습니다. 오늘 법회를 여기서 줄일까 합니다.

큰스님 궁금해하는 분이 있으면 두어 사람 더 하세요. (대중 박수) 하려고 생각하고 있다가 못하게 되면 그 얼마나 아쉽겠습니까?

질문자7(여) 오늘 이렇게 장시간 저희들에게 감로법을 주셔서 뭐라고 감사의 말씀을 드려야 할지 모르겠습니다. 저는 그동안 큰스님의 가르침대로, 주인공에 믿고 맡기며 놓고 관하라고 하신 대로, 어려운 일이 닥쳤을 때나 병고가 생겼을 때나, 평상시에는 평상시대로 감사하는 마음으로 회향을 하면서 주인공의 나툼을 체험하면서 살아가고 있습니다. 그런데 그동안의 체험을 돌아보면, 어떤 어려운 일은 많은 시간이 걸리기도 하고, 또 어떤 일은 믿고 관하다 보면 어느 사이에 이 일이 되었는지 저도 모르는 사이에 다 해결이 되고 맙니다. 이렇듯 주인공의 나툼의 시간이 길고 짧은 연유는 무슨 까닭입니까?

큰스님 그거는 댁의 마음이 큰 거는 큰 거라고 생각하고 작은 거는 작은 거라고 생각하기 때문이죠. 마음이라는 것은 빛보다 더 빨라서 가고 오는 게, 저 달나라에 간다 금성에 간다 하더라도 지금 이 순간에 요 방문 밖에 건너가는 거나 똑같이 맞먹습니다. 그런데도 불구하고 큰 거는 '아유, 이거는 정말 어렵겠어.' 하고 그 밑에 찌끄럭지가 있는 겁니다. 그게 관습이죠. 그러니까 길죠. 그런 건 여러분의 마음들이 만들어서 그렇게 하는 거지 길고 짧은 게 없어요.

그러니까 지금 살아서 정신세계 물질세계 양면을 다, 정맥 동맥이 거침없이 돌아가듯 이렇게 알아야 되는 거지요. 그래서 열반계에 이른다 하는 거지 아니, 내가 죽은 세상을 모르고 어떻게, 죽는다 산다의 교차로가 자꾸 돌아가는데 거기의 50%만 가지고서 어떻게 안 걸리겠어요? 그러니까 그러한 모든 것을 다, 천차만별의 이치를 다 하나로 매기단하고 하나에다가, 하나에서 전부 나오는 거니까 하나에다 전부 놔라 이거예요. 놔도 놔도 두드러지지 않고 꺼내도 꺼내도 줄지 않는 도리니까 그렇게 하세요.

사회자 큰스님, 이제 이것으로 마쳐야 되겠습니다. 시간이 너무 많이 경과됐습니다.

큰스님 그럼, 고만 해도 됩니까? (합장하시며) 감사합니다.

생활이 곧 진리

대구 대법회

1993년 6월 6월

대구의 여러분과 같이 한자리를 하게 된 것을 감사하게 생각합니다. 부처님 법이다 하는 것은 우리가 살고 있는 자체를 말합니다. 우리가 말하고 행동하고 죽고 살고 하는 이 도리가 바로 부처님 도리입니다. 우리 삶을 떠나서는 부처님 법도 없을 것이고 우리 자체가 없이는 부처님도 없을 것입니다.

'불(佛)' 이라 하는 것은 일체 생명의 근본이 불인 것입니다. 그리고 '교(敎)' 라는 것은 우리가 마음과 마음으로 전달을 하면서, 또 통신과 통신으로 통신을 하면서, 말과 말로 전달을 하면서 이렇게 돌아가는 것이 바로 교인 것입니다. 그렇기 때문에 불교(佛敎)라는 그 단어는 전체 삼천대천세계가 돌아가는 진리인 것입니다. 머리를 깎고 승복을 입고 목탁을 치는 것만이 불교가 아니라 전체, 생명이 있는 것 움죽거리는 것 말하는 것 모두가 다 불교인 것입니다. 어느 한 군데 국한돼 있는 것만이 불교가 아니라 전체, 곤충 한 마리의 생명도 생명이 있으니만큼 불이요, 지수화풍도 불이요, 모두가 불 아닌 게 하나도 없으니 불교 아닌 것이 하나도 없습니다.

일체 만물만생이 다 한마음으로 공생 공용 공체 공식화 하고 돌아가고 있는 이 시점에서 어찌 달리 종교가 있고 생명이 있고 삶이 있다고 보겠습니까? 불자로 하여금 광대무변하며 더하고 덜함도 없는 이 진리 자체가 부처님 법이자 우리들의 법이라는 것을 알게 하고, 마음을 넓게 써서 모든 구속에서 벗어날 수 있는 지혜와 고정됨이 없는 사랑을 줄 수 있고 받을 수 있는 그런 삶의 보람을 느끼게 해야 하지 않을까 생각합니다.

스님들이 목탁을 치고 머리를 깎고 승복을 입었다고 해서 고정되게 보고 깔보고 업신여기고 이렇게 해서는 절대로 안 되는 것입니다. 머리를 깎은 것은 이 세상만사가 천차만별로 고정됨이 없이 무상하게 돌아간다고 해서, 무명초라고 해서, 그릇을 비운다는 뜻에서 다 깎아 버린 겁니다. 승복이라는 것은 순색을 표현한 것으로서 검지도 않고 희지도 않고 언제나 조건 없는 사랑을 할 수 있는 중용을 말하는 것입니다. 뜻으로 따지게 되면 얼마나 귀중한 옷인지 얼마나 귀중한 삶인지 모릅니다.

여러분은 어떻게 생각하실지 모르지만 일체 만물만생이 다 마음과 마음이 전달이 돼서 돌아가고, 과일나무도 10리 안팎으로, 아니 20리 30리라도 서로 말 없이 말을 주고받으면서 사랑을 하고 열매를 맺고 합니다. 그것뿐만이 아니라 일체가 다 그렇게 가고 있습니다. 그러니 여러분의 생활 속에서 자녀들을 키우면서, 부모를 모시면서 말로만 그르니 옳으니 시비를 해서야 어떻게 잘될 수가 있겠습니까. 우린 마음과 마음의 전달로써 자녀들과 부모를 잘 이끌어 나갈 수 있고 잘 모실 수 있는 그런 마음이 필요한 것입니다.

어느 누가 이렇게 말을 합디다. 자식이 나가서 자고 들어오고 나쁜 일만 저지르고, 부모의 속을 썩이는 것이 이루 말로 다 할 수 없다고요. 그래서 하루는 이렇게 일러 줬습니다. "말로다가 몸을 붙잡으려고 하고 몸으로다가 몸을 붙잡으려고 한다면 붙잡아지지 않는다. 우주의 근본이 인간의 마음의 근본에 직결이 돼 있고 바로 이 세상만사가 다 마음의 근본에 가설이 돼 있다. 그러니 우주간 법계가 다 그렇게 같이 상응하면서 돌아간다는 사실을 알아라. 아들이라고 알고, 부모라고 아는 생각이 바로 가설되었다는 것이다. 가설이 돼 있으니 내 주인공에 맡기면 함께 돌아가게 된다. 즉 말하자면 내가 있음으로써 바로 불이 들어올 수 있고, 불이 켜질 수 있고 불이 꺼질 수 있고 맘대로 할 수 있는 것이다. 그럼으로써 생명의 근본이 둘이 아니듯이, 전력이 둘이 아니듯이, 금속이 둘이 아니듯이, 모든 것은 하나로 돌아가니까 용도에 따라서 자기가 전력이나 금속을 끌어 쓰는 데에 달렸다. 모든 것은 거기에 있으니까 거기에다 놓고 '너만이 할 수 있어. 너만이 이끌어 나갈 수 있다.' 할 때 비로소 아들의 마음과 하나가 되고 바로 그쪽에도 불이 들어오게 돼서 밝게 살 수 있다." 하고 얘기를 해 드렸죠. 그랬더니 마음으로 그대로 하면서, 부드럽게 말하고 부드럽게 행동하고 모든 거를 따뜻하게 해 주면서 안으로 놓고 굴리고 하니까 너무 착해졌답니다. 그 사람 하나뿐이 아니라 여러 사람들이 다 그렇게 말을 하더군요.

그러니까 부처님 법이 따로 있는 게 아니라 우리들이 살아나가는 살림 속에, 우리 마음속에 있는 겁니다. 생명의 근본과 마음을 내는 거와 육신이 움죽거리는 그 자체가 같이 돌아가는 것이 바로 주인공입니다. 부처님 법이라는 것이 따로 있어서 그런 게 아니라 여러분이, 일체 만물만생이 다 지수화풍으로 바탕이 되어 있습니다. 그렇기 때문에 지수화풍을 또 먹고 삽니다. 우리가 지수화풍을 먹고 살기 때문에 그 지수화풍으로 인해서 광력이나 자력 통신력 전력, 이것이 항상 우리들한테 재료로 주어져 있는 겁니다. 재료로 주어져 있으니 마음과 마음이 삼천 년 전이든 삼천 년 후든 언제든 전달이 가능한 겁니다.

왜냐하면 시공을 초월해서 돌아가는 진리와 같이 부처님의 마음도 그렇게 돌아가고 있기 때문입니다. 4월 8일이 지난 지 얼마 안 됐죠? 어떤 분들은 4월 8일에만 부처님이 오셨다고 생각할지도 모르죠.

그러나 여러분이 살아 계신 한 그 마음속에는 항시 부처님이 계신 것입니다. 이것을 여러분 앞에 어떻게 말을 해야 될는지 모르겠지만, 아까 네 가지 재료가 다 있다고 그랬죠? 전력이나 자력 통신력 광력이 전부 여러분한테 주어져 있다고요. 주어져 있는 그 자체가 바로 부처님의 마음입니다. 만약에 우주 삼천대천세계가 한 바구니에 담긴 꽃다발 하나라 한다면, 부처님께서는 그거를 다 꿰뚫어서 맛을 알고 보고 감촉하고 그 모두를 알고 계시기 때문에 그 마음 하나로 합쳐 여러분으로부터 곤충에 이르기까지 다 나투면서 응해 주실 수 있는 것입니다.

우리가 먹어 보지 않아서 맛을 모르는 것은 생각도 나지 않듯이, 중생들은 마음을 널리 낼래야 낼 수가 없습니다. 내 몸 안에서 한 발자국도 벗어나지 못하는 그 자체가 바로 중생이기 때문입니다. 그러나 부처님은 마음을 널리 내시기 때문에 어느 거 하나 아니 되시는 게 없고, 어느 모습 하나 부처 모습 아닌 게 없고, 어느 자리 하나 부처 자리 아닌 게 없고, 어느 생명 하나 부처 생명 아닌 게 없습니다. 그렇게 한생각으로 우주 삼천대천세계의 일체 만물만생을 다 내 마음 아닌 게 없이 나투시는 데 대하여, 내 몸 바깥을 벗어나지도 못하는 그 사람들 자체가 바로 중생인 것입니다.

그렇기 때문에 여러분이 그저 기도나 하고 이러는 게 부처님 법인 줄 아시고 칠성 찾고 독성 찾고, 또 약사 찾고 지장 찾고 이렇게 갈갈이 나누어서 찾는데 말입니다, 모두가 한마음 속에서 나오는 겁니다. 한 가정에서 한 아버지나 한 어머니가 자동적으로 어머니라는 이름을 갖고, 자동적으로 아버지라는 이름을 갖고 때에 따라서 "여보!" 하면 남편이 되고 "아무개야!" 하면 아들이 되고 "여보게!" 하면 사위가 되고 "형님!" 하면 형님이 되고, 이렇게 자동적으로 뜻과 말과 행이 화해서 바꿔지면서 생활을 여여하게 해 나가듯이 그렇게 해 나갈 수 있는 것인데도 불구하고, 여기다가 놓고 빌지 않으면 안 된다는 생각 자체, 부적을 안 하면 이사를 가지 못한다는 생각 자체, 여러 가지 문제가 다 여러분의 관습에 의해서 주어진다고 봅니다. 이제는 개선할 때도 되지 않았습니까? 우리가 마음 한생각을 잘 돌린다면 너무도 광대무변한 도리에 의해 밝고 자유스럽게 살 수 있다는 것이 부처님의 가르침입니다. 부처님의 뜻과 부처님의 가르침을 몸소 실천하면서, 느끼고 체험하면서 살아나가는 것이 진짜 우리들의 법이며 우리들의 자유스런 생활이라고 볼 수 있겠습니다.

나는 책을 봐서 말을 하는 것도 아니고 미리 생각을 해 뒀다가 말을 하는 것도 아닙니다. 그런데 대구에 와서 여기 들어올 때까지, 지금까지도 무슨 말을 어떻게 해야 할지 안이 서질 않습니다. 왜 그럴까요? 이 마음을 받아들이는 여러분의 그릇이 무조건 어느 거든지 다 받아들여서 내 거를 만들고 내가 행하고 실천할 수 있는 그런 둘 아닌 도리를 가져야만이 아주 마음과 마음이 편안하게 돼서 나도 여러분한테 마음이 통하는 것입니다. 여러분이 마음과 마음의 그릇을 텅 비우고 받아들일 수 있는 그런 역량을 가져야만이 서로가 다 편리할 것입니다.

우리가 항상 해야 할 다섯 가지 일이 있습니다. 절에서 예불을 모실 때 '계향(戒香) 정향(定香) 혜향(慧香) 해탈향(解脫香) 해탈지견향(解脫知見香)' 항상 그렇게 합니다. 그런데 말로만 그렇게 염불을 하라는 게 아니라 실천하라는 겁니다. 꽃을 공양 올릴 때도, 여북하면 꽃 공양입니까? 일체 만물만생이 다 같이 돌아갈 수 있는 아름다움을 꽃 공양이라고 합니다. 그리고 여러분이 초를 켜는 그 마음 자체를 바로 밝은 마음이라고 하는 겁니다. 그리고 다기 물을 떠서 공양을 올리는 그 마음이 바로 지혜로운 마음이라는 뜻입니다. 지혜로운 마음으로써 향을 피우는데, 악한 것은 다스리면서 선하고 아주 똑바른 마음을 내서 굴리는 것이 바로 향을 피우는 것이며 마음의 향입니다. 그래서 이 모두가 우리 마음으로부터 나오는 겁니다. 마음을 떠나서는 절대 아무것도 없습니다.

그리고 여러분을 떠나서는 아무것도 없습니다. 여러분이 이 세상에 나왔으니까 상대가 생겼고 부처님도 생겼고 종교도 생겼고 상대성 원리가 모두 생긴 것이지, 여러분이 이 세상에 나지 않았다면 어찌 부처님 법이 있겠습니까? 여러분이 이 세상에 나왔기 때문에 바로 여러분으로 하여금 여러분을 발견하라 하는 겁니다. 내 집에 전화를 놓지 않는다면 전화를 할 수도 없고 전화를 받을 수도 없는 것과 같으니 바깥으로 찾지 말고 내 마음속에서 찾으세요. 법당에 가더라도 부처님 형상이 내 형상이요 그 마음이 내 마음이요 그 생명이 내 생명이니 둘로 보지 말고 하나로 모든 것을 둥글려서 내 주인공에 놓고 '뗄래야 뗄 수 없는 내 친구여! 나를 관리인으로, 시자로, 또는 심부름꾼으로 삼아 이렇게 몸뚱이를 끌고 다니니 모든 것은 다 당신이 하는 거야.' 하시라는 겁니다. 이거 보십시오. 집이 헐어지면 집에 들어 있는 주인이 고칩니까, 헐어진 집이 고칩니까? 반드시 집주인이 집을 고칩니다. 그렇듯이 제 손가락이 제 손가락을 끊어 낼 수 없고 이을 수도 없는 것입니다. 그러니까 하여튼 여러분 마음속에 여러분을 끌고 다니는 바로 자성부처가 있습니다. 여러분의 마음이 여러분의 몸속에 들어 있는 자생중생들을 다스리면서 제도해야 여러분이 제도가 되고 깨친다 이 소립니다.

그래서 첫째 '계향' 할 때 말입니다, 먼저 내가 태어난 까닭에 계향이라는 것도 있고 계율도 생겼고, 또 스님 노릇도 하고 부처님 법도 배우고 이럴 수 있는 거죠. 여러분이 머릴 깎고 안 깎고 이걸 떠나서, 가정에서 살림을 하실 때에 남의 탓으로 돌리니까 화도 나고 미움도 생기고 증오도 생기고 이런 거지 내 탓으로 돌린다면 하나도 밉지가 않습니다. 내가 이 세상에 난 탓이지 누구 탓이겠습니까? 첫째는 내가 이 세상에 난 탓입니다. 그렇기 때문에 '계향' 할 때는 '모든 것이 내 탓이다' 라고 하는 겁니다. 바깥에서 들어오는 거나 안에서 일어나는 거나 모든 것을 내 탓으로 돌리고 거기에 놨을 때에 미움도 사라지고 증오도 없어지고, 남의 탓으로 돌아가질 않기 때문에 화목이 옵니다.

그러니 모든 것은 내가 이 세상에 난 탓이니 잘못했든지 잘했든지 내 탓으로 돌린다면 그게 바로 화목을 가져올 수 있는 계기가 될 것이요, 또는 깨칠 수 있는 계기가 될 것이요, 업보를 벗어날 수 있는 계기가 될 것입니다. 그렇기 때문에 마음의 계향이지 그냥 입으로만 부르라는 계향이 아닙니다. 250계든 280계든 일일이 개수로 따져서 어떻게 계를 지킵니까? 나 하나만 죽는다면 계 전체를 다 지킬 수 있는 것입니다. 그래서 계향 하나만 잘 지켜도 천차만별의 그 뜻을 다 헤아릴 수 있으며 무명에서 벗어날 수 있다는 사실입니다.

정향이니, 이 세상 모든 만물만생이 근본에 따라서 하나로 돌아갑니다. 내 마음속에 바로 주인공 선을 세워서 안에서 일어나는 것도 거기 놓고 밖에서 일어나는 것도 거기 놓고 '잘못 일어나게 한 것도 너니까 잘 일어나게 하는 것도 너지.' 하고 잘못되는 거는 한생각 잘 내서 돌려놓으면서 물러서지 않는 마음을 갖는 것이 정향이라고 봅니다.

이것을 그냥 하찮게 듣지 마세요. 가정에서도 꼭 필요합니다. 모든 걸 내 탓으로 돌린다. 남의 탓으로 돌리지 않고 부드럽게 말해 주고 부드러운 행동과 부드러운 말을 해 줄 때에 서로 조건 없는 사랑을 같이 할 수 있고, 화목을 가져올 수 있고, 재수도 있을 수 있고, 공덕이 있을 수 있고, 모든 생활을 바로 여여하고 자유스럽게 할 수 있다 이 소립니다.

혜향이니, 지혜로운 마음으로써 둘로 봄이 없이 관찰하고 둘로 보지 않고 다스려 나가는 것이 바로 혜향입니다. 그리고 느끼고 실험하고 체험하면서 이렇게 가는 것이 바로 혜향입니다. 그러니 스님네들만 '정향 혜향' 하는 게 아니라 여러분의 가정 생활 속에서도 지혜로운 마음으로써 둘로 보지 않는 사랑, 둘로 보지 않는 마음을 실천하십시오. 부드러운 마음과 부드러운 마음씨, 부드러운 말, 이것을 떠나서는 화목을 가져올 수가 없고 사랑을 가져올 수가 없습니다. 그래서 정신계의 나 자체를 물질계로 내놓으면서 우리가 서로 둘 아니게 굴리면서 참다운 삶을 보람 있게 누릴 것입니다.

해탈향이니, 만물만생 그리고 내 몸속에 있는 자생중생들 모두가 무명 굴레에서 벗어나 항상 밝아서 여여하니 바로 그것이 해탈향입니다. 항상 마음과 마음이 일체 만물만생하고도 전달이 되면서, 내 몸속에 들어 있는 자생중생들과 더불어 같이 무명 굴레에서 벗어나게 돼서 여여하니, 항상 밝아서 안팎은 말할 것도 없거니와 여러 중생들을 둘로 보지 않고 제도하게 돼서 가고 오면서도 그대로 제도가 되는 것입니다. 자동적으로 말입니다.

해탈지견향이니, 삼라만상 만물만생을 생각하고 보살피되 밝게 보살핌이 항상 걸림 없이 구족한 까닭에 더하고 덜함도 없이 여여함을 바로 해탈지견향이라고 일컬어 말하는 것입니다.

그런데 예전에 부처님께서 "세 가지 조건이 있느니라. 너는 해탈지견향까지 이루었다 하더라도 첫째에 믿음이 있어야 하고 둘째, 다 버려서 다 얻을 수 있어야 하고 셋째, 너는 누가 보시를 해 달라고 하든지 한 치도 어긋남이 없이 다 줄 수 있는 능력이 있어야 하느니라." 하셨습니다. 이 세 가지 조건이 있어야만 조건 없는 사랑으로서 일체 만물만생에게 나투어 줄 수도 있거니와 내 도량 아님이 없이 나투면서 아픈 사람에게는 약사가 돼서 응해 주시고, 가난한 자에게는 관세음이 돼 주시고, 명이 짧은 자에게는 칠성이 돼 주시고, 좋은 데로 못 가는 사람에게는 지장이 돼 주시고, 물에서 어려움을 당하는 사람에게는 용신이 돼 주시고, 길을 가다가 어려움을 겪을 때는 지신이 돼 주시고, 관청의 일이 벌어졌을 때는 독성이 돼 주시고…. 천차만별로 어느 거 하나 하나 아니 돼 주시는 게 없고, 아니 나투시는 일이 없고, 그렇기 때문에 천백억화신이요, 천백억응신이요. 가만히 있으면 부처요 생각을 하면 법신이요 움죽거렸다 하면 화신이요 응신이라. 마음 하나가 이렇게 구족하고 이렇게 광대무변한, 평등공법이면서도 활궁공법이고 활궁공법이면서도 수레공법으로서 이 세상을 다 통치할 수 있는 그런 여건이 주어져 있는 것입니다. 여러분도 다, 누구나가 그렇게 주어져 있는 것입니다.

여러분! 여러분이 가만히 생각을 해 보십시오. 이 컵도 흙을 물에 개서 바람에 말려서 불에 구운 것으로 어느 것 하나 지수화풍으로 이루어지지 않은 것이 없습니다. 이거는 누구나가 다 알고 계시겠죠. 그래서 컵이라는 이름이 이 세상에 등장한 것입니다. 여러분도 지수화풍으로 그렇게 돼 있어서 만약에 살다 돌아가신다 하더라도 그것이 한데 합쳐져서 합성체로서 등장이 됐다가, 흩어지면 물로 갈 거는 물로 가고 불로 갈 거는 불로 가고, 바람으로 갈 거는 바람으로 가고 흙으로 갈 거는 흙으로 갑니다. 그랬다가 또 다시 모이게 되면 또 모습을 바꿔 가지고 형성돼서 이 세상에 나옵니다. 그런데 여러분의 마음에 따라서 모습이 바꿔지는 것입니다. 여러분이 과거에 어떻게 살았느냐에 따라서 현실이 주어지고, 현실에 어떻게 사느냐에 따라서 미래가 주어집니다. 미래가 주어지는 자체가 바로 오늘인 것입니다. 미래가 따로 있고 과거가 따로 있는 게 아니고 지옥도 천당도 바로 현실에, 지금 이 시점에 있는 것입니다.

여러분! 지수화풍이 대두가 돼서 광력이나 전력 자력 통신력이 여러분 앞에 충만히 주어져 있다는 사실을 아셔야 합니다. 그래서 지금 시점에도 마음과 마음, 정신계의 50% 물질계의 50%가 서로 상응하면서 시공을 초월해서 돌아가고 있습니다. 즉 말하자면 우리가 한시도 쉬지 않고 돌아가고 있습니다. 정맥 동맥이 뛰듯이 말입니다. 지구가 우리를 끌고 지금 어디로 돌아가는지 우리가 모르듯이, 우리 몸뚱이 속에 있는 중생들도 우리가 지금 어디로 가는지, 어디로 왔다 갔다 하는지 그것을 모르고 있는 것입니다. 그렇기 때문에 내 몸뚱이 속에 있는 자생중생들부터 제도하라 이런 말입니다. 안팎으로 생활을 하면서 모든 것을 내 탓으로 돌리고 내 주인공에 맡겨 놓아야 합니다. 어떠한 문제가 닥쳐올 때도 내가 생각해 보고 내가 내 마음으로 나를 다스리면서 상대방을 원망 안 하고 돌아간다면, 바로 상대방에서도 불이 켜지고 자기한테도 불이 켜져서 다 밝게 살 수 있는 지름길이 생길 것입니다.

자꾸 이런 말을 하는데 말입니다, 광력 전력 자력 통신력이 우리한테 주어져 있기 때문에 우리가 말을 하지 않아도 마음과 마음이 통신이 돼서, 부처님과 중생들이 둘 아니게 어떠한 문제도 서로 교류할 수 있는 것입니다. 그리고 꽃나무들도 무정물들도 생물 전체가 다, 어떠한 문제를 생각했다 하면 같이 통할 수 있는 그 자체가 되는 것은 바로 우리한테 광력 전력 자력 통신력이 주어져 있기 때문입니다. 우리에게 그런 것이 주어져 있기 때문에 부처님의 마음은 항시 어디에나 아니 나투는 데가 없어서 금속과도 같고 전력과도 같다 이 소립니다.

부처님이란 뭘 가지고 부처님이라고 하는가. 내가 어느 거 할 때에 나라고 할 수 없는 그 자체가 바로 부처인 것입니다. 여러분! 여러분이 어떤 거 할 때에 여러분이 했다고 하시겠습니까? 엄마가 됐을 때에 나라고 하겠습니까, 아내가 됐을 때에 나라고 하겠습니까? 아버지가 됐을 때, 형님이 됐을 때, 남편이 됐을 때 나라고 하겠습니까? 나라고 할 수 없는 게 부처인 것입니다. 여러분한테 어떻게 요리를 해서 드려야만이 맛있게 집어 잡술는지….

우리 마음은 지구 바깥을 벗어날 수도 있습니다. 지금 이 자리에 앉아서도 마음은 여러분의 가정에 가서 뭐가 놓여 있고 뭐가 어디 있고 이런 것도 다 캐치해 가지고 지금 한순간에 올 수 있습니다. 그런데 마음이 그렇게 광대무변하고 그렇게 크고 작음이 없이 여여하다는 것을 여러분은 생각지 못하시고 항상 물질적인 문제에 의해서, 요것은 못한다, 요것은 한다, 요것이 간다 온다…, 이러는 관습에 의해서만 살아나가고 계십니다. 좀 껑충 뛰어넘어 보십시오. 내 한생각에 의해 내 몸속의 모든 자생중생들을, 즉 말하자면 일체 생명들, 의식들을 한마음으로 리드해 나갈 수 있고 바깥으로는 바로 마음과 마음을 조절하면서 모든 것을 한마음으로 이끌어 나갈 수 있는 것입니다. 그러니 이것이야말로 서로 조건 없는 사랑으로 이어지게 선행을 하고 실천할 수 있는 아주 정말 좋은 방법이라고 생각 안 되십니까?

마음에는 산이 아무리 높다 하더라도 높지 않고 물이 아무리 깊다 하더라도 깊지 않습니다. 마음은 어디고 통하니까 그 속을 통하지 않을 리 없습니다. 아무리 산이 높고 아무리 은산철벽이다 할지라도 마음은 통하는 겁니다. 마음은 어디고 걸리는 데가 없습니다. 마음을 넓게 쓰십시오. 둘로 보지 않는 눈으로 보고, 둘로 보지 않는 귀로 듣고 마음을 넓혀서 모두를 사랑할 줄 아는 마음을 가져야만 합니다. 우리가 옹졸하게 '요거는 요거고 조거는 조거다' 하고 적대시하게 되면 그 크나큰 진리를 타파하지 못하며 깨치지 못할 것입니다.

가만히 보십시오. 여러분은 지구에 붙어 있는 생물인데 이 지구가 어디로 돌아가는지 아시기나 합니까? 지구가 버스라면 우리는 그 버스 안에서 네 집 내 집, 내 걸상 네 걸상, 네가 잘했느니 내가 잘했느니 하고 온통 네 것 내 것을 따지고 있어요. 그렇기 때문에 복이 들어오다가도 나가요. 돈이 들어오다가도 '아이구, 이 집에 들어가 봤자 괴로움만 가져올 거야.' 하고 나간다구요.

또 가만히 보십시오. 모두가 내면의 정신세계로 들어가야 된다고 하는 이유도 내부에 있는 생명들, 의식들은 내 몸뚱이가 어디로 돌아다니는지, 어디로 헤매고 돌아다니는지 하나도 모르기 때문입니다. 우리가 지구가 어디로 돌아다니는 줄을 모르듯이 말입니다. 그러니 소가 잘못 가면 '이랴!' 하면서 고삐를 잡아당기듯이 하나하나 다스리면서 거기다가 다시 놓아야 합니다. 나왔던 구멍에다 자꾸자꾸 다시 놔야 되지 않겠습니까?

지금드 예전에 한 말을 그냥 되합니다만, 예전에도 항상 그렇게 말을 했습니다. 과거에 어떻게 살았느냐에 따라서 자동적으로 입력이 돼서 지금 현실에 나온다고요. 물질 컴퓨터에서 나오는 것은 사람들이 입력을 해 넣었기 때문에 나오는 것입니다. 그러나 사람 살아나가는 것은 자동적으로 입력이 되는 거지 누가 입력을 해 넣고 안 해 넣고 그게 아닙니다. 자기가 어떻게 행동을 했느냐, 어떻게 말을 했느냐, 어떻게 살아나가느냐에 따라서 입력이 그냥 자동적으로 되는 것입니다. 누가 해 주고 뺏어 가는 게 아닙니다. 그래서 지금 입력이 돼서 현실로 나오는 팔자 운명과 고통, 유전성 영계성 업보성 세균성 인과성, 이 모두를 그 나오는 데다가 되맡겨 놓으면 되입력을 하는 게 됩니다. 되입력을 한다면 앞서의 입력됐던 것이 다 없어지죠. 그렇게 모든 것을 다 나오는 데다가 놓는다면, 한 구멍에서 나오는 거 한 구멍에다 되놓는다면 바로 앞서의 입력됐던 것이 다 없어짐으로써 현실의 그릇이 비었다가 찼다가 비었다가 찼다가 하면서 항상 밝게 돌아갑니다. 그러니 여여하게 살 수밖에 없겠죠. 그리고 자유스럽게 살 수밖엔 없겠죠. 그리고 자생중생들이 다, 내가 마음먹고 하는 것을 다 알게 됨으로써 한마음으로 뭉쳐 준다 이 소립니다.

우리가 이 모두를 잘 안다면 참으로 말로 형용할 수 없으리만큼 좋은 계기가 될 것입니다마는, 오늘은 어째 이 말을 좀 하다가 저 말을 하다가 이렇게 되는군요. 아마 여러분이 이러고저러고 이러고저러고 하니까 나 역시 그런가 봅니다. 하하하…. (대중 박수) 할 말은 너무도 많은데 왜 이렇게 할 말을 제대로 못할까요? 여러분한테 커다란 드럼통으로 기름을 퍼붓는다 하더라도 작은 그릇으로 받는다면 그냥 밖으로 쏟아질 테니까 그렇겠죠. 그러니 여러분이 각자의 그릇에 채워서 받아들일 수 있다면 스스로 받아질 겁니다, 아마. 질문들 하실 거 있으면 질문들 하십시오.

질문자1(남) 먼저 한마음선원 대구지원 법회를 위해서 하구(下邸) 하신 큰스님께 감사를 드립니다. 큰스님께서 늘 만물만생이 불(佛) 아님이 없고 모두가 불성이 있다고 말씀하셨습니다. 그러면 우주 공간에 존재하는 모든 것은 부처이고 불국토라고 받아들여집니다. 여기에 의정이 납니다. 혼란한 지금도 불국토라고 할 수 있는지요, 아니면 인과필연의 원칙에 의해서 진리 중의 진리인 불법이 미래에 불국정토를 이룬다는 말씀인지 스님의 법문을 듣고 싶습니다.

큰스님 여러분이 알면 그대로 여여하게 바로 불국토인 것이고 모르면 불국토가 아닌 것입니다. 마음으로 깨쳐서 둘이 아닌 도리를 감지하고, 이 세상이 공생으로 공용 공식화 하고 돌아간다는 사실을 아시면 그대로 불국토가 되는 것입니다.

불국토다 불국토가 아니다 하는 것을 비유로 얘기하겠습니다. 전력이라는 것은 다 똑같습니다. 금속도 다 똑같죠? 그런데 사람들이 용도에 따라 끌어다 쓰는 데서 달라집니다. 이것은 이런 것이고 저것은 저런 것이고, 이거는 이렇고 저거는 저렇다 하는 것이 달라집니다. 전력은 다 똑같은데 말입니다. 그래서 생명은 다 똑같은데 모습에 따라서, 행동에 따라서 모든 게 달라지듯이 이렇게 달라지니까, 이거는 이렇고 저거는 저렇고 하면서 사단이 많아지는 거죠. 그런데 그것을 아는 사람들은요, 그대로 여여하고 그대로 불국토고 그대로 아주 자유스런 세계라고 볼 수 있겠죠. 아니, 우주라고 볼 수 있겠죠. 여러분이 몰라서 그렇지 모든 것은 자유자재할 수 있는 것입니다. '그러면 너는 자유자재할 수 있겠느냐?' 그러겠죠? 그런데 자유스럽게 살고 있습니다. 아마 그 차이가 있을 것입니다.

우리가 하늘이 무너진다 하더라도 그냥 콧방귀 탁 뀌고 싱긋이 웃고 돌아가는 것은 그만한 능력이 있다는 뜻입니다. 그러나 사람들은 어떠한 문제가 닥쳤을 때, 예를 들어 하늘이 무너진다 하면 '하늘이 무너져서 내가 죽으면 어쩌나. 우리 식구가 죽으면 어떡하나?' 그냥 발발발발 떨고 쩔쩔매지 않습니까? 그렇게 죽을까 봐 벌벌 떨고, 살지 못할까 봐, 채일까 봐, 맞아 죽을까 봐 이렇게 벌벌 기는 사람이 있다면 그 사람에게는 불국토가 아니라 지옥일 테죠. 그러면 콧방귀 뀌고 웃으면서 돌아서는 사람하고 벌벌 떠는 사람하고 뭐가 다르냐? 그래서 생각 하나 차이로 그렇게 불국토냐 지옥이냐 이게 오는 것입니다. 그러니 불국토도 한마음에 있는 것이고 지옥도 한마음에 있는 것입니다. 한마음이 우주 삼천대천세계의 일체 만물만생을 다 이끌어서 서로가 상응하면서 돌아가고 있는 것입니다. 그러니 어찌 불국토가 아니겠습니까? 그러니 여러분 마음 하나에 달려 있습니다. (대중 박수)

하여튼 여기 대구에 와서 이렇게 설법을 하면서 아쉬움을 느끼는 거는 이번이 처음입니다. 왜 그런지 어딘가 이가 빠진 거 같고 어딘가 꼭 빈 거 같아요. 아마 내가 모자라서 그런가 봅니다. 어딘가가 꼭 빠진 거 같거든요? 그러니까 질문들을 진짜로 해 주십시오. 가려운 데를 꼭 질문을 해 주십시오.

질문자2(여) 저는 의무 부대에 근무하고 있습니다. 한마음 공부 한 지 지금 일 년이 되었습니다. 각 사찰에서 하는 천일 구국 기도다, 평화통일 염원 기도다 하는 기도회가 한마음을 모으는 데 큰 의미가 있다는 걸 알았습니다. 지금 북한이 핵 문제로 전쟁의 위협을 주고 있는데 공부하는 저희들이 원을 세운다면 그들의 남침 야욕을 저지할 수 있는 어떤 능력을 발휘할 수 있을는지요? 스님 설법 중에 '너 앉은 방석이 편안해야 된다' 하고 말씀하셨는데, 앉은 방석이 편안해지기 위해서 저희들이 좀더 차원 높은 공부가 되게끔 한 말씀 부탁드립니다. 그리고 6·25 재침의 우려에 대해서 저희들이 좀더 차원 높은 공부가 되게 스님의 좋은 말씀 부탁드립니다. 나라를 잘 이끌어 나가는 데는 정치하는 사람들의 노력도 있겠지만, 스님의 그 보이지 않는 마음 작용도 크다고 봅니다. 그 점에 대해서 머리 숙여 감사드립니다.

큰스님 제가 생각할 때는 말입니다, 그 마음은 일체 정신계에서 모두가 같이 돌아가고 있다는 사실입니다. 그렇기 때문에 물도 나요, 불도 나요, 모두가 나 아닌 게 하나도 없기 때문에 여여하게 지켜 나갈 수 있다고 했습니다. 그러니까 '한생각에 뭐든지 할 수 있다' 라고 대답할 수 있겠습니다. 뭐든지 말입니다.

그러나 자기 안테나! 자기 마음속의 안테나, 안테나로부터 일체가 다 공존되고 통신이 되고 행이 이루어집니다. 자기 안테나를 세우지 않고는 레이다망에서 오고 가는 거를 알 수가 없는 겁니다. 그러니까 자기 내면의 주인공의 안테나를 생활 속에서도 꼭 세워서 살아가십시오.

왜냐하면 엊그저께 일도 됩니다만, 어려운 집에서 이사를 가는데 말입니다, 비를 다 맞을 것 같아서 도저히 어떻게 할 수가 없더랍니다. 그래서 '이사 갈 동안만이라도 비가 안 오면 좋지 않어? 너만이 할 수 있잖아.' 하고 그냥 눈물을 흘리면서 관했답니다. 왜냐하면 가정은 어렵고 자식들은 많고 그런데 돈이 부족하니까 여러 가지 속도 상하고 눈물도 나왔겠죠. 그러니까 순간에 비가 그치고 이사를 가서도 그 이튿날까지도 비가 안 오더랍니다. 하하하…. 그래서 위기를 면했다고 합니다. (대중 박수)

그러니 조그마한 것에서부터 큰 것까지 더하고 덜함이 없는 겁니다. 우리가 달나라에 갔다 오는 거리와 지금 요 한 발짝, 요기 나서는 거리하고 똑같습니다. 빛보다도 더 빠른 것이 바로 우리들의 마음입니다. 하여튼 한마음이라는 것이 그렇게 위대하고 광대무변해서 우리의 마음으로 아주 이 세상을 다 덮고도 남을 수 있으니 여러분도 그렇게 실험해 보십시오. 그러면 생활 속에서도 체험이 될 겁니다.

즉 말하자면 그렇게 하는 것이 와선이나 입선이나 행선이나 좌선을 모두 참선으로 돌려서 생활로 해 나가는 바로 일상생활 참선법입니다. 우리 일상생활이 참선 아닌 게 없고 도 아닌 게 없고, 부처님 아닌 게 없고 부처님 법 아닌 게 없습니다. 바로 우리가 하나하나 해 나가는 것이 부처님의 도 아닌 것이 하나도 없습니다. 그러니 거기서 바로 실험하고 깨치십시오. 우리는 실험하고 체험하면서 '아, 이 세상이

다, 내가 살아나가는 것이 무상하구나. 나는 바로 이 세상 살아나가는 데 관리인밖에 안 되는구나. 나는 내 마음의 주인의 심부름꾼이로구나. 내 몸이 헐어져도 내 주인이 제 집을 고쳐 가지고 건강하게 해 가지고 가겠구나.' 하는 걸 아셔야 합니다.

예를 들어서 '네 몸이니까 네가, 네 심부름꾼이니까 네가 건강하게 해서 끌고 가야지. 네 집 헐어진 거니까 네가 고쳐야지. 네가 이끌어 가야지. 네가 있다는 것을 증명하는 것은 너 자체밖엔 없어.' 하고 모든 것을 맡겨 놓아야 합니다. 가정에서 남편, 아내, 부모, 자식 이러한 문제들도 모든 것을 용도에 따라서 거기다가 맡겨 놓으면, 아파서 맡겨 놓으면 약사로 나투어 응해 주실 거고, 또는 가난해서 거기 맡겨 놓으면 관세음으로 응해 주실 겁니다. 그러니까 한마음 속에서 부처님 마음이, 부처님의 이름이 그렇게 자동적으로 많아진 겁니다.

부처님 마음이 동방에는 아촉이라고 해 놨고 서방에는 아미타라고 해 놨고, 지천국에는 지장이라고 해 놨고 사바세계에는 관세음이라고 해 놨고 또는 약사라고 해 놨고, 칠성 부처라고 해 놨고 지신이라고 해 놨고 용신이라고 해 놨지만, 그 모든 이름들이 한마음 속에서 나오는 것입니다. 한 아버지가 남편도 됐다가 형도 됐다가 아들도 됐다가 하듯이 부처님의 마음도 그렇게 자동적으로 나투면서 화하면서 돌아갑니다. 이렇게 모든 생활을 해 나가는 여여함을 바로 부처님의 마음이라고 합니다. 그러나 여러분도 그렇게 마음을 자유스럽게 쓸 수 있고 실험을 통해서 체험을 할 수 있다면 기도를 해서가 아니라 바로 자신의 한생각이 그대로 지름길이 될 것이고, 부처님의 뜻과 부처님의 가르침을 그대로 잘 받아들여서 잘 행하는 방법이 될 것입니다.

부처님께서 49년 설하시고 가르치신 것은 '우리 인간 생활이 그대로 부처님 법이며, 인간의 마음 자체가 바로 그대로 부처님 마음이며, 우리가 움죽거리는 것이 그대로 부처님 행이니라. 그러니 네가 이 세상에 나왔다면 안팎으로 움죽거리는 모든 것을 그대로 네 탓으로 돌리고 바로 네 마음으로 너를 다스리면서 잘 행해 나간다면 바로 네 자생중생들이 화해서 천백억화신으로서 보살로 화하게 되느니라.' 이런 말씀이셨습니다. 그러니까 여러분도 아마 생활을 한번 이렇게 해 보셔야 될 겁니다.

나는 이렇게 생각합니다. 각 가정에서도 '어떻게 하면 나쁜 데 빠지지 않고 아주 싱그럽고 자유스럽게 살 수 있을까? 우리가 기도를 안 하고 이렇게 관한다면 생활을 어떻게 해 나가나?' 하는 생각을 할 수 있을 것입니다. 또 사찰에서도 '어떻게 하면 우리가 자유스럽게 살 수 있을까. 어떻게 하면 얻으러 가지 않고 풍족하게 살 수 있을까?' 하고 생각할 수 있습니다. 그런데 부처님과 중생을 둘로 보니까 이게 잘 돌아가질 않습니다. 부처님과 중생들이 둘 아니게 한마음으로 돌아간다면 어떠한 어려운 일이 있다 하더라도 모두가 바로 한마음으로 동참을 해 주는 것입니다. 어려운 일이 있다면 동참하여 분담해서 어려운 일을 다 해결하고, 또 좋은 일이 있어도 동참을 해서 경사를 이루게끔 해 나가는 거죠. 그런데 '주인공에다 모든 걸 맡기고 해 나간다.' 이러니까 '아이구, 그러면 운영을 어떻게 해 나가며 어떻게 먹고 살아야 하나.' 하지만 사실 여러분한테 "기도를 드리니까 기도비를 가져오시오." 이렇게 해 본 예가 없습니다. 그것은 왜냐?

여러분과 내 마음과 부처님의 마음, 법신의 마음, 일체의 모든 마음이 한마음으로 구성이 돼서 돌아가기 때문에, 네 일이고 내 일이고 둘로 보지를 않기 때문에 그대로 해 나가는 것입니다. 그리고 가정도 역시 그렇고요. 또 사찰도 그렇고 역시 똑같이 그대로 공용하고 있는 것입니다. 공생으로서 공식화하면서 그렇게 잘 돌아가는데 무엇 때문에 그렇게 끄달리고, 돌아간다 안 돌아간다 이런 말이 필요하겠습니까?

그러니 가정에서 더 실험을 해 보십시오. 그렇게 우리가 광력이나 전력 자력 통신력이라는 재료를 가지고 있기 때문에 그 재료들이 같이 해 줘서 우리는 아주 평화롭게 살 수 있다는 사실을 꼭 증명해

주시길 바랍니다. 꼭 말입니다. (대중 박수)

오늘 여기 와서는 이상하게 이렇게 돼 돌아갑니다. 그렇지만 이상하게 듣지도 마시고 이상하게 보지도 마시고, 나도 또 이상하게 생각도 안 할 것이니까요. 그냥 그저 주어진 대로, 담아지는 대로, 듣는 대로 그냥 행해 보십시오. 그리고 책도 있으니까 보시고 그냥 실천을 해 보십시오, 어떻게 되는 것인가. '마음과 마음이 전달이 되는 법이 이렇게 광대하고 이렇게 좋을 수 있나?' 하는 것을 스스로 여러분이 알아 보십시오. 그게 부처님 법입니다.

그런데 아무리 해도 빈 것 같습니다. 하하하! 아니, 아무리 해도 내가 하고 싶은 말을 한 것이 아닙니다. 하고 싶은 말은 다 어디로 가고 지금 엉뚱하게 그냥 이 말 저 말 나온 것입니다. 그러니 어쩔 수 없는 거지 어떡합니까? 하하하…. (대중 박수)

진실한 한생각의 위력

광명선원 법회

1993년 6월 20일

여러분, 참 죄송합니다. 본원에 공사가 시작됐기 때문에 이렇게 광명선원으로 자리를 옮기게 됐습니다. 하지만 바람도 좀 쐴 겸 드라이브도 할 겸, 이런 데 동부인들 하셔서 애들하고 같이 이렇게 한자리를 했다가 가시는 것도 좋으리라고 봅니다.

여러분한테 항상 말씀을 해 드리고 있지만 여러분이 제대로 아시는지 모르겠습니다. 물론 자기 바탕을, 자기 뿌리를 지키고 나가는 사람들이 많이 계시리라고 봅니다마는 그렇지 못한 사람들도 많으니까요. 주인공이라고 하는 그 자체가 바로 각자 여러분의 뿌리인 것입니다. 불교라고 하는 것도 우리의 생명의 근본이 불(佛)이고, 우리 생활 자체에서 움죽거리고 서로 말로 전달되고 마음으로 전달되고 통신으로 전달되는 것이 교(敎)입니다. 그렇기 때문에 어떤 교다 할 것이 없습니다. 우리 살고 있는 자체가 그대로 진리이며 그대로 법이며 그대로 활용이기 때문입니다. 그리고 부처님 법이며 불교인 것입니다.

여러분 각자가 먼저 이 세상에 나왔으니까 상대가 생겼고 상대성이 생긴 것입니다. 여러분이 이 세상에 나오지 않았더라면 삶이, 생활이 어디 있으며 상대성이 어디 있겠습니까? 모두가 독불장군은 없는 것이며 모두가 같이 공생 공용 공체 공식화 하고 돌아가고 있는 것입니다. 네가 나를 주면 내가 너를 주고, 이렇게 말입니다. 이 세상에는 곤충에 이르기까지 쓸모없는 것은 하나도 없습니다. 정신계에서 물질계로 나오는 도리와 물질계에서 정신계로 드는 도리를 우리가 마땅히 알아야만이 상대와 상대가 한데 합해져서 불이 들어올 수 있는 그런 능력을 제각기 찾을 것입니다. 저 나무들을 보십시오. 뿌리가 에너지를 나무 위로 모두 공급을 합니다. 인간의 뿌리는 인간이 보지 못하고 나무의 뿌리는 나무가 보지 못합니다. 자기 뿌리를 자기가 보지 못하고 있는 것입니다. 그러나 우리가 고등 동물이기 때문에, 그래도 만물의 영장이라고 하는 이름을 가졌기에 우리는 나무 뿌리와 나무를 손살피볼 수도 있습니다.

부처님께서 49년을 설하시고 가르치실 때 "네 뿌리를 먼저 믿고 네 뿌리를 먼저 알라. 네 뿌리를 알게 되면 내 뿌리도 네가 알 것이며, 일체 만물만생의 뿌리를 전부 알아서 시공을 초월해서 찰나찰나 돌아가는 그 자체를, 그 자유스러운 삶을 알게 될 것이다." 하고 가르치신 겁니다. 그러나 여러분이 기복으로만 나간다면 가르치는 사람도 노예가 될 것이며 배우는 사람도 노예가 될 것입니다. 그렇게 기복으로 '날 좀 살려 주시오. 날 좀 잘되게 해 주시오. 날 좀 안 아프게 해 주시오. 명이 길게 해 주시오. 좋은 데로 가게 해 주시오.' 하고 아무리 외쳐 봤자 나부터 내 집에 전화를 놓지 않는다면 통신도 되지 않을 것이고 또 막히지 않을 수 없는 것입니다. 전화를 받을 수도 있고 할 수도 있어야 하는데 그렇게 막혀서는 통신이 될 수가 없죠. 나부터 막히면 일체가 다 막히는 것입니다. 여러분! 모두 기복으로 여직껏 했으니까 개선할 일도 너무 많습니다. 개선해야 할 일도 많고 여러분의 관습 때문에 고쳐야 할 일도 많습니다.

자기 뿌리가 모든 것을 해 나간다는 것을 모르걸랑 한번 저 나무들을 보세요. 뿌리가 아니라면 나무와 가지 잎새가 어떻게 푸르르게 살 수 있나? 푸르르게 살려면 반드시 자기 뿌리를 자기가 믿고 오직 거기에서 일체가 나오는 거라는 것을 믿어야 합니다. 그래서 주인공은 자기 뿌리라는 얘깁니다. '주인공' 한다면 '주인'은 아주 특별한 에너지일 것이고 '공'은 여러분이 마음내서 움죽거리는 것입니다. 고정된 게 하나도 없어서, 보는 것 듣는 것 말하는 것 먹는 것 모두가 고정된 게 없으니까 모든 게 찰나찰나 공해서 화해서 돌아간다는 뜻입니다. 그러니 어떤 것에 착을 두며 어떤 것에 욕심을 가지며 어떤 것에 집착을 하겠습니까? 그리고 어떤 것을 할 때에 내가 했다고 할 수 있겠습니까?

그러니까 자녀들과 남편, 부부지간 부모지간에 어떤 잘못된 일을 본다 하더라도 좀 핀트가 안 맞아서 '아이구, 저 죽일 놈!' 이렇게 된다 하더라도, '왜 저렇게 잘못하고 가나.' 이렇게 생각이 든다 하더라도 모든 건 자기 뿌리 주인공에 맡겨 놓고 '너만이 그러지 않게 할 수 있다.' 라는 믿음을 갖고 바깥으로는 부드러운 말과 부드러운 행동, 즉 부드러운 뜻을 가지고 항상 자기 탓으로 돌리며 그렇게 사랑한다면 화목하지 않을 수가 없습니다. 그리고 그렇게 해서 미움이 없어지고 증오가 없어지고 화목해짐으로써 돈도 생명이 있는 것이니 '아, 저 집에 들어가면 시원하고 재밌겠구나.' 하고 스스로 들어간다 이 소립니다.

그리고 한마디 해 드릴 것은, 전 세계에서 금속이 안 쓰이는 데가 없으며 전력이 안 쓰이는 데가 없습니다. 그와 같이 바로 여러분의 마음으로 전달이 되는 것은 보이지 않는 데는 주인공으로 인해서 마음과 마음으로 전달이 되고, 보이는 물질세계에서는 말로 전달이 되는 것입니다. 그러니 모든 것을 거기 놔서 안 보이는 마음으로써 전달을 해 나간다면 방마다 불이 들어오듯이 식구들의 마음속에 불이 들어오고 광명이 생기고 에너지가 생겨서 삶의 보람을 느낄 수 있고 자유스런 마음이 동할 겁니다. 그렇게 집안이 화목해짐으로써 모두가, 고와 병고와 액난 또는 유전성 영계성 세균성 인과성, 이런 것들이 다 녹고, 바로 합쳐져 버린단 말입니다. 비가 와서 골짜기의 물이든 연못의 물이든, 빗물이든 구정물이든, 더러운 물이든 핏물이든 고름물이든 바다로 들어가면 바다의 물은 말없이 다 수용을 하듯이 말입니다.

그와 같이 여러분도 그렇게 폭넓고 지혜롭게 정신계와 물질계를 포함해서 중용을 할 때 바로 삶의 보람을 느끼면서 '인간이 이렇게 자유롭고 이렇게 성스럽고 이렇게 좋을 수가 있나?' 하고 느끼실 겁니다. 허망한 거를 느끼는 게 아니라 무상한 거를 생각한단 말입니다. 그러나 죽어서 몸은 흩어졌어도 영혼의 근본은 흩어지지 않습니다. 우리가 살아나가면서 어떻게 사느냐, 어떻게 말하느냐, 어떻게 행동하느냐에 따라서 바로 모습이 바꿔질 뿐이지 영원한 것입니다. 우리 몸뚱이가 죽으면 죽는 줄 아시지만 그게 아닙니다. 자기가 어떻게 살았느냐에 따라서 모습만 바뀌어서 주어질 뿐 우리는 영원한 것입니다.

주인공이 뿌리라면 그 뿌리를 통해 사대육신이 움죽거리게 되는데, 그것은 바로 여러분에게 오장 육부와 삼백육십의 골절과 팔만 사천의 털구멍이 있어서, 그 털구멍을 통해서 삼백육십의 뼈마디와 팔만 사천의 세균, 즉 몸속의 자생중생들이 각자 여러분의 신하가 돼서 각양각색으로 각기 자유스럽게 들고 나면서 작용을 하기 때문입니다. 에너지는 한 구멍에 있는 것이니 그것들이 여러분의 마음에 따라서 작용을 하는 겁니다.

또 이런 말을 안 할래야 안 할 수가 없네요. 여러분이 이 세상에 태어날 때 과거에 어떻게 살았느냐에 따라서 잘못하고 잘한 악업 선업이 바로 자기 영혼에 한데 포함이 됩니다. 그래서 영혼의 근본이 정자 난자를 통해 아버지에겐 뼈를 빌리고 어머니에겐 살을 빌려서 형성이 됩니다. 그렇게 해서 임신이 됐을 때는 그 조그마한 세포 하나에 보이지 않는 인과가, 즉 말하자면 악업 선업이 한데 뭉쳐서 자라고 있습니다. 자라는 대로 그게 화해서 이 몸뚱이 하나가 형성되는 것입니다.

그러니 지금 여러분이 "내가 무슨 죄를 졌나? 나는 무슨 업이 있어서 이렇게 이런가?" 하시는데, 내가 볼 때는 딱하긴 딱하지만 말입니다. 과거에 어떻게 살았느냐에 따라서 현실에 나오는 것이니, 바로 그것이 자동적으로 입력이 돼서 업식으로써 받은 것입니다. 괜히 짜증이 나고…, 여러분이 더 잘 아시겠죠. 어떠한 용도에 따라서든 어떠한 용건에 따라서든, 병고다 액난이다, 화가 난다 짜증이 난다, 영계성이 생긴다 세균성이 생긴다 업보성이 생긴다 인과성이 생긴다, 이러한 것도 다 자기가 어떻게 살았느냐에 따라서 자동적으로 입력이 돼서 지금 현실에 나오는 것입니다. 이 나오는 것을 어떻게 해야만 없어지겠습니까? 그 나온 자리에다 되맡겨 놔야 앞서의 입력이 없어지지 않겠습니까? 자기가 나온 그 자리는 바로 통신처도 되고 생산처도 됩니다. 거기는 우리가 무명을 녹이고 업보를 녹이고 일체 만법의 근원을 되찾을 수 있고, 내가 어디서 나왔는지 내가 무엇을 하는지 그것을 알 수 있는 그런 능력을 가진 자리입니다. 그러니 그 구멍 아니면 면제될 수가 없습니다. 내가 뿌린 거는 내가 거두듯이, 내가 해 놓은 거기 때문에 내가 해결을 해야 합니다. 보이지 않는 데서 입력된 것이기 때문에 즉, 정신계에서 입력이 된 것이기 때문에 정신계로만이 해결할 수 있는 것입니다.

그래서 여러분한테 얘기하는 건데 말입니다, 여러분! 주인공에다 모든 걸 맡겨 놓으세요. 자기 뿌리에다 말입니다. 영혼의 근본이 없으면 생각을 낼 수가 없고, 생각을 낼 수가 없으면 목석이고, 몸이 움죽거릴 수가 없으면 무효입니다. 그렇기 때문에 주인공이란 바로 각자 여러분의 뿌리이며 말 그대로 주인공입니다. 여러분 주인공이 없다면 부처도 없고 중생도 없고 아무것도 없습니다. 잘해야 할 것도 없고 못해야 할 것도 없습니다.

기복이라는 건 빌어서 먹는 건데 말입니다. 빌어먹어서 될 일입니까? 여러분이 어디 가서 농사지은 것 좀 달라고 비리비리해 봤자 한술 걸리면 얻어먹고 한술 걸리지 않으면 고만인 것입니다. 그러나 내가 농사지어서 내가 추수를 해서 내가 먹는 것은 당당히 먹을 수가 있는 것입니다. 그와 같습니다.

그러니 여러분의 주인공은, '주인'이다 하는 것은 에너지요 '공'이다 하는 것은 지금 시공을 초월해서 돌아가는, 화해서 돌아가는 생활입니다. 그렇기 때문에 여러분이 다 가지고 있는 것이고 여러분 자체가 주인공인 것입니다. 그러니 자기가 벌여 놓고 자기가 행하고 자기가 말썽을 부리고 자기가 울고불고, 자기가 구덩이에 들어가 놓고 구덩이에서 나오려고 애를 쓰고 울고, 이러면서 누구 탓을 합니까? 그러니까 오직 자기 주인공에만 몰두하려는 큰 용단과 신심, 용맹심을 일으켜서 일체 만법을 여러분 각자가 들이고 내며 활용한다는 사실을 확고히 알아야 할 것입니다. 그래서 오늘은 여러분 가슴에 손을 얹고 한번 곰곰이 생각해 볼 수 있는 계기가 되시기를 바랍니다.

영혼의 근본이다 하면, 근본이라는 것은 에너지요 영혼이라는 것은 그 에너지를 담아 가지고 있는 통과 같습니다. 그 통은 마음을 내게 하되 마음을 어떻게 내라 하는 것은 없습니다. 마음은 또 자기 몸뚱일 다스립니다. 안 그렇습니까? 왜 말들이 없습니까? (대중 박수) 그래 마음들이 몸을 다스리는 데는 마음이 나오는 대로 해서는 안 됩니다. 왜냐하면, 아까 그랬죠? 내 몸속에 있는 팔만 사천의 자생중생들이 나의 마음의 신하가 돼서 움죽거려 준다고 그랬죠? 그렇다면 업으로 인해서, 자기가 지은 대로 나오는 것인데도 자기 마음이 속아서 자꾸 떠벌이고 그렇게 해서 되겠습니까? 보는 거와 듣는 거와 냄새 맡는 거, 이 모든 감각 지각을 모두 소유하고 계시니까 '이렇게 마음이 나오는 것이 잘된 건가 안된 건가?' 안팎을 다 판단해 보고 생각을 해서 잘못된 거는 안에다가 '응, 잘못된 것도 그 속에서 나온 거니까 잘되게 하는 것도 너밖에 더 있어?' 하고 거기다 맡겨 놓으세요. 요게 정신계로 직접 들어가는 길입니다. 그리고 무명도 업보도 다 제거하는 직결문입니다. 그리고 편안한 살림살이를 가져오는 직결문입니다. 또 잘 안되는 것을 잘 돌아가게 하는 직결문입니다. 마음으로 자유롭게 수명을 좀 길게 한다거나 짧게 할 수 있는 것도 역시 거기가 직결문입니다. 그런데 그 직결문이 있는데도 마음으로 막아 놓고 못 쓰고 있는 것입니다. 그냥 '아이그, 나는 죄가 많아서, 나는 뭐가 어떻고, 나는 이런 거는 안되고 이런 거는 되고' 이거는 모두가 여러분의 상식이고 여러분의 관습이고 여러분이 살아온 습관입니다.

마음이라는 건 체가 없어서 우주 바깥에도 한 찰나에 갔다가 올 수가 있는 겁니다. 여러분! 여기 앉은 채로 여러분의 가정에 한번 다녀와 보십시오. 뭐가 어디 놓여 있는 것까지도 다 알 수 있을 겁니다. 어디다가 뭐를 감춰 놓은 것까지도, 하하하…, 오늘 무슨 반찬을 해 놓고 온 것까지도 보고 올 것입니다. 그런데 왜 마음이 지구 바깥은 못 벗어납니까? 그것은 여러분이 연못이나 우물에서 '요기가 제일이다' 이러곤 바다로 안 가는 거나 같습니다. 모습이라는 것은 마음이 움죽거리는 대로 하면서도 한계가 있는 것이지만 마음이라는 것은 한계가 없어서 다 할 수가 있는 겁니다.

아까 얘기하던 걸 마저 해야죠. 또 딴 데로 돌았으니까요. 하하하…. 그래서 그 에너지 주머니, 마음내는 거, 마음내게 하는 거, 마음내서 육체를 움죽거리게 하는 거 이것들이 포함된 것이 주인공이거든요. 그런데 마음을 낼 때, 아까 얘기한 거와 마찬가지로 잘못된 것이나 모르는 것도 '나는 모르지만 당신만이 올바르고 진실하게 이끌어 줄 수 있어. 잘되게 할 수 있는 거는 너밖에 없어.' 하고 거기다 놓고 또 잘되는 건 감사하게 놓으세요. 몰아서 얘기하겠는데, 안되는 거는 구정물이 들어온 거와 같죠. 그런데 새 물로 바꿔 쓰란 말입니다. 주인공에 바꿔 놓게 되면, 안되는 것도 체가 없는 거고 되는 것도 체가 없는 것이니까 구정물이 활딱 돌아서 새 물로 쓰게끔 현실의 물질계로 나온다 이 소립니다.

왜 여러분은 자기 주인공을 믿지 못합니까? 영혼의 근본을 믿어야 영혼은 마음을 내 주고 마음은 육체를 움죽거리면서 지혜를 넓히고 다스리면서 나가는 것입니다. 그래서 절간에 가면 소의 고삐를 쥐고 소를 끌고 가는 그림도 보실 수 있죠? 그게 마음 다스림입니다. 마음 다스리는 법! 또 소 위에 올라앉아서 피리를 불고 가죠? 이런 거 많이 보셨죠? 이런 건 화엄경이라고 해도 됩니다. 그런데 왜 화엄경이라고 하느냐? 지금 자기가 영혼의 근본을 짊어지고 생활을 하는 것이 피리 부는 소리거든요. 아시겠습니까? (대중 박수) 피리를 불긴 불되 피리 소리를 잡을 수도 없고 볼 수도 없고 갖다 묶어 놓을 수도 없는 것입니다. 종소리처럼 말입니다. 그러니까 생활 자체가 잡을 수도 없고 줄 수도 없고 볼 수도 없으면서도 아주 영원히 그대로 실천하고 계시지 않습니까? 그러면서도 만날 허망하대요. 하하, 나 참! 뭐가 그렇게 허망합니까?

걸망 하나 짊어지고 이 세상에 캠핑 나와서 놀다가 가는 것인데 말입니다. '어떻게 노느냐. 자기가 또 어떠한 캠핑을 하고 갈 것이냐.' 그것은 여러분이 어떻게 마음을 다스리면서 생활하느냐에 달려 있습니다. 그게 얼마나 무서운 줄 모르시죠? 하하하…. 모두들 죽으면 고만이라고 그러는데 그게 아니죠. 여러분이 만약에 소같이 그렇게 게으르게 살았다면…, 왜 소만 게으릅니까? 그런데 게으른 것도 한계가 있는 것입니다. 아까 마음은 체가 없다고 그랬죠. 그래서 콧구멍이 막힌 소를 타고 다니면 소가 돼도 상관이 없습니다. 뭐 몸뚱이가 게을러서 그렇다는 게 아닙니다. 정신력이 게을러서, 용도에 따라서 좀 생각해서 다스리면서 나가지를 못하고 있으니 이런 것도 좀 생각을 해 볼 점이 있지 않느냐 이겁니다. 생각을 안 하고 이 도리를 모르고 진리를 파악 못하고, 얻어먹으려고만 하지 스스로 생산해서 먹으려고 생각을 안 하니까 마음의 발전이 없단 말입니다. 그러면 요다음에 죽어서 뭐로 태어나느냐 하면 소로 태어나게 돼 있어요. 미련하고 게을러서 발전을 이루지 못하고 그랬으니까요. 그리고 망종스럽게 개처럼 살았다면 개 모습을 쓰고 나온단 말입니다. 독사같이 살았다면 독사 모습을 해 가지고 나올 것이고 말입니다.

그런데 그것이 얼마나 무서운 일인지 모릅니다. 그래도 소로 태어났든 개로 태어났든 독사로 태어났든 간에 사람의 의식이 약간은 들어 있거든요. 그런데 개라고 해도 자기 분수를 모르고 자기가 개라는 걸 몰라요. 그러니 나는 아무개라고 막 짖죠. 내가 이렇게 이렇게 했는데, 뭐 어쩌고 어쩌고 하면서 막 짖어 대요. 하하하! 그런데 말입니다, 개 모습이니까 사람들은 개 대접밖엔 안 해 줘요. "이놈의 개, 왜 이렇게 짖어?" 그러고요. 안 그렇겠습니까? 또 이렇게 이렇게 하라고 좀 아는 소리를 하느라고 짖어도 "이놈의 개, 왜 이렇게 짖어? 배고픈가 봐." 하고 딴소리나 하고, 개 대접을 받게 돼 있죠. 그러니까 개는 개, 독사는 독사, 소는 소 대접을 받는 거죠. 근데 이것뿐이겠습니까, 어디? 그렇게 살면서 또 습이 생겨서, 독사의 습이 생기고 개의 습이 생기고 소의 습이 생겨서 영 그 길을 벗어날 수가 없는 겁니다. 그래서 또 사람되기가 얼마나 어려운지 모릅니다. 그래서 천 년 만에 한 번 물 위에 떠올라 구멍 뚫린 뗏목 하나 만나기만치 극히 어렵다 한 것이 그 뜻이 될 수도 있습니다.

여러분! 종이에 적어서 말로만 배우려고 하지 마시구요, 요만한 거라도 내가 실천을 해서 실험하고 체험을 하시고 가신다면 아주 훌륭한 실천력이 나오고 능력이 생기고 지혜가 생기고 자유인이 될 것입니다. 이거를 말로 배우려고 한다면 몸 떨어지면 말 떨어지고 입도 떨어져요. 그러니까 아무 소용 없는 거죠. 여러분! 여러분의 진실한 생각이 만물을 창조해 낼 수도 있고, 가정을 발전시킬 수도 있고 국가에 보탬을 줄 수도 있고 만 생명들에게 은혜를 갚을 수도 있습니다.

모두가, 지수화풍으로부터 곤충, 인간에 이르기까지 내 스승 아닌 게 하나도 없고 부처 아닌 게 하나도 없습니다. 그래서 부처님께서 말씀하시기를 "중생과 부처는 둘이 아니다." 하셨습니다. 당장 여러분의 오장 육부를 보십시오, 중생과 부처가 둘이겠나? 그 자생중생들을 마음으로 다스려서 바로 천백억화신으로 화하게 만들어 놓는다면 바로 보람 있는 삶이요 자유인이요 부처요, 만물의 영장도 될 수 있고 이 세상을 모두 한 주먹에 넣고 자유자재할 수도 있는 것입니다.

그런데 여러분은 마음을 소중히 생각을 안 하고 아무렇게나 헌 걸레처럼 써요. 어떻게 마음을 그렇게 씁니까? 마음을 그렇게 쓰니까 말도 함부로 나가죠. 어느 집 자식이 일 주일째 안 들어오고 속을 썩이고 바깥에 나가서 일을 저지르니까 "그놈의 새끼, 벼락도 안 맞어. 그놈의 새끼, 아휴! 그냥 차에라도 치여서 죽지." 이러고 욕을 한단 말입니다. 그게 아마 보통일 겁니다. 무슨 원수로 태어나서 그러냐고 그렇게 할 겁니다. 그러나 그렇게 할 수록 업은 더 두꺼워지게끔 돼 있습니다.

모두 끼리끼리 만나죠? 상점에 가면 배는 배대로 놓고 사과는 사과대로 놨죠? 금은 금대로 놓고 넝마는 넝마대로 놓고 무쇠는 무쇠대로 놓여 있습니다. 세상을 다 보세요. 사람도 그렇습니다. 정치인은 정치인들대로, 공업 계통은 공업 계통대로, 천문학 계통은 천문학 계통대로, 물리학 계통은 물리학 계통대로, 과학 계통은 과학 계통대로, 이렇게 모두 계통대로, 누가 모이지 말래도 스스로 자기네들끼리 인연에 따라서 모이게 돼 있습니다. 그와 같이 여러분도 끼리끼리 모인 것입니다. 부부 인연을 맺는 것도 자식 인연을 맺는 것도 부모 인연을 맺는 것도 그러합니다. 그거는 억지로 못합니다.

그러니까 자기가 사는 대로죠. 자기 마음이 금이면 금방에 모일 것이고 자기 마음이 걸레라면 걸레끼리 모이는 것입니다. 깡통이라면 깡통끼리 모이고 말입니다. 그래서 깡통끼리 모이게 되면 그냥 조금만 건드려도 덜커덩, 조금만 건드려도 덜커덩, 하이구, 이게 왁짝왁짝 해서 꼭 수라장 같죠. 집안이 혼란스럽고 그냥 들어가기만 하면, 벌써 문 바깥에서부터 상이 찌푸려지죠. 요만한 거 하나 가지고도 각쭉각쭉 해 가지고 말입니다. 그렇게 끼리끼리 모였는데 어떻게 그 업보를 다 없앨 수 있느냐 하면 자기가 업보를 짊어지고 나온 자리에다 되넣는 겁니다, 되넣어요! 업보를 짊어진 사이 없이 짊어진 거란 말입니다, 지금. 그러니까 그냥 그 업보가 나온 자리에다 되입력을 해서 넣으면 넣는 대로 앞서 입력이 그냥 솔솔 무너져 버리죠. (대중 박수)

내가 여러분한테 더 자세한 얘기를 해 드릴래도 여러분은 살아나가는 데에서만 짐작을 하지 그 외의 건 못 알아들을 거란 말입니다. 그러니까 여러분의 가정, 몸, 사회 이런 것에서부터 알아 가지고 체득을 하시란 말입니다. 우리가 참, 보람을 느끼고 영원하게, 저 나무 한 가지를 봐도 '허! 너는 어떻게 지냈어?' 하고 서로 통하고 참 재밌게 살 수 있는 건데, 아주 그렇게 싱그럽게 말입니다. 그런데 산에 올라가서 좋은 꽃만 보면 그냥 분질러서 꺾죠? 하하하…. 그런데 말입니다, 그것도 너무 잔인하게 자기 생명을, 자기 모가질 그냥 가차없이 꺾는 거나 마찬가지입니다. 나는 꽃이 우는 걸 봤습니다. 꺾으니까 진이 쭈욱 흐르는데 그게 인간의 피입디다, 피! 그 자리에 놓고 그냥 보는 것이 아름답지, 조금만 있으면 시들 것을 그렇게 꺾어서 뭘 합니까? 예를 들어서 얘깁니다. 그런 것뿐만 아니라 모든 것 자체가 다 그래요.

걸망 짊어지고 한 철 나러 와서는 그저 인연 따라서 모여서 살다가 인연 따라서 또 헤어질 것을, 헤어졌다가 다른 구름과 모여서 이 세상에 또 나오고 그럴 것을, 그렇게 아귀다툼을 하면서 놀러 다닐 필요가 뭐 있습니까? 우리 인생살이가 걸망 걸머지고 캠핑을 갔다가 바깥에서 만난 인연들과 같이 하루고 이틀이고 사흘이고 놀다가 집으로 돌아오는 것과 같아요. 그런데 무엇을 그렇게 짊어지고 다녀야만 하겠습니까?

우리에게 마음의 양식이 있다면 남한테 꾸러 다니지 않고 무겁게 짊어지지 않고, 도둑 올까 봐 겁내지도 않고 뭐, 강도 들어올까 봐 걱정하지도 않고 인명 피해 당할까 봐 걱정하지도 않고, 그냥 아주 발

랄하게 살 수 있죠. 굶는다 하면 어디서든지 또 오게끔 돼 있거든요. 왜냐? 내 몸뚱이 속에 있는 신장들이 자기 굶으려고 안 가져오겠어요? 하하하! (대중 박수) 여러분 몸뚱이는 여러분의 자생중생들의 집합소예요, 집합소! 집합소에서 '나 배고프다' 하면 꼭 심부름을 해 줘야 되거든요. 입을 빌려 주고요. 하하하….

그러니까 여러분은 잘 생각하셔서 불교가 어떤 것인지 불법이 어떤 것인지를 꼭 아셔야 합니다. 불교라는 것은 대명사인 것입니다. 불교다 하면 전체, 곤충 하나 풀포기 하나까지 생명이 있는 것을 불이라고 합니다. 모두 불바퀴가 크고 작은 것이 돌아가는데 전체 불바퀴가 또 돌아가는 게 있거든요. 그래서 불바퀴는 생산처라고 해도 되는 것입니다, 생산처. 그리고 또 교라는 거는 말입니다, 여러분이 보이는 데서 말로 전달을 하고 듣고, 또 보이지 않는 데서 마음과 마음으로 전달을 합니다. 저런 나무들은 서로 마음과 마음이 전달이 되는 거거든요. 우리도 그거를 알아야 됩니다. 말없이 마음과 마음이 전달이 된다는 사실을 말입니다.

그래서 말없이 다스려지는 오장 육부의 모든 생명체들이 의식을 통해서 내가 마음먹는 대로 듣고 있다는 얘깁니다. 내가 '도둑질을 하러 가겠다' 한다면 도둑질을 하게끔 그냥 따라 줍니다. 허허! 그런데 내가 '좋은 일을 하겠다' 한다면 좋은 일을 하게끔 또 따라 줍니다. 그러니까 악도 선도 그 자리에서 나옵니다. 그러니 내가 마음먹는 대로, 요구하는 대로 그저 따라 줄 뿐입니다. 여러분, 상점에 가시죠? 시장에 가셔서 여러분이 달라는 대로 장사꾼들은 주지, 여러분이 달라 하지 않는 것도 그냥 우정 맡깁디까? 그래서 오장 육부 시장에서는 여러분이 달라는 대로 주는 겁니다. 하하하…. (대중 박수) 그러니 나쁜 거를 달라 하든 좋은 거를 달라 하든, 금방 쓰고 없어질 걸 달라 하든 그건 상관이 없어요. 달라는 대로 그냥 주는 거니까요.

그러니까 그거를 잘 포착해서 판단을 하셔야죠. 눈은 왜 뚫어 놨습니까! 귀는 왜 뚫어 놨습니까! 어떤 분은 "스님, 가게가 이렇게 안될 수가 없습니다. 망했습니다. 이 망한 거를 어떻게 잘 좀 해 주실 수 없습니까?" 이런단 말입니다. 그런데 말입니다, 나한테 말할 게 아니라 귀 뚫어 놓고 눈 뚫어 놓고 머리도, 두뇌도 있단 말입니다. 그러면 그 장사는 지금 시점에서 될 장사인가 이걸 봐야 하고, 또 자리도 그 물건을 파는 데 적당한가 이것도 봐야 하고, 또 그것이 지금 빨리빨리 소비가 될 수 있는 굴건인가, 동네는 어떠한가, 이거를 잘 살펴서 해야 내놓아도 빨리 빠지기도 하고 또 잘되기도 하고 이럴 수 있는 거 아닙니까? 그거를 전혀 생각 안 해 보고, 빚까지 얻어서 아무 데나 덜컥 자리를 잡아 놓고는 그곳하고 상관이 없는 물건들을 그냥 들여놓는다면 망할 수밖에 없죠. 그러니까 자기네들이 밝지 못하게 해 놓고 사니 고생을 할 수밖에 없는 거 아닙니까? 그러니까 누구한테다 한탄할 게 하나도 없습니다. 각자 여러분이 좀더 마음으로써 믿고 다스려서 나를 좀 계발시켜서 지혜를 넓히고 그래서 삶의 보람을 찾고 화목을 찾고 진실을 찾고 그러셔야죠. '하! 이거 진실하게 살아도 얼마 놀지 못할 텐데, 허망하다면서 나를 그냥 아무렇게나 굴리지 말고 재밌게 살아야지 않아?' 이럭하고선 재밌게 살 생각들을 하세요.

그리고 개별적으로 다 찾아올 수는 없는 거니까, 내가 말하고 난 뒤에 이 자리에 나오셔서 질문도 하시려면 하시구요. 또 어떠한 용건이 있으면 말씀도 하시구요. 어떠한 용도든 간에 질문은 하시더라도, 내가 여직껏 설법한 것을 알아들으셨다면 한번 실험을 통해서 실천을 해 보는 것이 바로 경험을 얻을 수도 있고 체험을 할 수도 있지 않을까 생각합니다. 생활 속에서, 나가서 과일을 사든 시장을 보든 누구하고 만나든 싸움을 하든 말다툼을 하든, 어떠한 거든지 그거 가지고, 내가 지금 여기서 말씀해 드린 대로 실천을 한번 해 보시면서 실험을 해 보세요. 그러면 체험이 꼭 될 거니까요. 그러니까 여기 나오셔서 질문을 하실 분은 누구라도 좋으니까 어떠한 용건이라도 질문하셔서, 끝나고 또

나를 보겠다고 안 그러시게끔 하세요. (대중 박수)

질문자1(여) 큰스님, 감사합니다. 지금 저는 공부를 하느라고 하고 있거든요. 근데 잘되지를 않고…, 지금 저의 집에 너무 딱한 사정이 있어서 이렇게 안양에서 올라왔습니다. 시집도 안 간 딸아이가 하나 있는데 5년 전부터, 몸이 많이 아픈 것은 아닌데 그냥 밥도 안 먹고 씻지도 않고 옷도 갈아입지 않고 방에만 그냥 들어앉아 있어요. 그래서 집안 식구들이 밥을 갖다 줘도 막 짜증만 부리고, 엄마를 원수라고 그냥 고함을 지르고 벽을 들고치고 그렇게 해서….

큰스님 그만 하세요, 인제 그만.

질문자1(여) 감사합니다.

큰스님 안양에 오신 지 얼마나 됐습니까?

질문자1(여) 선원에 온 지는 지금 한 5개월째….

큰스님 그러니까 그렇죠. 댁은 지금 사는 것만 알지, 아까 내가 뭐랬습니까? 과거에 어떻게 살았느냐에 따라서 영계성이라든가 업보성 인과성이 닥쳐온다구요. 그러니까 그거를 없애려면 어떻게 하라고 했습니까? 그것이 나온 자리에다가 다시 맡겨 놓고 그렇게 공부를 열심히 하셔야 될 거 아닙니까? 그리고 생활이 그냥 공부지 어디 공부가 따로 있겠습니까? 열심히 다니시면서 스님네들한테 물어서 관하는 법을 똑바로 알아서 열심히 하세요. 첫째, 당신부터 믿어야 돼요. 당신 주인공부터 진짜로 믿어야 돼요. 저 나무 뿌리와 나무가 뗄래야 뗄 수 없는 것과 똑같이 인간의 뿌리하고 인간의 몸뚱이가 둘이 아니에요. 그러니까 뿌리를 믿어야 도움을 받죠. 그러니까 꼭 거기다가 '재가 저러는 것도 주인공은 둘이 아닌 까닭에 너만이 해결할 수 있다.' 하고 거기다 맡겨 놓으시고 정성 지극하게 하세요.

질문자1(여) 예. 감사합니다.

질문자2(여) 감사합니다. 저는 청주에서 왔습니다. 저는 작년부터 이렇게 풍이 왔습니다. 그래서 왼쪽 팔하고 다리가 아파서 마음대로 다니질 못합니다. 어떻게 하면 좋겠습니까?

큰스님 아까 얘기해 드렸죠? 몸속의 중생들이, 즉 생명체들이 바로 내 마음대로 따라 준다고요. 그러니까 '너만이 할 수 있다' 하고 믿을 때에 그 작용을 해 준다 이겁니다.

질문자2(여) 그러면 어떻게 하면 좋을까요?

큰스님 그거는 어느 지원에 나가시든지 나가서 스님한테 자세히 물어봐서 하세요.

질문자2(여) 예, 감사합니다.

질문자3(여) 감사합니다. 스님 오시길 간절히 빌었는데 이렇게 오늘 대하니까 뭐라고 말씀을 드리지도 못하겠습니다. 저는 청주 북일면 수반이라는 데서 왔는데요. 남편이 10년 전에 국민 투표 하고 경운기를 타고 오다가 논에 박히는 바람에 척추를 다쳐서는 세상의 약을 다 써도 안 듣고 이때까지 고생을 하는데, 인제 또 간까지 나쁘다고 해서 병원에 가니까 너무 어렵답니다. 의사가 어렵다고 말을 해서 그게 걱정이고, 그래서 스님 말씀을 듣고 싶어서 원을 하고 이렇게 왔습니다.

큰스님 어디서 살아요?

질문자3(여) 북일면 수반 살아요, 청주.

큰스님 그러면 여기 주지 스님한테 어떻게 관하는가를 가르쳐 달라고 그래서 꼭 그렇게, 꼭 스님 말씀대로 관하세요.

질문자3(여) 아무리 관하고 제가 그렇게 하려고 해도 안되네요.

큰스님 그거는 그렇게 살 양으로 하니까 그렇죠. 그리고 살 양으로 하는 것만이 믿는 게 아니구요, 죽든 살든 믿어야 하는 것이 근본입니다.

질문자3(여) 그래서 이제까지 농사를 짓고 사는데 지팡일 짚고 다니면서 일을 하고 오면 그거같이 불쌍할 수가 없어요. 자식들은 있지만 도시에 나가서 살고 있어요. 농사를 짓고 살아야 하는데….

큰스님 알았어요, 알았어요. 네.

질문자3(여) 스님, 감사합니다.

질문자4(여) 스님, 저는 영등포에서 왔습니다. 선원에 나온 지는 한 달 한 이십 일 됐어요. 근데 제가 믿기는 열심히 믿는다고 해도 알쏭달쏭한 데가 좀 많습니다. 열심히 하겠습니다.

큰스님 뭐, 댁이 지금 말하고 돌아다니는 그 자체가 바로 주인공인데 알쏭달쏭할 게 뭐 있습니까?

질문자4(여) 주인공한테 관하는 법이 조금 알쏭달쏭하더라구요.

큰스님 하하하…. 그걸 본원에 자꾸 와서 진실하게 배우세요. 자기 믿는 법도 참 새록새록입니다. 하하하….

질문자4(여) 근데 자식이요, 삼 남매 중 막내가 신장이 좀 안 좋아서 소변이 안 나오거든요. 그래서 항시 그것 때문에 제가 이렇게….

큰스님 이거 보세요. 모두 데리고 나와서, 스님네한테 관하는 법을 자세히 물어봐서 가르쳐 주세요. 그러면 자기 병은 자기가 고칠 수 있어요. 알았어요?

질문자4(여) 네. 감사합니다, 스님.

질문자5(여) 스님, 반갑습니다. 다름이 아니고, 저 해남군 현산면에서 왔는데 며느리가 아무 말도 없이 집을 나가고 없어요. 내가 이렇게 주인공한테 맡기고 그래도 지금 아무 연락이 없습니다. 그것에 대해서 말씀 좀 해 주세요.

큰스님 말은 무슨 말이 필요해요? 알았으니까 가세요.

질문자5(여) 감사합니다. (대중 박수)

질문자6(남) 저의 아버님께서 얼마 전에 위암으로 시한부 선고를 받으셨습니다. 시흥에 사는데 제가 지난 5월부터 한마음선원에서 관하는 법을 배우고 또 큰스님께 많은 걸 배우려고 하고 있습니다. 그래서 주인공이 뭔지도, 그리고 관하는 게 뭔지도 어느 정도는 알고, 진짜 오로지 아버님만…, 그런 마음으로….

큰스님 편하게 얘기해.

질문자6(남) 예. 저의 아버님을 잃고 싶지 않습니다. 제가 열심히 관하고 저에게 아버님은, 하여튼….

큰스님 그래서 좀 어떠셔?

질문자6(남) 좀 나아지셨고요. 차도라고 말씀드리기는 뭐한데, 아무튼 표정도 좀 밝아지셨습니다. 제가 요즈음에 느끼는 거는 아침에 아버지가 저를 깨워 주시면 '주인공, 감사합니다. 오늘 아침에도 아버님이 이렇게 저를 깨워 주실 수 있게 해서….' 항상 그렇게 하고 있는데 정말 어느 날, 언제나 미래가 불안하기 때문에….

큰스님 좀 진짜로 믿어 봐. 너의 아버지하고 너하고 그 영혼의 근본은 저 전력이 똑같듯이 같애. 너의 전깃줄이라고 한다면 아버지 전깃줄하고 갖다 맞대면 불이 들어올 뿐이야, 불이. 그와 같애. 그러니까 열심히 해 봐.

질문자6(남) 감사합니다. (대중 박수)

큰스님 오늘은 질문하시라고 그랬더니…. 그래, 이것이 더 중요하니까.

질문자7(여) 큰스님, 감사합니다. 뵙게 돼서 감사합니다. 감사한 뜻에서 스님 내외 사서 인사하러 가겠다고 여쭈러 왔습니다. 감사합니다. 세상만사가 감사합니다.

큰스님 예, 세상만사가 감사하죠. 하하하…. (대중 박수)

질문자8(여) 스님, 이렇게 만나 뵙게 돼서 정말 영광스럽습니다. 이쪽은 동생이고 저는 언니인데요. 부산에서 왔습니다. 다른 게 아니고 저의 어머니가 10년 전부터 간염을 앓으셨는데 한 달 전부터 복부 있는 부분에 암세포도 있다 그러고요. 간경화로 사경을 헤매고 계시는데 어떤 귀한 인연으로 해 가지고 한마음이라는 이 공부를 알게 됐습니다. 그리고 우리 아버님도 그렇고 동생도 그렇고, 모든 식구들이 다 매달려 있는데 본인은, 그러니까 저의 어머니는 아직 오지 못했어요, 오늘요.

큰스님 그냥 쉽게 얘기해.

질문자8(여) 예. 그래서 한마음 공부를 알게 되고 나서부터 어머니 몸이 조금씩 차도가 있었는데 그래도 우리들이 관하는 걸로는 너무 좀 성의가….

큰스님 이거 봐. 들으면 병이고 안 들으면 약이지? 병원에서 이름을 딱 지어 주면 떨게 돼 있어. 허허! 이름을 듣고 갈대처럼 휘날린다면 내 마음이 그러니까 안에서도, 내 오장 육부 안에서도 그렇게 떨리는 그걸로다가 그냥 따라 주거든. 그러니까 회복될 수가 없어. 그러니까 과감히 '너만이 할 수 있다!' 하고 놓으란 말이야. 알았어?

질문자8(여) 근데 큰스님, 저희도 지금 무척 매달리고 있는데요, 우리 힘이 너무 부족한 것 같습니다. 스님께서 꼭 좀….

큰스님 이거 봐. '주인공, 너만이 할 수 있어.' 할 때에 엄마라는 거하고 딸이라는 거하고 가설이 돼 있지? 그게 가설이 돼 있는 거다. 이 방 저 방이 전기 가설이 돼 있듯이 말이야! 마음과 마음이 전달이 되는 도리니까. 그러니까 네 주인공에다 해야 돼!

질문자8(여) 스님, '됐다'는 소리 한 마디만 좀 해 주십시오. (대중 박수)

큰스님 너희 식구들이 알아서 그렇게 한다면 동시에 나나 일체제불의 마음이 찰나찰나 거기 끊임없이 끊어지지 않아. 알았어, 인제?

질문자8(여) 감사합니다.

큰스님 사람이 말이에요, 믿는다는 것이 내가 뭐가 되고자 해서 어거지로 믿는 게 아니에요. 이거는 자기가 이 세상에 나오기 이전부터 같이 하고 있으니 그렇게 믿지 않을 수 없게끔 돼 있어요. 뿌리 같다니까요. 뗄래야 뗄 수 없는 뿌리와 같아요. 개개인이 말입니다. 자기를 형성시킨 자기 뿌리를 믿어야죠!

질문자9(여) 스님, 저는 안동에서 소원이 한 가지 있어서 왔습니다. 제 아들 한 놈 있는 게 7월 4일날 진급 시험을 친다 합니다. 스님, 마음내 주십시오. (대중 박수)

큰스님 (합장하시고) 절하는 거는 나한테다 하는 게 아니니까요. 자기 주인공한테다가 절을 하는 것은 자기를 겸손하게 만들기 위한, 즉 벼이삭이 익어서 고개가 숙여지도록 만들기 위함이니까 그저 한 번씩만 하세요.

질문자10(여) 스님, 감사합니다. 남편이 스님 뵙고 참 좋아졌거든요. 그래서 감사하다는 말씀을 드리지 못해서 이 자리에서 감사하다고 말씀드리고 싶은데요.

큰스님 좋아졌어요?

질문자10(여) 네. 아주 참 좋아졌어요. (대중 박수) 너무너무 감사해 가지고요, 스님께 길게 말씀드리지 못하고, 다시 만날 수가 없어서 이 자리에서 감사하다고 말씀드리고 싶은데요. 다름이 아니고 창피한 걸 무릅쓰고 백 배 용기를 내서 올라왔습니다. 애들 아빠가 사업을 진짜 많이 벌여 놓고 있는데 잘 안되거든요. 좀 잘되게 해 주세요.

큰스님 이거 봐. 남한테 잘되게 해 달라고 하질 말고 댁이 '잘되게 하는 것도 너밖에 없다.' 하고 진실하게 믿으면 돼. 믿고 그렇게 생각 들 때마다 그러는 게 참선이야. 그렇게 해요. 그러니까 진실하면 어디가 달라도 다르고 또 다 통하는 데가 있고, 남편과 아내가 가설이 돼 있으니까 거기도 불이 들어오게 돼 있거든. 그러니까 걱정할 거 하나도 없어.

질문자10(여) 잘돼야 보시도 많이 할 텐데요. 제 마음은 보시 많이 하고 싶거든요. 그런데 잘 안되니까….

큰스님 보시 하고 안 하고가 문제가 아니야, 지금.

질문자10(여) 네, 글쎄요.

큰스님 지금 그게 문제가 아니라니까!

질문자10(여) 네. 감사합니다.

질문자11(여) 큰스님, 반갑습니다.

큰스님 반가워요.

질문자11(여) 그동안 여러 가지로 도움 많이 주셔서 정말 감사합니다. 저는 재미 교포인데 한국엔 책을 출판하기 위해서 나와 있습니다. 근데 지금 제가 머물고 있는 집 식구 분들이 굉장히 화목하고…, 참 좋으신 분하고 인연을 맺고 있는데요. 그 가족 중에서 막내동생이 어릴 때 뇌성마비로 완전히 불구가 되었습니다. 근데 저하고 어떻게 인연이 돼서 많은 시간을 같이 보내고 있습니다. 지금 열아홉 살인데 그 애 마음이 너무너무 아름답고 참, 아주 착해요. 걔 꿈은 한국에서 제일가는 천문학 박사가 되는 게 꿈이랍니다. 그래서 저하고 항상 시간을 내서 별자리 구경도 하면서 뭐 다른 혹성에 관해서 상상도 해 보고 그런 시간을 거의 매일 갖고 있거든요.

근데 그러다 보니까 참 사랑하는 마음이 들고 '내가 얘를 위해서 뭔가 해 줬으면 좋겠는데….' 하는 마음이 들어서 이렇게 나왔습니다. 그렇게 불구의 몸이다 보니까 밥도 누가 먹여 줘야만 먹고 화장실 등등 혼자서 하는 게 아무것도 없고 그저 손의 놀림은 좀 신경이 남아서 혼자서 책을 넘긴다든가 혼자서 컴퓨터 같은 걸 치는 거는 해결하고 있거든요. 근데 모르겠습니다. 제가 언젠가 큰스님 책에서 보니까 생전

한 번도 걸어 보지 못하던 사람이 『무』인가, 『도』인가를 읽으면서 그 자리에서 '일어나라' 하는 꿈을 꾸고서 일어나 보니까 자기도 모르게 일어나 있더라 하는 그런 체험이 있어서, 혹시 그 애한테도 그런 기회가 있을까 해서 제가….

큰스님 이거 봐. 기적은 바라지 마. 기적을 바라지 않는 반면에 그대로, 짜릿하게 그대로 실천이 될 수도 있어. 사람이 기적을 바란다면 그건 허망해. 내가 진실히 해서 내가 하나하나 계단을 밟겠다는 그런 의지가 필요해요. 이 세상에 한 달 내내 일 안 하고 가서 돈 달라고 그러면 누가 주나? 어떤 거든지 다 그래요. 그러니까 관하는 법을 본인에게 잘 가르쳐 주도록 이렇게 해요.

질문자11(여) 네. 감사합니다.

큰스님 진실히 믿으라고 해. 자기 몸뚱이가 그렇다 할지라도 자기 몸뚱이를 그렇게 해 놓은 장본인도 바로 자기 주인공이니까.

질문자11(여) 네. 감사합니다, 큰스님. (대중 박수)

질문자12(여) 큰스님, 저는 너무 감사하게 생각합니다. 이 공부를 하다 보니까 자신도 모르는 남의 탓, 남을 원망하거나 화풀이 같은 거, 그런 것이 진짜 많이 없어졌습니다. 이 공부를 해서 정말 너무너무 좋은 법을 얻은 것 같아 감사드리려고 나왔습니다. 감사합니다, 스님. (대중 박수)

질문자13(여) 큰스님 뵙게 돼서 감사합니다. 서른 살이나 된 저의 딸이 여기 한마음선원에 나와서 법문도 듣고, 집에서는 책도 읽고 테이프도 틀어 주고 그러니까 큰스님 한번 뵙기를 아주 간곡히 부탁을 합니다. 어떡하면 좋겠습니까? 육체는 말을 안 듣고 그래서 회장님이 선원에 좀 데리고 나오라고 그러는데도 못 데리고 나왔습니다.

큰스님 육체를 끌고 다니지 않아도 어디든지 갈 수 있습니다. 미국 같은 데는 우리가 아주 멀다고 생각하지 않습니까? 그런데 마음이라는 것은 지구 바깥으로도 벗어날 수 있고 찰나에 미국도 갈 수 있는 것입니다. 그렇기 때문에 가깝고 멀고 그 차이가 없는 겁니다. 그러니 몸뚱이를 가지고 와서 보이는 것은 진짜가 아닙니다. 관하는 법을 본인에게도 가르쳐 주시고 또 열심히 그렇게 해 보십시오. 그러면 차도가 있을 겁니다.

질문자13(여) 네. 감사합니다. (대중 박수)

질문자14(여) 스님, 저는 안양에서도 뵙고, 광명선원에 와서까지 뵙게 돼서 행복하고 감사합니다. 저는 자랑이 하고 싶어서 나왔어요. 아이 아빠가 14년이란 긴 세월을 평택 안중중학교라고 먼 학교로 새벽에 일어나서 장거리 통학을 하는데 너무너무 고통스러웠어요. 그래서 항상 가까운 곳으로 오기를 원을 세웠는데 공립학교 특채의 그 어려운 관문을 통과해서 지난 3월부터 과천중학교에 근무하게 되었습니다. 너무너무 감사합니다. (대중 박수)

그리고 제 잘못으로 10년 전에 가산을 아주 탕진을 했어요. 형제간들한테 사기를 당해서 시아버님이 일찍 물려주신 재산을 탕진을 했는데 그 후로 제가 장사를 하고 또 남편은 남편대로 직장을 다녔거든요. 그래서 제가 재산을 탕진한 후에 한마음선원을 다니면서부터 장사도 잘됐고, 남편도 잘됐고, 애들도 건강하고 공부 잘하고…. 인제 10년 됐는데요, 가게 바로 앞이 벽산아파트거든요. 애들이랑 전부 원을 세웠어요. '저기 벽산아파트로 이사 갔음 좋겠다.' 했더니 벽산아파트 36평짜리를 얼마 전에 샀습니다. 너무너무 감사하고 행복합니다. (대중 박수) 이렇게 자랑이 하고 싶어서 나왔어요. 참 가화만사성이에요, 다 건강하고….

큰스님 그래요.

질문자14(여) 네. 너무너무 감사합니다.

큰스님 일체가 가화만사성이죠. 그래서 그거는 당신이 그렇게 잘한 거지, 내가 해 줬다고도 못하고 당신이 했다고도 못하고 피장파장이라. 그러니까 다 한마음이 한 거죠. 하하하…. (대중 박수)

질문자15(여) 어머니, 제 정신의 어머니십니다. 전 항상 '어머니! 어머니!' 하고 꿈에서도 외치고 '어머니!' 하고 항상 불렀습니다. 그런데 저는 지금 이 자리에서 죽어도 여한이 없습니다. 큰스님을 이렇게 뵙게 되었으니까. 진짜입니다.

큰스님 이거 봐요. 내 고깃덩어릴 믿으려고 생각지 말아요.

질문자15(여) 아닙니다. 한 번도 못 뵈온 분을 지금까지 열망하는 거는 큰스님의 모습이 아니고 그 마음입니다.

큰스님 그래요. 당신 마음으로부터 내 마음을 같이 해서 볼 양으로 해야지 이 모습을 볼 양으로 그런다면 안 돼요.

질문자15(여) 아닙니다. 항상 저는 꿈에서도 뵈옵는데, 저 경상남도 김해에서 왔거든요. 근데 어머니가 전라북도에 계시는데 어머님이 관절마다 다 터질 정도로까지 되셨는데 제가 가만히 생각하니까 모질고 모질어서 열심히 일한 죄밖에 없고, 저의 어머니는 제가 보기에는 반부처셨거든요. 아무 믿음이 없으셔도 항상 마음은 남 미워할 줄 모르고 원망할 줄 모르고 그렇게 사셨는데도 저렇게 아픔을 겪으시는가 싶으니까 너무 안타까워서 육신의 어머니시지만….

큰스님 그러면 소원대로 해. 연세가 몇이시지?

질문자15(여) 지금 육십넷입니다.

큰스님 그럼 아직 뭐 괜찮구먼. 그러니까 관하는 거….

질문자15(여) 제가 수없이, 지금 한 삼사 일 동안 알려 주면서 김해에서 부산을 와 가지고 안양으로 갔거든요. 그래 가지고 그저께 안양에 가서 스님은 못 뵙고 법당에 가서 막 "스님! 스님!" 하고 불렀는데 스님은 나오시지 않았습니다. 그냥 저녁 다섯 시 될 때까지 "스님! 스님!" 하고 불렀는데도 스님은….

큰스님 이거 봐요. 나왔다고 생각하면 당신네 한생각에 나오는 거야.

질문자15(여) 그러게 말입니다.

큰스님 그러니까 그저 불러서 모습이 안 보인다 하더라도 벌써 한번 생각하고 불렀으면 벌써 딱 대령했다는 걸 알아야지. (대중 박수)

질문자15(여) 예. 감사합니다. 그래서 지금 못 이기고 못 따라나온 어머니를 모시고, 스님은 태양이시고 저는 해바라기처럼 계속 지금 스님 뒤만 따라서 여기까지 왔거든요.

큰스님 하하하….

질문자15(여) 그래 이렇게 뵙게 돼서 진짜 감사합니다.

큰스님 알았어요. (합장하시고) 알았어요. 그럼 말이에요, 어머니더러 '주인공, 네 몸뚱이 네가 건강하게 끌고 다녀야지 누가 끌고 다녀?' 하고 그렇게 하라고 그러세요.

질문자16(여) 스님, 감사합니다. 저는 다름이 아니고 가정사 때문에 나왔는데요. 작년부터 공장 문을 닫아 놓고 팔려고 해도 팔리지를 않아요. 몇 번을 들어서 이렇게 간청을 하는데 제 공부거리라 생각하고 자꾸 녹이고 하는데요, 그게 잘 안돼요. 오늘도 제 남편이 같이 오기로 했는데 그 사람들 데리고 공장을 보여 줘야 하기 때문에 참석 못했습니다. 스님, 한마음 내 주세요.

질문자17(여) 스님, 이렇게 뵈옵게 돼서 대단히 감사합니다. 저는 대구에서 왔습니다. 저의 집 영감님이 약주를 한 잔 마시는데, 밤에 입에 대었다 하면 소주 두 병씩 마시는데 마시고 나면 밤새도록 잠을 못 이뤄요. 거기에다 "여보! 여보!" 하고 깨우는데 밤새도록 이렇게 부르니까 잠을 이룰 수가 없고 또 천둥산 노래를 꼭 부릅니다. 밤새도록 부르니까 며느리나 아들이 잠을 못 이루어서 보기가 너무 안타깝고, 영감님도 밤새도록 그렇게 지내니 안타깝고, 저도 시중을 들려니 한잠도 못 이루는데 이런 세월이 올해로 만 3년 되었습니다. 그전에는 안 그랬거든요.

큰스님 알았어요. 알았습니다. (대중 박수)

질문자18(여) 관이라는지 뭣이라는지 아무것도 모르는 무식한 사람입니다. 그러나 오늘 이 자리에서 스님에게 꼭 하고 싶은 말이 있어서 나왔는데 이렇게 관대하게 받아 주셔서 너무나 감사합니다. 저는 3주 전에 시아버지를 잃고, 그로부터 2주 뒤에 제 남편을 잃었습니다. 그런데 남편을 잃던 날에는 제 맏아들이 또 맹장 수술을 하게 되었습니다. 이 무슨 불운인지 모르겠습니다, 스님. 제가 살 만할 때는 너무나 오만하였는지 법당을 찾을 그런 마음의 여유도 없었고요.

큰스님 알았어요. 알았습니다. 알았으니까 '그렇게 안되게끔 하는 것도 너밖에 없다' 하고 그렇게 관하시면요, 틀림없이 그것은 제거가 될 겁니다. 알았죠? (대중 박수)

질문자18(여) 그리고 스님, 딱 한 가지 소원이 있습니다. 제 아들 둘이 너무나 아버지 잃은 슬픔에 사로잡혀 있는데 그 아들들에게 스님이 아버지를 좀 해 주셨으면 저는 무슨 고초라도 다 겪고 따르겠습니다.

큰스님 이거 보세요. 지금 당신이 말씀하시는 일이, 그 제거하는 것이 얼마나 어려운지 당신은 모를 거예요. 그것은 자기네들이 배우라고 그러세요. 관하는 걸 배우라고요.

질문자18(여) 네. 배우라고 하겠습니다.

큰스님 자기 인생을 자기가 배워야지 누가 가르쳐 줍니까? 어서 가 보세요.

질문자18(여) 예. 감사합니다. (대중 박수)

질문자19(여) 죄송합니다, 큰스님.

큰스님 아, 누구 볼 거 없어, 그냥 얘기만 해!

질문자19(여) 한마음 내 주십시오.

큰스님 하하하! 알았어. 하하하! (대중 박수)

큰스님 (삼 배 하는 질문자에게) 한 번만 하세요.

질문자20(남) 스님 앞에 감사한 말씀 드리러 나왔습니다. 저는 제주에서 왔습니다. 한 사오 년 전에 혈압이랑 합병증으로 해서 전신마비가 되어 말도 제대로 못하고 제주에서 도립병원, 지금은 제주의원입니다. 거기 입원을 했는데 거기서 한 일 주일 입원을 하니까 주사도 안 놔주고 병원에서 장사를 지내려면 병원에 있고 그렇지 않으면 집에 가라고 해서 퇴원을 했습니다. 할 수 없이 죽어도 집에 가서 죽는다고 퇴원을 했는데 병원에서 일단 나오니까 어디 받아 줄 데가 있습니까? 받아 줄 데가 없어요.

큰스님 아이, 받아 줄 데는 틀림없이 있어요.

질문자20(남) 아니, 받아 줄 데가 없어 가지고 아무 데도 가지 못해서 가만히 집에 있다가 한마음선원에 나오게 됐습니다. 나와서 그래 저래 하니까 전부 날 보고 기적이라고 그러는데, 지금은 걸음도 걷고 말도 어느 정도 하게 됐습니다. (대중 박수) 감사합니다. 아까 말씀을 듣다가 나가 뵙자 뵙자 하는 것을, 내가 '안 뵈어도 될 수 있다' 그래도 하도 나가 뵈오라고 그래서 나왔는데….

큰스님 꼭 성공하실 수 있어요.

질문자20(남) 감사합니다. (대중 박수) 감사합니다.

질문자21(여) 대자대비하옵신 큰스님께 한마디 여쭙겠습니다. 우리 전통 한의대를 좀 살려 주옵소서. 기도 좀 해 주옵소서. 너무나 답답합니다. 지금 한의대가 전부 수업을 중단하고 있습니다. 어떻게든 좀 해 주옵소서.

큰스님 하하하….

질문자21(여) 감사합니다. 전 국민이 좀 위로해 주옵소서.

질문자22(여) 스님! 저는 얼마 전에 금과 옷, 부처님 옷과 밤색 공을 받았습니다. 그랬는데 또 얼마 전에는 소들이 수십 마리가 제 앞으로 막 달려왔습니다. 그래서 아무리 놓고 그걸 관해도 길이 없어 스님께 이렇게 말씀드립니다.

큰스님 이거 봐요. 지금 댁의 뱃속에 얼마나 들어 있는 줄 아세요? 수십억이에요. 그러면 그게 다 화해서 당신에게 보이는 겁니다. 즉 말하자면 과거에 인과로서 만난 그 인연들이거든요. 그러니까 여러 개로 보이는 거지요. 이 물방울을 저쪽 물방울에다가 한 방울 딱 섞으면 그냥 한 방울인 거예요. 그러니까 그 요량을 알아서 "어, 이거는 한마음 속에서 나온 거니까 한마음 속에서 화해서 이렇게 보이는 거로구나. 나를 테스트하는 거로구나!" 하는 걸 알아야죠.

질문자22(여) 예. 모든 사람들과 같이 공부가 되기 바랍니다.

사회자 예. 오늘 질문은 이것으로써 마치면 좋겠죠? 박수 좀 쳐 주세요. (대중 박수)

큰스님 여러분! 불법이라는 것은 우리가 없다면 없는 겁니다. 물과 바람과 흙과 불이 우리로 뭉쳐져 있고 우리가 또 그것을 먹고 삽니다. 그리고 곤충에 이르기까지, 풀 한 포기까지 지구에 붙어서 사는 한, 이 지구도 그렇고 우리의 생명과 같습니다. 그 수명이 좀 빠르고 더디고 이것뿐이지요. 그러니까 그대로 부처님 법이며 우리의 생활이에요. 우리 마음으로써 발전을 하고 계발을 하고 창조력을 길러서 삶의 보람을 느끼라는 거죠. 그런데 어떻게 산 사람들이 말하는 것으로만, 듣고 보는 것으로만 해서야 100% 전부라고 하겠습니까. 그러니까 물질세계의 50%만 가지고 그러지 말고 정신세계의 50%로 물질세계의 50%를 충당한다면 100%로 중용을 함으로써 우리가 얼마든지 창조력을 발휘하고 자유스럽게 살면서 삶의 보람을 느끼실 겁니다.

그러니까 부처님 법이 그렇게 단순하게 기복으로다가 목탁이나 두들기고 머리나 깎고 회색 옷이나 입는 게 불교가 아니에요! 불교라는 것은 어느 한 군데 국한돼 있는 게 아니고 전체 진리인 것입니다. 불이라는 것은 아까도 얘기했지만 생명의 근본입니다. 하다못해 풀 한 포기의 생명도 생명이 존재하니까 불이죠. 교라는 것은 전체가 마음과 마음이 전달이 되고, 통신과 통신이 전달이 되고, 말과 말이 전달이 되고 이러는 것이 바로 교입니다. 그러니까 우리 스님들만 불교를 가지고 있는 게 아니라 전체, 이 세상 삼라만상이 살아나가는 게 다 불교입니다. 이런 것들도 다 불교 아닌 게 없습니다. 아, 마음으로다 마음과 마음이 전달이 돼서 사랑을 하면서, 잎이 푸르게 나고 꽃이 피면서 열매가 열리고 그 열매는 다시 또 씨로 되어 씨가 또 열매가 되고, 또 씨가 열매가 되고 다들 먹고도 남음이 있는 것이 바로 그 원리입니다. 이 세상에 독불장군이 없습니다. 그래서 상대성의 원리라고 합니다. 모든 것이 상대성으로서 서로가 서로에게 전달하면서 살아나가는 것이 불교이자 불법입니다.

그러니까 지구가 버스라면 버스 안에서 걸상 하나 가지고 내 종교니 네 종교니 하고, 내 거니 네 거니 하고 그러지 맙시다. 자기 자신들의 마음을 발전시켜서 정신세계에서 물질세계로 나오고 물질세계에서 정신세계로 들고, 이렇게 양면이 같이, 정맥 동맥이 돌아가듯 이렇게 같이 끊임없이 이어서 초월해서 돌아간다는 이 사실을 여러분이 한번 잘 생각해 보는 계기가 됐으면 합니다.

마음으로 마음을 녹여라

광명선원 법회

1993년 7월 18일

더운데도 불구하고 이렇게 한자리를 하게 된 것을 매우 감사히 생각하는 바입니다. 우리는 차원의 그릇에 따라서 모두 끼리끼리 모이게끔 돼 있는 것입니다. 멀어도 멀다 안 하시고 이렇게 왕림해서 한마음이 돼 주시는 것에 재차 감사드립니다.

우리가 마음을 생각할 때에 '마음이 참 요상한 놈이로구나!' 하는 생각이 들 때가 많이 있습니다. 아주 요상한 놈이라고 말입니다. 마음이 요상한 게 아니라 마음내는 게 요상하겠죠. 우리가 항상 몸을 중심으로 해서, 부처님께서 가르쳐 주신 뜻대로 육근(六根)이라고 하고 육경(六境)이라고 하고 육식(六識)이라고 합니다. 그런데 그 세 가지가 따로따로 있는 게 아니라 바로 의식이 색에 들고, 색은 의식에 포함돼서 항상 밝게, 어떠한 생각이든지 하게 하고 어떠한 거든지 보게 하고 듣게 하고…, 모든 걸 하고 있습니다. 만약에 그 의식이 빠진다면 아마 송장이 될 걸요? 그래서 오관이라고 하는, 우리들과 우리들의 세계를 구성하는 다섯 가지의 요소가 있습니다. 그것은 여러분이 잘 아시는 거와 마찬가지로 보는 거, 듣는 거, 냄새 맡는 거, 맛을 아는 거, 몸뚱이의 부닥침을 아는 거 이렇게 다섯 가지입니다. 보통은 아무렇지도 않게 그저 붙었으니까 있으려니 하는 생각을 할 겁니다. 그런데 그 다섯 가지의 문제는 객관적인 세계라고 볼 수 있겠습니다. 그러나 수상행식(受想行識), 이 자체가 바로 색의 뒷받침을 해 주고 있습니다. 아까 얘기한 거와 마찬가지로 동일하게 둘이 하나가 된다는 얘기죠. 그래서 합성 행을 하게 되는 거죠.

그러면 그런 대로, 눈은 눈대로 소임을 가지고 있고 귀는 귀대로 소임을 가지고 있습니다. 냄새 맡는 코는 코대로 자기의 소임을 가지고 있고, 맛을 아는 고놈도 바로 소임을 맡아 가지고 있는 겁니다. 몸의 부닥침을 아는 놈은 아는 대로 소임을 가지고 있죠. 몸에 부닥치는 고놈은 바로 경계를 소임으로 맡아 가지고 있죠. 그것은 보이는 데 색으로만이 소임을 맡은 게 아닙니다. 즉 대기권을 지킨다 이겁니다. 레이다망이 들어오고 나가는 거를 알게끔 통신하고, 모든 면에서 좋은 건 좋은 것대로 나쁜 건 나쁜 것대로 들어온다고 소식을 전하는 소임을 맡아 가지고 있는 것입니다. 인간이라는 혹성에도 대기(大氣)가 있으니까요.

코의 소임은 냄새 맡는 것만이 아닙니다. 물론 음식 만드는 데의 냄새도 맡아지죠. 구수한 냄새와 먹고 싶지 않은 냄새, 썩은 냄새 이런 것도 잘 맡아 들이는 소임을 가졌죠. 그러나 그보다 더 위대한 소임을 가졌다는 걸 아셔야 됩니다. 우리가 무심 속에서 무의 세계를 맛보는 소임 말입니다. 일거일동, 천차만별의 모든 냄새를 만약에 제대로 맡지 못한다면 어떠한 상점을 냈다 하더라도 망합니다. 품목에 따라서 어떠한 자리에다 해야 되는지 그것을 판단 못하기 때문입니다. 거기에도 냄새를 맡는 게 필요합니다. 그 소임에 다 포함돼서 돌아가는 겁니다.

눈의 소임은 어떤 것이냐? 색상을 보는 것만이 아니라 심안으로서 보이지 않는 데서 돌아가는 천차만별의 이치를 알고 모든 결단을 내리는 데 주목적을 두고 있습니다. 심안의 그 의식의 작용이 있어야 바로 심안과 육안이 동일하게 판단을 할 수가 있는 것입니다. 그러니 색의 소임만 가진 게 아니라 주관적이기도 하고 객관적이기도 한 것을, 양면을 다 안고 판단을 내리는 소임을 가졌단 얘기죠. 그리고 듣는 것도 마음의 귀로 들어서 동일하게 동시에 같이 판단을 하게끔 만드는 겁니다. 개별적인 판단이 아닙니다. 다섯 놈이 바로 합동하고 합심해서 하나로 돌아가면서 하나에서 결단을 내리는 거죠.

그래서 여러분의 마음이 요상하다는 게 뭐냐 하면, 아주 나쁘게도 좋게도 생각할 수 있고, 나쁜 일을 하게 할 수도 있고 좋은 일을 하게 할 수도 있기 때문입니다. 즉 말하자면 육신이, 모든 의식들의 집합소가 한마음으로 뭉쳐서 하나의 안을 세울 수 있어야 비로소 정확하게 판단을 내릴 수 있어서 좋은 것이지, 이것저것이 제각기 따로따로 생각을 낸다면, 도둑질도 하게 하고 나쁜 일도 하게 하고 좋은 일도 하게 하고, 이것저것 '나' 라고 나서서 여러분의 마음을 혼동시키는 겁니다. 그러면 어떤 놈이 그렇게 시키는가 하면 여러분의 몸속에, 항상 얘기해 드리듯이 몸속에 자생중생들이 있습니다. 그 자생중생들이란 어떤 것이냐? 천차만별의 업식을 말합니다. 여러분이 과거에 어떻게 살았느냐에 따라서 콩 심은 데 콩 나고 팥 심은 데 팥 나듯이 그렇게 나오는 겁니다. 그게 업이니까 원수를 갚기 위해서 나오는 거죠. 여러분 속에서 스스로 여러분을 화나게 하고, 애고를 닥치게 하고 병고도 걸리게 하고, 영계성에 휘달리게 하기도 하고 세균성에 휘달리게 하기도 하고 또는 윤회성에 휘달리게 하기도 하는 이 모든 업보 자체가 바로 여러분이 과거에 어떻게 살았느냐에 따라서 모두 여러분의 몸속에 지금 도사리고 있는 것입니다.

그림자처럼 따라다니죠. 여러분이 죽으면 죽는 대로 그 업식은 그림자처럼 따라다닙니다. 죽어서 짐승을 보고도 사람인 줄 알고 좋다고 들어가는 것은, 자기의 업식에 따른 차원에 의해서 그렇게 되는 것입니다. 죽어서 다시 사람으로 모습을 가지고 나올 때는 어머니의 살을 빌리고 아버지의 뼈를 빌린단 말입니다. 자기 영혼의 근본이 자기를 형성시키기 위한 방편으로써 정자 난자를 빌려서 바로 자기를 형성시키는 것입니다. 형성을 시켜서 자기의 집합소로 만드는 겁니다. 집합소는 여래의 집이라고 해도 됩니다. 집합소, 자생중생들의 집합소! 그러나 여래의 집은 자생중생들의 집합소만 되는 게 아니라, 삼라만상 대천세계에 모두 천차만별로 돼 있는 만물만생의 집합소죠. 그래서 여래의 집이라고 합니다. 그런데 여래의 집이기도 하지마는 바로 관리인이기도 합니다. 그리고 여러분의 주인의 심부름꾼도 되죠. 그러니까 그걸 그림자처럼 짊어지고, 무겁지 않은 걸 무겁게 짊어지고 지금 가고 있습니다. 지금 걷고 있습니다.

그런데 부처님께서 49년을 설하고 가르쳐 주셨습니다. "거기에 속지 마라. 업식에서 나오는 대로 속지 마라. 업식에 의해서 나오는 거를 네 마음이 한마음으로 너 아닌 게 없다고 믿어라. 네 오장 육부, 네 몸속에 있는 자생중생들이 모두 너 아님이 하나도 없느니라." 그렇게 너 아님이 없다 하고 둘로 보지 않는다면 그 여러 가지 고가 그냥 무너지게 돼 있습니다.

지금 50%의 물질세계에서는 컴퓨터를 놓고 입력을 해 가지고 씁니다. 그런데 우리 인간에게는 숙명통이라는 이름의 자동적인 컴퓨터가 있습니다. 자동적인 컴퓨터! 지금 여러분에게 알아듣기 쉽게 하기 위해서 그 이름으로 칭하는 것입니다. 여러분이 가지고 있는 그 컴퓨터는 여러분이 생각하는 거와 행하는 거와 말하는 거와 천차만별의 모든 행이 전부 입력이 되는 것입니다. 우주 삼천대천세계(三千大千世界)의 근본은 바로 인간의 마음에 직결이 돼 있습니다. 이 세상의 모든 천차만별의 생활은 바로 내 마음속에 가설이 돼 있는 것입니다. 그렇기 때문에, 내가 마음을 쓰고 행하고 말하고 하는 그 자체가 바로 그 자동적인 컴퓨터에 입력이 돼 있기 때문에 마음으로 전달을 하고 돌아가는, 공생 공용 공체 공식화 하고 돌아가는 이 우주간 법계에 또 입력이 됩니다. 모두가 돌아갑니다.

그러니 내가 아무리 남모르게 거짓말을 하고, 아무리 남이 못 보게 행을 한다 하더라도, 나쁜 행을 했든지 좋은 행을 했든지 자기가 하고 있는 것을 어찌 속일 수가 있겠습니까? 자기가 알고 있는 것이 이 세상에 가설이 돼서 다 마음과 마음이 전달이 되고 통신이 되고 또는 삼천대천세계에 바로 직결이 돼서 통신이 되니 법계에 통신이 되고, 그러니 어찌 천당 지옥이 딴 데 있겠습니까? 우리 마음이 생각을 잘해서 다스리고 나간다면 천당을 가져올 것이고, 잘못 다스리면 지옥을 가져올 거는 뻔한 이치입니다. 모두들 속이는 것은 자기만 알고 있다고 믿기 때문에 그런 문제가 생기는 겁니다. 내 마음속으로 '조놈!' 하고 밉게 생각을 하고 있으면 그쪽에서도 '요놈!' 하고 밉게 생각을 하고, 쌍방에서 이렇게 옵니다. 그러나 내 마음이 스스로 내 탓으로 돌리고 '이 세상에 내가 났으니까 상대가 있는 거지 내가 나지 않았다면 상대가 없으리라. 좋은 일이든지 나쁜 거든지 모든 게 내 탓이로다.' 하고 내 탓으로 돌려놓고 회개를 할 수 있는 지혜를 가져야 되는데, 둘로 보지 않고 모든 게 하나로 돌아가야 할 텐데, 남을 원망하고 남을 증오하고 미워하고 이렇게 되면 내가 딴 사람들한테 바로 그렇게 미움을 받고 증오를 받게 되고, 우주간 법계 일체제불의 마음도 그렇게 느끼게 돼 있습니다.

이 마음과 마음이 얼마나 무섭고 또 얼마나 슬기로운지 모릅니다. 한생각 잘 내고 못 내는 데에 창살 없는 감옥에서 빠져나오느냐, 또는 창살 없는 감옥에, 웅덩이에 빠져서 세세생생 허덕거리고 빠져나오질 못하느냐가 달려 있습니다. 이러니 과거에 지은 죄는 오늘에 받고 오늘에 하는 것은 미래에 받는다고 했지만 어저께도 과거요, 조금 아까도 과거입니다. 그래서 '과거에, 어저께 따귀를 때렸더니 오늘 따귀를 때리러 되오더라.' 이런 걸로 표현을 해도 여러분이 다 알아들으시겠죠.

이런 문제가 있는 까닭에 일체 만법 천차만별로 돼 있는 문제들을 자유롭게 대치하는 법, 즉 양식을 먹는 법을 여러분한테 가르쳐 드리는 겁니다. '먹는 법'이 어떤 것이냐 하면…, 부처님도 자기하고 둘이 아니게, 자기 마음과 둘이 아니게 놔야 됩니다. 삼천 년 전에 계신 부처님이 이 자리에 서 계신다 할지라도 그 고깃덩어릴 믿지 말고 마음과 마음을 합쳐서 하나로 믿어야 합니다. 그래서 그거와 같이 모두가, 풀포기 하나라도 나 아님이 없고, 내 모습 아닌 게 없고, 내 아픔 아닌 게 없고, 내 살림살이 아닌 게 없고, 남녀를 막론해 놓고 모두가 둘이 아니게 돌아가고 있기 때문에 우리가 바로 그렇게 알고 실천하는 것입니다. '모든 것을 집어 먹어라' 하는 말은, 이게 말이자 방편입니다. 여러분이 알아듣기 쉽게 하기 위한 방편으로서 '모든 걸 닥치는 대로 집어 먹어라. 모든 거를 닥치는 대로 집어 먹되 걸리지 않게 집어 먹어라. 체하면 막힌다. 막히면 죽는다.' 이런 겁니다.

그렇기 때문에 다섯 가지 재식법이 있다 했습니다. 첫째, 법재식은 부처님이 가르쳐 준 뜻을 내면에 새겨 놓고 내 몸속의 자생중생들을 한마음으로 내 주인공에 감사히 놓는다, 맡겨 놓는다. 알아듣기 쉽게 하기 위해서 맡겨 놓는다고 했습니다. 둘째, 선열법이니 물질세계와 내면세계가 둘이 아닌 마음으로 근본 자리에서 물러서지 않는 마음이니, 그것을 내면 주인공에 감사히 놓는다. 셋째, 염식이니 일체제불의 마음이 한마음이 돼서 찰나에 내 마음을 통해서 나투니, 이 또한 내면 주인공에 감사히 놓는다. 넷째, 원식이니 행선 입선 와선 좌선, 이 모두를 한데 합쳐서 참선으로 돌려서 둘 아닌 행을 하고 체험하고 다스리고 나가는 것이니 또 내 주인공에 감사하게 놓는다. 그리고 다섯째, 불식이니 일체 만물만생을 보살피며 내 자생중생들과 더불어 무명 굴레에서 벗어나 걸림 없이 여여하게 구족하니, 이것을 재식법이라 하는 것입니다. 이 모두를 생각할 때 여러분의 가정 가정에서 살아나가는 것이 그대로 부처님 법이자 여러분의 법이며, 그 생활 자체가 여러분의 생활이면서 참선이면서 바로 불법입니다. 여러분을 만나면 만나는 대로 항상 이 말씀을 해 드리는데도 여전히 캄캄하다면 난들 어떻게 하겠습니까?

그래서 다섯 가지 향(香)이 있는데, 첫번만 얘기하죠. '계향' 할 때 마음의 계향이지 그것이 달리, 이름의 계향이 아닙니다. 내가 이 세상에 났으니까 좋은 거든지 나쁜 거든지 나한테 닥치는 것이지, 내가 나지 않았더라면 부딪침도 없고 닥칠 일도 없죠. 그러니까 닥치는 대로 모두 '내 탓이라!' 하고 돌려놓는 것이 바로 미움을 안 가질 수 있고 증오를 안 할 수가 있고 화목을 가져올 수가 있는 그런 것입니다.

그러니까 항상 말씀드리지마는, 여러분 가정에서도 부부지간이나 자식지간에도 말로써 몸을 잡으려 하지 말고 마음으로 마음을 잡으려 하신다면 바로 잡히는 것입니다. 도둑질을 한다 해서 "요놈의 새끼, 왜 그런 짓만 하고 이러냐?" 하고 자꾸 그러면 자꾸 빗나가서 나중에는 큰 도둑이 되고 큰 문제가 생기고 가정에 환난이 생깁니다. 그러나 "얘, 춥지 않으냐. 덥지 않으냐. 배고프지 않으냐. 어떻게 잤니?" 아, 이렇게 지혜로써 따뜻한 말을 해 주고 따뜻한 행을 해 주면 금방 바뀌집니다. 모든 것을 주인공에 맡기면 바로 자식과 부모라 하는 가설이 돼 있기 때문에 거기까지도 마음과 마음이 통합니다. 그럭하고 아주 따뜻하게 사랑하는 마음으로써 그렇게 대해 주면 금방 행이, 말이 모두가 바뀌죠.

그러니 우리가 어떻게 해야만이 그렇게 할 수 있는가 하는 것을 가슴에다가 손을 얹고 생각하고 또 생각해 보십시오. 마음과 마음으로 전달을 해서, 나쁘게 돌아가는 것을 좋게, 슬기롭고 고뇌가 없고 병고가 없이 돌아가게끔 할 수 있는 능력도 여러분이 가지고 있는 겁니다. 우리 모두가 지수화풍이 바탕으로 돼 있습니다. 여러분한테 항상 말했지마는 바탕으로 돼 있기 때문에 우리가 지수화풍을 먹고 살지 않습니까? 우리는 공기 한 가지만 없어도 살지 못하며 물 한 가지만 없어도 살지 못하며, 불이 없어도 살지 못하며 흙이 없어도 살지 못합니다. 그래서 그런 바탕에 의해서 여러분이 가지고 있는 그 자체가, 바로 능력이 주어져 있다는 얘깁니다. 그 네 가지가 바탕이 돼서 광력이나 전력이나 자력이나 통신력이 아주 충만히 여러분한테 주어져 있다는 사실을 여러분은 모르고 있을 겁니다. 들었던 분도 계시겠지만 듣지 못했던 분은 그대로 잘 생각해서 들으십시오.

그렇게 능력이 있어도 쓰지 못하는 것은 마음의 관습에 의해서, 살아나오던 관습에 의해서, 그 관습의 착이 떨어지지 못해서, 습이 떨어지지 못해서, 욕심이 떨어지지 못해서 그렇습니다. 그렇기 때문에 자기 마음을 가지고도 자기 마음대로 하지 못하고 얽매이는 것입니다. 자기 마음을 자기 마음대로 하지 못하는 원인은 그 까닭입니다. 그 네 가지의 요소가 바로 에너지의 참원소로 돼 있다는 사실을, 불신해서라기보다는 모두 몰라서 그렇죠. 있는지도 모르고 쓰는지도 모르고 또는 어떻게 해야 할지도 모르고, 이러는 거 아닙니까?

그러니까 마음을 닦아서 자유롭게 쓰시라는 겁니다. 닦는다는 이치는 바로 다스려라 이겁니다. 놔라 놔라 하는 것이 바로 여러분의 업식을 놓으라는 겁니다. 놓으면서도, 거기다 맡겨 놓고 그대로 하되 함이 없이 하는 겁니다. 여러분, 보는 것이 고정됨이 있습니까? 듣는 거나 말하는 거나, 냄새 맡는 거나 말을 하는 거나, 몸이 움죽거리는 거나 가고 오는 거, 이 모두가 고정된 게 하나도 없습니다. 그러니 함이 없이 하는 것이 바로 우리가 공했다는 사실입니다! 공한 세계에 모든 것이 다 들어 있습니다. 여러분의 마음 하나를 잘 다스려서 놓고, 또 어떤 애고가 있더라도 '애고도 너한테서 나오는 거니까 애고가 없어지게 하는 것도 너밖에 없어.' 하고 놔 버려야 합니다. 마음은 체가 없습니다. 체가 없는 데서 체가 있는 걸로 나오는 거니까 바로 거기다가 놓으라는 겁니다. 그래서 마음은 무한대라고 했습니다. 유한한 것은 육신이지마는 무한한 것은 무심(無心)의 마음입니다.

그러니 기본으로 전전하지 마시고, 여러분이 잘 생각하셔서 마음과 마음이 통해야 물질세계에서는 물질세계대로, 무의 세계는 무의 세계대로 바로 한마음 한뜻이 돼서 전달을 하고 돌아가니 세세생생 끊임없이 영원하더라 하는 이치를 아셔야 할 겁니다.

여러분이 질문하실 게 있으면 질문하십시오.

질문자1(남) 본원에 나가고 있는 신도입니다. 항상 큰스님의 원력에 감복을 받고 아주 감사드리고 있습니다. 제가 공부하던 중에 의문점이 있어서 한 말씀만 여쭤 보겠습니다. 사리 신앙에 대해서 여쭙고자 합니다. 간혹 외국에서 부처님 진신 사리를 모셔다가 새로 봉안하게 되었다는 절들이 있습니다. 부처님 사리가 그렇게 많을 리도 없겠지마는 더욱이 진신 사리라는 말 자체가 잘못된 표현이라는 생각이 듭니다. 맞는지요? 설명을 부탁드리겠습니다.

큰스님 부처님께서도 말씀하셨듯이, 어떤 아픈 제자가 부처님을 청해서 그 집에 가셨는데 일어나지도 못하는 사람이 일어나려니까 "일어나지 마라. 네 마음이 내 마음을 안다면 이 고깃덩어릴 보고 고깃덩어리가 일어난들 무슨 소용이 있겠느냐. 마음과 마음이 통했으면 그걸로써 족하니라." 이러셨거든요. 그랬으니 꼭 그 말씀을 들어서가 아니라, 부처님도 모두 부처님의 마음을 뜻하는데 그 물질을 보고 전전해서 되겠습니까? '물질을 보되 부처님의 마음을 보라. 부처님의 마음을 봤으면 마음을 지녀라. 마음을 지녔으면 자비로써 여러 사람들과 둘 아니게 마음을 베풀어라.' 이런 것이거든요. 그런 것이니 어찌 물질을 보고 찾겠습니까? 그리고 전전하고 끄달리겠습니까? 천리만리에 사리가 있다 하더라도 그 사리의 근본을 내가 지니면 그것은 껍데기가 되죠. 그러니 여러분이 잘 생각해서 지혜로운 생각으로써 판단하시길 바랍니다.

질문자2(여) 큰스님, 감사합니다. 좋은 법 가르쳐 주셔서 너무너무 감사하고 뭐라고 말씀을 드릴 수가 없습니다. 근데 저는 한 가지 부탁을 드리려고 왔습니다. 저는 태어나면서부터 데인 것마냥 온 몸에 물집이 잡혀서…, 주부로서 할 일이 많은데 이 손에 물집이 잡혀서 물집이 전부 터지고, 더우면 이 터진 데가 또 갈라져요. 갈라지면 할 일을 제대로 못하니 항상 친정 어머님이 제 일을 다 해 주셨습니다. 그러나 친정 어머니도 연세가 많으시고….

큰스님 용건만 얘기해요.

질문자2(여) 예. 스님, 손에 이렇게 물집이 잡혀서 제가 할 일을 못해요.

큰스님 그런데 그것도요, 저 나무들을 보세요. 뿌리가 영양을 흡수해서 위로 올려보내니까 저렇게 푸르르게 잘 살고 있지 않습니까? 그렇듯이 인간도 영혼의 근본 뿌리가 있어요. 영혼의 근본이 뿌리라면 몸뚱이는 바로 뿌리 위에 있는 나무줄기, 잎들이에요. 그러니까 당신 육신 속의 모든 세포 하나하나에, 오장 육부에 모든 생명의 의식들이 있거든요. 그것들이 업식들이라고 아까 내가 얘기했죠. 그러나 그것이 나와 둘이 아니라고 생각했을 때에 바로 그 업식은 무너지게 되고, 나를 내가 죽이는 법은 없다고요. 잘 들으셔야 해요. 그렇기 때문에 내 뿌리니까 내가 믿고 '내가 뿌리에서 주는 양분을 먹고 살아야지.' 하고 거기다가 맡기세요. 뿌리를 믿는다면, 주인공을 믿는다면 '너만이, 너만이 이 병을 잘 낫게 해서 나를 끌고 다닐 수 있어.' 하고 맡겨 놓을 때에 진정코 그것은 한순간에 해결이 날 수도 있는 겁니다.

질문자2(여) 예. 감사합니다.

질문자3(남) 항상 스님의 은혜에 감사하는 사람입니다. 한 가지 소원이 있어서 왔습니다. 한 직장에서 28년을 열심히 일하고 있고 또 한 직급에서만도 11년을 열심히 하고 있지만 승진도 안되고 이렇습니다.

이번에 한 다섯 자리가 생기는데 저도 승진하고 싶어서 스님께 한마음 내 주십사 하고 왔습니다. 큰스님이 승진하십시오. (대중 웃음, 박수)

질문자4(남) 연일 계속되는 장마에도 하필이면 오늘 따라 이렇게 날씨가 쾌청하고, 또 제가 큰스님 앞에 이렇게 무릎을 꿇고 있으니까 벌써 준비했던 질문이 거의 반쯤은 풀린 듯도 합니다. 질문을 올리도록 하겠습니다.

삼법인(三法印)중에 제법무아(諸法無我)라는 말이 있습니다. 그 뜻은 '제법에는 이름하여 붙일 것이 없다.' 하는 뜻으로 알고 있습니다. 제법에 이름이 없다면 오늘 수행은 누가 하는 것입니까? 그리고 마찬가지로 '나'라고 할 것이 없다면 업은 어디에 붙는 것입니까? 저의 좁은 공부, 가르침 부탁드립니다.

큰스님 여러분이 알게 되면 '참 희한한 법이구나!' 이렇게 생각하실 겁니다. 여러분이 찰나찰나 아버지 노릇 하고 엄마 노릇 하고, 자식 노릇 하고 사위 노릇 하고 이러죠? 그 얘길 항상 하죠. 그런데 그렇게 찰나찰나 내가 있고 생활하고 돌아가되 찰나찰나 그렇게 많은 것이 돌아가니까, 천차만별로 돌아가니까 어떤 거 할 때에 나라고 할 수 없으니 없다고 하는 겁니다. 이제 아시겠습니까? 그래서 그렇게 돌아가는 그 자체가 바로 초월해서 돌아가니까 '함이 없이 하는구나!' 이렇게 되죠. 함이 없이 하는구나! 아버지가 됐을 때에 나라고 할 건가, 남편이 됐을 때에 나라고 할 건가, 자식이 됐을 때 나라고 할 건가? 나라고 붙일 것이, 틈이 없이 자꾸 찰나찰나 나투며 화해서 돌아가니까 도저히 나라는 걸 이름해서 세울 것이 하나도 없어요. 그래서 '나는 공했노라.' 또 어떤 말은 '나는 없노라. 나는 생각조차 하지 않았느니라. 나는 한 일이 없노라. 나는 여러분한테 설법한 일이 하나도 없느니라.' 이렇게 한 것입니다.

그건 왜냐하면, 여러분이 생활 속에서도 살아 보십시오. 그저 첫바퀴 돌아가듯 돌아가면서 남편 노릇 했다가 자식 노릇 했다가 아버지 노릇 했다가, 그저 매일 여러 가지로 돌아가는 게 그 일입니다. 그런데 어떤 거 할 때에 남편이 했다고 그러고 어떤 거 할 때에 아들이 했다고 하겠습니까. 그러니 모든 게 그렇게 돌아가니 나라는 게 없다. 나라는 게 너무 많아서 그냥그냥 여여하게 그렇게, 아버지 노릇 하고 남편 노릇 하고 자식 노릇 하고 사위 노릇 하고 친구 노릇 하면서 여여하게 돌아가더라. 이러니 어찌 붙을 게 있겠습니까? 만약에 둘 중에 하나를, 공해서 없다는 거를 알면 붙을 게 없을 것이고, 이것이 천차만별 바깥으로 끄달리고 그저 내가, 내가 있다, 내가 한다, 내가 했다, 내가 줬다, 모두가 나, 나, 나, 나 이러고 돌아가면 꼭 그냥 매사 게 붙어서 걸려서 돌아가죠.

이거를 한번 보십시오. 여러분이 음식을 먹는 대로 소화가 잘되면 그대로 여여한 거고, 욕심이 많아서 어떠한 거든지 먹으면 체하고 소화가 제대로 되지 않아서 대변이 제대로 나가지 않는다면 걸려서 메어서 죽습니다. 그거를 한번 생각해 보십시오. 우리가 마음을 잘 써서 소화가 잘되면 거침없이 걸림 없이 돌아가고, 그걸 재료로 알고 실천을 해서 체험을 하고 이런다면 그게 마음의 발전이 되고 지혜로운 마음이 생기고 과학이 되고 창조력이 생깁니다. 그러나 만약에 그런 마음이 없다면 그저 무의, 무심의 50% 정신세계는 모르고 물질세계만 알고 하니까 내내 걸려서 못 삽니다. 지금 정신세계가 얼마나…, 지금 시점에도 정신세계가 아니라면 안 되는 법! 지금 정신을 뺏기고 뺏어 먹고 사는 시대가 아닙니까? 꼭 육을 짓대겨서 잡아먹어야 잡아먹히는 게 아니거든요. 정신을 뺏어 먹고 정신을 잡아먹고 사니까 정신을 잡아먹히지 않기 위해서 정신공부를 해야 된다는 얘깁니다. 뭐라고 물었는데 뭐라고 대답을 했는지 모르겠습니다. 하하하…. (대중 웃음, 박수)

질문자5(여) 저는 경남 마산지원에서 왔습니다. 여태까지 공부하느라고 했지만 아직까지 잘 모르는 점이 있어서 한 가지만 점검을 받고 싶습니다. 다름이 아니고 큰스님께서는 늘 관하라고 말씀을 하십니다. 그런데 저희들은 늘상 이끌어 가는 자가 누구이며 보는 자가 누구냐는 '이 뭣고?' 로써 화두를 삼고 있는데요, 큰스님께서 말씀하시는 관법하고 화두를 잡는 법하고 어떻게 다른지 다시 한 번 말씀 부탁드리겠습니다.

큰스님 관법이 별나게 다른 게 아닙니다. 수박을 갖다 놓고 '이게 뭣고?' 하고, 매사 거를 '뭣고' 로 돌아가는 거보다도 그냥 두려움 없이 수박이다 하면 갖다 놓고 (손날을 내리치시며) 그냥 짜개서 먹어! 하하하! (대중 박수) 아, 그러면 수박 맛이라는 게 어떠한가 알고 또 수박 속에 씨가 있는 것도 알게 돼서 그 이듬해 그 씨를 심어서 다시 또 여러 중생들을 다 먹이고 씨가 되남으면 그 이듬해 또 먹이고 또 씨가 되남으면 또 먹이고 세세생생 먹일 수 있는 그 역량을 가질 수 있고, 나의 마음을 깨달아서 바로 자비로써 그렇게 줄 수 있지 않겠습니까?

(어느 노보살님이 불전을 올리자) 이게 나한테 갖다가 주는 것도 아니고 내가 받은 것도 아닙니다. 그렇게 갖다 주는 거라면, 내가 받았다고 하지 않고 자기가 갖다 줬다고 하지 않는 시주라면 이 삼천대천세계 일체 만물만생의 마음이 한데 합쳐진 한마음의 근본, 바로 불바퀴의 에너지일 겁니다. 그러니까 그런 데 시주를 할 것 같으면, 만 원을 했다면 십만 원 내지 몇 곱쟁이가 불어 갈 겁니다. 그렇지만 그런 시주가 아니고 개별적인 스님의 고깃덩어릴 위해서 어떠한 착을 가지고 이렇게 시주를 했다면, 그리고 또 자기가 했다는 거를 생각하고 했을 때는 큰 집을 지어 줘도 그건 공덕이 하나도 없는 것입니다.

질문자6(여) 스님, 저는 진주에서 온 신도입니다. 첫째는 스님께 감사하다는 인사를 드리고 싶습니다. 제가 작년에 스님을 친견하고 갔다가 오늘 또 왔는데 너무 감사해서 왔습니다. 스님, 제 몸이 차도가 없습니다. 스님이 좀 많이 도와주시면 참 좋겠습니다. 지금은 밥을 도저히 먹지를 못하고 있습니다. 그래서 왔습니다, 스님!

큰스님 이거 보십시오. 잘 들으세요. '내가 낫게 해 준다' 하면 귀신이 되는 거고, 아시겠습니까? 그건 귀신 법이야! 그러면 뭐냐? 여러분 몸속에, 아까도 얘기했듯이 생명체들, 의식들이 전체 들어 있는 거니까 몸뚱이는 그 생명체들의 집합소입니다, 집입니다! 몸뚱이가 그 생명들의 집입니다. 집이 집을 고칠 수는 없죠. 집 속에 들어 있는 주인들이 고칠 수밖엔 없죠? 우리도 집을 지어 놓고 살면서 집이 헐어지면 우리 주인들이 고치죠? 그렇듯이 당신네 몸체도 바로 집일 수가 있어요. 그 생명체들의 집! 그러니까 집이 망가졌을 땐 '너희들이 고쳐라' 이러는 겁니다. '너희들이 살아가면서 집을 망가뜨렸으니까 너희들이 고쳐라. 고쳐서 써. 고쳐서 끌고 다녀!' 하는 겁니다. 알아듣기 쉽게 하기 위해서 이렇게 말을 하는 겁니다. 그러니까 '너의 한마음 속에서 병이 나게 했으니 너의 한마음 속에서 바로 고쳐서 끌고 다녀야 하잖아! 네 심부름꾼인데.' 하고 진짜로 믿고 그렇게 하세요. 그렇게 하면 올도 지나가지 않고, 아니 오늘부터도 아마 밥을 먹게 될 겁니다. (대중 박수)

아이구, 참들! 어떻게 모두 자기 자신을 믿으라고 그러고, 자기 뿌리를 믿으라고 이끌어 주고, 자기 영원한 뿌리를 믿으라고 직코스로 대 줘도 직코스로 하질 못해서 모두…, 하이구 참 내! 허, 기가 막혀서! 아, 직코스로만 하면, 자기가 자기 죽이는 법 봤어요? 자기 손가락 하나가 자기 손가락 하나를 자를 수 있겠느냐구요!

질문자7(여) 큰스님, 감사합니다. 그리고 또 대단히 죄송합니다. 오늘 이 자리에서도 많은 가르침을 주셨는데 다시 또 제가 질문을 드리게 돼서 대단히 죄송합니다. 다름이 아니구요, 어느 때 몸이 아파서 찾아온 사람에게 "본래 병 붙을 자리가 없는데 어디 병이 있으면 내놔

보시오." 하셨고 그 말씀을 들은 분이 곧 기력을 얻었다는 얘기를 들은 적이 있습니다. 그 사람이 건강을 회복한 것은 믿음의 결과였습니까, 관법이었습니까? 이 자리에도 있을 몸이 안 좋은 많은 사람들이 큰스님의 가르침을 기다리고 있어 다시 질문을 드렸습니다. 죄송합니다.

큰스님 눈이 갈 때에 귀가 가고, 귀가 갈 때에 모든 감각이 가죠. 모두 안 그렇습니까? 저기서 "불이야!" 그러면 눈으로 보는 동시에 귀로 듣게 돼 있거든요. 그런 거와 같이 믿음이 있어야 관법도 제대로 하는 거예요.

질문자7(여) 예. 알겠습니다.

큰스님 그러니 관법과 믿음은 둘이 아니죠. 직코스로 '아, 자기가 공했다는 그 이치만 안다면 모두가 한마음으로서 너 나가 따로 없구나!' 하는 것을 알게 되죠. 그거를 다시 되묻고 되묻고 해서 여러분이 좀 다 알았으면 합니다. 하하하….

질문자7(여) 감사합니다. 스님, 그런데 한 가지만 더 여쭙겠습니다. 스님의 지엄하신 이런 큰 가르침이 있음에도 불구하고 여기 애절한 어머니 한 분이 계셔서 제가 한 가지 더 여쭙겠습니다. 아들이 3년 전부터 대학원을 다니다 스스로 자퇴를 하고, 마음을 잡지 못하고 계속 방황을 하고 있다고 저한테 얘기를 했어요. 그래서 제가 "이 도리를 같이 공부하면…, 이 도리 외에는 다른 곳에서는 찾을 수가 없습니다." 하고 제 나름대로 얕은 지식을 같이 나누면서 공부를 하고 있습니다. 이 보살님은 부처님 법만이 내 아들을 건질 수 있고 모두를 건질 수 있다고 믿고 계신데도 불구하고 가족들이 모두 따라 주질 않는답니다. 그런 애절한 마음이 있어 스님께 여쭙겠습니다. 감사합니다.

큰스님 그런데요, 우리가 이런 나무 하나도 제대로 기르려면 '아이, 요게 참 잘 자라야지.' 하고 이쁜 마음으로 물을 주고 해야 마음이 전달돼서 아주 푸르르게 잘 자랍니다. 그런데 '요놈의 건 있으나마나야. 에이, 이런 거 여기다가 둬서 뭐 해!' 하고서 배척하는 마음을 갖는다면 그냥 한쪽이 썩어 들어가고 말이 아니게 죽습니다.

그와 같이 마음과 마음이 전달이 돼서 한마음이 첫째 돼야 하고, 또 둘째는 본인도 그래야 하지마는 더군다나 주변 사람들도 아들이다 어머니다 하는 가설이 돼 있단 말입니다. 한 집 안에 전기를 켜려면 이 방 저 방, 아들 방 어머니 방 이렇게 다 가설을 해 놓죠. 불 들어오게끔요. 그리고 집 안에 스위치를 하나 해 놓죠. 그리고 방마다 스위치를 또 해 놓죠. 그러니까 자기가 그 스위치를 눌러 놓으면 자동적으로 불이 들어오게끔 돼 있습니다. 그럼으로써 되는 거니까 마음으로 애절복절 하지 마시고 턱 믿고, 아들의 마음 주인공이나 내 마음 주인공이나 뿌리가 다 같으니까 '내 주인공, 당신만이 저 아들이 마음을 잡고 밝게 살게끔 할 수 있잖아.' 하고 직코스로 들어가야지, 지금 보살 마음까지도 못 믿고 돌아가는데 어떻게 거기까지 전기가 들어옵니까. 어떻게 스위치를 올리지도 않고 전기 들어올 때를 바랍니까!

질문자7(여) 스님, 감사합니다. 열심히 하겠습니다.

질문자8(남) 부산에서 온 신도입니다. 항상 오고 감이 없이 같이 있는데 큰스님을 다시 또 이렇게 뵙게 되니까 참 반갑습니다. 제가 질문하고 싶은 것은, 불교에서는 보시행을 매우 중요시하고 있습니다. 그러나 중생은 끝간 데 없이 많은 것 같습니다. 사홍서원에서 '중생무변서원도'라고 되어 있는데 그렇게 한없이 많은 중생을 대상으로 어떻게 보시행을 해야만 보시바라밀을 완성할 수 있는 것인지 좀 말씀해 주셨으면 좋겠습니다.

큰스님 아, '무변서원도'라고 그러지 않았습니까? 무변! 하하하…. 이 마음을 말입니다. 나는 항상 그렇게 여러분한테 말씀드립니다. 또 나 자체가 그렇게 살아왔구요. 남에게 뭐를 줘도 내가 그걸 받으려고 줘서는 안 됩니다. 그러면 보시가 아닌 겁니다. '내가 이걸 줬으니까 너 잘되면 나한테 꼭 잘해야 돼.' 하고 주는, 말로 그렇게 해서가 아니라 마음으로는 그렇게 바라고 합니다. 형제지간도 그렇고 친구지간도 그렇고, 그럴 수밖에 없겠죠. 그러나 그럭하면 보시가 아닙니다. 뒤를 보지 않는 보시, 무엇을 바라지 않는 보시, 그리고 자기가 했다는 생각이 없는 보시. 왜냐하면 일체 만물만생이 한마음으로 공생 공용 공체 공식화 하고 돌아가는데 어떤 걸 할 때 내가 했다고 할 수 있겠습니까? 그러니까 내가 한 것도 아니고 네가 한 것도 아니고 전체 한마음으로서 모두가 같이 천연적으로 돌아가는 거죠. 그러니까 한마음의 살림살이인데 내가 특별나게 '내가 줬다, 내가 한다, 내가 했다' 그러고 한다면 보시가 아니란 말입니다. 그런데 그쪽에서 받고서 '이거 이렇게 줬으니까 이거를 보답을 해야 할 텐데….' 하는 거는 정한 이치로, 그것은 인연에 따라서 참 잘 생각하는 거라고 봅니다. 착한 마음이죠. 그러나 준 사람은 그렇게 해서는 보시가 아닙니다. 그러니까 절대적으로 '내가 줬다, 내가 했다, 너는 내가 줬으니까 반드시 나한테 잘해야 된다' 이런 마음이 없이 하는 게 보시입니다.

그리고 마음 보시가 더 중요합니다. 물질 보시보다도 마음 보시! 길을 지나가다가도, 하다못해 다리가 성치 않은 사람들이 장사를 하느라고 무엇을 끌고 다닌다거나 또는 성치 않은 사람이 그릇을 놓고 좀 달라고 한다거나, 장님이 무엇을 달라고 한다거나 또 몸은 성해도 그냥 가정이 엉망이 되고 편찮은 사람이 많고 이래서 쩔쩔매는 사람, 부모가 없이 그냥 사는 애들, 이런 사람들을 위해서 뒷생각 앞생각도 하지 말고 그대로 '나도 수억겁을 거쳐 올 때에 병신도 됐었을 거고 못나기도 했었을 거고 또는 모자라기도 했었을 거고 장님도 됐었을 것이다. 모든 것이 다 그렇게 겪어 나온, 과거에 그렇게 겪어 나온 바로 내 모습이로구나!' 하고 바로 내 모습처럼 생각하고 그냥 앞도 뒤도 없이 보시할 수 있는 그 마음! 하하하…. 그 마음이 즉 보시입니다.

질문자8(남) 감사합니다. 뒤에 있는 분들에게 좀 죄송하지만 제가 이번에 체험한 걸 좀 말씀드리겠습니다. 너무나 어처구니가 없다 그럴까, 너무나 엄청나다 그럴까 이런 일이기 때문에…. 제가 며칠 전에 젊은 내외가 싸움하는 것을 되게 호되게 나무랐습니다. 그런데 그들에게는 지금 돌 지나서 말을 아직 배우지 못한 애기가 있었습니다. 그런데 정말 참 그때, 좀 화가 나기도 했었지만 일부러 화를 내서 야단쳤었는데 몽둥이가 있었으면 가짜로라도 치고 싶은 그런 심정이었습니다. 그런데 호되게 야단치는 그 순간 그 어린애가 저하고 눈이 마주쳤습니다. 그 눈이 마주치는 순간 저한테 무엇을 바라는 것 같은 그런 마음을 봤습니다. '그래, 알았다. 내가 용서할게.' 이렇게 마음을 먹는 순간 애기가 저한테로 뛰어왔습니다. 그러고는 저한테 폭 안겼습니다. 그리고 일어나더니 자기 아버지한테 가서 또 안겼습니다.

제가 그것을 봤을 때에, 부모들이 참 조심해야 된다는 생각이 들었습니다. 지금 세상에는 어린 애기를 업고 데리고 다니면서 많은 법규를 어기고 있는 것을 볼 수 있습니다. 빨간 불이 들어와도 애기 업고 뛰어 건너가기도 하고 남한테 나쁜 말을 함부로 떠들어 대기도 하고, 여러 가지 수없이 많은 나쁜 말들을 하고 있을 겁니다. 그런데 그 말을 하고 있는 그 순간에도 애기는 그대로 듣고 있는데…, 그걸 느꼈을 때 참 저한테는 너무나 큰 충격이었기 때문에 감히 이렇게 여기 와서 말씀드려 봅니다.

큰스님 그런데 말입니다, 여러분이 산을 다니든 들을 다니든 집 안에서 걷든, 사물들이 다 못 알아듣는 줄 알죠? 그리고 말을 못하는 줄 알죠? 어린애도 말을 못하고 보지 않는 줄 알죠? 그게 아닙니다. 다 늙어서 죽어서 어린애가 된 겁니다. 하하하…. 그랬기 때문에 그 어린애는 늙은이가 속에 들어 있습니다. 그 영혼의 근본이 늙은이니까요. 영혼의 늙은이가 여러분한테 다 근본이 돼서 있습니다, 어린애한테도. 그러니까 마음을 공부하는 사람들에 한해서는 마음을 전달할 수 있기 때문에 마음이 마음을 받은 겁니다. 그 애 모습이 받은 게 아니라 그 마음과 마음이 받아서, 그러니까 마음과 마음이 서로 통한 거죠.

그러니까 서로 알고 '아, 참! 저렇게 거짓 야단을 하는구나!' 하고 그 속 늙은이가 얼마나 좋았던지, 하하하…. '아휴, 요거 참 좋구나!' 하고는 그리로 뛰어가려니까 그 모습을 끌고 가야 되거든요. 하하하, 모습을 끌고 가려니 그 어린애 모습이 그냥 가는 거죠, 뭐. 그래서 한마음이 됐다 이겁니다. 이제는 그런 일이 아마 안 생길 겁니다. 그 애가, 애늙은이가 봐서, 하하하…. (대중 박수)

그러니 모든 사물이 다 듣고 있습니다. 모든 게 보이지 않는 데서는 통신으로 통하고 마음으로 통하고 이러지만, 여러분은 말로만 통하고 삽니다. 그래서 말을 잘못하는 걸 들었을 때는 온통 벼락이 내리도록 화가 나고 온통 죽일듯이 야단법석이 나죠. 그러니까 엇각이 되고 그러니까 둘로 나누어지고 화목해지질 않고 온통 야단법석이 나니까 깨질 대로 깨지죠. 그러니 무심 속에는 한 번도 들어가 보지 못하고, 화목을 잊어버리고 삶의 보람을 잊어버리고 자유를 잊어버리고 정신계에 물질계가 혼합돼서 자유스럽게 돌아가는 이 세계를 맛보지 못한다 이겁니다.

질문자9(남) 큰스님 만나 뵙고 싶어 왔습니다. 제가 올해 결혼하려고 합니다. 그리고 선원에 다니고 싶어 왔습니다.

큰스님 그래요. '결혼하고 싶으면 한다!' 이게 그냥 법이에요. 나는 그래요. 어저께요, "오늘 내일 비가 온다는데 어떡하나?" 이래요. 여기 올 사람들이 비 맞을까 봐 걱정을 태산같이 해요. 그런데 이 마음은 체가 없고 마음먹기에 달렸죠. 그러니까 비가 온다 안 온다를 떠나서, 못한다는 이런 아주 얄팍한 관습에 의해서 끄달리지 말고 '내가 꼭 이렇게 해야겠다.' 하면 (주먹을 쥐어 보이시며) 하는 것이 법이다 이거예요. (대중 박수)

질문자9(남) 잘 알겠습니다.

큰스님 그러니까 '장가들어야 하겠다!' 하면 아마 들 겁니다. 하하하…. 그리고 '법을 구해야 되겠다!' 그러면 자기가 자기 구합니다. 꼭!

질문자9(남) 예. 잘 알겠습니다. (대중 박수)

질문자10(여) 큰스님, 이렇게 뵙게 돼서 대단히 감사합니다. 저는 청주에 살고 있습니다. 저의 큰딸아이가 여기 있는데요, 첫돌 지나고서는 굉장히 아팠어요. 지금까지 아프거든요. 병원에 가면 그게 간질이라고 그래요. 그래서 간질병으로 굉장히 자주 쓰러지고 있습니다. 큰스님, 한마음 꼭 내 주십시오. 감사합니다.

큰스님 이 사람아! 내던지듯이 그렇게 말로만 하고 비켜서면 안 돼! 내가 그랬지. 과거에 어떻게 살았느냐에 따라서 업식이 내 몸에 들어 있다고. 왜냐? 그 업식이 그림자처럼 영혼의 근본에 붙어서 아버지의 뼈를 빌리고 어머니의 살을 빌려서 인간을 탄생시키면서 그것이 몸속에 부합이 되는 겁니다. 그래서 이렇게 현실에 나오는 것이니까 나오는 거기다가 되놔라 이겁니다. 되집어 넣어라. 입력이 돼서 나오는 거니까 입력한 데다가 되입력을 해라! 이런다면 앞서 그 입력이 돼서, 지금 재가 저렇게 하는 것이 다 입력이 돼서 나오는 것을, 입력을 다시 돌려서 '너밖에 이걸 낫게 할 수 없어.' 하고 거기다가 되놓을 때에 낫게 하는 입력이 됐기 때문에 낫게 하는 게 나오는 겁니다.

그러니까 직코스로 그렇게 믿고 열심히 공부하세요. 본인도 관하는 법을 알아야 하고 당신도 알아야 하고, 그렇게 해서 세 사람이든 네 사람이든 다 진실히 믿어야 합니다. 뭐, 믿고 자시고 할 것도 없어요. 죽든 살든 자기 뿌리니까, 자기 영혼의 뿌리니까 안 믿을래야 안 믿을 수가 없어요, 뗄래야 뗄 수도 없구요. 거기다가, 입력이 돼서 나오는 거를 입력이 된 데다 다시 입력을 한다면 앞서 입력된 건 없어질 테죠? 이렇게 일러 드려도 못 알아듣고 직코스로 들어갈 수가 없다면 난들 어떡합니까? 난들! 알았죠?

질문자10(여) 네, 감사합니다.

큰스님 그리고 본인이 열심히, 자기 영원한 친구니까 '너만이 나를 정상으로 이끌어 줄 수 있어.' 하고 거기다 다 맡겨 놔! 에이그, 말을 해도 듣는 척 마는 척…. 눈을 새파랗게 뜨고 눈 속으로 집어넣어서 꿀떡 삼켜야 되는 건데, 그냥들 모두 희미하게 해 놓고 죽겠느니 살겠느니, 누구한테다 한가를 해?

부처님 법이자 우리들의 법이지 우리들의 법이 없고 부처님 법이 어디 있겠습니까? 모두 노예가 돼서 창살에서 벗어나지 못하고 '아이구! 살려 주시오, 죽여 주시오.' 하고 상대를 놓고 빈다면 가톨릭교든 기독교든 어느 종교든 다 기복이야! 창살 속에서 벗어나지 못하는 노예 생활에 지나질 않아!

질문자11(남) 스님, 울산지원에서 올라왔습니다. 스님을 뵙고 나니 정말 반갑습니다. 다름이 아니고 육조 혜능 대사가 금강경에 나오는 '응무소주 이생기심(應無所住 而生其心)'이라는 이 말씀을 듣고 깨달았다 그러는데 그 뜻이 무엇인지 말씀해 주시면 감사하겠습니다. 그리고 두번째로 무량겁을 넘어오면서 뭇 중생들이 지은 많은 죄업을, 타종교에서는 자기 죄를 소멸하면 그 죄가 없어진다 그러고, 우리 불교에서는 자기가 지은 업은 자기가 끝까지 가지고 간다 그러는데 그게 참말인지 거짓말인지 스님 말씀 좀 해 주시면 감사하겠습니다.

큰스님 하하하…. 이거 봐요. 우리가 업을 지었든지 업을 안 지었든지 공동분담으로 돌아가는 겁니다. 왜냐? 모두가 공해서 찰나찰나 화해서 돌아가기 때문입니다. 그러니까 업이 따로 있고 선이 따로 있는 게 아니라, 모두가 같이 돌아가기 때문에 그 속에다 모든 걸 놓고 편안히 여여하게 살아라 이겁니다. 그러니까 마음이 하기에 달린 거죠, 모두가. 또 앞서의 말은 뭐라 그랬죠?

질문자11(남) 육조 혜능 대사가 나무를 해서 자기 어머니를 봉양을 하려고 나무를 팔려고 지고 오는데, 낫 놓고 기역자도 모르는 분이죠. 그런데 길을 지나치다 '응무소주 이생기심' 이 말을 듣고 도를 깨쳤다 그러는데요, 그 뜻을 도저히 이해할 수 없습니다. 그 뜻을 이해하면 지금 우리도 성불할 수 있는지요?

큰스님 아, 지금 그 말을 해석해 보시오.

질문자11(남) 잘 모르니까 여쭙는 거 아닙니까, 스님. (대중 웃음)

큰스님 아, 모르는 말을 왜 물어요? 그것이 바로 여러분이 지금 살고 있으면서 행하는 도리입니다. 하나도 가질 게 없다는 것을 내 어찌 알았으랴! 또 일체 만법을 들이고 내는 것을 어찌 알았으랴! 내가 참이라는 것을, 내가 참이 있다는 것을 어찌 알았으랴! 모두가 내가 구족하게 가지고 있다는 사실을 어찌 알았으랴! 이런 뜻에 속하는, 한데 합쳐진 말입니다. 그러니까 그것을 어렵게만 생각하지 마시고 우리 모두가 생활 속에서 행하고 살고 있습니다. '일체제불의 마음은 내 한마음이다' 이게 노래에 있죠? 그것이 노래가 아닌 노래입니다. 조금 있다가 또 할 겁니다. 그것만 잘 들으시면 됩니다. 하하하….

질문자11(남) 스님, 감사합니다. (대중 박수)

큰스님 여러분! 꼭 부탁할 말이 있어요. 내가 간곡히 부탁할 말이 있어요. 진짜 자기 영혼의 뿌리를 진짜로 믿어서 아주 직코스로 관하세요. 그래야만이 몸속의 생명체들이 '아! 요런 것이 바로 나구나!' 하고서 누진으로 통신을 해서 사대로 통신이 됩니다. 그래서 '아! 내가 나 죽일 수 없지. 우리 집이 헐어졌다는데 우리 집을 고쳐야지.' 하고 모두 작용을 합니다. 병고뿐만이 아니라 여러 가지입니다. 못한다 한다는 여러분의 사정이고 모두 사량이지 부처님의 도리는 한다 못한다가 없어요. 된다 안된다도 없구요. 알았어요?

대중 예.

진리는 가까이에서

마산 대법회

1993년 7월 24일

마산 법회를 위해서 큰스님께서 아주 극치의 설법을 해 주셨다고 봅니다. 그리고 불교연합회의 총무부장 스님께서 격려를 해 주셨습니다. 그리고 여러분과 한자리를 하게 된 것을 감사히 생각합니다.

우리가 불제자라면 너 나를 분별하지 말고 한마음으로 단결하여 어떠한 문제를 막론하고 개선해 나갈 것은 개선해 나가야만 합니다. 우리가 한마음으로 일을 한다면 안될 게 뭐 있겠습니까? 가만히 보면 기독교나 가톨릭교는 단결이 아주 잘되고 있는 것 같은데, 우리 불교에서는 그렇지를 못해서 앞으로는 좀더 잘해 나갔으면 하는 생각이 듭니다. 여러 가지로 말입니다. 그러면 지금부터 말씀을 드리겠습니다.

첫째, 불교라는 것은 무엇인가? 이것부터 잘 아셔야 됩니다. 불(佛)이라는 것은 곤충, 풀 한 포기에 이르기까지 생명의 근본을 불이라고 하는 겁니다. 사람들은 말로 전달을 하지만 일체 만물만생이 다 마음과 마음으로 전달을 하고 돌아갑니다. 무전통신 또는 통신으로 전달을 하고 돌아가고요. 이렇게 공생 공용 공체 공식화 하고 돌아가는 찰나의 이 진리를 볼 때에, 보이지 않는 세계나 보이는 세계에 전달과 전달을 하는 것을 교(敎)라고 합니다. 그렇기 때문에 불교란 그렇게 미묘하고 광대하고 어느 곳에도 걸림이 없는 겁니다. 어느 종교라도 불교 안에 들어 있지 불교 바깥에 달리 있는 게 아닙니다. 머리 깎고 스님 노릇 하는 사람들만 불교가 아니라 이 세상 모두가, 일체 만물만생이 돌아가는 그 자체가 바로 불교입니다. 바로 그렇게 묘하고 광대무변한 법도 우리의 마음에 있다는 것을 알아야만 합니다.

우리가 고등 동물로서 알아야 할 것은 무엇인가. 우리는 누구나가 다 지수화풍으로 바탕이 돼 있습니다. 그 바탕으로 인해서 바로 광력이나 전력 자력 통신력이 각자 우리한테 주어져 있다는 사실을 아셔야 합니다. 우리는 지금 지수화풍으로 뭉쳐져서 지수화풍을 먹고 삽니다. 지수화풍을 먹고 살고 지수화풍으로 돼 있기 때문에 그걸로써 모두…, 지금 전력도 물에서 얻죠? 지수화풍의 바탕이 있기 때문에 광력 전력 자력 통신력이 충만히 우리들한테 주어져 있는 겁니다. 그렇기 때문에 그 도리, 주어져 있다는 사실, 바로 자기가 자기를 안다면 천차만별의 모든 용도에 따라서 자유자재할 수가 있는 것입니다.

우리가 이 세상에 태어나기 이전, 마음의 근본과 마음을 내는 거와 육체가 움죽거리는 삼합이 하나로써 함께 돌아가고 있습니다. 마음으로써 육체를 다스리면서 또 마음은 마음을 내게 할 수 있는 근본과 더불어 삼합이 한데 합쳐서 찰나에 고정됨이 없이 돌아가니까 그걸 주인공이라고 이름해서 말하는 것입니다. 부처도 이름이요 자아도 이름이요 불성도 이름이요 주인공도 이름인 것입니다. 그러나 그 이름 아닌 이름이라면 정말 그 길을 손살피 아실 것입니다.

우리가 나기 이전 그 자체가 바로 나의 마음의 근본이라고 할까요? 한마음의 근본! 영혼의 근본이라고도 하죠. 즉 뿌리 말입니다. 뗄래야 뗄 수 없는 자기 뿌리. 나무가 뿌리로 인해서 모든 영양을 흡수해서 푸르르게 살고 있듯이 여러분도 영혼의 근본 뿌리로부터 영양을 섭취하면서 살고 있는 것입니다. 그런데 나기 이전 그 자체, 영혼의 근본이 자기를 형성시키는 겁니다. 그것도 물론 차원에 따라서 그릇에 따라서겠죠. 차원에 따라서 모습을 들고 나오게끔 형성시키는 것도 자기의 그릇에 달려 있다 이겁니다. 그렇다면 이 세상에 나오기 이전의 자기가 영혼의 근본으로서 자기를 형성시키기 위해서 아버지의 뼈를 빌리고 어머니의 살을 빌려서, 지금은 정자 난자라고 그러죠? 자기 그릇에 따라서, 차원에 따라서 같은 그릇의 한 부부, 즉 인간의 부부라든가 개, 짐승의 부부라든가 곤충의 부부라든가 어떠한 부부에게 들어가서 자기를 형성시키는 겁니다.

형성시켜서 나오는데 말입니다, 또 한 가지 붙어 돌아가는 게 있죠. 과거에 어떻게 살았느냐에 따라서 업식이 그림자처럼 따라다닌단 말입니다. 영혼은 근본이 아닙니다. 영혼은 바로 업식에 의해서 또 그림자처럼 붙어서 형성이 돼 가지고 이 세상에 나올 때 벌써 몸에 결부가 돼서 나오죠. 이게 생각하면 아주 복잡합니다만 복잡하더라도 잘 들어 보세요. 그렇지만 그 업식으로 말미암아 이 세상에 탄생을 했으니 이 몸뚱이는 그 업식의 집합소란 말입니다. 몸뚱이가 자기라고 생각하면 아주 어리석죠. 몸뚱이는 마음의 심부름꾼이자 관리인이자 바로 자기 자생중생들이 있는 집합소입니다. 여러분이 이 세상에 나오기 이전에 어떻게 살았느냐에 따라서 업식이 주어지는 거니까 누구 탓을 할 것 없고 증오할 것도 없고 미워할 것도 없다 이 소립니다. 그래서 이 세상에 나오니까 그 업식 속에서 뭐든 자기가 한 대로, 즉 말하자면 세균성이나 영계성 업보성 인과성 유전성, 이 모두가 합쳐져서 차례차례 나오는 겁니다.

이런 게 있죠. 인간에게는 자동적인 컴퓨터가 있습니다. 인간의 컴퓨터는 오신통으로 인해서 자동적인 컴퓨터가 됩니다. 오신통이란 자기를 굴레에서 벗어나게 할 수도 있고 그 구덩이에 빠지게 할 수도 있는 것입니다. 자기가 어떻게 살았느냐에 따라서 자동적인 컴퓨터에다 입력이 돼 있습니다. 입력이 돼 있는 그 자체가 바로 업식이란 말입니다. 업식에 의해서 지금 현실에 나오는 것입니다. 그런데 내가 이 세상에 태어나기 이전만 과거가 아니라 어제께도 과거요 아까도 과거요 한 시간 전도 과거요 일 초 전도 과거란 말입니다.

몸속에 자생중생들이 있다고 한다면 벗어나기 위해서는 그 자생중생들과 더불어 한마음이 돼야 되지 않겠습니까? 위로는 일체제불의 마음 자체가 바로 내 한마음 속에서 들고 난다 이런 뜻이고, 그러니까 위를 받들고, 아래로는 자기 자생중생들을 다스려서 제도하라 이런 뜻입니다. 다스려서 제도를 안 하면 항상 번뇌 망상과 모든 것에 끄달리게 되니까 제도를 해서 그 끄달리는 굴레에서 벗어나야죠.

그래서 내가 이 세상에 있으니까, 내가 이 세상에 태어났으니까 바로 상대가 있는 거고 세상이 벌어졌고 우주가 있는 거고, 우리가 모두 불교를 숭상하게도 됐다 이 소립니다. 내가 있기 때문입니다. 그래서 먼저 나부터 알아야 하고, 먼저 나부터 믿어야 하고, 먼저 나부터 발견해서 자기의, 즉 이전 부(父)와 현재 자(子)가 둘이 아니게 상봉을 해야만이 우리가 자유자재할 수 있는 자유인이 될 수 있다는 얘기를 할 수 있는 것입니다.

모두 관습이나 업식으로 인해서 여러분의 마음을 마음대로 할 수 없는 겁니다. 부처님께서 마음을 너희 마음대로 쓰라 하고 가르쳐주셨는데도 그렇게 하질 못해요. 아니, 내 마음을 가지고, 주어진 마음을 가지고도 마음대로 못해요. 마음대로 하고 살라고 그랬는데 내 마음을 내 마음대로 못한다면 중생이고, 내 마음대로 하고 산다면 부처라고 했던 것입니다. 부처라는 이름은 어떤 개별적인 하나를 세워 놓고 부처라고 한 것이 아닙니다. 일체제불 속에 일체 중생이 들어 있고 일체 중생 속에 일체제불이 들어 있다 이 소립니다. 그렇기 때문에 바로 우리가 한마음이라고 일컫는 것이고 그 한마음조차 공했다고 하는 것입니다.

그러니까 우리가 항상 사회에서도 그렇고 가정에서도, 부모자식지간이나 형제지간에도 그렇습니다. 만약에 여러분의 가정에서 자식이 잘못했다, 자식이 나가서 안 들어온다, 자식이 공부를 못한다 이런 문제가 있더라도 말로다가 몸을 붙들려고 한다면 절대로 붙들어지지 않습니다. 마음으로 마음을 붙들어야만 절대적으로 둘이 아니게 되고, 둘이 아닌 불이 들어올 뿐입니다. 그래서 내 마음과 같이 둘이 아니게 착하게 됨으로써 바로 물리가 터지고 마음의 발전을 위해서 살 수 있는 자식들이 될 겁니다. 그러니 마음으로 마음을 붙들어야 육체가 따라오지, 마음으로 붙들지 않고 말로다가 이놈 저놈 하고서 욕을 아무리 해봤던들 더욱더 차게만 느껴지고 더욱더 멀어만지지 절대로 고쳐지지 않습니다. 그러니 우리가 불교라고 하는 이 자체가 얼마나 위대하고 위없는 가르침이고 진실한 것인지를 알아야 합니다. 바로 우리 스스로가 여여하게 깨쳐야 할 문제인 것 같습니다. 대신 밥 먹어 줄 수는 없으니까요.

그래서 우리가 잘 알아야 할 다섯 가지가 있습니다. 절에 가서 스님네들이 하는 염불을 들어 보면 '계향(戒香) 정향(定香) 혜향(慧香) 해탈향(解脫香) 해탈지견향(解脫知見香)' 하죠? 이 다섯 가지를 잘 판단하신다면 우리는 아주 그지없이 깨칠 것입니다.

첫째, 계향이니 말입니다. 계향이라고 해서 계를, 280계나 350계를 지키려고 애를 쓰고 그렇게 할 게 아닙니다. 우리가 평생을 사는데 왜 꼭 그렇게만 지켜야 합니까. 만약에 계법을 지킨다고 한다면 단 십계도 못 지킵니다. 단 오계도 지키기 어렵죠. 그런데 첫째 계향이라고 했으니까 일체를 내 탓으로 돌리고 누가 되게 해서는 안 됩니다. 집을 지으려면 처음부터 기초가 잘되어야 집이 허물어지지 않습니다. 처음 먹었던 마음이 부처라는 뜻도 되죠. 그러나 이게 처음부터 직선으로 들어가야지 만약에 잘 지키는 것만 계라고 가르친다면 이거는 천부당만부당한 일입니다.

그렇기 때문에 첫째 계향이니, 내 탓으로 돌리고 또는 부처님께 누가 되게 해서도 아니 되고 은사 스님에게 누가 되게 해서도 아니 되고 자기에게 누가 되게 해서도 절대 안 된다 이 소립니다. 그리고 여러 가지 용도에 따라서 닥치는 대로 자기 탓으로 돌린다면, 내가 이 세상에서 잘하든지 못하든지 내 탓으로 돌린다면 화목을 가져오죠, 미움이 없어지죠, 증오가 없어지죠. 그렇게 하니까 사형 사제들이 모두 화목하게 되고 가정에서도 한 형제들 간에, 부모자식지간에도 화목을 가져온다 이 소립니다. 그렇게 해서 계향 아닌 계향을 지킨다면, 돌아가는 용도에 따라서 일체 모든 것을 '너만이, 너만이 해결할 수 있다.' 하고 거기에다가 놓았을 때 비로소 나를 발견하게 되는 거죠.

정향이니, 이것은 물질세계와 내면세계가 둘이 아니라는 것을 반드시 알아야 합니다. 내가 있기에 물질세계고 나를 다스리는 자가 있기에 바로 내면세계다 이겁니다. 내면세계와 물질세계가 둘이 아닌 까닭에 내가 있으니까 내 내면에 선을 세워 놓고, 즉 주인공을 세워 놓으란 말입니다. 마음을 내는 것과 몸이 움죽거리는 것, 그리고 마음을 내게 하는 놈, 이 삼위일체가 같이 합동으로 돼서 찰나에 돌아가고 시공을 초월해서 돌아가니까 주인공이라고 했던 겁니다. 그러니까 주인공 자체가 자기 껍데기다 아니다 할 것도 없이 주인공입니다. 그냥 그대로!

그렇기 때문에 '주인공! 너만이 이끌어 갈 수가 있고, 너만이 해결을 할 수가 있고, 병고도 네 몸이니까 건강하게 해서 끌고 가는 것도 너뿐이다.' 어떠한 상대가 나를 때리고 찢고 찍고 정신을 뺏어 먹으려고 애를 쓰더라도 '둘 아닌 까닭에 저 사람이 저렇게 안 하게끔 할 수 있는 거는 너밖에 없다.' 하고 놔 버린다면, 바로 그것이 정향이자 물러서지 않는 마음으로 패기를 잃지 않고 전진하는 것입니다. 마음이란 그렇게 귀하고도 광대무변한 것입니다.

'정향' 할 때에 우리가 문을 찾아서 다니는 걸로 생각해서는 안 됩니다. 우리 마음이라는 건 체가 없어서 광대합니다. 지구 바깥에도 벗어날 수 있고 우주 밖에도 벗어날 수 있는 겁니다. 그렇기 때문에 마음이라는 건 문을 찾아서 다니는 게 아니고, 벽도 봇장도 우주도 대기권도, 땅속도 물속도 물론 여지없이 통하는 것이 바로 마음입니다. 그렇기 때문에 그 마음의 선을 세워 놓고 '주인공, 너만이 해결할 수 있어.' 할 때 그 말이 한데 떨어지지 않고 법이 되는 것입니다. 일체제불의 마음은 바로 그렇게 하는 그 마음을 통해서 나투는 까닭입니다.

또 '혜향' 했습니다. 우리가 지혜로운 마음으로써 둘로 보지 않는, 바로 지켜보는 마음과 그 마음으로 다스리면서 실험하면서 체험하면서 이렇게 밝게 돌아갈 수 있는 마음이 혜향입니다. 둘로 보지 않는 마음, 관찰하는 마음, 실험하는 마음, 체험하는 마음, 이 마음이 바로 혜향입니다. 매사 일체 만법을 움죽거리는 것을 어떤 놈이 하고 있습니까? 잘하든 못하든 말입니다. 잘한다는 데서 끄달리고 못한다는 데서 끄달리고 회개다 해서 끄달리고, 이거는 뭐 끄달리는 데 아주 난장판이 돼 있어요.

'혜향' 했으니 다음에 해탈향이 있죠. 만물만생의 무명 굴레에서 아주 벗어나는 것을 말합니다. 벗어나서 밝은 마음으로 여여하게 다스리며 나아가는 것이 바로 해탈향입니다. 외부의 모든 중생들이나 내면의 자생중생들이 바로 무명에서 벗어나는 시기입니다. 굴레에서 벗어나서 밝게 다스리고 여여함을 말하는 것입니다.

이 계향어서부터 잘해 나가신다면 계향은 정향에 하나가 되고, 혜향이 잘되면 정향에 또 하나가 되고, 정향과 해탈향, 해탈지견향도 모두가, 다섯 가지가 모두 하나의 정향으로 귀결이 되는 것입니다.

해탈지견향, 그것은 우주 일체 만물만생을 다 밝게 보고 보살피며 바로 걸림 없이 여여하고 구족하게 다스리면서, 밝게 조건 없는 자비로써 많은 중생들을, 모든 일체 만물만생들을 응신으로서 보답하는 것입니다. 죽은 중생이나 산 중생이나, 보이지 않는 중생이나 보이는 중생이나, 말이 있는 중생이나 말이 없는 중생이나 모든 중생들에게 조건 없는 자비로써 무주상 보시를 할 수 있는 천백억화신으로서 나투는 까닭입니다. 천백억이다 함은 헤아릴 수가 없는 것을 말하는 것입니다. 그래서 여러분이 이 뜻을 잘 받아들이신다면 좋을 것입니다.

내 몸 안의 자생중생들을 다스려서 한마음에 나라는 것이 없다면…, 즉 말하자면 여러분의 자생중생들이 그렇게 많은데, 생명체들이 그렇게 많은데, 의식이 그렇게 많은데 한 부분 부분 소임을 맡아 가지고 작용을 하는데, 어떤 거 작용을 할 때 내가 했다고 할 수 있겠습니까? 여러분은 여러분 몸뚱이 하나가 여러분인 줄 알지만 여러분 몸뚱이 속에 정말 천백억이라는, 아니 천차만별의 생명과 모습과 의식이 들어 있습니다. 그러니 그 의식 하나하나가 바로 나 아닌 것이 어디 있습니까? 몸 안에 들어 있는 거지 나가는 것도 아니고 들어오는 것도 아닙니다. 바로 자기한테서 자기가, 팥죽 솥에서 팥죽이 끓는 거와 같습니다. 딴 데서 나온 게 아니죠. 팥죽 솥에서 팥죽이 끓는 것뿐이죠. 그래서 '요것도 문수 조것도 문수' 했다는 얘기가 있죠.

그러니까 그 업식이 나오는 대로 거기다가 되돌려 놓는다면, 앞서 입력됐던 것이 현실에 나오는 것을 나오는 데다 되입력을 한다면 과거에 입력됐던 게 없어진다 이 소립니다. 그래서 모든 걸 다스려서 '주인공, 너만이 잘 이끌어 줄 수 있어.' 하고 되돌려 놓으란 말입니다. 모든 걸 그놈이 하는 거니까요. 잘하든 못하든, 울든 웃든, 죽든 살든 그놈이 하는 겁니다. 죽어서 다시 형성을 시켜도 그놈이 하는 거, 또 죽는 것도 그놈이 하는 거, 껍데길 벗겨 버리는 것도 그놈이 하는 겁니다, 다.

그러니 여러분이 잘 생각하셔서 마땅히 '내가 내가 아니구나! 나와 더불어 같이 있는 부처는 중생 속에 들어 있는 것이요, 중생 속에는 부처가 들어 있다. 모두가, 시발점도 종점도 둘이 아니구나!' 하는 걸 아셔야죠. 타는 것도 내리는 것도, 시발점도 종점도 따로 없습니다. 그와 같이 내 정신계와 물질계가 따로 없습니다. 그러니까 다르다고 여기지 말고, 모든 것은 내가 너무 많아서 어떤 것이 했다고 할 수 없으니,

내가 했다고 할 수 없으니 모두가 동심으로서 모든 걸 했다고 할 수 있겠죠. 동심으로서 동참을 했다고 할 수 있겠죠.

그래서 내 몸뚱이 속의 자생중생이 바로 자성부처를 상봉해서 잘 안다면 이 세상 삼라만상 대천세계의 모든 것을 다 알 수 있습니다. 삼라만상 대천세계의 근본이 내 마음의 근본이요, 이 세상 사바세계의 모든 것이 내 마음에 가설이 됐다 이 소립니다. 가설이 돼서 돌아가니까 남이 모른다 하더라도 거짓말을 할 수가 없는 거죠. 내가 알고 있는 것은 우주간 법계에서 일체 만물만생이 다 스스로 알고 있으니까요. 일체제불의 마음이 아주 속속들이 알고 있으니까요. 그러니 요만큼이나 에누리가 어디 있겠습니까? 요만큼이나 어찌 거짓을 할 수가 있겠습니까?

그렇다고 해서 끼면 빼고 뺐으면 끼고 이러지 마시고 좀 지혜롭게 물리가 터지면 정말로 남을 위할 수 있습니다. 남을 위해서 거짓말을 하는 거는 지혜라고 합니다. 남을 위해서 거짓말을 한다면 그건 지혜로운 마음이죠. 그러한 것도 지혜롭게 써야 된다 이겁니다. 싸움을 붙이거나 남을 나쁘게 하는 거짓말은 거짓말이지만 남을 위해서 거짓말을 한다면 그건 거짓말이 아닙니다. 여기까지도 좀 지혜롭게 생각을 하셔야 될 겁니다. 사람 사는 바는 그게 아니니까요.

그래서 우리가 모든 생활을 해 나가는 데도 지혜가 필요합니다. 여러분께 내가 거짓말 안 합니다. 가정에서 남편이 아무리 잘못한다 하더라도 "여보, 당신 시장하지 않았소?" 하고 부드러운 말을 해 주고 아주 사랑하는 마음으로 행해 주고, 그리고 주인공에다가 '저 사람과 나와 둘이 아닌데 그렇지 않도록 하는 것도 너밖에 없어.' 하고 맡긴다면 화목을 가져오고 그 마음도 밝아져서 둘이 아니게 사랑할 수 있습니다. 그리고 사랑도 그냥 사랑이 아니라 조건 없는 사랑을 할 수 있는 겁니다. 여러분이 그렇게만 할 수 있다면 아주 자비로써 가정이 화목하게 이루어진다는 얘기입니다. (대중 박수)

그리고 여러분이 자녀들을 많이 키우는데, 지금은 부부가 모두 나가서 일하는 가정이 많습니다. 그전에도 얘기했지만 미국이나 다른 나라 여러 군데를 다녀 봤지만 부부가 모두 나가서 일하는 사람들이 많습디다. 집을 비워 놓고 말입니다. 그러니까 애들은 애들대로 와서 자기네들이 꺼내 먹고 자기네들이 그냥 놀러 나가고 자기네들이 또 들어와서 엉망으로 해 놓고, 이렇게 하다 보면 나쁜 친구도 사귀게 되고 또는 자기대로 나가서 나쁜 일도 하게 되고, 이렇게 많은 일들이 벌어지게 됩니다. 그래서 이렇게 말을 해 줬죠. 나가더라도 좀 큼직하게 글씨를 써서 냉장고 앞에 붙여 놓아라. 뭐라고 쓰느냐 하면 '아무개 아무개야, 너희들 사랑해! 여기다 너희들 좋아하는 것 해서 넣어 놓았으니까 꺼내 먹어. 그리고 올 때까지 기다려 줘. 참으로 사랑하는데 우리가 같이 살려니까 어쩔 수 없잖아. 너희들도 협조해 줘.' 하고 써서 뽀뽀도 거기다 좀 해서 냉장고에다 붙여 놓으면 애들이 들어와서 그걸 보고 말입니다, 마음에서 감동을 해서 절대로 나가서 나쁜 짓을 안 하게 됩니다. 나쁜 아이들하고 끄달리게 되지도 않습니다. 그리고 부모들하고 화목해집니다.

마음이 얼마나 무서운 줄 아십니까? 겉으로만, 돈만 주고 음식만 잘해 주면 그 모두가 사랑인 줄 아는데 그게 아닙니다. 진짜 사랑이란 건 그게 아니거든요. 그래서 돈을 많이 갖다 주는 것보다도 더 귀중한 사랑을 그렇게 하는 겁니다. 그렇게 해 놓으면 모두가 화목해지고 엄마 아빠 들어올 때까지 기다려 주면서, 엄마가 들어오거나 아빠가 들어오면 "아빠 엄마" 하고 부르고 야단법석이 나고 아주 착실해지죠. 그렇다고 얘기해 주니까 그렇게 한 분들은 다들 되찾았어요. 갈라섰던 자손들하고도, 부모 자식 사이에 갈라지고 부부 사이에 갈라졌던 분들이 다 화목하게 사랑을 하게 됐더라 이겁니다. 마음이라는 게 얼마나 중요하고 미묘한지 여러분이 실험해 보시면 바로 체험을 하실 겁니다. 그리고 속속들이 나를 발견하게 될 것입니다. 모두가 그러한 까닭에 불교라는 자체가 얼마나 광대하고 얼마나 중요한지 모릅니다.

그리고 한 가지 말씀드릴 게 있습니다. 우리가 사찰에 들어가면 향을 피우고 초를 켜고 꽃을 공양하고 또 공양물을 공양하고 이럽니다. 그런데 말입니다, 우리가 물질적으로 해 놓은 것만 생각하지 마시고 공양을 할 때도 '왜 공양이라고 했을까?' 하고 한 번쯤은 가슴에 손을 얹고 생각해 볼 점이 있다고 봅니다. 그건 왜냐하면 일체 만물만생이 같이 한 그릇을 먹고도 되남는 것이 공양이기 때문입니다. 그래서 마음의 공양이라고 합니다. 참 미묘한 공양입니다. 그래서 꽃을 공양할 때도 꽃공양이라고 하죠. 이건 일체 만물만생의 아름다운 마음씨를 말하는 겁니다. 아름다운 마음씨를 바친다 하는 뜻입니다. 이 촛불을 켜는 거는 우리 일체 만물만생이 밝게 돌아가고 있다, 여여하게 그냥 밝게 돌아가는 그 자체를 말하는 것입니다. 밝은 마음을 말입니다. '밝은 마음을, 부처님과 내 마음과 둘 아닌 공양을 바칩니다.' 하는 겁니다. 부처님이 따로 있고 내가 따로 있다면 얼마나 멀고, 얼마나 잘못하고 잘하고가 있겠습니까? 그러나 부처님 마음이 내 마음이고 내 마음이 부처님 마음이니 바로 부(父)와 자(子)가 둘이 아니라는 겁니다.

이 말을 몇 번째 했습니다만, 내가 예전에 어디를 가다가 보니까 묘지가 두 개가 있는데, 내 자생 부(父)가 하는 소립니다. '이거는 자식의 묘고 이거는 애비의 묘니라. 그런데 애비가 자식한테로 오면 자식으로 하나가 되고 자가 부한테 가면 부로 하나가 되니 그건 무슨 까닭인고?' 하고 묻더라 이겁니다. 난 그때 시절에 너무 갑작스런 말이라 도대체 감을 잡지 못했습니다. 그렇게 감을 못 잡을 때에는 거기 앉아서 일어나지를 못합니다. 누가 말려서 못 일어나는 게 아니라 내가 그거를 해결을 못했으니까 못 일어나는 거죠.

보세요! 일을 할 때는 그냥 자로 하나가 되고, 가만히 있을 때는 부로 하나가 되는 겁니다. 마음은 체가 없어서 수천수만으로도 모습을 바꿔서 화할 수가 있는 것입니다. 그렇기 때문에 '마음이라는 그 자체가 가만히 있을 때는 부로 하나가 되고 일을 할 때는 자로 하나가 돼서 자와 부가 둘이 아니다.' 이런 뜻입니다. 그런데 부처님과 내 마음이 항상 둘이라고 한다면 하나는 높고 하나는 낮은 겁니다. 그러니 항상 창살 없는 감옥에서 노예가 돼서 빌어야 하지 않겠습니까? 알아듣습니까, 못 알아듣습니까? (대중 박수) 그러니 아주 가깝게, 아버지는 아들과 둘이 아니다. 일을 할 때는 한 아들이 돼 버리고 일을 안 할 때는 한 부가 돼 버리니 이 미묘한 법은 바로 말로는 할 수 없는 법이죠.

그러니까 여러분께서 법당에 가서 칠정례를 하든 팔정례를 하든 백팔 배를 하든 삼천 배를 하든 하시지만 그거는 자기가 여유가 있을 때에 하는 거죠. 마음공부 하는 분들은 자기의 상황에 따라서 해야 합니다. 집에 불도 꺼 놓지 않고 왔는데, 불을 꺼 놓든 안 꺼 놓든 뭐, 집이 타든 말든 하던 백팔 배를 해야 한다는 법은 없어요. 법이 따로 없어요. 내 상황에 따라서 용도에 따라서 그렇게 여여하게 걸림 없이 가는 것입니다. 그래서 법당에 가서 절을 할 때도 내가 여유가 있으면 칠정례를 하든지 삼정례를 하든지 하고, 내가 여유가 없고 아주 급박할 때는 삼정례를 일정례로 해도 된다는 얘기예요.

과거심 현재심 미래심이 바로 현재심 하나로 오고, 바로 과거가 현실이고 미래가 현실이니까요. 현실도 바로 공했으며 찰나찰나 고정됨이 없이 돌아갑니다. 지금 고정되게 보는 게 있습니까, 고정되게 듣는 게 있습니까, 고정되게 먹는 게 있습니까, 고정되게 만나는 게 있습니까, 고정되게 가고 오는 게 있습니까, 고정되게 말하는 게 있습니까? 안 그렇습니까? 그러니까 여러분이 어떤 거 할 때 내가 했다고 할 수 없는 것이 여러분의 지금 살림살이입니다. 그대로 그렇게 하고 있는 겁니다. 내가 이렇게 말하는 것이 그 뜻이 이해가 잘 안되더라도 잘 생각을 해 보십시오.

그렇게 해서 우리는 내 몸과 내 몸속에 있는 자생중생들과 같이 둘이 아니요, 법당에 가도 부처님 형상이 내 형상이요, 부처님 마음이 내 마음이요, 부처님 생명이 내 생명이요, 근본 자체가 둘이 아닙니다. 그리고 향 한 개비 켜 놓는 것도 아름답고 밝은 마음으로써 아주 착한 마음을 내는 그 자체가 바로 향입니다. 더함도 덜함도 없는 마음을 내는 그 자체가, 마음을 일으키는 그 자체가 바로 향을 피우는 겁니다. 그래서 향의 양식을 먹고 산다고 아까도 노래를 했죠? 그러니 여러분이 법당에 가서도 항상 내 마음과 부처님의 그 뜻을 같이 한마음으로 뭉쳐서 둥글게 놓고 진실하게 참배를 하고 지극하게 초를 켜고, 밝은 마음을 비유하는 거니까 말입니다. 물을 한 그릇 떠 놓더라도, 즉 말하자면 다기를 모셔 놓더라도 그 다기는 바로 지혜인 것입니다. 지혜, 지혜로운 마음을 말하는 것입니다. 어느 것 하나도 마음 빼놓고는 없습니다.

하여튼 마산의 여러분께서 생활 자체를 그대로 참선으로 알고 가셔야 합니다. 즉 말하자면 행선 입선 와선 좌선, 이것이 한데 합쳐서 그냥 여여하게 생활하는 것이 참선입니다. 참선! 왜냐하면 모든 것이 자기가 하는 게 없이 자기가 하기 때문에 그렇습니다. 자기가 너무 많아서 어떤 거를 할 때 내가 했다고 할 수 없으니까요. 그전에도 그랬죠? 남편 노릇을 했다가 "아버지!" 하고 들어오면 한순간에 "어!" 그러고 아버지 노릇을 하고, 말도 아버지의 말이 나가고 행도 아버지의 행이 나가고 뜻도 아버지의 뜻이 나간다. 그렇게 하듯 "얘, 아무개야!" 그러면 아들 노릇을 하고 "여보게!" 하면 사위 노릇을 하고 "형님!" 하면 벌써 형님 노릇을 하고, 이렇게 천차만별의 그 마음에 의해 바뀌어서 화해서 나투는 그런 살림살이를 우리가 하고 있는 것입니다. 그와 같이 우리 이 생활 자체도 그렇게 나투면서 돌아가고 있는 것입니다. 그러니까 경을 보되, 즉 말하자면 자기가 봤다고 해서는 안 되죠. 자기 주인놈이 다 하는 거죠. 보게 하고 듣게 하고 만나게 하고 가고 오게 하고 이러는 거죠, 다.

누가 몸이 비참하게 아프다 해서 관하라고 가르쳐 줬죠. 그랬는데 직코스로 들어가는 사람은 백발백중이에요. 그러나 줬다 뺐었다 줬다 뺐었다 하는 사람은 그냥 쓰러집니다. 허! 심부름을 시키는데 서류를 줬다 뺐었다 줬다 뺐었다 하면 그 서류 작성이 다 됩니까, 어디? 그와 같이 진짜로 믿고 진짜로 맡길 줄 알아야 되는 것입니다. 그리고 물러서지 않는 마음이라야만이 되겠죠?

하여튼 우리가 제대로 알아서 벗어날 수 있어야죠. 즉 말하자면 관습이나 업식의 굴레에서 벗어나지 못한다면 세세생생 굴레에서 벗어나지 못합니다. 그러니까 그 굴레에서 벗어나야, 오신통이라는 이 자체의 굴레에서 벗어나야 오신통을 굴릴 수 있다는 사실입니다. 우리 생활을 그냥 굴릴 수 있다는 사실입니다. 오신통이라는 것도 이름이죠. 우리가 살림하는 자체가 그대로 오신통입니다. 그러니까 오신통에서 벗어나야 오신통을 자유스럽게 굴릴 수 있다 이 소립니다. 오신통이라고 한다고 해서 통이 어디에 있는 줄 알고 두리번두리번 찾지 마시구요. 허허허…. 그러면 한마디만 더 하고 끝을 내겠습니다.

우리가 살다가 죽으면 어떻게 되는 줄 아십니까? 여러분이 어떻게 사느냐에 따라서 요다음 생에, 미래에 모습을 가지고 나옵니다. 미래라고 하지만 다음이 오늘입니다. 도로 오늘이 되는 겁니다. 다음 생이 오늘, 현생이 되는 겁니다. 그런다면 자기가 어떻게 살았느냐에 따라서 모습이 주어집니다. 방편으로 하나를 비유해서 얘기한다면, 어떤 사람이 얼마나 잘못하고 살았던지 개로 탄생을 했더랍니다. 지금도 많이들 그렇게 하고 가죠. 개로 탄생을 했는데 가만히 보니까 허! 전자에 형제였고 부모자식지간이었는데 자기를 얼마나 무시하고 그러는지 모르겠더랍니다. 개로 인연이 돼서 새끼로 태어나서 컸는데 보니까 그렇더랍니다. 그래서 개란 놈이 '야! 언제 적에 그렇게 모른다 했고 언제 적에 그렇게 너만 살았어?' 하고 막 짖으니까 "이놈의 개가 왜 이렇게 짖어?" 그러곤 그냥 발길로 탁 차더랍니다. 하하하…. 그러니 아무리 '내가 아무개라, 내가 아무개라, 내가 이렇다' 해도 알 수가 없는 겁니다. 자기가 개 모습을 쓴 거를 전혀 생각지 못하고 자기가 전자에 살던 의식만 가지고 그냥 한 겁니다.

그런데 우리가 생각해 보십시다. 아무리 짖어도 짖어도, 아무리 이렇고 저렇고 사유를 말을 해도, 그걸 알아듣는다 하더라도 개 모습을 쓰고 나왔으니까 개 대접밖에는 할 수 없지 어떡합니까, 네? 그러면 개로만 비유해서 얘기했는데 천차만별의 모습들이 다 그렇단 말입니다. 왜 옛날에 무당들이 "국내 밥내도 못 맡는다, 너!" 이러죠? 그렇게, 하여튼 지옥에 갈 일을 했다면 지옥고가 벌어지겠죠. 오간지옥이라는 게 뭡니까? 땅속에서 꿈틀대면서 국내 밥내도 못 맡는 것이 그게 아귀지옥도 되지만 오간지옥에서 허덕이는 겁니다.

그렇다면 그것이 과거에 있었던 옛날 얘기냐 하면 그게 아닙니다. 지금 현실입니다. 현실에서 그렇게 돌아가고 있습니다. 여러분이 내일 일을 모르고 어저께 일을 모르니까 그렇지, 만약에 안다면 살인납니다. 사람이 독사같이 살았다면 독사로 모습을 가지고 나올 것입니다. 여러 가지 모습이 많지만 하나로 규정을 지어서 방편으로 해 봅시다. 우리 모습이 그렇게 개 모습으로 나오면 개 대접밖에 못 받을 것이고 뱀으로 나오면 뱀 대접밖에 못 받을 것입니다. 그리고 축생으로 태어나면 축생 대접밖에 못 받을 것이고 말입니다.

그런데 우리가 지금 그렇게, 자기가 어떻게 살았느냐에 따라서 모습이 주어지는데, 그 모습을 가지고 말입니다, 거기에서 습이 붙어 가지고 그 모습 벗어나기가 상당히 어렵습니다. 닭이라면 닭의 짓을 하던 습이 있어서, 뱀이라면 뱀의 짓을 하던 습이 있어서, 그 습이 붙어 가지고 그 모습의 무명을 벗기가 상당히 어렵습니다. 그러니까 오백 세를…, '오백이다' 하는 거는 아주 세세생생을 말하는 겁니다. 그냥 숫자를 말하는 게 아닙니다. 그러니까 거기서 그 무명을 벗고 털털 털고 일어나기가 상당히 어렵습니다. 인간 환생 하기가 상당히 어렵고, 인간 환생이 돼 가지고 어떻게 살았느냐 어떻게 사느냐에 따라서 또 모습을 가지고 나오게 돼 있으니 그저 아래로 위로 아래로 위로 그냥 돌아가는 겁니다. 지금 그렇게 돌아가고 있습니다. 그러니 여러분이 한생각을 잘해서 구덩이에서 나오게 해야지 한생각을 잘못해서 구덩이에 들어가게 한다면 여러분이 여러분을 긁어먹고 그냥 구덩이에 빠뜨리는 것이죠. 빠뜨리고 나서 내가 무슨 죄를 지어서 이러냐 하고 울고불고 아무리 해 봤던들, 버스 지나간 뒤에 아무리 그래 봤던들 소용이 없습니다.

그러니 여러분의 몸뚱이 하나를 우주라고 해도 되고 국가라고 해도 됩니다. 그러니까 잘 생각하셔서, 또 지원의 스님네들한테 모르는 건 물어서 항상 잘 관해서 체험을 하도록 하세요. 49년 동안 부처님께서 설해 주시고 길을 인도해 주신 그 뜻을 말로는 다 감사하다고 못합니다. 그러니 부처님 자체가 얼마나 감사하고 또 일체 중생들, 풀 한 포기도 곤충 하나도 스승 아닌 게 없다는 것을 아셔야죠.

곤충이라고 깔보지 마세요. 자기 뱃속을 잘 들여다보면 우리가 어디서 왔는지 알 것입니다. 자기 육체 속을 들여다보면 자기가 온 곳이 증명이 될 것입니다. 그러니 여러분이 지혜를 좀더 넓혀서 둘로 보지 않고 전체를 본다면 둘 아닌 도리가 착 나올 것이나, 요 한 그릇 안에서만 본다면 너 나가 아주 뚜렷하게 갈라져 있으니까요, 천차만별로. 그러니까 그렇지 않도록, 지혜로운 마음으로써 관하는 법을 세밀하게 잘 아셔서 내가 급할 때 실천에 옮겨 보세요. 생활하시면서 아프든지 애고가 오든지 어떠한 것이 오든지 그거를 고(苦)로 생각을 하지 마시고 재료로 알고 관하세요. 예를 들어서 '네가 고를 안다면 고를 없앨 수도 있느니라.' 했습니다. 그러니까 그것을 고로 알지 마시고 모든 것을 닥치는 대로 '아, 이거는 내가 마음의 관법을 공부하라고, 마음공부를 하라고 이 재료가 나한테 닥쳤구나.' 이렇게 생각하시고 그 재료를 다 거기다가, 용광로에다 넣고 재생돼 나가는 것을 한번 지켜보고 이렇게 한다면 체험이 될 것입니다. 그런다면 자기 주인공을 '이게 뭣고?' 하고 무의미하게 두리번두리번 하진 않을 겁니다. 그러니까 꼭 그렇게 하시기를 바랍니다. (대중 박수) 질문하실 분 있으면 두서너 분만 받죠.

질문자1(남) 불법 공부에는 눈 밝은 선지식의 가르침과 지도를 받아야 올바른 불법에 들 수 있다고 하던데, 오늘 이와 같이 큰스님과 같은 선지식을 모시고 좋은 법문도 듣고 제가 질문까지 하게 되었으니 저로서는 한없이 기쁩니다. 사람마다 불법에 드는 인연이 다르지만 저는 교통사고를 당하여 3년 동안 무척 어려운 생활을 하다가 1년 전부터 불법을 만나게 돼서 제게 닥친 이 모든 것을 긍정적으로 생각하는 안목을 지니게 되었습니다. 다 큰스님의 밝은 가르침 덕분으로 생각하오며 언제나 감사하게 생각하고 있습니다. 질문드리겠습니다.

제가 병원에 입원해 있으면서 보니 사고를 당하거나 또 오랜 지병으로 고통을 당하고 있는 사람들이 많았습니다. 사람들이 이런 고통을 당했을 때 생각을 어떻게 지니고 다스려야 궁극적으로 고통에서 벗어날 수가 있는지 좋은 가르침 부탁드리겠습니다.

큰스님 부처님이 나투시는 법을 여러분의 육안으로는 못 보실 겁니다. 불이 들어오고 꺼지는 것만 보지 전력이 들어오고 나가는 거는 못 보듯이 말입니다. 그와 같이 예를 들어서 천지와, 즉 말하자면 우주 전체 삼라만상이 직결돼 있는 그 마음, 가설이 돼 있는 직결처에다가, 즉 자기 안테나에다가 모든 거를 놓았을 때, 아픈 것도 '너밖에 낫게 할 수 없어.' 하고 거기에다 놨을 때는 말입니다, 부처님 마음이 따로 따로 있는 게 아니기 때문에 부처님이 순간 한 찰나에 약사로 나투어서, 즉 말하자면 낫게 할 수가 있다 이 소립니다. 자기 마음의 그릇이 돼 있음으로써 부처님의 마음이 응신으로 나투어서, 즉 그냥 약사로 화해서 나툰다 이겁니다. 그러니까 자기의 마음속에 같이 하는 거죠. 둘이 아니니까요. 그렇게 해서 낫게 될 수 있다는 얘깁니다.

이 뜻을 잘 모르시겠지만 이것은 심성과학이라고 해도 아마 틀린 말은 아닐 겁니다. 과학적으로도 지금 그 심오한 뜻을 모르고 있는 겁니다. 그러니까 우리가 관할 때에 '너만이 네 몸을 건강하게 이끌고 갈 수 있잖아.' 할 때에 바로 부처님의, 일체제불의 마음은 한 찰나에 드십니다. 이거는 그릇 없는 그릇을 만들어 놓은 사람이라야만이, 즉 깨친 사람이라야만이 찰나찰나 왕래가 되는 겁니다. 그런데 여러분이 직코스로다가 거기에다가 그냥 관하신다면 그대로 약사로 화하셔서 거기 응해 주십니다.

질문자1(남) 감사합니다. (대중 박수)

질문자2(여) 큰스님, 오늘 마산 불자들에게 감로수의 법을 설해 주셨는 데 대해 뭐라고 감사의 마음을 표할 길이 없습니다. 앞으로 자주 자주 오셔서 저희 마음을 바른 법으로 이끌어 주시기를 부탁드리면서 두 가지 질문을 드리고자 합니다. 먼저, 우리들이 여태껏 해 온 불법 공부는 부처님께 가피를 내려 달라고 비는 것이었습니다. 부처가 자기 마음에 있다고 했는데, 그렇다면 자기 마음의 부처에게 자기의 부처가 가피를 주는 것인지요?

큰스님 하하하…. 마음은요, 모두가 일체 만물만생의 공심입니다. 일체제불의 마음이 우리 마음하고 그냥 직결이 돼 있는 겁니다. 본래 부처와 중생이 따로 있는 게 아닙니다. 그렇기 때문에 본래 부처님의 마음이 항상 우리하고 둘이 아닌 까닭에 직결되는 겁니다. 얼른 쉽게 말해서 사람들이 만 명이 있다면 만 명의 마음이 협동해서 같이 한마음이 돼서 해 드리는 겁니다.

질문자2(여) 다음은, 무슨 일이 생겼을 때 주인공 자리에 무조건 믿고 맡기라고 하셨고 잘되고 못되는 것을 다 놓아야 된다고 하셨는데, 처음 생각은 그렇게 나가다가 차츰 좋은 쪽이나 잘되는 쪽으로 놓고 맡기게 됩니다. 이때는 어떻게 해 나가야 하는지요?

큰스님 오는 것도 법이고 가는 것도 법입니다. 그래서 양면을 다 놓으라고 그랬습니다. 그런데 어떤 사람이 십억을 잃어버리느냐 마느냐 하는 아주 급한 일에 처해서 바삐 가는데 몹쓸 사람들한테 걸려서 가지 못하게 됐습니다. 가지 못하게 되었으니 얼마나 기가 막힐 겁니까. 그런데 말입니다, 가지 못하게 된 것도 법입니다. 가지 못하게 돼서 생명을 건진 겁니다. 그러니까 잘되는 것도 법, 뒷걸음질쳐서 후퇴하는 것도 법입니다. 전진하는 것만 법이 아니고 후퇴하는 것도 법입니다. 만약에 후퇴를 안 했다가는 전체가 몰살을 당할 테니까요. 그러니까 후퇴하는 것도 법, 전진하는 것도 법이다 이거예요. 그러니까 부처님의 뜻은 항상 살리는 거지 죽이는 게 아니란 얘깁니다. 항상 건지고, 항상 자비고, 항상 살리고 그러는 거라 이겁니다. (대중 박수)

질문자2(여) 스님, 고맙습니다.

질문자3(독일인 여) 안녕하세요, 큰스님! 감사합니다. 매우 감사합니다. (혜진 스님 통역) 2년 전 독일에서 한국에 큰스님을 뵈러 처음 왔었습니다. 여기 오기 전까지 저는 인도 그리고 유럽, 세계를 돌아다니면서 진리를 깨달으려고 오랫동안 구도의 길을 헤매었습니다.

저는 처음에 한마음 주인공이 무엇인지도 모르고 큰스님을 뵙게 되었습니다. 처음 뵈었을 때에 제 깊은 마음 속에 아, 뭐라고 말할 수 없는 깊은 감동, 깊은 기쁨, 깊은 슬픔이 있었습니다. 그리고 독일에서 2년간 한마음 공부를 했는데 굉장히 어려웠습니다. 그것은 한국처럼 『한마음요전』이랄지 이런 책이 있는 것도 아니고 또 유럽에 지원도 없기 때문에 굉장한 어려움이 있었습니다.

주인공 공부를 통하여서 저는 첫째, 내면의 평안을 얻었습니다. 모든 것을 주인공에 맡기고 했을 때 많은 두려움이 사라졌습니다. 한마디로 제 인생이 바뀌었습니다. 마음 깊이 다시 한 번 큰스님께 감사를 올리고 싶습니다. (대중 박수) 주인공 공부를 하니까 마음에서 사랑할 수 있는 힘, 자비의 마음이 흐르고 있습니다. 그러나 가끔 내 의식의 깊은 곳에 사랑이 있지 않고 뭔가 어두움이 가끔 느껴집니다. 제 생각에 제 의식의 어두움 때문에 제가 아팠었고 이렇게 어려움이 있는데 어떻게 해야 이 내면의 어두움을 밝은 마음으로 바꿀 수 있는지 가르쳐 주시면 감사하겠습니다.

큰스님 그거는 주인공에 관할 때, 내 마음 깊이 관할 때에 그렇게 답답하고 어두운 마음은 구정물과 같은 거니까 '너한테서 구정물이 나오는 거니까 너만이 맑은 물이 나오게 할 수 있다.' 하고 거기다 맡겨 놓으면 그대로 맑은 물을 쓸 수가 있어요. (대중 박수)

질문자3(여) 감사합니다, 큰스님.

큰스님 일체를 그렇게 하는 거죠. 그 답답한 것 한 가지뿐이 아니라 일체 만법을 다, 우리네 생활 속에서 답답하거나 애고가 닥치고 유전성 영계성 업보성 세균성, 어떠한 것이 닥쳐도 조금도 겁 안 나게 거기다 맡겨 놓을 수가 있어요. '어떤 것도 다 너한테서 나온 거니까 너만이 그런 것을 해결할 수 있다.' 하고선 거기다 놨을 때에 바로 그것이 맑은 물로, 구정물이 맑은 물로 대치되는 이치죠.

질문자3(여) 예. 공부를 다시 더 하겠습니다. 한마음선원이 유럽 독일에 곧 세워지기를 저는 진심으로 희망하고 있습니다. (대중 박수)

큰스님 희망한다면 될 테지, 뭐. 절 건물만 많이 생겨서 되는 게 아니에요. 절이 있으면 주인이 있어야, 사람이 있어야 절도 있는 거지요. 그렇기 때문에 양면이 다 맞아야 생기겠지요.

질문자3(여) 큰스님, 감사합니다. (대중 박수)

업식의 굴레에서 벗어나려면

광명선원 법회

1993년 8월 15일

비가 오는데도 불구하고 여러분께서 이렇게 한자리를 해 주시는 것을 보니 한 번 더 깊이 생각해 보게 됩니다. 비가 오거나 그러면 여러분이 안 오실 줄 알았더니, 가죽 속에 물이 들어갈 리가 있느냐 하고 하하하…, 이렇게 오신 것을 생각하면 감개무량합니다. 정말 여러분의 마음은 산천초목과 더불어 우주 전체를 한마음으로 둥글릴 수 있는 그런 능력들을 다 가지신 것 같습니다. 참 감개무량합니다.

옛날에 이런 얘기가 있죠. 비하고는 관계없는 말이지마는, 어떤 집에 초상이 났는데 그 집에 사람이 많이 드나들면 "저 집 사람은 틀림없이 천당에 갔어." 하구요, 사람이 드나들지 않는 집은 "뭐, 보나마나 지옥 갔어." "잘 죽었어." 하고 쑤군대거든요. 그게 무슨 까닭일까요? 그러니 우리가 한 철 살면서 부드러운 마음과 부드러운 행, 정직한 마음, 포괄적인 마음, 사랑할 수 있는 마음, 조건 없이 남을 도와줄 수 있는 마음이 있어야 하는 겁니다. 또 모든 것을 내 탓으로 돌리고 '내가 이 세상에 났으니까 상대와 나와 부딪치지 그렇지 않으면 부딪칠 리가 있나? 내가 나왔으니까, 이렇게 부닥침이 있으니 내 탓이지.' 하고 돌릴 수 있는 마음! 이 마음이 우주 법계에 마음과 마음으로 통해서 두루 하기 때문에 참, 조건 없이 사랑을 줄 수도 있는가 하면 조건 없이 일체제불의 마음의 능력이 각자 여러분 앞에 같이 할 수가 있는 것입니다. 그렇게 된 마음이므로 이 세상의 모습을 버리고 떠났다 하더라도 영원히 세세생생 여래의 집에 뜻을 같이 하고 우주 전체와 같이 돌아갈 수 있는 불바퀴의 생산처가 될 것입니다. 하여튼 이 한마음 도리를 배우는 여러분은 정신계와 물질계를 한데 합쳐서 중용으로써 그렇게 잘 하시길 바랍니다.

일체 생활 속에서 우리가 도를 구하는 거지 내가 아니고 생활이 아니라면 도가 어딨습니까? 그렇기 때문에 옛날에 무술 하는 사람들이 신검을 만들려면, 그리고 기술을 배우는 사람도 기술자가 되려면 거기에 포괄적인 마음으로써 정성을 다해서 내 혼을 다 집어넣어야만이 기술자가 되고 신검을 조성할 수 있었다 이 소립니다. 그 신검은 모든 사람을 건지고 살리는 데 쓰이는 겁니다. 그렇기 때문에 여러분의 마음 중심을 이 세상을 밝힐 수 있고 우주 전체를 받칠 수 있고 또는 우주 전체를 굴릴 수 있는 그 대의적인, 지혜로운 자비의 마음으로 쓴다면 그 자비의 마음이 즉 신검, 자비의 칼인 것입니다.

그러니 첫째는 나의 무명 악에서 벗어나기 위함이고, 두번째는 세상만사가 모두 같이 돌아가는 둘 아닌 법을 알기 위함이요, 셋째는 마음과 마음이 전달돼서 같이 사랑하면서 우주 전체가 같이 돌아가는 그 이치를, 그 섭류를 모두 터득하고 알기 위함입니다. 우리가 모두 이 세상에 사람으로 태어났는데 그냥 갈 수는 없지 않습니까? 남처럼 다 눈 달리고 코 달리고 입 달리고 귀 달리고 몸뚱이를 가지고 이 세상에 나왔으면 그 몸뚱이 자체가 영원하다는 걸 아셔야 합니다. 몸뚱이가 사대로 흩어져서 없어진다고 해서 없어지는 게 아닙니다. 다시 생산이 돼서 나오기 위한 방편입니다.

우리의 마음들이 모두 한데 합쳐져서 서로서로 통하면서 같이 돌아가는 그 자체가 바로 불바퀴입니다. 혼자는 할 수 없듯이, 모두 한데 합쳐져서 둘이 아니듯이, 즉 빗방울이 바다에 들어가면 바다의 물이지 어찌 개개의 빗방울이겠습니까? 그래서 개개의 물방울이 한데 합쳐져서 돌아가는 그 소용돌이가 바로 불바퀴이며, 외국에서는 블랙홀이라고 하는 것입니다. 그런데 블랙홀이라는 자체는 바로 우리가 생산이 될 수 있는, 우리가 다시 또 태어나고 또 진화돼서 다시 태어나고, 모습을 갈아서 다시 태어나고 발전이 돼서 다시 재현이 되고 생산이 되고 이러는 그 자체로서 바로 생산처라고도 합니다. 자동적인 생산처! 우리의 마음의 소용돌이가 바로 불바퀴의 소용돌이라고 합니다. 마음을 한번 울렸다 하면 생산이 되곤 합니다. 우리도 그렇게 영원히 살고 있습니다. 자꾸자꾸 바뀌어 재현이 돼서 자꾸 생산이 돼서 영원히 그칠 바가 없이, 즉 멸함도 없고 태어남도 없이 영원하게 돌아가는 것입니다. 그러니 영원하게 돌아가는 그 섭류를 우리는 내 몸속에서 모두 알아보도록 하십시다.

여러분! 모두 여러분이 한다고 하고 여러분이 산다고 하고 여러분이 주었다고 하고 여러분이 망했다 하고, 또는 여러분이 돈을 많이 벌었다 하고 여러분이 잘했다 못했다 죄를 지었다 죄를 해결했다 이렇게 생각을 하시죠? 근데 본래부터 말입니다, 우주의 크나큰 광대한 섭류를 알려면, 산하대지의 광대한, 모든 일체 생명들이 두루두루 공생하는 그 자체를 알려면 내 몸부터 먼저 알아봐야 할 것입니다. 여러분은 내가 했다, 내가 산다, 나다, 이러지만 그게 아니고 공동체입니다, 공동체. 여러분을 공동체라고 하는 것은 몸속에 여러분이 너무 많기 때문입니다.

시발점이 종점이요 종점이 시발점이라고 한 뜻을 가만히 생각해 보십시오. 우리가 수억겁 전에 미생물로부터 진화됐다고 합시다. 그래서 수없는 진화를 거듭거듭 해서 인간까지 왔다고 합시다. 그러면 진화된 이 모습이 자기를 진화시켜서 온 것입니까? 그렇지 않으면 자기 속에 어떠한 자기가 있기 때문에 진화시켜서 온 것입니까? 이것을 가만히 생각해 보신다면 내가 어디서 오고 어디로 가는 것을 잘 아실 수도 있을 것입니다. 그런 것과 더불어 미생물에서부터 진화돼서 내가 됐다는 걸, 미생물 하나가 수없는 알을 낳아서, 즉 마음의 씨를 낳아서 내 몸뚱이를 진화시키고 크게 만들어서 집합소에 함께 있다는 것을, 그 마음의 씨 여러 개가 바로 여러분 몸뚱이 속에 있다는 걸 아셔야 합니다. 그렇다면 시발점에서는 미생물이었는데 종점에 가서는 어떻게 됐습니까! 종점을 지금 여러분 몸속이라고 할 수 있겠는데 그 몸속이 또 종점이 아닙니다. 불덩이가 한번 탁 날아서 툭 터지고 또 스러지고, 또 툭 터지고 스러지고 하는 이것이 우주 섭류의 작용입니다. 태양도 그렇지만 모든 자체가 상대와 상대가 작용하는 겁니다.

그런데 사대가 턱 터지면 그 마음의 씨가 얼마나 많은지 아십니까? 원소 자체의 씨 하나에서, 마음의 씨 하나에서 마음의 씨가 얼마나 많이 나가는지, 지난번에도 얘기했지만 입자로 된다든가 분자로 된다든가 이렇게 해서 그것이 또 원자로 분리가 돼서 나가면서 우리가 애가 어른이 되고 그러듯이, 또 분자에서 원자가 되고 이렇게 해서 분리돼서 그 마음의 씨가 우주 전체를 싸고 돌고 있습니다. 시발점에서는 쪼끄마한 마음의 씨였는데 지금 몸뚱이 속에 마음의 씨가 얼마나 많습니까? 석류 안에 씨앗이 많이 들어 있는 것처럼 말입니다. 근데 그 많은 씨가 든 석류를 그냥 석류라고 하지요. 그렇죠? 석류라고 하죠. 우리 사람도 그냥 사람이라고 하지 자생중생 개개의 모습과 의식 또는 생명을 따로따로 이름 부르는 일이 없죠. 빗방울이 다 모여서 바다로 들어가면 바다라고 하듯이 말입니다. 우리 몸뚱이 속에 그렇게 자기가 많은 것입니다. 그 의식이 마음의 씨입니다. 그래서 자기가 뭐를 먹어도, 하다못해 사과를 하나 먹어도 혼자 먹는 게 없습니다. 수십억의 생명들이 먹고 있습니다. 생명이 있으면 그 생명 속에 또 생명이 있고…. 그래서 우리가 죽는다 하면 사대가 흩어져서 그냥 원점으로 돌아갑니다. 원점으로 돌아가는데, 우리의 마음의 씨를 많이 해 놓고 원점으로 또 돌아가는 겁니다.

우리가 이익이 없고 생산할 수가 없다면 아마 우리의 생명들을, 모습들을 이렇게 형성시켜 놓진 않을 겁니다. 허나, 우주의 섭류에서 모든 생산을 해서 우리가 점점점점 불어나가게끔 한 자체가 바로 마음의 씨입니다. 씨 하나에 의해 석류가 열리면 그 석류 하나 안에 씨가 얼마나 많이 들어 있습니까? 그렇듯이, 볼래야 볼 수도 없고 쥘래야 쥘 수도 없는 우리의 마음의 씨 하나가 그렇게 많은 악업 선업의 씨를 내 몸뚱이 속에 가지고 있는 겁니다. 그런데 여러분이 가만히 생각해 보십시오. 내가 먹었다고 하는데 내가 먹은 게 어딨습니까? 수십억의 생명들, 모습들, 의식들이 그냥 하나가 들어가면 서로 먹고 사는데 아니, 여러분은 입을 빌리고 손을 빌리고 눈을 빌리고 귀를 빌리고 코를 빌리고 몸뚱이 전체를 다 빌려서 그 생명들의 집 노릇을 하고 집합소 노릇을 하고 심부름꾼이 되고 관리인이 되고, 이렇게 하면서 그걸 기릅니다. 그러니까 기른다기보다도 그것이 바로 즉 자기입니다.

그러니 이거를 가만히 생각해 보시라고 하는 겁니다. 시발점의 미생물이 지금 종점에 가서도 또 미생물입니다. 어떻게 생각하십니까? 인간을 고등 동물이라고 하죠? 인간은 위대하다고 보지요. 만물의 영장이라고도 할 수 있죠. 그러나 깨달아서 내 자생중생들이 모두 진화되고 창조가 되고 바로 화신이 되고 응신이 돼야, 천백억화신으로 바뀌어서 천도가 돼야만이, 무명의 굴레에서 벗어나야만이 바로 미생물을 벗어나고 부처도 되고 법신도 되고 일체가 다 되는 법입니다. 그래야만이 그거는 사람도 아니고 짐승도 아니고, 부처도 아니고 중생도 아니고 전체 모두가 부처인 것입니다. 그리고 아팠다 하면 약사가 되고 의사가 되는데, 한마음 안에서 모두가 출현을 해서 응신으로 응해서 나투기 때문입니다. 그런데 우리가 마음의 발전을 못해서 미생물에서 벗어나지 못한다면 그렇게 될 수가 없습니다. 우리가 미생물에서 왔다는 것을 각자 자기의 몸속을 보면 증명할 수 있다 이겁니다. 수억겁이 지났다 하더라도 그 몸속을 보면 자기가 바로 미생물에서 왔다는 증명을 할 수 있는 것입니다.

그리고 물에서 왔다는 것도 말입니다. 여러분이 임신을 해서 애를 낳으면 물주머니 속에서 나오게 돼 있죠? 그것이 그 증명입니다. 그런데 말입니다, 여러분이 또 물주머니에서, 어항 속에서 살고 있거든요. 어때요? 여러분이 무슨 산하대지의 턱 트이어진 허공에서 살고 있는 것 같습니까? 여러분도 지금 어항 속에서 살고 계십니다. 여러분 몸속에서 마음대로 행하지 못하고 사는 여러분이나, 또 몸뚱이가 어항 속에 갇혀서 살고 있는 여러분이나 뭐이 다릅니까? 여러분이 내 자유껏 누린다고 생각을 하십니까? 여러분이 그렇게 자유스럽게 어항 속에서 벗어날 수 있다면 바로 마음도 자유를 누릴 수 있을 겁니다. 그러나 지금 내 자생중생들 틀에서 내 마음이 벗어나지 못한다면 어항 속에서 벗어나지 못하는 거와 뭐이 또 다릅니까? 거기서 마음이 벗어나야 내 몸, 어항 속에서 사는 몸뚱이, 수레바퀴에서도 벗어나서 자유스럽게 마음을 쓸 수 있다 이 소립니다. 어항 속이라 함은 공기주머니를 말한다는 것을 여러분은 잘 아시겠죠. 공기주머니를 벗어나서는 한 치도 살 수 없다는 사실도 아시겠죠.

그런데 우리가 기복으로 돌아친다면 항상 창살 없는 감옥에서 날 좀 살려 달라고 비는 거와 같아서 더더욱 자기 마음은 자기 업식에서 벗어날 수 없기 때문에 어항 속에서도 벗어날 수 없습니다. 그리고 그것뿐이 아닙니다. 바로 마음도 굴레에서 벗어나지 못하는 마음을 가졌기 때문에 첫째, 내 업식 굴레에서 벗어나지 못하며 둘째, 물 소용돌이 속에서 벗어나지 못하며 셋째 허공, 즉 불 소용돌이 속에서 벗어나지 못한다 이 소립니다. 알아듣기 쉽게 얘기하느라고 그런 겁니다. 그건 과학적으로도 증명이 될 수 있는 사실이지마는 우리가 과학적으로도 증명 못하는 것이 한두 건이 아닙니다. 무(無)의 세계, 바로 정신세계이기 때문입니다. 물에서도 소용돌이가 있고 허공 바람 속에서도 소용돌이가 있고 마음의 불 속에서도 소용돌이가 있는 것입니다. 이 소용돌이를 한 계단, 두 계단, 세 계단을 넘어서야만이 우리의 마음이 자유스럽게 쓸 수 있는 능력을 얻는 것입니다.

그게 어렵다고 하시지마는 우리 생활 속에 다 있는 것입니다. 우리 생활을 떠나서는 도도 없고 부처도 없고 중생도 없고 벌레도 없고 아무것도 없는 것입니다. 그러니 여러분이 다 없어야, 개개인들이 다 '내가 없다' 이런 도리를 알아야 자유인이 될 겁니다. 내가 없다는 사실을 먼저 아십시오. 여러분은 '내가 먹었다' 할 수도 없습니다. 힌트를 드린다면 바로 내 몸속에 있는 생명들이, 모습들이, 의식들이 너무 많기 때문에 그렇습니다. 사과 하나를 먹어도 내가 혼자 먹는 게 아니라는 거를 아시면 전체가 다 그렇다는 걸 아실 것입니다. 내 한몸 속에 있으니까 한마음이죠. 그러니까 망하게 하는 놈도 그놈들이요 돈을 많이 벌게 하는 놈도 그놈들이요 먹는 것도 그놈들이 같이 먹는 것이요, 하나도 혼자 하는 게 없어요. 공동체로서 공동 작업을 하면서 공생 공용 공체 공식화 하고 돌아가고 있어요.

그러니 여러분이 누구에게 뭐를 줬다고 하더라도 아예 조건 없이 줄 수 있는 그런 마음이 여기에서 나오는 겁니다. '내가 줬다' 이러는데 내가 줬다가 어디 있습니까? 수십억의 내가 있는데 말입니다. 어떤 거를 줬는데 내가 혼자 줬습니까? 그러니까 내가 줬다 하지도 말고 내가 안 줬다 하지도 말고, 내가 먹었다 하지도 말고 내가 안 먹었다 하지도 마십시오. 그 가운데, 바로 이것도 아니고 저것도 아닌 가운데에 내가 다스릴 수 있는 마음이 있습니다. 그렇기 때문에 그 다스릴 수 있는 마음은 눈으로 보고 귀로 듣고 모든 거를 보고선 나쁜 거 좋은 거를 너무나 잘 압니다. 안되고 되는 것도 알구요. 이렇게 하면 누가 된다는 것도 알고 이렇게 하면 참 자랑스럽게 잘한 거다 하는 것도 알고 있는 마음이 있습니다.

그 마음이 고정됨이 없기 때문에, 또 내 마음이 따로 있는 게 아닙니다. 마음은 체가 없어서 찰나찰나 내가 되는 거죠. 아버지 노릇 할 때도 내가 한 거고 남편 노릇 할 때도 내가 한 겁니다. '내가, 내가, 내가' 하다 보니까 내가 너무 많아서 무심이에요. 나는 무심이에요. 행도 이걸로 됐다 저걸로 됐다 이렇게 행을 하니까 '내가 어떤 거 할 때 내가 했다고 할 수 있을까?' 이런 거를 캐치해서 알아내야 되는 것입니다. 내가 어떤 거 할 때, 남편 노릇 할 때 내가 했다고요? 나라고요? 천만의 말씀입니다. 금방 "아버지!" 하고 들어오면 아버지가 되는데요! 금방 "아무개야!" 부르면 아들이 되는데요! 이렇게 광대한 천차만별의 묘법은 아마도 마음 떠나서는 없을 겁니다. 이 마음의 도리를 여러분이 잘 아신다면 '너도 없고 나도 없고, 없는 것도 아니고 있는 것도 아니구나. 너무 여러 가지 이름을 가지고 자동적으로 행하기 때문에 이것이 묘법인가.' 하지 않겠습니까? 옛날에 시를 읊는 사람은 '묘법인가 하노라.' 이러고 했는데, 하하하….

하여튼 여러분, 비 오는데도 불구하고 이렇게 오셨는데, 마음공부를 해서 마음을 뛰어넘는다면 이 자리에 앉아서도 여러분이 어디든 갔다 올 수 있습니다. 항상 내가 여러분한테 얘기하지만 '여기 앉아서 가고 옴이 없이 가고 올 수 있다면' 하는데, 이건 모습 없는 마음입니다. 그러면 지금 여러분이 신족통을 하고 계십니다. 여러분 앉은 자리에서 말입니다, 여러분 집에 가 보십시오. 지금 여러분이 다 가 보세요. 여러분 안방에는 뭐가 있고, 마루 올라가는 데는 뭐가 있고, 신발장은 어디 있고, 냉장고에 뭐를 해 놓고 왔고 이런 걸 다 아시죠? 마음은 이렇게 신기한 겁니다. 그런데 여러분은 아는 것이나 그렇게 볼 수 있지만, 이 마음공부를 한다면 마음과 마음이 전달되기 때문에 항시 볼 수 있고 들을 수 있고 어디서 왔는지를 알고, 내가 가고 옴이 없이 가고 올 수 있는 겁니다.

저런 산천초목들도 서로서로가 마음과 마음을 통해서 서로 사랑을 하고 서로 열매를 맺고, 가을이 오면 서로 주고받는 마음끼리 모여서 임을 기다리듯이 내년 봄을 기다리면서 그렇게 속삭이고 사랑합니다. 그런데 우리 인간은 말을 하게끔 했기 때문에 말로다가 서로 통합니다. 그런데 신경이 날카로워서 말이 조금만 잘못되면 엇각이 나서 오밀조밀하던 사랑이 그만 변해서 돌아가죠, 증오로 돌아가고. 이러지만 마음과 마음으로 사랑하는 사람들은 그렇게 변하지 않습니다. 그러니까 마음이 그렇게 중요한 것을 아셔야 합니다.

가정이나 이웃에 어떠한 문제나 괴로움이 있다고 할 때, 내가 도와주려는 마음을 먹었다면 내가 보고 들을 때에 벌써 가설이 된다는 걸 아셔야 합니다. 내가 볼 때, 내가 들었을 때, 내가 생각했을 때 바로 그 이웃집하고도 가설이 되는 겁니다. 이건 마음의 가설이에요. 보이는 데 물질적인 가설이 아니라 보이지 않는 데 가설! 그러니까 '아, 저 사람은 어떡하든지 일어서야 되겠지.' 한다면 일어서게 되는 겁니다. 거기까지 가설이 돼 있어서 불이 들어오니까 말입니다.

한 가정에서도 그렇습니다. 전에도 항상 여러분한테 말했지만 남편이나 자식이나 아내나 부모자식지간이나 그 마음이 돌아서서 도저히 고칠 수 없는 일이라 할지라도 '둘이 아닌 까닭에 너만이 할 수 있어.' 하고 맡겨 놓으면 바로 스위치를 올려놓은 거와 같아요. 그래서 그쪽에도 불이 들어오고 이쪽에도 불이 들어오니까 서로가 밝게 살 수 있다 이 소립니다. 불 들어오는 전력은 똑같아요. 그렇기 때문에 불 들어오는 건 다 마찬가지로 불이 들어오게 되는 거죠.

이거를 잘 알아들으시고 그냥 실험하시고 체험하시는 것이 바로 관법입니다. 내가 스위치를 탁 올려놓고서 지켜보는데 그 지켜보는 동안이 실험이요, 내가 그것을 '알았다! 아, 저런 것이로구나!' 할 때에 체험입니다. 부처님이 49년 설해서 가르쳐 주신 길은 바로 이러한 것입니다. "너부터 믿고 너부터 알아야 내 골수의 내 마음까지도 알 수 있노라. 그리고 일체 만물만생의 마음을 다 알 수 있느니라. 마음을 알 수 있는 까닭에 그 마음을 통해서 서로가 서로를 위하는 공덕의 이치를 알 수 있느니라."

복이라는 것은 남이 농사지어 놓은 데 가서 '한 됫박 주시오' 하고 얻어먹는 것이고, 공덕이라는 것은 아까도 얘기했듯이, 전체가 서로 마음과 마음이 통해서 같이 서로서로 빈 데를 도와주는 그 자체입니다. 그러니 두 손가락으로 집는 거하고 열 손가락이 다 한데 합쳐서 드는 거하고 차이가 얼만큼 나는지 모릅니다. 이 마음의 도리, 마음의 섭류는 우주 삼천대천세계, 즉 과거 현재 미래를 같이, 전체가 돌아가는 법계를 한 손으로 들 수가 있어서 이게 공덕입니다. 그러나 이 섭류를 하나도 모르고 내가 목마르면 급박하게 '물 한 그릇 주시오' '옷 한 벌 주시오' 하고 비는 것이 기복입니다. 빌어서 될 일이 아니거든요. '내가 목마르면 물 마시고, 배고프면 밥 먹고, 똥마려우면 똥을 누고, 잠자고 싶으면 잠자고 자유스런 사람으로서 살아라.' 하고 사람으로서 진화돼서 이렇게 형성이 됐는데, 고등 동물이라고 했지만 고등 동물의 그 한계 내에서도 벗어나야 자유인이 되는데…, 만물의 영장이라고 말하지만 이름만 그렇게 해 놓은 것은 아닙니다. 여러분이 벗어나야 만물의 영장이죠!

부처님이 가르쳐 주신 49년의 그 뜻은, 그 길은, 그 진리는 바로 자기가 혼자만의 국한된 부처라는 것을 말한 게 아닙니다. 아까도 얘기했듯이 아버지가 됐다가 아들이 되고 아들이 됐다가 남편이 되고, 형님이 되고 아우가 되고 친구가 되고, 이렇게 스스로 자동적으로 아주 걸림이 없습니다. 아주 행복하게 "아버지!" 하면 아버지가 되고 "여보!" 하면 남편이 되고, 그렇게 어디에 걸림이 있습니까, 없습니까? 걸리는 게 하나도 없죠? 그렇게 걸림이 없듯이 그렇게 자유스럽게 살라고 했는데…, 그래서 만물의 영장이라고 이름을 해 놓고 부처님이라고도 이름을 해 놓고 여래라고도 이름을 해 놓고 그런 겁니다. 모두가, 부처님 문수 보현 또는 지장이나 관세음, 칠성 용신 지신 산신 독성 신중 이 모두가 한마음에서 나오는 것입니다. 여러분, 그 노릇을 안 하고 사십니까?

때로는 어떤 사람들이 딴 사람을 해치는 걸 보면 그냥 덤벼서 해치는 사람들을 헤쳐 놓고 모두 말리지 않습니까? 그게 신장입니다. 금방 자기가 신장이 돼요. 그랬다가 또 잘못하는 사람을 보면 '아유, 저건 너무 잘못해. 저건 아유, 얄미워 죽겠어. 저거 저렇게 할 수가 있어?' 하고 생각을 내는 법신이 됩니다. 몸뚱이로 움죽거려서 그거를 확연하게 해결하는 것이 바로 화신입니다. 보신이며 화신이죠. 보현이면서도 화신 말입니다. 화신은 바로 바뀌는 그 시점을 말하고 다 바뀐 것을 보현이라고 그럽니다. 화하는 것은 바뀌는 것을 말하구요. 즉 말하자면 생각할 때는 우습지만 우리가 항상 '컵을 들었다, 물을 뜨는 과정이다, 물을 먹는 과정이다' 이것이 바로 우리가 지금 생활하고 있는 과정입니다.

그래서 부처님께서 "오신통을 다 한다고 하더라도 한단 말을 하지 마라. 천안통을 한다 하더라도 한단 말을 하지 마라. 천이통을 한다 하더라도 한단 말을 하지 마라. 타심통을 한다 하더라도 한단 말을 하지 마라. 숙명통을 한다 하더라도 한단 말을 하지 마라. 천이통을 한다 하더라도 한단 말을 하지 마라." 하셨는데 이 뜻이 뭐냐? 듣고, 보고, 남의 속을 잘 알고, 남이 어디서 온 거를 알고, 가고 옴이 없이 가고 온다 하더라도 이건 도가 아니니라 하는 뜻입니다. 컵을 만들어서 컵을 들고 물을 뜨고 이런다 하더라도 이건 도가 아니다 이거예요. 물을 떴다 하더라도 도가 아니다 이거지요. 보세요. 심안으로 본다 하더라도 무효입니다. 심안으로 들었다 하더라도 무효! 보이지 않는 데 오고 갈 수 있다 하더라도 무효! 어디서 온 거를 빤히 다 알아도, 남의 속을 다 알고 과거에 어디서 살다 어떻게 온 거를 알아도 무효예요. 왜냐하면 아무리 안다 하더라도 내가 먹을 수 없고 줄 수 없다면 도가 아니기 때문입니다. 예를 들어서 서로 목이 마른데 물을 떠서 줄 수 없다면,

떠서 먹을 수 없다면 도가 아니니라 이런 소리예요. 컵을 들고 물을 뜨고 자시고 해도 먹을 줄 모른다면 도가 아니니라 이거지요. 갈증을 면할 수가 없으니까요. 먹지 못하면 갈증을 면할 수가 없을 뿐만 아니라 상대방도 주지 못하고 자기도 먹지 못하니 이건 무효다 이거지요. 아무리 물이 있는 걸 볼 수 있고, 가고 옴이 없이 물을 뜰 수 있다 하더라도 그것을 먹일 수 없고 먹을 수 없다면 이건 도가 아니고 무효니라.

여러분이 모두들 어떡하든지 그저 돈 벌어서 살 궁리만 하시는데, 하하하…. "그럼 먹고 살아야 되지 않습니까?" 이러겠죠. 그런데 말입니다, 여러분이 혼자 사는 게 아니기 때문에, 얼른 쉽게 말해서 '허! 너 먹을 게 지금 없잖아. 먹을 게 있게 하는 것도 너밖에 없어. 나 혼자 먹으려고 그러는 게 아니잖아. 너희들을 대신해서 내가 입도 빌리고 몸뚱이를 빌려서 다 심부름해 줄 뿐이지 너희들이 먹는 거니까 너희들이 먹고 싶은 거 알아서 해.' 이렇게 할 수 있는 그런 믿음이라야 된다 이겁니다.

예전에 말입니다, 한 20년, 25년 전만 하더라도 큰 다라가, 생철로 되지 않은 다라가 상당히 귀했습니다. 그래서 '다라 하나를 얻어야 할 텐데….' 하고 '다라를 얻는 것도 이 집도 모두 한울에서', 하늘에서가 아니에요. '한마음 울에서 집도 한 거니까 다라도 거기에서 해결해. 사람들이 각자 와서 모두 일하는데 다라가 없으면 안 되니깐 너 알아서 해.' 그래 버렸지요. 고것이 따지고 보면 자기가 자기를 부리는 법이지마는 자기가 자기를 부려서 그렇게 해 왔다면 자기가 신장이 될 때입니다, 고 찰나가. 그러니까 자기가 신장이 됐다 부처가 됐다, 산신이 됐다 독성이 됐다, 용신이 됐다가 지신이 됐다가 조왕이 됐다, 다 하는 거지요. 여러분이 다 그렇게 하고 가지 않습니까? 심안의 그 무심한 도리를 몰라서 그렇지 지금도 그렇게 하고 가시지 않습니까? 하하하….

그리고 얼마 안 있으면 학생들 시험 볼 때가 됩니다. 이런 생각을 하는 것도 내 한생각이라고 할 때…, '한'이 들어갈 때 전체가 들어

가는 겁니다. 그래서 한마음 할 때도 '한'이 들어가는 겁니다. 그러니까 여러분의 자손들에게 어떠한 일이 있어도 자기 주인공을 믿고 자기 주인공에다 맡기라고 하십시오. '네 심부름을 하려면 네가 합격을 해야 될 거 아니냐.' 하고 거기 맡기라고 하십시오. 왜냐하면 자기의 영혼의 뿌리는, 바로 자기의 마음의 씨는 보이지도 않고 쥘 수도 없고 볼 수도 없지마는 저런 나무도 뿌리가 있기 때문에 나무가 푸르르게 살 수 있는 것처럼 우리들도 똑같다는 것을 일러 주십시오. 알아야, 이해가 가야 자기를 진짜로 믿고 실천할 수 있는 것입니다. 자기의 영원한 친구이기 때문입니다. 자기의 영원한 친구고 또 뗄래야 뗄 수 없는 것이 저 뿌리와 나무가, 뿌리를 뗄래야 뗄 수 없고 나무를 뗄래야 뗄 수 없는 것과 같은 원리입니다. 우리 영혼의 근본 뿌리 자체가 바로 주인공이니까요. 생명의 근본과 마음 내는 거와 육신이 움죽거리는 삼합이 한데 합쳐서 이 세상을 살아나가고 그렇게 돌아가는 것을 바로 주인공이라고 한 것이니까요.

그러니 때로는 '아이구, 이렇게 하면 된다더라.' 이러고 '주인공! 되게 해 주시오. 주인공! 합격되게 해 주시오.' 하고 이렇게 하는 것도 기복입니다! 이렇게 해도 될 수가 없어요. '이렇게 하면 된다더라' 이렇게 해 가지곤 도저히 힘들어요. '너만이 할 수 있다!' 라야지요. 그리고 그렇게 뗄래야 뗄 수 없는 부분인 것을 알아야 진짜로 믿을 수가 있는 거죠. 자기를 지금 누가 끌고 다니는데요? 자기 운전수가 없으면 차는 그냥 그만이에요. 한 부분만 고장이 나도, 파워를 일으켜도 자기 육신은 쓰러져요. 그런데 자기라고 그렇게 내세울 게 뭐 있어요? 아니, 간장 공장만 파워를 일으켜도 그냥 쓰러지는 사람들이 자기라고 그럴 게 뭐 있느냐구요! 간장 공장만 그런 게 아니라 에너지 피 공장에서도 고장이 나면 백혈병이라 그럽디다. 그러니까 모든 병 자체가 바로 업식 속에서 파워를 일으키기 때문입니다. 그러니 업식 굴레에서 벗어나야만 합니다.

자기 뿌리에서 흡수해서 나무로 올려보내는 거와 같이 뗄래야 뗄 수 없는 영원한 자기의 뿌리인 주인공에서만이 할 수 있죠. 병고도 그렇고 들이고 내는 모든 것이 재료니까, 시험 합격 하는 것도 반드시 거기에 놓고 '너만이 합격하게 할 수가 있다. 합격하게 할 수 있는 건 너뿐이야. 네 심부름 하게 하려면 합격되게 해.' 하고 진실히 그렇게 믿고 할 수 있는 사람이라야 됩니다. '사람' 이러는 거는 '부처님' 이러는 거와 같아서, 전체 한데 합쳐진 것이 '사람'입니다. 개별적으로 하나가 있는 게 사람이 아니고 한데 모여서 형성된 형체를 바로 사람이라고 그럽니다.

학생들만 그런 게 아니라 가정에서 침체해서 돌아가는 거라든가 사랑이 증오로 변하는 거라든가, 이 모든 것은 여러분이 마음을 잡아야지 육체가 잡아지는 법입니다. 자식들이 어떠한 문제를 일으킨다 하더라도, 부모자식지간에 어떠한 일이 일어난다 하더라도 내 마음과 마음이 서로 전달이 돼서 같이 의합하게 돌아간다면 그것이 바로 화목해지는 법이니까요. 그리고 몸을 잡는 법이니까요. 자기한테 가설이 돼 있으니 자기 스위치를 올릴 수 있는 그런 마음 자세를 가지고 우리가 살림을 해 나가면서 도를 구합시다.

도를 구하는 건 여러분의 마음으로 그렇게 실천을 해 나가는 데에 있는 것입니다. 그런다고 해서, 거기다가 맡겨서 스위치를 올려서 불을 켠다고 해서 거기다가만 그렇게 하고 말은 막 하고 막 악을 쓰고 막 신경질을 부리고 속을 북북 긁어 주고 해서는 안 됩니다. 관한다고 하면서 자식들이 나가서 만약에 자고 들어온다거나 공부를 안 한다거나 마구 딴 짓을 한다거나 이런다고 "너 이놈의 새끼, 뭐 어쩌고 어쩌고…" 하는 도로 뛰쳐나갈 수 있는 말을 그렇게 함부로 하면 절대로 되지 않습니다.

거기다 맡겨 놓고 '이거는 모든 게 내 탓이로다. 상대방의 탓이 아니라 바로 내가 낳고, 내가 인연을 맺었고, 또 부모로부터 내가 나와서 이렇게 형성이 되었으니까, 내가 이 세상에 나왔으니까 나하고 부딪침이 있고 나하고 인연이 된 거지 내가 없는데 어찌 인연이 됐겠나. 그러니 모든 게 내 탓이로다.' 그러고선 '모두 저렇게 안되도록 하는 것도 너밖에 없다.' 하고 자기한테 다 놓고 부드러운 말을 해 주면서, 부드러운 행을 해 주면서, 증오하지 말고 미워하지 않으면서 모든 걸 마음속으로 그렇게 행한다면 그쪽까지도 불이 들어옴으로써 그쪽까지도 나한테 조건 없이 사랑을 할 수 있는 화합심이 생기고 자식들도 그 마음이 바뀌어서 아주 출중한 효자 효녀들이 될 수 있는 그런 계기가 될 겁니다.

우리 생활 떠나서 부처님 법이 있다고는 생각하지 마십시오. 우리가 없이 부처님이 어디 있으며 불법이 어디 있으며, 생활이 없이 어떻게 부처님 법이 있겠습니까? 그러니까 부처님 법이란 부처님이 따로 있고 우리가 따로 있는 것이 아니라 우리의 마음이 부처고, 부처님도 마음이 부처이기 때문에 그 마음과 마음이 절대적으로 같이 공생 공용 공체 공식화 하고 돌아가고 있습니다. 그렇기 때문에 여러분이 부처님과 더불어 같이 마음을 한데 합한 것이 부처님이거든요.

그러니까 여러분도 부처님이죠. 여러분도 부처님인데 자기의 몸속에 들어 있는 그 자생중생들을 다스리질 못하기 때문에 중생이다 부처다 하는 거죠. 그러니까 중생 부처가 같이 있는 거죠. 그러니까 고거를 잘 다스려서 한군데서 나오는 거 한군데다 놓고 돌아간다면 바로 부처가 되고 법신이 되고 응신이 되고 보현이 되고 관세음이 되고 지장이 되고 칠성이 되고, 자동적으로 자유껏 자유자재할 수 있는 것이 여러분입니다.

이제 질문하실 분 있으면 질문하십시오.

질문자1(남) 먼저 큰스님을 모시고 질문드리게 됨을 제 자신의 무한한 영광으로 생각합니다. 저는 시장에서 조그만 사업을 하고 있는 사람입니다. 사업상 조금 의문 되는 점이 있기 때문에 한 가지만 말씀드리겠습니다. 좋은 말씀 부탁드립니다.

큰스님께서는 자기에게 닥쳐오는 모든 경계를 주인공에 믿고 놓으라고 항상 저희를 가르치십니다. 저희는 사회에서 온갖 경쟁 속에 분초를 다툴 때가 많습니다. 예를 들어 경쟁 입찰이나 공매 등 이권이 있을 적에 내가 이득을 취하면 상대가 타격을 입을 수도 있을 것이니 자리이타의 행위에 어긋날 수도 있으며, 주인공에 믿고 놓아 욕심을 내지 않자니 사회 활동에 소극적일 수도 있습니다. '어떻게 하면 적극적인 사회 활동을 하며 사회적으로도 성공하고 수행도 할 수 있을까?' 하고 생각하고 있습니다. 구체적인 활용 불법에 대하여 설하여 주십시오.

큰스님 지금 말씀하시는 걸 들으니까 '다 놓으라고 하지만, 이 세상을 살아나가려면 이것도 해야 하고 저것도 해야 하고 욕심도 부려야 하는데 어떻게 다 놓겠습니까?' 하는 소리죠? 그런데 말입니다, 아까도 얘기했죠. 내 몸속에 내가 얼마나 많은데 나 혼자 하는 거냐. 여러분이 알아듣기 쉽게 하기 위해서 몸속의 생명들을 끌어낸 겁니다. 보십시오. 혼자 한 겁니까? 심부름한 거지요. 돈을 버는 것도 그 생명체들을 먹여 살리기 위해서 심부름하는 겁니다. 그러니까 돈을 못 벌게 해서 너를 굶주리게 하는 것도 너고, 돈을 잘 벌어서 너를 잘 먹이게 하는 것도 너다 이겁니다. 그러니까 어떻게 자기가 한 게 됩니까?

부처님께서 49년을 설하실 때 '너는 아무것도 하지 말고 착하게 그냥 목석처럼 가만히 있어라.' 이러신 게 아니지 않습니까? '착한 일을 하되 함이 없이 해라. 네가 한 게 아니라 진짜 네가 한 거니라.' 그랬죠? 네가 한 게 아니라 네가 한 거니라. 그렇다면 개별적인 네가 한 게 아니라 포괄적인 네가 한 거다 이 소립니다. 포괄적으로 했기 때문에 당신 혼자 한 게 아닙니다. 살 양으로, 혼자 먹으려고 혼자 누리려고 한 게 아니고 공동으로 포괄적으로 한 겁니다.

그러니까 '내가 했다' 하지 말고 '한마음 속의 주인공이 하는 거니까 나는 심부름만 이렇게 해 준다.' 한다면 그렇게 남한테 아주 악의적으로 사기질을 안 해도 되고, 또 사기질하지도 않을 것이요 또는 버리지도 않을 것이요, 잘 아주 규모 있게, 즉 말하자면 중도에서 잘 이끌어 나갈 겁니다. 그래서 함이 없이 하시라 이거지 누가 꼼짝 않고 목석처럼 가만히 있어라, 이런 게 아니지 않습니까? 혼자 하는 게 아니고 한마음이 하는 거니까요. 당신 혼자 하는 게 아니고 한마음이 하는 거니까 주인공이 하는 거다. 고정됨이 없이 돌아가는 주인공이 함이 없이 하는 것이다. 이래도 알아듣지 못하시겠습니까? 이 물을 먹으면서도 먹은 사이가 없다. 내가 혼자 먹은 사이가 없다, 여럿이 먹었기 때문에. 보세요. 내가 물 한 모금을 먹어도 혼자 먹는 게 어디 있습니까? 그냥 여럿이서 다 먹고 있죠, 지금. 그리고 여럿이만 먹습니까? 내가 먹어서 똥 누고 오줌 눈 거를 또 다들 먹고 또 내놔요. 내놓으면 또 수증기가 돼서 올라가서 또다시 내려와서 또 먹고, 그렇기 때문에 항상 먹으면 나오고 나오면 서로 먹고, 서로 다 같이 먹습니다.

이 미묘한 도리를 알아서 챙긴다면 '모두 함이 없이, 내가 하는 바가 없이 하는 것이고 내가 심부름을 하는 것이고 관리인이고 집합소다. 난 집일 뿐이야. 그러니까 생명들이 살고 있는 이 집이 망가져도 너희들이 고쳐. 너희들이 고쳐서 살아.' 이런 거나 한가지죠. '주인공! 너 알아서 해. 고쳐.' 하는 거죠. 그런데 그것이 이치에 닿나 안 닿나 좀 보세요. 우리가 이 집을 지어 가지고 사는데 만약에 집이 헐어졌다면 이 집 안에서 사는 사람들이 고치지 집이 집을 고칩니까? 네? 아, 대답들 좀 해 보세요! (대중 박수) 자기네 몸뚱이가 자기네 몸뚱이 속에 있는 생명체들의 집입니다. 그렇다면 자기네들이 들어 있기 위해 형성을 시켰으니 고장이 나면 그 집에 들어 있는 자기 주인들이 고쳐야지 아니, 집이 집을 고칠 수가 있나요? 그러니까 모든 것을 거기다 맡겨라 이런 소립니다.

질문자1(남) 감사합니다. 열심히 공부하겠습니다.

큰스님 그러니 벌이를 하지 말라는 것도 아니고 돈을 많이 벌지 말라는 소리도 아닙니다. 하되 자기가 했단 말을 하지 말아라 이거죠. 하하하….

(삼 배를 올리는 다음 질문자에게) 한 번만 하세요.

질문자2(여) 저는요, 이렇게 몸이 사방이 아픈데, 허리가 아프고 눈이 잘 안 보입니다. 그리고 이 애기가요, 중한 병이 있어서 왔습니다. 그냥 풍이 나면 애기가 한참이나 있다가 일어나고, 그렇게 좋게 다니다가도 풍이 일어나면 애기가 아무것도 모르고 그냥 천지 분간을 못하고 그럽니다. 그리고 허리가 또 아프기 시작하면 애기가 풀이 죽어 버리고 땀을 뻘뻘 흘리고 아주 죽는 형상을 합니다. 그래서 할머니로서 볼 수가 없고 집안 식구가 볼 수가 없어서 스님께 보여 드리려고 왔습니다.

큰스님 그래서 여러분에게 착하게 살라고, 나라는 거를 빼고 겸손하게 마음의 도리를 공부하면서 잘 사시라고 하는 겁니다. 과거에 어떻게 살았느냐에 따라서, 그 모든 인연에 따라서 지금 몸뚱이 속에 업식들이, 그 의식들이 다 들어 있는 겁니다. 그래서 현실에 이렇게 나오는 겁니다. 그러니까 지금도 늦지 않았으니까 모두 그렇게 사시길 바랍니다. 과거에 어떻게 살았느냐에 따라서 카세트에 녹음이 돼 있다면 지금 그 카세트에다가 다시 '주인공, 너만이 낫게 할 수 있어. 너만이 아프지 않게 할 수 있어!' 하고 믿고 거기다가 놓을 수 있다면 바로 그게 녹음하는 거나 똑같습니다. 그래서 과거의 업식이 바로 없어지는 것입니다. 어디서 오셨는지는 모르겠지만 스님네들한테 관(觀)하는 거를 똑바로 배워서 열심히 하세요.

질문자2(여) 해남서 왔어요.

큰스님 광주지원에 나가십니까?

질문자2(여) 인제 처음 왔습니다.

큰스님 광주에 있는 선원에 나가셔서 빨리 고치도록 하세요. 자기 마음의 병은 마음이 의사도 될 수 있는 거니까 그렇게 하세요.

질문자2(여) 예. 알았습니다.

질문자3(남) 저는 법형제 심용회 총무로 있는 신도입니다. 오늘은 모든 사람들이 관심을 갖고 있는 죽은 다음의 세계, 사후세계에 대해서 질문을 드릴까 합니다.

사람이 죽으면 중음신 상태에서 생전에 지은 업연에 따라 사람으로 다시 태어나기도 하고 축생계로 나오기도 하며 육도윤회를 한다고 합니다. 근래에는 심령과학의 노력으로 과학자들도 인정을 하고 있는 실정입니다. 저희들은 그래도 큰스님의 가르침으로 공부를 잘하는 분은 잘하는 대로 못하는 분은 또 못하는 대로 수행하고 있는데, 깨닫지 못한 저희는 죽으면 어떤 마음의 차원이 되며 한마음선원 법우들도 다시 만날 수 있는지요? 가르침 주시기 바랍니다.

큰스님 하하하…. 모두 마음의 차원에 따라서 돌아가는데, 이 공부를 안 한 사람들과 한 사람들의 차이가 얼마나 나는지 모릅니다. 이 도리를 진짜로 믿고 그렇게 하는 사람들에게는 그 모두를, 업연을 없애기 위해서, 즉 말하자면 무명 굴레에서 벗어나는 깨침의 도리를 일러주기 위해서 자꾸 생활에서 닥쳐 오니까 그런 수련을 하도록 하는 겁니다. 그런데 만약에 죽기 한 시간 전에 이 마음의 도리를 알고 행하다가 돌아가신다 하더라도 아주 너끈히 웃을 수 있고, 죽지 않는 방법을 아실 겁니다. 몸뚱이는 사대로 흩어져서 원점으로 돌아가지만 영혼 자체는 슬기롭고 너그러운 마음으로 언제나 여래와 한자리를 하실 겁니다. 그래서 법우님들하고 같이 항상 영원토록 하실 겁니다, 아마. (대중 박수)

그리고 그렇게 공부를 못하는 사람들, 기복으로만 끄달리는 사람들은, 그전에도 내가 말씀드렸지마는 죽으면 그 의식들이 집에도 있고 무덤에도 있고 친척간에도 있어요. 의식들이 그렇게 떠나질 못하고 자기 몸뚱이가 있는 줄 알아요. 자기 살던 그 관습이 있기 때문에 자기 몸뚱이가 있는 줄 알고 가려니 물 소용돌이를 벗어나야 될 텐데 물에 빠져 죽을까 봐 못 가는 거고 또는 불 소용돌이를 지나야 될 텐데 타 죽을까 봐 못 가는 겁니다. 마음공부 하는 사람이 아니라면 그건 모르죠. 그러니까 타 죽을까 봐 빠져 죽을까 봐 못 넘어가고, 또 그 모든 업연들이 뭉쳐져서 보이는 곤충들, 짐승들 또는 귀신들이 모여 있는 데를 넘어서려니 그게 그림자처럼 따라다니고 보여서 못 넘어가죠. 못 넘어가니까, 그 업연 굴레에서 무명 굴레에서 악연 굴레에서 못 빠져나가니까, 그렇게 자기가 그대로 모습을 가지고 있는 것처럼 살기 때문에 그것이 아주 창살 없는 감옥이죠. 그러니까 자기가 살아나간 차원 그대로 이 세상에 모습을 가지고 나오죠. 그러니 그 관습에 젖은 사람들이 어떻게 그 굴레에서 벗어나겠습니까? 그러니까 개로도 되고, 돼지로도 되고, 닭도 되고, 뭐 별거 별거 다 되고, 사람도 될 수 있고 이러는 거죠.

그리고 집집마다 다니면서 '내가 이렇게 왔는데 너희들 왜 본체만체하느냐. 왜 나는 안 주고 너희들만 먹느냐.' 하고 귀찮게 구는 거죠. 자기 몸뚱이가 살아 있는 줄 알거든요. 지금 자기라는 착이 있기 때문에 자기를 못 벗어나서, 의식적으로 자기가 있는 줄 알기 때문에 그러는 건데 '내가 이렇게 있는데 너희들끼리만 알아서 잘 살고 있구나.' 이러기 때문에 그것이 문제죠. 그래서 어떻게 죽었든지 어떻게 살았든지 그게 유전이 돼서 자식들한테 내려오죠. 그러니까 천도해라. 마음을 공부해라. 둘이 아닌 공부를 해라. 그렇다면 어떠한 영계성이든 유전성이든 세균성이든 업보성이든 다 한 컵의 물방울이다. 물방울을 열 개를 이 속에 넣어도 한 컵이다 이거예요.

그러니까 어떤 애고도 생기지 않는 거죠. 그러고도 더러운 물도 말갛게 맑은 물로 쓸 수 있고요. 그러니까 이 공부를 안 하면 그렇게 대대로 대대손손 그런 유전에 의해서 벗어날 수가 없는 거죠. 그러니까 지금 자기만 벗어나려고 하는 게 아니라 과거의 부모나 미래의 자식이

나, 과거에 살던 자기나 미래에 자기가 갈 거나 모든 걸 한데 합쳐서 지금 막 요리를 하는 거죠. 막 그냥 용광로에다 집어넣는 겁니다. 막 용광로에다 집어넣는 작업만 한다면 그게 참선이고 관법입니다. 집어넣는 그 수행만 한다면 자동적으로 생산이 돼서 나갑니다. 그러니까 집어넣는 수행만 하십시오. 그리고 당장 살아야 할 테니까 '너만이 할 수 있다. 너만이 이끌어 줄 수 있다. 너만이 나쁜 짓을 안 하게 할 수 있어.' 하시고 속상하면 '아, 마음을 싱그럽게 하고도 오래 살지 못하는데 아니, 왜 마음을 이렇게 속상하게 해 주느냐.' 이렇게 하시고요. 안 그렇습니까? 이 몸뚱이 모습을 가지고 얼마나 살겠습니까? (대중 박수)

질문자4(남) 먼저 큰스님께 질문하게 된 것을 무한한 영광으로 생각합니다. 우리 한마음 공부 하는 사람이라면 한 번 정도 다 생각해 본 사항이기에 제가 오늘 스님께 질문드리고자 합니다.

저희들은 열심히 실행을 해 볼 양으로 온갖 세상일에 한마음을 일으켜 봅니다. 비가 많이 오면 비가 그치도록, 태풍이 심하면 바람이 자도록, 가난한 이를 보면 복을 받도록, 병든 이를 보면 병이 낫도록, 한마음 공부 하는 사람이면 다 누구나 그런 마음을 냅니다. 그러나 그 결과는 여의치가 못합니다. 부처님이나 도인 스님의 마음 씀은 곧 법이 되어 그대로 이루어지는데, 주처에 믿고 맡겨진 무심의 한생각으로 그런 법력이 일어난다고 하는데 저희들은 무엇이 부족하여 잘 되지 않는지, 그 차이점은 무엇인지 가르쳐 주십시오. (대중 박수)

큰스님 그럽시다. 본래는 말입니다, 깨친 역대의 조사들이나 부처님들은 곳곳마다 살지 않는 데가 없습니다. 여러분이 공부하시면서 언젠가는 땅을 치고 울 때가 있고 하늘을 보고 기가 막혀서 웃을 때가 있을 겁니다. 다들 공부하시다 보면 그럴 겁니다. 그런데 왜 그러냐? 즉 말하자면 '마음을 공부해서 증득했다. 그런데 증득한 것도 없다.'

이런 도리는, 마음은 체가 없어서 마음의 씨를 아무리 많이, 헤아릴 수 없이 내놔도 내놓은 사이가 없는 겁니다. 그래서 물에 가면 용신이 돼 버리고, 지금 부처님들 그 모두가 용신이 돼서 살고 있고 지신이 돼서 살고 있고, 각계각층의 곳곳마다 혹성마다, 태양계도 그렇고 어디든 다 직결이 돼 있고 어디든 살고 있는 겁니다. 뜨겁다고 하는 혹성에도 살고 있는 겁니다.

그렇게 살고 있기 때문에 내 한마음이 탁 일어났다 하면 그냥 내가 용신이기 때문에, 하하하…, 예를 들어서 우산을 받쳐 줄 수도 있지 않겠습니까? 비가 오면 안 될 때에는 그 근방만 안 오게끔 우산을 받쳐 줄 수 있죠. 네? 도살장에 끌려가는 소도 그 무명을 벗겨 주는 데는 가다가 보고 들었으면 그냥 그냥입니다. '그거를 해 주시오' 뭐 이러지 않아도 말입니다. 그대로 건져집니다. 그러니까 그런 소나 돼지는 도살장에 끌려가서도 아픈 걸 느끼지 않습니다. 그리고 무명이 벗겨집니다. 왜냐? 그 의식을 빼냈기 때문이죠. 마취한 거나 마찬가지기 때문입니다.

그러니까 건진다고 하는 것이 그냥 무명을 벗겨 주는 것만이 아니라 무명을 벗겨 주었으면 사람으로, 사람으로 해 줬으면 아예 한마음 도리를 알게끔 해 주는 것이 옳죠. 그렇기 때문에 마음공부를 해라 이러는 겁니다. 마음공부를 하게 되면 그렇게 되는데 사람들이 모두 '왜 나는 그렇게 하려고 해도 안되느냐?' 이러죠. 그런데 자기가 해 준다고 하니까 안되죠. 내가 여직껏 얘기했지 않습니까?

내 몸뚱이 속에 내가 얼마나 많은데 '내가 해 준다'가 있습니까. 나라는 게 간장 공장에도 있고 방광 공장에도 있고 척수 공장에도 있고 척추 공장에도 있고 심장 공장에도 있고 콩팥 공장에도 있고 식도 공장에도 있고 전부 공장마다 내가 있는데 아니, 내가 했다고 '내가 이거는 꼭 해 줘야겠다. 이런 마음을 내 줘야지.' 하니까 안되죠. 한마음으로 들어 줘야 되는 건데 말입니다. 우주 전체가 들어져야 되거든요.

그런데 자기 혼자만 들고 있으니 그게 될 일이 있어요? 네? 그래서 나를 빼놓고 해라. 나를 빼고 더불어 같이 해야 된다. 나라는 게 있으면, 나 혼자 개별적으로 뭐를 하려면 절대로 되지가 않는다. 내 한마음이 듬뿍 들려야 우주간 법계에 한마음으로 되는 것이고, 산천초목도 전체가 한마음이 돼야만이 된다 이겁니다. (대중 박수)

질문자5(남) 저는 한마음선원 법형제 심용회에 나가고 있는 신도입니다. 먼저 질문에 앞서 부족한 제가 이 자리에 앉게 된 것을 큰 영광으로 생각합니다. 그럼 질문 올리겠습니다.

큰스님께서는 오신통에 대한 말씀을 자주 법문 중에 설하십니다. 저희들이 모르는 상태에서 스스로 오신통을 쓰며 살고 있다고 배웁니다. 그러다 보니 의도적으로 그런 신통을 쓰는 경우도 있다고 봅니다. 역대 조사님들은 오신통을 쓰는 것을 금기 사항으로 경계하셨습니다. 체와 용이 둘이 아니라 하나 사회 생활에서는 용이 많이 필요하게 됩니다. 사회 생활에 오신통을 활용하여도 부처님 법이나 역대 조사님의 가르침에 어긋나지 않을는지요. 가르침 주시기 바랍니다.

큰스님 여러분! 생활이 그냥 오신통으로 돌아가고 있다는 사실을 모르십니까? 여러분이 보시죠? 들으시죠? 그리고 마음으로 좋고 나쁜 걸 아시죠? 그리고 말을 통해 보면 벌써 그 사람의 마음을 읽으실 수 있죠? 그리고 가고 오는 것도 가고 오고 이러시죠? 고정된 게 없이 그냥 가고 오고, 말도 고정된 게 없이 하고 이러는 게 그대로 오신통 아닙니까? 아니, 지금 오신통을 하고 가시지 않습니까? (대중 박수)

그런데 말입니다, 오신통을 하되 오신통 안에서도 벗어나야 진짜 오신통을 굴릴 수 있느니라 이런 소립니다. 지금 오신통을 굴리고 사는데 오신통 안에서 벗어나야 된다 이겁니다. 그러니까 오신통 안에서 벗어나려면, 아까 내가 얘기했죠. 내가 했다, 내가 줬다, 내가 살고 있다, 내 거다, 내가 번다, 내가 망했다, 내가 뭐…. 이런 나라는 거를 쑥 빼

버리고 '나는 공체로다. 나는 공체고 지금 내 속에 살고 있는 모든 생명들을 먹여 살리기 위해서 나는 그저 심부름할 뿐이야.' 이러고 사신다면 그것이 바로 오신통을 벗어나게 되는 방법입니다. 우리가 벗어나려면 그렇게 한 구멍에다 모든 것을 다 맡겨 놓아야 합니다. 그렇게 내가 한다는 말 없이 '나는 관리인이요 집합소요 심부름꾼밖에는 될 수가 없다. 자생중생들을 먹여 살리면서 내 마음으로써 모두 다스려서 천백억화신으로 화현을 시켜놔야 되겠기에 나는 심부름을 열심히 해서 보살들로 이루어 놓겠다.' 이렇게 해서 우리는 진짜 오신통 안에서 벗어나야 합니다.

오신통이 별것이 아닙니다. 우리가 깨달으면 눈 가는 데 귀도 쓰고, 귀 가는 데 코도 쓰고, 코 가는 데 혀도 쓰고, 혀 가는 데 몸뚱이도 다 씁니다. 고게 오신통이에요. 그런데 우리가 그냥 따로따로 쓰는 거 보셨습니까? 그래서 오신통이 따로따로 쓰는 게 없으니까 오신통도 없다 이겁니다. 오신통도 벗어나서, 오신통이라고 이름해서 오신통이지 오신통은 없다라는 소리가 나옵니다. 그러니 오신통이 없다는 자체는 우리가 종합해서, 밥을 지으려면 물도 들어가야 하고 불도 들어가야 하고, 안 그렇습니까? 쌀도 들어가야 하고 사람도 있어야 하고 이렇게 한데 모여서 밥 한 그릇이 되듯이 말입니다. 그러니까 눈 가는 데 귀가 가고, 귀 가는 데 냄새, 즉 우리가 반찬 냄새 맡고 이러는 게 아니라 사람들이 살아가는 냄새, 하하하…, 냄새와 맛, 결정적인 맛, 이런 거는 좋고 저건 나쁘게 하는 것이고, 이건 참 좋은 사람이구나 하는 결정적인 맛, 그런 것을 아는 그 자체를 송두리째 같이 돌아가면서 하고 있지 따로따로 하는 게 없지 않습니까?

눈으로 보면 벌써 귀로 듣게 되고 귀로 듣게 되면 벌써 결정이 되게 되고, 벌써 나쁜 거 좋은 걸 가리게 되고 알고 있지 않습니까? 그런 것이 바로 우리가 오신통이 있다 하더라도 오신통이 없느니라 하는 겁니다. 없는 까닭은 무엇인가? 그것이 고정되게 하나하나 개별적으로 쓰는 게 아니고 포괄적으로 쓰는 거기 때문에 없다고 하느니라. 그리고 포괄적으로 쓰기 때문에 그 법통 안에서 벗어나야 그것을 스스로 자유스럽게 쓸 수 있느니라 한 겁니다. 그러니까 오신통이다 생각 말고 오신통이 아니다 그렇게 생각도 마세요. 우리 생활 자체가 그대로 오신통 안에서 지금 살고 있으니까 '오신통 안에서도 내가 벗어나야 되겠다.' 이래서 지금 공부하는 겁니다. 지금 어항 속이 오신통 안입니다. 지금 공기주머니 안이 오신통 안입니다. 오신통 안에서 아무리 해 봤던들 내가 자유스럽게 나갔다 들어왔다 마음대로 하지 못한다면, 공기 없는 데나 공기 있는 데나 마음대로 왔다 갔다 할 수 없다면 그거는 자유인이 못되고 오신통 안에서 허우적거리는 거죠. (대중 박수)

질문자6(여) 큰스님, 감사한 말씀 드리려고 왔습니다. 저는 서울에 있는데요, 안양 선원에 나간 지는 4개월 됐습니다. 근데 몸이 아파서 늘 고달프다가 요즈음은 건강해졌습니다. 그래서 감사를 드리려고 왔습니다. 그리고 한 말씀 여쭙고 싶은 거는 한 한 달쯤 전이에요. 선원에 나가려고 지하철역에 나갔는데요, 그때 갑자기 '아, 그렇다. 아, 당신이야! 정말 맞아!' 이렇게 하면서 자문자답을 했어요. 근데 그 후로부터는 그만 깜깜해요. 그건 어떻게 돼서 그런 건지요.

큰스님 수행의 길이, 즉 말하자면 시발점에서는 차를 타고 잘 갔는데 종점에서 내리니까 까맣더라 이런 거나 같죠. 그럼 다시 올라타야죠.

질문자6(여) 그럴 땐 어떻게 하면 됩니까?

큰스님 하하하…. 그 깜깜하게 된 것도, 바로 그놈이 차를 타고 가다 내렸으니까 차를 또 되타고 본고장으로 오는 것도 바로 그놈이 아니겠습니까? 그러니까 그놈한테 다 맡기고 '어, 내리게 한 것도 그놈이고 다시 올라타게 하는 놈도 그놈이구나.' 이걸 아셔야죠.

질문자6(여) 네. 알겠습니다. 그런데요, 딱 한마디 더 여쭙고 싶습니다. 저의 애들이 사 남매입니다. 다 각자 뭐 임자 만나서 살고 하는데요, 각기 전부 다 애로가 많아요. 병이….

큰스님 아이, 나중에 호젓하게 오셔서 얘기하시도록 하고 용건을 얘기하셨으면 그만 딴 사람 얘기하게 그냥 놓으세요.

시자 스님 거사님 한 분만 하고 그만 하세요.

큰스님 아니, 아니, 아니, 아니야. 여기 앉은 분들은 다 그냥 간단하게 용건만 얘기하라고 그러세요.

질문자7(여) 전라남도 해남군 화산면에서 왔어요. 큰스님을 이렇게 뵙게 돼서 진심으로 감사합니다. 관절로 이렇게 다리가 아프고 머리가 아파서 여기 한마음선원에 다니니까 많이 나아졌습니다. 그래서 진심으로 감사드리려고 왔습니다. (대중 박수)

큰스님 네. 그런다면요, 관하는 거 아시죠? '너만이 낫게 할 수 있다.'

질문자7(여) 네. 주인공, 너만이 낫게 할 수 있다.

큰스님 예. 그게 바로 자기 뿌리니까요.

질문자7(여) 예.

큰스님 그렇게 하시면 됩니다.

질문자7(여) 네. 감사합니다. (대중 박수)

질문자8(여) 큰스님을 이렇게 직접 뵙게 돼서 반갑습니다. 제가 아픈 지가 5년 정도 됐거든요. 근데 저의 어머니의 꿈자리가 좋지 않으면, 밤에 자주자주 나도 모르게 의식을 잃으면서 쓰러지는 그런 증상이 있어요. 주인공이 고쳐 주기 바라는 마음에서 대전지원에서 찾아왔습니다. 제가 나을 수 있을까 하는 걱정과 바람으로 말씀 부탁드립니다.

큰스님 그래요. 그런 사람도 한두 사람이 아니겠죠. 우리가 지금 현상세계에서 살면서 영화 촬영 하듯이 살고 있는 겁니다. 꿈도 생시고 생시도 꿈입니다. 그러니까 그거를, 엄마 생각에 의해서 그렇게 고통을 받는 것이지…, 관하는 법을 아시나?

질문자8(여) 예. 조금 대충은….

큰스님 그러니까 스님들한테 관하는 법을 아주 똑똑히 가르쳐 달라고 하고 책도 보고 그렇게 해서 모든 거는 '꿈도 그 자리에서, 주인공 속에서 나오는 거고 아픈 것도 주인공 속에서 나오는 거지 다른 데서 나오는 게 아니라 거기서 화해서 보이는 거고 거기서 아프게도 되는 거니까 낫게 하는 것도 너밖에 없다.' 하고 '너만이 낫게 할 수 있다.' '우리 엄마 낫게 하는 것도 너만이, 주인공 너만이 낫게 할 수 있다.' 이럭하고 엄마도 그렇게 하시게 하고. 그리고 또 한 번 와서 스님네들한테 자세히 물어보고 가요. 그러면 나을 거를 가지고 왜들 그래? (대중 박수) 걱정할 거 하나도 없어요.

질문자8(여) 네. 감사합니다.

질문자9(여) 큰스님, 저는 자식 때문에 왔습니다. 저는 마산지원에 나가고 있습니다. 저의 자식이 어쩐 일인지 약을 안 먹으면 잠을 못 자고 또 신병으로 20년 동안을, 나이 서른여덟인데 장가도 가지 못하고 부모 속을 이리 썩이면서 일촌간장을 다 녹이고, 수시로 어디 간다면서 돈 보따리 싸 내놓으라고 하고 이러고 다닙니다. 신약을 먹어야 잠이 오고요. 그러면서 남이 욕을 안 하는데도 동네 사람, 이웃 사람들이 자꾸 자기를 보고 욕을 한다 하고 딱 들어앉아서 테레비만 보고요. 이게 20년….

큰스님 인제 고만 말씀하셔도 알겠습니다. 그것이, 즉 말하자면 업식에서 나오는 영계성입니다. 그런데 본인과 더불어 어머니도 그 관하는 것을 알고 직속으로 '아, 거기서 나온 거로구나.' 하고 진짜로 믿고 거기다 놓을 수 있다면 뭐 그건 여지없이 낫죠. 그런 건데 본인도 그것을 몰라요. 거지가 밥을 얻으러 가도 그릇을 가지고 가야 담아 줄 수 있는 건데, 이거는 그릇도 없는데다가 또 얻으러 가지도 않으니 용광로에 들어가서 재생이 돼서 나갈 수가 있겠습니까? 하여튼 모두가 여러분의 탓이니까 여러분이 스스로 벗어나야 됩니다.

질문자10(여) 스님, 서울에서 왔는데요. 애들 아빠가 조그마한 출판사를 하고 있거든요. 그런데 작년 12월에 대구에 있는 기계 만드는 회사를 인수하는 조건으로 저희가 돈을 대 주기로 했어요. 그런데 그 돈을 계속 밀어 주고 있는 과정에서 7월 19일날 거기 대표로 있는 사장이 부도를 내고 잠적을 해 버렸어요. 그래서 저희가 그 부채를 다 짊어지게 된 상태에서 계속 이어 나오다가 내일은 그 업체의 부도를 막아줘야 되기 때문에 굉장히 곤란한 입장에 있거든요. 근데 지금 어떻게 대처를 해야 될지 모르겠고, 좋은 방법이 없을까 해서 왔습니다.

큰스님 당신네들이 그렇게 만들어 놓고 누구한테다가 좋은 방법을 바래요? 그러니까 마음공부 하라는 거 아니요? 그러니 지금이라도 그 모든 것을 거기다가 맡겨 놓고 관하는 법을…, 관하는 법은 알아요? 모르죠? 모르는 말이야. 모르니까 그런 말을 하지 알면 뭐…. 하여튼 스님네들한테 관하는 법을 알아서 진실하게 관해요. 그런다면 모면이 될지도 모르니까. (대중 박수)

질문자11(남) 간단하게 제가 요약해서 말씀을 좀 드리고 싶습니다. 저는 부산 연산동에서 올라왔습니다. 처음 올라올 때만 하더라도 이론적으로 무장을 좀 해서 스님한테 질문을 하려고 사실 마음을 단단히 먹고 올라왔습니다. 근데 그 질문이 무의미해졌다는 걸 느꼈습니다. 근데 왜 제가 이런 말씀 드리느냐 하면 저는 무신론자로 사실 절은 오늘 처음 와 봅니다. 스님 보고 '스님'이라고 부르지 못했습니다. 앞에서는 '스님' 했고 돌아서면 '중', 마음에 안 들면 '중놈' 했습니다, 제가.

큰스님 하하하! (크게 웃으시면서 박수를 치심)

질문자11(남) 죄송합니다. 스님들, 죄송합니다. 그래서 제가 스님과 큰스님도 사실 구별을 못하고 그, 뭐라 그랬습니까. '오신통' 그것도 잘 모릅니다. 우리 이웃에 선원에 나가시는 가족들이 참 잘 지내요. 거기서 감동을 느낀 게, 거기 회장 맡아 보시는 아주머니 한 분이 계시는데 몸으로 실천을 합디다. 그 집 식구가 참 많아요. 그런데 남의 애 하나, 불쌍한 애도 하나 데려다 키우기에 거기서 제가 감동을 받았어요.

그런데 저의 집사람이 그 동안 절에 쭉 다녔는데, 제가 절을 바라보는 시각은 이렇습니다. 절에 가서 몸뻬 입고 엎드려 가지고 절을 자꾸 하거든요. 절을 자꾸 하면서 하는 이야기가 '우리 집 남편 돈 잘 벌고 우리 집, 우리 집….' 무조건 우리 집이더라고요. 그래서 내가 그랬어요. "그렇다면 종교의 의의가 뭐냐? 정치가도 교육자도 구제 못하는 것을 마지막으로 커버할 영역이 종교이지 않느냐. 그런 걸 찾아가서 당신이 우리 집만 잘되라고 하면 되느냐?" 그런 데서 사실상 종교적인 회의를 가지고 있습니다. 조금 전에 말씀드렸습니다마는 '스님' 이라는 말도 잘 못하겠습니다. 합장하는 법도 몰랐고 사월초파일은 애들 따라가서, 왜냐하면 절에 몇 군데 가야 된다니까, 제가 공처가거든요. 그래서 운전을 해서 여러 군데 태워다 줍니다. 그러고는 밥 한 그릇 먹고 오는데 사실 절에 들어가서 합장도 한 번 못해 봤어요. 근데 스님한테 처음 합장 한번 해 봅니다. 그래서 사실은 앞에 반복된 말씀입니다만, 이거 너무 시간 뺏어서 죄송합니다. 사실상 제가 이론적인 질문을 참 많이 준비해 왔었습니다. 왔는데 제가 큰스님 설법을 조금 들어 보니까 더 이상 들어보지 않고도 충분히 공감이 갔어요. 그런데 한 가지 문제는 그거를 인제 믿어야 되는데요.

큰스님 하하하….

질문자11(남) 믿고 거기에 관하는 그 방법. 사실 제가 마이크 잡는다는 이 자체가 외람됩니다. 왜냐하면 공부도 안 해 봤거든요. 법문 비디오 한 번 보고 우리 앞집에서 테이프 하나 들어 보다가, 그다음에 마누라가 이만 원짜리 책 하나 사 왔습디다. 사 왔는데 제가 앞장 한 번 보고 중간 보고 뒷장 한 번 훑어보고….

현재 제가 종교에 대해서 사실상은 굉장히 거부감을 느끼고 있습니다. 스님들 생활에 대해서도 거부감을 느끼고 있었어요. 왜냐하면 영적세계에서 최고로 지켜야 될 거는 종교인데 종교마저도 썩어서, 그러면 정치 썩고 교육 썩고 부모, 가정, 교육 다 썩어 빠져서 마지막 기댈 곳은 종교인데, 온갖 것 좋은 것 다 하고 그렇다 하면…, 죄송합니다.

큰스님 재미있는데요. (대중 웃음)

질문자11(남) 그래서 아까 이분께서 하신 이야기처럼 내가 그렇답니다. 왜 제가 이 이야기를 하려고 하느냐 하면 큰스님 연설 듣고 난 뒤에 제가 감동을 받았었어요, 사실은. 감동을 받아서 '아, 이거구나, 이거구나!' 해서 이걸 갖다가 저 혼자서 느끼는 것보다는…, 사실상 제가 언론사 생활을 20년 넘게 해 온 사람입니다. 그렇기 때문에 의심이 무지하게 많습니다. 안 믿어요. 저는요, 안 믿습니다. 완벽주의자입니다. 종교인도 완벽해야 되고 더욱이 스님은 완전해야 된다고 생각합니다.

큰스님 인제 조금만 더 얘기하시고….

질문자11(남) 예. 제가 여기까지 오면서도 그랬습니다. 저는 여기 와서 성불한다 뭐 그런 욕심 없는 사람입니다. 그런데 밑져 봐야 본전 아닙니까. 손해 보는 거 없거든요. 제가 볼 때는 뭐 말세 사이비 종교도 아니고, 뭐 가산 전부 다 가져와서는 갖다 바치라는 것도 아니고 말입니다. 부모나 학교나 사회에서 교육하지 못하는 부분을 가르치고 있어서 여기 와 보니까 좋더란 말입니다, 제가 들어 보니까요.

왜냐하면 자기가 다른 사람 구제는 안 해도, 혼자 감동만 느껴도 다 자기에게 영향력을 발휘해서 나쁜 짓은 하지 않을 것 아니냐? 멀리 관광도 간단 말입니다. 그런데 이왕이면 여기 와 보니 공기도 좋고, 한

번 들어 보니까 감동을 느끼는 그 자체만 하더라도 집회 참석의 의의는 된 거 아니냐. 그래서 제가 그랬습니다. 이것이 널리 전국에 구석구석 퍼져서 많은 사람들이 법회에 참가해서, 도둑질 해먹는 놈들, 나쁜 짓 하는 놈들이 모두 와서 들어 봐서 말입니다. (대중 박수) 들어와서, 저는 성불 뭐 이런 건 잘 모릅니다. 할 생각도 별로 안 하고요. 단 내가 왜 그러느냐 하면 우리 이웃 사람을 보니까 그 얼굴이 참 편안합디다. 저 정도만 되면 된다. 제가 다른 사람 구하려고 안 합니다. 내 스스로가 나가서 다른 사람한테 욕 안 하고 살면 되는 거 아닌가 하고 생각했습니다.

인제 마지막으로 하고 그치겠습니다. 사실 오늘 오는데 마침 제가 탄 자리가 제일 뒷칸이어서 굉장히 뜨거웠습니다. 마누라 보고 신경질을 막 냈어요. "니나 가라. 나는 내릴란다." 했다고요. 그래서 사실은 어디 가까운 터미널이 있으면 내려서 나는 그냥 다른 차 타고 내려가 버리려고 했었어요. 제가 인제 얘기하지만 종교는 하나 갖긴 가져야 되겠는데 이렇게, 그 뭡니까. '나는 갈 때부터 나하고 인연이 안 맞는가 보다. 그래서 차라리 가톨릭이나 한번 가 볼까, 기독교는 가지 말고.' 그러니까 그 뭔가 또 속에 두려움이 있더라구요. 거기서 뭔가…, 죄송합니다. 이렇게 시간이 많이 지났는데 시간 많이 뺏어서 죄송하고, 제가 오늘 난생 처음으로 큰스님의 연설, 아니 설법을 감동 깊게 들어 봤습니다. 예. 감사합니다.

큰스님 하여튼 차에서 안 내리신 게 다행입니다. (대중 웃음, 박수) 그래도 밑천은 빼셨으니까요. 하여튼 에누리 없이 아주 철두철미한 것이 부처님 법입니다. 에누리가 쪼끔도 없습니다. 자기가 잘했으면 잘한 대로 못했으면 못한 대로 다가오는 그 자체가 아주 정확합니다. 그렇기 때문에 '마음 한 번을 잘 쓰면 구덩이에서 나오기도 하고 마음을 못 쓰면 구덩이로 빠지기도 한다.' 이런 말이 있죠. 하여튼 잘 오셨습니다. (대중 박수)

질문자12(여) 스님, 저 부산에서 왔습니다.

큰스님 예. 용건만 말씀하세요.

질문자12(여) 서울에 있는 언니가 병원에 입원해 있습니다. 신도입니다. 그런데 오늘 여기 올 줄 알았는데 여기 와서 소식을 들으니까요, 어제 오후에 각혈을 너무 많이 해서 병원에서 사경을 헤매고 지금 중환자실에 있답니다. (울먹이면서) 스님! 저의 언니 좀 도와주세요.

큰스님 그 뭐라고 해야 옳을까요? 알았다고나 할까요?

질문자12(여) 예. 스님, 감사합니다. (대중 박수)

큰스님 뭐 급하면 급한 대로 해야죠, 어떡하겠습니까?

질문자13(여) 스님, 저는 부산에서 한 1년 가까이 열심히 다니고 있습니다. 제 남편은 현재 배를 타고 있는 선원입니다. 한 5년 전부터 배에서 혼자 참선 공부를 많이 하다가 영계성으로 끄달려 왔습니다. 지금 현재 배를 타고 있으면서도 자기 주인공 자리, 불성 자리가 없어졌다고 너무 허무해하고 있습니다. 그래서 책하고 테이프를 주면서 공부를 다시 하라고 전해 줬거든요. 그런데도 아직까지도 한마음으로 못 돌아오고 있습니다, 스님! 한마음으로 할 수 있도록….

큰스님 거 참, 요상한 사람들이에요. 아니, 말하게 하고 보게 하고 그렇게 하는 그 생명의 근본이 자기인데도 불구하고 자기를 못 믿으니 그거 어떻게 된 사람들인지 모르겠어요.

질문자14(여) 스님, 저 5분만 시간 빌릴게요. 장내에 계시는 분들은 지금부터 마음가짐을 단정히 하시고요. 바로 좀 앉아 주시기 바랍니다. 큰스님에 대해서 경건한 마음으로 좀 앉아 주시면 감사하겠습니다. 이거는요, 미천한 제가 아니고요 우리 한마음 주인공이기 때문에, 주인공이 시키는 거니까요, 그렇게 좀 해 주십시오.

큰스님 아하! 이거, 아니야, 아니야, 아니야, 아니야! 그거 놔!

질문자14(여) (마이크를 놓고 합장을 함.)

큰스님 주인공이 따로 있어서 시키는 게 아니야. 주인공이 그렇게 하라고 그런다면…, 지금 주인공이 그렇게 하라고 그래서 한 거지?

질문자14(여) 아닙니다.

큰스님 그럼?

질문자14(여) 제 한마음에 있는 제 마음하고 우리 모두 한마음….

큰스님 그런 말을 하게 되더라도 '아, 이렇게 말을 하면 내가 누(累)가 된다.' 이런 생각을 안 해 봤어요?

질문자14(여) 제가 누가 되더라도요, 스님한테….

큰스님 아니, 그쪽이 누가 되면 전체가 다 누가 되는 거지. 그러니까 누구나가 다 마음으로서는 똑바로 하려고 하고 똑바로 배우려고 하고 똑바로 정성을 지극하게 하는데 너만 똑바로 하고 똑바로 앉고 그러는 게 아니거든. 몸은, 허리가 아파서 비꼬고 앉았을망정 마음은 똑바로 가져라 이런다면 또 몰라. 그래, 그것도 옳고 그것도 옳아. 그러니까 그런 말 할 시간이 없어, 지금.

질문자15(여) 큰스님, 뵙게 돼서 정말 감사합니다. 저는 스님이 계시다는 것도 어제 처음 알아서 이렇게 왔습니다. 저는 부처님이 참 좋았어요. 근데 어느 기회에 정말 다가갈 수 없는 너무 큰 거리를 느끼고 불제자가 되지를 못했어요. 그리고 성당에 쭉 다녔습니다. 근데 이번에 제 남편이 간암으로, 급성암으로 지금 사형 선고를 받고 병원에 있거든요. 그런데 현대의학으로서는 도저히 고칠 수도 없고 또 병원에서는 인제 퇴원하라고 합니다. 거기서는 진통제하고 수면제밖에 주질 않아요. 근데 제가 어제 큰스님 말씀을 듣고 '제 남편을 살릴 수 있는 길은 마지막 이 길 하나다.' 그러고 이렇게 왔습니다. 저는 사실 아무것도 몰라요. 큰스님 앞에 절할 줄도 모르고….

큰스님 하여튼 몸뚱이가 죽든 살든 그 영혼이 건져진다면 좋은 일이니까. 하여튼 죽고 사는 걸 떠나서 관하는 도리를 열심히 스님네들 한테 물어봐서 배우세요. 주처는 나한테, 모두 각자 나한테 있는 거지 주처가 딴 데 타의에 있는 게 아니에요. 타의의 신이 있어서 나를 도와주는 게 아니에요. 제가끔들 자기 뿌리가 양분을 흡수해서 제 나무 위로 올려보내서 살게 하지 저 남의 뿌리가 이 나무를 위해서 살게 하지 않아요.

질문자15(여) 아까 큰스님 말씀하신 중에요, 우리는 자기가 살림살이를 보고 왔기 때문에 눈으로 우리 집을 볼 수 있지만 큰스님은 가만히 계셔도 저희 집을 다 보실 수 있다고 하셨잖아요. 그래 저는 이게 무리한 부탁인지 모르겠지만요, 정말….

큰스님 이거 보세요. 아까도 얘기했죠. 전깃줄 하나 가지고 불이 들어오게 할 수 있나요? 없죠?

질문자15(여) 예.

큰스님 양쪽 전깃줄이 다 있어야, 한데 이어 놔야 불이 들어와요. 안 그래요?

질문자15(여) 맞습니다.

큰스님 댁네들 마음에 관하는 도리를 지금이라도 늦지 않으니 열심히 하세요.

질문자15(여) 감사합니다. (대중 박수)

질문자16(여) 스님, 저는 대전에서 처음으로 온 주부입니다. 동서를 따라서 와 봤습니다. 저는 24년 전에 결혼을 했는데 결혼하기 전부터 남편이 몸이 안 좋았답니다. 그래서 지금까지 하루도 마음 편히 산 날이 없습니다. 너무나 고통스러워하는 중에 동서가 여기를 다니면서 병이 좀 나아졌다고 하니까 남편이 여기를 오고 싶어하기에 따라왔습니다. 저의 남편의 고통을 덜어 주려면 제가 어떻게 해야 하는지요. 제 고통은 참을 수 있지만 남편의 고통은 더 이상 볼 수가 없어서 어떻게 해야 남편의 고통을 덜 수 있는 길인지 해서 왔습니다. 도와주세요, 스님!

큰스님 이렇게 하세요. 생활이 공부고 참선이니까요. 여기서 지금 공부하시는 분들에게 관하는 도리를 가르쳐 달라고 그러셔서 열심히 관하시도록 하세요.

질문자16(여) 그런데 스님, 제가 사실은요, 남편 때문에 다른 종교도 가져 봤습니다. 그런데 무식한 탓인지, 미련한 탓인지….

큰스님 내가 가르치는 거는 종교를 떠나서, 이 종교 저 종교를 떠나서 진리를 말하는 겁니다. 이 불교(佛教)라는 것이 국한된 하나의 종교가 아닙니다. 풀 한 포기의 생명들도 생명이 있는 것은 다 불(佛)입니다. 그리고 마음과 마음이 전달이 되고 통신이 되고, 말과 말이 통하고 이러는 것이 교(教)입니다. 그렇기 때문에 불교라는 건 포괄적인 한 진리지 그냥 머리 깎고 스님 노릇이나 하는 이런 데가 아닙니다. 그렇기 때문에 어느 종교를 막론하고 이 세상에 사람들이 살고 있는 진리, 이 자체이기 때문에 '어느 종교를 믿었다' '어느 종교를 가졌다' 이런 건 떠나서 하는 겁니다.

질문자16(여) 글쎄요. 저도 노력을 하면 마음공부가 될까요?

큰스님 아, 날더러 물으면 어떡해요?

질문자16(여) 감사합니다. (대중 박수)

질문자17(남) 저는 불자라고 해도 절에서 이런 일은 오늘 처음입니다.

큰스님 하하하…. 편히 앉으세요.

질문자17(남) 네. 제가 몇 년 전부터 숨찬 병이 생겼어요. 그래서 스님을 뵙게 된 겁니다.

큰스님 어디서 사세요?

질문자17(남) 경기도 김포읍에서 삽니다.

큰스님 지혜롭게 벗어나기 위해서 열심히 책도 보시고 카세트도 들으시고 또 절에도 나오셨으면 좋겠습니다. 그리고 병을 낫게 하는 도리는, 관하는 법을 여기 스님네들더러 똑똑히 물어보셔서 관하시면 됩니다. 한결 숨이…. 잘해 보세요. 그건 내가 좋다고 해서 좋은 것이 아니니까요. 본인이 좋은 거를 아시고 실질적으로 실천에 옮기셔서 실지로 그 병이 낫는다면 얼마나 좋으시겠습니까. 안 그렇습니까? 그러니까 관하는 도리를 여기 아무 스님이나 붙들고 가르쳐 달라고 그러세요. 조금 있다가요.

질문자17(남) 예. 알았습니다. (대중 박수)

큰스님 그럼 여러분과 약속할 것은요, 여러분이 진짜로 어항 속에서 벗어날 수 있는 그 계기를 마련하려면 아주 반드시 '마음은 체가 없구나! 마음은 체가 없는데도 불구하고 이게 됐다 저게 됐다가 마음대로 자유자재할 수 있구나!' 하는 거를 느끼고 알아서 실천을 하시기 바랍니다. 여러분이 가정 빼놓고 내 몸 빼놓고 무슨 종교가 있겠습니까? 여러분의 가족이 출중하고 여러분의 가정이 화목하고 또는 병고가 없고 애고가 없고 그래야만이 나도 편안할 거 아닙니까? 그러니까 어떠한 일이 있더라도, 뭐 기도한다고 집을 비우거나 해서 애들 밥을 지어 주지 않는다거나 또는 남편 음식을 소홀히 생각한다거나 이리저리 돌아다녀서 집안 가사를 잘못한다든가 이렇게 해서는 절대 안 됩니다. 가정을 빼놓고 종교가 어디 있겠습니까? 그리고 부처님이 어디 있겠습니까? 여러분이 사시는 데 좀더 너그럽고 화합해서, 또 애고가 없이 화목하고 행복하게 잘 살기 위해서 이 마음공부를 하는 거니까요.

마음이 곧 나의 길잡이

제주지원 법회

1993년 8월 22일

이 제주도 한마음선원 여러분을 비롯해서 모두 마음과 마음을 전달하면서 이렇게 한자리를 하게 된 것을 참 기쁘게 생각합니다. 우리가 불교라는 자체를 똑똑히 알아 두어야 되겠습니다. 불교라는 단어는 어느 한 군데에 국한돼 있는 걸 말하는 것이 아니라 전체 삼천대천세계 우주 전체가 같이 돌아가는 진리를 말하는 겁니다. 바로 일체 생명을 불(佛)이라고 합니다. 풀 한 포기의 생명까지도 불이라고 합니다. 불이라고 한 까닭은 그 불로 인해서, 불씨로 인해서 모든 것이 형성되기 때문입니다.

인간은 말과 말로 통하고, 일체 만물만생은 다 마음과 마음으로 통해서 공생 공용 공체 공식화 하고 돌아가는 이 진리 자체가 바로 우리의 생활이며 우리가 살고 있는 삶입니다. 그렇기 때문에 불교라는 것이 머리 깎고 목탁 치는 스님들만이 믿는 것이 아니라 전체가 돌아가는 우리 삶의 생활이 그대로 불교인 것입니다. 어느 종교를 막론해 놓고 생명 아닌 것이 없고 같이 돌아가지 않는 것이 없고 마음과 마음이 전달이 되지 않는 것이 없습니다. 어느 종교든 둘이 아닌 까닭에 불교라고 하는 겁니다.

여러분은 불교가 따로 국한돼 있는 걸로 생각을 하지마는 우리 자체가, 생활이 불교니만큼 그대로가 다 불교인 것입니다. 여러분의 마음 씀씀이를 가만히 보십시오. 한 사람 한 사람이 이 세상에 나왔기 때문에 바로 상대가 있는 것이고 생활이 있는 것이고, 또는 부처도 있고 사대 성인들이 다 있는 것입니다. 내가 없다면 아무것도 없는 것입니다. 나로 인해서 모두가 생긴 거죠. 가정도 그렇고 모두가 나로 인해서 생긴 겁니다.

절이나 하고 물건이나 놓고 빌고 이러는 것을 불교로 알지 마십시오. 그건 잘못 아시는 겁니다. 부처님께서는 천지인이 돌아가는 삼세의 뜻을, 고정됨이 없이 화해서 돌아가는 그 자체를, 영원히 돌아가는 그 자체를 일러 주시려고 49년을 설하셨던 겁니다. 여러분은 기복에 끄달려서 무명의 굴레에서 벗어나지 못하게 만드는 작업을 내내 하고 계시기 때문에 창살 없는 감옥에서 헤어나지 못하고 있는 것이며, 또는 이익이 없는 것이며 모두가 허덕허덕하고 자유가 없는 것입니다. 그 이유가 뭔 줄 아십니까?

과거에 우리가 살 때 인연에 따라서 모인 팀들이 여러분의 육신 안에 모두 들어 있습니다. 여러분의 몸속에 들어 있는 그 생명, 그 모습, 그 의식 자체가 바로 과거에 어떻게 살았느냐에 따라서 모여서 집합소가 되는 겁니다. 집합소! 한 덩어리가 생산이 되고 형성이 될 때 영혼의 근본 자체와 더불어 어떻게 살았느냐에 따라서 그 인연에 따라서 모든 악업 선업이 모인 팀들입니다. 우리 몸이 살다가 죽으면, 영혼의 근본 자체가 바로 불씨인데 그 불씨에 의해서 다시 형성이 되는 겁니다. 그 영원한 생명의 근본은 자기 몸을 형성시키기 위해서 어머니의 살을 빌리고 아버지의 뼈를 빌려서, 지금은 그렇게 말 안 하겠죠. 옛날에는, 어머니의 살을 빌리고 아버지의 뼈를 빌려서 이 내 인생 태어나니 한두 살에 철을 몰라서 이렇다는 얘기를 했습니다. 그러나 지금은

'정자 난자를 빌려서, 즉 몸을 빌려서 이 내 인생 태어나니 나를 알아라.' 이겁니다.

예를 들어서 나의 영원한 생명의 근본이 나를 형성시켜서 바로 나의 속에 들어 있으면서 나를 끌고 다니는 겁니다. 내 마음은 바로 나의 길잡이인 것입니다. 운전수가 차를 끌고 다니며 기름이 떨어지면 기름을 넣고 고장이 나면 고쳐 주면서 구덩이에 빠지지 않으려고 조심조심하면서 끌고 다니듯이, 여러분의 마음의 근본은 여러분을 잘 이끌어가기 위해서 노력하고 있는 것입니다. 그렇기 때문에 여러분의 마음이 바로 여러분 몸의 길잡이인 것입니다. 바로 불성의 씨는 큰 에너지와 같고 그 마음은 몸을 움죽거리게 하는 다스림입니다. 여러분이 이것을 잘 생각하신다면 심성과학일 수도 있고 심성의학일 수도 있고, 심성철학일 수도 있고 천문학일 수도 있고 천체물리학일 수도 있는 것입니다.

제주도의 여러분이 이 마음의 도리를 완전히 깨칠 때까지…, 창살 없는 감옥에서 마음이 허덕거리고 벗어날 줄 모른다면 안 되겠으니까 하는 소립니다. 여러분! 여러분이 지금 이 자리에 앉아서 여러분의 집을 다녀오실 수 있겠죠? 어떻습니까? 어디 뭐가 놓여 있고 안방에는 뭐가 놓여 있고 신발장 위에는 뭐가 있고 그런 것도 다 아시겠죠? 마음이라는 게 그렇게 오묘하고 광대무변한 겁니다. 아무리 과학이 발전이 됐다 하더라도 마음의 법은 따를 수가 없는 것입니다.

그래서 대충대충 여러분한테 이렇게 말씀드립니다마는, 우리는 물주머니에서 나와서 지금 물주머니에서 살고 있는 겁니다. 어떻게 생각하십니까? 우리 인간은 어항 속에서 사는 게 아닐까요? 아니라면 아니라고 손들어 보십시오. 공기가 한 치만 없어도 우리는 허공에 몸을 그대로 서 있게 할 수도 없습니다. 그러나 마음이라는 건 광대해서 공기가 있든 없든, 멀든 가깝든, 땅속이든 물속이든, 어디고 빛보다 더 빨리, 가고 옴이 없이 가고 올 수 있다는 사실을 여러분은 아셔야 될 겁니다.

그렇기 때문에 이 몸은 지수화풍에서 지수화풍을 먹고 삽니다. 지수화풍으로 바탕이 돼 있음으로써 그 바탕으로 하여금 광력을 가져올 수도 있고 전력을 가져올 수도 있고, 자력을 가져올 수도 있고 통신력을 가져올 수도 있는 것입니다. 지수화풍이 없다면 광력이든 통신력이든 전력이든 자력이든 가져올 수가 없는 겁니다. 전력이 어디서부터 옵니까? 여러분이 이 도리를, 이 마음의 도리를, 광대무변한 도리를 다 아실 것 같으면 이 세상의 어디에 선다 하더라도 구김살이 없을 것이요, 자유스럽게 사실 것입니다.

물질세계와 정신세계가 둘이 아닌 것입니다. 정맥 동맥이 같이 돌아가듯 정신계와 물질계는 같이 돌아가고 있습니다. 그래서 일체제불 가운데는 일체 중생이 있고 일체 중생 가운데는 일체 부처가 있습니다. 중생이 없고는 부처도 없을 것이고 부처가 없고서는 중생도 없을 것입니다. 여러분, 여러분 몸속에 모든 생명들이 있습니다. 그런데 여러분이 혼자 산다고 할 수 있겠습니까? 혼자 먹었다고 할 수 있겠습니까? 혼자 생각한다고 할 수 있겠습니까? 혼자 잔다고 할 수 있겠습니까? 뭐든지 일체 혼자 하는 게 없습니다. 그래서 한마음 주인공은 공했다고 했습니다.

여러분! 우리가 이 세상에 나왔기 때문에 모두가 있는 것이고 상대가 있는 것이지 내가 없이 어떻게 상대가 있으며 종교가 있겠습니까? 모두가 이 도리를 완전히 터득을 하셔서 자유스럽게 되신다면 위로는 부모의 은혜를 갚을 수 있고 아래로는 햇빛을 줄 수 있다는 사실을 여러분이 잘 아셔야 될 겁니다.

내가 나를 모르고는 상대를 모릅니다. 내가 나를 모르고는, 안테나를 나한테 세워 놓지 않고는 통신이 올 수도 없고 통신을 보낼 수도 없는 것입니다. 여러분, 내 집에 전화를 놓지 않는다면 전화를 할 수도 없고 전화가 올 수도 없는 것처럼, 내 마음속에 안테나를 세워 놓지 않는다면, 기복으로 바깥으로 끄달리면서 빌고 온통 잘되게 해 달라고 아무리 시주를 한다 하더라도 공덕이 하나도 없고 이익이 하나도 없는 것입니다.

공덕이라 하면, 얼른 쉽게 말해서 무거운 것을 들 때 열 손가락으로 다 함께 드는 것을 말합니다. 무거운 것을 한 손가락으로 들 수 있겠습니까? 이게 공 도리, 즉 마음이 둘이 아닌 까닭에 일체제불의 마음, 일체 중생의 마음이 둘이 아닌 한마음으로 같이 돌아가면서 내면에도 같이 먹고 같이 하고 같이 거들고 같이 하는 겁니다. 혼자는 없습니다. 나라는 게 따로 있어서 혼자 사는 게 아닙니다. 그렇기 때문에 "너는 없노라. 네가 있다고 하지 말라. 네가 했다고 하지 말라. 네가 산다고 하지 말라. 네가 줬다고 하지 말라. 네가 좋은 일을 했다고 하지 말라. 했다고 하더라도 함이 없느니라. 수억 마리가 바로 너인데, 네가 그렇게 많은데 따로 네가 했다고 할 수 있겠느냐?" 하신 겁니다.

이 몸뚱이에 업식이 모두, 영계성 유전성 업보성 세균성 이 모두가 다 부합돼서 안에서 일어나고 바깥에서 끌어오고 이러는 작업을 바로 내면에서 하고 있는 것입니다. 묘한 것은 여러분의 몸뚱이 속에 있는 악업 선업은 바로 숙명통 컴퓨터에 과거에 어떻게 살았느냐에 따라서 입력이 돼 있고 또 현실에 살아나가는 대로 입력이 자동적으로 되는 것입니다.

여러분! 여러분이 나쁜 짓을 했건 좋은 일을 했건 여러분이 더 잘 아실 겁니다. 더 잘 아는 그 마음이 바로 자꾸 입력이 돼서 돌아가는 컴퓨터와 같습니다. 그러니까 거기에서 모든 것이 현실로 나오는 것입니다. 그러니 현실에 나오는 것은 여러분의 내면 속에서, 육신 속의 모든 세포 하나하나에서 그 생명의 의식들이 더도 없고 덜도 없이 그냥 그대로 나오는 것입니다. 이 컴퓨터에 입력이 된 거는 더도 없고 덜도 없는 것입니다. 그와 같이, 잘못됐든지 잘됐든지 그대로 나오는 겁니다. 그대로 현실에 나오는 거니까 마음을 잘 닦아서 거기다가 입력을 다시 하는 겁니다. '너만이 할 수 있다. 너만이 이끌어 갈 수 있다. 네가 사는 것이고 내 몸은 집합소며 바로 심부름꾼이며 바로 관리인일 뿐이니 모든 것을 다 이끌어 나가는 것은 너다. 너 한 귀퉁이만 없어져도 나는 몸이 쓰러지고 송장이 돼! 그러니까 내 의식들이, 모두 한데 뭉쳐진 의식들이 다 하는 거니까.' 하고 믿고 거기다 맡겨 놓는다면 바로 과거에 입력된 그 자체가 없어집니다. 현재 들어가는 입력으로 인해 앞서 입력된 게 없어짐으로써 팔자 운명이 바뀌어집니다.

여러분! 이 도리를 잘 파악하십시오. 우리가 이 세상에 나와서 이 모습을 가지고 얼마나 살겠습니까? 이 모습을 가지고는 영원히 살 수가 없는 것입니다. 우리는 이 모습을 가지고 있을 동안에, 이 모습이 떠나기 전에, 사대로 흩어지기 전에 내가 나를 알고, 나를 알았으면 실천하면서 물질계나 정신계가 둘이 아니게 실험하고 체험해서 자기 자신이 자유인을 만들어 나가는 것입니다.

한편 생각해 보면 이 세상은 에누리가 없는 것입니다. 한 달을 일해야 월급을 받아 오듯이 에누리가 없는 것입니다. 여러분 하는 대로, 한 대로, 생각한 대로 주어지는 것입니다. 여러분! 꿈을 잘못 꾸고도 꿈을 잘못 꿨다고 생각을 하니까 잘못되는 것이지 생각을 너그럽게 해서 '둘이 아닌 까닭에 잘못됨이 없다. 내 마음속에서 모든 것이 화해서 나의 눈에 보이는 것뿐이다.' 하고서 바꿔 놓는다면 헌 물이 들어오는 거를 새 물로 바꿔 쓰는 거와 같습니다. 자유자재할 수 있는 이 광대한 마음을 마음대로 못 쓴다면 안 되죠. 여러분, 마음대로 쓰라고 마음이 여러분한테 주어졌는데, 그리고 여러분이 부처라고 했고 만물의 영장이라고 했는데 마음을 가지고도 마음대로 못 쓴다면 어떻게 사람이라고 할 수 있겠습니까? 이 세상에 사람으로서 진짜 살아나가려면 부처님이 가르쳐 주신 그 뜻을 알고 나가셔야 될 것입니다.

우리가 여기에서 뜻으로 푼 천수경이나 뜻으로 푼 반야심경을 하는데, 들으면서도 거기다 마음을 기울이지 않고 '그냥 염불하겠지.' 이렇게 생각하지 마십시오. 그것은 천수경을 부처님의 가르침대로 뜻으로 푼 것입니다. 또 뜻으로 푼 반야심경도 부처님이 가르쳐 주신 그 길을 그대로 푼 것입니다. 그렇기 때문에 그 염불은 염불이 아니라 바로 설법입니다. 부처님이 설법하신 겁니다. 그런데 그렇게 마음을 기울이지 않을 수가 있겠습니까? 마음을 기울이고 들어서 지혜를 넓히고 발전을 시키고 창조력을 길러서 내가 자유자재할 수 있다면 어떠한 것이든지 할 수 있는 것입니다. 하다못해 무술을 하는 데도 신검을 만들려면 내 혼을 다 넣어서 칼을 갈고 갈아야 바로 신검이 만들어지는 것입니다.

여러분이 이 세상에 잠시잠깐 캠핑하듯이 나와 가지고서 그렇게 허망하게 살다가 그냥 세세생생을 말려서 허덕이겠습니까? 우리가 인간의 모습으로 나왔지만 어떻게 사느냐에 따라서, 어떻게 알고 행하느냐에 따라서 우리는 모습이 달라집니다. 짐승이나 미물로다가 몸을 바꿔 가지고 나오는 것은 바로 그렇게 살았기 때문에 살았던 그대로 모습을 받아 가지고 나오는 것입니다. 지금 현실을 말하는 것입니다. 옛날에 어떻게 했다는 걸 얘기하는 게 아닙니다. 전설의 고향처럼 옛날 얘기가 아니라 현실에 그렇게 하면서 지금 가고 있습니다.

옛날에 상원사에 꿩이라나 까치라나, 그런 전설로 내려오는 얘기가 있죠. 까치의 알을 구해 주기 위해서 구렁이를 쏴 죽였는데 그 구렁이의 부인이 원수를 갚으려고 남편을 죽인 사람을 죽이려고 하니까 그 까치가 은혜를 갚기 위해서 십 리 밖으로나 물러났다가 힘껏 날아들면서 그 종을 쳤답니다. 입 주둥아리가 다 무너지고 피가 낭자하게 되어 거기에 엎어져서 죽었더랍니다. 그분을 살리고 말입니다.

그런데 사람은 사람이라고 모든 것을 다 업신여깁니다. 미물의 짐승도 우리 인간보다 낫습니다. 개라고 고양이라고 소라고 돼지라고 그저 아무렇게나 생각하겠죠. 돼지는 돼지 대접을 하겠죠. 소는 소 대접을 하고 개는 개 대접을 하겠죠. 허나 모든 짐승들도 은혜를 알고 나쁜 거 좋은 거를 알고 은혜를 갚는데, 인간은 은혜를 갚을 수 있는 사람들이 몇이나 될까요? 여러분을 그렇게 낳아 주신 육의 부모의 은혜를 갚기는커녕 오히려 길러 준 은공도 모르고 생각조차도 못한다고 하는 거나 마찬가지죠. 실천을 안 하니까요. 말로만 "어머니 아버지 그 은혜, 참 고맙습니다."라고 하지만 진정코 고맙다는 생각이 아니었어요. 게다가 다 길러 줘도 어린애를 낳으면 또 자기 자식까지 맡기죠. 집을 보라고도 하죠.

이렇게 되는 것은 모두 고마움을 모르기 때문입니다. 감사함을 모르기 때문이에요. 지금 우리가 물을 거저, 또는 돈 내고 먹는다 하더라도 그저 맘대로 먹을 수 있습니다. 또한 불도 바람도 공기도 마음대로 얻을 수 있어서 감사한 줄을 모르는 겁니다. 당장에 공기가 없으면 사람의 생명이 없어지고 당장에 물을 못 먹으면 죽는데, 불이 없어도 죽고 흙이 없어도 죽고 다 죽게 돼 있어요. 그런데도 감사할 줄을 모르고 당장 길러 준 부모한테도 감사한 줄을 몰라요. 그러니 자식한테 감사함을 받을 수 있겠습니까?

이 모두가 자기 자신들이 한 대로, 생각한 대로 행동한 대로 말한 대로 그렇게 자기한테 닥치는 것입니다. 좋은 일을 했으면 좋은 것이, 언짢은 일을 했으면 언짢은 것대로 이렇게 닥치는 것이니 그 마음이 바로 자기의 보배이면서도 채찍입니다. 자기를 가르치는 자기 채찍. 그래서 그 채찍은 먼 데 있는 게 아니라 아주 가까운 데, 나에게 그림자처럼 따라다니고 있습니다. 그것이 제일 무서운 거지 다른 데 신이 나를 도와주고 다른 데 신이 나에게 벌을 주고 이러는 것이 아닙니다. 그 악식(惡識)에 의해서 악한 마음이 생기는 거나 선한 마음이 생기는 거나 바로 한군데 마음속에서 나오는 겁니다.

그러니 여러분의 마음으로 그 한마음 속에서 투표를 해 보십시오. 내가 선한 일을 얼마나 했으며 악한 일을 얼마나 했는지 그 모두를 생각해 보신다면 그 집합소 안에서 아마 투표를 해 줄 겁니다. 그 투표는 안에서 해 주는 것이니 여러분이 너무나 잘 아실 겁니다. 그러니 우리가 마음과 마음이 연결돼서 돌아가는 이 도리를 잘 아셔야 합니다. 악하게 쓴다면 악한 마음이 연결돼서 돌아가니 악에서 벗어날 길이 없는 것이죠. 그런데 선의 마음으로 연결돼서 돌아간다면 바로 허공에 연꽃이 필 것이요, 그 마음이 우주간 법계에 두루 하여서 바로 여러분의 마음속에 일체제불이 찰나찰나 드시면서 나시고 나시면서 드시고, 그렇게 해서 자유스럽게 살게끔 여러분의 마음이 증득될 겁니다, 깨달아질 겁니다.

그런데 여러분의 가정에서 여러분의 사는 방식이 말입니다, 내가 볼 때는 전부 틀렸어요. 말로 토론을 해서만이 잘되는 것도 아니고 또 안되는 것도 아닙니다만 말입니다. 욕을 해 재끼고 잘못한다 해서 때리기만 하고, 너는 고렇게 하니까 깡통밖에 못 찬다는 둥 너는 그렇게 하니까 그것밖에는 못한다는 둥 이렇게 한다면 그 음파가 같이 돌아가기 때문에 정녕코 그렇게 돌아가는 것입니다.

그러니 우리가 첨단을 넘어서고 마음의 작용에 의해 마음의 발전을 하면서 창조력을 기를 수 있도록 여러분의 마음이 마음을 다스려야 할 것입니다. 어떠한 용도가 가정에 닥치든지 부드러운 말을 해 주고 부드러운 행을 해 주고 부드럽게 해 주되 '너와 나와 둘이 아닌 까닭에 바로 너만이 저 사람을, 저 애를, 저 부모를 이끌어 줄 수 있다. 마음을 참답고 슬기롭고, 정말이지 아주 조건 없이 사랑을 베풀 수 있는 그런 마음을 가지게 할 수 있고 그렇게 이끌어 주는 것도 너밖에 없다.' 하고 거기다 맡겨 놓고 그렇게 해 준다면 집에 안 들어오겠다는 애들도 다 들어오게 돼 있습니다.

마음으로 붙들어야지 육신을 붙들려고 아무리 잡아도 육신은 자꾸 달아나갑니다. 마음이 달아나가니까 육신도 달아나가지죠. 그러니까 마음을 잡으면 육신도 잡아지지 않겠습니까? 이게 조건 없는 사랑으로서 모두 밝게 살 수 있는 방법입니다. 마음 자체가 그렇게 위대한 겁니다. 여러분이 상업을 하든지 공업을 하든지 또는 과학자든지 기술자든지 어떠한 문제를 해결해 나가는 데도 바로 자기 스스로 느끼면서 마음과 마음으로써 이끌어 나갈 수 있는 그 도리로써 해야 합니다.

그런데 바깥으로 돌아다니면서 기복으로 잘되게 해 달라고, 어느 바위 앞이나 어느 부처님 앞에 가서 그저 칠성, 무슨 산신, 일일이 이름을 부르면서 찾습니다. 병이 들면 약사를 찾고 또는 무슨 일이 생기면 산신을 찾고 각종의 이름을 다 부르고 다니시죠. 그런데 이런 거 보셨습니까? 관세음상이 몸은 하나인데 머리에 작은 관세음상이 두루두루 붙어 있는 거 보셨습니까? 보셨죠? 그것은 무슨 까닭일까요. 그 상이 웃는 상만 있는 게 아니라 성난 상, 찌푸린 상, 아주 쾌활하게 웃는 상, 시무룩하게 있는 상, 여러 상이 있습니다. 열 개의 상이 있다면 똑같은 상만 있는 게 아닙니다. 한 몸에 여러 가지 얼굴을 가지고 있죠.

그런데 여러분도 한 가정에서 말입니다, 아버지다 어머니다 하더라도 한 몸을 가지고 여러 얼굴을 하지 않습니까? 대답해 보세요. 금방 남편이 됐다가 “아버지!” 하면 아버지가 되고, 금방 아들이 됐다가 사위가 되고 아, 몸 하나에 몇 가지의 얼굴을 가지고 있습니까. 이런 생각 한번 해 보셨습니까?

그러니 부처님께서 그 뜻을 가르치기 위해서 그렇게 형상으로 해 놓으셨는데도 여러분은 그걸 몰라요. 그래서 부처님의 마음이 동방에 아촉이요 서방에 아미타요, 이 사바세계에 관세음이요 지천국에 지장이요, 물에서는 용신이요 흙에서는 지신이요, 명이 길게 해 달라고 하는 칠성이요, 여러분이 다 칠성이에요. 육근에 마음이 하나 들어서 칠성이라고요. 그래서 죽으면 칠성판을 한다고 그러죠. 잘난 애들이면 ‘어, 칠성이 참 잘생겼구나! 칠성판이 참 좋구나!’ 이러죠.

이 모두를 연구하고 생각해 봐서 모두를 알아야, 인간으로 화해서 이 세상에서 살면서 이 세상의 수레 굴레바퀴에서 죽었다 살았다 죽었다 살았다 이렇게 바뀌고 저렇게 바뀌고 하는 무명의 굴레를 벗어날 겁니다, 아마. 다람쥐가 쳇바퀴를 돌릴 때에 쳇바퀴 바깥으로 벗어날 수 있겠습니까? 여러분이 생각을 아니 하고 여러분이 마음의 발전을 시키지 않는다면 어떻게 벗어날 수 있겠습니까? 여러분의 마음이 부처입니다. 마음이 잘 지혜롭게 나간다면 부처고 망종으로 나간다면 바로 마구니입니다. 아수라장이 되죠.

내가 말로만 이렇게 하는 줄 아십니까? 지원이고 본원이고 이 공부를 해 나가면서 체험을 하시고 가정을 이끌어 나가면서 사회를 이끌어 나가고, 사회를 이끌어 나가면서 세세생생 이끌어 나갈 수 있는 원력의 자유를 얻은 분들이 너무 많습니다. 아까도 얘기했지만 우리는 자유스럽게 살 수 있는데 관습에 걸리고 습에 걸려서 그렇습니다. 수억겁을 거쳐 미생물에서부터 진화되면서 화해서 이렇게 인간까지 오는데 짐승은 안 돼 봤겠습니까, 그 어떤 벌레는 안 돼 봤겠습니까. 어떠한 미물의 짐승은 안 돼 봤겠습니까? 그렇게 하면서 그렇게 구르면서 쫓기고 쫓으면서 먹히고 먹으면서 이렇게 인간까지 나와서 인간의 굴레에서 벗어날 수 없다면 어떻게 만물의 영장이라고 하겠습니까.

그런데 자세하게 한마디 할 것은, 여러분이 꿈을 꿨다든가 이사를 간다든가 집을 짓는다든가 뭐 집안에서 무슨 일이 생겼다든가, 안 좋은 조짐이 생긴다든가 어떤 느낌이 온다든가 이렇더라도…, 마음은 자유스럽게 쓸 수가 있는 거 아닙니까? 허! 도대체 마음이라는 게 뭡니까? 여러분은 마음을 제가끔 가지고 있습니다. 천차만별의 모든 것은 바뀌지고 변천하고 일어나고 가라앉고 합니다. 우주의 섭류가 다 이렇게 일어났다 가라앉고 가라앉았다 일어나고 합니다. 별성의 모든 것도, 은하계의 모든 것도 말입니다. 어떠한 혹성도 달도 태양도, 그 모두가 작용하는 것이 인간의 작용과 같습니다.

마음이 모든 작용을 해 나갈 수 있는 겁니다. 생명의 근본, 이 자체가 영원한 씨일 뿐만 아니라 영원히 작용을 하는 겁니다. 그러니까 여러분이 마음대로 마음을 쓸 수 있는 건데 그 습으로 인해 얽매여서 살아요. '아이고, 이사를 가야 할 텐데 어느 방향에 손이 있다더라.' 이런 거 말입니다. 그리고 '아이고, 올해는 삼재가 들어서 물에도 갈 수가 없고 뭐 어디고 다 조심을 해야 한다더라.' 이런 습 말입니다. 이것도 하나의 습이지 누가 그렇게 나쁘다고 했습니까, 나쁘게 된다고 했습니까? 네? 좋게 된다고 했습니까, 나쁘게 된다고 했습니까? 여러분의 관습에 의해서 그렇게 생각하는 거죠.

어떤 사람이 "스님! 집을 지어야 할 텐데 구랑신이 내렸답니다. 집을 못 짓겠는데요." 이런단 말이에요. "이 사람아, 당신이 태어나고부터 이 세상이 있고 집도 짓는 거지 누가 구랑신이 내렸다고 못 짓게 하던가? 구랑신이 내렸다고 생각하는 그 마음이 구랑신을 내리게 하는 거다. 그러니까 네 마음이 구랑신을 내리게 할 수 있는 귀신이야! 네 마음이 귀신 노릇을 하니 어찌 귀신이 안 덤빌 수 있겠느냐. 그러니 네 마음이 귀신이 아니라면 그대로 지을 것이고 네 마음이 바로 구랑신이라면 못 지을 것이다." 그랬죠. 그랬더니 그 해에 집을 짓고도 아무 일 없이, 탈 없이 잘 지냈다고 고맙다고 하더군요.

마음 하나에 그렇게 엄청난 문제가 생깁니다. 마음으로 발발발발 떨면서 삼재가 들었으니까 부적을 해다 붙여야지, 또 물어봐야지 하면서 온통 난리를 치고 또 살림을 해 나가면서도 잘못될까 봐 겁이 덜컥덜컥 나고, 꿈만 조금 잘못 꿔도 온통 난리가 나죠! 마음으로 말입니다. 지금 먹고 살기도 바빠서 죽겠는 세상에 종교마저도 그렇게 허덕지덕 하고 괴로움이 많으니, 마음대로 살지 못하고 마음대로 하지 못하고 그렇게 사니 그게 바로 감옥이지요. 그게 바로 지옥이지 딴 데 지옥이 있고 감옥이 있는 게 아닙니다. 당신네들 마음을 마음대로 못해서 창살 없는 감옥에다가 쳐넣어 놓고 산하대지를 마음대로 할 수 없이 만들어 놓는 것에 바로 귀신들이 있는 것이지 아니, 누굽니까? 누가 귀신을 만듭니까? 여러분이 귀신을 만들고 귀신을 섬기고 또 귀신한테 말리고 이러는 거죠. 하늘이나 땅이나 산하대지의 일체 만물만생이 여러분한테 그렇게 살라고 했습니까? 누가 그렇게 살라고 강요했습니까?

그렇기 때문에 부처님께서 49년 설하시면서 여러분한테 그렇게 말씀하셨던 겁니다. 삼천 년 전이나 지금이나, 그때도 여러분이 계셨고 지금도 여러분이 계신 겁니다. 그러니 마음을 너희 맘대로 하되 눈으로 보고 귀로 듣고 코로 냄새를 맡고 입으로 맛을 알고 몸뚱이로 부딪치는 걸 알고, 육근 육진 육식을 다 알아서 모든 물질세계나 정신세계에 둘이 아니게끔 다 돌아가면서 잘 생각을 해서 너에게 이익하도록 해라. 이익하도록 생각하지 이익하지 않도록 생각하지 말라. 남을 이익하게 생각하면 내게 이익하게 돌아오고 내가 이익하게 생각하면 남도 이익하게 생각해 주고, 이렇게 서로가 서로를 위해서 조건 없이 사랑할 수 있는 바로 그 지혜로운 마음이 필요합니다. 산하대지의 일체 만물만생이 마음과 마음을 전달해서 돌아가는 이 마음이 그대로 지혜로운 마음으로 돌아간다면 불국토가 될 것이고, 악한 마음으로 돌아간다면 바로 수라장이 될 것입니다. 말세 말입니다. 말세가 된다 이 소립니다.

아까도 얘기했지만, 가정의 화목을 지키고 마음의 계발을 숭상함으로써 마음의 발전을 해서 우리가 자유스럽게 살 수 있는 것입니다. 모든 악행이 벌어지지 않고 모든 애고가 벌어지지 않고, 유전성 영계성이 벌어지지 않게끔 여러분의 마음이 그렇게 진짜 발전만 하게 된다면 여러분은 정말이지 감사함을 알게 될 것입니다. 그러면서 정말이지 일체 만물만생이 내 스승 아님이 없음을 알게 되고 일체 만물만생의 아픔이 내 아픔 아님이 없음을 알게 되는 거죠. 그래서 높이 보지도 말고 낮게 보지도 말고 자기같이만 본다면 바로 우리가 중용을 하는 것입니다. 정신계와 물질계를 둘로 보지 않는 중용 말입니다.

조선조 때에 불교를 탄압해 가지고 생긴 기복이 개선되지 않고 내내 이렇게 나간다면 우리는 불국토는커녕, 허허허…, 아마 우리의 삶의 터전을 잃을 겁니다. 우리가 마음공부를 한다면 지구의 수명도 우리의 수명도, 태양의 수명도 은하계의 별성의 수명도 자유스럽게 할 수 있는 도리를 알게 되고 어떠한 문제도 해결을 할 수 있는 그런 마음이 될 것입니다.

여러분의 마음을 우습게 보지 마십시오. 여러분의 마음은 바로 부처이자 법신이자 바로 보현신입니다. 생각을 쉬고 놨을 때는 부처인 것이고 한생각을 일으켰을 때는 법신인 것입니다. 잘 생각을 해서, 즉 말하자면 아픈 것도 '네 속에서 아픈 것도 나온 거니까 네 속에서 낫게 할 수도 있는 거구나!' 이렇게 생각을 할 수 있는 아량과 지혜가 바로 법신을 만드는 것입니다. 그리고 생각을 했으면 바로 몸이 움죽거리게 되니 보현신이자 화신이자 바로 응신입니다. 여러분의 몸속에 있는 모든 자생중생들부터 제도를 해야만이 모두 천백억화신으로서 화하게 되면서 제도를 받는 것입니다. 여러분의 몸뚱이 속의 모든 자생중생들이 굴레에서 벗어나야 여러분이 성불을 하는 겁니다.

여러분! 여러분 마음속에서 화를 내게도 하고 '배고프다, 좀 빨리 가져오너라.' 하면 입으로 넣기도 해야 돼요. '나는 요런 게 부족하니까 요런 걸 달라' 그러고 '채소가 부족하니까 채소 달라' 하면 채소를 빨리빨리 요리해서 먹죠? 먹고 싶은 것이 있으면 시장에 나가서 빨리빨리 사다가 해 먹고 또 한 가정에 잘 먹는 사람이 있으면 '아! 요런 거를 잘 먹더라.' 하고 사다 드리죠? 그것이 그분이 먹는 게 아니고 내가 먹는 게 아니에요. 내 속의, 그분 속의 모든 생명들이 '내가 요런 게 부족하니까 요런 걸 좀 다오.' 하기 때문에 고런 게 맛있고 먹고 싶거든요. 그런데 어떻게 여러분이 먹고 여러분이 살고 여러분이 했다고 하겠습니까? 여러분의 이름이 그렇게 많고, 여러분의 모습이 그렇게 많고, 여러분의 마음 의식이 그렇게 천차만별로 많은데 어찌 여러분이 '여러분'이라고, 그냥 '나'라고 하나로 결정을 지을 수 있겠습니까.

그러니까 이거는 말로 어떻게 할 수가 없는 얘긴데 말입니다, 이거를 어떻게 말을 해야 여러분이 쉽게 알아들을까 하고 지난번부터 고심을 하면서 이렇게 얘기를 해 드리는데 말입니다, 몸의 내부에 있는 의식들은 여러분이 과거에 어떻게 살았느냐에 따라서, 악행을 저질렀든지 선행을 했든지 그대로, 입력된 것대로 그대로 나옵니다! 이러고저러고가 없어요. 그러니 독 안에 들어도 못 면한다는 소리가 나오죠. 그러니 나온 데다가 되넣으면서, 되입력을 하면서 거기다가 '너만이 해결할 수 있어.' 하고 놓으면 벌써 그것은 입력이 되는 겁니다.

여러분, 그때는 그 노래가 좋아서 카세트에다가 녹음을 했는데 나중에 다 알고 나니까 그 노래는 이제 그만 한물이 갔죠. 그래서 새로, 듣기 좋고 하기 좋은 노래를 또 녹음을 하려니까 테이프가 아까워요. 돈을 주고 또 사자니 뭐하고 그러니까 그 테이프를 가지고 또 녹음을 하게 되면 앞서 노래 넣었던 거는 다 없어지고 새로이 노래가 입력이 돼서 들어가는 거죠. 우리 살림살이가 모두 천차만별이죠. 닿다가도 이런 게 닥치고 닿다가도 요런 생각이 나고, 닿다가도 요런 행이 나오고, 그 요상하지 않아요? 마음이 요상한 거죠. 요상하기 때문에 부처죠. 요상하기 때문에 법신이고요. 요상하기 때문에 굴레를 벗어날 수도 있고, 아주 벗어나지 못하게 지옥에 꽉 잠겨서 나오지도 못하게끔 되는 수도 있고요.

그렇게 된 거니까 뭐 이러고저러고 그럴 새가 없어요. 그러니까 그 자리에 모든 것을 믿고 맡겨 놓으란 말입니다. 예를 들어서 뿌리와 나무를 뗄래야 뗄 수 없듯이 여러분의 영혼의 근본과 지금 육체를 뗄래야 뗄 수 없습니다. 안 그렇습니까? 저 나무가 뿌리가 없으면 어떻게 푸르르게 살 수 있겠습니까? 여러분이 생명의 근본이 없다면 여러분이 이렇게 지금 앉아 계실 수도 없습니다. 왜냐? 송장이니까요. 그러니 뗄래야 뗄 수 없는 영원한 친구, 영원한 자기 불성을 진짜로 믿어야 되는데 '아이구, 아리송해서 모르겠어. 도대체 주인공이라는 게 뭐 말라빠져 죽은 거야?' 한다면 자기더러 자기가 욕을 하는 거죠.

주인공이라는 것은 정맥 동맥이 돌아가듯 고정됨이 없이 돌아가는 자체입니다. 간장이나 위장이나 방광이나 콩팥이나 척수, 척추나 심장이나 모두가, 눈 가는 데 귀 가듯이 귀 가는 데 입 가듯이 이렇게 같이 돌아가는데 아니, 주인공이 아닙니까? (동그라미를 그려 보이시며) 공했다 이거죠. 너 나가 없이 그냥, 아까도 없고 지금도 없이 돌아간다 해서 '공이다' 했습니다. 그랬는데 자기가 이렇게 있으니까, 한 사람이 생겼으니까 주인이다. 주인이자 공했다. 마음도 고정된 것이 없고, 마음 먹는 것도 마음을 하나만 갖는 것도 아니다. 아니, 한 가지 마음만 쓰고 삽니까? 보는 것도 듣는 것도 말하는 것도 가고 오는 것도 먹는 것도 모두가 고정된 게 하나도 없으니까 공했죠. 그래서 여러분 몸이 공체입니다, 공체! 내면에서도 공체요 외부에서도 공체입니다. 그리고 공심이요 공용이요 공식화하고 돌아가는 바로 그 자체인데 내가 있다고 하고 내가 했다고 하고 내가 줬다고 할 수가 있겠습니까?

그래서 부처님께서는 "내가 했단 말을 하지 마라. 왼손으로 할 때 바른손이 몰라야 하고 바른손이 할 때 왼손이 몰라야 하느니라. 그 도리를 알라. 네가 혼자 했다고 하는 것은 전혀 없느니라. 네가 죽어야 너를 보지 죽지 않으면 너를 볼 수 없느니라." 하셨습니다. 그런데 왜 죽어야 하는가? 모든 사람들이 이렇게 말했죠.

옛날에 선지식들께서 가르치기 위해서 이런 말씀을 하셨습니다. "애들아!" "예." "너희들 오늘서부터는 모든 곡기를 끊어라. 음식을 하나도 먹지 마라." 그랬습니다. 그런데 음식을 하나도 먹지 말랬다고 하루 종일 굶고 앉아 있는 겁니다. 이거 정말이지 머리가 영 안 돌아가는 거죠. 하하하…. "음식을 아주 영원토록 먹지 마라." 이랬거든요. 아, 그랬는데 머리가 영 안 돌아가잖아요. 먹는 사이 없이 먹는다면, 내면에서나 외부에서나 그런 줄 안다면 먹는 사이 없이 먹게 되죠. 공식(共食)이니까요. 그런데도 그 머리가 안 돌아가니 굶어서 그냥 쓰러지더랍니다. 모두들 쓰러져서 일어나질 못하니까 또 "먹지 않고도 육체가 죽지 않는 법을 알아라." 하셨단 말입니다. 육체를 안 죽이려니 먹어야 하긴 하겠고, 허허허…, 먹는 사이 없이 먹으라니 도대체 먹어야 할지 안 먹어야 할지 모르겠더랍니다. 그래서 서로 입을 대고 이야기를 해 봐도 이거 먹어야 할지 안 먹어야 할지 모르겠다 이거죠. 그러니 이거를 어떡합니까?

한 사람이 드러누웠다가 착 일어나면서 하는 소리가 "아무렴 아무렴, 그렇고 말고!" 하고 일어나더라는 거죠. 그래서 '아무렴 아무렴 그렇고 말고!' 이게 무슨 소리냐고 하고 벌떼처럼 일어나면서, 그냥 몸을 가누지를 못하면서 일어나서 물으니까 "흥! 내가 없으니 말이야." 하더랍니다. 그런데 그 사람네들은 '내가 없으니 말이야.' 이 소릴 또 못 알아듣는 겁니다, 이제.

그러니 옛날에 선지식들이 가르치려고 얼마나 애쓰셨나 하는 생각을 가만히 해 봅니다. 그래서 될 수 있으면 이 물리적인 문제를 알뜰히 알려 주고 이해를 시켜서 모든 거를 놓을 수 있게끔 하는 방식으로 이끌어 가고 있습니다. 지금 사람들은 너무 머리가 잘 돌아가서, 모두 물질세계로 잘 돌아가기 때문에 웬만큼 해서는 도무지 신청도 안 하고 돌아가니까 말입니다. 그러니까 한술 더 떠서 '허! 요 몸속에도 네가 많기 때문에 네가 했다는 소리를 할 수 없다. 혼자 먹었다고도 할 수 없다.' 이렇게도 가르칩니다. 그러니 내가 없지 내가 먹은 사이가 어디 있고 내가 준 사이가 어디 있느냐. 그러니 그렇게 깨닫고 본다면 조건 없는 사랑을 할 수 있다. 조건 없이 사랑을 할 수 있는 사람이라면, 즉 '여래의 자비를 베풀 수 있다' 이런 말이 나오죠.

우리가 이름은 각각일지언정 어찌 뜻이야 각각일 수가 있겠습니까? 여러분, 이제는 절대 어떠한 애로가 있다 하더라도, 그냥 솟구치는 울음이 나오더라도 '주인공! 너와 같이 울고 있잖아. 너만이 해결할 수 있어.' 하고 같이 붙들고 울지언정 바깥으로 끄달리면서 울지 마세요! 바깥으로 찾지 마세요! 바깥으로 구걸하지 마세요! 바깥으로 달라고 하지 마세요!

여러분이 법당에 들어갔을 때는 바로 그 형상이 내 형상이요 그 마음이 내 마음이요 그 생명이 내 생명이니 둘로 보지 않는 마음, 항상 둥글게 둘로 보지 않는 마음으로써 한다면, 바빠서 일 배를 하더라도 천 배가 될 것이요, 일 배를 하더라도 삼 배를 하더라도 만 배가 될 것이요, 삼만 배가 될 것입니다. 세상에 아무리 내가 말을 해도 통신이 안 되면 아무 소용이 없죠. 전화하는 데 전화 코드를 빼 놓고 아무리 거기다 말을 해 보세요, 상대방이 들을 수 있나! 전화 코드를 끼우고서 말을 해야 상대가 들을 수 있죠? 그렇듯이 내 속을 빼놓고는 절대로 일체제불이나 일체 만물의 그 모든 마음과 마음이 전달이 되지 않습니다.

양 무제가 달마 대사더러 "그렇게 많은 시주를 하고 많은 보시를 했는데 얼마나 공덕이 되겠습니까?" 하고 물으니 "넌 공덕 될 일 하나도 한 게 없느니라." 했더니 약사발을 안겨서 죽였지 않습니까? 죽였는데 죽은 사이가 없어! 달마 대사는 지금까지도 죽지 않았어요. 부처님도 지금까지도 죽지 않았고 여러분도, 그때 당시에 있던 여러분이 지금까지도 죽지 않고 있지 않습니까? 그저 한 찰나에 모습을 갈아서 나오고 한 찰나에 모습을 갈아서 또 나오고 이럴 뿐입니다.

어떤 사람이 원주에서 죽었는데 개가 됐습니다. 개로 된 거를 어떻게 알겠습니까마는 이 공부한 사람들은, 개 모습을 가졌지만 바로 전자의 영혼을, 그 개의 전자를 알고 있기 때문에 그 의식을 알고 있거든요. 그러니 항상 가면 따르는 겁니다. 그전에 봉산동 경찰서 옆에 교육감 하시는 분이 사셨습니다. 그 집 개입니다. 그랬는데 가면 노냥 그렇게 울어요. 끙얼끙얼 하고 눈물을 뚝 흘리고, 끙끙 하고 뚝 흘리고요. 그런데 어디를 가다가 그 집을 갔는데 말입니다. 새끼를 낳고서 밑이 빠져 가지곤 디룽디룽 매달려 있는데요, 그때는 정말 울어요. "당신은 나를 벗겨 줄 수 있잖아." 하는데 나는 말입니다, "내가 너의 밥을 대신 먹을 수는 없어! 그 도리를 알면 너 지금이라도 벗어." 했어요. 그랬더니 정말 그날로 몸을 벗었어요. 그거는 나만 아는 게 아닙니다. 그날로 벗었어요. 그게 개 하나뿐이 아니에요.

개뿐이 아니라 돼지도요, 부모가 죽어서 돼지로 됐는데 꿀꿀꿀꿀 하면서 '나는 아무개다, 아무개다, 내가 아무개다' 하고 아무리 꿀꿀거려도 자식이 "야! 이놈의 돼지, 왜 말 안 듣고 그러냐?" 하고 물을 한 바가지 더 붓고는 그냥 휘휘 저어 주고는 막대기로 탁 때리곤 가거든요.

그러니 여러분, 생각을 해 보십시오. 개 모습을 가지고 나온다면 개 대접밖에는 못 받을 것이고 돼지로 나온다 하더라도 돼지 대접밖에는 못 받아요. 그게 고에서 나올 수가 없는 거고 그것이 바로 지옥입니다. 사람의 의식은 가졌는데 짐승의 모습으로 돼 보십시오. 그것이 지옥이 아니고 무엇인가. 그러니 여러분이 지옥이 따로 있는 게 아니라 이 자리에 지옥도 있고 이 자리에 천당도 있는 것이지 딴 데 있는 게 아닙니다. 멸하고 생하는 것도 이 자리입니다. 이 자리에서 태어나고 이 자리에서 죽는 겁니다. 어디 따로 있습니까? '생함도 없고 멸함도 없다.' 하는 이 도리를 알게 되는 겁니다. 생함이 어디 따로 있고 멸함이 어디 따로 있습니까? 그냥 영원하게 돌아갈 뿐입니다. 이 우주 자체가 그대로 영원히 돌아갈 뿐입니다.

그런데 사람들은 과학적으로 어떻게 생각을 하느냐? 수명이 짧으니 기니 합니다. 물론 수명이 짧고 길고가 있죠. 사람의 수명은 좀 긴가 하면 어떤 짐승의 수명은 짧고 이렇죠. 그것도 그래요. 하지만 사람의 수명보다 지구의 수명이 더 기냐? 또는 산천초목의 수명이 더 기냐? 이런 것도 여러분이 더 잘 아실 겁니다. 그러나 수명이 길고 짧고 이런 도리가 막상 모두가 평등하게 돌아갈 때는 내 마음이 수명을 길게 할 수도 있고 짧게 할 수도 있다는 결론이 나옵니다. 그러니 불국토를 가져올 수가 있는 거죠. 이 모두를 그렇게 해서 깨달은 사람은 나쁘게 하는 일이 없고 남한테 해롭게 하는 일이 없고, 이익하게 하는 그런 일밖에는 안 합니다.

만약에 나쁘게 하고 마음 도리의 가르침을 따르지 않고 자꾸 달아나간다면 달아나가는 대로 그냥 내버려 둡니다. 왜냐하면 그걸 가만 두지 않으면 부러지니까요. 내버려 둬서 막다른 골목까지 경험을 하고 다시 돌아오게 하면 했지 억지로 막지는 않습니다. 그게 이익을 갖다 주는 거죠. 그래서 죽이는 것도 법 살리는 것도 법, 죽이는 것도 건지는 거요 살리는 것도 건지는 거라고 했습니다.

어느 스님이 잘못 살아서 구렁이로 화해 가지고 다시금 그 절 도량에 묵게 됐답니다. 사람의 의식을 가졌는데 착이 붙어 가지고 거기에 머물러 있으려니까 너무도 기가 막히더랍니다. 그래서 이슬이나 풀이나 이런 거 뜯어 먹고 절대로 해를 끼치지 않고 바위틈에서 십여 년을 살았더랍니다. 그러다 보니까 그 절에 어느 도인 한 분이 거지 탈을 쓰고 삿갓을 쓰고선 오더랍니다. 구렁이가 된 스님이 가만히 보니까 '아유! 저분 같으면 나를 너끈히 구해 낼 수 있겠다.' 해서 그냥 일부러 나와 가지고는 그 스님이 지나가는 길 발치에 가서 그냥 일자로 쓰윽 드러누웠거든요.

이 스님이 오다가 보고는 "허! 아주 팔자 좋게 늘어졌구나!" 하하하…. "그러니 왜 집을 그런 걸 지어 가지고 나왔어? 남이 보기에 좀 좋은 집을 지어 가지고 나오지 아니, 왜 그렇게 아주 남들이 다 싫다는 집을 지어 가지고 나왔어?" 하면서 "그렇다면 이것이 무슨 도리인가? 내가 밥을 먹는 게 옳으냐, 밥을 먹지 않는 게 옳으냐?" 하고 구렁이한테 물었답니다. 그러니까 구렁이가 하는 소리가 "먹는 것도 아니고 안 먹는 것도 아니고, 내가 먹는 것은 내가 먹고 네가 먹는 것은 네가 먹지. 그런데도 그저 물방울이 떨어질 뿐이고 소리만 날 뿐이지 아무 소용 없구나!" 이러더라는 거예요. "그러면 네 집을 좀 고칠 수도 있겠구나!" 하니까 "내 집이 고쳐지걸랑 이 헌 집일랑 좀 태워 다오." 그러더라는 거죠. 그날로 집 속의 주인은 빠져나가고 집만 남아서 그 집을 태워 줬대요.

그러니 먹고 안 먹고, 이 가운데 뭐가 있어서 자유롭게 살 수 있는가? 한번 생각해 볼 점이 있지 않아요? 그렇다 하더라도 내가 나라고, 내가 좀 안다고 이렇게 하면 안 되는 이유가 있죠. 그렇든 아니든 그 가운데에 내가 있는 걸 안다 하더라도 둘 아니게 나투는 도리를 알기 위해서도 또 해야 하니까요. 둘 아니게 나투어서 천백억화신으로 조건 없는 사랑을 줄 수 있는 응신이 돼야만 되거든요. 원소에서 입자, 즉 말하자면 분자로 화해서 수없는 화신이 나가서 응신이 돼 주는 그러한 부처님 역할을 아니, 부처님이라고 이름을 안 해도 좋아요. 자유인이 그렇게 많이 돼서 남을 이익하게 하고 동방이든 서방이든 남방이든 북방이든 땅속이든 하늘 위든 없는 데 없이 자기가 살 수 있는 그런 계기가 돼야만이 벗어났다고 할 수 있으니까 말이죠.

하여튼 내가 여러분처럼 학식이 많고 이렇다면 아주 이쁘게 다듬어서 말을 잘해 드릴 수 있을 텐데 내가 이쁘게 다듬을 줄을 몰라요. 허허허…. (대중 박수) 그러니까 다듬지 않은 이 소리지만 진실한 소리로 아시고 실천해 보고 이러신다면 좋은 계기가 될 수 있으리라고 믿습니다. 질문 있으면 질문하십시오.

우리가 뭔 소릴 하나 하고 저 경찰님네들이 와서 계신 것 같아요. 허허, 그게 무서우면 이 세상을 떳떳하게 살 수가 없을 테지요. 그런 생각이 나는군요. 예전에 내가 빨치산으로 붙들렸는데 말입니다, 옛날에는 산으로 들아다니는 사람을 보면, 그냥 얼굴이 다 찌그러져서 피가 흐르고 이러니까 빨치산으로 붙들릴 수밖에 없잖아요. 그렇다고 해서 주민등록증이 있어, 무슨 시민증이 있어? 아니, 그땐 도민증이라고 그랬죠. 아, 이러니까 붙들릴 수밖에 없잖아요. 붙들어서 가둬 놨단 말입니다. 그런데 하나도 두려운 게 없어요. 오히려 다니고 하느라고 다리 아프고 귀찮은데 아주 잘됐다 싶더라고요. 잘됐다 싶었는데 아니, 또 거기 편안하게 앉아 있지 못하게 해요. 그때는 그런 때라 사람네들이 어느 집을 점령해 가지고 헌병들이 모두 지키고 그러더군요. 그게 춘천이던가 어딘가 그래요. 지금 생각하니 춘천인가 싶지 그때는 춘천이 어딘지도 몰랐거든요.

잡아 가지고 그냥 막 고문을 하고 때리고 그러는데 그 사람네들이 하나도 밉지가 않아요. 그리고 원망이 안 돼요. 왜냐하면 내가 그렇게 하는 걸 알고 있기 때문이에요. 제놈이 그렇게 하고 있는 거를 알기 때문이라고요. 나를 가르치기 위해 제놈이 그렇게 상대방을 시켜서 나를 채찍질하는 거를 알기 때문에 하이 참, 웃음이 나오잖아요. 웃으니까 말입니다, 뭐 자기를 깔보고 그런다던가 그냥 그래 가지고는 이 손가락에다 뭐를 넣곤 꺾는 거예요. 그래서 이럴 수도 없고 저럴 수도 없고 그래서 이를 앙 다물고선 있는데 아, 얼마 있다가 그냥 갖다 턱 가둬 놓는단 말입니다.

야, 참 아프기는 하고 그런데 문득 생각이 나는 게 '흥, 죄없이 맞는 매는 빨리 나을 수 있을 게다.' 그러고는 '나가야지 않겠어? 이거 갑갑해서 견딜 수가 있나.' 하는 생각이 드는 겁니다. 그러고 조금 있다가 요렇게 문을 뚫고 보니까 죄 책상에 얼굴들을 대고 그냥 잠이 들었어요. 그래서 문을 이렇게 드니까 문설주가, 촌집이니까 문 잠근 거는 안 빠지고 옆에 문설주가 빠져요. 하하하…. 문설주가 빠지니까 비켜 놓곤 슬슬 나와도 뭐 끽소리도 없어요. 그냥 엎드려서 자는 거예요. 거기 책상에 건빵, 빵들을 놓고선 한 봉지 뜯어 먹다 그냥 모두 자는 거지요. 그거를 집어 가지고서 유유히 먹고 나왔지요. 나왔는데 뭐 아무 기척이 없어요.

그래서 그때 한번 나와 가지고 껄껄 웃어 봤어요. '아! 참 네놈이 그렇게 채찍질하는 거는 뭐 별수 없구나. 왜 그 사람들을 시켜 가지고 나를 이렇게 해 보나?' 하는 생각이 들고 말이죠. 그렇게 해도 나는 그 사람을 원망 안 하고 내가 퍼뜩 알아챘단 말입니다. 그러니까 여러분도 가정에서 어떠한 고난이 오더라도 '어, 이거는 바로 그놈이 시켜 가지고 나한테 이렇게 부닥치게 하는구나!' 하는 걸 퍼뜩 알아채야 그게 완전히 없어져요. 그래, 이제 고만 얘기할까요?

질문자1(남) 스님, 오늘 법문 정말 잘 들었습니다. 7년 전에 저의 모친께서 제가 하도 말을 안 들어서 혹시나 스님 앞에 데리고 가면 잘 될까 싶어서 데려왔을 때 저는 그때 스님을 진짜로 안 믿었던 것 같습니다. 그것도 제 마음 때문인 것 같습니다. 그런데 오늘 부모님께 용서를 빌려고 제가 어머님을 모시고 이 자리에 오게 됐습니다. 저는 이 공부를 진짜 열심히 해서 앞으로는 부모님, 아니면 주위 분들의 근심을 조금이라도 덜어 드리기 위해서 최선을 다하겠습니다. 이상입니다.

큰스님 (합장하시며) 감사합니다. (대중 박수) 아이구, 정말이지 감사합니다. 옛날에 부처님께서 하신 말씀이 생각나네요. 옛날에 부처님께서 "백정 노릇을 대대손손이 했다 할지라도 한 번 회개하는 마음이 있다면 백정 노릇 한 것이, 살생한 것이 모두 없어진다." 하셨거든요. 허허허…. 그게 바로 이런 마음이지요. (합장하시며) 감사합니다. 또 질문할 사람 없어요?

질문자2(남) 예, 저는 질문할 건 없습니다. 저는 7년 전 집안 사고로 큰스님을 알게 되었고 언제 한번 직접 모습을 뵐 기회가 없는가 기다리던 차에 7년 만에 스님을 상봉하니 이 기쁨은 이루 말할 수가 없습니다. 사실 저도 나름대로 공부한답시고 해 왔습니다만 뭐 별 뾰족한 것도 없고 해서 그렇게 크게 질문할 게 사실 없습니다. 그런데 저는 딱 한 가지 소원이 있습니다. 두 가지 소원이 있는데 한 가지 소원은 오늘 이루어졌고 한 가지 소원은 제게 두려운 마음 없이 영계를 한번 관광시켜 주시기를 기원합니다.

큰스님 아니, 영혼세계를 가 봐야 영혼들을 알 수 있지 않겠습니까? 그러니까 살아서 영혼세계를 가 봐야지 죽으면 영혼세계를 못 갑니다. 살아서 영혼세계에 가서 모든 걸 알고 있는 것이 바로 열반계입니다. 그렇기 때문에 이 공부를 해야만이 열반계에 들어갈 수 있겠지요. 그럼 뭐 살아서 이 몸뚱이 가지고도 영계 세상에 갔다 왔다 마음대로 할 수 있는 거죠.

질문자3(남) 큰스님, 부족한 저희들을 위하여 이런 자릴 만들어 주시니 깊이 감사드립니다. 제가 그동안 공부해 오면서 생각했던 점을 간략하게 말씀드리겠습니다. 조금 전에 큰스님께서 설법 중에 모두 말씀하셨기 때문에 어쩌면 반복되는지 모르겠습니다만 그래도 제가 지금까지 생각해 왔기 때문에 다시 한 번 말씀드리겠습니다.

우리가 죽고 사는 것은 육신이 태어나고 죽는 것만이 아니고 육신이 살아 있는 지금 이 순간에도 태어나고 죽음이 반복되고 있다는 생각이 들었습니다. 겪는 만큼 느끼는 만큼 행하는 만큼 쉼 없이 다른 모습으로 화하며 태어나고 또한 죽어 가고 있다는 생각이 들고 그것이 바로 큰스님께서 말씀하시는 삶과 죽음이 둘이 아닌 모습으로 돌아가는 것이 아닌가 생각해 봤습니다.

다른 한 가지는 저의 뿌리와 나를 찾음에 대해서인데, 지금까지 살아오면서 겪어 온 많은 과정들, 그리고 습이 모두 나의 뿌리로 뻗어 있구나 하는 생각이 들었습니다. 그것은 숱한 과정을 겪어 오면서 지금의 저의 모습으로 형성시켜 주었다고 생각이 되었고 그러면서 그 과정과 습, 즉 그 뿌리 위에 서 있는 지금의 나의 모습이 바로 나인 것을 몰랐구나 하는 생각이 들 때도 있었습니다. 이에 대하여 큰스님의 가르침을 더 받고 싶었고 그래서 이 자리에 감히 나왔습니다. 감사합니다.

큰스님 잘 공부해 나가시는군요. (합장하시며) 감사합니다. 하여튼 여러분께서 이 공부를 하시다 보면 내면세계에서 질문도 나오게끔 되는 이치가 있고 그렇습니다. 그리고 더욱 알아야 하실 거는 뭐든지, 가정에서 지금 닥쳐오는 문제들이 너무 많기에 그 모두를 타파하고 나갈 수 있게끔 물리가 터져야 하니까 이 공부를 열심히 하셔서 그 물리가 터지고 마음의 발전을 하셔서 가정을 이끌어 나가시는 데 손색이 없도록 하세요. 그리고 뿌리가 든든해야 푸르르게 살듯이 자녀들을 길러 나가시는 데 손색이 없기 위해서도 열심히 하셔야 될 것입니다. 자식들 잘못한다고 나무라지만 마시고요.

그것은 자식이 잘못하는 게 아니라 과거의 업이 그렇게 만드는 것입니다. 그러니까 귀여운 자녀들을 괜히 욕하고 때리고 그러지 마세요. 그리고 이 애가 이렇게 하는 이유가 어떤 것인가를 먼저 알아서 그거를 잘 닦아 나가신다면 바로 그 아이는 업식이 벗겨지면서 밝게 살 수 있는 그 기반이 됩니다. 그럼으로써 부모의 속을 안 썩일 수도 있는 그런 뭐가 생깁니다. 그러니까 실천해 보시고 경험을 해 보세요. 그러면 모든 거를 알게 되고, 그때는 아주 뭐든지 다가와도 겁이 나지 않죠.

질문자4(여) 먼 길 오시느라고 수고 많으셨습니다. 저희 스물두 살 난 아들이 작년 4월부터 갑자기 아파 가지고 병원에 가니까 간경화라고 해서 병원 생활을 했는데 별 약을 다 쓰고 별 일을 다 해도 지금도 그대로입니다. 그러니 큰스님께서 한마음 공부를 가르쳐 주십시오. 부탁드립니다.

큰스님 처음 오셨어요?

질문자4(여) 예.

큰스님 여기 스님네들한테 관법(觀法)을 가르쳐 달라고 그러셔서 열심히 하시고 책도 보고 테이프도 들으면서 공부하신다면, 그렇게 해서 마음과 마음이 전달이 된다면, 약도 그 마음속에 들어 있거든요. 물질적인 약이 아니라 그 물질을 만들 수 있는 원소 자체의 약이 생겨요. 그렇게 해서 빨리 성과를 보셔서 건강한 몸을 되찾으시길 바랍니다.

질문자4(여) 예, 감사드립니다.

질문자5(남) 멀리 오시느라고 대단히 고생 많이 하셨습니다. 저는 1968년 10월 19일 불의의 교통사고를 당하여 큰스님의 은혜를 많이 입었기에 이 자리의 여러 불자님 앞에서 제가 겪어 온 일을 낱낱이 얘기하고자 합니다.

저는 오토바이를 타고 오다가 자동차에 다쳐 생사를 헤맸는데 얼마간 시간이 경과한 후에 살아났습니다. 그 당시 주위의 사람들이, 한 열 명 아니면 스무 명이 그 자리에서 보고 있었는데 그 광경을 얘기해 준 사람이 하나도 없었습니다. 저는 별 수 없이 어느 사람의 도움을 받고 병원에 이송되었으나 그 당시 병원에서는 저를 치료할 수 없기에 다른 병원으로 이송되었습니다.

그 병원에서 수술은 하지 못하고서 한 한 달 이상을 고통을 받게 되었습니다. 그 당시 고통이라는 것은 말할 수 없어 죽고 싶은 생각이 한두 번이 아니었고 그때마다 참으면서 눈물로 세월을 보냈습니다. 저의 집사람이 불교를 믿는답시고 날마다 산으로 혹은 바다로 혹은 집안에서 매일같이 기도를 한다고 했지만 자기 자신한테 하는 기도가 아니라 구걸하는 기도였기 때문에 좋은 성과를 보지 못했습니다.

그 당시 큰스님의 가르침을 집사람이 먼저 받았고 제가 그 다음에 그 뜻을 알게 되었습니다. 병원에 입원해 있을 때 처음으로 총무님과 같이 혜동 스님이 찾아오셔서 책을 주고 갔습니다. 또 한 일 주일 후에 다시 찾아와서 책과 테이프를 갖다 주었습니다. 저는 그걸 읽고 들으면서 '모든 이치가 이렇게 돌아가는 것을, 내가 죽으면 뭐하느냐.' 하고 다시 한 번 생각해서 '이것이라도 내가 만족하지.' 그러면서 한 달 후에 수술을 하게 되었습니다.

수술을 하였던 바 결과는 어느 정도 좋았지만 그 고통은 지울 수가 없었습니다. '당신만이 고칠 수 있어.' 했지만 역시 고통스러웠고 또다시 '당신만이 할 수 있어.' 그러면서 해 봤습니다만 심한 고통으로 눈물을 흘려야 했습니다. 그러나 세월이 흐름과 동시에 차차 저의 발은 좋아졌습니다.

그러나 먹고 살려고 하다 보니 돌볼 사람이 없어서 저 혼자 병원에 누워서 모든 치료를 받게 되었습니다. 다리는 침대 위에 약 5파운드 정도의 쇠사슬을 끼워 가지고 만지지 못하게 매달고 있었습니다. 변소에 갈 수도 없었고 또 거기서 눌 수도 없었고 일어나려니 일어날 수도 없고, 그러나 내가 하지 않으면 안 된다는 각오 하나에 줄을 매달아 일어나서 다시 뒤죽이면서 변을 봐, 그거를 삼중으로 비닐에 싸 가지고 침대 밑에다가 남 보지 않게, 저의 집사람만이 치울 수 있게 이렇게 생활을 했던 것입니다. 그랬는데 제 2차 수술에 들어갈 때부터는 나 자신이 할 수 있다는 각오를 가지고 또, 이미 모든 것을 체험했기 때문에 수술실에 들어가서도 두려움 하나 없이 임할 수 있었습니다. 그래서 이와 같이 건전하게, 마비가 됐더라도 고통을 받지 않고 오늘과 같이 걷게 되었습니다.

큰스님의 가르침이 너무나 귀중했고, 제가 그 가르침을 충실히 받을 수 있었기에 이 자리에서 이렇게 나와서 큰스님을 뵙게 되었습니다. 대단히 감사하게 생각합니다. (대중 박수)

큰스님 (합장하심)

질문자5(남) 제가 이것에 대해서 다시 질문을 올리겠습니다. 의식이, 주인공이, 또한 마음 이 자체가 양자와 원자가 같이 결합해서 한 생명이 태어날 때 그 자리에서 지금 같으면 주인공이 태어났을 것입니다. 그렇다면 그 주인공이 어디에서 찾아온 주인공인가 그거를 알고 싶습니다.

큰스님 허허허…. 우리가 말입니다, 바람이나 흙이나 물이나 이런 게 없었으면 온기가 생기지 않습니다. 우리가 쓰레기를 버리거나 이런다면, 쓰레기통을 탁 열어 보면 생명체들이 많이 생겨서 우루루 날아나옵니다. 그렇죠?

질문자5(남) 스님, 그러면 제가 다시 한 번 질문을 올리겠습니다. 지금은 그런 거 보기가 힘들지만 사람이 옷을 오래 입고 살다 보면 이라는 것이 있습니다. 그 이는 내 몸에서 화하여 일어났을 것입니다. 그 뿌리도 있을 것 아닙니까?

큰스님 그 뿌리가 바로 우리들의 뿌리죠. 허허허…. 아니, 보십시오. 어떠한 생명체든 생명이라는 것은 보이지 않습니다. 이 전력이라는 게 보이지 않지만 이렇게 많이 나오게끔 가설이 돼 있지 않습니까? 그죠?

질문자5(남) 예.

큰스님 전력은 보이지 않으면서 있기 때문에 우리가 이렇게 말을 들을 수 있고 불이 들어올 수 있죠. 그렇듯이 우리 일체 만물만생은 다 생명의 근원이 바로 불입니다. 씨입니다, 씨. 보이지 않는 씨.

질문자5(남) 보이지 않는 씨라고 말씀은 제가 다 들었습니다만 큰스님께서 작년의 수박씨를 금년에 심는다 하면 그 수박씨가 어디 있느냐고 얘기를 하셨습니다. 그 수박씨가 거기에 있겠죠.

큰스님 그랬죠. 예.

질문자5(남) 그러나 인간은 태어나서 인체 내에 그 무수한 세균 또는 여러 가지 생명체가 있는데 그 생명체가 옛날 것과 현실 것과 또 미래의 것 모든 것이 존재하고 있을 겁니다. 그 씨가 결국에 가서는 하나의 생명체를…, 과거에 업을 지었던 대로 나오는 것을 현실에서 놓고 맡기고 놓고 맡기고 한다면 후세에 나올 때 그만큼 지워진다고 생각이 됩니다. 그렇다면 이것이 바른 생각일까요?

큰스님 네, 그거는 얼른 쉽게 말해서 말입니다, 온 세상에 다 비가 온다고 그럽시다. 빗방울이 제각기 땅에도 떨어지고 온갖 곳에 다 떨어집니다. 그렇다면 그 빗방울이 모여서 골짜기 물이 되고 골짜기 물이 되면 바다로 들어갑니다. 바다로 들어가면 바닷물이지 빗방울이 따로 따로 있는 게 아닙니다. 그죠?

그렇듯이 우리의 마음들이 수없이 반복을 해서 돌아가고 돌아가고 그러니까 그렇게 돌아가는 마음을 컴퓨터에서 나오는 것으로 비유해 봅시다. 그건 정말 보이지 않는 컴퓨터입니다. 그래서 지금 나오는 대로 거기다 놓는데, 물방울이 바다에 들어가면 바다의 물로 하나가 되는 거지 그게 따로따로, 무슨 영계 따로 산 사람 따로 이렇게 있는 게 아닙니다. 수증기로 올라가서 다시 바다로 떨어지고 바다로 떨어져서 수증기가 되고, 이렇게 하되 일체 만물만생이 다 그 물로 인해서 양식을 삼고 모두 자라고 살게 되는 거죠.

그러니까 내 몸속에 있는 그 자체가 바로 마음이 바뀌져서, 악의 업식이나 선의 업식이 다 바뀌진단 말입니다. 발전이 돼 가지고, 즉 말하자면 예전엔 달구지로 썼는데 지금은 비행기로 발전이 됐듯이 우리가 발전이 됐을 뿐이지 그게 없어지고 생기고 이러는 게 아니라 발전이 돼서 이렇게 생긴다는 얘깁니다.

예전에 이런 예가 있었습니다. 광명사에서의 일이었습니다. 시골 사람이 밭에다가 뭘 심었는데 진딧물이 많이 났답니다. 그래서 진딧물이 싹 다 없어지게끔 관을 하니까 왜, 저 무당벌레 있잖습니까? 무당벌레가 쫙 생기더니 그 진딧물을 다 먹고는 그냥 날아가 버리더라는 겁니다. 그런 거와 같이 발전이 돼서 저항력을 느끼게 되면 저걸로 바뀌고 또 저항력을 느끼면 고걸로 바뀌고 이렇게 바뀔 뿐이지, 바뀌어서 진화가 되는 것이지 없어지는 게 아닙니다. 그러니까 온 천지에 내가 마음을 한생각 내면 저 소나무 뿌리도 그냥 하늘로 올라갈 수 있게끔 만드십시오. 허허허….

질문자5(남) 예, 감사합니다. (대중 박수)

질문자6(여) 스님, 먼 길을 오시면서 불편함은 없으셨는지요. 스님의 가르침을 받으면서 조석으로 체험을 해 가고 있습니다만 정신적인 경계와 부닥칠 때는 항시 스님께서 말씀해 주신 그대로 하고 있는데도 실마리가 잘 풀리지를 않고 있습니다. 그 점에 대해서 좋은 말씀 주시기 바랍니다.

큰스님 여러분! 믿는 사람이라야 열쇠를 맡길 수 있죠? 믿는 사람 아니고는 열쇠를 맡길 수가 없죠? 아주 진짜로 믿는다면 열쇠를 탁 줘서 맡길 수가 있습니다. '주인공!' 하면 벌써 자기를 이끌어 가는 운전수인 줄을 알아야 하는데 아리송하면 맡길 수가 없는 것입니다. '이렇게 하면 좋다는데' 하고서 '주인공!' 하고선 맡겨 놨다 도로 뺏어 가는 것입니다. 서류라 한다면 서류를 줬다 뺏었다 줬다 뺏었다 이러니까 일을 해낼 수가 없습니다. 여러분 자신이 생각해 보세요. 금방 믿고 맡겼는데 또 그냥 겁이 나고 그러는 것이 도로 뺏는 것이나 같습니다. 그러니까 서류를 도로 뺏으니까 일을 못하죠? 또 얼마 있다가 가라앉혀 가지고 또 맡긴단 말입니다. 맡겼다가는 조금 있다 또 그런 건 어디로 간 곳이 없이 또 뺏는단 말입니다. 이러니 어떻게 그것이 일을 제대로 하겠습니까.

질문자6(여) 죄송합니다.

큰스님 그러니까 진짜로 믿는다면 내 생명도 버릴 수 있다는 것입니다. 왜냐하면 종교를 믿고 안 믿고 간에 바로 자기를 형성시켜서 자기를 이끌고 가는 자기이기 때문입니다, 진짜로! 그러니까 진짜로 믿어야 하는 것이지 믿지 못하고 주인공이 따로 있고 자기가 따로 있다고 하면 안 됩니다. 그러니 진짜로 믿고 죽든 살든 '죽는 것도 너, 죽이는 것도 너, 살리는 것도 너, 또 해결하게 하는 것도 너, 해결 못하게 하는 것도 너! 너만이 할 수 있는 거야.' 하고 진짜 맡겼을 때에 정말….

어떤 사람이 얘기하는데 말입니다, 이만큼 혹이 달려서 곱추처럼 구부러져 가지고 십 년을 그렇게 가던 사람도 내내 드러누워서 한마음 요전을 읽고서 진짜로 자기를 믿었답니다. 그랬더니 꿈에 말입니다, 어떤 노인이 긴 주장자를 들고 와서 '이놈아, 젊은 놈이 왜 누워서만 있어!' 하고 그냥 내리치는 순간에 깜짝 놀라서 침대에서 그냥 벌렁 일어나 버렸답니다. 하하하…. 그래서 그때부터 다니는 거죠.

그러니까 진짜로 믿는다면 무의 세계 유의 세계, 즉 정신세계 현실 물질세계, 이것이 둘이 아니게 돌아가거든요. 어떻게 바닷물이나 그 모든 게 수증기로 올라가서 다시 내리게 됩니까? 그런 것도 자동적으로 작용을 해서 우리 생명들이 다 살 수 있게끔 하는 거 아닙니까? 그러니까 둘이 아니에요. 전부 물 불 모두가 두 마음이 아니에요. 전부 나인 것입니다. 내 생명인 것이고 내 마음인 것이고 내 체(體)인 것입니다. 체가 다르다 뿐이지 나인 것입니다.

지수화풍이 크고 작을 뿐이지 바로 나도 지수화풍이요 이 세상도 지수화풍입니다. 모두가 지수화풍 아닌 게 없기 때문에 이 컵이라는 것도 지수화풍으로 인해 컵이라는 이름을 가지고 생산이 된 거예요. 흙을 물로 개서 바람에 말려서 불에 넣어서 구워서 낸 사람이 있지 않습니까? 그러니 이 컵도 오온의 한 진리에 컵이라는 이름을 가지고 등장을 한 겁니다. 하여튼 그와 같이 이 세상의 모든 것이 지수화풍으로 이루어지지 않은 것이 하나도 없습니다. 저 식물도 태양빛과 바람, 공기, 흙, 이 모두가 아니라면 어떻게 자랄 것이며 어떻게 우리가 저걸 먹고 살 수가 있겠습니까. 모두가 다 그렇죠. 일체 만물이 다 그래요. 그러니 우리가 지수화풍으로 뭉쳐져 살면서 지수화풍을 먹고 살고 지수화풍 주머니에서 지수화풍 주머니로 또 살고 있고, 그러니까 이 지수화풍 주머니에서 벗어나야 되겠다 하는 겁니다. 벗어나야 지수화풍을 마음대로 작용해서 모든 사람을 다 먹여 살릴 수 있지 않겠습니까.

질문자6(여) 스님, 감사합니다.

사회자 질문하실 분이 더 있는 줄 압니다만 시간 관계상 나중에 개별적으로 친견을 하시기 바랍니다. 질문은 이것으로 마치도록 하겠습니다.

큰스님 하여튼 제주도의 여러분, 여기 모이신 분들만이라도 열심히 공부를 하시기 바랍니다. 공부라는 게 어려운 게 아닙니다. 생활이 즉 종교입니다. 여러분의 생활이 종교며 그 종교가 바로 삶의 보람을 주는 원동력입니다. 여러분의 마음이 채찍이며 스승이며 바로 자기 몸뚱이가 마음에 의해서 이끌어져 간다는 것을 아셔야 하며 이 공부를 열심히 하셔서 바로 정신계와 물질계를 둘 아니게 돌릴 수 있는, 굴릴 수 있는 능력자가 되셔서 천부당만부당하다는 것도 능히 해낼 수 있는 그런 여러분이 되시길 바랍니다.

더불어 사는 공체

광명선원 법회

1993년 9월 19일

우리는 일분일초도 쉬지 않고 서로 공생 공용을 하면서 공체로서 공식화하고 돌아갑니다. 그러나 그렇게 공식화하고 돌아가는 반면에 네가 있고 내가 있고 천차만별로 개개인이 있습니다. 차원에 따라서 말입니다. 그래서 한 달에 한 번 이렇게 만나게 되는 오늘의 이 자리를 너무나 기쁘게 생각합니다.

항상 하는 말이지만, 인간이라 하면 '우리 이 자체가 어디서 왔는가? 그리고 지금 무엇을 하고 있는가? 내가 마음과 마음으로써 내 마음과 몸을 다스리면서 모든 일을 꾸려 나가고 있는가? 그리고 어디로 가는가?' 이거를 여러분이 제대로 알아야 합니다. 입산을 했든 입산을 안 했든 이 공부하는 데는 조금도 다름이 없는 것입니다. 여러분이 어디서 왔는지를 모른다면 어디로 갈 것인지도 모릅니다. 내가 왜 이런 소리를 하느냐 하면, 온 고장을 모르기 때문에 갈 고장도 모르고 지금 내가 무엇을 하고 있는지도 모르기 때문입니다.

그렇기 때문에 "관하라. 영원한 근본, 자기 뿌리 주인공에다 모든 거를 맡겨 놔라." 이렇게 해도 '뿌리가 뭐 말라빠져 죽은 건가?' 하는 생각을 하게 되나 봅니다. 어떤 분들은 오신 지가 얼마 되지 않아도 과감히 놓고 가는가 하면 어떤 분들은 7, 8년이 돼도 놓고 가지 못합니다. 이건 무슨 까닭일까요. 자기 마음으로써 자기를 다스리고 행을 하면서 그 행하는 자체가 바로 자기 마음속에서 나온 것이라는 거를 알고 모든 거를 놓을 수 있다면 될 텐데, 그거를 모르고 항상 방황하고 관습을 좇아서 '이거는 이렇게 해도 안되고 저거는 저렇게 해도 안되고' 하고 끄달리고 가니 어떻게 걸림 없이 돌아갈 수가 있겠습니까?

지금 우리에게 제일 시급한 것은 내가 나를 발견하는 것이고, 나를 발견했다면 상대를 발견하는 것이고, 상대를 발견했다면 세상을 발견하는 겁니다. 그런데 내가 이 세상에 나오고부터 벌어진 일들인데도 나로부터 찾지 않고, 나로부터 생각해서 다스릴 줄 모르고, 나한테 닥치는 용도대로 모든 것을 그 자리에다 다시 입력을 해서 앞서의 입력이 없어지게 할 줄 모르고 이런다면 일일이 닥치는 것을 독 안에 들어도 못 면한다 이겁니다. 부처님께서 '인연 없는 중생은 어찌할 수 없느니라.' 하신 뜻도 거기에 속한다고 봅니다. 아무리 내가 수 해를 두고 수십 년을 두고 이렇게 해도 여러분이 그 뜻을 모른다면 항상 노예 생활에서 벗어나지 못할 뿐만 아니라 세세생생에 그 굴레에서, 업식 굴레에서 벗어나지 못할 겁니다. 그럼으로써 옷을 바꿔 입는다 하더라도 자기가 생각하고 행동하고 말하고 한 대로 옷을 입고 나오니 얼마나 부자연스럽겠습니까.

옛날에도 이런 일이 있었죠. 지금 생활 속에서 살면서 벌어지는 일이니 옛날 얘기라고만 생각하지 마시고 잘 들어 보세요. 어떤 사람이 혼자 외로이 살다가 고양이 한 마리를 길렀더랍니다. 말할 데가 없으니까 고양이한테 항상 말을 걸면서 '너는 이렇게 해서는 안 된다. 저렇게 하면 잘하는 짓이고 이렇게 하면 이렇다.' 하면 그 말을 듣는 것처럼 눈을 똥그랗게 뜨고 쳐다보더랍니다. 수 해를 그렇게 가다 보니까 고양이가 그 사람의 말을 그대로 알아듣더랍니다. 그대로 알아들어서 그대로 행하고 그대로 생각하고, 주인을 따라서 너 나가 둘이 아니게끔 마음을 항상 가지고 있었는데, 친척이 재산 때문에 그 사람을 살해하고 재산을 송두리째 다 갖게 됐더랍니다. 그런데 살해해서 갖다가 버린 그 자리에 항상 고양이가 가서 밤낮을 가리지 않고 울더랍니다. 자기는 사실을 알려 주는 거겠지만 다른 사람들은 "야옹 야옹" 하고 고양이 우는 소리로밖에는 듣지 못하더랍니다. 그런데 어느 탐정이 그래도 마음과 마음을 전달하는 그 요량을 알았던지 그 고양이의 심상치 않은 태도를 보고 거기를 파 봤더랍니다. 그러니까 거기서 그 시체가 나오고, 그래서 그 재산이 고양이 앞으로 다 갔더랍니다. 그런데 그 고양이는 고양이대로 있겠습니까? 자기 주인이 죽었던 자리에 가서 그대로 몸을 벗었답니다.

우리가 이것을 얘기로만 들어서는 안 됩니다. 우리가 어떻게 생각하고 어떻게 행하고 어떻게 말하느냐에 따라서 고양이의 옷을 입을 수도 있고, 개의 옷을 입을 수도 있고, 돼지의 옷을 입을 수도 있고 여러 가지 천차만별의 옷을 입을 수가 있습니다. 자기가 산 대로 말입니다. 그러니 옛날 얘기라고만 하겠습니까? 그전에도 여러분한테 말을 했지만, 더 기가 막힌 것은 사람의 의식이 남아 있는데다가 고양이의 모습을, 옷을 입고 나온다거나 개 모습을 하고 나온다거나 돼지 모습, 소 모습, 토끼 모습, 곤충의 모습, 저 나무의 모습 등 가지가지 모습을 가지고 나온다면 그게 얼마나 고통스러운 지옥이겠습니까? 상대방들은 모두 옷 입은 대로 대접을 해 줄 겁니다. 독사 소굴에 들어가서 독사가 되었다면 독사의 대접을 해 줄 수밖에는 없죠.

그러한 고로 여러분이 지금 사실 때에 어떻게 살아야만이 잘 살 수 있으며, 어떻게 살아야만이 정신계와 물질계가 둘이 아니게 중용을 할 수 있으며, 중용을 하는 데도 걸림 없이, 어떠한 거를 본다 듣는다 해도 구김살이 없이 자유스럽게 무명을 벗겨 줄 수 있는지를 알아야만 합니다. 자기가 무명을 벗은 고로 어떠한 곤충에 이르기까지라도 보고 들으면 무명이 벗겨질 수 있도록 자동적으로 그렇게 되는 것입니다. 여러분이 자기가 자기를 알면 그렇게 되는 것입니다.

우리가 해마다 '칠석(七夕)이다' 이럽니다. 칠석날! 일체 만물만생이 둘이 아닌 고로 종합적으로 여래라고 하는 거와 같이, 칠석이라는 이름은 종합된 이름입니다. 칠석! 그러면 또 칠성은 무엇인가? 그거는 개개인들의 성을 말하는 겁니다. 성을 항상 가지고 있으면서 뗄래야 뗄 수 없듯이, 성 자체가 뗄레야 뗄 수 없는 성입니다, 그대로. 그래서 칠성은 개개인의 성일 뿐만 아니라 그 이름과 성을 종합해서 칠성이라고 이름을 해 놓은 겁니다. 그래서 북두칠성도, 어떠한 별성도 이 우주 천체가 우리 마음에 직결이 돼 있는 것입니다.

우리가 마음대로 살지 못하고 있어서 마음대로 살 수 있게끔 하는 도리를 지금 배우는 겁니다. 여러분이 제가끔 자유스럽게 쓸 수 있는 마음을 가지고 있는데도, 자유스럽게 마음을 마음대로 쓸 수 있습니까? 여러분이 자유스러운 마음을 가지고 있으면서도 마음대로 못 쓰는 것은 자기가 자기를 모르기 때문입니다.

우리가 칠석날 촛불을 켠다 이런 것은 우리가 마음의 밝음을 그대로 연결해서 내가 밝아짐을 말하는 겁니다. 그래서 칠석날은 산 사람이 촛불을 밝히듯이 내 마음을 밝혀서 다스리는 것을 말하는 겁니다. 땅에서 싹이 났는데 그 싹은 뿌리를 모르기 때문에 칠석날을 만들어 놓고 누구든지 자기 뿌리와 더불어 마음을 밝혀라 이런 뜻입니다. 여러분이 자기 뿌리와 자기 싹은 뗄래야 뗄 수 없다는 사실을 모르기 때문에 스님네들은 스님네들대로 물을 촉촉히 주면서 '마음을 밝혀서 네 뿌리를 보아야 된다. 네 뿌리가 일체 살림을 하고 가는 것을 알아야 한다. 들어야 한다.' 이렇게 가르치는 겁니다.

백종(百種)은 왜 생긴 건 줄 아십니까? 백종이라는 것은 그 말 그대로 백종입니다. 씨가 아직 땅속에 들어가지 않은 관계상 여러 신도님들은 부모를 위해서나 자기를 위해서나 정성을 다해야 합니다. 산 사람이나 죽은 사람이나 씨는 다 마찬가집니다. 싹은 났으되 그 자기의 씨를 모르니까 말입니다. 살아 있을 때에 그 씨를 몰랐기 때문에 자기가 싹으로 그냥 있는 줄 알고 허공 중에 헤매는 조상들이, 영혼들이 있습니다. 그러면 스님네들은 어떤 역할을 하느냐? 신도님들이 밭을 갈고 흙을 고르고 물을 촉촉하게 해 놓으면 스님네들은 씨를 심어 주는 역할을 합니다. 그 씨가 바로 싹이 되고 할 때에, 또 이런 점이 있습니다. 천도재들 많이 하시죠? 그런데 염불만 해서 천도가 되는 게 아니고 씨가 심어지는 게 아닙니다. 씨를 어디다 심느냐에 따라서 또 결과가 달라지죠. 또 씨를 심었다 하더라도 자기 씨에서 싹이 났다는 거를 그 조상의 영이 스스로 알 수 있게끔 이끌어 주는 역할을 하는 것이 스님네들의 소임입니다. 그럼으로써 그분들은 이 세상에 태어나도 은연중에 자기 뿌리를 알게 될 것입니다. 자손들이 그렇게 해 놓으면 스스로 자기 마음의 뿌리도 알게 될 것이며 조상들도 마찬가지여서 양면이 다 알게 됨으로써, 즉 말하자면 자유인이 될 수 있다는 그런 얘깁니다.

그냥 절에 와서 촛불이나 켜고 향이나 피우고 물이나 떠 놓고 꽃공양이나 하고 '난 절에 갔다 왔어.' '나는 불교를 믿어.' 이렇게 하면서 왔다 갔다 하는 것이 불교가 아닙니다. 자기를 알고, 자기로부터 이 세상이 벌어진 걸 알고, 자기로 인해서 공용을 하고 돌아간다는 거를 알아야만이 바로 불교를 아는 것입니다.

불교라는 것은, 그전에도 얘기했지만 불(佛)이라는 것은 일체 만물만생의 생명의 근본입니다. 그렇기 때문에 어떠한 종교를 막론해 놓고 다 생명 없는 것이 없으므로 불이 아닌 것이 없습니다. 인간은 말과 말로 전달해서 돌아가게 했고 천차만별 생명들의 모습들이 다 그 나름대로 전달하고 돌아갑니다. 우리가 미국 사람이면 미국말 하고 일본 사람이면 일본말 하고, 한국 사람이기 때문에 한국말 하듯 다 자기네들끼리는 말을 하는 겁니다. 말을 못하는 게 아닙니다. 그래서 일체 만물만생이 다 말을 하고 전달하고 돌아가는 겁니다. 그 가운데 특출한 거는 뭐냐? 말 없이 마음과 마음으로 전달하는 도리입니다. 이게 정신계의, 바로 중용의 진리입니다. 마음과 마음이 전달돼서 돌아가는 이 도리를 모르기 때문에 의사나 과학자나 천체물리학자가 자기 소임을 행하는 데 있어서 모든 문제들을 걸림 없이 타개해 나갈 수가 없는 것입니다. 마음과 마음으로 전달이 되는 거는 일체 우주 삼천대천세계 모두가 가깝고 멀고가 없이 전달이 됩니다.

그런데 병원만 하더라도 마음과 마음이 전달되지 않기 때문에 학술 이론 등 지금의 지식이나 의학계의 모든 거를 동원해서 아무리 연구해도 100% 해결이 되지 않는 겁니다. 그 사람이 어디서 온 줄을 알아야 그 병도 어디서 온 줄을 알 수 있는 것입니다. 그래야 정신계의 50%를 충당할 수 있고, 거기에 물질로써 커버하고 뒷받침을 해 줄 수 있는 의료상의 50%가 종합돼야 우리가 100% 해 나갈 수 있는 것입니다. 과학기술 분야도 그렇고 어떠한 문제들을 가지고 있어도 다 그러합니다. 기계 하나를 만들어 놔도 그 사람의 혼이 다 들어가 있기 때문에 그것도 바로 생명이 있는 것입니다. 장승을 하나 세워 놔도 장승 세워 놓은 사람이 있기 때문에 그 사람의 혼이 들어 있는 것입니다. 여러 사람들이 가고 오면서 보고 생각하는 점이 있기 때문에 그 생각이 거기 투입이 돼서 다 신으로 불리는 것입니다.

우리가 부처님을 조성을 해서 저렇게 모셔 놓으면 그 모습만 봐도 부처님이라고 생각을 하고 모든 마음을 거기다 다하기 때문에 여래라고 하기도 하고 부처님이라고도 합니다. 그래서 우리가 없다면 부처님도 안 계신 거고 부처님이 안 계시면 우리도 없는 것입니다. 마음내는 것이 없다면 목석이 될 것이고, 체가 없다면 무효일 것이고, 정신계의 근본이 없다면 바로 또 무효인 것입니다. 그러니 여러분에게 지금 제일 시급한 문제는 아주 높은 데고 낮은 데고 다 아는 게 문제가 아니라 나부터 알아야 된다는 얘깁니다.

여러분에게 '주인공에 관하라' 하니까 자기 빼놓고 주인공이 개별적으로 있다고 생각을 하는 사람들이 있고 '주인공이 있다' 하니까 '주인공에다 해 달라고 그러면 해 준다더라.' 이렇게 생각하는 분들이 있단 말입니다. '주인공! 당신만이 할 수 있어.' 하고 관해야지 '당신이 좀 해 주시오.' 하면 그것도 기복이지요. 생각 자체가 아주 중요합니다. 주인공은 자기를 끌고 다니는 자기 근본이기 때문입니다. 왜 그러면 주인공이라고 이름을 지었는가! 한 가정을 한데 합쳐서 이끌어 가는 사람을 아버지라고 하듯이, 내 몸속에 있는 일체 생명들과 외부에서 오는 모든 것을 받아들일 수 있고 이끌어 갈 수 있는 자기가 있습니다. 여러분, 생각해 보세요. 몸속에 들어 있는 생명체도 너무 많으니 공생이지 그게 개별적인 자기 생명 하나입니까? 그래서 공생입니다. 내 내면의 세계에, 내 육체세계에 생명이 많이 들어 있는 것만 봐도 공생인데, 나로 인해서 또 혼자 살 수 없는 도리가 외부에 모두 있다 이겁니다. 항상 얘기하지만 아버지가 있어야 아들이 있고 아들이 있어야 아버지가 있듯이, 회장이 있어야 사장이 있고 사장이 있어야 직원이 있듯이 이거는 양면의 한쪽만 없어도 무효입니다. 아니 됩니다. 작용이 될 수가 없죠. 그럼으로써 혼자 먹는 것도 없고 혼자 버는 것도 없고 혼자 쓰는 것도 없고 혼자 하는 것도 없고, 모두가 혼자 하는 게 없기 때문에 주인공이라고 그런 겁니다. 그래서 항상 여러분한테 얘기하기를, 공생 공용 공체 공심! 그러니까 주인공 아닙니까?

여러분이 가만히 생각해 보시면 내면에, 육체 속에 있는 그 많은 생명들이 저 좋은 대로 달라고 합니다. 여러분이 좋아서 먹는 게 아니고 여러분의 부하 직원이 달라고 하니까 주는 겁니다. 그러니까 주인 혼자 먹는 게 아니라 직원들하고 같이 먹으니까 그 직원들이 바로 자기인 것입니다. 자기 수효가 그렇게 많이 있을 뿐만 아니라 혼자 먹는 것도 없습니다. 혼자 보는 것도 없습니다. 모두가 결부됐으니까 말입니다. 세포 하나하나가 간장이니 위장이니 심장이니 모든 게 한데 붙어서 정맥 동맥이 그냥 같이 돌아가는데, 혼자 사는 게 어디 있고 혼자 먹는 게 어디 있고 혼자 일하는 게 어디 있고 혼자 했다고 할 게 뭐 있습니까. 그러니까 주인공이라고 하는 겁니다.

그런데 주인공이라고 한다면 자기 일상생활 그대로, 근본과 마음 내는 거와 육신이 움죽거리는 것을 말합니다. 마음이 움죽거리기 때문에 육신이 움죽거린다는 거를 알면 내면의 모든 일체가 다 내 마음에 의해서 움죽거리는 걸 아실 겁니다. 내면에서 마음의 선장이 '이렇게 하자' 하면 전부 따라 줍니다. '좋게 하자' 하면 좋게 따라 주고, '도둑질하자' 하면 도둑질하는 대로 따라 주고, 허허허…. 이렇게도 따라 주고 저렇게도 따라 주는데 그거를 왜 믿지를 못하고, 왜 거기다가 맡겨 놓으라는데 진짜로 맡기질 못합니까? 모두가 자기 아닌 자기인데, 천체가 자기인데 자기 이름을 수효대로 부를 수가 없으니까 포함해서 한마음 주인공이라고 이름을 한 겁니다.

간장 공장에도 소임자가 있고 위장 공장에도 소임자가 있고, 몸속에 전부 소임을 맡아 가지고 제각기 공장을 하고 있습니다. 이 몸속도 한 나라라고 친다면 한 나라입니다. 그러면 나라를 지킬 수 있는 대통령이 바로 마음입니다. 나라를 잘 이끌어 갈 수 있는 대통령으로서의 그 다스릴 수 있는 마음이, 습에 끌리지 말고 못한다 한다에 끌리지 말고 단호히 당당하게 모든 거를 믿고 맡겨 놔야죠. 아니, 죽든지 살든지 같이 죽고 같이 살아요. 당신의 영혼의 근본이 떨어지면 당신도 송장이 될 뿐만 아니라 당신 몸속에 들어 있는 생명들도 다 같이 죽어요.

그러니까 다스리는 마음이 진짜 내 모든 생명의 의식들하고 통한다면 자기가 자기 죽이려고 하진 않습니다. 누구든 자기가 자기 죽이려고 나쁘게 하는 법 보셨습니까? 자기가 살 양으로 나쁜 짓도 하고 좋은 짓도 하지요. 그러니까 내 마음을 그 관습에 얽매이게 하지 말고, 또 안에서 어떠한 일이 일어난다 하더라도 '네가 한 거니까 네가 그렇지 않게도 할 수 있잖아!' 하고 다시 놓는 것이 자생중생을 제도하는 방법입니다. 이것을 말로 하자면 복잡합니다. 과거에 어떻게 살았느냐에 따라서 인연에 따라서 업식이 돼 가지고 자기 어머니 아버지, 정자 난자에 포함돼 가지고 자기 영혼에 다 붙어 버립니다. 그래서 하나가 형성되는 겁니다. 그러니까 내면세계에서 화가 나고 미운 사람 이쁜 사람이 있고, 죽이고 싶은 심정이 들거나 화가 나서 '에이그, 죽어 버리겠다.' 하는 생각이 나거나, 다 그냥 흩쳐 버리고 어디로 가고 싶거나 하는 것들이 다 과거에 어떻게 살았느냐에 따라서 업식 속에서 나오는 거니까 그렇게 나올 때마다 거기다 다시 입력을 해라 이겁니다. 생명의 의식들은 바로 한 집에, 한 독 안에 들어 있는 겁니다. 그러니까 다스리는 마음이 선장이 돼 가지고 잘 다스려 나가면서 제도를 해야 '아래로는 제 중생들을 제도하고' 이런 문제가 나옵니다. '아래로는 자생중생 자기를 제도하면서 위로는 일체제불의 마음과 더불어 둘이 아닌, 자기 주인공과 둘이 아닌 도리를 항상 잊지 말 것이니' 하는 거죠. 이 모두가 습득이 돼서 잘 아신다면 참자유인이 될 겁니다.

진짜 뗄래야 뗄 수 없는 자기 뿌리를 믿는 것인데 왜 못 믿습니까. 누가 형상을 믿으랬나요, 이름을 믿으랬나요, 허공을 믿으랬나요, 어느 스님의 고깃덩어리를 믿으랬나요? 가난하든지 부자든지, 모자라든지 모자라지 않든지 자기가 이 세상에 나왔기 때문에 있는 거니까 바로 자기 뿌리를 믿고 거기에 다 놓으라는데도 불구하고, 그리고 자기는 체가 없다고 해도 믿지를 않아요. 체가 없는 자기 의식들이 너무 많아서, 한마음에 그 의식들이 너무 많습니다. 즉 어느 회사에 직원들이 수천수만이라면 회장님 한생각에 직원들이 다 움죽거리게 됩니다. 안 그럴까요? 이거 하라는데 저거 할까요? 그러니까 한 회장님으로서, 사장님으로서 의논을 하고 모두와 조화롭게 한번 결정을 해 놓는다면 모두 거기에 다라야 되는 거죠. 그렇듯이 내가 한번 과감하게 생각을 했다면 그대로 거기에 믿고 놔야만이 결정적인 결재를 하는 겁니다.

결재를 해서 내려야 모두 작용을 해 주는 겁니다. 안에서만 작용을 하는 게 아닙니다. 세포 하나하나에는 우주간 법계라고도 할 수 있는 것이 있습니다. 들어오고 나가는 것을 다, 즉 말하자면 모든 걸 채근해서 좋은 거는 들이고 나쁜 거는 내보내고 이렇게 할 수 있는 바로 대기권이 있습니다. 우리 몸뚱이도 지구의 대기권과 같이 세포 하나하나에서 모두 소임을 맡아 가지고 있기 때문에 나가고 들어오는 거를 다 채근합니다. 그러니까 여러분이 안에서만 그러는 게 아니라 내가 한 번 결정을 내리면 결재가 된 거와 같아서, 바로 마음에서 그럭하면 두뇌로 통신이 돼 가지고 사대로 통신이 돼서 전체가 결정적으로 작용을 하게 됩니다. 안에서는 안에서대로 결정적으로 작용을 합니다. 예를 들어서 안에 고장이 났을 때는 안에서 모자라는 것은 뭐든지 다 보급을 해서 채웁니다. 호르몬도 모자란다면 채워 가면서 작용을 합니다. 또 바깥의 일들이 위태롭게 될 때는 바로 세포의 법계에서 의식들이 나가서 바로 마음과 마음 속으로 들고 남이 없이 들고 나면서 조절을 하는 것입니다. 그렇기 때문에 모든 일들은, 일체 만법은 다 한마음에서 이루어진다 이런 겁니다.

그렇게 한마음에서 이루어지는데 자기 마음을 자기가 정리를 못하고, 믿지를 못하고, 결정을 내리지 못하고 '된다 안 된다' 그러면서 무슨 이유들이 그렇게 많은지 모르겠습니다. 여러분이 믿지 못하는 것은 자기 몸뚱이가 자기인 줄 알기 때문입니다. 자기 몸뚱이가 자기가 아니라 자기가 너무 많아서, 이름도 많고 의식도 많은데 많은 그게 하나로 뭉쳐서 한마음으로 선장이 돼 있다는 사실이며, 그 뿌리가 바로 선장과 같다 이겁니다.

그런데 왜 믿지를 못하고 그렇게 허왕지왕 허왕지왕 해 가지고 업식 무명 굴레에서 벗어나지 못하게 자꾸 자기 마음이 자기 마음을 막습니까. 이래도 한세상 저래도 한세상인 것을 그렇게 애탄지탄 착이 갑니까? 지금 가다가 죽으면 어떠며 지금 조금 덜 먹으면 어떠며 더 먹으면 어떠며, 더 살면 어떻고 덜 살면 어떻습니까? 왜냐하면 영원한 것이기 때문입니다. 여러분이 겁내지 않고 당당하게 사실 의향이 있다면 이런 거를 한번 생각해 보세요.

여러분이 아주 세련된 옷을 착 입었다 이겁니다. 그런데 가만히 보니까 더 세련된 옷이 생겼어요. 그게 새로이 유행이 되고 그러니까 이것은 벗고 그것을 좀 입어 봐야겠다 이럽니다. 우리 인생이 그런 거와 같습니다. 죽으면 아주 죽는 게 아니고 사대가 흩어져서 원점으로 돌아가서 원점에서 다시금 생산이 되는 겁니다. 다시 생산이 돼서 다시 새로운, 즉 말하자면 유행되는 옷을 입고 다시 나오죠. 그런데 왜 그 구식의, 유행이 지난 옷을 입고 있으면서도 그게 떨어질까 봐, 그거 벗겨질까 봐 그냥 애씁니까? 내 마음대로 유행하는 옷을 입고 나올 수도 있는데 말입니다. 그러니까 그 도리를 아는 사람은 자기가 죽고 사는 것에 연연하지 않습니다. 그렇게 연연하지 않으니까 또 오래 살게 되는 거죠. 허허허…. (대중 박수)

내가 길을 걷거나 절 안에 앉아 있거나 하더라도 한숨이 훅 그냥 맥없이 나옵니다. 그리고 고개가 뚝 떨어집니다. 내가 왜 그런가 한번 생각해 보십시오. 나는 먹고 안 먹고 또는 죽고 살고, 이런 거 연연하지 않습니다. 그러나 여러분이 여러분을 끌고 다니고 그렇게 많은 생명들을 자기가 집합소가 돼 가지고 끌고 다닌다는 사실을 모르고, 그리고 혼자 먹지도 않는 거를 혼자 먹는다고 하고 혼자 줬다고 하고 혼자 산다고 하니 그렇게 어리석을 수가 있습니까? 혼자 먹었다는 마음을 갖는다면 그 많은 생명의 의식들이 '너 혼자 먹었으니까 혼자 알아서 해라.' 하고 이렇게 할 겁니다. 허허허…. 그러니까 일일이 걸려도 누가 손 한 번 대 주지 않아요. 한마음으로 도와주질 않는단 말입니다. 어떻게 말을 해야 할까요? 자기가 혼자 잘났다고 까분다고 해야 할까요? 그러니까 어떠한 지경에 이르러도, 어떻게 죽게 돼도 손을 안 대 준단 말입니다. '너 혼자라고 만날 떠드는데, 내가 이렇게 만날 작용을 해주고 이래도 너 혼자라고 그러는데 혼자 잘 해 봐라.' 허허허…, 이런단 말입니다.

그러니까 선덕을 쌓아야 됩니다. 우리가 콩 심은 데 콩 나고 팥 심은 데 팥 난다고 했습니다. 이 세상은 조금도 에누리가 없는 세상입니다. 남이 미워서 속에다가만 넣고 그냥 말로는 그런 대로 해 나가곤 있지만 속에다가 '조놈 두고 보자!' 하면요, 그쪽에서도 역시 '너 요놈 두고 보자!' 이렇게 한단 말입니다. 그러나 마음속으로 '둘이 아닌데 뭐, 예전에 몰랐을 때의 내 모습과 같지. 둘이 아니야. 사람이 살다 보면 다 그럴 수도 있고 저럴 수도 있지. 그러니까 그렇지 않도록 하는 것도 너밖에 없잖아.' 하고 거기다 맡겨 놓으면 그쪽에서도 역시 아름다운 마음으로써 외려 회개를 하고 "아휴, 내가 전자에 자네한테 참 잘못했어. 참 미안해. 살다 보니까 새록새록 생각이 나." 하고 마음이 아주 더 측은하고 참답게 진실한 친구로서 대하게 되죠. 그런데 이거는 가족끼리도 그렇지 못하게끔 울그락불그락하고 야단들이니 어떻게 화목을 찾을 수 있으며 어떻게 행복을 찾을 수 있겠습니까?

한마디만 더 하고 질문받겠습니다. 여러분이 말입니다, 항상 내가 그 말은 빠뜨리지 않고 합니다. 가족간에 친척간에 어떠한 문제가 생겨도 내 탓으로 돌리고 주인공에 맡겨 놓아야 됩니다. 이런 예가 있었죠. 수원에 어느 삼 형제가 사는데 밭 하나라도 그냥 더 가지려고 서로 싸우고, 음식을 했어도 하나 주지도 않고, 조금만 잘못해도 몽둥이를 가지고 그냥 서로 패고 들고 싸우고, 참 어렵게 살았더랍니다. 근데 어떡하다가 선원에 오게 됐어요. 선원에 오게 됐는데, 떡 보니까 말입니다. 나한테 착 오는 게 뭐냐 하면 '저렇게 위도 모르고 아래도 모르고 천방지축들이니 안 그런가.' 하는 생각이 들어요. 그래서 내가 그랬죠. "당신네들, 자식을 기르고 살지?" 그러니까 그렇대요. "몇 남매나 뒀어?" 그러니까 오 남매를 뒀고 뭐 삼 남매를 뒀고 모두 그렇다고 그래요. 그래서 그랬어요. "그러면 요다음에 죽을 때에 자식들한테 어떻게 도움을 받으려고 하느냐?" 하니까 "으레 자식들은 부모를 섬겨야 하는 거 아니겠습니까?" 이래요. 그래서 "그럼 자식들이 부모를 섬겨야 한다면 당신네 부모들은 어떻게 섬겼느냐?" 그랬어요. 그랬더니 아무 소리 못하고 고개를 푸떡 떨어뜨리더군요.

그래서 돌아가시기 전과 돌아가신 후에 어떻게 했는지 그 양면을 다 얘기를 해 줬어요. "아무리 그렇더라도 그 아파서 드러누워 있는 사람에게 방바닥이 뜨거운가 안 뜨거운가 보지도 않고 불을 때서 엉덩이가 다 타서 죽게 만들고, 죽고 나서도 그냥 깔고 있던 그걸로 그대로 두루루 말아서 갖다가 넣는 게 어딨어?" 그랬더니 고개를 푹 떨어뜨리면서 그걸 어떻게 아시느냐는 거죠. "아, 당신이 알고 있는 걸 내가 알지 당신이 모른다면 내가 어떻게 알아?" 이랬어요. 그때부터 이 공부를 하기 시작을 하더니 그 삼 형제는 아주, 모두 오 남매인데 얼마나 다정다감하게 다 잘 지내던지 정말이지 잘 살게 됐더랍니다. 외국도 가게 되고요.

그런 거와 같이 말입니다, 여러분이 가정에서 부모나 자식이나 부부지간이나 아무리 잘못한다 하더라도 배척을 해서 버리려고 하지 말고 모든 거를 그 안에 넣고 '응, 모자랄 때 내 모습과 같아. 그러니까 너만이 그렇지 않게 할 수 있어.' 하고 거기다 놓고 부드러운 말, 부드러운 행, 부드러운 뜻을 가지고 마음을 먹으면 저절로 잘될 것이고 저절로 복덕이 아니라 공덕을 받게 되고, 저절로 집안이 아주 유하고 광명이 스스로 들어서 하나도 애고가 없이 잘 나갈 수 있지 않겠습니까? 그저 만나면 사랑하고 만나면 즐겁게 웃고 말입니다. 자식들도 마음과 마음으로 붙들고, 남편 부인도 서로 마음과 마음으로 붙들어야지 몸을 붙들려고 그러고 말로 해서 붙들려고 그런다면 붙들어지지 않습니다. 마음을 붙든다면 육체는 저절로 붙들어지죠. 허허허…. 그 도리가 아주 묘한 도리인 줄 아셔야 될 겁니다. 마음을 붙들어야 육체가 붙들어지고 육체를 붙들어야 화목도 붙들어진다고요.

우리가 몸을 붙들려고 "예이, 이놈의 개새끼, 소새끼!" 하고, 하하하…, "너는 내가 이렇게 고생을 했는데도 그 고생한…." 아, 고생을 했으면 같이 고생을 했지 뭐 혼자만 고생했겠습니까? 이 세상을 가만히 보십시오. 끼리끼리 모여 있죠? 사과는 사과대로 배는 배대로 있죠? 그와 같이 여러분도 끼리끼리 만난 거 아니겠습니까? 그런데 누구를 나무라고 누구를 원망하겠습니까? 그렇게 끼리끼리 만났으니 그저 '한마음 주인공! 너만이 해결할 수 있다.' 하고 거기다 놓고 부드럽게 해 주고, 부드러운 말 해 주고, 부드럽고 정답게, 죽어도 같이 죽고 살아도 같이 살자 이러한 마음으로써 사랑하고 위로해 준다면 너무나 행복해지고 잘 살게 될 겁니다, 아마. (대중 박수)

부처님 법이 경전에만 있고 부처님한테만 있는 게 아니고, 여러분이 없으면 부처님 법도 없을 거고 여러분이 계시기 때문에 부처님도 있고 부처님 법도 있는 겁니다. '일체제불의 마음' 그 노래를 했죠? 노래를 한번 해 보면서 생각을 해 보십시오. 그러면 부처님 법이 어디 있는가를 잘 아실 겁니다. 우리가 그대로 불교입니다. 불교 자체가, 아까도 얘기했지만 생명의 근본이 불이고, 말과 마음과 서로 통하고 돌아가는 게 교이고, 그러니까 불교는 그대로 진리인 것입니다. 그러니 우리네 가정에 우리가 살고 있는 이 진리 자체가, 바로 살림 자체가 바로 부처님 법이자 도입니다. 도도 딴 데 있는 게 아닙니다. 여러분 살고 있는 생활 속에 도가 있는 겁니다. 그러니 여러분 마음 하나만 잘 쓰면 물리가 터지고 지혜롭게 돼서 공덕을 크게 받으시리라고 믿습니다. 그러면 질문하십시오.

질문자1(여) 큰스님, 오랫동안 좋은 법문 들려 주셔서 너무나 감사합니다. 저는 평소에 생활하면서 불교와 생활이 둘이 아니라는 걸 생각하고 주인공한테 항상 맡기면서 공부를 하고 있거든요. 근데 제가 주인공한테 항상 맡기면서도 '주인공, 이렇게 이렇게 해야지.' 하고 맡기면서도 주인공한테 관하는 방법이 올바른지 어떤지에 대해서는 확신이 서지 않고 항상 의심이 조금씩 들거든요? 어떻게 하면 정확하게 주인공한테 잘 관하는지 올바르게 이끌어 주시면 감사하겠습니다.

큰스님 그래서 여직껏 말해 주지 않았어요? 당신, 지금 말하는 자체가 바로 그 주인공 놈이라고. 말하게 하는 놈 자체가 바로 주인공 놈이에요. 그러니 믿지 않을래야 않을 수가 없어요. 하하하….

질문자2(여) 감사합니다. 스님께 어려운 일 병고 액난을 하소연했을 때 스님께서는 "주인공을 믿고 거기에 맡겨 놓고 관하세요."라고 하십니다. 관하는 도리를 통해 병이 낫게 되었다고 할 경우에, 병이 낫는 까닭은 무엇인지 알고 싶습니다.

큰스님 여직껏 말했지 않소? 회사를 다스리는 회장과 같아서 바로 내 몸속에 모든 생명의 의식들이 그 회장의 결정하에 작용을 한다고. 내 몸속에 모든 생명의 의식들이 바로 여러분이 마음을 정하는 데에 따라 작용을 하는 거지 여러분이 믿지도 않고 마음도 정하지 않는데, 결재도 내리지 않았는데 어떻게 직원들이 일을 합니까? 그와 같이 내 몸속에서도 결재를 해야 작용을 할 수 있어요. 그래서 병이 나을 수가 있는 거죠. 그래도 모르겠어요?

질문자3(남) 무량법문 잘 들었습니다. 부처와 중생이 둘이 아니라는 것도 어렴풋이 알면서, 막상 선원을 떠났을 때 그 도리를 실천하지 않는 저희들의 모습을 보면 큰스님의 그 한량없는 자비심을 또한 생각해 보게 됩니다. 관한다고 함은 곧 지켜보는 것이라 들었습니다. 그런데 무엇이 무엇을 지켜보는지 모를 때가 많습니다. 생각, 자기의 마음이 현재 상태를 지켜보는 것인가? 마음으로 마음을 지켜보는 것인가? 그렇지 않으면 그냥 편안한 마음으로 놓고 가는 것인가? 이래저래 생각해 봅니다만 여전히 모를 때가 많습니다. 큰스님 가르침 청합니다.

큰스님 마음이라는 건 허공과 같아서 마음이 요거 한 가지를 생각했다면 고정되게 고거 한 가지만 딱 물려서 있는 것이 아니죠? 요

마음으로도 화할 수 있고 조 마음으로도 화할 수 있죠? 금방 딴 사람 만났으면 금방 화하고, 또 딴 사람 만났으면 금방 화하고, 이렇게 화해서 돌아가지요? 그러니까 그 마음이 바로 자기 주인공에게, 자기 마음 근본에다가 딱 놓고 자기가, 자기 마음이 지켜보는 거예요. 마음이라 그러는 건 이름이에요. 그러나 수천수만 가지로 생각할 수 있는 것이 바로 마음이죠. 그러니까 그거를 지켜보는 것이 참 선(禪)이에요. 그리고 관법이에요.

그러니까 물건을 한번 실험하려면, 밥을 짓는 것도 그렇고 하다못해 무엇을 하나 해도 실험해 보려면 한번 넣고 지켜보지 않아요? 그죠? 그와 같이 모든 것을 그렇게 거기 맡겨 놓고, 어떠한 용도에 따라서든지 어떠한 문제든지 거기 놓고 지켜보는 마음을 가지면 바로 그게 실험이요, 그것이 지나가면 바로 체험이요, 그렇게 되는 겁니다. 그렇기 때문에 하나 놓고 관하고 지켜보고, 관한다는 게 지켜보는 거니까 둘 아닌 지혜로운 마음으로 거기다 맡겨 놓고 지켜본다. 지켜보면 체험이 되고 체험이 되면 '아, 고놈이로구나! 고렇게 되는 거로구나!' 하고 그 때는 놓치지 않고 갈 수 있죠.

질문자3(남) 감사히 잘 들었습니다.

질문자4(남) 간단히 한 가지만 여쭙겠습니다. 복덕과 죄업은 상쇄되는 것인지요. 그 점이 알고 싶습니다. 가르침 주시기 바랍니다.

큰스님 그런데 그것이 따로따로 있는 게 아니고, 아까도 얘기했듯이 한마음 속에서 잘못하게 하는 마음을 쓰기도 하고, 즉 말하자면 도둑질을 할 수도 있고 선행을 할 수도 있는 겁니다. 한마음 속에서 나오죠. 즉 말하자면 방송국에서 이것도 나오고 저것도 나오고 다 나오는데 방송국은 하나예요. 그죠? 그러니까 마음이라는 그 자체에서는 어느 거든지 다 나오는데 어떻게 생각을 하고 나오느냐에 따라서 수천수만 개가 나올 수도 있는 거죠. 그러니까 선덕이나 악행이나 그것은 다 마음에서 생각하는 대로 따라서 되는 거니까 이렇다 저렇다, 갈라져 있다 붙어 있다, 이럴 수가 없는 거죠. 그냥 마음먹는 대로니까요.

질문자5(남) 저는 지금 대학원 다니는 학생인데요, 학교 일정이 있어서 시간이 바쁠 때는 법회에 참석하지 못할 경우가 있었습니다. 그런데 저의 경우에 있어서 봄에 몇 달 동안 법회에 안 왔었는데요, 법회에 안 오니까 생활이 좀 무기력한 것 같고 일이 좀 잘 안 되는 것 같고 그래서 지난 7월부터 법회에 참석하기로 했습니다. 그러면 또 이렇게 자신감이 더 생기는 것 같습니다. 그런데 큰스님께서는 불교를 기복 신앙으로 하지 말라고 하셨는데 저의 경우는 법회에 참석하면 뭔지 잘 풀리는 것 같은 그런 기분이에요. 시간이 별로 없어도 와야만 할 것 같은 그런 생각이 있거든요. 가끔은 졸더라도요. 그런데 이거 자체가 하나의 기복 신앙이 되는 게 아닌가 하는 그런 생각이 있습니다.

큰스님 하하하…. 아니, 그러면 사는 게 전부 기복이죠. 가고 싶은데 가는 것이 왜 기복입니까? 그게 당당한 바로 자기 자성의 발현이죠. 타의를 놓고서 빌고 타의에서 찾지 말라 하는 거지 자기 자성에서 일어나는 건 어떤 거든지 그냥 자성 그대로 법이죠.

질문자5(남) 그리고 큰스님 법어집인 『무』에 보면요, 이 세상은 이렇게 당당하게 무엇이든지 할 수 있기 때문에 자유라고 말씀하셨는데요, 저는 그런 말씀을 핑계 삼아서 조금 소심해서 잘하지 못했던 것이나 계율이나 그런 것에 대해서 해이해지는 것 같습니다. 그러니까 제 자신에 대해서 좀 느슨하게 대하는 그런 거 있지 않습니까? 자기 변명이 좀 많이 생기는 것 같습니다.

큰스님 그런데 말이에요, 이 무(無)의 정신계라는 거는 물질이 나오기 이전이거든요. 그러니까 집을 지으려면 먼저 설계도가 나와야 되는데 정신계라는 것은 설계도가 나오기 이전이거든요. 그죠? 설계가 나오기 이전이니까 집을 어떻게 짓든지 설계를 내 마음대로 할 수 있죠.

그러니까 자기 마음대로 설계를 해 놔야 집을 짓죠. 생각을 낼 때는 물건이 나오기 이전입니다. 그러니까 생각을 했으면 물건이 어디서 오든 올 수 있는 것만은 사실인 게 뭐냐 하면 마음과 마음이 일체가 다 같이 전달이 돼서 돌아가거든요. 마음이라는 건 개별적인 것이 아니라 모두가 포괄적으로 돌아가는 우주 법계에 실현이 되는 그 마음이란 말입니다. 그러니까 주저주저한다면 자기가 자기 마음을 못 믿기 때문에 그런 겁니다.

그러니까 자기 마음을, 자기 뿌리를 무조건 믿고 거기다 놓고 관찰하면서 체험하면서 돌아가다 보면 스스로 자기를 발견하게 되고 스스로 '아, 과감히 이렇게 이렇게 할 수 있구나!' 하는 것도 알게 되고 '이것이 둘이 아니고 그대로 이렇게 돌아가는구나!' 하는 것도 알게 되고 이 모두를 알게 됩니다. 과거 현재 미래를 종합해서요.

질문자5(남) 감사합니다.

큰스님 (삼 배를 올리는 다음 질문자에게) 한 번만 하세요.

질문자6(여) 스님, 뵙게 돼서 감사합니다. 저는 오늘 한마음선원을 처음 왔습니다. 얘는 고등학교에 갈 제 아들인데요, 마음을 잡지 못하고 주위가 산만하고 불안하고 항상 그렇습니다. 제가 어떻게 했으면 좋겠습니까? 좀 가르쳐 주십시오.

큰스님 한마디로 말해서, 학생! 잘 들어 봐. (왼쪽에 있는 나무를 가리키시며) 저 나무에 뿌리가 있어, 없어?

학생(남) 있습니다.

큰스님 있는데, 나무는 흙에 가려서 자기 뿌리를 못 보지?

학생(남) 예.

큰스님 사람도 육안으로는 볼 수 없는 자기의 영혼의 근본 뿌리가 있어. 그렇기 때문에 그 뿌리를 주인공이라고 이름해. 그 주인공만이 너의 마음을 모두 이끌어 줄 수가 있다고. 네 몸속에 많은 생명들이 있고 많은 의식들이 있기 때문에 그 의식들로 인해서 그런 문제가 생기거든. 그러니까 그 의식들을, 의식들의 마음 나오는 거를 다 다잡아 줄 수가 있는 거니까 '주인공, 너만이 나를 이끌어 줄 수 있고, 공부 잘하게 할 수 있고, 너의 심부름을 정직하고 진실하고 잘하게 할 수 있잖아.' 하고 거기다가 맡기고 그렇게 진짜로 믿어. 네 영원한 친구야. 알았어?

학생(남) 예.

큰스님 (남자 어린이가 올리는 꽃다발을 받으시며) 너 왔구나! 하하하…. 많이 컸구나! (합장하시며) 아이고, 절도 다 할 줄 알고!

질문자8(남) 큰스님으로부터 가르침을 받고 무럭무럭 자라고 있습니다. 그러나 부족하여 오늘 이렇게 또 나왔습니다. 우리가 마음공부를 한다고 하면서도 기실 그 마음공부의 대상이 어떤 사사로운 이익에 제한돼 있고, 그럼으로써 우리는 자기라는 틀을 벗어나지 못하고 항상 고통과 고난의 악순환을 계속하고 있는 것 같습니다. 우리가 큰스님의 제자로서, 또 부처님의 제자로서 진정 새롭게 추구하고 또 바라야 될 희망이 있다면 어떤 것이 있는지 가르침 주시옵기 바랍니다.

큰스님 지금 '부처님의 제자로서, 스님의 제자로서' 이렇게 말을 했죠? 그런데 말이에요. 우리가 넓게 생각을 한다면 풀 한 포기도 스승 아닌 게 없어요. 부처님만 스승이 아니에요. 나만 스승이 아니고요. 이 세상을 살아나가다 보면 강도짓 하는 사람을 보고도 깨닫는 게 있어요. '나는 저렇게 해서는 안 되겠다.' 이런 생각을 할 때도 있죠. 그러니까 풀 한 포기도 돌 하나도 물 흘러가는 것도 스승이에요. 그렇게 스승 아닌 게 없으니까 그거를 한데 합쳐서 주인공이라고 그런 거예요. 일체 만물만생 모두, 또 과거 현재 미래를 한데 합쳐서 삼심 삼세, 그 모든 것을 한데 합쳐서 주인공이라고 한 거니까 그 주인공 하나만 생각하면

뜻으로다가 그냥 둥글려지죠. 그렇게 간단하게 하세요. 이것저것 자꾸 이렇게 하면요, 마음이 산란해서 진짜 곧장 들어갈 것도 못 들어가요. 그러니까 그렇게 한데 모으셔서 거기다 맡기시고 지켜보는 그런 참 선자(禪者)가 되세요.

질문자8(남) 그래도 이해가 안돼서 한 말씀 더 여쭙겠습니다. 선원에서 스님께 배울 때는 그렇게 배우지만 직장에서 일할 때 또 가정에서 문제에 부딪칠 때는 자기에게 이익 되는 것에 너무 집착을 하게 되고, 그래서 실제로 우리가 마음을 제대로 마음자리에 두지 못하고 가는 경우가 참 많습니다. 그렇다면 생활에서 우리가 추구해야 될 구체적인 목표가 있다면 하나만 말씀을 해 주십시오.

큰스님 그래요. 근데 여러분이 좀 어리석은 면이 있어요. 왜냐하면 회사에서 직원들을 데리고 일을 하거나 장사를 할 때 사람이 안 온다 온다 이런 문제들, 뭐 잇속을 찾는다, 이(利)가 부진하다 이런 문제들이 있을 때 '아, 그러면 이런 공부를 하면서 내가 어떻게 이익을 취할 수 있을까?' 이러는데 천만의 말씀이에요. 진짜로 믿는다면, 고꾸라지든지 가든지 오든지 그런 걸 상관 안 하고 거기다가 턱 맡기고 그냥 진짜로 내가 한다는 생각 없이 한다면 아무 괴로움이 없어요. 돈이 많이 벌려도 걸림이 없고요, 돈이 안 벌려도 '너만이 할 수 있다.' 하고 거기다 놓기 때문에 괴로운 게 없어요. 그런데 믿지 못하는 까닭에 그렇지 않을까요?

간단히 생각하세요. 돈을 수만억을 번다 하더라도 걸림이 없어야 돼요. 왜냐하면 그것도 자기 혼자 갖는 게 아니잖아요. 자기 혼자 번 것도 아니고 혼자 가질 것도 아니고 혼자 쓸 것도 아니잖아요. 그런데 왜 거기 걸려요? 내가 또 많이 번다고 하는 '내가'라는 생각이, 나를 내세우는 게 있기 때문에 그게 걸리는 거지 내 한마음이라는 주인공에서 본다면 아이, 그렇게 나가 많은데, 일체가 다 나 아님이 없는데 구태여 왜 거기 걸립니까? 그러니까 선지식들은 개구리 하나를 죽여도 죽인 사이가 없고, 깨치지 못한 자는 개구리 하나를 죽여도 살생이 된다 그랬어요.

그거는 여러분이 여러분의 마음을 증득해야 알아져요. 그러니까 열심히, 무조건 믿고 거기 맡겨 놓고 지켜보시고 그러세요. 그리고 거기에 걸림이 없어야 됩니다. 몇만 냥을 벌더라도, 또 욕심을 내서 생각을 내서 '저걸 벌어야 할 텐데….' 이런 생각이 나도 당신 혼자 그런 생각을 한 게 아니에요. 수십억의 의식들이 한데 모여서 그렇게 생각을 한 거지요. 그러니까 당신이 그렇게 생각한 게 아니라는 것을 아셔야 돼요. 그 묘한 법은 여러분이 아마 열심히 해야 아실 겁니다.

질문자8(남) 그럼 스님! 나한테 병이 있다든가 고난이 있을 때에도 그것이 내가 겪는 것이 아니라 주인공이 겪고, 이 마음자리가 같이 한다고 생각하고 끄달리지 않는다면 올바르겠습니까?

큰스님 그거야 '너한테서 나온 거니까 네가 해결할 수밖에 없잖아.' 하고 놔야 되죠. 그리고 또 제 몸을 제가 끌고 가는데 '내가 죽으면, 내 몸이 죽으면 네 집합소가 없어지는데, 네 집합소가 없어지면 너도 죽잖아?' 하고 거기다가 맡겨 놔야 되지 않아요?

오늘 여러분이 말입니다, 지금 내용을 가만히 들어 보니까 '야, 나가서 장사를 하거나 회사에 다니거나 또는 회사를 경영하더라도 남과 같이 돈을 벌어야 살 수 있고 가정을 이끌어 갈 수 있는데, 다 놓고 어떻게 돈을 벌어서 가정을 이끌어 나갑니까?' 이렇게 생각하시지만 여러분이 한번 뒤바꿔서 생각을 해 보십시오. 여기 걸어오실 때에 그냥 서서 걸어오라는 게 아니거든요. 걸어오긴 했는데 발자취를 하나도 짊어지고 온 게 없죠? 아니, 생각해 보세요. 내가 하지 말라는 게 아니거든요. 돈벌이하지 말라는 게 아니잖아요. 여러분이 저 아래에서 걸어오실 때에 발자취를 걸머지고 오셨습니까? (대중 박수) 걸어오긴 틀림없이 걸어왔는데 걸어온 사이가 없다. 내가 짊어지고 온 게 아니니까. 벌이는 했는데, 내가 하고 싶은 거 다 하고 있는데, 이게 우리가 걸어온 거와 똑같아요. 그러니까 하고 싶은 거 다 하시되 자기가 했단 말 하지 마라, 자기가 했다고 생각하지 마라, 모두가 공용으로 했다고 생각하라 이겁니다. 주인공에서 모든 것을 공용으로 한 것이지 자기 개별적으로 한 것이 아니지 않습니까? 그런 동시에 우리가 걸음을 걸어왔는데, 한 발 떼어 놓고 한 발 떼어 놓고 걸어오긴 했는데 걸어온 자취가 없지 않습니까? 그것도 혼자 걸은 게 아닙니다. 여럿이 작용을 해 주기 때문에 여러분이 걸어왔지 아마 위 공장 하나만 그냥 파워가 일어나도 다리도 떼어 놓지 못하고 걸어오지도 못할 겁니다.

그러니까 모두가 같이 한 거니까 내가 했다는 생각을 하지 않는다면 거기에 걸림이 없어요. 그게 참 묘하죠. 말로는 할 수 없는 묘한 도리입니다. 그러니까 여러분, 잘 생각해서 알아서 하세요. 하하하….

일체제불이 내 마음을 통해 찰나찰나 나툰다

부산 대법회

1993년 10월 10일

부산의 대덕 스님 여러분, 그리고 시장님과 더불어 신도님들과 한자리를 하게 된 것을 감사하게 생각합니다. 제가 말이 서툴러서 실례가 되더라도 좀 양해해 주시기를 바랍니다.

여러분이 아시다시피 지금 우리 시대는 정신계와 물질계가 둘 아니게 중용을 하고 돌아가야만이 자유를 느끼며 살 수가 있습니다. 만약에 그렇지 않고 물질계의 50%만 가지고 산다면 얼마나 걸림이 많은지 그건 상상할 수도 없는 것입니다. 그래서 우리는 불교의 진의를 완전히 터득해서 알아야만 되겠다고 생각을 합니다. 그렇다고 해서 내가 잘 가르친다는 건 아닙니다. 나는 심부름만 할 뿐이지 내가 말하는 것도 없고 내가 하는 것도 없습니다. 나는 그저 심부름꾼일 뿐입니다.

불교(佛教)가 머리 깎고 먹물옷 입고 목탁 치고 염불 하는 것만을 일컫는 게 아닙니다. 일체 만물만생의 생명이 불(佛)이요, 일체 만물만생이 서로 마음과 마음으로 통하고 또는 뜻과 뜻으로 통하고 말과 말로 통하고, 이렇게 서로 통해서 끊임없이 돌아가는 자체를 교(教)라고 합니다. 그래서 불교라고 하는 것입니다. 그러니 불교는 진리인 것이지요. 동맥과 정맥이 돌아가듯 끊어지지 않고 돌아가는 이 진리가 불교입니다. 우리가 가톨릭교나 기독교나 어떠한 다른 종교를 가지고 있다 해서 불교가 아닌 것이 아닙니다. 곤충 한 마리의 생명도 불(佛)이요 풀 한 포기의 생명도 불입니다.

우리가 다 죽는다 하더라도 불교는 없어지지 않습니다. 그러면 어떻게 돼서 우리가 다 죽는다 하더라도 불교가 끊어지지 않는가. 우리가 살고 있는 마음의 근본이 삼천대천세계의 근본과 둘이 아닙니다. 둘이 아니라고 하는 까닭은 직결이 됐다는 얘깁니다. 우주의 근본에 직결이 돼 있고, 이 세상만사가 돌아가는 법에 의해서 바로 우리들 마음에 가설이 돼 있는 것입니다. 아까도 얘기했듯이 마음과 마음이 서로 돌아가고, 즉 말하자면 우리가 공생(共生)이며 공심(共心)이며 공체(共體)며 공용(共用)이며 공식화(共食化)하고 돌아가는 것입니다.

우리는 한 치도 에누리 없는 아주 정확한 진리 속에서 살아가는데 그것은 우리 마음으로부터 벌어지는 겁니다. 얼른 쉽게 말해서 여러분 각자가 이 세상에 태어나지 않았더라면 상대가 없을 것이고 상대가 없다면 세상이 벌어지지 않았을 겁니다.

이런 옛날 얘기가 있지요. 소가 가다가 언덕을 보고서 비비니까 언덕이 하는 소리가 "허허! 언덕이라는 내가 있기 때문에 소가 나한테 와서 비비는구나!" 했답니다. 그래서 소의 탓을 하지 않았더랍니다. 그런 거와 같이 우리는 내가 있기 때문에 상대가 있는 것이지 내가 없다면 상대가 없는 것입니다. 그렇기 때문에 나로부터 부처님이 가르쳐 주신 오계향(五戒香)이, 다섯 가지 계향이 있는 것입니다.

첫째 계향(戒香) 할 때, 모든 것을 잘못 생각하고 가기 때문에 마음과 육체가 따로따로 흩어지는 겁니다. 물질세계에서 겉으로만 계를 지키려고 하지 말고 모든 것을 내 탓으로 돌리고, 모두에게 누가 되지 않도록 내 마음으로써 채찍을 삼고 모든 권속들하고도, 사형 사제들하고도 부드러운 말과 부드러운 행동으로 모든 것을 해 간다면, 그리고 내 아픔같이 생각하고 내 몸같이 생각한다면 마음의 계향이 되어 스스로 지킬 수 있게끔 마음의 자세가 슬기롭게 된다는 뜻입니다. 처음부터 나 아닌 나로부터 가야지 나를 세우고 내가 했다고 하면서 모든 것을 자기가 한다고 생각한다면 안 됩니다. 나를 빼지 않는다면 잘 할 수가 없는 것입니다. 그리고 계도 지킬 수가 없는 것입니다.

아까도 얘기했듯이 우리 몸뚱이가 지수화풍으로 바탕이 돼서 있는 것입니다. 일체 만물만생이 다 지수화풍 아닌 것이 하나도 없습니다. 우리는 지수화풍으로 뭉쳐졌고 지수화풍을 먹고 삽니다. 그리고 또 지수화풍 속에서 살고 있는 것입니다. 그렇게 지수화풍으로 바탕이 돼 있기 때문에 인간이라면 누구에게나 다 광력 전력 자력 통신력이 충만히 주어져 있습니다. 나쁜 마음과 좋은 마음이 한군데서 나오는데 바로 좋은 마음으로 바꿔 쓸 수만 있다면, 우리들에게 그렇게 주어져 있기 때문에 광력도 전력도 자력도 통신력도 충만하고 자유스럽게 쓸 수가 있다고 생각합니다.

참으로 우리가 이 마음공부를 안 하면 안 되는 이유가 뭐냐? 우리가 이렇게 살다가 죽으면 가져가는 게 하나도 없습니다. 없으면서도 자기가 어떻게 살았느냐에 따라서 악업 선업 자체가 업식이 돼서 자기 영혼과 더불어 같이 그림자처럼 따라갑니다. 그래서 우리가 지금 다시 돌아서 미래를 향해서 현재로 다시 왔습니다. 다시 왔는데, 과거에 어떻게 살았느냐에 따라서 악업 선업이 그 자동적인 컴퓨터에 입력이 된 겁니다.

지금 세상에는 컴퓨터를 사람들이 입력을 해서 쓰지마는 우리에게는 바로 오신통이라는 것이 있습니다. 남의 속을 아는 것이며, 남의 마음을 들여다보듯이 참으로 알 수 있는 것이며, 가고 옴이 없이 가고 오는 것이며, 심안으로 보는 것이며, 마음의 귀로 듣는 것이며, 자기가 어디서 온 것인가를 아는 것, 이렇게 다섯 가지가 있는데, 다섯 가지를 다 한다 하더라도 도가 아니라 했습니다. 과거에 어떻게 살았느냐에 따라 숙명통과 더불어 다섯 가지가 한데 합쳐져서 그것이 자동적으로 입력이 되는 것입니다. 그렇게 입력이 돼 가지고 현실에 나오는 것입니다.

만약에 이 마음의 도리를 모른다면 독 안에 들어도 면치 못한다는 얘깁니다. 왜냐하면 입력이 된 데다 다시 놓지를 않아서 다시 입력이 되지 않기 때문입니다. 현실에 나오는 대로, 나오는 데다가 우리가 다시 입력을 한다면 앞서의 입력은 없어지면서 새 입력이 들어간 대로 새로이 나오는 것입니다. 그렇게 입력된 것이 현실로 나오는 데다 되놓지 않는다면, 즉 말하자면 유전성 세균성 업보성 영계성, 이 모두를 아마 면치 못할 겁니다. 거기에 얽매이고 얽매여서 팔자니 운명이니 하는 그 모든 고의 테두리에서, 또는 업의 무명 속에서 벗어날 수가 없는 것입니다. 무명 속에서 벗어나지 못하니까 자기가 팔자 운명도 마음대로 못할 것이요, 또는 세균성이 와도 영계성이 와도 업보성이 와도 유전성이 와도 어떻게 해 볼 수가 없는 겁니다. 그러나 이 도리를 알기 위해서 모든 것을 나온 데다가 되놔라, 나온 데다가 믿고 맡겨 놓을 수 있다면 바로 구정물을 새 물로 바꿔 쓰는 거와 같다 이 소리입니다.

사람의 마음이라는 것이 너무나 광대무변하면서도 그렇게 엉뚱하게 전락될 수도 있는 것입니다. 악업 선업이 과거에서 오는 거라고 생각하지 마십시오. 과거가 따로 있는 게 아니라 과거가 현실이고 미래가 현실이 되는 것입니다. 그래서 바로 우리 각자 몸뚱이 속에 악업 선업이 다 들어 있는 것입니다. 자기가 이 세상에 나올 때에 어떻게 살았느냐에 따라서 또다시 자기 영혼과 더불어 같이 혼합이 돼서 그림자처럼 따라갑니다. 즉 말하자면 자기를 자기가 형성시키고 싶어서 어느 부부의 정자 난자를, 몸을 빌립니다. 모두가, 각자 자기를 그렇게 형성을 시켜서 바로 자기 모습을 앞장세워 이 세상에 나와서, 자기가 집을 짓고 그 안에 자기가 살고 있는 것입니다. 그 안에 자기가 살고 있으니까 살고 있는 그 자체가 바로 자기의 영원한 근본이자 바로 불성이자 뿌리인 것입니다. 나무뿌리로 비유한다면, 우리는 나무뿌리가 있는 것을 아는데 나무는 자기 뿌리가 흙에 덮여 있기 때문에 못 봅니다. 그런 거와 같이 우리도 자기 뿌리를 자기가 못 보는 것입니다.

그런데 어느 종교를 막론하고 상대를 놓고 기도하고 빌고 온통 야단법석이니 그렇게 해서는 자유스럽게 마음을 발전시키면서 창조력을 기를 수가 없습니다. 또 정신계와 물질계를 혼합시켜서 같이 중용을 할 수 있고 자유자재할 수 있는 길을 택할 수가 없는 것입니다. 내 나무 살자고 남의 뿌리에다가 아무리 기도를 해 봤던들 그게 성립이 될 것 같습니까? 남의 나무를 쳐다보고 남의 나무뿌리를 쳐다보고 내 나무를 키워 달라고 아무리 빌어 봤던들 그거는 될 수가 없는 것입니다.

자기 뿌리부터 보십시오. 자기 뿌리부터 믿으십시오. 자기 뿌리부터 믿고 모든 것을 거기에서 이끌어 가는 줄 아십시오. 차가 가려면 운전수가 있어야 하듯이 말입니다. 운전수가 기름이 떨어지면 기름을 넣고 고장이 나면 고칠 것입니다. 그래서 그 운전수는 바로 양면을 다 움켜잡고 차를 몰고 조심스럽게 다니는 것입니다. 그와 같이 우리의 마음도 바로 육신과 영원한 근본인 뿌리와, 즉 말하자면 생명의 근본 뿌리라고 볼 수 있죠. 그리고 마음을 내는 법, 이 삼합이 한데 합쳐져서 시공을 초월해서 고정됨이 없이 찰나찰나 지금 화하고 돌아가고 있습니다. 이 살림살이가 바로 자기의 주인공입니다. 여러분은 걸음을 걸어올 때나 일을 할 때나 고정되게 일하는 것도 없을 뿐만 아니라 고정되게 보는 것도 없고 듣는 것도 없고 말하는 것도 없고 먹는 것도 없고, 모든 게 고정된 게 하나도 없습니다. 고정된 것이 하나도 없이 찰나찰나 화해서 나투면서 바뀌면서 이렇게 영원히 돌아갈 것입니다.

그래서 불교란 그렇게 엄청나고 광대한 것인데도 불구하고 딴 종교에서는 마귀 소굴이라고 부르고 있고, 또 어떤 사람은 학술적인 이론만 가지고 한다고 하기도 하고, 어떤 사람은 눈감고 앉아서 그냥 귀신 놀음 한다고 하는 소리를 들었습니다. 그런데 그게 아닙니다. 눈을 감으나 뜨나 서나 앉으나 모든 게 참선 아닌 게 없습니다. 이 부처님 법에는 앉아 있으나 서 있으나, 눈을 감았으나 떴으나 똥을 눌 때나 먹을 때나 모두가 참선 아닌 게 하나도 없습니다. 그것도 이름해서 말입니다.

여러분 몸 안에 수천수만의 생명들과 의식들과 모습들이 있습니다. 우리는 미생물에서부터 수억겁을 거쳐 오면서, 쫓고 쫓기면서 진화되면서 여기까지 왔다고 봅니다. 지수화풍도 한데 합쳐지기 이전에는 암흑이었다고 봅니다. 그러나 합쳐지니까, 화목하게 합쳐지니까 밝은 세상이 왔다고 봅니다. 밝은 세상이 오고 생명체들이 생겼다고 봅니다. 그거를 못 믿겠거든 우리의 몸속을 한번 보십시오. 증명이 되고도 남음이 있을 겁니다. 생명들이 그렇게 진화돼서 쫓고 쫓기면서 수많은 모습으로 나투어 가면서 바뀌어 가면서 이렇게 인간까지 왔기 때문에 만물의 영장이라고 합니다. 그런데 자유자재권을 가지고 자유스럽게 살지 못하고 자기 마음을 마음대로 하지 못하고 사는 중생들이 돼서야 어찌 만물의 영장이라고 할 수 있겠습니까?

그런데다가 여러분은 만날 각자 내가 살고 내가 줬고 내가 잘하고, 이러고 있는데 '나'라는 존재는 하나도 내세울 게 없다는 사실입니다. 이 몸뚱이는 육신 속에 있는 생명체들의, 즉 자생중생들의 집합소밖에는 될 수가 없습니다. 그리고 심부름꾼이요 관리인입니다. 이 몸뚱이는 바로 집이라고 해도 과언이 아닙니다.

그래서 옛날에 부처님께서도 또 사대 성인들께서도, 많은 조사들께서도 이렇게 말씀을 하셨죠. "얘, 배를 타고 저 강을 건너가는데 중생들이 배 안에 잔뜩 탔으니 선장이 노를 똑바로 잘 저어서 나가야만이 그 강을 건널 수 있느니라." 이렇게 비유해서 말씀하셨습니다. 그런데 그거를 어떻게 생각하십니까? 또 문수보살이 유마힐 거사한테 병문안을 왔을 때 유마힐 거사가 "중생들이 다 나아야 내 몸이 낫겠노라." 한 뜻을 여러분 한번 잘 새겨 보십시오. 여러분 몸 안의 자생중생들이 병이 나아야 여러분 몸이 건강하죠! 외부의 중생들을 다 건진다는 게 아니라 내 중생들을, 내 몸속의 중생들 병이 다 나아야 내 몸이 건강하다는 얘깁니다. 내 자생중생부터 제도하라는 것이죠. 그리고 위로는 일체제불의 마음이 평등공법 봉에 모두가 한자리를 하고 있어서 바로 거기에 직결돼 있고 한도량에서 분배되는 것입니다. 그것은 전력이나 금속이 어디든지 쓰이지 않는 데가 없는 것과 같습니다.

그것이 어디서 나오느냐? 여러분이 만약에 그 도리를 안다면 일체제불의 마음이 바로 여러분의 각자 마음을 통해서 바로 몸속의 모든 생명체들이 천백억의 보살로 화해서, 바로 천차만별의 응신으로 나투면서 천차만별의 중생들한테 자동적으로 조건 없는 자비를 베풀어 주실 수 있다 이 소립니다. 천백억이라면 바로 숫자가 없는 것입니다. 그러니까 딴 데 가서 묻지 마세요. 부처님이 따로 있어서가 아니라 여러분이 없으면 부처도 없고 부처가 없으면 여러분도 없는 것입니다.

그러니 지금 시점에서 우리가 공부하고 가는 거는 다른 게 아닙니다. 바로 여러분 몸속에 있는 자생중생들을 제도를 하려면, 거기서 악업도 나오고 선업도 나오고 잘못하는 일도 나오고 강도짓도 나오고 선행도 할 수 있는 그 마음의 작용이 거기서 다 나오는 거니까 '한마음 속에서 나오는 거니까 한마음 속에서만이 해결을 할 수 있다.' 하고 믿고 거기다가 다 놔야만 합니다. 병에 걸려도 '너만이 네 몸을 건강하게 해서 끌고 갈 수 있다.' 라는 믿음을 가질 때 비로소 몸이 건강해질 뿐만 아니라 곰뚱이 속에서는 내면의 모두가 작용을 해 줍니다.

즉 말하자면 인간이 '내 뿌리인 바로 내 주인공만이 나를 이끌어 줄 수 있다.' 하고 생각을 했을 때 바로 마음으로부터 대뇌를 통해서 소뇌를 통해서 중뇌에서 결정을 지어서 사대로 통신이 됩니다. 사대로 통신이 되면 사대에서 통신을 받고 다 작용을 해 줍니다. 안에서는 그렇게 작용을 해 주고 또 바깥으로는 세포의 생명들이 화해서, 이 지구에서 레이다망으로 역할을 하는 거와 같이 혹성과 같은 내 몸의 모든 세포에서 작용을 해 줍니다. 헤아릴 수 없는 의식들이 전부 나가서 마음을 조정하고, 들고 남이 없이 들고 나면서 내 가정을 조절하고 또 사회를 잘 조절합니다. 이렇게 잘 이끌어 나가는 소임을 맡아 가지고 있는 것이 바로 세포입니다. 이 세포가 바깥에서 세균성이 들어오는 것도 막습니다. 이것도 내 마음에서 벌써 입력을 해 놔야 됩니다. 내 마음에서 내면으로다 입력이 항상 돼야 되는데, 1년을 해 놓든지 2년을 해 놓든지 그건 자기 마음대로 자유자재할 수 있는 것입니다. 그렇게 입력을 해 놓으면 거기에서는 세균성을 막고, 또 들일 건 들이고 내보낼 건 내보내고 체로 치는 역할을 합니다. 통신도 좋은 것과 나쁜 것을 잘 파악해서 들이고 내는 역할을 합니다. 그러니 통신하고 조달을 하는 것이 이 세포의 모든 소임이라고 봅니다.

우리가 이렇게 이 마음 도리에서 '하나'를 안다면 '하나'로 돌아가는 걸 알고, '하나'로 돌아가는 걸 안다면 바로 너 나 없이 전체가 같이 돌아간다는 걸 알 겁니다. 이 내면으로 이렇게 많은 생명들이 있는데 그게 누구라고 보십니까. 여러분이 아닐까요? 여러분 한 몸뚱이 속에 수많은 생명들이 들어 있는데 내가 밥 한 그릇을 먹는다면 혼자 먹는 것입니까, 그게? 혼자 듣는 것입니까, 혼자 보는 것입니까, 혼자 하는 것입니까, 혼자 사는 것입니까? 아무것도 혼자 하는 게 없습니다. 그러니까 내가 혼자 했단 말은 절대로 하지 마십시오. (대중 박수) 그래서 내 몸뚱이 속에 그 많은 생명의 의식들이 바로 더불어 나인 고로 내가 혼자 나라는 걸 세울 게 하나도 없다 이 소립니다. 그런데다가 외부적으로도 나를 세울 게 하나도 없어요. 이 세상만사 돌 하나 풀 한 포기도 내 스승 아닌 게 하나도 없고 내 생명 아닌 게 하나도 없고 내 몸 아닌 게 하나도 없으니 어찌 내가 했다고 하며 내가 잘한다고 하며 내가 이렇게 말을 한다고 할 수 있겠습니까?

그래서 부처님께서는 "공이 색이요 색이 공이니라. 내가 한 말이 하나도 없고 내가 생각한 것조차도 없느니라. 나의 고깃덩어리를 믿지 마라. 나를 따르되 나를 믿지 말고, 너부터 믿어서 너부터 알면 바로 과거의 부(父)를 현재의 자(子)가 상봉케 되느니라. 상봉케 된다면 바로 너를 지도할 수 있는 자성부처가 바로 너를 이끌어 갈 수 있으며 바로 서로서로의 마음과 마음으로 전달이 되면서 점검을 하면서 일체 모든 만물을 보고 깨달을 수 있고, 병풍 둘러치듯 둘러친 이 세상이 팔만대장경에 속하느니라. 너만 못한 게 하나도 없으며 너만큼 또 잘난 것도 하나도 없느니라." 하셨던 겁니다.

이 모두를 우리가 잘 알 수 있어야 합니다. 한마디로 말해서 내 자체가, 내가 있기 때문에 나한테 부딪친다는 것을 알고 상대를 탓하지 말고 상대를 원망하지 말고 상대를 증오하지 말고, 가정에서도 그렇고 마음에다가 모든 것을 맡겨 놓고 '저 사람의 주인공이나 내 주인공이나, 저 사람의 생명이나 내 생명이나 둘이 아니니 바로 내가 나왔기 때문에 나한테 부딪치는 거니까 모든 것을 너만이 해결할 수 있다.' 하고 믿어야 합니다. 한 가정에서 부모와 자식 모두가 얽히고설켜서 살림살이를 해 나가는데, 상대가 잘못하더라도 자식들에게 욕을 하지 말고 부모를 원망하지 말고, 모든 건 거기에 맡겨 놓으면서 마음으로 잡아야지 말로 몸을 잡으려고 한다면 몸이 잡혀지지 않습니다. 우리가 마음에 의해서 몸이 움죽거리지 몸으로 인해서 마음이 움죽거려지는 게 아닙니다. 마음과 몸이 둘이 아니어서 마음으로부터 바로 몸이 움죽거리고 생명의 근본으로부터 마음이 나오는 것입니다.

그러니 내 자신이 병이 나거나 일가친척이 병이 나거나 내 식구들이 병이 났어도, 주인공은 둘이 아닌 거를 알고 내 주인공에다가 '너만이 낫게 할 수 있다.' 했을 때에 그게 즉각 들어갈 수 있는 것입니다. 말로는 할 수 없는 말이지마는 병이 나서 아팠을 때 주인공에다 맡겨 놓으면 일체제불의 마음과 더불어 찰나찰나 내 마음을 통해서 나투십니다. 이 말을 잘 새겨들으셔야 합니다. 이 모든 마음들이, 내가 병이 나서 주인공에다 맡겨 놨을 때는 여기가 일체제불의 마음이 올 수 있고 갈 수 있게끔 하는 통신처입니다, 통신처. 내 집에 전화를 놓지 않는다면 전화가 올 수도 없고 갈 수도 없듯이, 내 집부터 전화를 놓아야 되듯이, 내 주인공의 뜻을 세워 놓지 않으면, 선을 세워 놓지 않는다면 통신이 되지 않습니다.

병이 나서 거기다 맡겼을 때는 바로 한 찰나에 이 몸속에 들어있는 자생중생들이 약사 보살이 돼 가지고 병을 낫게 하는 의사가 되고, 또 가난하고 어려운 일이 닥쳤을 때 '주인공! 당신만이 이거를 대치해서 해 나갈 수 있잖아!' 했을 때는 관세음이 되시고 '아이구, 명이 짧아서 어쩌나!' 하고 거기다 맡겼을 때는 칠성이 돼 주시고, 또는 '아이구, 좋은 데로 가야 할 텐데, 어쩌나!' 하고 걱정을 하면서 주인공에 맡겼을 때는 지장이 돼 주시고, 또 마음에 물리가 터지지 않아서 애를 쓰고 거기다 맡겼을 때는 동방의 아촉이 되고, '내가 어떻게 해서든지 물리가 터지고 지혜로운 마음으로 둘 아니게 지켜볼 수 있는 관법을 잘 알아야지.' 한다면 바로 아미타가 돼 주십니다. 그렇게 여러분의 각자 마음속에는 기묘한 법이 그렇게 있으며, 아까도 얘기했듯이 광력 전력 자력 통신력을 여러분이 충만히 가지고 있기 때문에 언제든지 쓸 수 있다 이런 소립니다.

지금 금속이나 전력이 곳곳에 쓰이지 않는 데가 없듯이 우리의 마음의 금강이라는 것은 어디에도 아니 쓰여지는 데가 없다 이 소립니다. 아까도 얘기했듯이, 내가 아프면 의사가 되고 내가 명이 짧을 때는 칠성이 돼 주고, 물에서 어려운 일이 있어서 거기다가 모든 걸 맡겨 놓고 '너만이 잘 가게 할 수 있다.' 했을 때에는 바로 용신이 돼 주고, 먼 길을 갈 때 바로 내면세계의 주인공에다 맡겨 놓으면 지신이 돼 준단 말입니다. 이거를 못 믿겠걸랑 한번 여러분 가정을 들여다보세요. 아버지가 아버지로만 있는 것이 아니라 자동적으로, 때로는 아들이 되고 때로는 남편이 되고 때로는 아버지가 되고 때로는 사위가 되고, 어느 회사의 직원이 되기도 하고 사장이 되기도 하고 국회의원이 되기도 하고 친구가 되기도 합니다. 이름이 수만 가지로 그렇게 스스로 자동적으로 되고 지금도 그렇게 하고 계시지 않습니까? 그러니 여러분이 지금 남의 뿌리에다가 내 뿌리가 돼 달라고, 내 나무를 성장하게 해 주고 푸르르게 살게 해 달라고 빌거나 기도하지 말고 내 뿌리에 내가 직접 '네 몸을 형성시켰으니까 너만이 잘 끌고 갈 수 있고 건강하게 할 수 있고, 모든 것을 다 할 수 있는 것은 너뿐이다.' 이렇게 모든 것을 해 나가시는 것이 한 가정에 이익하고 그렇습니다.

달마 대사가 양 무제더러 너는 공덕이 하나도 없다고 한 말과 그 뜻을 아시죠? 그리고 또 유마힐 거사가 내 중생부터 나아야 내 병이 낫겠다고 한 말, 그거는 내면의 여러분 생명들이 다 나아야, 병이 들지 않고 파워를 일으키지 않아야 여러분이 건강하고 가정적으로도 사회적으로도 건강하며 화목하다 이겁니다. 자식들도 그렇고, 나쁜 일을 한다 하더라도 욕하고 때리고 그러지 말고, 또 어떠한 일이 생기거나 사회적으로 어떠한 문제가 거론이 된다 하더라도 남을 원망하고 그렇게 하지 말고 내 주인공에다 모든 것을, 잘못된 것 잘된 것을 판단해서 거기다가 맡겨 놓고 사랑할 수 있는 그 마음, 원망하지 않는 마음으로 대한다면 가정도 화목해지고 사회도 화목해지고 모든 게 다 화목하게 돌아갈 것입니다. 그러니까 여러분이 그걸 다 아십시오. (대중 박수) 그러면 여러분, 말씀하실 게 있으면 말씀하십시오.

질문자1(남) 큰스님의 귀한 설법에 감사 올립니다. 저는 부산에 가정을 가지고 있으면서 제주대학교 법정대학에서 학생들을 가르치고 있습니다. 스님께서 혹 기억이 나실지 모르겠습니다마는 몇 달 전에 저의 딸애가 부모와의 인연을 끊고 세상을 버렸을 적에 스님께서는 저희들의 아픈 마음을 달래 주시고 슬픈 마음을 위로해 주시며 사람이 태어나서 만나는 인연 법, 윤회 법을 가르쳐 주시고 저희 가정이 새로 출발할 수 있는 계기를 마련해 주셨습니다. 다시 거듭해서 그 높으신 은혜에 감사 말씀을 올리는 바입니다.

평소 큰스님의 설법에 항상 감복하고 깨달은 점이 매우 많았습니다. 그 중에서도 생활 참선 혹은 관법에 대해서 몇 가지 의정을 갖고 있는데 소박한 마음으로 이 궁금증에 대해서 큰 가르침을 받고자 합니다. 지금부터 몇 가지 질문을 올리겠습니다.

큰스님께서는 늘 말씀하시기를 관법을 잘 익히라고 하십니다. 일반 승가에서는 조주 선사의 '무'자 화두나 '이 뭣고?' 화두를 들고 정진하는 경향에 비해서 스님께서는 다른 화두는 일체 주지 않으시고 오직 주인공만을 화두로 삼으라고 하심이 곧 생활 참선이요 관법이라고 알고 있습니다. 평소 생활하는 가운데 주인공을 믿고 일체 그 자리에 맡기고 지켜보자는 그런 생각을 하면서 늘 생활하고 있습니다. 그러면서도 '과연 이것이 제대로 잘하는 것인가?' 하는 의심을 가끔 하게 됩니다. 이럴 때는 어떻게 해야 하는지 가르침 받기를 원합니다.

또 한 가지는 보통 우리 일반 불자 가정에서는 한마음 공부를 더욱 돈독히 하기 위해서 카세트 테이프나 혹은 비디오 테이프를 통해서 설법을 듣거나 혹은 불경을 듣는 경우가 있습니다. 저도 아침에 카세트로 설법을 듣고 출근하는 경우도 있는데 그러면 하루 일과를 매우 충실하게 지낼 수 있었습니다. 그러나 어떤 경우에는 바쁘다 보면 거기에 귀를 기울이지 아니 하고 그냥 뭐 대충 듣기도 하고, 마음자리에 관하지 않고 건성건성 그냥 지나쳐 버리는 경우도 있습니다.

그런데 그렇게 하면 테레비를 틀어 놓고 그냥 지나쳐 버리는 것과 이렇게 귀한 진리의 목소리를 틀어 놓고 듣지 않고 지나가는 것과 무슨 차이가 있을까? 우리들 마음속에는, 아까 큰스님께서 설하시기를 생명 있는 모든 의식들이 다 주인공의 지휘에 따라서 움직인다고 했는데 혹시 나는 의식이 그 설법에 마음을 두지 않았지만 다른 의식들이 그 설법만큼은 어떤 감응을 하고 있지 않은가 하는 소박한 궁금증을 갖게 됩니다. 이런 점에 대해서도 큰스님의 큰 가르침이 있으시면 감사하겠습니다.

큰스님 지금 선생님께서 말씀하신 대로입니다. 선생님께서 그렇게 생각했다면 그럴 것이고 저렇게 생각했다면 저럴 것입니다.

나는 여러분한테 '꼭 마음공부를 하셔야 된다. 각자 여러분의 뿌리를 진짜로 믿어라. 마음으로는 그 몸을 다스리면서 행동하셔야 되고 안으로는 믿고 가셔야 됩니다.' 이런 말을 합니다. 그런데 바깥으로 카세트를 놓고 듣는 것은 물리를 틔우고 지혜를 얻고 모든 그 사물의 이치를 완전히 넓히기 위해서입니다. 그리고 그것을 누가 듣고 누가 지금 살림을 하고 누가 다니고 있습니까? '누가 보고 누가 듣고 있습니까?' 이런 말입니다. 듣는 놈은 누구고 보는 놈은 누구고 하는 놈은 누구고, 아니다 하는 놈은 누구고 그렇다 하는 놈은 누구입니까? 바로 각자 여러분입니다.

질문자1(남) 큰스님, 감사합니다.

큰스님 그리고 또 아까 화두 얘기 하셨는데, 옛날에는 화두를 주면 그냥 마음으로 직결해서 들어갔는데 지금은 안방에 앉아서 테레비를 통해 세계를 내다보는 세상이 되었습니다. 그렇기 때문에 남이 화두를 줬다, 어느 스님이 화두를 주셨다 이런다면 벌써 그 스님한테서 화두를 받았다는 생각부터 앞섭니다. 그래서 내 마음속으로 완전히 들어갈 수가 없습니다. 그래서 화두가 진짜로 될 수가 없죠. 그러니까 항상 겉으로 화두가 끊어질까 봐 애를 쓰면서 쩔쩔매고 오히려 더 겉돌아요. 자기가 이 세상에 나온 게 화두인데 남한테서 또 화두를 받아 가지고 한다면 그 화두가 겉돌지 않습니까? 그러니 공부는 아예 하기 틀렸죠.

질문자1(남) 감사합니다.

질문자2(남) 이렇게 좋은 날 먼 길을 왕림하시어 부산 불자들을 위해 감로법을 설해 주셔서 감사하고 또 감사합니다. 저는 질문에 앞서 큰스님께 부탁 아닌 부탁 말씀을 드릴까 합니다.

달마 조사께서는 280세, 단군 할아버지께서는 117세를 사셨다고 합니다. 히말라야 성자 바바지께서는 600세를 사셨다고 합니다. 또한 현재 히말라야 산맥 주변에 거주하는 성자들은 500세 이상을 생존해 계시면서 중생들을 제도하고 있다고 합니다. 큰스님, 무시무종이라고 합니다만 심봉이 바로 서지 못해 정신세계의 맛을 올바로 보지 못하고 있는 저로서는 큰스님께서도 현 법체를 500세 이상 유지하시면서 저희들을 이끌어 주셨으면 하는 바람입니다. 철부지 어린애가 떼쓰는 것 같을지라도 한마음 내 주시면 가능하리라 믿습니다. 오로지 저희들을 위해서 간절히 부탁드립니다.

큰스님 하이구! 우리가 말입니다, 영원히 사는 겁니다, 영원히. (대중 박수) 삼천 년 전의 석존이 되든 단군 할아버지가 되든 누가 되든 여기 이 자리에 여러분이 계신 한 여러분이 다시금 변장하고 다시 나온 것이지 따로 없습니다. 그리고 여러분이 지금 죽었다 하는 것이 죽는 게 아니라 바로 옷을 빨아 입으려고 벗어 놓고 다시 새 옷을 입는 거와 같습니다. 그렇기 때문에 영원히 돌아갑니다. 영원한 것입니다. (대중 박수)

그래서 이런 말이 있지요. 참, 형제같이 아주 절친한 친구가 있었는데 한 사람은 스님이 되고 한 사람은 사회에서 그냥 살았는데, 사회에서 사는 사람의 어머니가 돌아가셨더랍니다. 그래서 어머니가 돌아가셨으니 좋은 데로 천도나 좀 시켜 달라고 그 친구 스님을 불렀더랍니다. 그러니까 친구 스님이 와서 하는 말이 "에이, 오지나 않았으면 가지나 않을 것을…." 그러더란 말입니다. 그러니까 얼른 쉽게 말해서 '아니, 살지 않았으면 죽지나 않을 걸….' 하는 소리나 똑같은 얘기죠.

그러니 그 말을 한번 거꾸로 생각을 해 본다면 영원한 우리의 삶입니다. 우리는 죽는다고 해서 아무렇게나 살 수가 없는 것입니다. 항상 자기가 한 대로 따라갑니다. 그리고 현실에 다시 나옵니다. 우리는 이 세상을 허탈히 봐서는 안 됩니다. 가게에 물건을 사러 갈 때 반드시 돈을 주고 물건값에 해당하는 거를 사 옵니다. 그런데 내가 돈을 줬다고 하며 또 그쪽에서는 내게 물건을 줬다고 하겠습니까? 그래서 부처님께서는 “내가 받은 새가 없고 너도 나를 준 새가 없느니라.” 하셨습니다. 이 세상의 진리라는 것은 그렇게 정확하고 그렇게 아주 빈틈이 없는 것이며 생활인 것이며 우리의 삶입니다.

그러니 무시무종 이 자체가 바로 그대로 우리가 지금 하고 가고 있는 겁니다. 여러분이 여기 오시느라고 걸어오셨겠죠? 그런데 누구를 봐도 발자국을 모아서 걸머지고 온 분 하나도 없네요? (대중 박수)

질문자2(남) 이제 질문드리도록 하겠습니다.

큰스님 허허허….

질문자2(남) 큰스님, 오늘 설법 도중에 이미 해답이 다 들어 있습니다마는 준비해 온 질문이기 때문에 말씀드리도록 하겠습니다.

처음 한마음선원에 오게 되면 다른 사찰과는 여러 가지 다른 점이 눈에 띕니다. 우선 법당부터가 불상 한 분만 모셔져 있고 장엄물이 적습니다. 또 관음재일 지장재일이니 하는 기도나 금강경 강의나 다른 경전 강의 하는 것을 못 봤고 오직 한마음 주인공을 관하라고만 하십니다. 이 차이점에 대해서 다시 한 번 더 말씀을 부탁드립니다.

큰스님 만약에 가정을 이끌어 나가는 아버지가 둘 셋이라면 그거 참 골치 아프겠지요? 허허허…. 어머니가 둘 셋이라도 골치 아픈 일인데 아버지가 둘 셋이라면 얼마나 골치 아프겠습니까? 그래서 부처님은 과거심 현재심 미래심이 바로 하나일 뿐이라고 하셨습니다. 이 세상만사가 하나로 돌아갑니다. 삼천대천세계 우주 삼라만상이 전부 하나로 돌아가며 그 하나마저도 공했다 했습니다. 아까도 ‘내가 나라고 내세울 게 하나도 없다. 내면적으로나 외부적으로나 하나도 내세울 게 없다.’ 했죠? 그러니까 모두 내면으로도 나 아님이 없고 외부적으로도 나 아님이 없는 것입니다. 왜? 보십시오.

어떤 회사를 경영하는 데도 직원이 없으면 사장이 없을 것이고 사장이 없으면 직원이 없을 것입니다. 직원과 사장이 어떻게 둘입니까? 네? 이게 없어도 아니 되고 저게 없어도 아니 되는데 말입니다. 우리가 생명이 없어도 아니 되고 마음 내는 게 없어도 아니 되고 육신이 없어도 아니 됩니다. 마음 내는 게 없으면 목석이고 생명이 없으면 무효고, 육신이 없으면 보이지 않으니 말입니다. 또 손가락 하나도 없어서는 아니 되는 거죠.

그러니 우리가…, 지금 뭐라고 했는데 내가 이런 말을 하죠? 하하하…. (대중 웃음, 박수) 무슨 말씀을 하셨는데 내가 지금 이 말을 하고 가죠?

질문자2(남) 우리 한마음선원 법당에는….

큰스님 네, 그래요! 참, 그렇군요. 하하하! 그래서 모두가 아주 쉽게 인식하고 가게 만들려면 아버지 하나면 족합니다. 아버지 하나면 족하듯이 바로 부처님은 하나이지 둘이 아닙니다. 수천수만 분이 깨쳤다 하더라도 평등공법 봉, 봉에 같이 모든 마음이 한마음이 돼서 주둔하고 돌아가는 겁니다. 그렇기 때문에 어느 누구도 따로 부처가 있다는 말을 한 적이 없습니다.

그래서 높고 낮음이 없이 한마음으로 공생 공용 공체 공식화 하고 돌아가고 평등하다는 그 뜻으로 바로 여래의 집이라고 했습니다. 여러분의 몸 한 체 한 체가 여래의 집입니다. 바로 이 속에 있는 모든 자생중생들이 화하게 되면, 바로 제도가 되면 그 여래 집 안의 여래인 것입니다. 왜냐하면 모두가 나 아님이 하나도 없으니까 그냥 깨치면 그냥 여래지요, 여래의 집이고요. 그리고 또 외부로 따진다면 따로따로 돌아가는 게 하나도 없어요. 같이같이 맞물려서 모두가 같이 돌아가지요. 생각을 해 보세요. 세상을 내다보세요. 하나나 혼자 살 수 있는 세계인가. 독불장군으로 혼자 사는 게 하나도 없습니다. 그러니까 여북하면 무시무종이라고 했을까요.

질문자2(남) 감사합니다.

질문자3(여) 스님, 감사합니다. 오분향 설명을 하실 때에 스님과 부처님께 누가 되게 하지 말라고 가르치셨는데 그 말씀을 들으면서 부끄럽게 생각한 것을 오늘 스님 법문 자락을 붙들고 좀더 정진하는 기회로 삼고자 합니다.

저는 지난 7월 말에 봉정암에 갈 기회가 있었습니다. 첫길인데다가 듣기로는 일곱 시간이 걸린다, 뭐 너무 힘들다, 깔딱 고개가 어떻다 이래서 '갈 수 있을까?' 불안하기도 하고 걱정도 되고 그래서 '아, 이게 내가 가는 게 아니고 주인공이 가는 거 아니냐. 주인공이 가자! 근데 주인공 그 자리에서 축지법은 못 쓰더라도, 벌써 왔나 하는 정도의 마음으로 갈 수 있을 거다. 주인공이 해!' 이렇게 하고 백담사에서부터 출발을 했습니다. 그랬는데 가면서 제 나름으로 의문이 생기길 '봉정암에 사리를 친견하고 무슨 복을 달라고 기도하러 가는 거는 아닐 거고 주인공이 가기는 가는데 나에게 무엇을 공부시키기 위해서 지금 이 길을 가고 있는 것인가?' 내 나름으로 의문을 삼았습니다.

그렇게 할 때에 6월인가 7월 셋째주 법회 때 스님께서 '제발 직코스로 들어가라' 하신 그 말씀이 생각이 나서 '그래, 주인공! 직코스로 들어가자. 오늘 직코스로 들어가서 내가 봉정암 사리탑에 가면 사리를 친견하는 것이 아니라 삼천 년 전 부처님의 마음을 보는 것이 아니겠느냐. 그 마음을 볼 수 있게 해! 주인공이 가르쳐 줘!' 이렇게 하고 올라갔습니다. 계속 '직코스로 들어가자, 주인공!' 하면서 갔는데 정말로 아직 더 남았을 거라고 생각했는데 모퉁이를 도니까 다 왔다고 했습니다. 그래서 속으로 '아하, 이거였구나! 축지법이 따로 있는 것이 아니구나!' 이렇게 쉽게 올라올 수 있었고 뜻밖이라는 생각을 했습니다. '그렇다면 내가 오늘 가져온 의문을 풀 수 있지 않을까. 주인공이 나한테 가르쳐 줄 것!'

그런 생각을 하면서 법당에 들어가서 삼 배를 하고 탁 돌아서 나오는 순간에 마침 풀숲에서 다람쥐 한 마리가 쪼르르 올라왔습니다. 그것을 보는 순간에 '그래, 삼천 년 전 석가모니 부처님이 오늘 이 부처님과 다름이 없고 모두 한마음 주인공이라면 너하고 나하고도 둘이 아닐 것이 아니냐, 주인공. 다람쥐 넌들 나하고 다르겠느냐. 한마음이라면 네 얼굴 한번 보자.' 이렇게 제 마음속으로 순간적으로 그러니까 다람쥐가 가다가 탁 멈추는 겁니다. 그래서 그 등에 대고 '그래, 보여 줘. 정말로 한마음이라면 보여 줘. 네 얼굴 한번 보자.' 이렇게 하니까 다람쥐가 얼굴을 탁 돌리는 겁니다. 그래서 그 다람쥐를 보면서 '아, 그래 고맙다. 가르쳐 줘서 고맙다.' 이렇게 하는 순간에 다시 다람쥐가 숲 속으로 사라졌습니다. 한마음이라는 것, 그러니까 스님께서 말씀하신 풀 하나라도 둘이 아니라는 그런 것이구나 하고 제 나름대로 이제 환희심을 가지고 내려왔는데, 한 1주일쯤 지난 뒤에 꿈을 꾸는데 꼭 이와 같이 제가 마이크를 들고 스님 앞에서 이 이야기를 하는 겁니다. "스님, 제가 봉정암에 갔거든요…." 이렇게 하면서 지금 한 이야기를 이대로 했습니다.

그래서 주인공을 믿는다 믿는다 하면서도 제 생각에 '정말 내 주인공에 관한 것이 직통으로 통했을까?' 하는 못 믿는 구석이 아직도 남아 있어서 그런 것이 아닌가, 제가 스스로를 그렇게 판단을 했습니다. 근데 오늘 마침 질문의 기회가 있어 스님 말씀을 한번 듣고 싶어서 제가 경험했던 이 이야기를 말씀드립니다. 아마 제가 믿는다 하면서도 혹시라도 못 믿고 있으니까 그런 것이….

큰스님 이거 보세요. 지금 우리가 작년에 수박을 심어서 먹고 씨가 생겼습니다. 그런데 올해 그 수박씨를 심어서 수박이 또 됐습니다. 근데 작년 수박하고 올 수박하고 다릅니까? 그게 다르지 않습니다.

질문자3(여) 예.

큰스님 바로 아버지가 아들을 낳아서 다르다는 거와 같이 이렇게 생각해서는 안 됩니다. 그 씨가 그 씨고 그 수박이 그 수박이니까요. 삼천 년 전 부처님의 마음이나 지금 현재의 여러분의 마음이나 둘이 아닙니다. 바로 마음은 체가 없어서 우리가 지금 금방 이 자리에 앉아서 집에 갔다 오시라면 갔다 오실 수 있는 겁니다. 여기에 앉아서도 뭐가 어디 있고 뭐가 어디 있고 통장은 어디다 뒀고, 하하하…, 밥통은 어디 있고 똥통은 어디 있는지 다 알고 있는 겁니다. 그렇듯이 마음은 체가 없어서 그렇게 묘하게 지구 밖을 벗어날 수도 있는 겁니다.

우리는 바로 물주머니에서 나와서 물주머니에서 살고 있는 겁니다. 물주머니에서 살고 있다는 거는 어항 속에서 살고 있는 거나 마찬가지다 이 소립니다. 그래서 우리 내면의 모든 자생중생들을 제도하고 위로는 이 어항 속에서 벗어나고, 일체제불의 마음과 내 마음이 둘이 아니게 항상 찰나찰나 서로가 통하고 이렇게 삶을 살면 우린 작년이 따로 없고 올이 따로 없고 내년이 따로 없습니다. 모습이 따로따로 있는 게 아니라 이렇게 날이 가고 해가 가고 세월이 흐르면서, 변하고 화하고 또 변하면서 이렇게 자꾸 바꿔 가며 살고 있습니다. 별성도 또 자기 몸을 바꿔 가면서 이렇게 살고 있고 우리도 역시 자꾸자꾸 바꿔 가면서 살고 있는 것입니다.

그런데 우리가 어떻게 사느냐에 따라서, 생각을 어떻게 하고 행동을 어떻게 하고 말을 어떻게 하고 사느냐에 따라서 우리의 모습이 달라질 수 있는 것입니다. 예를 들어 앞으로 미래의 오늘에 오는 그 모습은 짐승의 모습도 가져올 수가 있습니다. 그러니까 여러 가지로, 사람의 몸으로 살다가 짐승의 몸을 가져올 수도 있고 짐승의 모습을 가지고 있다가 사람의 모습을 가져올 수도 있는 것입니다. 그래서 우리는 항상 그 마음과 마음을, 항상 자기를 잘 이끌어 가는 채찍이 돼야 된다는 얘깁니다.

아까 그 다람쥐 얘기를 하는데요, 한번 벽을 치면 붓장이 울리듯이 '삼천 년 전에 있는 부처님의 마음을 알려 다오.' 그랬으니 그 다람쥐가 보였다 하더라도 살았다는 걸로 아셔야 됩니다. 지금도 살고 계시다는 거를 말입니다. 네? 그 다람쥐의 모습을 보지 말고 다람쥐가 움죽거리고 살았다는, 지금도 현적(顯跡)하게 부처님께서 살아 계시다는 거를 아셔야 됩니다.

질문자3(여) 스님, 감사합니다. (대중 박수)

질문자4(남) 바쁘신데도 불구하고 이렇게 귀한 시간 내 주셔서 정말, 오늘 여기 오신 신도님들을 대표해서 다시 한 번 감사 말씀 올리겠습니다.

항상 우리 신도님들은 법문을 굉장히 많이 듣고 있습니다. 그런데 집으로 돌아가서는 그 실천 행을 하지 못하고 있습니다. 들을 때는 깊은 감명 감동을 가지면서 '아, 그렇구나!' 하고 듣고 갑니다. 그러나 돌아서 나가면 그 행이 이루어지질 않고 저버려집니다. 그래서 우리 신도님들이 부처님의 가르침을 긍정적으로 받아들일 수 있는 마음 자세를 가지는 것과 아울러 가정생활을 하면서 부처님의 가르침이 실천이 되고 지속적으로 행을 할 수 있는 방법을 이해하기 쉽게 말씀해 주셔서 생활 속에서 실천할 수 있게끔 가르쳐 주십시오.

큰스님 절에 많이 다니신 분들은 이렇게 생각하실 겁니다. 부처님의 말씀은 하나도 안 해 주고 만날 그저 이 말 저 말 끌어다 대서 말을 한다고 그러실는지도 모르지만, 부처님께서 전자에 비유해서 말씀하신 것을 내가 지금 현재의 용어로 바꿔서 얘기해 드린 거지 그게 다른 말이 아닙니다. 그러니까 잘 들으시고, 지금 여러분이 먼저 여러분부터 아셔야 합니다. 부처님께서도 삼천 년 전에 그러셨고 사대 성인들도 그러셨어요. "너부터 알라." 했습니다. 달마 대사도 그 소리 했다고 약사발을 받고 소크라테스도 약사발을 받았습니다마는 내막적으로 본다면 그분들만 그렇게 약사발을 받은 게 아닙니다.

그런데 내가 아까도 얘기했죠. 우리 육신이 나무라면 뿌리는 그 나무 밑에 있다. 그러니 나무 밑에 있는 뿌리한테 믿고 맡겨 놔라 이겁니다. '해 주시오' 가 아닙니다. '할 수 있다' 라고 해야 합니다. '해 주시오' 하면 벌써 둘이 돼요. 그러니까 '너만이 낫게 할 수 있다.' 이런다면 금방 약사가 되고 의사가 되고 그렇습니다. 정말 그렇게 화합니다. 그래서 나투어 줍니다. 그리고 또 다른 문제로 인해서 관한다면 관세음이 돼 주고 신장이 돼 주고, 아까 얘기했듯이 그렇게 여러 가지로 나투어 주십니다. 그러면 안에서 자생중생이 화해서 그렇게 보살의 나툼으로 응신이 돼 주십니다. 그러면 안에서 깨달음도 있고 물리도 터지고 지혜도 생기고 또 생활하는 데도 이익하게 돌아가고, 얼마나 좋은 법입니까?

그러니 여러분이 자기 주인공을 진짜로 믿어서, 자기 뿌리를 믿지 않고 딴 뿌리에다 들이대고 기도하지 말고 내 뿌리에다 들이대고 '너만이 할 수 있다' 하는 믿음을 가지세요. 그리고 안에서 일어나는 거, 외부에서 다가오는 거, 모든 것을 '너만이 할 수 있고 너만이 낫게 할 수 있고 너만이 화목하게 할 수 있고, 너만이 이끌어 줄 수 있고 너만이 물리가 터지게 할 수 있고 너만이 네가 있다는 것을 깨닫게 할 수 있고….' 하고 맡기세요. 모두 거기다가 맡겨 놓으시고 '너만이 할 수 있다' 하는 거를 믿는다면 아주 그냥 밝아지지요. 생활이 윤택해집니다.

질문자4(남) 감사합니다.

큰스님 그렇게 알아야 모든 일체제불의 마음을 알 수가 있고 골수도 알 수가 있고 일체 중생들의 마음도 알 수가 있고 중생과 부처가 둘이 아님도 알 수 있고, 이 세상을 모두 내 마음대로 자유자재할 수 있다 이 소립니다.

타는 것도 내리는 것도 둘이 아니다

광명선원 법회

1993년 10월 17일

이 세상 돌아가는 이치가 다 그렇듯이, 모였다 흩어지고 흩어졌다 모이는 그 과정이 쉴 사이 없이 이어지고 있습니다. 우리도 헤어졌다 또 한자리를 하게 된 것을 감사히 생각합니다. 우리가 마음과 마음, 말과 말, 뜻과 뜻으로 이어져서 쉴 사이 없이 끊임없이 돌아간다는 사실을 절감하지 않을 수 없습니다.

우리가 왜 마음공부를 하지 않으면 안 되는가? 여러분은 자기 몸뚱이와 사는 가정, 요 범위 내에서만 생각하시겠지만 마음공부를 하려면 좀 마음을 넓혀서 지혜롭게 엮어 가도록 노력을 하시는 게 좋을 듯합니다. "스님은 만날 주인공에 놓으라고만 하신다." 이렇게 말들을 하시겠죠. 그러나 사실이 그러하니까요. 그렇게 하지 않으면 안 되는 도리가 있죠. 이 지구가 돌아갈 때도 쉴 사이 없이 돌아갑니다. 그러나 사람들은 말입니다, 거꾸로 섰다 바로 섰다 하고 돌아갑니다. 거꾸로 돼도 바로요 바로 돼도 거꾸로입니다. 그런데 이 모습이 있는 것은 어쩔 수 없이 그렇게 돌아가지 않으면 안 되게 돼 있지 않습니까. 그런데 누가 "거꾸로가 바로냐, 바로가 거꾸로냐?" 하고 물어보면 어떻게 대답하시겠습니까? 지금 우리가 발로 딛고 서서 다니는 것이 바로라고 하겠습니까? 우리는 자동적으로 머리가 땅으로, 또 발이 위로 이렇게 쉴 사이 없이 돌아가곤 합니다. 그렇다고 해서 발이 땅에 붙지 않는다는 소리는 아닙니다. 붙기 때문에 여전히 쉴 사이 없이 돌아갈 수 있겠죠.

그런데 거꾸로도 아니고 바로도 아닌 그 점에 대해서 어떻게 생각하십니까? 여러분은 거꾸로라고도 할 수 있고 바로라고도 할 수 있는 자유스러운 마음을 가졌습니다. 그르든지 옳든지 말입니다. 그래서 그 마음 자체는 자유스럽고 걸리는 데가 없는데 생각하기에 따라서 걸릴 수도 있고 걸리지 않을 수도 있는 겁니다. 그렇다면 그 마음을 쓰는 데 있어서 어떻게 생각을 하든지, 어떻게 생각을 했든지, 어떻게 생각을 해서 말을 했든지, 어떻게 생각을 해서 행동을 했든지 걸림이 없이 돌아가야 하겠죠.

또 한 가지는, 또 비교를 하겠습니다. 여러분은 항상 차를 타고 다니시죠? 만약에 내가 시발점에서 버스를 탄다면 타는 사람만 있는 게 아닙니다. 내가 탈 때 내리는 사람도 있고 내가 내릴 때 타는 사람도 있습니다. 그럼 어떻게 생각을 하시겠습니까. 동시에 내리고 타고 하는데 말입니다. 동시에 내리고 타고 하는데 항상 내리는 게 걸리지 않으면 타는 게 걸리고, 타는 게 걸리지 않으면 내리는 게 걸립니다. 그런데 자동적이지 않습니까? 자동적으로 내리고 타는 것을 진리라고 합니다. 상대성의 원리라고도 하구요. 정맥 동맥이 없으면 이어서 돌아갈 수가 없듯이 말입니다. 그럼 자동적으로 내리고 타고 하는데 그 가운데에 누가 내리고 타고 할 수 있게끔 마음을 가졌느냐는 얘깁니다. 그 마음은 어디까지나 자유스럽습니다. 여러분을 만물의 영장이라고도 했고, 자유롭게 행하고 삶을 살 수 있게끔 돼서 사람이라 그런 겁니다. 사람이라고 했던 것은 바로 그 체가 없는 마음을 맘대로 쓸 수 있기 때문입니다.

그런데 여러분은 자유스러운 자기 마음들을 가지고도 자유스럽게 못 쓰고 있습니다. 왜냐하면 관습에 매달리고 안된다는 데 매달리고 된다는 데 매달리고…. 얼른 쉽게 말해서 차를 타는 데도 매달리고 내리는 데도 그냥 저절로 매달리기 때문입니다. 왜 끄달립니까? 내가 갈 데 있으면 묵묵히 타는 거고 또 내려야 할 때 묵묵히 내리면 되고 이러는 거지 밖에 참섭 안에 참섭, 이거 내리는 거 저거 내리는 거, 남이 내리는 거 오르는 거 다 참섭하면서 온통 걸리고 돌아가니 마음을 자유스럽게 쓸 수 있겠습니까? 내 육체를 여래의 집으로 삼고 그 한마음의 심봉은 자유스러운 겁니다. 자유스러운 건데도 여러분은 생각하는 대로 여기 매달리고 저기 매달리고 끄달립니다. 자기 마음을 자기 마음대로 한다고 하는 것이 그렇게 끄달리는 겁니다. 그런데 되는 것만 귀중하고 감사하게 생각을 하고, 안되는 것은 '이게 또 안되는구나!' 이렇게 걸리는 겁니다. 안되는 것도 법 되는 것도 법이 아니겠습니까?

얼른 쉽게 말해서, 어저께 밤에 주무시고 오셨죠? 오늘 낮에 하루 일을 하기 위해서도 그렇고 하루 살기 위해서 밤에 잘 자지 않으면 안 됩니다. 그래서 모두들 잤습니다. 그런데 밤과 낮이 어디 마음으로 볼 때는 둘이겠습니까? 묘한 점은, 낮에 여러분이 행동하고 말하고 생각한 것이 그대로 반영되고 자동적으로 입력이 돼서 밤에 잘 때는 육신을, 집을 팽개치고 그 의식들이 나가서 온통 자기가 생각하고 행하고 말한 대로 움죽거리고 돌아가고 있단 말입니다. 그래서 일을 안 저지르게 생각을 했다면 안 저지르게 행동을 하는 것이고, 저지르게 생각을 했다면 저지르게 행동을 하는 것입니다. 이 모든 일들이 마음속에서 이루어지고 있는 겁니다. 또한 잘 때는 육신을 내버리고 하니까 제한도 되지 않습니다. 낮에 입력이 된 대로 털구멍을 통해 나가서 활약을 하는 거죠. 나쁘게 생각했다면 나쁘게 모든 걸 이어서 가져오게 만들고, 좋게 생각을 했다면 좋게 인연을 맺어서 가져오게 만들고, 화가 나지 않게 모든 걸 거기 놓고 갔다면 밤에 잘 적에도 바로 화가 나지 않게 수습을 하고, 이렇게 항상 내가 하는 대로 원숭이처럼 쫓아간단 말입니다. 내가 생각하고 내가 말하고 내가 행동하는 대로 입력이 돼서 원숭이처럼 그냥 좇아가고 있습니다. 그런데 밤이 따로 있고 낮이 따로 있다고 하겠습니까? 또 정신이 따로 있고 육체가 따로 있다고 생각하시겠습니까? 수년을 두고 항상 이 말씀을 드려 왔습니다.

여러분에게 이 공부를 왜 하라고 그러느냐? 마음공부를 안 하면 무명을 벗어나지 못해서 악의 무명 속에서 허덕거리고 있다가 그 차원에 의해서 또 모습을 형성시켜서 가지고 나오게 돼 있습니다. 근데 그 모습이 사람의 육신만 아니라 자기가 어떻게 살았느냐에 따라서 여러 모습을 가지고 나오게 됩니다. 그렇게 가지고 나오게 돼 있으니 이 공부를 안 하고 되겠습니까? 또 한 가지는 우리가 이 공부를 해서 여래천에 들게 되면, 여래천이란 무엇인가? 일체제불의 마음이 한마음으로 구성된 국토다 이겁니다. 한마음으로 이어져서 모두가 일체 심봉으로서 뭉쳐진, 둘이 아닌 까닭에 여래라고 한 겁니다. 얼른 쉽게 말해서 여러분 내면에, 육체 속에 많은 생명들이 들어 있기 때문에 한 몸이 여래의 집이라고도 할 수 있습니다.

그렇듯이 우리가 그 여래국에 모든 마음이 가설이 되고 직결이 돼서 돌아간다면, 얼른 쉽게 말해서 우리가 아파서 '모든 거는 주인공 너만이 할 수 있잖아!' 하고 거기 놨을 때 한 찰나에 일체제불의 마음이 바로 내 마음을 통해서 약사가 돼 주는 겁니다. 통신이 될 때에 두뇌로 인해서, 즉 누진으로 인해서 대뇌를 거쳐서 소뇌를 거쳐서 중뇌에서 결정을 내려서 사대로 통신을 합니다. 사대로 통신을 하면 사대의 모든 생명들이 작업을 하는 겁니다. 이렇게 심오한 겁니다. 그리고 이 몸을 벗는다 하더라도 한 찰나에 부처님 국토에 한마음으로서 구성되면서 이 세상에 다시 출현을 할 때는 지금 시쳇말로 아주 유능한 사람으로서, 손꼽히는 사람으로서 이 세상에 태어나게 될 수 있고요. 그렇게 될 수 있기 때문에 모든 사람을 가르치고 모든 사람을 이끌어 갈 수 있는 사람으로서 등장을 하죠. 그렇게 태어나는 사람은 한마음 부처님 여래천에 모두가 직결이 돼 있기 때문에 살아나가는 데도 군더더기 붙지 않고 여여하게 이끌어 갈 수 있는 그런 재력과 능력과 창조력을 가지고 나오는 거죠.

천차만별의 생명들이고 천차만별의 모습들이고 천차만별의 마음 씀씀이를 가지고 차원대로 가고 있는데 왜 스님은 별나게 주인공에다 모든 것을 놓으라고 하느냐 그러겠죠? 어디 길을 지나가다 분수를 보셨습니까? 분수요. 분수에서 물이 나오는데 말입니다. 묵은 물이 겉으로 나오고 겉의 물이 묵은 물이 되고 이렇게 한군데로 나와서 한군데에서 흩어지면 흩어지는 대로 또 모여서 거길 통해서 또 나오죠? 통하는 데는 한군데밖에 없어요. 들어가고 나오는 구멍이 한군데밖에는 없어요. 거기를 거치지 않으면 일체 모두가 이어지지 않아요. 안 그렇습니까? 그래도 아리송합니까? (대중 박수)

팔만대장경이란 어떤 것인가? 우주 천하, 세상천지에 천차만별의 만물만생이 돌아가는 그 자체가 바로 팔만대장경이에요. 그러니 지금 팔만대장경이 산더미처럼 쌓여 있다고 하더라도, 그렇게 좋은 말씀을 해 놓으셨는데도 불구하고 그때의 그 시절에 맞는 용어를 썼기 때문에 지금 살아가는 분들이 이 시점에서는 그 용어를 알 수가 없고 감지가 되지 않아요. 시대가 변경되고 모두가 발전이 되기 때문에, 변해 가기 때문에 변하는 대로 용어는 바뀌게 돼 있죠. 뜻은 다 똑같은데 용어는 바뀌게 돼 있죠. 여러분이 이 세상을 살아가면서 보세요. 옛날에는 박으로 바가지를 만들어서 써야 했었는데 지금은 플라스틱 바가지를 만들어서 쓰고 있고요. 일체가 다 개선이 되고 변화가 되고 용어가 바뀌고 이랬습니다. 그러니 그 뜻은 그대로 하되 그 용어는 바꾸고 개선해서 우리가 알고 넘어가야 될 일이 한두 건이 아닙니다.

그런데 때로는 경에 있는 말씀은 안 하고 부처님 말씀은 안 하고 만날 이런 말만 한다고 그러실는지 모르겠지만 이런 말이 따로 있나요? 부처님께서도 여러 중생들을 위해서 내 아픔같이 생각하고 내 몸

같이 생각하고 바로 내 자리처럼 둘로 보지 않으시면서 여러분 모두를 이끌어 가고 이익하게 하기 위해서는 어떠한 말도 서슴지 않고 방편을 쓰셨죠. 그러니 나를 말 잘하는 앵무새로 만들지 마시고, 될 수 있으면 말이 말로 떨어져서는 아니 된다는 사실을 아셔야 됩니다. 말로 받아들이지 마시고 마음으로 새겨서 받아들이셔서 현 생활에 적합하고 이익하게 자기 것으로 만들어서 쓸 수 있는 그런 금덩어리가 되십시오. 금덩어리도 잘 만들어서 자꾸 생산을 해내야 빛이 나지요. 금덩어리 그대로 두면 빛이 나질 않아요. 그러니까 항상 분수처럼 그렇게 올라왔다 내려갔다 올라왔다 내려갔다 하고 돌아가듯 말입니다.

아까 얘기했죠. 잘되는 것도 주인공에다 놓고 안되는 것도 주인공에다 놓으라고요. 시발점 종점으로만 생각하면 됩니다. 내가 타는 시발점에서도 내리는 사람이 있고 내가 내리는 종점에서도 또 시발점으로서 타는 사람이 있고, 동시에 타고 내리는데 어떠한 것을 안된다 된다 이런 말로 소홀히 생각할 수 있겠습니까. 안되는 것도 되는 것도 다 법입니다. 그러니까 안되는 것은 나의 뜻을 보기 위해서 안되는 것이니까 나를 아주 튼튼하게 반석처럼 가르치기 위한 테스트라고 생각하고 그걸 재료로 생각하신다면 너무나 감사하고 또 믿고 거기다 놓을 수 있습니다. 또 되는 거는 되는 거기 때문에 감사하게 생각해야죠. 우리가 타는 것만 법이고 내리는 것은 법이 아니라고 한다면 어떻게 여러분 생명을 유지하고 나갑니까.

일체가 다 그러하니 여러분의 체가 없는 마음을 마음대로 쓸 수 있는 겁니다. 그런데 안되는 건 안된다고 야단입니다. 내릴 때는 내려야 하지 않습니까. 그런데도 부득부득 타고만 간다면 그건 또 잘못되는 일이죠. 그러니 타는 것도 내리는 것도 둘이 아니니 그것도 내 마음대로 할 수 있는 것이 바로 내 마음이로구나. 그 마음이란 놈이 얼마나 묘하고 광대무변한지 모릅니다. 시공을 초월해서 바로 마음을 마음대로 할 때에 비로소 만물의 영장이면서 바로 자유인이라고 이름할 수 있겠죠. 여래라고 하는 것도 여래불이라고 하는 것도 이름일 뿐이에요. 모두가 한데 이어져서 돌아가는 둘 아닌 도리를 깨친 분이 바로 여래니까요. 한마디만 더 하고 여러분의 애고를 좀 들어 봅시다.

아까 얘기했죠? 내 자성불, 즉 내 주처에다가 모든 것을 맡겨 놓으라고요. 이것이 자가발전소입니다. 내 주처에다가 놓으면 바로 통신이 돼 가지고 일체제불의 국토에서 여기 내 마음을 통해서 한 찰나에 바로 한마음이 돼 준다 이겁니다. 그래서 아프면 약사가 돼 주고, 어려우면 관세음이 돼 주고, 좋은 데로 못 가면 지장이 돼 주고, 명이 짧으면 칠성이 돼 주고, 물에 들어가서 어려우면 용신이 돼 주고, 길을 걸을 땐 지신이 돼 줍니다. 여러분이 아프거나 애고가 있거나 어떠한 문제가 있든지 다 그렇게 응해 줍니다.

그러니 부처님은 하나지 둘이 아니죠. 근데 그 부처님이라는 이름조차도 공해서 바로 '무(無)' 했단 말입니다. 그 많은 분들의 마음과 마음이 둘이 아니라 바로 하나로 이어져서 돌아갑니다. 일체 만물만생이 다 그러하죠. 마음을 넓혀서 보면 부모도 내 부모 아닌 게 없고 자식도 내 자식 아닌 게 없습니다. 물론 육신을 빌려서 내가 형성됐다면 우선권은 있겠죠. 그러니까 내 몸을 내가 거두지 못하는데 어떻게 육의 부모의 몸을 거두며, 육의 부모의 몸을 거두지 못하는데 어떻게 사회의 모든 것을 거둘 수 있겠습니까? 내 가정도 제대로 이루지 못하고 화목을 도모하지도 못한다면 그냥 아들 딸 자식 부모 형제 모두 화목을 도모할 수가 없는 것입니다. 마음이 돌아가는 거기에 하나로 돼서 돌아가야, 마음을 붙들어야 육체를 붙들고 육체를 붙들어야 또 화목을 도모하고 화목을 도모해야 모든 게 공덕이 될 수 있는 겁니다. 내 말이 거짓말이라면 여러분이 한번 말씀해 보세요. (대중 박수)

여러분이 태어나서 한 생을 살아가면서 이 모습 옷이 헐기 전에 이 도리를 알아야 다시 새 옷을 입고 나오는 것도 자유스럽게, 내가 입으려면 입고 말려면 말 수도 있고 어떤 옷이든 내가 선택해서 입을 수 있습니다. 이렇게 자기 맘대로 할 수 있는데도 그렇지 못하고 자기가 한 대로 자동적으로 무명에 갇혀서, 고기가 됐으면 어쩔 수 없이 고기 대접밖엔 못 받고 뭐 그렇지 않습니까. 개가 됐으면 개 대접밖엔 못 받을 거고 사람이면 사람 대접 받을 테죠. 그리고 사람도 행동 말 또는 뜻을 넓히지 않고 지혜롭지 못하게 하면 사람 대접도 못 받죠. 그러니 모든 부처님, 깨달은 부처님들께서 여러분한테, 사람이 태어나면 이러 이러하다고 또 일체 만물만생이 살아나가는 게 동등하다고 일체 생명이 둘이 아니라고 누누이 말씀하셨습니다. 그런데도 그걸 모른 채 무슨 귀신이나 다루며 목탁이나 치고 머리 깎고 염불이나 하는 것이 스님인 줄 안다면 정말 어리석은 생각들일 겁니다.

오늘부터는 이렇게 간단하게 먼저 말씀드리고 질문을 받겠습니다. 질문할 분은 질문하시고 애고가 있는 분들은 애고를 말씀하시고 또 감사한 일이 있으면 감사한 내용을 말씀하시고요. 이렇게 항상 세 가지로 나누어서 그 자리를 지킬 겁니다. 그러니 말씀하실 때는 용건만 간단하게 얘기하십시오.

감사함을 말씀하시라는 거는 여러분이 자기 마음을 가지고도 자기 주처를 믿지 못하고…, 저 나무로 예를 든다면 나무가 자기 뿌리에다가 마음을 기대야 할 텐데 딴 뿌리에다가 기대고 있어요. 저 나무가 딴 나무에다 기대고 있으니 그게 생전 공덕이 될 수 있겠습니까? 그리고 이익을 가져올 수 있겠습니까? 내 나무는 내 뿌리에서 모든 에너지를 흡수해서 나무 위로 올려보내야 나무가 푸르르게 살 수 있는데도 불구하고, 그냥 나무들이 모두 남의 나무만 쳐다보고 남의 나무에서 에너지가 나오는 줄 알고 거기서 잘되게 해 달라 못되게 해 달라 온통 야단법석들을 하니 언제 자기는 발견하고, 언제 부처님 국토에 한마음으로 자리를 함께 하실 수 있겠습니까? 깊이깊이 생각하십시오. 천만 냥을 주고 만만 냥을 주고 이 세상을 다 떠 온대도 바꿀 수 없는 마음 공부니까요.

내가 여러분한테 돈이나 받아서 잘살고 잘 입고 잘 먹고 그러려고, 이름이나 나려고 하는 게 아닙니다. 나는 내 몸뚱이도 다 버렸습니다. 우리 다 그렇죠. 몸뚱이도 버릴지언대 가져갈 게 뭐가 있다고 그렇게 해야 되겠습니까? 나나 여러분이나 만약에 악업 무명에서 벗어나지 못한다면 그 업식이 다, 악업 선업이 자기 영혼에 부착이 돼서 그냥 그림자처럼 쫓아다닐 겁니다. 이 세상에 다시 나온다 하더라도 또 그 속에서 허덕이고 빠져나오지 못하게 발목이 붙들어매질 겁니다. 그러니 이 세상에 사는 동안에 이 도리가 엄청난 도리라고 생각하시고 열심히 하세요. 이 공부를 못하면 아예 세세생생에 발을 빼지 못할 이런 문제들이 지금 압도적으로 닥쳐오고 있습니다. 그러니 그것을 잘 생각하셔서 악업 업식 무명 속에서 벗어나서 세세생생에 자유인이 돼서 사시길 바랍니다. 그러면 여러분, 질문하십시오.

질문자1(남) 큰스님, 감사합니다. 저는 심의회 회원으로서 현재 대전에 거주하고 있습니다. 제가 질문드리려고 하는 내용을 이미 다 설해 주셨습니다만 다시 한 번 여쭤 보겠습니다.

죄업과 인과가 있다면 확실한 지금의 내 안에 있는 것으로써, 내 안에 선업과 악업이 잔뜩 실려 있으니 지금 크게 한생각을 일으켜서 진실로 놓아 버린다면 업의 테이프는 공테이프가 될 것이라고 『한마음요전』에서 설하셨습니다. 이는 선업도 악업도 모두 쉬고 주인공에 믿고 맡겨 놓는 것이 재입력하는 작업이니 재입력하는 수행만 하라는 것으로 이해가 됩니다. 가르침 바랍니다.

큰스님 아까도 얘기했듯이 시발점에서 차를 탔으면 탔을 뿐이고 종점에서 내렸으면 내릴 뿐입니다. 마음의 주인이 육신을 끌고 타고 내리고 그랬을 뿐인데 그것을 집착해서 잔뜩 마음으로 껴안고 짊어지고 다니기 때문에 바로 업이라고 하는 겁니다. 그거 한마디만 방편으로 했다 해서 그것만 생각하지 마시고 사람 사는 것이 모두 다 그렇다는 걸 아셔야 합니다. 여기 올라오실 때 발자국 짊어지고 오지 않았듯이 말입니다. 틀림없이 오긴 왔는데 짊어지진 않았지 않습니까. 하하하…. 그러니까 일생살이를 다 그렇게 사십시오.

질문자1(남) 두번째는 제 개인 문제를 말씀드리겠습니다. 제가 공무원 생활 30년을 마치고 금년 6월에 퇴직을 했습니다. 근데 제 공직 생활을 반조해 볼 때 모두 은혜 속에서 살았음을 감사하게 느낌과 동시에 좀더 부드럽게 할 수는 없었나 하는 반성도 해 봅니다. 따라서 모든 사람의 은혜에 보답도 좀 하고 세금 문제, 어려운 문제를 주인공한테 믿고 놓아서 해결해 보려고 사무실을 열어서 그렇게 하고 있습니다. 제가 욕심을 낸 것은 아닌지 또한 부처님과 스님 가르침에 누가 되지는 않는지요. 물론 누가 된다는 생각도 놓아 가고는 있습니다마는 이에 가르침 바랍니다.

큰스님 물론 사람이 생명의 근본이 있으면 마음을 낼 수 있고 마음을 내면 몸이 움죽거려야 정상적인 사람이죠. 마음을 내지 못하면 목석이고 또는 몸을 움죽거리지 못하면 불구인이고 또는 육신이 보이지 않으면 무효고, 이렇게 되니까 그 모두가 정상이 아닙니다. 그러니까 아까 분수 얘기 했듯이 내려가면 올라가고 올라가면 내려가고 이렇게 하는 게 아주 정상입니다. 아래로 들 때는 저녁에 잠을 자는 것이고 위로 올라올 때는 낮에 일을 하는 것이고 그렇듯이 말입니다. 우리가 사는 게 낮과 밤이 없으면 못 살듯이 그렇게 작용을 하는 것이 그대로 법입니다. 그대로 법이에요.

그런데 그대로 법을 이끌어 나가는 데는 마음의 채찍이 필요합니다. 사람들은 전부, 잘되고 못되고 잘하는 거고 잘못하는 거고 이건 나쁜 일이고 좋은 일이고를 전부 잘들 아십니다. 잘들 아니까 그거를 잘 다스려서 '이게 나쁘게 되는데 이렇게 잘 돌아가게끔, 맑은 물이 나와서 먹게끔 할 수 있는 건 너밖에 없다.' 하고 거기 놨을 때에 비로소 우리가 움죽거리면서 채찍질해 가면서 자유스럽게 살 수 있다 이겁니다. 하지 말라는 게 아닙니다.

질문자1(남) 앞으로 더욱 정진하겠습니다. 감사합니다.

질문자2(남) 전 대전에서 올라온 신도입니다. 저번에 집에서 화단을 전지하다 보니까 잡초가 무성해진 것을 보고 죄다 뽑아 버린 적이 있습니다. 그때 불현듯 '화초나 잡초가 다 같은 불성인데 어느 것은 기르고 어느 것은 뽑아 죽이나?' 하는 생각이 들었습니다. 부처님 가르침대로라면 분명히 둘이 아닌 것임에도 불구하고 꽃은 가꾸고 잡초는 뽑아 버려야 하는지요? 가르침을 바라겠습니다.

큰스님 그거는 여러분이 모르셔서 그렇지 기르는 것도 없고 뽑아 버린 것도 없습니다. 왜냐하면, 아까 얘기했죠. 차를 타고 내렸을 뿐이지, 예를 들어서 얘기하자면 타는 거는 화초를 기르는 것이요 내리는 것은 잡초를 뽑아 버린 게 됩니다. 내리는 것도 법 타는 것도 법이듯이 기르는 것도 법 뽑아 버리는 것도 법입니다. 그런데 그 뽑아 버린 것이 그냥 뽑아 버려지는 게 아니라 다시 차를 올라타듯이 다시 꽃이 될 수 있는 겁니다.

그래서 내가 무심으로 그냥 그 잡초를 뽑아 버렸을 땐 벌써 내 마음과 더불어 아름다움이 거기에 하나가 되기 때문에 아름다운 꽃으로 화해서 그 잡초는 다시금 필 겁니다. 그러니까 이 세상에 모든 물이 수증기나 빗물로 올라갔다 내려갔다 올라갔다 내려갔다 해서 잡초든지 꽃이든지 나무든지 다 먹여 살리는 것과 같이 말입니다. 그러니까 순간 보일 때 잡초지 또 한 번 돌아서 아름다움을 꽃피우고 또 나올 때는 꽃으로 나온단 말입니다. 그래서 잡초도 잡초대로 그냥 있지 않고, 우리 인간도 인간대로 그냥 있지 않고, 모습도 모습대로 그냥 있지 않고 모두가 화해서 변경이 되고 또 한 찰나 돌아가면서 바뀌지고 이렇게 세상 만물이 다 그러합니다. 그래서 이렇게 낮이 있고 밤이 있듯이, 안 보였다가 다시 돌아올 때, 예를 들어서 용광로에다가 모든 거를 집어넣어서 다시 생산이 돼서 나오면 그거 가지고서 또 생산처에 나와서 또 다른 걸로 변경이 돼서 다 나가고 또 그것이 헐어지면 용광로로 또 들어가서 다시 생산이 됨으로써 다른 물건으로 다른 모습을 가지고서 나오지 않습니까? 그거와 똑같습니다. 그거는 잡초를 뽑아 버린 게 아닙니다.

질문자2(남) 감사합니다. (대중 박수)

질문자3(남) 감사합니다. 부산 심룡회 회원입니다. 지난 초여름에 꾼 꿈으로 인해서 이어져 나온 생활 자체가 생활선이 아니었나 하는 생각에서 좀 말씀드리고자 합니다.

지난 초여름에 이런 꿈을 꾸었습니다. 아버지가 화장실에 누워 계시는 걸 봤습니다. 그래서 제가 보듬고 방에 뉘였는데 바로 그 옆에 하얀 종이가 있었습니다. 그런데 그 종이에 아버지가 앉지도 않았는데 노란 똥을 누어 놨어요. 그래 '왜 여기다가 똥을 누어 놨나?' 하고 제가 누워 계시는 아버지를 그 자리에 앉혔습니다. 그 이후부터는 아버지가 아버지 같은 생각이 들지 않고 커다란 인삼이 되는 꿈을 꾸었습니다. 그러고 나서 제가 '아, 이게 무엇인가? 무엇인가? 이게 뭐 산삼을 캘 그런 꿈인가?' 이렇게 늘 생각을 했습니다. 제가 아는 아저씨가 산삼보다 더 희귀하다는 봉삼을 캐곤 해서 그 맛을 봤기 때문에 '그래 그것을 캘 수 있으려는가?' 하고 늘 산에 갈 생각을 갖고 있었는데, 한 번은 네 사람이 차를 타고 더덕하고 이런 걸 캐러 갈 기회가 생겼습니다.

그 사람들은 다른 방향으로 가려고 하는 것을 저는 그쪽으로 가기가 싫어서 자꾸 간청하여 차를 돌리게 했습니다. 그러고는 어딘지 알지도 못하는 그런 산길을 한없이 가다 보니 제가 또 내리고 싶어졌습니다. 그래서 "여기 내려서 이 산에 들어가서 보고 가자." 이렇게 말하고 그 산으로 올라갔습니다. 올라가다 보니까 바로 봉삼 순이, 봉삼 잎이 여기저기 몇 포기 보였는데 그 사람들한테 그걸 봉삼이라고 말하면 비밀이 들통날까 싶어서 말도 못하고 저 혼자 가슴 태우면서 그냥 지나치고 올라갔습니다. 그런데 마음이 막 조마조마한 게 영 편하지가 않았습니다. 올라가서 제피 이파리도 따고 또 더덕도 캐고 뭐 이러고 있는데, 이 사람들이 다니면서 봉삼 잎을 막 밟고 돌아다니는 겁니다. 그것이 하도 애처롭고 '아, 저러면 안 되는데….' 하면서 점심을 먹게 됐는데 점심을 먹으면서도 바로 봉삼 순이 있는 거기에다가 발을 갖다 뻗어서 막 꺾어지고 그런 걸 보고 '아이고, 어서 점심을 먹고 이 자리를 피해야 되겠다. 그래야 이제 내 것이 되지.' 이 생각밖에 없었습니다. 그러다가 하도 더워서 점심 먹고 나서 목욕을 했는데 그러다 보니 자동적으로 목욕재계가 돼 버렸어요.

그런데 '그 순이 과연 봉삼인가?' 하는 생각이 나서 그 중에서 제일 작은 걸 보고 '내가 확인을 하기 위해서 하는 거니까, 네가 나고 그렇잖아.' 하면서 그 뿌리를 캐서 맛을 보니까 바로 봉삼이었어요. 그래 그 자리에서 그냥 그대로 '주인공 감사합니다! 큰스님 감사합니다!' 이렇게 맘으로 외치고 거기에서 제일 크게 보이는 걸 보고 '야, 너는 캐서 큰스님 갖다 드리련다.' 이렇게 생각하면서, 그때는 초여름이어서 캐면 약 성분이 없는 걸 알고 있기 때문에 '지금 캐서는 안 되지, 가을에 캐야지.' 이렇게 마음먹고 하산할 때 '야, 여기 산왕대신! 한마음 주인공! 이거는 약 성분이 있을 때까지 아무도 손대지 못하게 해라!' 하고 아주 막 간청을 해서 부탁을 해 놓고 내려왔습니다.

내려와서 집에 있으려니까 자꾸 누가 손대는 것 같아요. (대중 웃음)

큰스님 하하하….

질문자3(남) 그래서 생각날 때마다 '주인공, 당신이 할 수 있는 거지, 뭐. 당신이 지키는 동안에는 그걸 누가 손대지 못하지.' 이렇게 해 놓고 한 3, 4개월을 그냥 보내고 가을이 되도록 기다리려니까 얼마나 가슴이 조이고 그러는지 한마음 주인공 공부를 하지 않았더라면 아마 몇 차례 그 산에 갔을 겁니다. 그런데 큰스님의 가르침 덕분에 산에 한 번 가지 않고 마음으로 맡겨 놔 놓고 그대로 있으려니까…, 제가 초상화를 그리고 있습니다.

그런데 생전 제가 큰 그림을 별로 그리지를 못했었는데 어떻게 한꺼번에 큰 그림 넉 장이 주문이 들어와서 3개월이라는 그 기간을 그림으로 시간을 보낼 수 있게 됐었어요. 그래 그것도 '아, 참 감사합니다. 큰스님 감사합니다. 주인공 감사합니다. 한없이 감사합니다.' 하는 그런 마음으로 그림을 그리는데, 그림 그리는 것도 마음에 맡기고 그리니까 희미한 사진을 가지고 그림을 그려도 아주 꼭 닮았다 그러면서 칭찬을 해 주세요. 그림을 가지고 가시면서 "부산대학교 미대 교수보다도 잘 그렸다." 그렇게 말씀해 주시는데 어떻게 감사한지 말로 다 할 수 없었었습니다.

그러고 나서 어머니 산소에 벌초하러 갔다가 보니까 산에 풀이나 나뭇잎이 좀 단풍이 드는 거 같은 색깔이 돼 있어서 '아, 이제 가을이 됐다. 이제 산에 가서 봉삼을 캐야지.' 이렇게 마음을 먹고 그다음 날 곡괭이를 하나 사서는 가지고 가는데 시골길이기 때문에, 제가 두 번째 확인을 할 수 있는 기회가 있었지만 시골길이기 때문에 자신이 없어서 어딘가 어딘가 하면서 '에라, 주인공이 인도해 주겠지.' 이렇게 생각하고 가다 보니까 낯익은 길이 나오는 거예요. 그 길에서, "여기 가는 버스가 있습니까?" 그러니까 버스가 없다는 거예요. '그러면 뭣이 되겠지. 주인공이 하는 일인데 뭐.' 이렇게 생각하고 그 길에 서서 있으려니까 불과 한 1, 2분도 지나지 않아서 오는 택시가 있어서 그 택시를 돌려놓고 "그 어딘지 모르겠지만 좀 가자." 그러니까 "그래, 갑시다." "얼마 주면 되겠느냐?" 그러니까 "뭐 저도 어딘지도 모르고, 4천 원만 주세요." 그래요. 저는 만 원 가지고도 부족하리라고 생각하고 있었는데 4천 원만 달라고 그래서 "아이구, 고맙다." 하고 얼른 타고 가다 보니까 그 산이 보입디다. 그래 거기까지 가서 차에서 내리면서 돈 만 원을 주려니 너무 아깝고 그래서 잔돈을 헤아려서 주려니까 딱 사천 원밖에 없어요. 그래 어쩔 수 없이 "아휴, 감사합니다. 미안합니다. "좀 더 있었으면 더 드릴 텐데, 죄송합니다." 하고 내렸습니다.

그러고 나서 산으로 올라갔는데, 올라가서 아무리 찾아도 그곳을 찾지를 못하겠어요. 그 동안에 산이 좀 변한 것 같은 그런 기분도 드는 거예요. 그렇게 오르내리면서 '내가 꿈을 꿨었던가?' 하고 생각하면서 찾아 헤매는데 바로 제 앞에 그 봉삼 잎이 나풀거리고 있는 걸 발견하게 됐어요. 그래서 그 잎을 두 손으로 딱 옴싸고 '야, 네가 있었구나! 네가 여태까지 몇십 년을 자랐는지 몇백 년을 자랐는지 모르겠지만 네가 나하고 인연이 돼서 참 필요로 하는 사람한테 좋은 약이 돼 달라.' 하고 그렇게 원을 하면서 그 잎을 보니까 저의 마음이 그래서 그런지 그 잎이 방긋방긋 웃는 것 같은 그런 느낌을 받았습니다. 그래 하도 반가워서 '바로 이것이 큰스님 가르치심이구나!' 하고 거기서 감사하면서 뿌리를 캐는데 어떻게나 마음이 조급한지 캔다고 캐는 것이 전부 다 뿌리가 잘려져 버렸어요.

큰스님 하하하….

질문자3(남) 그래 거기서 몇 뿌리 캐는데 너무 당황해서 뿌리가 잘려 가지고 '아이고, 미안하다. 너한테 미안하다.' 이렇게 하면서 '이제 좀 좋은 걸 캐야지. 좋은 걸 캐야지.' 하면서 그렇게 마음먹고 캐다가 나중에는 지쳐서 캘 힘도 없는 그런 상태가 돼 버렸어요. 그러면서 보니까 거기서 이쁜 뿌리가 하나 나오는 걸 보고 '야, 이거 큰스님을 드려야 되나, 이걸 팔아야 되나?' (대중 웃음)

큰스님 하하하….

질문자3(남) 그래 좋은 걸 몇 뿌리 캐 가지고 집에 가져와서는 깨끗이 씻어 가지고 '이것은 팔아야지. 이건 큰스님하고 주지 스님께 드려야지.' 이렇게 마음먹고 그걸 냉장고 냉동실에다 넣어 놓고, 이야기를 했더니 아, 그걸 냉장실에 넣어야지 냉동실에 넣으면 안 된다고 도로 꺼내서 보니까 벌써 꽁꽁 얼어 있었어요.

큰스님 하하하….

질문자3(남) 그런데 '그래도 뭐 이것은 추운 곳에 있는 거니까 괜찮겠지.' 이렇게 생각했는데 추석 새고 나서 보니까 진이 좀 서려 나오는 게 상태가 좀 안 좋았어요. 그래서 '아, 이거 큰스님 드리려고 했는데 이거 이러면 어떻게 드릴 수 있나. 이거 큰일났다. 이걸 어떻게 갖다 드릴 수가 있나. 이거 도저히 드릴 수가 없다.' 그래 가지고 그날 저녁에 잠도 못 잤어요. 그날이 아마 4일쯤 됐을 겁니다. '앞으로 부산 법회날도 얼마 남지 않았고 아이고, 이거 큰일났다, 큰일났다.' 이런 마음이 들어서 잠도 오지 않는데 '주인공! 주인공 당신이 이렇게 했으니까 당신이 책임져야지!' 하고 '그 행동 전체가 나는 심부름한 거지 주인공이 모두 시켜서 한 것 아닌가!' 그렇게 밀어부쳐 버렸습니다.

그래서 밤에 한 세 시 될 때까지 잠도 못 자고 관하고 있으니까 그 옆에 비탈길로 올라가 보라는 그런 마음이 생기는 것 같아서 '확실하게 가르쳐 주라. 내가 꿈을 꾸든지 어떻게 해서 확실하게 보이도록 가르쳐 주라!' 그렇게 했더니 잠을 자도 꿈도 꾸어지지 않고 그래서 '아휴, 마음이 주인공이지!' 이렇게 하고 '또 가는 것도 주인공이 책임져라!' 하고 그대로 그냥 갔었습니다. 차가 없다는 그곳에 버스가 있어요. 가니까 버스가 금방 와요. 그래서 버스를 타고 가다 보니까 거기까지 가지 않고 어딘지 중간에서 종점이라고 그만 내리라고 그러기에 내렸는데, 또 거기까지 가려니까 막연해요. 그래 한참 걸어가다가 보니까 봉고차 한 대가 오기에 "아이구, 나 좀 태워 달라." 하고 막 사정을 하니 시골길이기 때문에 참 인심 좋게 차를 세워 줍디다. 얼마나 고마운지….

그래 인제 산에 가서 올라가다가 보이는 그걸 몇 뿌리 캐고 '그거 가지고는 상품이 안 된다. 이거 가지고는 안 되고 더 좋은 걸 캐야 된다.' 이렇게 생각하고 그 옆의 비탈길을 산길로 바윗길로 올라갔습니다. 딱 올라서니까 어디 약속이나 한 듯이 그 위에 봉삼 잎이 몇 뿌리가 죽 보여요. 그래 보이는 족족 내가 이제 캔다 하고, 그때는 뭐 감사하다는 생각도 없이 그대로 그냥, 내가 이제 약속한 거는 지켜야지 하고 캐 나갔습니다. 그래 한참을 정신 없이 캐다가 그 위에 큰 뿌리가 하나 있는 걸 발견했어요. 그 뿌리를 정성껏 캐고 있는데 갑자기 그 자리에서 어서 빨리 가야 된다는 생각이 들어서 그 뿌리를 제대로 캐는지 못 캐는지 캐다가, 제가 캐던 호미를 옆에 놨는데 찾지도 못하고 고만 내려와 버렸어요.

내려오면서 그런 생각이 없어졌는데 '그것이 왜 그랬던가?' 하면서 도로까지 내려오니까 불과 한 10분도 안 돼서 없다던 버스가 오고 있는 겁니다. 그래 그 버스를 타고 돌아오면서 "이 버스가 여기에 없다던데 어떻게 있느냐?" 그러니까 "아, 이 버스가 한 대 있습니다." "그런데 이 버스 다음에 또 버스가 있습니까?" 그러니까 저녁 6시 몇 분에 있다고 그래요. "그래요!" 하고 생각을 하니까 '아, 그렇게 조급하게 내려가야 된다는 것이 이 버스를 타게 하기 위해서 그랬던가?' 이렇게 생각을 하고 '아이, 감사합니다.' 하면서 왔습니다. 그런데 그 뿌리를 제대로 캐지 못해서 참 아쉬웠었는데, 그래도 결국 제가 체험한 것이 생활선의 가르침이 아닌가 하는 그런 생각을 가져 봤습니다.

큰스님 그거를 '그냥 우연이지.' 이렇게 생각하지 마세요. 전부, 여러분이 살아나가시는 게 우연히는 없어요. 우연이라는 것이 하나도 없다는 거를 생각하십시오. 댁이 정성스럽게 하시니까 그런 겁니다. 꿈도 생시요 생시도 꿈입니다. 꿈과 생시가 둘이 아니거든요. 그러니까 그 아버지는 과거 당신이고 지금 자기가 바로 자(子)입니다. 과거라 그래서 따로따로가 아니고 바로 씨와 싹, 즉 뗄래야 뗄 수 없는 부분과 같은 겁니다. 그러니까 부(父)와 자(子)가 둘이 아닌 까닭에, 그런 공부를 하시니까 그 봉삼도 생긴 거고 말입니다. 또 모든 게 그런 거 아닙니까. 그러니까 우연이라고는 생각하지 마세요.

그 옛날 상원사에 있을 당시에도 그랬지마는 거기는 사람들이 올라오면 차가 두절돼요. 그런데 오밤중이라도 빨리 내려가라 그러면 차가 생겨서 내려가고 또 내려가고 싶어서 내려가면, 뭐 옛날에는 걸어 내려갈 수가 없었거든요. 그런데 거길 내려가면 나무 싣는 차라도 생기고 그래서 내려가고, 이렇게들 많은 사람들이 무사히 내려갔죠. 그런데 그게 우연입니까, 어디? 자기가 자기를 믿고 그러니까 털구멍을 통해서 나가서 그 모든 작업을 하는 겁니다. 먼저 차가 오게끔 하면서 여기서는 가게끔 하면서 이렇게 해서 만나게 만드는 거죠. 그래서 이것이 바로 인연에 따라서 오고 가고 하는 그 묘법이라고 하는 겁니다. 그러니 항상 감사하게 생각하시고요.

질문자3(남) 감사합니다.

큰스님 하여튼 그 장창, 길게 잘 하셨습니다. 하하하…. 이제부터 질문하는 분들은 용건만 간단하게 말씀하십시오.

질문자4(남) 스님, '주인공!' 하면 우주 법계 전체가 다 울리는 것을 이제 느낍니다. 제가 감사함을 느꼈다면 보답해야 하고 베풀어야겠다고 느꼈습니다. 그래서 스님 전에 맹세드립니다.

대 무한량의 자재권! 온 우주를 나투시며 걷는 광할한 그 모습만으로도, 그 도리에 이르신 것만으로도 크고 아름다우신데 그 위에 스님은 더 큰 모습이 있습니다.

스님은 '진리가 무엇이다'를 말씀해 주시면서도 그보다 진리란 스스로 맛보아야 할 것이요 스스로 맛볼 수 있는 것이니 여기 모인 한 생명 한 생명 스스로가 직접 진리를 맛볼 수 있도록 스스로 찾을 수 있는 방법을 가르쳐 주시고 체험하도록 이끌어 주시니, 이 순간까지 피눈물 나도록 설하신 데 대한 그 감사함을 무슨 말로 다 하리까?

스님을 찾는 이가 그 누구든, 당신의 귀한 말씀을 알아듣든 못 알아듣든 배움이 있든 없든 항상 진지하게 진정 성심성의껏 설해 오셨으니, 진실로 감사하다는 말씀 드리기 전에 노력하신 그 모습에 피눈물이 흐릅니다. 진정 또 한 번 감사드립니다.

이 땅에 옛날에 허준이라고 하는 큰 의원이 있었습니다. 그 스승은 유의태라는 분인데 그분은 돌아가실 때 오로지 더 나은 의술을 위해, 한 병이라도 더 고칠 수 있도록 하기 위해 자기가 중병을 앓았을 때 자기 증세를 하나하나 적어 두고 나중에 죽을 무렵에는 스스로 목숨을 끊고 제자 허준으로 하여금 식지 않은 사람의 속을 직접 갈라서 확인하라고 그 육신까지 전부 내던졌습니다. 그토록 고맙고 그토록 피눈물 나는 스승의 모습을 보며 허준은 슬퍼하기 전에 정확히 배웠고, 정확히 배운 후에는 대성통곡을 하며 스승을 부르짖으면서 그 앞에서 큰 원을 세웠습니다. '만약 이 허준이 의(醫)를 배우는 데 괴로움을 견디지 못하거나 병자를 고치는 데 게을리 하고 약과 침을 빙자하여 돈을 번다면 이 몸을 벌하소서, 이 몸을 벌하소서!' 했습니다.

스님, 제가 스님의 피나는 고행 속에 얻으신 대자재권을 이제 막 느끼고 또한 스님께서 언제나 이렇게 알려 주시고자 피끓도록 애쓰시는 모습을 뵈올진대, 이 자리에서 스님께 제 온 마음을 다해 진실로 맹세드립니다. 수백억 온 우주 법계의 대자재권을 얻는 이 큰 길을 온 몸과 마음을 다해 배우고 익힐진대, 이 길에서 괴로움을 꺼려한다거나 우리나라 전체에, 세계 인류에 스님의 가르침을 이어 한마음의 도리를 전하는 데 온 몸을 불살라 이 한 생 바치지 못한다면 이 한 몸을, 진정코 이 한 몸을 벌하십시오. 차라리 이 한 육을 바꾸십시오. 기필코 대 만행의 자재권을 얻어 살리우겠습니다, 깨치겠습니다. 스님, 감사합니다. (대중 박수)

질문자5(여) 저는 수원에서 사는 심덕회 회원입니다. 자녀를 사 남매 둔 어머니예요. 세상을 사는데 53년을 살도록 너무 끄달림이 많아서 죽으려고도 몇 번 했습니다. 그냥 뭔지도 모르고 한 20년 동안을 무조건 밤이나 낮이나 부처님 도량이라면 어디고 밥을 굶어 가며 신발도 신는 둥 마는 둥 하고 찾아다니며 자식들을 오로지 비는 마음에서 길렀습니다.

그런데 어떻게 인연이 닿아서 선원에 가게 됐습니다. 딸 셋밖에 없고 아들을 끝으로 하나 낳았는데, 아들이 중3 때부터 갖은 짓을 다 하며 속을 썩여서 '네가 아니면 내가 먼저 죽든가 둘 중에 하나 죽으면 끝나겠지. 죽는 건 대수롭지 않다. 이 세상에 태어나서 항상 이렇게 찌꺼기 노릇만 하고 사람 노릇 못할 바에야, 남에게 도움을 못 줄 바에는 차라리 죽는 것이 낫지 않은가.' 싶어서 죽으려고도 몇 번 맘을 먹었습니다. 그런데 딴 자식들을 쳐다보면 그런 생각이 또 없어져서 '에이, 어떻게 그냥 사는 날까지 살아 보면서 쟤들 다 끈이나 붙이고 죽어야지.' 이런 생각에서 열심히 살았습니다.

금년 봄 4월 말경에 시간만 있으면 선원에 가고 가고 했었는데, 애가 나가서 속을 썩이고 안 들어오니까 또 예감이 이상해요. 그래서 쓰레기값이라는 게 뭔지 몰라도 넉넉하지 못한 살림이지만 부처님 전에다가 아들 몫으로 보시를 하고 도반들하고 얘기를 나누면서 수원까지 와서 차에서 내렸습니다. 저희 집이 서문이어서 내려서 잔디밭을 한 5분 걸어야 되는데 영 발길이 떨어지질 않아요. 그 도반들은 다들 갔는데도, 아무리 집에 들어가려고 해도 도저히 다리가 떨어지질 않았습니다. 그래서 잔디밭에 다리 뻗고 앉아서 '도대체 뭣 때문에 그 좋은 도량에 갔다 오는데 이렇게 발길이 무겁고 걸음이 안 걸리나. 주인공이 있다면 답을 해 봐라.' 그러고선 잔디밭에 다리를 뻗고 잔디를 쥐어뜯고 앉아 있었어요.

그랬더니 선원에 다시 가고 싶은 생각이 나는 겁니다. 그때 당시에는 제가 천혼문을 올리려고 그랬는데 넉넉하지 못해 얼마만 떼어서 놓고 '더 보태서 천혼문을 올려야지.' 했는데, 주인공 자리에서는 벌써 급한 거예요. 그래서 그 떼어 놓았던 돈하고 있던 돈을 가지고 선원에 다시 갔더니 4시예요. 근데 주지 스님 선실에 가니까 안 계셔서 사무처로 갔더니 어느 스님이 계셨어요. 그래서 "스님, 천혼문을 올리고 싶은데 넉넉하진 않습니다. 그냥 우선 있는 대로 좀 올려 주세요." 그랬더니 왜 그러냐고 그래서 "글쎄, 아들 때문에 마음이 편치가 않네요. 그래서 다시 왔습니다." 하고는 그 많지 않은 정성금을 그 스님에게 드리고 돌아서서 집에 왔어요.

그다음 날은 제가 급한 일이 있어서 절에 못 갔습니다. 근데 그 날 제가 두 잔칫집에 줄 돈을 봉투에다 따로따로 넣어서 방 안의 가방에다 넣어 놨어요. 그런데 나가서 볼일 보고 와서 잔칫집에 돈을 갖다 주려고 보니까 봉투가 눈에 안 보여요. 새삼 봐도 안 보이고 새삼 봐도 안 보이고 그래서 가방을 털어도 안 보이고 이상해요. 그래서 '아, 이상하다. 우리 집에 오는 사람이 없는데…' 그래서 "얘, 엄마가 어딜 갖다 주려고 봉투 두 개를 방에 뒀는데 없다. 어떻게 된 거냐, 아가?" 그랬더니 "내가 알아? 잘 찾아보지 엄마는 툭 하면 없다야!" 그래요. 그래서 "그래 그래, 엄마가 잘못했나 봐. 다시 또 찾아볼게." 그래도 봉투는 영 없었어요. 그래서 그냥 '그래, 두고 간 사람이 잘못이지 누구 탓을 하겠냐. 또 빌려서 갖다 줘야 되겠다.' 그랬습니다.

그 당시에 저의 아들이 이 집 저 집 다니며 자꾸 나가서 자는데 친구가 수천 명 수만 명은 돼요. 그래서 중3 때부터 데리고 온 애들은 오는 대로 무조건 다 밥을 먹였어요. 그랬는데 그 날은 미국 갈 애를 데리고 왔다 그러면서 자기도 미국을 간대요. 그래서 "아이, 그렇게 미국을 별안간 어떻게 가냐, 끈도 없이. 살다가 좋은 인연 있으면 가겠지. 너무 서두르지 마라." 그냥 이렇게 달랬어요. 그랬는데 술을 한 잔 먹었는지 밤에 한 10시 반쯤 되었는데 갑자기 바깥에서 투닥거리는 소리가 나서 심장이 떨리는데 나가 보니까, 저의 집에 한번 다녀간 후배애요. 걔는 키가 1미터 85고 저의 애는 1미터 67입니다. 그리고 저의 아이는 아리아리하게 여자같이 생겼는데 두 살을 더 먹었지요. 근데 걔를 힘으로 못 이기니까 "너 이놈아! 내가 그렇게 동생으로 사랑했는데 우리 집에 와서 그 봉투를 가져갔냐? 우리 엄마가 그러는데 봉투가 없어졌대. 너밖에 왔다 간 사람이 없는데 그 봉투가 어디 갔겠냐? 네가 나 배신했냐!" 그러면서 걔를 막 두들겨패고 막 싸워요.

그래서 내가 아들을 끌어안으며 "봉투 찾았어. 엄마가 잘못 봐서 그래. 엄마가 잘못했다. 그러지 마, 그러지 마!" 그러면서 애를 달랬어요. 그래도 순간적으로 너무 분하니까 얘가, 마당에다가 무를 다듬고 놔두었던 칼로다 걔 등어리를 두 번을 찍었어요. 그런데 너무 어이가 없어서 걔 옷을 벗기고 보니까 상처가 아무 데도 나 있지 않아요. 칼로 두 번을 찔렀는데도 어디에도 상처 난 데가 없고 코피 난 거밖에 없어요.

그래서 이게 주인공 자리에서 벌써 그다음 날 일어날 일 때문에 제가 선원에 갔다 올 때에 다리가 무겁고 그랬다는 걸 알았습니다. 쓰레기값이라는 게 뭔지는 잘 몰라도 무슨 어려운 일이 있을 때는 꼭 그 대가라는 게, 과거생의 대가라는 게 있는 것 같습니다. 그리고 하도 꿈만 같아서 누구한테 말도 못하고 저희 심덕회 모일 적마다 제가 이런 말을 하지요. 그래서 저는 이 도리를 만난 지는 얼마 안 되지만 여러모로 체험한 일은 참 많습니다.

큰스님 지금 쓰레기값이라고 하는 얘기가 나왔는데 이것도 똑바로 말씀드려 놓을까 합니다. 가게에 물건을 사러 가시면 그 물건에 따라서 물건값이 정해지죠? 물건값을 주고서 물건을 가져올 때는 그 물건을 준 사람도 없고 또 물건값을 준 새도 없고요. 양면이 다 준 새 받은 새가 없죠. 그렇게 되는 이유가 있는가 하면요, 우리가 이 공부를 완전히 터득을 한다면 자비로써 줄 사람은 주고 이렇게 하되 그것이 자기 혼자 주는 게 아니에요. 자기 몸뚱이 속에 생명들이 얼마나 많은

데 자기 혼자 했다는 얘깁니까? 그러니까 모두 한마음으로 이루어지는 거죠. 그리고 한마음으로 이어 가는 거죠. 그러니까 자기가 먹었다 자기가 줬다 자기가 했다, 그런 게 하나도 없어요. '아이구, 내가 일을 하지 말아야지. 내가 뭐 이런 거를 하나? 공부를 하는 사람이 무슨 일을 닥치는 대로 해?' 이렇게 하면 안 됩니다. 닥치는 대로 마다하지 말고 가는 것도 우정 잡지 말고, 이렇게 하는 것이 순수하고 아주 좋죠.

그런데 공부를 할 때에, 예를 들어서 꿈에 '얼마를 시주해라' 이렇게 나올 때도 있겠죠. 물론 돈이 있는 사람은 해도 좋습니다. 돈이 없는 사람은, 예를 들어서 벌써 주인공 자체, 자기 주처에서 자기가 없고 있는 걸 너무나 잘 압니다. 그러니까 그 아는 걸로도 아주 충분하죠. 그러니 '없는 건 네가 더 잘 아는데 나를 테스트해 보려고 그러는구나! 이것도 재료구나!' 하고 이렇게 굴리는 방법, 이런 마음 씀씀이를 자꾸 터득하세요. 즉 말하자면 시주하라는 놈이 그놈이니까 안 할 수 있는 것도 그놈입니다. 어떤 사람은 '스님이 저렇게 해 가지고 어떻게 사찰을 운영해 나가나?' 이렇게 생각하겠지만 나는 사찰을 운영을 하든지 말든지예요. 올바로 가르쳐서 올바로 이끌어 나가는 그 마음이 중요한 거지 내 몸뚱이도 없어지는데 사찰이 다 뭡니까? 그리고 부처님 그 국토에서 다 한마음으로, 부처님이 있다면 할 것이고 없다면 못 할 것이지 내가 뭐 등에다 혼자 한다고 써 붙였습니까?

옛날 어느 사람처럼 버선목에나 이런 데다가 통장을 그냥 끼워 놓고도 아까워서 한 푼도 내놓지 않는 사람에게는 내가 우정 말을 합니다. 그 남편이 막 쓰러지고 이래도 한 푼도 시주를 안 하는 사람이 있었거든요. 그래서 그때는 내가 호통을 쳤죠. "응! 장속에 예금 통장이 열 개나 들어 있는데 어쩌면 피를 쏟고 그렇게 쓰러져 있는 남편을 위해서 시주 한 푼을 못 내놓느냐?" 하고 야단을 쳤더니요, 아휴, 스님이 어떻게 그 속에 있는 걸 아느네요. 하하하…. 당신 마음이 알기 때문에 내가 아는 거라고 그랬어요. 그래서 그때는 화폐 개혁 되기 전인데 8만 원인가 마지못해 내놓고 정성을 들이고선 그 병이 나았죠.

그렇게 하는 사람들은 좀 가르쳐야 하겠기에 어떤 때는 우정 그냥 그렇게 해 버릴 때가 있어요. 그러니까 그런 거는 양해하시고 다시 한 번 더 내 마음속의 양심을 들여다볼 수 있는 그런 마음의 공부가 되기를 바라면서, 또 다른 분 있으면 말씀하세요.

질문자6(여) 스님, 저는 너무 감사해서 이 자리에 다시 용기를 내서 왔습니다. 언젠가 스님이 법문하시면서 이 한마음 공부를 열심히 해서 집에 부지깽이 하나라도 늘지 않았으면 어디 나와 보라고 말씀하신 적이 있었습니다. 그래서 저는 그 말 한마디를 가지고 정말 그동안 열심히 했었는데, 이번 토요일이면 새 집에 이사 갈 수 있게 됐습니다. 너무 감사합니다. 부산지원 가까이에 조그만 아파트를 하나 얻었습니다. 또 민기도 참 힘들었는데 며칠 전부터 너무너무 스님을 보고 싶어하기에 오늘 이사할 건데 다음 주에 이사하려고 마음먹고 오늘 왔습니다. 너무너무 감사합니다.

큰스님 잘했어! 사실입니다. 이 공부 하시면서 부지깽이 하나라도 늘어 가면 늘어 갔지 줄지는 않습니다. 왜냐하면 자기가 자기를 이끌어 가기 때문입니다. 정말 믿지 않고 배척하고 돌아서는 사람 아닌 다음에야 틀림없습니다.

그리고 또 한 가지 진실하게 얘기해 드릴 것은, 시주를 할 것도 없는데 '내가 이렇게 생기면 해야지.' 하고 마음먹지 마십시오. 생기면 생기는 대로, 그냥 내가 하고 싶은 대로 하지 시주를 한다고 생각을 해 놓지 마세요. 또 어떤 때는 쓸 데도 많은데 돈이 생겼다고 뭉텅 이렇게 해 놨다가 급하다고 그거를 되집어서 쓰지 마시구요, 네? 되집어서, 되 나누어서, 떼어서 쓰고 다시 해 놓는다는 건 말도 안 됩니다. 그러니까 아예 그런 일이 없도록 하세요. 외려 그렇게 되면 그 물건은 가져오고 물건값을 줬다가 물건값을 떼어서 내가 뺏는 거나 똑같으니까 부작용이 납니다. 그러니까 절대 그런 일이 없도록 하세요. 이렇게 내가 모든 경험에서 여러분에게 이끌어 드리는 말입니다. (대중 박수)

질문자7(여) 대구에서 온 신도입니다. 저는 대구에서 영업용 택시를 몰고 있는 여기사입니다. 근데 10년을 넘게 일을 했지마는 이런 체험은 못해 봤어요. 시외 장거리를 가다 보면 속도를 많이 낼 수밖에 없어요. 그런데 구미를 갔다 왔는데 그날따라 차에서 탁 내리니까 하루살이와 날파리, 모기 같은 게 너무 많이 달라붙었어요. 근데 차 앞에 가니까 비린내가 갑자기 그렇게 났어요. 헛구역질이 날 정도로 그만큼 심하게 나더라고요. 그래서 이게 뭔가? 여직껏은 그렇게 많이 달라붙어 죽어도 그런 일이 없었거든요. 그래서 이상하게 생각을 했어요.

그러고 며칠 있다가 구미 장거리를 가게 됐습니다. 톨게이트에서 표를 끊는 순간 '주인공!' 하는 생각이 갑자기 나면서 '주인공한테 모든 걸 맡겨야지.' 하는 생각이 들더라고요. 그래서 '주인공, 너만이 해결할 수 있잖아! 죽게 하는 것도 살게 하는 것도…' 그러고 맡기고 갔는데 구미에 도착했을 때는 하루살이 한 마리가 붙어 있어요. 그래 그날 내려올 때도 역시 마찬가지로 속도를 100㎞를 넘게 냈는데도 나방이 한 마리도 붙어 있지 않는 거예요. 그런데 또 얼마 있다가 장거리를 가게 돼서 아무 생각 없이 표를 끊고는 그냥 고속도로에 올렸는데 구미에 도착하니까 너무 많이 붙어 있는 거예요. 막 비린내가 나고 너무 구역질이 나고 못 견디겠더라고요.

관했을 때는 되는데 관하지 않았을 때는 안되고, 마음을 냈을 때는 되는데 맘 내지 않았을 때는 안되더라고요. 여러 번을 그런 식으로 테스트를 해 봤습니다. 그다음에 또 갈 기회가 있어서 또 그런 식으로 마음을 내고, 주인공 자리에 모든 걸 맡기고 갔는데 단 한두 마리 정도 붙어 있지 더 이상 붙어 있지 않더라고요. 그래서 너무 신기하고 또 감사했고요.

근데 왜 마음을 냈을 때는 안 죽고 안 냈을 때는 죽는가 하는 그 의문이 아직도 안 풀려요, 스님. 그러고서 얼마 전에 또 시골길을 갔는데, 시골길은 원래 하루살이 모기가 너무 많거든요. 그런데도 그날은 막 달라붙는 순간 주인공 자리에다 탁 맡겼습니다. 맡겼더니 오다가도 전부 다 차 옆으로 피해 가더라고요. 그래 천평 와서 내려서 보니까 몇 마리 안 죽었더라고요. 그렇게 관했을 때는, 마음을 딱 주인공 자리에 맡겼을 때는 안 죽었는데 맡기지 않았을 때는 왜 죽는 겁니까?

큰스님 이게 말입니다, 마음과 마음이 이어지기 때문입니다. 내가 마음을 내면 그쪽에서도 전깃줄이 오듯이 이렇게 와서 하나가 됩니다. 하나가 돼요. 그 마음이 통해서 하나가 되기 때문에 그 모든 것이 그냥 하나로 불이 들어오듯 그냥 이루어지는 것이죠. 그렇기 때문에 한 찰나에 그 하루살이나 나방은 다시 화해서 다시금 재생이 되는 겁니다. 그러니까 이게 얼마나 묘법인지 모릅니다.

질문자7(여) 예. 정말 감사했습니다.

큰스님 그래서, 우리 마음공부 하는 분들이 잘 들으세요. 정신계 과거 부(父)와 현실 자(子)가, 생각을 안 했다 하면 부로 하나가 돼 버리고 생각을 냈다 하면 자로 하나가 돼요. 그래서 자로 하나가 되니까, 움죽거리니까 법이 되고 법신이 되고요. 또 그냥 생각을 내지 않는다면, 주인공에다 맡기면 그냥 부로 하나가 돼 버려요.

즉 말하자면 당신과 내가 있다고 하더라도 그렇고, 한 부부가 있어도 그렇습니다. 남편이 말을 할 때 "당신, 이런이런 일을 하는데 나 좀 도와줘!" 이런다면 바로 부부의 마음이 하나가 돼 버리죠. 하나가 돼서 남편의 마음과 그냥 같이 해 주는 거지요. 그러면 하나가 되는 거예요. 부인과 남편이 둘이 아니에요. 하나가 돼서 마음으로 모든 일들을 적합하게 해 나가죠. 그런데 또 남편한테 얘길 하면서 "이걸 하는데 당신도 좀 도와줘." 하면 그냥 남편이 부인으로 하나가 돼 버려요. 부인에게 한마음이 돼 버려요. 그래 가지고 그 모든 일들이 적합하게 되는 거죠. 그러니까 둘이 돼서 되는 게 아니구요, 모든 게 하나로 이루어지는 겁니다. 또 하나로 돌아가고요. 그러니 그것이 부와 자가 상봉해야, 우리가 '견성이다' 하고 말하는 것이 그겁니다.

그래서 우리가 항상 둘로 보니까 아니 되죠. 때에 따라서 이거를 할 때도 하나가 돼서 하고 저거를 할 때도 하나가 돼서 하고, 꽃을 볼 때는 꽃하고 나하고 하나가 되고, 이렇게 그냥 하나하나 찰나찰나 바뀌면서 돌아가면서 나투는 거죠. 그래 고런 조끄마한 체험이 바로 이 세상만사를 다 체험하게 할 수 있는 겁니다. 바로 그 줄을 잡고 나가는 게 '아, 이런 거로구나!' 하고 잡고 나가는 게 바로 부처님이 가르치신 반야줄이라고 하는 겁니다, 자기 자성줄.

질문자7(여) 감사합니다. 그리고 스님, 한 가지 더 감사한 인사를 드립니다. 제 딸이 7월에 턱 수술을 했었어요. 병원에 입원시키는 순간 모든 걸 주인공 자리에 맡기고 들어갔습니다. 수술실에 넣을 때도 역시 마찬가지였었고 저의 딸한테도 그런 식으로 얘기했었어요. "주인공만이 해결할 수 있다고 믿고 들어가라. 큰스님께 항상 네 마음의 전화를 해라." 그러고 수술실에 들여보냈죠. 그런데 두 시간 반 걸린다고 한 수술이 무려 다섯 시간이 걸리는 거예요. 턱 뼈를 깎아 내고 이러는데, 수술실에서 열두 팀이 나왔는데 마취가 깰 때에 전부 너무너무 고통스러워하고 떨고 그래요. 그러나 저의 딸은 병실에 와서도 그렇게 고통스러워하지 않고 아프지도 않고 그래서 얼마나 감사했는지요. 큰스님, 이 공부 가르쳐 주셔서 감사합니다. (대중 박수)

질문자8(남) 큰스님, 감사합니다. 저는 서울에서 내려왔습니다. 다름이 아니고 저의 형수가 심부전증으로 벌써 1년이 넘게 고생을 하고 있는데 제가 아무리 마음으로 형수를 위해서 기도를 하고 애를 써도 그렇게 낫지가 않습니다. 그래서 스님 말씀대로 제 주인공한테 계속 부탁을 했는데 결국 주인공이 인도한 대로 이 자리까지 왔습니다. 스님, 좋은 가르침 주십시오.

큰스님 주인공한테 나를 낫게 해 달라고 그렇게 기도를 해서 되는 게 아닙니다. 불을 켜려면 전깃줄과 전깃줄을 갖다가 그냥 들이대서 매라 이거죠. 그래야 불이 들어오지 '이 줄을 붙게 해서 그저 병이 낫게 해 달라.' 이런다면 벌써 둘이 되잖아요. '너만이 낫게 할 수 있어! 붙일 수 있어!' 하는 거죠. 그리고 본인한테 그게 필요합니다. 어떠한 문제든 간에 본인한테 관법을 가르쳐서 모든 거를 거기다가 맡겨 놓고 '너만이 이것을 싹 낫게 할 수 있다.' 하고 관하라고 그러세요.

질문자8(남) 고맙습니다. (대중 박수)

질문자9(여) 저는 부산에서 온 신도입니다. 선원에 나온 지가 한 2년 넘었는데도 마음공부가 잘 안됐습니다. 그러던 중에 저의 집에 참 가슴 아픈 일이 있었습니다. 그랬는데….

큰스님 똑똑히 말씀하세요.

질문자9(여) 예. 마음을 걷잡을 수가 없어서 혼자서 고민을 하다가 하다가 안돼서 『자유인이 되는 길』, 『도』, 『무』 책을 읽었습니다. 그러면서 차츰 마음이 안정이 되고 주인공을 믿게 되었습니다. 그러던 중에 (울먹이며) 엄청난 일이 또 있어서 큰스님을 뵙고자 왔습니다. 감사합니다.

큰스님 (절을 하는 질문자에게) 절할 시간이 있으면 말씀을 하세요. 바쁜데 무슨…, 허허허….

질문자10(여) 큰스님, 뵙게 돼서 정말 감사합니다. 저는 삼각산 화계사에 다니고 있어요. 몸이 이렇게 많이 아프거든요.

큰스님 지금 내가 관하는 거 가르쳐 줬죠?

질문자10(여) 네.

큰스님 수많은 부처님께서도 말씀하시기를 "너부터 알고 너부터 믿어라. 너부터 알아야 모든 일체를 다 알 수 있느니라. 그리고 너부터 알아야 통신이 돼서 네 몸속에서 모두 작용을 해 줄 수 있느니라." 그랬어요. "자생중생들이 병이 나아야 네 몸이 튼튼해질 수 있느니라." 이렇게요. 알아듣겠어요?

질문자10(여) 네.

큰스님 당신 몸뚱이 속에서 모두 생명들이 작용해 줘야 댁의 몸이 튼튼해지지, 내 몸속에서 죽어 들어가는데 어떻게 몸이 튼튼하겠어요, 굳어 들어가는데. 알았죠?

질문자10(여) 네.

큰스님 꼭요.

질문자10(여) 알겠습니다.

큰스님 그리고 기복으로만 하지 마세요.

질문자10(여) 예. 감사합니다.

질문자11(남) 저는 법형제회 심의회 회원입니다. 큰스님께서 매번 저희들을 위하여 이런 자리를 마련해 주시고 또 자상하게 법을 일러 주시니 그 은혜야말로 하늘과 같이 높다고 생각합니다. 그래서 저는 큰스님을 영원한 스승으로 마음 깊이 모시고 따르고자 합니다. 그런데 옛날 어느 조사께서는 "부처가 이 자리에 있다면 감히 죽여서 개나 주겠다."라고 했습니다. 그것이 살불살조(殺佛殺祖)의 공안(公案)이 되었습니다만, 부처님의 은혜가 하해와 같은데 감히 스승을 죽이겠다니 이 무슨 망발인가 싶습니다. 스승을 받들어 모시면서 가르침을 배우는 도리는 어떠해야 하는지 지도 말씀을 청합니다.

큰스님 그건 아주 간단한 일이죠. 하하하…. 부처를 말하듯이 아까도 부부 얘기를 했습니다. 얼른 쉽게 말해서 팔만대장경을 집어삼키지 않는다면 능가할 수가 없습니다. 부처님과 둘이 아니다 하는 뜻은, 부처님의 마음을 집어삼킨다면 어디 제 마음과 둘이겠습니까. 그것이 선의 도리에서는 부처님도 집어삼키고 일체를 집어삼키는 데 있는 겁니다, 모습을 집어삼키는 게 아니라. 그래도 이해가 안 가십니까? 아내가 남편한테 마음을 줬는데 남편이 그냥 아내 마음을 집어삼켰어요. 집어삼키고선 일을 해요. 또 그 아내가 남편한테 말을 해 가지곤 아내가 남편의 마음을 다 그냥 삼켜 버렸어요. 삼키고는 일을 해요. 그럴 때에 찰나찰나 모든 것이 하나로 돌아가죠.

그러니까 과거 부, 자기 정신계의 자기와 현실계의 자기가, 내가 아까 얘기했죠? 생각을 안 할 때는 부로 하나가 되고, 즉 정신계의 부가 되고, 내가 생각을 하고 일을 하려고 했을 때는 부가 자로 마음이 하나가 돼서 그대로 법신이라고요. 그러니까 일체를, 거지든 부처님이든 일체 만물만생을 다 둘 아니게 집어삼켜라 이런 뜻이죠.

질문자11(남) 예. 말씀 감사합니다.

큰스님 그러니 먹어도 먹는 게 아니기 때문에 그런 말을 할 수 있는 겁니다. 자기가 자기를 어떻게 먹누?

질문자12(남) 큰스님의 높으신 말씀 감명 깊게 경청하였습니다. 정말 감사합니다. 저는 부산지원에 열심히 나가고 있는 모든 것이 부족한 중생입니다. 오늘이 꼭 1주일째 되는 날입니다. 지난 섣달에 저의 열세 살짜리 막내아이가 갑자기 병원에 입원을 하게 되었습니다. 병명은 사구체 신염이라는 진단으로 병원 한의원 등으로 계속 다니면서 치료를 받고 있으나 아직 완치가 되지 않으니 부모의 마음을 어떻게 말로 다 할 수 있겠습니까. 그러던 중 서울에 살고 있는 여동생의 권유로 한마음선원에 발을 들여놓게 되었습니다. 어린 저의 아이가 하루속히 완치될 수 있도록 좋은 방법을 간청하오니 이끌어 주시기를 두 손 모아 빕니다.

큰스님 알았습니다. (대중 박수)

질문자13(남) 큰스님을 오늘 이렇게 만나 뵙고 좋은 말씀을 들으니 제가 잘 왔구나 하는 생각을 하고, 또 이 법회에 참석해 주신 여러 신도들께 제가 불심을 갖게 된 동기에 대해서 간단하게 말하고자 합니다.

저는 양산에 있는 절에 몸을 담고 있는 신도입니다. 근데 오늘 사실상 제가 여기 나온 것은, 저의 부친이 지금 암으로 3년을 고생하고 있습니다. 거기다가 부친을 간호하던 모친도 또 지금 몸이 안 좋습니다. 그런데 큰스님을 뵈오면 좋은 설법과 영험이 있다 해서 욕심상 나왔습니다.

그렇지마는 제가 불심을 갖게 된 동기는, 군대에 있을 때 장기복무 하다 보니까 양산에 각종 예비군 및 방위병들을 많이 거느리고 있었습니다. 거기에서 여러 가지 사고가 많이 나고 하는 일들이 잘 안 됐는데, 어느 날 책을 정리하는 도중에 79년도에 발행된 『불교성전』이란 책을 발견했습니다. 참 낡았었지요. 거기서 석가모니 부처님께서 어떻게 해서 탄생을 하셨고 하는 것을 쭉 읽게 됐습니다. 읽고서 하나하나 가슴이 메이지 않는 데가 없어서, 절에 가서 부처님께 절을 해 봤습니다. 제일 처음에는 절도 어떻게 하는지 몰랐습니다. 그냥 가서 "몇 번 합니까?" 하고 물어보고 했습니다. 그런데 인제는 부처님 앞에 가도 어떻게 하는지 좀 압니다. 양산에 포교당이 있습니다. 그래서 올해 사월 초하루, 그다음 관음재일, 지장재일, 그다음에 칠월 칠석, 그다음에 칠월 백중, 이렇게 가 봤습니다.

불교에 인연이 된 동기가 또 하나 있습니다. 제가 보다시피 몸이 뚱뚱합니다. 술도 좋아했고 모든 것을 다 좋아했습니다. 사나이가 하는 거라면 다 했습니다. 장사도 많이 해 봤습니다. 그래도 되는 게 없었습니다. 그러다 통풍이 왔습니다. 어떤 절에 갔을 때, 거기에 계신 스님께서 침을 놓으시는데 30일간을, 하루 맞을 때 한 백 몇 대를 맞았습니다. 그렇게 맞아서 통풍은 거의 잡았습니다.

그래서 그것이 불심에서 나온 것으로 알고 고맙게 생각합니다.

왜 불심을 바로 가지게 됐느냐 하는 것은 오늘 큰스님께서 이야기해 주신 한마음과 같습니다. 결론적으로 말하자면, 지금 저희들이 항상 가지고 있는 마음으로 경을 읽거나 예불을 모시거나 스님이 가르치시는 여러 가지를 하거나 그런 모든 게 다 불정심이 있는 경우라고 생각합니다. 부친께서도 진통이 온다 하면 항상 어깨를 주물러 주면서 진언을 외웁니다. 진언을 외우면서 하니까 내 이 손이 가면 통증이 온다든가 하던 것이 사라지고 그냥 스르르 주무시고 이렇게 하더라 이겁니다.

그러면 이것이 뭐냐? 낫게 해 달라, 낫게 해 달라 하고 부처님 전에 불공을 드리는 것보다도 우리가 불정심을 가지고 내가 찾는다는 그 뜻을, 신도 분들도 많이 계시기 때문에 이렇게 강조하고 싶습니다. 바라지 말고 항상 남한테 베풀면서, 베푸는 대가를 내가 받으려고 하지 않으면서 불심을 가지고 항상 같이 해 나간다면 마음이 편해집니다. 또 내가 잘못하겠다 싶을 때는 바로 어떠한 부처님께서 나투셔서 내 친구나 다른 어떠한 사람으로 하여금 그 잘못을 막아 주고 있습니다. 내가 잘못을 행한다 할 때는 또 막아 주고 있더라 이겁니다. 이것이 바로 불정심이요, 바로 불심을 진정하게 믿는 것이고, 또한 큰스님의 말씀과 같은 한마음으로 하나가 되지 않겠나 생각하면서 감사한 마음으로 오늘의 법회에서 진짜 좋은 말씀 듣고 돌아가겠습니다. (대중 박수)

질문자14(여) 죄송합니다. 저는 온양에서 왔습니다. 저는 어떤 포교원에 한 18년을 다녔어요. 그런데 애들 아빠가 이상하게 술 한 잔만 먹으면 세상을 몰라요. 술을 안 먹으면 하여튼 법이 없이도 산다는 사람이, 술 한 잔만 먹으면 이 세상을 아무것도 몰라요. 그래서 저는 한 20년 다니는 동안에 정말 좋다는 거 다 해 가면서 매달렸는데도 그게 변하지가 않아요. 그런데 큰스님께서 좋은 법문을 하신다 그래서 오늘 이 자리에 서게 됐어요. 도움되는 말씀 좀 해 주세요.

큰스님 아까 얘기했듯이, 여기 스님네들이나 여러분한테 물어봐서 관하는 법을 똑바로 배우세요. 배워서 꼭 그렇게 하시도록 하세요.

여러분이 모두 자성 근본으로부터 이 세상만사가 돌아간다는 걸 다 아신다면 아주 착실히 하십시오. 착실히 하셔서 꼭 이 세상에서 쓰이지 않는 곳이 없이 쓰이는 금속이 되겠다는 다짐을 하시면서, 우리 오늘은 이만 그치십시다.

난 오늘 많은 분들이 애고에 대해서 말씀하실 줄 알았더니 아, 다들 도인 되셨는데요. 하하하…. 그리고 여기서 얘기 못한 분들은 언제든지 오셔서 말씀하시고요. 하여튼 여러분이 아주 정성스럽게 사람의 도리를 지키면서 다스리면서 실천하기를 바랍니다.

(꽃공양을 올리는 두 어린이에게) 고맙다. 아이, 이쁜 거…. (대중 박수)

그럼 우리 화이팅 한번 해 볼까요? 하하하….

참고하기

스님께서는 용어를 방편이자 실질로서 그 중요성을 인정하시면서도 이름과 이론에 끄달려서는 절대 근본을 보지 못할 것이라고 경계하신다. 그리고 용어와 수행의 방편을 시대에 맞게 바꾸는 것이 불법의 이치임을 강조하셨다. 스님께서 사용하시는 용어나 숫자는 근본을 떠나서 해석되는 일이 없기 때문에 피상적인 이해에 젖어 있던 제자들의 고정관념을 깨고 근본으로 돌아가게 하는 선미가 있다. 다음의 용어들은 국내지원법회 법문에 있는 용어들 중 이러한 측면에서 뽑은 몇 가지 예이다.

1. 다보탑 – 삼처전심(三處傳心) 중 다자탑전반분좌(多子塔前半分座)의 다자탑을 '다보탑'으로 표현하심

· '다보탑'이라는 건 같이 앉았기 때문에 '다보'라는 것이다. '일체 만물만생이 다 이 한자리에 전부 같이 하고 있느니라.' 이런 뜻이거든. 부처님 자리에는 전체가 있다. (1998. 3. 8.)

· 다보탑에 부처님께서 왜 반을 내주면서 같이 앉자고 하셨느냐. 더불어 같이 하기 때문이다. (2000. 5. 17.)

2. 도리천 · 도솔천 – 뜻으로 설명하심

· 도리천: 이 세상 만물이 다 키워져서 나오는 생산처를 도리천이라고 하는데, 하나로 돌아가는 것이다. '도리' 즉, 둘 아니게 하나로 전부 들어가서 '천' 하면 하나로 그냥 되는 거거든, 묶이는 거거든. (2000.5.17.)

전체 돌아가는 거를 '도리천'이라고 했단 말입니다. 일체 만물만생이 우주와 더불어 돌아가는 걸 도리천이라고 했단 말입니다. 사방천왕도 천이요, 도리천왕도 천이요, 도솔천왕도 천이다 이겁니다. (1986.6.22.)

· 도솔천: 한울은 둥글지만, 이 동서남북을 땅이라고 한다면, 이것이 한데 합쳐지면 구정토가 돼요. 이 전체가 구정토가 되는 거예요. 그런데 그 구정토가 고정되게 있질 않으니까 도리천이 돼 버리죠. 도리천이 돼 버리니까, 나중에는 도솔천이 돼 버려요. 왜? 말을 안 하고는 아니 되거든. 이게 오고 가고 오고 가고, 이게 말이 연결되고 듣는 게 연결되고 이렇게 되니깐 도솔천이죠. 이게 상응이 되지 않고는 도저히 우리가 한 걸음 한 발짝도 떼 놓을 수가 없는 거예요, 본래. 그러니까 우리가 이 안의 주인이라고도 볼 수 있죠. 모르니까 노예 생활을 하는 거예요. 알면 노예가 아니에요. (1985.2.23.)

3. 무심도법(無心道法)

· 무심도법은 입으로만 외우지 말고 마음으로 해서, 무심으로 외워서 이게 내 거라고 하지 않을 때는 반드시 내 게 된다 이거지. (2005.1.12.)

· 소 만 마리를, 아니 어떤 거든지 만 마리가 모두 죽었다 그럴 때 그것을 빗물 방울로 친다면 한 골짜기에 다 모였다 해도 한 골짜기에서 한 바다로 들어가는 물일 뿐이지, 한 그릇이지 그게 두 그릇입니까?

여러분의 그 마음은 체가 없고 무량해. 그래서 무량심이에요. 일심(一心)이자 무량심이고, 무량심이자 그 묘법이라. 무심도법(無心道法)은 그렇게 무량해서, 지금 수만 마리가 죽으러 간다 하는데 불쌍해서 염불을 해 주고 그런다면 그건 벌써 공부 못하는 사람들입니다. 지금 수십, 수백 마리가 죽으러 가는데 무슨 염불이 필요합니까? 염불하다 보면 벌써 다 늦는데, 하하하…. 그러니까 그 순간에 그냥 모조리 이 한 그릇 자기 마음에다 탁, 거기다가 만 마리고 천 마리고 넣으면 그냥 자기 한 그릇이 돼 버리고 말아요, 네? 그러니 그대로 그냥 인간으로 환토가 되는 거죠. 자기가 돼 버리는 거죠. 그렇게 자기만 만들어 놓는다면 자동적으로 그냥 나가서 인간이 되는 거예요. 인간이 돼도 그냥 아무렇게나 되는 게 아닙니다. 그 속을 거쳐서 나가는 인간은 나와서도 정말 사람 노릇을 하고 이 세상을 두루 살필 수 있는 지략과 아량과 지혜가 충만하다고 믿어 의심치 않습니다. (1991.5.5.)

· 그러니 여러분이 일을 할 때에나 똥을 눌 때나 잠을 잘 때나 일어설 때나 앉을 때나, 바로 내 부처가 내 마음 속에 있는 한마음의 그 주인공이라고 생각할 때, 뭐든지 거기다 놓고 갈 때, 모든 걸 놓고 아주 잔잔하게 한데 한생각을 일으키면 그게 법이 된다 이 소리지. 그렇게 하면 일체제불이, 일체 보살이, 일체 조사가 다 그냥 한마음으로 들어서, 한 찰나에 드셔서 그 묘법을 가르쳐 주시고 한 찰나에 나신다 이거야.

이 묘한 도리를, 이 무심도법(無心道法)을 여러분이 도심으로써 열심히 하지도 않는데 어떻게 터득하실 수 있겠습니까? 그리고 아는 것은 아마 나보다도 여러분이 더 잘 아시리라고 믿습니다. 알기만 하면 뭘 합니까? 행하는 게 문제죠. 백 가지 천 가지를 안다 하더라도 한 가지 행을 못한다면, 그건 한 가지 행하는 것만도 못합니다. (1991.7.21)

4. 백(百, 白)

· 백(百): 백이라는 것은 모든 것이, 너도 나도 할 것 없이 찰나에 화해서 돌아가니까, 공해서 돌아가니까 백(百)이라고 하는 거야. 무(無)라고 하는 거나 똑같애. 시공을 초월해서 마음이 돌아가는 이 도리를 알아야 그 도리를 모두 안다고 할 수 있어. 자유스럽게 벗어나지 못하는

마음을 갖는다면 벗어나지 못할 거지. 숫자도 자유스러워. 숫자는 사람들이 질서와 계율을 지키기 위해서 생긴 거지 숫자가 따로 없어. 그러니까 오백이라고 했다고 해서 오백이라는 숫자만 가지고 생각해서는 뜻이 나오지를 않는 거지. (1992.12.6.)

· 백(白): 예전에 산에 갔는데, 맑은 물 가에 큰 뱀이 하나 이렇게 틀고 앉아 있어. 그래, 내가 이렇게 움직이니까 거기서 고개를 파딱 드는 거라. 거기서 둥글게 앉아서 탁, 하나 들었으니 白자가 아니냐 이 소리지. 그러더니 날 보더니만 다시 쏙 들어간단 말이야, 머리가. '참 순식간에 둥글 원(圓)이 되는구나!' 또 얼마 있더니 쭉 그냥 기다랗게 가는 거야. '하, 그냥 순식간에 한 일(一)이 되는구나! 이 세상은 모두가 그렇게 하나로 돌아가면서도 그 하나마저도 세울 게 없는 게 바로 진리구나!' 이렇게 했던 거야. 그러니까 내가 공부한 게 없으니까 글로 가르친 게 아니야. 그냥 다니면서 그렇게 했지. (1998.3.8.)

5. 섭류 – 조어(造語)

· 섭류 : 우주 만물이 서로 귀합(歸合)돼서 돌아가는 것을 뜻함
· 섭유 : 우주 만물이 서로 귀합이 돼서 같이 호응되는 것을 뜻함 (1998.3.8.)

6. 원심력 · 원통력

· 원심력은 (가슴을 가리키시며) 여기에 심이 있다 이거지. 힘이 여기에 있으니까 모두들 내 한마음에 다, 예를 들어서 금새(金鳥)가 돼서 죄 들어갔다 나갔다 한다 이거지. 원통력이 여기서 들어왔다 나갔다 하는 거지. 그렇게 들어왔다 나갔다 해도 한 새도 없는 거야. (2005.1.12.)

· 여러분과 나의 마음이 있고 역대 제불의 마음이 있다면 이것은 한 자리요, 한 통 속이다 이겁니다. 그러니 그 한 통 속에서도 벗어나야 된다 이겁니다, 한 통 속에서도. 그래야 통을 굴리지, 응? 원심력이 있다면 원통력을 발휘해서 통을 빠져 나와서 그 통을 굴려라 이겁니다. 이것이 바로 오신통을 굴리는 방법이죠. 여러분이 갖추어 가지고 있습니다, 어느 거든지. (1989.3.19.)

· 주인공만이 나를 이끌어서 세세생생에 벗어나게 할 수 있는 그런 여건을 가졌다고 생각하면서 그렇게 믿고 거기에 보림을 한다면, 그러고 뭉쳐 놓는다면, 과거에 있던 카셋트에 넣었던 노래가 다 없어지고 현실에 넣는 것만이 또 들어가서 담기고, 그것을 놓으면 또 없어지고, 또 놓으면 또 없어지고, 항상 그릇은 비어 있어서 무엇이든지 우주 삼라만상에 어떠한 거든지 어떠한 거든지 다 넣을 수 있어도 두드러지지 않고, 다 내놔 줘도 줄지 않는 그런 여러분의 그 원통력을 스스로 얻어서, 스스로 자동적으로 한생각 보면 법이요, 심안으로 보기 때문이죠. (1989.4.9.)

7. 천체

· 전체: 물질세계, 유(有)의 법에서는 '전체' 라고 한다.

· 천체: 수효가 없는 진리의 세계, 무(無)의 법에서는 '천체' 라고 해야 한다. '천' 은 이 세상을 전부 한데 귀합시킨다는 뜻이다. 오천도 천이요 천도 천이요 만도 천이요, 모두가 천으로 돌아가니 무의 법으로 돌아가는 것은 한계가 없다. 맷돌을 놓고 심봉을 하나 탁 꽂는 것이 '천' 이다. 또한 그것이 바로 '정(定)' 이다. (1998.3.8.)

8. 활궁공법

· 활궁공법은, 이 천하에 다 펼쳐질 수 있다 이런 거야. 공법은 천하의 사람들이 다 배워서 그걸 해라 이거지. (2005.1.12.)

· 부처라는 건 이 세상, 이 평등법이 바로 부처님입니다. 그러나 한생각을 해서 일으키는 것이 법입니다. 활궁공법이라고 합니다. 이거는 자유자재권을 말합니다. 세상을 이렇게 뒤집을 수도 있고 이렇게 바로 세울 수도 있고 하는 원력이 있지만, 내 아픔같이 생각하고 나로 생각하기 때문에 모든 게 무조건 조건 없는 자비로 들어갑니다. (1992.7.5.)

· 그랬으니까 그거를 한번 생각해 본다면 차원에 따라서 너는 얕다, 나는 높다, 잘한다 못한다 이런 것이 아예 없어서 평등공법으로 나간다면, 그런데 그렇게 이르지 못하고 구경경지에 이르지 못한 사람들에 한해서는 둘이 아닌 줄은 아는데 둘이 아니게 나툴 줄을 모릅니다. 둘이 아니게 나툴 줄을 모른다면 마음의 조절이 되질 않거든요. 너, 나가 둘이 아니어서 모든 걸 사랑하라, 모든 걸 내 아픔으로 생각하라, 내 탓으로 돌려라 하는 그런 것은 다 되는데 이것은 무(無)의 세계의 무심 속에서, 비밀에서 돌아갈 때는 이것이 정신세계의, 즉 말하자면 활궁공법인데 이것이 완벽하게 들어가지 못했다면 조절할 수가 없고 나툴 수가 없습니다. (1992.7.5.)

찾아보기

ㄱ

가설 702, 729, 738, 1033, 1542, 1600
가섭 존자 1680, 1706
가정 645, 880, 1105, 1399, 1631, 1654
간화선 30
거미와 깻벌레(예화) 13
견성 40, 260, 918, 1299
결혼 1381
경(經), 경서, 경전 146, 513, 603, 1263, 1376
계율 41, 89, 109, 364, 822, 878, 1700
계향(戒香) 915, 1009, 1117, 1520
고(苦) 2, 44, 379, 383, 1020, 1407, 1589, 1591, 1628
고집멸도 44, 57, 348, 380
공(空) 88, 381, 589, 906, 1076, 1172, 1281, 1508
공기 853
공덕 479, 601, 612, 717, 796, 1034, 1358, 1401, 1474, 1597, 1699
공덕법행 158, 1339
공법 1648, 1652, 1706
공부 단계 199, 469, 640, 813
공생 1099
공생, 공심, 공용, 공체, 공식 227, 760, 877, 1116, 1172, 1203, 1234, 1685
공식 1076, 1273, 1640, 1650, 1685, 1699, 1704
공심 760, 855, 1172
공안 443, 851, 923
공양 479, 1015, 1205, 1234, 1469, 1521, 1650
공용 1114, 1666, 1700, 1711
공자의 어머니(예화) 1470
공체 760, 1076
과거 141, 614, 709, 838, 1529, 1618
과보 1510
과학 695, 698, 711
관, 관법 33, 113, 197, 856, 1033, 1108, 1293, 1605, 1631, 1632, 1634
관세음, 관세음보살 33, 130, 779, 809
관습 854, 869, 990, 1072, 1233, 1477, 1486, 1652
광력, 자력, 전력, 통신력 375, 404, 883, 946, 1006, 1175
구렁이가 된 스님(예화) 1080
구렁이가 된 할아버지(예화) 1303
구지 스님 172
국토 497
권도, 권도법(權道法) 313, 1503
권선문 898
귀 985
귀신, 귀신짓 161, 235, 242, 1072, 1488, 1609
극락 1503, 1714
근본 58, 356, 1517, 1564, 1683
금 한 덩어리와 네 제자(예화) 150
금강산 돌사자(예화) 221
금강신 213, 279
금옷 입은 사자(예화) 406
기(氣) 1185
기도 35
기독교 1584
기복 342, 452, 807, 1201, 1437, 1553, 1598, 1632, 1653
기복으로 믿다가 소가 된 사람(예화) 1693
길 1522, 1673
길잡이 1063, 1265, 1487
김대성 247
꽃공양 941, 1015
꿈 187, 218, 219,

388, 565, 1066, 1417

ㄴ

나 680, 1705
나라를 구한 지혜(예화) 285
나툼 199, 412, 471, 729, 1645
남녀 1411
남전 스님 444
내공 57, 80
네 명의 부인(예화) 719, 726
노예, 노예 생활 90, 455, 557, 570, 807, 838, 879
누진, 누진통 168, 475, 592, 678, 757, 802, 803, 1378
눈 984

ㄷ

다기 1017
*다보탑(다자탑, 多子塔) 249, 561
단전호흡 552, 1301
달(月) 783
달마 대사 443, 518, 519
당나귀와 마부(예화) 720, 1363
대권 525, 770, 907
대기권 698, 877, 1102
대뇌 363, 475, 1461, 1505
대도(大道) 365, 472
대안 대사와 늑대 새끼(예화) 477, 482
대인(大人) 196
대장장이의 푸념(예화) 479, 826
대천세계 613, 1426, 1503
덕산 스님 1684
도(道) 594, 770, 1255, 1274, 1278, 1378, 1640
도량 206, 1532, 1624
*도리천 734, 1543
돈 388, 1400, 1432, 1622, 1623
돈오 812, 1502
동당 서당의 고양이(예화) 153, 444
두뇌 661, 765, 1658, 1676
딸을 구한 어머니(예화) 425
떡 806, 1206, 1409, 1537
똥 친 막대기 167, 815

ㄹ

레이다망 592

ㅁ

마구니 25, 490, 633, 1461, 1570
마니주 1404, 1438
마음 5, 9, 40, 46, 56, 120, 132, 541, 622, 785, 822, 883, 901, 947, 1022, 1110, 1404, 1486
마음공부 667, 884, 1338, 1375, 1448, 1493, 1549, 1640, 1649
마하반야바라밀 770
망상 544, 733, 835
목신 777
몸, 몸뚱이 16, 38, 120, 131, 199, 231, 611, 1102, 1184, 1247, 1335, 1400, 1526, 1556, 1639
무(無) 240, 381, 523, 605, 709
무궁화 759, 799
무명 22, 467, 839, 1118
무명천 360
무명초 938, 1666
무무역무(無無亦無) 362
무상 586, 772, 800
무심 도리, *무심도법 577, 614, 619, 621
무심(無心) 328, 1032, 1280, 1333
무심종 458, 459
무심주 공덕행 1333, 1334
무(無)의 공법, 무(無)의 법 87, 1410, 1599, 1650
무(無)의 세계 55, 728, 1259, 1617
무영탑 1555
무종 906
무주상 공덕행 1333

무주상 보시 539, 625, 717
묵언 678, 1210
문 443, 679
문수 167, 1421
물바퀴 403
물주머니 1173, 1253, 1438
물질 91, 142, 244, 408, 586
물질계, 물질세계 597, 697, 707, 881, 1579, 1712
물질과학 19, 186, 197, 1704
미래 614, 709, 1529, 1618
미륵 309, 546
미신, 미신짓 121, 161, 323, 452, 753
믿음 51, 159, 169, 652, 704, 741, 781, 847, 1296

ㅂ

바다 474, 1089, 1254, 1357, 1377, 1639, 1651
『반야심경』 226, 905, 1067, 1189
반야줄 1163, 1404, 1553
밤 1139, 1714
방사선 1352
방생 210, 251, 252, 271, 284
방편 146, 1228, 1229, 1265, 1266, 1453, 1478, 1627
방하착 138, 1215
*백(白) 23
백일기도 1458
백종 1096
백팔 1392
번뇌 418, 1266, 1422, 1454
법 294, 381, 618, 716, 1001, 1023, 1080, 1142, 1252, 1316, 1375, 1421, 1652
법계 593, 729, 792
법륜, 법륜 마크 168, 568
법망 470, 738
법바퀴 569, 628, 637, 697
법성신 616
법신(法身) 167, 1609
법재식 988
법행 1334
별성 155, 261, 592, 632, 683, 818
병 160, 212, 312, 546, 551, 659, 884, 1037, 1586, 1655
보림, 보임 180, 199, 349, 1637, 1640
보배 596, 1582
보살 216, 231, 454, 1334, 1579, 1599, 1682, 1686
보살행 343, 389, 466, 478, 722, 1334, 1472, 1680
보시 655, 998, 999, 1530, 1534, 1562
보현, 보현신 1035, 1421, 1552
복, 복덕 1034, 1189, 1318
본존불 1436, 1437, 1438
부(父), 아버지 180, 277, 1564
부모 334, 623
부모를 버린 외아들(예화) 1518
부설 거사 1713
부적 210, 307, 941
부처 111, 167, 178, 298, 328, 684, 746, 791, 911, 912, 964, 1408, 1540
부처님 법, 불법(佛法) 7, 103, 121, 128, 298, 377, 380, 843, 1239, 1480, 1648
불(佛) 195, 535, 671, 916, 1270
불교(佛敎) 694, 732, 877, 878, 982, 1061, 1313, 1341, 1458, 1556
불국토 550, 949, 1073
불기둥 114, 313, 1375, 1395
불바퀴 628, 637, 644, 682, 683, 697, 802, 966, 1027, 1186, 1341
불사천 360, 441
불상(佛像) 1490
불성 355, 454, 673, 682, 865, 933, 1265, 1455, 1651, 1714
불식 988
불심 58, 438
불씨 762, 1062

불씨를 얻어 온 나한 동자(예화) 1715
불자 548, 629
불제자 424, 435, 1248, 1713
블랙홀 1027, 1455
비구, 비구니 1504
빈발 1259, 1484
빈손 1259, 1358, 1375, 1484
빈집 615, 1372, 1597
뿌리 160, 992, 1119, 1201, 1299, 1453, 1600

ㅅ

사공법 57
사구공법(四句空法) 84
사대 성인 1528, 1563, 1598
사람 1038, 1138, 1402
사랑 104, 297, 499, 500, 1281, 1362, 1408
사리탑 1553
사불(邪佛), 삿된 부처님 1170, 1420, 1436, 1438, 1480, 1481, 1482
사생(四生) 15, 41, 54, 673
사월초파일(4월 8일) 326, 911, 1286
사이비 1285
사후(死後)세계 764
산은 산 물은 물 572, 1216
살불살조(殺不殺祖) 1165
살생 113, 871, 872, 1083, 1322, 1551
살생의 업보(예화) 509
삼독 418
삼매 197
삼보 488, 716
삼불 746
삼살방 161
삼세(三世) 471, 899, 1584
삼심 57, 471, 900
삼십이응신 104, 181, 328
삼재 307, 704, 848
삼중천 184
삼천대천세계 613
삼학 589
삼합(三合) 55, 113, 202, 209, 570, 1037, 1337
삼혼 1669
상구보리 하화중생 158, 436, 634, 739
상천세계 881
색 923
색즉시공 공즉시색 1215
생각 413, 515, 1174
생명, 생명체 203, 490, 728, 746, 817, 1335
생사(生死) 217, 845, 931, 1218
생산처 25, 60, 959, 1027
생일 1516, 1518
생활 121, 1229, 1283
생활과학 882
서천골 800
서춘보 스님 280
석가탑 249
선(善) 148
선(禪) 512, 598, 718, 1108
선맥 479
선신 161, 1392, 1461
선열법 988
선장 121, 296, 1172, 1309, 1310, 1311, 1336, 1572
선지식 206, 519, 771, 1220, 1277, 1476
설법 647, 735
*섭류 1439, 1461, 1531
성불 640, 644, 1299
세 스님과 떡 장수(예화) 300
세균, 세균성 593, 652, 1122, 1369, 1655
세상 613, 851, 1314, 1606
세포 252, 348, 470, 792, 1122, 1451
소가 된 시아버지(예화) 93
소를 구워 먹은 처녀(예화) 203
수례공법 73, 615, 716, 834, 842, 894
수상행식(受想行識) 1640
수행 609, 835, 842, 921, 1045
숙명통 168, 696, 834

술 1550
스님 22, 121, 1197
스님이 된 사냥꾼(예화) 492
스승 148, 149, 310, 311, 780, 921, 1111, 1457, 1623
습, 습성 200, 295, 359, 408, 616, 1641
승가대학 1505, 1514
승려 610
승복 537, 938
승천 1472
시간 905
시공 347, 437, 1294, 1526
시주, 시주물 109, 369, 370, 399, 796, 818, 995, 1160, 1474
신(神) 72, 73, 74
신당 1391
신장 50, 1035
신족통 538, 1032
실제 스님 172
실천 357, 401, 677, 963, 1673
실천궁행 357, 380, 434, 466
실험 795, 1108
심봉 56, 813, 821, 1521, 1526, 1565
심부름, 심부름꾼 167, 395, 475, 639, 892, 899, 1007, 1340, 1686, 1714
심성 127, 243, 929, 1571, 1580
심성 해탈 1601
심성과학 128, 860, 1281, 1283, 1357, 1370, 1484, 1634, 1666, 1690
심성과학자 623
심성의학 127, 1283, 1301, 1484, 1634
심안 382, 1312
십팔심소연식 449

ㅇ

아난 존자 1706
아뇩다라샴먁삼보리 472, 770
아만, 아상 418, 537
아미타, 아미타불 807, 1124, 1710
아수라, 아수라장 231, 385, 1680
IMF 1661
아집 340, 440
아촉, 아촉불 1124, 1274
악 143, 148, 612
안락사 825
안테나 126, 250, 1175
암 631, 1655, 1703
약 21, 114, 274, 880, 1085
약사보살 216, 405, 1681
양 무제 518, 519, 1078, 1474
업 421, 1003, 1190
업보 26, 141, 965, 1566, 1682
업식 239, 255, 726, 752, 985, 1101
에너지, 에너지덩어리 876, 1336, 1509, 1587, 1714
여래(如來) 832, 1096, 1140, 1143, 1360, 1408, 1623, 1670
여래천 1140
여여함 1498, 1622
여의주 172, 1404, 1438
연기법 1650
연꽃 759, 799
연등부처 1681
열반, 열반경지 44, 257, 262, 434, 862
열반계 934, 1084
염불 477
염식 988
염주 890, 1235
영(靈), 영가, 영령 230, 1243, 1473, 1700
영계, 영계성(靈界性) 1372, 1507, 1565, 1645
영탑, 탑 1467, 1469, 1470, 1476, 1477, 1553, 1708
영혼 682, 754, 865, 1450, 1466
예불, 예배 1171, 1701
예수, 예수교 862, 1540
예수재 166
오계 1547, 1552

오백(五百) 525, 1019
오백 일산 522, 525
오분향 1520
오신통, 육신통 278, 294, 537, 922, 1035, 1047, 1048, 1501, 1580
오조 스님 116
욕심 179, 404
용(用) 487
용(龍) 172
용광로 892, 917, 1295
용무 1508, 1533, 1666
용신(龍神) 1376
우주 703, 1028, 1276, 1296, 1323, 1455
원력 796, 1172, 1682, 1687
원식 988, 1648, 1650, 1685
*원심력 11, 22, 32, 125, 196, 257, 277, 359
원자 300, 1254, 1304, 1397
원통 자활 72
*원통력 58, 108, 126, 196, 357
원효 88, 476, 482
원효 대사와 해골바가지(예화) 477
원효 대사의 무애가(예화) 482
위패 722, 1472, 1708
유(有)의 법 87, 314, 398, 516
유마힐 거사 99, 739
유심(有心) 756, 1280
유엔(UN) 1705
유전, 유전성 1044, 1391, 1482, 1565, 1590
육근(六根) 448
육조 스님 116, 124, 195, 355, 784, 1604
윤회, 윤회성 148, 531, 1468
은산철벽 214
은하계 762, 792, 1455
응무소주 이생기심(應無所住 而生其心) 1004
응신(應身) 547, 1437
의상 조사 476
의식 793, 1451, 1549
의정 526, 558
의학 217, 244
이름 443, 573
이성계의 꿈 이야기(예화) 218
이심전심(以心傳心) 647, 650, 661
인간 15, 233, 234, 378, 435, 487, 506, 674, 1187, 1426, 1553, 1667
인공위성 541, 542, 595
인과(因果) 240, 379, 467, 664
인과성 1468, 1491
인과응보 12, 652, 1519
인군이 된 보따리 장사(예화) 332
인도환생 266, 872, 1322
인등 305, 637, 702, 722, 819
인생, 인생살이 397, 831, 1468, 1527, 1556, 1560
인연 15, 327, 587, 714, 729, 756, 760, 902, 932, 1485
인연줄 261, 729, 749, 820
일본 637, 1429, 1434
일불(一佛) 1616, 1704
일심 323, 357, 448, 449, 693, 1371
임제 스님 814
입력 300, 318, 489, 506, 855, 986, 1122, 1439, 1489, 1528, 1583, 1630
입산 103, 405, 584, 610, 739, 773, 774
입자 232, 243, 300, 538, 621, 1376, 1531

ㅈ

자(子) 180, 1552
자가발전소 403, 404, 1195, 1573
자력 신앙 325, 344, 549, 552
자부처, 자불(自佛) 1282, 1452, 1488, 1630, 1649
자비 28, 92, 170, 311, 348, 805, 1232, 1281, 1408
자생중생 674, 912, 915, 964,

985, 1248, 1272, 1273
자성(自性) 142, 1189, 1282, 1579
자성불(自性佛), 본래자성불 116, 122, 125, 195, 536, 550, 745, 1143
자성 삼보(自性三寶) 486
자성신(自性神) 62, 70, 72, 74, 741
자성줄 1163
자신(自神) 641, 769, 1425, 1576
자아(自我) 1526, 1564
자유 1210, 1435, 1684
자유권, 자유자재권 278, 279, 410, 1185, 1342, 1447, 1450, 1557, 1603
자유인 55, 57, 167, 168, 540, 544, 640, 644, 1174, 1316, 1373, 1617
장자 설법 61
재사 1206, 1207, 1209, 1537, 1668
재식법 988
전생 340, 889
절(拜) 116, 390, 430, 437, 654, 1016, 1663
점수 188, 812,1502
점안식 2, 1170, 1171, 1182, 1356, 1420, 1626, 1644, 1678, 1679, 1710
정(定) 589
정법 55, 200, 357
정성 1, 84, 160, 186, 637, 899
정수, 정수봉 1580, 1615, 1658, 1665
정신, 정신력 91, 112, 610, 653, 1517, 1571, 1617
정신계, 정신세계 660, 881, 1110, 1277, 1278, 1332, 1397, 1401, 1618, 1620, 1650, 1659, 1712
정신과학 537, 610
정신 무예 243
정신병자 1302, 1507
정진 1171, 1415
정향 916, 943, 1010, 1521
제사 81, 182, 371, 806, 1306
조복 1557, 1579, 1628
조상 51, 70, 258, 405, 1477, 1701
조왕신 51
조주 스님 445
종교 544, 551, 766, 854, 1060, 1092, 1568, 1604, 1676
종말 703
종성(種性) 1564
종자 1283, 1477, 1656
좌선 24, 108, 197, 519, 857
죄 40, 1489, 1674
주님 1223, 1416, 1488, 1533, 1540
주산신(主山神) 1369
주인 633, 755, 793, 801, 1369, 1372, 1402, 1673
주인공 87, 144, 159, 234, 359, 436, 811, 846, 864, 928, 957, 1010, 1037, 1099, 1336
주장자 347, 396, 412, 415, 713, 814, 1316, 1370, 1682
주처 31, 1143, 1175, 1368, 1369, 1370, 1371, 1482, 1563, 1578
주해신(主海神) 1369, 1437
중 15, 1488, 1601, 1664
중도 1041, 1602
중생 378, 395, 752, 764, 940, 1039, 1569, 1626, 1687
중세계, 중천세계 881, 1503, 1588, 1620
중용 537, 696, 1073, 1098, 1454
증득 180, 1045
지구 287, 348, 516, 660, 1515, 1569, 1613
지수화풍 450, 945, 1091, 1301, 1449, 1450, 1512
지식 473, 513, 541, 1529
지신(地神) 514
지옥 257, 383, 437, 839, 909, 1019, 1072, 1511, 1633
지장 130
지혜 470, 1013
직결 1576
진리 3, 16, 17, 26, 775, 1175, 1602, 1679
진신 사리 991

진화, 진화력 …… 6, 110, 114, 129, 776, 1027, 1028
집에 계신 부처님(예화) …… 236

ㅊ

차안 …… 1233
차원 …… 15, 509, 761, 1318, 1455, 1513, 1566, 1581
착(着) …… 288, 366, 367, 653, 681, 823, 1569
찰나 생활 …… 342, 347, 472
참나 …… 1447, 1585, 1601, 1613, 1614
참선 …… 30, 52, 65, 108, 594, 598, 711, 792, 851, 885, 1017
창조, 창조력 …… 194, 833, 887, 922, 963, 1460
천도, 천도재 …… 114, 216, 221, 266, 347, 371, 681, 723, 826, 1266, 1282, 1434, 1448
천백억화신 …… 634, 794, 1579
천부경 …… 904
천상천하 유아독존 …… 435, 488, 832, 878
『천수경』 …… 225, 1067
천안통 …… 538
천이통 …… 537
*천체 …… 525, 1096
청수 …… 1669
청정 …… 124, 391, 803
체(體) …… 9, 498
체험 …… 512, 1108, 1221, 1404
초, 촛불 …… 186, 305, 1015, 1096
촛불재 …… 1447
축지법 …… 123, 930
출가 …… 772, 1384
칠석 …… 1096
칠성 …… 1070, 1096

ㅋ

컴퓨터 …… 986, 1065, 1294, 1615

ㅌ

타심통 …… 538
타의(他意), 타력 신앙 …… 110, 349, 833, 1302, 1418, 1533, 1598, 1604, 1605
태교 …… 75, 617, 886, 1542, 1637
태양 …… 735, 783, 1587
털구멍 …… 1396
토굴 …… 1415
통신 …… 382, 1140, 1507, 1597, 1633, 1710

ㅍ

팔만대장경 …… 1141, 1338, 1505, 1612
팔상성도 …… 1577, 1607
팔수레공법 …… 615, 640, 731, 741
팔십종호 …… 279
팔자 운명 …… 18, 638, 888, 1590
팔정도 …… 73
평등 …… 525, 698, 760, 1333, 1499
평등공법 …… 640, 716, 732, 740, 894, 1173, 1580, 1589, 1664
평등공법심 …… 521
평발 …… 92, 612
평손 …… 677
풍수지리 …… 267
피안 …… 1233

ㅎ

하나님 …… 547, 770, 1416
하늘님 …… 770
하천세계 …… 180, 1471, 1581
학술 …… 541, 581, 1296
한마음 …… 356, 403, 443, 537, 588, 612, 635, 662, 709, 950, 952, 953, 1102, 1538
한마음 주인공 …… 455, 549, 550, 601,

753, 757, 1064, 1100
한생각 39, 41, 190, 342, 516, 538, 734, 735, 743, 1253, 1271, 1375, 1434, 1600, 1666
한암 스님 364, 439, 471, 524, 691
한울, 한울님 770, 1438, 1543
한자리 158, 635, 1368, 1488
항복 349, 1239
해수관음보살 1707
해인(海印) 1356, 1543, 1596, 1597, 1629
해탈 915, 1601
해탈지견향 944, 1011, 1522
해탈향 944, 1011, 1522
핵 1320
핵심 465, 821
행 357, 360, 398
행선 357, 398, 467, 1521
향 싼 종이와 새끼오라지(예화) 758
향공양 941, 1017
허공 126, 1030, 1509
현대불교신문 1393
현상세계 56, 361
혜능 선사 육조 스님 참조
혜성 1262
혜향(慧香) 917, 918, 1011, 1521
호법신 275, 1672
혹성 317, 818, 1172
혼, 혼백 255, 402, 620, 1098
화두 52, 460, 491, 526, 1127, 1253, 1500
화산 127
화신 1035, 1421, 1609
『화엄경』 962, 1176
환상 440
환상천 184, 256, 440
환생, 환토 26, 166, 1242
*활궁공법(活宮空法) 732, 842, 893
활용 4, 72, 325, 1227
회향 1603, 1686
효도 109, 205
흙 1455

1. *는 참고하기에 실려있는 용어이다
2. 찾아보기는 용어의 뜻을 이해하는 데 보다 큰 목적이 있으므로 본문 중에 그 용어가 없어도 그 뜻이 실려있는 쪽수를 표시한 경우도 있다.

대행(大行) 스님

대행 스님은 1927년, 암울했던 일제강점기에 태어나셨다.
어려서부터 '나는 누구인가? 나는 어디에서 왔는가?' 하는
근본에 대한 의문을 참구하시다 1950년, 불문에 귀의하셨다.
십여 년간의 산중 수행을 통해
불법의 궁극적인 도리를 체득하신 스님께서는
중생 교화에 뜻을 두시고 1972년, 지금의 한마음선원을 세우셨다.
스님께서는 자성을 깨달아 자유인이 되는 길을
생활 속에서 가르치시느라 지금도 쉬임없이
길을 묻는 이들을 제접하시며
안양 한마음선원에 주석하고 계신다.